Jugendkultureller Alkoholkonsum

John Litau · Barbara Stauber
Gabriele Stumpp · Sibylle Walter
Christian Wißmann

Jugendkultureller Alkoholkonsum

Riskante Praktiken in riskanten
biografischen Übergängen

John Litau
Barbara Stauber
Gabriele Stumpp
Sibylle Walter
Christian Wißmann

Universität Tübingen
Tübingen
Deutschland

ISBN 978-3-658-07622-1   ISBN 978-3-658-07623-8 (eBook)
DOI 10.1007/978-3-658-07623-8

Die Deutsche Nationalbibliothek verzeichnet diese Publikation in der Deutschen Nationalbibliografie; detaillierte bibliografische Daten sind im Internet über http://dnb.d-nb.de abrufbar.

Springer VS
© Springer Fachmedien Wiesbaden 2015
Das Werk einschließlich aller seiner Teile ist urheberrechtlich geschützt. Jede Verwertung, die nicht ausdrücklich vom Urheberrechtsgesetz zugelassen ist, bedarf der vorherigen Zustimmung des Verlags. Das gilt insbesondere für Vervielfältigungen, Bearbeitungen, Übersetzungen, Mikroverfilmungen und die Einspeicherung und Verarbeitung in elektronischen Systemen.
Die Wiedergabe von Gebrauchsnamen, Handelsnamen, Warenbezeichnungen usw. in diesem Werk berechtigt auch ohne besondere Kennzeichnung nicht zu der Annahme, dass solche Namen im Sinne der Warenzeichen- und Markenschutz-Gesetzgebung als frei zu betrachten wären und daher von jedermann benutzt werden dürften.
Der Verlag, die Autoren und die Herausgeber gehen davon aus, dass die Angaben und Informationen in diesem Werk zum Zeitpunkt der Veröffentlichung vollständig und korrekt sind. Weder der Verlag noch die Autoren oder die Herausgeber übernehmen, ausdrücklich oder implizit, Gewähr für den Inhalt des Werkes, etwaige Fehler oder Äußerungen.

Lektorat: Stefanie Laux, Daniel Hawig

Gedruckt auf säurefreiem und chlorfrei gebleichtem Papier

Springer Fachmedien Wiesbaden ist Teil der Fachverlagsgruppe Springer Science+Business Media
(www.springer.com)

Inhaltsverzeichnis

1 **Warum beschäftigen wir uns mit jugendkulturellem Alkoholkonsum? Zur Geschichte unseres Forschungsschwerpunktes** 1

2 **Zu unserer Untersuchung – ihrer Fragestellung und Ziele** 7

3 **Theoretische Grundlagen: riskante Bewältigungsstrategien in unübersichtlich gewordenen Übergängen** 11

4 **Sinnrekonstruktive Methodologie** 19

5 **Praktiken und Handlungsorientierungen von Jugendlichen im Umgang mit Alkohol** 27
   5.1 Regulierungspraktiken auf der Körperebene (Gabriele Stumpp) ... 30
   5.2 Prozessieren von Bildungsverläufen (Sibylle Walter) 56
   5.3 Aushandlungen von Familienbeziehungen im jungen Erwachsenenalter (John Litau) 80
   5.4 Sexuelle Erfahrungen und Liebesbeziehungen (Christian Wißmann) 112
   5.5 Gestaltung von Peerzusammenhängen (Christian Wißmann) 135
   5.6 Bezüge auf Normalität (Sibylle Walter) 169
   5.7 Darstellen von Handlungsfähigkeit (Barbara Stauber) 195
   5.8 Konstruktion von biografischen Wendepunkten (John Litau) 224
   5.9 Jugendlicher Alkoholkonsum und seine vielfältigen Bedeutungszusammenhänge 260

6 **Fünf Ankerfälle mit verschiedenen Verläufen** 265
   6.1 „Basti" (Gabriele Stumpp) 266
   6.2 „Jana" (Sibylle Walter) 285

6.3	„Olga" (Barbara Stauber)	314
6.4	„Kay" (Christian Wißmann)	337
6.5	„Driss" (John Litau)	356
6.6	Kontinuität und Wandel und die Verschränkung von Alkoholkonsum mit biografischen Übergangsthemen	377

7 Zum Schluss: Der episodische Charakter jugendkulturellen Alkoholkonsums und seine Verschränkungen mit übergangsbiografischen Themen 385

    7.1 Die Qualität der Kombination qualitativer Quer- und Längsschnittdaten 387

    7.2 Die Ergebnisse des Projekts im Überblick 388

    7.3 Implikationen und Empfehlungen für die professionelle Handlungspraxis 392

Transkriptions-Richtlinien 399

Literatur 401

1 Warum beschäftigen wir uns mit jugendkulturellem Alkoholkonsum? Zur Geschichte unseres Forschungsschwerpunktes

So gängig inzwischen der starke Alkoholkonsum von Jugendgruppen in der Öffentlichkeit ist, so vertraut der Anblick trinkender Jugendlicher und der Plätze, die sie hinterlassen, und so bekannt die verbale Drastik der medialen Berichterstattung, so neu war das Phänomen noch bis vor wenigen Jahren. Erste alarmierende Medienberichte zum jugendlichen „Komasaufen" gab es ab etwa 2005, die Suchtforschung wendete sich damals verstärkt dem jugendlichen Alkoholkonsum zu, und es entstanden Initiativen wie das Präventionsprogramm der Villa Schöpflin, die 2006 zur Bundesfinanzierung des Projekts „HaLT-Hart am Limit" führten. Gleichzeitig entstand in dieser Zeit eine Diskursumgebung, die sehr stark von Dramatisierung und Prohibition geprägt war, was uns als Jugendforscher_innen provozierte und zu einem genaueren Hinsehen veranlasste:

Uns schien der gemeinsame Alkoholkonsum von Jugendlichen, die sich in größeren Gruppen an öffentlichen Plätzen zum Trinken trafen, zunächst einmal ein interessantes neues Phänomen zu sein, das Affinitäten zu anderen jugendkulturellen Ausdrucksformen hat, die, wie etwa die Punk-Szenen der 1980-Jahre, die Party-Szenen der 1990-er Jahre oder die Emo-Szene der 2000-er Jahre, den öffentlichen Raum als Bühne nutzten. Die Affinitäten liegen in einer Praxis, die geradezu offensiv die Öffentlichkeit sucht (und nicht nur in Partykellern oder hinter verschlossenen Türen stattfindet); einer Praxis, die ganz eigene Formen des Konsums hervorbringt, auch wenn sie sich auf die gesellschaftliche Droge Nr. 1, den Alkohol,

---

An dieser Stelle möchten wir vor allem den Jugendlichen danken, die uns mit viel Vertrauen, großer Offenheit und Verbindlichkeit mehrfach für ein intensives Interview zur Verfügung gestanden sind.

bezieht; einer Praxis, in der Gruppen eine zentrale Rolle zu spielen scheinen und die gerade Mädchen interessante Möglichkeiten der Variation von traditionellen Rollenvorstellungen zur Verfügung stellt. Dies alles war aus der Perspektive einer gendersensiblen Forschung zu jugendkulturellen Selbstinszenierungen (Stauber 2004) relativ evident. Doch wie stark sich dieses Thema als Schlüsselthema für ganz viele Fragen in den komplexen Übergangsprozessen Jugendlicher eignet, das hat sich erst im Laufe unserer Forschung herausgestellt.

Zunächst konnten wir im Rahmen einer begrenzten, aber – wie sich im Nachhinein herausstellte – strategisch zentralen Forschungsanlage, finanziert durch das damalige Bundesgesundheitsministerium, eine eigene (Jugend-) Forschungsperspektive auf das Thema des jugendlichen Alkoholkonsums entwickeln. Das erste Projekt mit seiner nur 14-monatigen Laufzeit und einer hohen Visibilitätserwartung von Seiten des Ministeriums betrachten wir im Nachhinein als echten Glücksfall – für unsere Themenentwicklung wie auch für den Teambildungsprozess, für die Feldforschung und das Sampling wie auch für die Entwicklung interessanter Anschlussfragen. Dieses Projekt konnten wir dann als Vorstudie nutzen und – dank der Finanzierung durch die Deutsche Forschungsgemeinschaft – in ein längerfristiges Forschungsprojekt überführen.

Die Projektergebnisse des ersten kürzeren Projektabschnittes waren an sich schon ein wichtiger Beitrag zu einer damals noch sehr stark von der (Jugend-) Suchtforschung geprägten Debatte: die Ministeriumsveröffentlichung (Stumpp et al. 2009) wurde breit rezipiert, es gab bundesweit Einladungen zu forschungspolitischen wie auch praxisbezogenen Tagungen und ein wachsendes Interesse an unserer deutlich von der Jugend- und Übergangsforschung geprägten Perspektive in der regionalen Präventionspraxis. Die Projektergebnisse wurden in unterschiedlichen Fachartikeln ausgeleuchtet – im Hinblick auf Peerkontexte (Stumpp und Reinl 2012; Wißmann und Stauber 2015), auf Identitätsarbeit (Litau 2011, 2012, 2013; Beulich und Stumpp 2010), auf gendertheoretisch relevante Beobachtungen zur Gestaltung von Weiblichkeiten und Männlichkeiten (Litau und Stauber 2012) sowie ganz generell als relevante Praxis im Kontext strukturell riskanter Übergänge (Beulich und Stauber 2011; Litau 2014). Qualifizierungsarbeiten wurden geschrieben (Litau 2011, Wißmann 2011), die aktuell in drei Dissertationsprojekten fortgeführt werden, und es kam zu internationalen Vernetzungen vor allem mit Forscher_innen aus dem Umfeld der Kettil Bruun Society (www.kettilbruun.org), in der man sich bereits seit Jahrzehnten der sozialen und epidemiologischen Erforschung von Alkoholkonsum weltweit widmet. Nicht zuletzt konnte das Projekt auch genutzt werden für Weiterentwicklungen der Praxis der Mobilen Jugendarbeit und deren Evaluation: Hierbei konnten – etwa unter dem Aspekt der Prävention alkoholbedingter Jugendgewalt – Modellkonzepte über zwei Jahre hinweg erprobt werden, die sich als effektive Maßnahme zur Konflikt- und Risikoreduzierung in einer innerstädtischen Event- und Wochenendszene bewährten und Ansatzpunkte für einen richtungsweisenden Weiterausbau sowie für die Übertragbarkeit auf andere städtische Wochenend- und Eventszenen im öffentlichen Raum lieferten (Stumpp und Üstünsöz-Beurer 2013).

Unser hieran anschließendes Projekt „Wege in und aus jugendkulturellem Rauschtrinken" verfolgt eine doppelte Fragestellung: Wie entwickeln sich individuelle Trinkbiografien *und* informelle Gruppenkonstellationen im Kontext jugendkulturellen Alkoholkonsums? Anhand einer dreijährigen qualitativen Studie mit insgesamt drei Erhebungswellen, in der wir methodisch mit der Dokumentarischen Methode gearbeitet haben, konnten wir die kollektiven Orientierungen der Jugendlichen in ihrer Veränderung wie auch die individuellen Wege von rauscherfahrenen Mädchen und Jungen rekonstruieren. In der Analyse der 29 Erst-, der 17 Zweit- und der 16 Dritt-Interviews haben wir eine Quer- und eine Längsperspektive durch unser Material gelegt und damit neue, bislang nicht im Kontext von Alkoholkonsum diskutierte Aspekte zur biografischen wie auch peerbezogenen Einbettung des jugendkulturellen (exzessiven) Alkoholkonsums erforscht.

Als *übergreifendes Ergebnis* ist festzuhalten, dass sich der jugendkulturell-episodische Charakter des Rauschtrinkens in den drei Erhebungswellen bestätigt hat: In allen untersuchten Fällen gab es Entwicklungsdynamiken im Hinblick auf den Alkoholkonsum, die den Dynamiken der jugendkulturellen Einbindung folgten. Dies heißt nicht, dass dies in allen Fällen mit einer Reduzierung der Konsummengen im Sinne eines „maturing out" einherging. Die jugendkulturelle Einbettung erweist sich vielmehr als hochambivalent: Sie ist *Teil des Problems, sprich: der komplexen Übergänge von der Jugend ins Erwachsensein*, insofern sie die Jugendlichen durchaus zu schwierigen Auseinandersetzungen zwingt und mithin sehr beansprucht; sie ist aber auch *Teil der Lösung, sprich: ein Bewältigungsmodus*, insofern sie Jugendlichen Gelegenheit bietet, mit den hieraus entstehenden Vereinbarkeitskonflikten aktiv umzugehen. In dieser Janusköpfigkeit unterscheidet sich der jugendkulturelle Alkoholkonsum zunächst nicht von anderen Übergangsthemen und -bereichen. Bei genauerer Analyse erschließen sich hierüber jedoch Zusammenhänge im Hinblick auf weitere Übergangsthemen und -praktiken, die es noch weiter auszuleuchten gilt. Dabei wird deutlich, dass es vielfach gar nicht so sehr um Rauschtrinken im engeren Sinne als vielmehr um den (kompetenten) Umgang mit Alkohol geht.

Die thematischen Ergebnisse der letzten drei Jahre werden hier erstmalig „am Stück" publiziert. Wir reihen uns hierbei ein in eine qualitative Jugendalkoholforschung, die sich der subjektiven und kollektiven Bedeutung von Alkoholkonsum und Rauschtrinken widmet und die sich – zumal im Vergleich mit der psychologischen (Jugend-)Suchtforschung – immer noch spärlich ausnimmt. Die wichtigsten Arbeiten finden sich hierzu im Ausland, wie etwa in Dänemark aus dem Umfeld des „Centre for Alcohol and Drug Research" an der Universität Aarhus (hier besonders die Arbeiten von Jakob Demant und Kolleg_innen) oder in Schweden aus dem Umfeld des „Centre for Social Research on Alcohol and Drugs" (so etwa die Arbeiten von Jukka Törrönen oder Alexandra Bogren). Zudem lassen sich wichtige Arbeiten aus weiteren skandinavischen Ländern, aus dem Vereinigten Königreich (z. B. die Arbeiten von Fiona Measham), aus Italien (z. B. die Arbeiten von Franca Beccaria und Kolleg_innen) und auch aus Australien (hierzu v. a. die Arbeiten von Robin Room und seiner Kolleg_innen am Turning Point Alcohol & Drug Centre) finden. In Deutschland bzw. im deutschsprachigen Raum dagegen beschränkt sich eine solche Perspektive noch auf einzelne Arbeiten (z. B. Grunert 2012; Hößelbarth et al. 2013; Landolt 2009; Eisenbach-Stangl et al. 2008; Haag 2007), die in keinem systematischen Zusammenhang stehen. Diesbezüglich leistet unser Projekt mit seinen unterschiedlichen Themenschwerpunkten, die beleuchten, wo und wie der Alkoholkonsum für Jugendliche bedeutsam werden kann, einen wichtigen Beitrag zu einer überfälligen Erweiterung der Perspektiven auf dieses Thema.

Ist die qualitative Forschung zu riskantem Alkoholkonsum bei Jugendlichen also immer noch relativ spärlich, so gilt dies erst recht für die Längsschnittperspektive, die die Inszenierungen von Alkoholkonsum in ihrer biografischen Entwicklung in den Blick nimmt. Eine solche longitudinale biografische Perspektive ist auch in der internationalen Forschung zum jugendlichen Alkoholkonsum ein absolutes Desiderat. Longitudinale Forschung zu Alkoholkonsum findet sich bisher fast ausschließlich in quantitativen Kohorten-Studien oder in Studien, die Veränderungen des Konsumverhaltens im Lebensverlauf in den Blick nehmen (Britton und Bell 2013). Beide Herangehensweisen stellen dabei die gesundheitsrelevanten Folgen des Konsums in den Vordergrund der Analyse. Qualitative Forschungsdimensionen wie die oben genannten subjektiven und kollektiven Sinnzusammenhänge und ihre Veränderung werden dabei nicht beleuchtet.

Diese subjektiven und kollektiven Sinnzusammenhänge in ihrer wechselseitigen Dynamik werden in der vorliegenden Publikation genauer herausgearbeitet. Die Publikation ist dabei aufgebaut wie eine Monographie, doch gleichzeitig sollte die Autor_innenschaft der unterschiedlichen Kapitel sichtbar bleiben. Nach einer Herleitung der Fragestellung der Untersuchung und ihrer Ziele (Kap. 2) leuchten wir den theoretischen Hintergrund unserer Forschung sowie den Forschungsstand zu verschiedenen Teilaspekten aus, die den Kontext für die eigene Forschung darstellen (Kap. 3). Sodann erläutern wir in Kap. 4 unser methodisches Vorgehen. Die beiden großen Kap. 5 und 6 geben unsere Ergebnisse im Querschnitt und im Längsschnitt wieder: In Kap. 5 werden die Praktiken und Handlungsorientierungen von Jugendlichen im Umgang mit Alkohol vorgestellt, in Kap. 6 werden anhand von fünf ausgewählten Ankerfällen biografische Entwicklungen in und aus dem jugendkulturellen Rauschtrinken rekonstruiert.

In Zwischenfazits und vor allem im Schlusskapitel 7 wird im Rückblick auf die gesamten Ergebnisse diskutiert, wie stark der Alkoholkonsum mit anderen biografischen Themen verschränkt ist, und was sich hieraus sowohl an theoretischen Einsichten als auch an Konsequenzen für Anschlussforschungen ergibt. Das Kapitel macht deutlich, dass wir uns mit dem Thema des jugendlichen Alkoholkonsums keineswegs auf rein akademischem Terrain bewegen, sondern durchaus auch Konsequenzen für die (pädagogische) Praxis zu ziehen sind.

Die Kapitel sind so geschrieben, dass sie auch für sich stehen und gelesen werden können. Dabei werden vor allem in den Teilkapiteln des 5. Kapitels die Erkenntnisse zu den jeweils herausgearbeiteten Praktiken in den bisherigen Wissensbestand eingebettet, was aber nicht bedeutet, dass sie aus diesem deduktiv abgeleitet worden sind. Vielmehr sind sie Ergebnis unserer qualitativen Analysen, die freilich nicht losgelöst sind von den Erkenntnissen einer auf die Bewältigung von Übergängen fokussierten Jugend(kultur)forschung (Schröer et al. 2013).

Mit dieser Veröffentlichung betreiben wir auch sehr bewusst Diskurspolitik: Den Diskurs mitzugestalten und hierbei einen entdramatisierenden Blick auf riskante jugendliche Praktiken zu werfen, gleichzeitig aber zu überlegen, wie angemessene Unterstützungsangebote für Jugendliche aussehen könnten, halten wir für eine zentrale Aufgabe einer verantwortungsvollen sozialpädagogischen Übergangs- und Jugendforschung (Groenemeyer und Hoffmann 2014; Griese und Mansel 2003; Anhorn 2010). Diese war uns ein wichtiger Anlass zu Beginn des Aufbaus unseres Forschungsschwerpunktes. Und auch wenn sich inzwischen das Feld infolge der genannten Ergebnisse differenziert hat, halten wir es nach wie vor für wichtig, Jugendliche zunächst einmal als Akteur_innen zu betrachten, die vor dem Hintergrund komplexer gewordener Übergänge versuchen ihr Leben zu gestalten (Pohl et al. 2011), anstatt in den Chor der besorgten Fachwelt einzufallen und sich durch vorschnelle Problemanzeigen ein weiteres Mal den Blick auf spannende soziale Bildungsprozesse (Sting 2013) zu verstellen.

Zu unserer Untersuchung – ihrer Fragestellung und Ziele 2

Zu Beginn unserer Forschung lag mit großen repräsentativen Surveys – dem Kinder- und Jugendgesundheitssurvey (KiGGS), der WHO-Studie Health Behaviour in School-aged Children (HBSC) mit ihrer deutschen Teilstudie, den Drogenaffinitätsstudien der BZgA sowie der Europäischen Schülerstudie zu Alkohol und anderen Drogen (ESPAD) – ein umfangreicher nationaler und internationaler Datenkorpus zum Alkoholkonsum und Rauschtrinken von Jugendlichen vor. Dieser dokumentierte, dass Kinder und Jugendliche (nicht nur) in unserer Gesellschaft bereits früh an den Konsum von Alkohol herangeführt werden. Sie wachsen in durch Alkohol stark geprägten sozialen Umwelten auf, in denen der Alkoholkonsum unterschiedlichste Funktionen innehat und in denen es zu den „normalen", besser: „normalisierten" Entwicklungsaufgaben von Kindern und Jugendlichen gehört, den Umgang mit Alkohol zu erproben und zu erlernen (Hurrelmann und Settertobulte 2008).

Nur in manchen dieser Untersuchungen wird diese Einsicht verknüpft mit der Frage, in welchen sozialen Kontexten sich Identitätsarbeit im Jugendalter abspielt – eine Frage, die Prozesse sozialer Interaktion in Peerkontexten in den Blick nimmt, genauso wie jugendkulturelle Selbstinszenierungen und sozialräumliche Aneignungsprozesse (Stauber 2004; Löw und Sturm 2005). Gerade im Hinblick auf das Erlernen des Umgangs mit Alkohol haben Peergroups und Jugendkulturen eine zentrale, aber nicht immer hinreichend beachtete Bedeutung (Sting 2004b). Diejenigen Studien, die dies berücksichtigen, verweisen einhellig darauf, dass der Konsum von Alkohol vor allem zusammen mit Freunden, Peers, bei Partys, in Diskotheken und gemeinsamen Treffen an privaten oder öffentlichen Plätzen erfolgt (Richter et al. 2008; BZgA 2012). Unsere eigene Vorläuferstudie zeigte, dass die Trinkanlässe zwar vielfältig sind, dass Jugendliche dabei auch traditionelle Anlässe aufgreifen (z. B. Schulentlassfeiern), diese umwidmen (z. B. Fastnacht, traditionelle Dorf- und Stadtfeste) oder eigene Anlässe wie z. B. „feste Trinktage" kreieren (Stumpp et al. 2009), dass es also immer auch um die Ausbildung kollektiver Rauschrituale geht (Sting 2004a, 2008). Alkoholkonsum bei Jugendlichen ist also zunächst einmal nicht mit abweichendem Verhalten gleichzusetzen, sondern muss als ein Stück Normalität der Identitätsarbeit in jugendlichen Lebenswelten betrachtet werden (Litau 2011). Gleichzeitig enthält dieser im Kontext von Gruppenpraktiken und gesellschaftlich etablierter Konsumkultur selbsttätig verlaufende Entwicklungsprozess Risiken und Gefahren des Scheiterns.

Viele Studien, auch die genannten Vergleichsstudien, kreisen explizit oder implizit um die Frage nach dem Suchtrisiko. Diese (medizinisch ungelöste) Frage stellt sich aus einer gesundheitswissenschaftlichen Perspektive, wie sie im 13. Kinder- und Jugendbericht (BMFSFJ 2009) vertreten wird, anders. Hier geht es um Zugänge zur Risikobearbeitung und um die Förderung von Entwicklungsressourcen; hier wird die pathogenetische um eine salutogenetische Perspektive ergänzt, die nach der biografischen Konstruktion von Gesundheit fragt (Antonovsky 1997; Stumpp 2003). Mit ihr kann Rauschtrinken auch verstanden werden als Versuch, das Kohärenzgefühl zu stärken und somit Aufgaben der Identitätskonstruktion zu bewältigen (Litau 2011). In diesem Sinne kann ein gesundheitlich riskantes Verhalten bis zu einem gewissen Grad gesundheitsfördernde Wirkungen haben (Stumpp 2006). Auch die im Kontext des internationalen Jugendgesundheitsdiskurses immer wichtiger werdenden Fragen nach der Entwicklung von Risikokompetenz (Franzkowiak 2001), Risikomanagement und „risflecting" (Einwanger 2007) lassen sich sinnvoll aus einer salutogenetischen Forschungsperspektive entwickeln. Die genauere Analyse der Relevanz für Gruppenzusammenhänge und ihre sich im Zeitverlauf verändernden Praktiken können hierzu einen wichtigen Beitrag leisten (Sting 2013).

Eine damals klar identifizierbare und bis heute bestehende Forschungslücke war der Ausgangspunkt unserer Forschung: Erkenntnisse zu realen biografischen sowie zu Gruppenverläufen in einer *Längsschnittperspektive* zu gewinnen, die aufzeigen kann, ob und wie Mädchen und Jungen ihre Wege in Rauschkulturen hinein oder aus ihnen heraus finden – ob Rauschtrinken also eher jugendkulturell-episodischen Charakter hat, was die Annahme eines „Maturing out" bestätigen würde, oder sich zu einem stabileren biografischen Muster entwickelt. Für diese Frage ist das Insgesamt der Lebensbedingungen der Jugendlichen in den Blick zu nehmen: Haben sich monokausale Erklärungsansätze für Rauschtrinken (z. B. Langeweile, wenig organisiertes Freizeitverhalten, Enthemmung im Kontext der Begegnung mit dem anderen Geschlecht oder Peer-Druck) als zu begrenzt erwiesen

2 Zu unserer Untersuchung – ihrer Fragestellung und Ziele

(Richter und Settertobulte 2003), so fordert die Frage, inwieweit Jugendliche ihre Bewältigungsstrategien aufrechterhalten oder verändern, eine umso komplexere Bearbeitung: Situative Bedingungen, Peergroupdynamiken und die Entwicklung subjektiver Relevanzen sind hier zentrale Perspektiven. Die komplexen sozialen Regelwerke, die nach den Ergebnissen unserer Vorgängerstudie in lokalen Jugendszenen mit moderater bis exzessiver Trinkkultur ausgebildet werden, spielen vermutlich eine genauso entscheidende Rolle wie Lebensereignisse und biografische Entwicklungen der Mädchen und Jungen im Kontext ihrer komplizierter werdenden Übergänge ins Erwachsensein (Stauber et al. 2007). Aus diesem Grund müssen sowohl diese biografischen Verläufe als auch die Entwicklungen von Gruppen und ihre Dynamiken stärker in den Blick genommen werden.

Die Ziele der Untersuchung wurden ausgehend von den Forschungslücken entwickelt, die in der benannten Vorgängerstudie (Stumpp et al. 2009) sowie im Blick auf den Stand der Forschung offengeblieben sind. Dies sind vor allem die Frage der biografischen Rekonstruktion von individuellen Verläufen und die Frage der Bedeutung von Gruppendynamiken. Die Fragestellungen dieser Untersuchung lauten mithin: *Wie entwickeln sich die Karrieren der Jugendlichen? Welche Rolle spielten hierbei jeweils die (veränderten) Gruppenkonstellationen? Wie entwickeln sich individuelle Karrieren und Gruppenkonstellationen im Wechselbezug und als Zwei-Wege-Beziehung? Wie also lässt sich das Prozessuale in der biografischen wie auch in der kollektiven Entwicklung rekonstruieren?*

Hierbei waren verschiedene Forschungsperspektiven wichtig, die im Zuge der Forschung zwar unterschiedliches Gewicht bekamen, aber durchgängig Beachtung fanden: Neben der biografischen Verlaufsperspektive sind hier die Gender-Perspektive zu nennen, die im Alkoholkonsum Möglichkeiten sieht, mit geschlechterbezogenen Erfahrungen Zumutungen zu bewältigen und sich eigenständig im Hinblick auf Geschlecht zu positionieren; die Jugendkultur-Perspektive, die jugendlichen Alkoholkonsum vor allem als jugendkulturelles Phänomen in den Blick nimmt; und eine gesundheitswissenschaftliche Perspektive, die vor allem in den Regulierungspraktiken der Jugendlichen (s. u.) auch salutogene Aspekte sieht.

3 Theoretische Grundlagen: riskante Bewältigungsstrategien in unübersichtlich gewordenen Übergängen

Jugend ist in der Jugendforschung, aber auch in der öffentlichen gesellschaftlichen Debatte schon immer „im Gespräch" – dass über Jugend öffentlich debattiert wird, ist quasi eines ihrer Grundmerkmale (vgl. Griese und Mansel 2003). Dabei dominieren im Blick auf Jugend die Problemanzeigen, die sich zuallererst auf das beziehen, was aus Erwachsenenperspektive stört, provoziert, vielleicht auch deshalb, weil durch jugendliche Aktivitäten ein Finger auf wunde Punkte gelegt wird und kollektiv nur allzu gern Vergessenes, Heruntergespieltes oder Verdrängtes ins Bewusstsein rückt. Nicht grundlos bedient man sich in der Jugendforschung des Bildes von Jugend als Seismographen der Gesellschaft. So ist gerade auch in den medialen Thematisierungen von jugendlichem Alkoholkonsum ein weiteres Beispiel für einen Delegationsmechanismus zu sehen, der sich auch in anderen Themenfeldern findet: Die problematischen Aspekte einer Gesellschaft werden auf Jugend projiziert. Das, was eine Gesellschaft im Kern beschäftigen sollte, zum Beispiel strukturelle Problematiken wie eine sozialpolitisch nicht mehr aufgefangene und abgepufferte Ungewissheit und Unsicherheit, mitsamt gesellschaftlichen Suchtkulturen und Suchtstrukturen, wird so erst einmal zum „Jugendthema" gemacht und abgespalten. Im Hinblick auf den Alkohol, der gesellschaftlichen Droge Nr. 1, die – zumal in Deutschland – nachweislich vor allem ein Thema der Erwachsenen- und der älteren Generation ist, erscheint dies besonders absurd (vgl. Hurrelmann und Richter 2008; Litau 2014).

Auch die Tatsache, dass Jugend ihre Selbstverständlichkeit verloren hat, und zu einer hochriskanten Übergangsphase ohne klar bestimmbaren Anfang und Ende geworden ist (Hurrelmann 2003a), ist beileibe kein auf Jugend begrenztes Thema. Vielmehr haben biografische Übergänge ganz generell und aus strukturellen Gründen ihre Selbstverständlichkeit verloren, und nicht zuletzt deshalb, weil sie reversibel und riskanter geworden sind, auch aus der Subjektperspektive eine neue Qualität bekommen (Schröer et al. 2013; Stauber et al. 2007; Pohl et al. 2011). Diese in der biografischen Übergangsforschung anhand von unterschiedlichen Lebensaltern und Lebenslagen erforschte neue Lebensrealität (Schröer et al. 2013) wird nicht nur auf Jugend ausgelagert, gleichzeitig mutiert ein eigentlich strukturelles Thema zu einem Thema individueller Bearbeitung und Verantwortung. Dieser Prozess der Responsibilisierung (Duttweiler 2007; Schierz 2010) kann an den Planungs- und Orientierungsanforderungen, die vor allem an Jugendliche und junge Erwachsene gerichtet werden, besonders gut verdeutlicht werden: Genau hier wird so getan, als wären als Ausweg aus den prekären Übergängen eine fundierte Orientierung hinsichtlich berufsbiografischer Optionen und ein Planen von nächsten Schritten möglich, genau hier werden Jugendliche permanent mit dem Vorwurf konfrontiert, sich nicht hinreichend zu informieren, zu engagieren, aktivieren zu lassen. Es entsteht ein für genau diesen Übergang inzwischen typisches Planungs- und Orientierungsparadox, das bei genauerem Hinsehen nicht nur Jugendliche betrifft. Dieses Planungs- und Orientierungsparadox kann vielmehr als Symptom einer gesellschaftlichen Individualisierung angesehen werden, mit der gesellschaftlich zu bearbeitende Themen sukzessive in den Zuständigkeitsbereich der Individuen verlagert werden (Beck 1986; Böhnisch 2008), ohne dass sichergestellt wäre, dass diese auch auf die hierfür nötigen Ressourcen zurückgreifen können. Hierin den zentralen Mechanismus zu sehen, über den sich in spätmodernen Gesellschaften soziale Ungleichheit herstellt, ist der allgemeinere Ausgangspunkt, den diese Untersuchung mit der jugendsoziologischen Forschung wie auch der biografischen Übergangsforschung teilt.

Jugendkulturelle Praktiken
Gleichzeitig, und trotz dieser strukturbezogenen Betonungen, sind Jugendliche und junge Erwachsene in diesen Zeiten als starke Akteure anzusehen: So nimmt dieses Forschungsprojekt ebenso wie seine Vorgängerstudie (Stumpp et al. 2009) konsequent eine *Akteursperspektive* ein. In bewusstem Kontrast zu einseitigen Problematisierungstendenzen und -diskursen werden die (möglicherweise) riskanten Praktiken Jugendlicher als subjektiv und kollektiv *sinnvoll* im Rahmen der *Bewältigung* riskanter biografischer Übergänge rekonstruiert, das Trinken so in den lebensweltlichen Zusammenhängen der Jugendlichen belassen (Thiersch 2005).

Diese Perspektive hat sich in verschiedenen Arbeiten zu einer qualitativen Alkoholkonsumforschung (siehe die Zusammenschau von Arbeiten in Litau und Stauber 2012) bewährt. Sie knüpft dabei zum einen an Theorieansätze an, die das Verhältnis zwischen gesellschaftlichen Strukturen und dem Handeln von Subjekten als echtes Wechselverhältnis konzipieren: Danach wird nicht nur davon ausgegangen, dass sich z. B. gesellschaftliche Strukturen oder gesellschaftlich dominante Diskurse in individuellen Praktiken spiegeln, sondern auch umgekehrt, dass sich individuelle, kollektive und zumeist informelle Praktiken in Diskursen und Strukturen niederschlagen können. Die Frage, was hier was beeinflusst, strukturiert und prägt, wird also nicht schon theoretisch vorentschieden, sondern für eine empirische Untersuchung offengelassen (siehe hierzu die Ausführungen zum Konzept der Handlungsfähigkeit: Stauber et al. 2011; und zur Vorstellung von Jugend als Akteurin sozialen Wandels: Pohl et al. 2011). Der Verzicht auf Ableitungsannahmen (Handeln und Handlungsspielräume sind nie direkt aus strukturellen Rahmenbedingungen ableitbar) schafft gleichzeitig eine theoriestrategische Offenheit für die Möglichkeiten gesellschaftlicher Transformationsprozesse.

Zum Zweiten wurde im Kontext unseres Forschungsprojektes diese Perspektive *praxeologisch* ausgelegt. Hiernach ergeben sich die Sinnstrukturen in jugendkulturellen Praktiken aus diesen Praktiken selbst.

> Handeln wird der praxeologischen Wissenssoziologie zufolge nicht aus Normen und Rollenerwartungen, den Alltagstheorien oder Intentionen abgeleitet, sondern die Handlungspraxis wird durch den Orientierungsrahmen, durch implizites und inkorporiertes Wissen bestimmt. (Asbrand et al. 2013, S. 6)

Ralf Bohnsack und Arnd-Michael Nohl haben hierzu im Kontext ihrer empirischen und theoretischen Arbeit zu Jugendkulturen auf Überlegungen von Howard Becker, Hans Joas und Karl Mannheim auf den Begriff der jugendkulturellen „Aktionismus" zurückgegriffen bzw. diesen Begriff weiter ausformuliert:

> Uns geht es mit dem Begriff des ‚Aktionismus' (.) darum, grundlagentheoretisch und auf der Basis empirischer Evidenz darzulegen, dass jugendlichen Aktionismen eine eigene Rationalität eigen ist, zu der die auf das zweckrationale Handlungsmodell fixierten Forscher(innen) keinen Zugang finden. Aktionismen sind nicht nur in einer unspezifischen Weise ‚kreativ'; vielmehr noch stellen sie eine ernst zu nehmende Lösung von Orientierungsproblemen dar. (Bohnsack und Nohl 2001, S. 18)

Insofern wird jugendkulturellen Aktionismen also durchaus eine gewisse Funktionalität zugesprochen. Nicht von ungefähr, so könnte man folgern, sind Jugendliche im Hinblick auf die unter der Perspektive der Aktionismen besonders interessierenden informellen sozialen Ritualisierungen aktiv (Gebauer und Wulf 2003): im pausenlosen Erfinden von Bewegungs-, Begrüßungs-, Interaktions-, Konsumtions-, Konfliktlösungs-, Inszenierungsritualen. „Aktionismen können als eine spezifische Form von Ritualen verstanden werden, als Rituale, die nicht auf die Bestätigung und Re-Organisation von kollektiven Wissensbeständen, sondern auf deren Emergenz gerichtet sind und deren Ausgang somit weitgehend offen ist – auch im Hinblick auf die damit verbundenen Chancen und Risiken" (Bohnsack und Nohl 2001, S. 23). Hierbei ist nicht nur an genuin selbstgestaltete Rituale zu denken, sondern auch an die Modifikation, Überarbeitung und eigenwillige Aneignung existierender Rituale (z. B. im ländlichen Milieu: die „Fasnet" (schwäbisch-alemannische Fastnacht), die Dorffeste, die Vereinskulturen).

Handlungsfähigkeit zeigt sich also genauso in solchen Ritualen wie in den *Selbstinszenierungen* der jugendlichen Befragten als Akteure, etwa in Interviews. Diese jugendkulturell informierte Perspektive wird für sinnvoll erachtet, um subjektive Sinnstrukturen in den beobachtbaren oder erzählten Praktiken zu erschließen und diese immer wieder zurückzubinden an die Anforderungen einer Bewältigung und Gestaltung verschiedener Entwicklungsaufgaben und an deren jeweils spezifische strukturelle Bedingungen und Kontexte. Sie ist in der Lage, durch den Fokus auf *soziale* Praktiken Intersubjektivität und Kollektivität im Blick zu behalten, und sie bezieht sowohl die Ebene des Körperlichen als auch die des symbolischen Handelns, der Selbstinszenierungen und der jugendkulturellen Ausdrucksformen mit ein. Eine *implizite Widerständigkeit* gegen den Aktivierungsdiskurs und die Ideologien des spätmodernen Neoliberalismus zeigt sich darin, dass aus der Außenperspektive der Erwachsenengesellschaft diese jugendkulturellen Praktiken immer wieder als abweichend, riskant oder völlig absurd bewertet werden, was sich in Bezug auf unser Thema in der Metapher des „Komasaufens" dokumentiert.

Identitätsarbeit und Doing gender
Der oben genannten Diagnose der Entstandardisierung der Jugendphase, die inzwischen in der Jugendforschung weithin geteilt wird, entspricht auf entwicklungspsychologischer Ebene das Schwinden von Selbstverständlichkeiten der Identitätsentwicklung: So stellen sich Entwicklungsaufgaben eben nicht – wie es die klassischen Modellvorstellungen von Havighurst oder Erikson vorgesehen hatten – Schritt für Schritt, sondern müssen in biografischen Übergängen oft gleichzeitig bearbeitet werden. Hieraus können Widersprüche und Friktionen entstehen, die wiederum individuell zu bewältigen sind. In praktisch allen Lebensthemen, die Jugendliche und junge Erwachsene beschäftigen, steht damit *Identitätsarbeit* an (Keupp et al. 1999) – ein Konzept, welches wir hier favorisieren, weil es die normalisierte Anforderung in spätmodernen individualisierten Gesellschaften, sich nicht nur immer wieder begründen und entwerfen zu dürfen, sondern auch zu *müssen*, empirisch wie auch theoretisch aufgreift. Das Konzept der Identitätsarbeit bzw. der Patchwork-Identität hält in Erinnerung, dass wir es im Hinblick auf Identität mit etwas Beweglichem, Prozesshaftem, in Bearbeitung Befindlichem

3 Theoretische Grundlagen

und Hybridem zu tun haben (Hall 1996). Die oft anstrengenden, aber auch kreativen Prozesse zeigen sich prototypisch auf den Bühnen jugendkultureller Selbstinszenierungen (Stauber 2004). Das Konzept der Identitätsarbeit ist *praxeologisch* und *interaktionsbezogen* angelegt: Es weist darauf hin, dass es Identität nicht *gibt*, sondern ein Konstrukt ist, das sich in der Interaktion und in unterschiedlichen Wissens- und Erfahrungsräumen erst *herstellt*.

Diese interaktionstheoretische Wendung des Identitätskonzepts verweist auf gesellschaftliche Anforderungsgefüge im jeweiligen geschichtlichen Kontext, sie koppelt sich also nicht ab von strukturtheoretischen Konzepten. Sie hat eine Nähe zu den gendertheoretischen Überlegungen zur Herstellung von Geschlecht, wie sie seit den 1990er-Jahren debattiert und erweitert werden (Gildemeister 2004), auch dank des Einbezugs von rassismus- und generell diskriminierungskritischen Überlegungen (Yıldız und Stauber 2014). Beide – die Überlegungen zur Identitätsarbeit wie auch die intersektionell erweiterten gendertheoretischen Überlegungen – verdanken sich letztlich einer Kritik an der Essentialisierung gesellschaftlicher Verhältnisse, und beide stehen in Bezug zueinander: In der Tat ist Identitätsarbeit immer auch auf ihre Geschlechterbezüge zu befragen, also danach, wie (junge) Frauen und Männer sich mit geschlechterbezogenen Anforderungen und Rollenvorstellungen auseinandersetzen und in ihrer Identitätsarbeit Weiblichkeiten und Männlichkeiten reproduzieren, modifizieren oder neu entwerfen. Diese genderbezogenen Thematiken lassen sich nicht, wie das noch in traditionellen identitätstheoretischen Konzeptionen der Fall war, auf *eine* Entwicklungsaufgabe reduzieren, sondern sind als Themen zu betrachten, die durchgängig mitlaufen und zu bearbeiten sind (Helfferich 1994), auch wenn sie nicht immer im Vordergrund stehen. Und in der Tat wird der jugendliche Alkoholkonsum auch hierfür genutzt.

Geschlecht ist hier also nicht essentialistisch gedacht, sondern vielmehr als gesellschaftlich naheliegender und nahegelegter Anlass wie auch als Resultat sozialer Interaktion. In einer solchen Perspektive geht es also weniger darum, ob und inwiefern Mädchen und junge Frauen in Jugendkulturen vorkommen bzw. wie sie was im Unterschied zu Jungen praktizieren, sondern es wird danach geschaut, *wie* Jugendliche in ihren jugendkulturellen Selbstinszenierungen „Geschlecht" herstellen: Wie werden Bezüge auf Männlichkeit und Weiblichkeit relevant, wie wird der Alkoholkonsum oder das Rauschtrinken als Möglichkeit für Inszenierungen von Geschlecht genutzt? Wie reproduzieren und bestätigen solche Selbstinszenierungen im Kontext des Trinkens Heteronormativität, wie durchque(e)ren sie diese? Und mit welchen Folgen ist dies verbunden? Welche sozialen Anlässe, Spielräume und Aktivitäten für Genderinszenierungen bietet der Alkoholkonsum im Peerkontext?

Was nicht nur unsere Forschung zeigt (vgl. den Forschungsüberblick in Litau und Stauber 2012): Dieser Peerkontext fungiert als Erfahrungsraum, um Identitäten, Rollen(-konflikte), Szenezugehörigkeiten, Lebensstile und damit verbunden auch soziale Integration zu erkunden, zu erproben und zu konstruieren. Dabei sind Erfahrungen mit Alkohol immer auch geprägt vom soziokulturellen Kontext des Konsums sowie von den hier jeweils entwickelten alkoholbezogenen Normalitäten (vgl. Settertobulte 2010). Diese fungieren als Orientierungsfolie wie als Reibungsfläche, an der es sich abzuarbeiten gilt. So setzen sich Jugendliche im Rauschtrinken häufig mit hegemonialen Gender-Skripten auseinander und reproduzieren, bestätigen oder aber modifizieren diese. Als kleiner Vorgriff: Unsere Daten zeigen, dass Alkoholkonsum dabei der genderbezogenen Positionierung wie auch der Distinktion dient – sowohl von gleichaltrigen Jugendlichen als auch von Erwachsenen. Und sobald es um die Begründung von bestimmten Entwicklungen im Konsum geht, kann Geschlecht wiederum als Legitimationsfolie genutzt werden.

Bildungsbiografien und Rauschtrinken
Jugendkultureller Alkoholkonsum findet statt in Phasen, in denen Jugendliche sehr stark mit ihren formalen Bildungsübergängen beschäftigt sind, und wird häufig auch zu deren Bewältigung genutzt – zum Beispiel in Form von Entlastungen innerhalb stressiger Phasen, in Form von Belohnung nach bestandenen Prüfungen, in Form von Übergangsritualen für das Abschließen zurückliegender und das Initiieren bevorstehender Bildungsabschnitte: Das Trinken kann so auch als Möglichkeit des *Prozessierens von Bildungsverläufen* gesehen werden. Gleichzeitig ist dieser jugendkulturelle Kontext selbst als Sphäre für Bildungsprozesse zu sehen, der eine Fülle an Möglichkeiten des informellen Kompetenzerwerbs bietet. Damit knüpfen unsere Interpretationen an subjektorientierte Bildungsbegriffe in der Traditionslinie von Marotzki (1990), Nohl (2006b) und Koller (2012) sowie an die Erweiterung dieser Perspektive auf jugendkulturelle (riskante) Rituale und Praktiken (Sting 2013) an. Schließlich werden die Dynamiken der Gruppenbezüge und der individuellen Konsumkarrieren immer wieder auch zu Anlässen, Entwicklungsprozesse anzustoßen, die im besten Sinne eines subjektiven Bildungsbegriffes einer Veränderung von Selbst- und Weltverhältnissen gleichkommen (Koller 2012).

Dieser Vorstellung folgend nutzen wir in unserem Forschungskontext die Bildungskategorie. Zum einen geht es darum, *wie* in und mit den Trinkpraktiken Jugendlicher in informellen Gruppen biografische Übergänge bewältigt, gestaltet und weiterentwickelt (prozessiert) werden. Es geht hier also um ein aktives Passendmachen, was impliziert, sich aus eingeschliffenen Gewohnheiten und Handlungsrepertoires, die nicht mehr stimmig sind, weil sich Relevanzen in andere Richtungen entwickelt haben, auch wieder zu lösen. Dies ist gleichzeitig das Moment, welches Routinen öffnet für Veränderung und somit auf die transformative

3 Theoretische Grundlagen

Dimension von Praktiken verweist. Es geht in Bezug auf die Trinkpraktiken (wie auch in Bezug auf andere jugendkulturell relevante Aktivitäten) um Erfahrungsräume, um Gelegenheitsstrukturen und Anlässe für biografische Reflexivität.

Zum anderen sehen wir im jugendkulturellen Alkoholkonsum selbst Gelegenheiten und Potentiale sozialer Bildung (Sting 2008). Riskante Praktiken sind vielfach auch ein prominentes Medium informeller Bildungsprozesse, die wichtige Funktionen in der sozialen und psychischen Entwicklung, in der unvermeidbaren Aushandlung zwischen Individuation und Integration, zwischen Unabhängigkeitsgefühl und Verantwortlichkeit erfüllen (Hurrelmann und Richter 2006).

Als methodologische Konsequenz ist hierfür eine *biografische Perspektive* unabdingbar. Von hier aus ist das, was wir oben unter handlungstheoretischer Perspektive thematisiert haben, biografietheoretisch zu rahmen. So kann Handlungsfähigkeit oder *Agency*, ein Konzept, das Mustafa Emirbayer und Ann Mische in einer zeitlichen Dimension entwerfen, im biografischen Bezug gesehen werden. Emirbayer und Mische entwerfen Agency „as a temporally embedded process of social engagement, informed by the *past*, (in its habitual aspect), but also oriented toward the *future* (as a capacity to imagine alternative possibilities) and toward the *present* (as a capacity to contextualize past habits and future projects with the contingencies of the moment)" (Emirbayer und Mische 1998, S. 963, Hervh. d. A.). Übersetzt auf unser Projekt ist Agency *zum einen* in den Erzählungen Jugendlicher als Resultat (bildungs-)biografischer Erfahrungsaufschichtungen aufzufinden, wie wir sie in unseren Ankerfällen genauer herausarbeiten (vgl. Kap. 6). *Zum anderen* ist Agency hochgradig sozial situiert und nur im konkreten historischen Kontext bzw. im Kontext gesellschaftlicher Anforderungen zu begreifen, die sich in einer ganz bestimmten Weise auf Bildung beziehen.

Jugendkulturelle Identitätsarbeit in ihrer protektiven Funktion

Das Erregen öffentlichen Aufsehens kann geradezu als konstitutiv für die kollektiven Abgrenzungs- und Identitätsfindungsprozesse der Jugendlichen in sich stets verändernden und neu entstehenden Jugendkulturen betrachtet werden (Beulich und Stauber 2011). Gleichzeitig sind jugendliche Verhaltensweisen als eine spezifische Reaktion auf gesellschaftliche Verhältnisse zu verstehen: „Sie spiegeln in ihrer Befindlichkeit die sozialen, ökonomischen, ökologischen, kulturellen und politischen Befindlichkeiten der ganzen Gesellschaft wider. Sie zeigen uns spontan und unverstellt, wie ihre Lebenswelt und Umwelt auf sie wirken und wo sie diese Umwelt herausfordert und überfordert" (Kolip et al. 1995, S. 16).

Hierin liegt auch ein Moment der Problemanzeige: Die *Herausforderungen* und *Risiken* des Aufwachsens in der Spätmoderne sind insbesondere durch die hochambivalenten Anforderungen einer individualisierten Gesellschaft gekennzeichnet. Einer schier unendlichen Vielfalt von Entwicklungsoptionen stehen erhöhte

Leistungs- und widersprüchliche Rollenerwartungen in nahezu allen Lebensbereichen, in denen Jugendliche im Übergang sind, gegenüber (Hurrelmann und Richter 2006, S. 22). Die Optionen sind zudem nicht gleichermaßen für alle zugänglich, und Jugendliche sind bei der Bewältigung dieser Entwicklungsherausforderungen zunehmend auf sich selbst gestellt, da Erwachsene aufgrund ihrer eigenen Verunsicherung oft wenig Orientierung geben können. Heranwachsende sind also auf „Fähigkeiten zur Selbstorganisation [… und] die innere Selbstschöpfung von Lebenssinn" (Keupp 2009, S. 13) sowie – hinsichtlich der Übergangsarbeit in die Erwachsenen- und Berufswelt – auf *Selbstexperimente* (Sting 2013) angewiesen (vgl. Litau 2011).

Hierfür bieten ihnen jugendkulturelle Zusammenhänge einen optimalen Aktionsraum. Und hierin liegt auch ihre salutogenetische Relevanz. Am Beispiel des Rauschtrinkens von Jugendlichen kann exemplarisch verdeutlicht werden, wie diese mithilfe entsprechender riskanter Praktiken, die sie im Rahmen der sich stets verändernden *Jugend(sub)kulturen* immer wieder (er-)finden, die Anforderungen und Zumutungen der Übergänge zwischen Jugend und Erwachsensein zu bewältigen suchen. „In der Kultur des ‚Geselligen Trinkens' erleichtert der Alkoholkonsum die Bewältigung der Entwicklungsaufgaben oder ersetzt sie gar" (Settertobulte 2004, S. 5).

Zu diesen Aufgaben gehören die geschlechterbezogene Identitätsarbeit (Keupp et al. 1999), für die die rauschtrinkenden Peergroups eine ideale Selbstinszenierungsbühne bieten; der Aufbau von Freundschaften und Liebesbeziehungen, der durch Rituale und die enthemmende Wirkung des Alkohols erleichtert wird; die Ablösung von den Eltern und die Entwicklung eines eigenen Wertesystems auf dem Weg absichtlicher, experimenteller Normverletzungen und Inszenierungen sozialen Protests (Silbereisen und Noack 1988). Zugleich stellt der Alkoholkonsum an sich bereits eine Integrationsanforderung der Erwachsenenwelt dar, in der er nahezu obligatorisch zu den meisten sozialen Gelegenheiten gehört und der Umgang mit seinen Risiken „*Teil der zu erwerbenden Lebenskompetenz*" (Hurrelmann und Settertobulte 2008, S. 10) ist.

Genau dies macht dann auch den gesundheitswissenschaftlichen Zugang unserer Forschung aus: Sofern im Kontext von Alkoholkonsum von solchen Bildungserfahrungen und von einem solchen Kompetenzgewinn ausgegangen werden kann, hat jener Kontext – so paradox das klingen mag – auch eine protektive Funktion: Im Kontakt mit riskanten Praktiken entsteht eine unter salutogenetischer Perspektive äußerst relevante Risikokompetenz (Franzkowiak 1996), die Jugendliche dazu nutzen können, sich selbst vor (allzu) großen Risiken zu schützen – in Form von körperbezogenen Regulierungen (siehe Kap. 5.1) und allgemein im Ausbilden einer Sensibilität dafür, wann genug konsumiert ist (bei sich selbst, bei anderen), wann wie zu intervenieren ist bzw. was im Risikofalle zu tun ist.

Sinnrekonstruktive Methodologie 4

In den voranstehenden Ausführungen wurde bereits deutlich, dass es uns in unserer Forschung um die Entwicklungsdynamik der subjektiven und kollektiven Sinnzusammenhänge ging, die Jugendliche zu unterschiedlichen Zeiten mit dem Alkoholkonsum in Gruppen verbinden. Das Projekt folgt einer sinnrekonstruktiven Methodologie (Friebertshäuser et al. 2010; Bohnsack 2014); das angesichts seines Interesses an biografischen und gruppenbezogenen Entwicklungen naheliegende Forschungsdesign ist der *biografische Längsschnitt*, welcher eine Rekonstruktion sich verändernder subjektiver Sinnstrukturen auch in Bezug auf die Gruppen ermöglicht und das Thema des Alkoholkonsums *in* den Kontexten, in denen es subjektiv und kollektiv relevant wird, zu begreifen versucht. Er umfasst insgesamt drei Erhebungswellen über einen Zeitraum von fünf Jahren. Das heißt, die/der Jüngste der Befragten war zu Beginn der Studie zwölf, zum Ende der Studie 17 Jahre, die/der Älteste war zu Beginn der Studie 17, zum Ende der Studie 22 Jahre alt. Das Sample war und blieb durchgängig geschlechterparitätisch strukturiert, wichtig waren zudem die Berücksichtigung unterschiedlicher sozialräumlicher Kontexte (großstädtischer/mittelstädtischer/ländlicher Raum) und kontrastreiche Bildungsverläufe. Im Hinblick auf Letztere gab es von vornherein einen Bias zugunsten der niedrigeren Bildungslevels, der sich auch bis in die letzte Erhebungsphase hielt.

Samplingfragen sind in longitudinalen Projekten alles andere als trivial. So verdankt es sich der guten Kontaktpflege, dass rund die Hälfte der Jugendlichen aus dem Vorgängerprojekt nach mehr als zwei Jahren erneut für die Teilnahme gewonnen werden konnten. Um ein Sample mit maximaler Kontrastierung und Eckfällen im Hinblick auf die bislang identifizierbaren biografischen Verläufe zu konstruieren, spielte die reale Gewinnbarkeit die wesentlichste Rolle, gekoppelt

Tab. 4.1 Sample und Erhebungsphasen

	1. Phase	2. Phase	3. Phase
Interviews	29	17	16
Geschlechterzuweisungen	15 männlich 14 weiblich	9 männlich 8 weiblich	9 männlich 7 weiblich

mit der Grundidee des Theoretical Sampling (Strauss und Corbin 1996, S. 148 ff.; Strübing 2004). Gleichzeitig erwies es sich als sinnvoll, zum zweiten Erhebungszeitpunkt auch noch weitere Jugendliche aus dem Kontext eines großstädtischen Kiezmilieus hinzuzunehmen. Dank der kürzeren Zeitspanne zwischen zweiter und dritter Erhebungsphase konnten die meisten derjenigen Jugendlichen, die im zweiten Durchgang zur Verfügung standen, auch im dritten Durchgang noch einmal gewonnen werden (Tab. 4.1):

Zum methodischen Design: ein qualitativer Längsschnitt in drei Untersuchungsphasen
Erste Phase: Sekundäranalyse der 29 vorliegenden leitfadengestützten Interviews des Vorgängerprojekts

Aus den 29 leitfadengestützten Interviews der Vorgängerstudie (Stumpp et al. 2009), die mit Jugendlichen zwischen 12 und 17 Jahren in drei unterschiedlichen Regionen Süddeutschlands geführt wurden, wurden die Transkripte der Interviews, die mit den in der zweiten Phase wieder gewinnbaren Jugendlichen geführt wurden, einer Sekundäranalyse unterzogen (Medjedovic und Witzel 2010). Wir nutzten Letztere in einer induktiven Variante (Janneck 2008) – als ‚supplementary analysis' –, die einen vertiefenden Blick auf den Datensatz anhand eines spezifischen Themas, das über die Analyse der Originalstudie hinausgehen kann, vorsieht. In unserem Fall wurden diese Transkripte im Hinblick auf biografische Entwicklung(spotentiale) wie auch im Hinblick auf Gruppenstrukturen genau durchgesehen.

Zweite Phase: Durchführung von narrativ-biografischen Interviews mit 17 Jugendlichen

Die Interviews in der zweiten Phase verbinden zwei zentrale methodische Zugänge, die sich jeweils auf einen Strang der Fragestellung beziehen: Im Hinblick auf die Rekonstruktion der individuellen Verläufe wurde aus den in Frage kommenden rekonstruktiven Erhebungsmethoden die Methode des narrativen Interviews gewählt und dabei dem Vorschlag von Gabriele Rosenthal und Kolleginnen (2006) gefolgt: eröffnet mit einem Erzählimpuls, unterstützt durch trichterförmiges immanentes Nachfragen, und ergänzt durch einen exmanenten Nachfrageteil, der the-

4 Sinnrekonstruktive Methodologie

menbezogenes Nachfragen und die Verwendung eines Nachfrage-Leitfadens ermöglicht, sowie einen bilanzierenden Abschluss. Der Nachfrage-Leitfaden wurde auf der Basis einer Sekundäranalyse des bereits vorhandenen Interviewmaterials entwickelt.

Um die Gruppendimension stärker zu beleuchten, wurden bei der Eröffnung dieses stärker strukturierten exmanenten Nachfrageteils Netzwerkkarten eingesetzt (Bernardi et al. 2006, S. 367). Diese wurden allerdings nicht im Sinne einer systematischen Netzwerkanalyse interpretiert (Hollstein und Straus 2006), sondern fungierten als „elicitation". Das heißt, die Netzwerkkarten wurden im Interview gemeinsam mit den Interviewpartner_innen erarbeitet, um die Darstellung der aktuellen Peers- und Cliquenbezüge zu unterstützen sowie weitere soziale Netzwerkkontexte der Befragten zu visualisieren und damit deutlicher zu thematisieren.

Die Interviews wurden von denselben Interviewenden wie im Vorläuferprojekt geführt, die eröffnenden Erzählimpulse knüpften an die im Vorläuferprojekt durchgeführten Interviews an, griffen jedoch biografisch weiter zurück.

Die in der zweiten Phase erhobenen Interviews wurden ausgewertet mit der dokumentarischen Methode der Interpretation, einem mehrschrittigen, auf Kodierung verzichtenden Verfahren, das auf Basis der Wissenssoziologie Karl Mannheims entwickelt wurde. Nach diesem Ansatz wird die kommunikative, reflexiv verfügbare Wissensebene von einer konjunktiven, atheoretischen, sich lediglich in Praktiken ausdrückenden Wissensebene unterschieden, wobei diese letzte Ebene, das implizite Wissen konjunktiver Erfahrungsräume, im Zentrum steht. So können in Interviews explizite Bezugnahmen der Befragten zu normativen gesellschaftlichen Erwartungen (sog. Orientierungsschemata) von impliziten Handlungsorientierungen, den sog. Orientierungsrahmen, unterschieden werden (siehe hierzu Bohnsack 2012). Um vor allem Letztere zu identifizieren, wurden jeweils die Eröffnungssequenzen der Interviews sowie Stellen, die nach immanenten (im Kontext der Relevanzsysteme der Befragten) wie exmanenten Kriterien (Relevanz für die Forschungsfrage) ausgewählt wurden, analysiert. Die Methode sieht eine formulierende und eine reflektierende Interpretation vor, im Kontext Letzterer wird über eine Textsortenanalyse auch auf das *Wie* der Darstellungen fokussiert, um die kontextspezifischen Normalitätsannahmen herausarbeiten zu können. Die dokumentarische Methode wurde durch Ralf Bohnsack zunächst im Kontext von Gruppendiskussionen prominent und von Arnd-Michael Nohl für die Auswertung biografisch-narrativer Interviews systematisch weiterentwickelt (Nohl 2006a, b). Sie eignet sich mithin genauso gut für die Rekonstruktion von biografischen Verläufen wie für die Rekonstruktion von Gruppenpraktiken. Mit ihren drei Schritten der Interpretation (formulierende und reflektierende Interpretation, Typenbildung) können so nicht nur die retrospektive Rekonstruktion, sondern (durch den Fokus auf den Dokumentsinn der Aussagen) auch die derzeitige Praxis und (über die Analyse der Orientierungsrahmen) deren implizite Sinnstrukturen erhellt werden. Auch im Hinblick auf die subjektive Relevanz der Gruppe und die – freilich immer aus der Subjektperspektive beschriebene – Dynamik derselben empfiehlt sich die dokumentarische Methode (Gaffer und Liell 2001). Die gewählte Methode hatte für uns also verschiedene Vorteile:

- sie ist durch die Analyse von Orientierungsrahmen auf subjektive und kollektive Relevanzen bezogen,
- sie erlaubt dadurch, den Situationsbezug sowie den Körperbezug bestimmter jugendkultureller Praktiken herauszuarbeiten, sowie den Bezug auf die Gruppe,
- sie ist fallbezogen, aber von vornherein komparativ,
- sie erlaubt eine sinngenetische Typenbildung (Nohl 2006b) und lotet die Möglichkeiten einer soziogenetischen Typenbildung genau aus. Dabei bleibt sie sensibel für das Problem, dass individuelle Verläufe schnell gruppenbezogen verallgemeinert werden.

Dieses Verfahren ist auf die Analyse in Interpretationsgruppen angewiesen. Dementsprechend haben wir uns als Projektteam zu Beginn der Auswertung in einem Methodenworkshop mit Arnd-Michael Nohl qualifiziert und die Auswertung konsequent gemeinsam durchgeführt.

Dritte Phase: leitfadengestützte bzw. narrative Interviews mit 16 Jugendlichen
In der dritten Phase wurden stärker thematisch fokussierte Interviews anhand eines Leitfadens geführt, der sich auf die jeweiligen Ergebnisse der Fallanalyse und die hieraus resultierenden Fragen bezog (Leitfadenentwicklung nach Helfferich 2005). Dort, wo in der zweiten Phase eine narrative Interviewführung nicht gut gelang, wurde das narrative Interview in dieser dritten Phase „nachgeholt". Doch auch hier lag ein thematischer Fokus auf den biografischen Entwicklungen und auf Veränderungen der Gruppenbezüge in dem Jahr zwischen den Untersuchungsphasen 2 und 3.

Mit diesen insgesamt drei Erhebungsphasen erhält das Projektdesign eine Längsschnittkomponente – lang genug, um biografische Veränderungen in den Übergangsprozessen der Jugendlichen zu erfassen, kurz genug, um die Veränderungen der Gruppenkonstellation nachzeichnen zu können. Im Hinblick auf Letztere wurden auch in der dritten Phase Netzwerkkarten verwendet, um mögliche Veränderungen zwischen den Interviewphasen 2 und 3 in die Analyse einer sich fortsetzenden Entwicklung einzubeziehen. Unabhängig davon, ob Alkoholkonsum und Rauschtrinken von den Jugendlichen nach wie vor praktiziert wird, ist von großem Interesse, *wie* die eigene Trinkbiografie zur Rekonstruktion des aktuellen Trinkverhaltens herangezogen wird. An dieser Stelle wird deutlich wie wichtig die bewusste Verzahnung der Interviewphasen ist. Von Interesse sind dabei nicht nur die Veränderungen, welche die Jugendlichen zwischen den Interviewzeitpunkten erfahren haben, und die damit verbundenen Neuerungen in ihrer Lebenspraxis, sondern auch die Veränderungen im Hinblick auf die Bewertung der eigenen Trinkerfahrungen. Die verschiedenen Positionierungen der Jugendlichen im Hinblick auf ihre eigene Geschichte lassen Rückschlüsse auf ihre – auch durch das Interview ermöglichten – Reflexions- und Bildungsprozesse zu.

Gesamtauswertung

Die Gesamtauswertung erfolgte *zum einen* anhand einer fallübergreifenden (qualitativen) Typologie (vgl. Ecarius und Schäffer 2010), konkret: der sinngenetischen Typenbildung, und *zum anderen* fallbezogen (anhand von fünf ausgesuchten Ankerfällen), bei denen durchgängig alle jeweiligen gewonnenen Daten aus allen drei Erhebungszeitpunkten einbezogen wurden. Der gesamte Prozess der Auswertung ist also zweidimensional zu begreifen: zum einen in einer Quer-, zum anderen in einer Längsschnittperspektive, orientiert an der fallgebundenen biografischen Rekonstruktion, in denen sich unterschiedliche Entwicklungsverläufe abbilden (vgl. Bohnsack 2010).

In der Querschnittperspektive…

… konnten wir unterschiedliche Typiken von Praktiken herausarbeiten, die für das Rauschtrinken relevant sind und diese in Relation zu bisherigen Forschungsbefunden setzen. Die Dokumentarische Methode hat sich bei der Auswertung als ertragreich erwiesen, vor allem auf der Ebene einer sinngenetischen Typenbildung (Bohnsack 2010, S. 60 ff.; Nohl 2006b). Auf dieser Ebene konnten die jeweiligen für die genauere Untersuchung des Gegenstands „jugendkultureller Alkoholkonsum" relevanten Typiken herausgearbeitet werden. Von einem Typus kann im Sinne dieser Methode gesprochen werden, wenn es gelingt, aus dem Material heraus Variationen von (minimal und maximal zueinander kontrastierenden) Orientierungen zu finden. Hier ist noch einmal an die Unterscheidung zwischen Orientierungsrahmen und Orientierungsschema zu erinnern (s. o.). Die Ergebnisse zu diesen Typiken wurden für diese Monographie zu Buchkapiteln ausgearbeitet. Dabei sind wir im Bohnsack'schen Sinne „nur induktiv" und noch nicht abduktiv vorgegangen (Bohnsack 2010, S. 57); dieses Vorgehen rechtfertigt unsere aus einem absolut defizitären Forschungsstand abgeleitete Untersuchung, mit der zunächst einmal die Relevanz der gefundenen Typologien begründet werden kann. Gleichzeitig aber zeigt die sinngenetische Typenbildung bereits die Verflechtung von Themen und die Mehrdimensionalität der Sinnbezüge, die zum Teil auf weltanschauliche Kontexte (Familie, regionale oder Kiez-Normalität etc.) verweisen. Die soziogenetische Typenbildung war nicht konsequent durchführbar (vgl. zu diesem Problem Nohl 2013). Allerdings lassen sich hierzu Spuren benennen: Einige der Typiken verweisen auf bestimmte bildungsmilieuspezifisch und letztlich sozioökonomisch gerahmte Verläufe im Kontext von Ausbildung, Beruf bzw. Hochschulbildung, einige auf regionale oder lokale Kontexte, andere wiederum auf intersektionelle Verflechtungen unterschiedlicher sozialer Differenzlinien. Gleichzeitig sperren sich zu viele Ergebnisse auf der Ebene der Orientierungsrahmen einer Zuordnung zu bekannten soziostrukturellen Kategorien, so dass für weitere Auswertungsschritte eher eine relationale Typenbildung (Nohl 2013) ansteht. Diese Suche nach Relationierungen von Typiken wird immer dann empfohlen, wenn die soziogenetische Typenbildung an ihre Grenzen kommt und wenn es aussichtsreich erscheint, nach Bezügen jenseits von (vermeintlich) identifizierbaren Erfahrungshintergründen nach Geschlecht, Schicht, regionaler Herkunft, Organisationskontext etc. zu fragen. Dies bleibt jedoch einem aktuell laufenden Fortsetzungsprojekt vorbehalten.

Die Querschnittperspektive zusammenfassend, sind im Blick auf die mit dem Alkoholkonsum einhergehenden Bewältigungsstrategien und Risikokompetenzen von Jugendlichen, das Regulieren auf der Körperebene, das Prozessieren von Bildungsverläufen, die Aushandlung von Familienbeziehungen, die Bezüge auf Normalität, die Ausweise von Handlungsfähigkeit sowie die Konstruktionen biografischer Wendepunkte relevante Aspekte, die auch in künftige Forschung einbezogen werden müssen.

Im Hinblick auf die damit einhergehende Gender-Relevanz hat das gesamte Set an Praktiken, das wir untersucht haben, implizite wie explizite Gender-Bezüge: Es finden sich implizite geschlechterbezogene Normalisierungen und Regulierungen, es finden sich Darstellungen von Handlungsfähigkeit, die auf gesellschaftlich dominante Geschlechterkonstrukte wie auch auf eigene geschlechterbezogene Selbstkonzepte verweisen, und es finden sich geschlechtlich konnotierte biografische Wendepunkte. Ganz explizit wird der Geschlechterbezug dort, wo das Trinken für das Zustandekommen und die Gestaltung von Liebesbeziehungen als relevant gesetzt wird.

Jugendkulturelle Relevanz zeigt sich in der Typik der körperbezogenen Regulierungen, der Gesellungspraktiken wie auch in der Darstellung von Handlungsfähigkeit. Die salutogenetische Perspektive wird vor allem in der Typik der körperbezogenen Regulierungsformen deutlich.

Im Prozess des Ausarbeitens dieser Querschnittsperspektive haben wir dank des Auswertens mit der Dokumentarischen Methode festgestellt, dass die herausgearbeiteten Typiken nicht auf *einer* Ebene liegen – vielmehr lassen sie sich unterscheiden in *erzählte Praktiken* (Kap. 5.1. bis 5.5) einerseits und in *Praktiken des Erzählens* (Kap. 5.7 bis 5.8) andererseits. Letztgenannte werfen grundlagentheoretische Fragen auf, die nun ebenfalls Gegenstand eines Fortsetzungsprojekts sind.

In der Längsschnittperspektive...
...wurden mit einem biografieanalytischen Blick Wege in und aus dem Rauschtrinken rekonstruiert. Dazu wurden jeweils alle drei Interviews eines Falles in die Analyse mit einbezogen, um zunächst die individuellen Entwicklungsprozesse und eine Fallstruktur zu rekonstruieren. Es liegen fünf ausgearbeitete Ankerfälle vor, die miteinander verglichen werden können, um Differenzierungen mit Bezug auf biografische Entwicklung und Veränderungen des Alkoholkonsums herauszuarbeiten.

In der bisher erfolgten Analyse deutet sich bereits ein breites Spektrum der Modi an, in denen sich das Thema des Alkoholkonsums mit den jeweiligen biografischen Themen verbindet. Auch in der Frage nach den Wegen in und aus jugendkulturellem Rauschtrinken sehen wir unterschiedliche Entwicklungen:

Zum einen finden wir Konsumverläufe, die sich über die Zeit hinweg kontinuierlich auf etwa gleichbleibendem (hohem) Niveau bewegen, wo aber die Konsumpraxis und die Trinkmengen an die jeweiligen Anforderungen der Alltagswelt angepasst werden. Im maximalen Kontrast hierzu gibt es Verläufe, in denen sich eine zunehmende distanzierte Orientierung zum Konsum entwickelt, die zu Reduktion bzw. Abstinenz von Alkohol führt. In diesen Verläufen zeigen sich deutlich als biografische Wendepunkte markierte Veränderungen im Konsumverhalten, bei gleichzeitig nur wenig erfolgreichen Anstrengungen, fast schon gescheiterte Bildungskarrieren noch einmal zu reparieren. Dabei wird deutlich, dass insbesondere die kontrastierende Untersuchung der Ankerfälle einen Einblick in die Zusammenhänge von Alkoholkonsumverläufen einerseits und der Bewältigung und Gestaltung von Entwicklungsanforderungen bei Heranwachsenden andererseits erlaubt.

5 Praktiken und Handlungsorientierungen von Jugendlichen im Umgang mit Alkohol

Im folgenden Kapitel werden acht herausgearbeitete Typiken dargestellt, aus welchen verschiedene inhaltliche Bezüge des (exzessiven) Alkoholkonsums deutlich werden. Alkoholkonsum zeigt sich dabei als ein möglicher (und, wie sich herausgestellt hat, sehr ergiebiger) thematischer Zugang zu unterschiedlichen Themenfeldern, die die Jugendlichen betreffen, und die teilweise weit über das Trinken im engeren Sinne hinausweisen. Wir haben somit sowohl ein differenziertes Wissen über die Trinkpraktiken gewonnen – ein Wissen, das gegenstandstheoretischen Charakter hat und das Phänomen des jugendkulturellen Alkoholkonsums sehr gut ausleuchtet –, als auch sehr viel zu informellen Gruppen, Organisation und Strukturierung von Freizeit, familiale Kommunikation sowie zur Gestaltung von Freundschaftsbeziehungen erfahren.

Die acht Typiken sind Ergebnis längerer gemeinsamer Auswertungsprozesse im Team, wir haben diesbezüglich nicht mehr, aber auch nicht weniger solcher Formen einer – im Sinne der dokumentarischen Methode – sinngenetischen Typologie gefunden. Diese fassen jeweils die Orientierungen der Befragten zusammen: entweder implizite Orientierungen der Befragten, ihre Orientierungsrahmen, oder normative Vorgaben, mit denen sie sich auseinandersetzen (sogenannte Orientierungsschemata). Ein Typus kann im Sinne dieser Methode immer dann abgegrenzt und identifiziert werden, wenn es gelingt, aus dem Material heraus Variationen von (minimal und maximal zueinander kontrastierenden) Orientierungen zu finden. Die Typik stellt dann eine Familie solcher auf ähnliche Thematiken bezogenen Typen dar (vgl. Bohnsack 2010; Nohl 2006b). Wir haben in unserer Darstellung versucht, die Interpretation nachvollziehbar zu machen, uns gleichzeitig aber wieder etwas vom Duktus der dokumentarischen Methode zu lösen.

Unter *Regulierungspraktiken auf der Körperebene* (5.1) findet sich ein ganzes Set an Strategien, wie Jugendliche die komplexen Anforderungen, die ihnen im Kontext des Trinkens auf der körperlichen Ebene begegnen, zu bewältigen suchen. Diese Praktiken bewegen sich in der Spannung zwischen einem höchst individuellen Körpererleben und den sozial-diskursiven Rahmungen im jugendkulturellen (Gruppen)-Kontext. Es zeigt sich, dass das Austarieren dieses Spannungsfelds hohe Anforderungen an die Jugendlichen stellt; damit eröffnet der Konsum von Alkohol in der Gruppe ein weites Terrain von Möglichkeiten für wichtige, körperbasierte Identitätsfindungsprozesse, bei denen auch salutogenetische Aspekte wie Grenzerfahrungen bedeutsam werden. Das Austesten und Einüben von (körperlichen) Regulierungspraktiken kann einerseits als Beitrag der Jugendlichen zur Enkulturation in den Umgang mit der gesellschaftlichen Droge Alkohol verstanden werden, andererseits auch generell als Hilfe zur Bewältigung von Entwicklungsaufgaben im Jugendalter (Settertobulte und Hurrelmann 2008) sowie als Entwicklung von Risikokompetenz. Gleichzeitig leistet unsere Forschung hier einen Beitrag zu dem immer noch existierenden Forschungsdesiderat, körperbezogene Dimensionen in der Jugendforschung adäquat, das heißt auch in ihrer Relevanz für die im Jugendalter anstehenden Bewältigungsanforderungen, zu berücksichtigen (Hübner-Funk 2003).

Hierbei wird das Trinken sichtbar als Möglichkeit des *Prozessierens von Bildungsverläufen* (5.2). Damit knüpfen unsere Interpretationen an subjektorientierte Bildungsbegriffe in der Traditionslinie von Marotzki (1990), Nohl (2006b) und Koller (2012) an, sowie an die Erweiterung dieser Perspektive auf jugendkulturelle (riskante) Rituale und Praktiken (Sting 2013). Diesbezüglich erweisen sich die Trinkpraktiken und der Alkoholkonsum als Erfahrungsraum, als Gelegenheitsstruktur und als Anlass für biographische Reflexivität, mit geschlechterbezogen unterschiedlichen Bedeutungen.

Es ist auch deutlich, wie sehr die Rekonstruktionen dieser Bildungsprozesse durch die Befragten *familiär gerahmt* werden, insofern sie diese an *Aushandlungen von Familienbeziehungen im jungen Erwachsenenalter* (5.3) festmachen. Deutlich wird, wie der Alkoholkonsum als Aushandlungsgegenstand dient, als Handlungsfeld zum Austarieren von Autonomiespielräumen, zur Übernahme oder Abgrenzung von elterlichen Vorbildern, als Möglichkeit zur jugendlichen Neujustierung der Beziehung in der Abgrenzung von den Eltern genauso wie in der neuerlichen Hinwendung zu den Eltern. Dies entspricht der schon länger in der Forschung zu Intergenerationenbeziehungen gewonnenen Erkenntnis, dass es im Kontext spätmoderner Verhandlungsfamilien in der Jugendphase zunehmend weniger um Ablösungsprozesse geht, denn um eine Suche nach Neugestaltung (Cornelißen und Entleitner 2014; Demant und Ravn 2013). Über die Kommunikation zwischen Eltern und ihren Kindern über den Alkoholkonsum aber auch über Formen des beobachteten oder gemeinsamen Konsums werden wichtige Dimension des Vertrauens erschlossen, die sich aus unserer Studie noch um die Dimension der Anerkennung erweitern lassen.

Ähnlich große Bedeutung hat der *Umgang mit Liebesbeziehungen* im Hinblick auf die Trinkpraktiken, Trinkanlässe und Trinkmengen (5.4). Hier entfaltet der Alkoholkonsum unterschiedliche Funktionen – als Möglichkeit, überhaupt Kontakt aufnehmen zu können, als Gelegenheit, sich enthemmter näherkommen zu können, genauso wie als Verhandlungsgegenstand in länger andauernden Beziehungen. So scheinen Jugendliche die Verbindlichkeit in und die Relevanz von Liebesbeziehungen daran zu bemessen, inwieweit sie – dem Partner oder der Partnerin zuliebe – an Trinkpraktiken teilnehmen oder sich von diesen distanzieren, vor allem aber, ob sie Vereinbarungen, beispielsweise über eine Reduktion der Konsummenge, einhalten. Hier entfalten sich interessante Gender-Dynamiken, durchaus auch gegenläufig zur dominanten Konstellation ‚stark trinkender Freund – moderat trinkende Freundin', sowie in queeren Konstellationen.

Da der von uns untersuchte Alkoholkonsum hauptsächlich in Gruppen stattfindet, sind sämtliche hiermit verbundenen Praktiken interessant im Hinblick auf die *Gestaltung von sozialen Gesellungsformen* (5.5) und hierauf bezogene (auch normative) Aushandlungs- und Lernprozesse, wie etwa den Umgang mit Konformitätserwartungen in der Peergroup (vgl. die Beiträge in Krüger et al. 2010, 2012; sowie MacLean 2013). In den von uns untersuchten Praktiken kommen soziale Vorstellungen nicht nur von legitimem Trinken zum Ausdruck, sondern auch zum verantwortlichen Umgang in Freundschaftsbeziehungen (soziale Regulative). Auf dieser Ebene können also auch normbezogene Aushandlungen in der Peergroup rekonstruiert werden.

Unter *Bezüge auf Normalität* (5.6) fassen wir solche Praktiken, mit denen die befragten Jugendlichen ihren zum Teil hohen Alkoholkonsum zuordnen, relativieren, entdramatisieren und unter Bezugnahme auf unterschiedliche Normalitätskonstrukte ‚verselbstverständlichen'. Dabei sind sowohl die impliziten Bezugspunkte interessant, an denen sie ihre Praktiken ausrichten, als auch explizite Begründungen: Auseinandersetzungen mit ‚Normalitäten' finden sich einerseits in Erzählungen über Handlungspraktiken, andererseits in der Gegenüberstellung aktueller Normalitätsvorstellungen mit solchen, die in der Vergangenheit bzw. im biografischen Rückblick Relevanz hatten und zum Zeitpunkt des Interviews als Abgrenzungsfolie dienen. Solche Bezüge auf Normalität stehen für eine diskursive Praktik, die generell für die Dechiffrierung jugendlicher Selbstdarstellungen interessant ist.

In solchen Regulierungen kommt immer auch *Handlungsfähigkeit* (5.7) zum Ausdruck – ein Aspekt, der sich hier geradezu aufdrängt, und der gleichzeitig hochanschlussfähig ist an die aktuellen Theoriedebatten zur agency-Perspektive (vgl. Homfeldt et al. 2008; Raithelhuber 2011; Bethmann et al. 2012; Graßhoff 2013). Diese handlungstheoretische Perspektive hat sich nicht nur in verschiedenen Arbeiten zu einer qualitativen Alkoholkonsumforschung bewährt (siehe die Arbeiten in Litau und Stauber 2012), sondern ist im Kontext der subjektorientierten Übergangsforschung auch bereits etabliert (Pohl et al. 2011; Schröer et al. 2013).

In dem Material finden sich entlang der Beschreibungen zum Alkoholkonsum auch interessante *Konstruktionen biographischer Wendepunkte* (5.8) – Konstruktionen zu biografischen Entwicklungen, nach denen es an einer durch den Alkoholkonsum markierten Stelle zum Beispiel „Klick" gemacht habe oder theoretischer formuliert eine neue Stufe der biografischen Reflexivität erreicht worden ist. Diese Wendepunkte sind oft auch Scheitelpunkte der Verknüpfung mit anderen zentralen Übergangsthemen, so etwa dem Beginn einer Berufsausbildung, dem Beginn einer ernsthaften Liebesbeziehung, der Selbstverständigung als junge Frau, als junger Mann.

Es ließen sich also interessante und bislang wenig beachtete Querverbindungen der jugendkulturellen Trinkpraktiken mit anderen Übergangsthemen aufzeigen. Die Ergiebigkeit des thematischen Zugangs über Alkoholkonsum erklärt sich daraus, dass dieser für die befragten rauscherfahrenen Jugendlichen lebensweltlich so naheliegend ist und es von ihrer Seite in diesem Bereich so viel Expertise gibt. Festzuhalten ist, und dies ist auch methodologisch von Relevanz, dass sich von einem solch lebensweltlichen Zugang aus im Prinzip das gesamte Übergangsgeschehen aufrollen lässt.

5.1 Regulierungspraktiken auf der Körperebene (Gabriele Stumpp)

Das Thema Regulierungspraktiken auf Körperebene ist insofern für den vorliegenden Forschungskontext relevant, als der Alkoholkonsum generell körperliche Effekte zeitigt, mit denen umzugehen eine Anforderung darstellt. Vor Beginn des Alkoholkonsums haben Jugendliche keinerlei subjektive Körpererfahrungen mit den physischen Auswirkungen von Alkohol, weder den möglichen positiven noch den negativen Konsequenzen eines Rauschzustandes. Insofern betreten die Jugendlichen mit Beginn des Alkoholtrinkens auch auf rein physischer Ebene ein Neuland von Erfahrungen, die es zu bewältigen und in Handlungspraktiken und normative Einstellungen zu integrieren gilt.

5.1 Regulierungspraktiken auf der Körperebene (Gabriele Stumpp)

Dies bildete sich deutlich in der ersten Untersuchungsphase ab, in der 30 Interviews mit Mädchen und Jungen zwischen zwölf und 17 Jahren geführt wurden, um Einflussfaktoren, Motivation und Anreize zum Rauschtrinken zu untersuchen (vgl. Stumpp et al. 2009). Dabei zeigte sich, dass die ersten Rauscherlebnisse häufig von negativen Folgen begleitet sind, da die Jugendlichen ihr körperliches Limit nicht kennen und oftmals (zu) hohe Mengen Alkohol in kurzer Zeit konsumieren. Eine Regulierung des Konsums anhand körperbezogener Aufmerksamkeit gelingt unerfahrenen Jugendlichen (noch) nicht; und dementsprechend sind die Folgen mehr oder minder drastisch.

Als Folge eines oder mehrerer solcher Erlebnisse versuchen die Jugendlichen dann Regulierungsstrategien zu entwickeln zwischen einem (positiven) Rauscherleben und der Vermeidung von negativen Konsequenzen. Dies spiegelt sich auch in den Aussagen wider, bei denen Jugendliche ihre subjektive Einschätzung auf einer Skala von „0 = nüchtern bis 10 = total betrunken" benennen sollten, wann sie sich beim Trinken am besten fühlen. Diese Frage wurde zumeist mit einem in der Mitte liegenden Wert von 5 oder 6 beantwortet. Damit zeigte sich schon in der ersten Untersuchungsphase mit den noch jüngeren Jugendlichen, dass es ihnen konträr zu vielen gängigen Meinungen, wie es z. B. in Begriffen wie „Komasaufen" impliziert wird, keineswegs darum geht, „zu trinken, bis der Arzt kommt". Vielmehr lassen die Erzählungen der Jugendlichen darauf schließen, dass sie sich in einem komplexen Prozess der Aneignung von Erfahrungen mit Alkoholkonsum befinden.

Dies stellt jedoch gerade in körperlicher Hinsicht eine paradoxe Herausforderung dar: Auf der einen Seite wird durch das Trinken von Alkohol die körperliche Kontrolle herabgesetzt, speziell bei noch unerfahrenen Konsument_innen. Diese Herabsetzung der Kontrolle muss jedoch zugelassen werden, damit die körperlichen Effekte des Alkohols erlebbar und ausgetestet werden können. Auf der anderen Seite sollen negative Begleiterscheinungen durch ein „Zuviel" vermieden werden, was eine erhöhte Sensibilität für die Wahrnehmung der eigenen Körperreaktionen, also letztlich ein bestimmtes Maß an Kontrolle, voraussetzt.

Diese komplexen Anforderungen, die zentral mit körperlichen Erfahrungen einhergehen, können folglich nur innerhalb eines elaborierten Erfahrungsprozesses bewältigt werden. Sie können weder „theoretisch" vorweggenommen werden, noch sind Ad-hoc-Lösungen verfügbar, weshalb es sowohl individueller wie auch gruppenbezogener Praktiken bedarf, um diese Erfahrungen zu ermöglichen und aus diesen heraus Regulierungsstrategien zu entwickeln. Die Körperebene ist also ein wesentlicher Orientierungspunkt an der Schnittstelle Individuum/Gruppe, insofern Körperwahrnehmungen zwar ein subjektives Erleben sui generis darstellen, jedoch in ihrer individuellen Deutung auch wiederum sozial-diskursiv konstruiert werden.

Vor diesem Hintergrund wurden die Interviews in dieser zweiten Erhebungsphase daraufhin untersucht, welche Orientierungen der jungen Konsument_innen sich hier zeigen, die einen unmittelbaren Bezug zur Körperebene, also zu Körperwahrnehmung und Reflexion auf körperliche Effekte beim Alkoholkonsum, haben.

Vertiefte Antworten auf diese Frage sind generell für die Jugendforschung zielführend, da aktuell eine starke Diskrepanz sichtbar wird zwischen der gesellschaftlichen Konjunktur sowie der hohen Bedeutung des Körpers für Jugendliche einerseits und der Vernachlässigung des Themas in der jugendsoziologischen Forschung andererseits (Niekrenz und Witte 2011).

Daneben haben in der Jugendgesundheitsforschung solche Ansätze ein Übergewicht, die den Körper aus einer pathogenetischen Perspektive als Objekt untersuchen (Franke und Broda 1993; Hurrelmann 2003b). In diesem Verständnis wird jugendlicher Alkoholkonsum auf seine schädlichen Auswirkungen auf den jugendlichen Körper beschränkt. Was weitgehend noch fehlt, sind salutogenetisch fundierte Untersuchungen (Stumpp 2006), die die Jugendlichen als Subjekte und aktive Mitgestalter_innen ihres Körpererlebens begreifen und in den Blick rücken. Nur mit einer solchen Fokussierung können Hinweise darauf gefunden werden, inwieweit gerade bei Jugendlichen bestimmte – auch objektiv riskante – Verhaltensweisen wesentlich sind für den Zusammenhang der Konstruktion von Kohärenzgefühl und Identität (Höfer 2000). Dazu bedarf es vertiefter Erkenntnisse über körperliche Erfahrungs- und Erlebniswelten Jugendlicher und Antworten auf Fragen danach, wie Jugendliche mit der Entwicklungsaufgabe umgehen, ihren Körper zu „bewohnen" lernen (Niekrenz und Witte 2011, S. 5) und im Umgang mit ihm eigene tragfähige subjektive Gesundheitstheorie entwickeln (Flick 1998).

5.1.1 Die Entwicklung von Toleranz – den Körper an den Konsum gewöhnen

Eine Möglichkeit, die Körperebene als regulierende Instanz des Alkoholkonsums zu funktionalisieren, besteht in der Entwicklung von Toleranz, um zunehmend mehr Alkohol vertragen zu können, ohne mit negativen körperlichen Begleiterscheinungen konfrontiert zu werden. Wie wesentlich diese körperbezogene Art der Regulierung ist, wird klar, wenn man berücksichtigt, dass kein Jugendlicher bei den ersten Trinkversuchen auf die physiologischen Auswirkungen von Alkohol vorbereitet ist. Auch eventuell theoretisch vorhandenes Wissen um solche Auswirkungen kann hier die Erfahrung „in vivo" weder vorwegnehmen noch ersetzen.

Gesellschaftlich akzeptierte Trinknormen setzen immer schon eine gewisse Toleranz voraus, die sich Heranwachsende erst aneignen müssen. Dazu muss auf der

5.1 Regulierungspraktiken auf der Körperebene (Gabriele Stumpp)

körperlichen Ebene sukzessiv eine „Anpassungsleistung" stattfinden, um zu vermeiden, dass schon kleinste Mengen von Alkohol zu unerwünschten körperlichen und sozialen Begleiterscheinungen führen. Insofern kann die Entwicklung von Toleranz durchaus als eine Entwicklungsanforderung an Jugendliche auf körperlicher Ebene definiert werden, die darauf abzielt, in sozialen Trinkkontexten ein jeweils sozial erwünschtes Verhalten zu gewährleisten.

Die anfänglichen Grenzen der Trinktoleranz werden auch in den Interviews immer wieder gschildert. Basti bringt dies in seiner Rückerinnerung kurz und knapp auf den Punkt und bewertet die negativen körperlichen Folgen bei trinkunerfahrenen Jugendlichen als normal:

> Kaufst dir 'n Six-Pack äh, gehst in Park, leerst ihn runter, dann hängst du besoffen rum und grölst durch die Gegend. (1) Kotzt erstmal gegen die Ecke oder @keine Ahnung@. Ich meine, das ist glaub' ich relativ typisch. (Basti, P2, 503–505)[1]

In dieser Verallgemeinerung des Erzählstils in der „Du-Form" bringt Basti damit auch zum Ausdruck, dass er sich heute von diesen damals selbstverständlichen Folgen distanzieren kann, wo man auch das Erbrechen als letztlich undramatische, ganz typische Begleiterscheinung in Kauf nahm. Denn im Grunde geht es ja darum, durch „stete Übung" mehr trinken zu können, ohne den Preis dieser negativen körperlichen Reaktionen.

Mit zunehmender Toleranz verschwinden aber nicht nur eindeutig negative Körperreaktionen, die unerfahrene Jugendliche erleben, sondern offensichtlich auch bestimmte Verunsicherungen, die sich aus zunächst ungewohnten Symptomen beim Konsum ergeben:

> Na also ich würde mal sagen so vom, von meinem Leben her, also wie gesagt, (1) dass ich ähm (1) Drogen nehmen würde, eigentlich immer versucht habe, zu vermeiden, aber jetzt (1) ist auch für mich, früher, ich hab' Alkohol, wo ich Alkohol getrunken habe, ich hatte, ich weiß nicht, ich hatte Herzklopfen gehabt. Hab' mir gedacht, irgendwas stimmt hier nicht, weißt du, ist so anders so, es brennt, es ist so, weißt du, du denkst >>es ist nicht gut für meinen Bauch<< und so, weißt du.//mhm// Obwohl, es tut schon gut auf eine oder andere Weise, aber kommt drauf an. Aber dann mit der Zeit, das ist so normal geworden, weißt du. (Driss, P2, 305–311)

Diese anfänglich auftretenden Reaktionen werden nicht als eindeutig negativ eingeschätzt, sondern rückblickend als damals eher beunruhigend, fremd und potentiell „gefährlich" geschildert. Dennoch schwingt bei der Beschreibung dieser Körpergefühle auch mit, dass gleichzeitig positive, anregende Gefühle damit

---

[1] Die Zitationen in dieser Publikation erfolgen nach dem Schema: Pseudonym, Interviewphase (P1, P2 oder P3) und Zeilenangaben aus den Transkripten.

verknüpft waren, die neugierig machten. Driss äußert sich nicht eindeutig dazu, ob er diese Körperreaktionen heute beim Trinken auch noch spürt und diese eben inzwischen als „normal" einordnet. Oder ob für ihn „normal geworden" bedeutet, dass er heute solche Körperreaktionen gar nicht mehr hat, weil sie aufgrund höherer Alkoholtoleranz einfach nicht mehr auftreten. Jenseits dieser alternativen Deutungsmöglichkeiten könnte dieses Beispiel auch ein Hinweis darauf sein, dass Toleranzentwicklung die Aufmerksamkeitsschwelle für Körperreaktionen erhöht bzw. die Sensibilität für bestimmte körperliche Signale beim Konsum herabsetzt.

Auch bei Alina findet sich Ambivalenz im Kontext von Toleranzentwicklung, jedoch ganz anders begründet als bei Driss:

> Ich glaub vor allem, dass ma nich jede Woche//mhm// sich so abschießt, dass ma nich jede Woche da, vor allem, wenn man so regelmäßig trinkt kommt ja auch dieser Effekt, dass es immer, dass ma immer mehr braucht, bis ma betrunken isch//mhm//, zum Beispiel wie die eine Freundin von mir, (1) die hat sich die komplette Karte im [Disco] volltrinken können und war halt nich betrunken, weil sie einfach getrunken und getrunken und getrunken//mhm// und dann zahlt ma da 40 Euro und isch @ immer noch nich betrunken@//mhm// und des muss ja eigentlich nich sein. (Alina, P2, 1080–1086)

Hier steht nicht so sehr der positive Effekt im Vordergrund, durch Gewöhnung an den Konsum negative körperliche Folgen zu vermeiden. Vielmehr wird die Kehrseite der Entwicklung von Toleranz ins Zentrum gerückt: Man braucht immer mehr, um das erwünschte Level von Betrunkensein zu erreichen. Gerade an jenen Orten, wo alkoholische Getränke nicht billig sind, stellt dies offenbar ein Problem dar, weil es zu viel kostet, bis sich der gewünschte Zustand einstellt. Dieser finanzielle Aspekt, sich einen gewünschten positiven Rauschzustand überhaupt leisten zu können, spielt also offenbar in den jugendlichen Lebenswelten auch eine Rolle; und hier ist zunehmende Toleranz verbunden mit höherem Alkoholbedarf dann eher ein Problem.

Eine ähnliche Orientierung findet sich bei Raffi. Er fing mit Bier an, steigerte sich langsam hin zu härteren Spirituosen und muss inzwischen auch dabei die Menge wieder steigern, um noch einen positiven Zustand von Betrunkensein zu spüren. Auch von ihm wird der finanzielle Aspekt erwähnt:

> Das fing halt so an alles, mit Bier bist du irgendwann mal (1) Bier irgendwie die irgendwie gar nicht mehr gehegt hat sozusagen.//mhm// Irgendwie nach der Zeit verlor dieser Kick davon.//okay// Man hat man hat mh 2, 3 Sixer Bier getrunken und wurde halt noch nicht mal angetrunken davon. Und dann äh ist halt so gekommen, dass ich dann Wodka angeboten bekommen habe, habe auch 3 Gläser getrunken und war mit den 3 Gläsern so zufrieden, als wäre ich, hätte ich 5, 6 Kästen Bier getrunken. Und im Nachhinein ist halt Spirituosengetränke viel billiger sozusagen als die ganz Zeit nur Bier zu kaufen.//mhm// Und ähm das hat mich dann dazu verleitet, als, die ganze Zeit nur Spirituosengetränke zu kaufen immer.//okay// Ja und so ist es

> halt dazu gekommen, dass ich eben halt auf Spirituosengetränke umgestiegen bin.//
> mhm// Ja. (2) Ist auch, man sucht halt mehr Erfahrung. Man man sucht halt diesen
> Kick von Alkohol. Und diesen Kick kriegt man dann halt nur von Spirituosenge-
> tränken.//mhm// Wenn ich mir jetzt vorstellen würde, wie ich vor, wenn ich jetzt so
> sagen würde, wenn ich jetzt ein Jahr getrunken habe, hab' ich 3, 4 Becher getrunken,
> war ich schon gut dabei//mhm// und wenn ich jetzt 3, 4 Becher trinke, spür' ich nix.//
> mhm// Dann brauch schon mindestens 'ne halbe Flasche da sein.//okay// Es ist etwas
> schwerer um angetrunken zu sein, 'n guten Kopf zu haben und ja, und (1) wenn ich
> trinken, würden ich jeden Tag nur 3 also wenn ich trinken würde, dann nur 3 Gläser
> und gut dabei sein, aber es geht ja nicht.//mhm// (Raffi, P2, 1018–1037)

Raffi setzt hier auch den für ihn positiven Zustand des Betrunkenseins gleich mit „einen guten Kopf haben". Den hätte er zwar gerne aufgrund einer geringeren Konsummenge, aber wegen der inzwischen entwickelten Toleranz geht das nun nicht mehr. Die Toleranzentwicklung hat folglich dazu geführt, dass er mehr Geld in Getränke investieren muss, um den erwünschten „Kick" zu erreichen, also den Zielzustand von Wohlbefinden unter Alkoholeinfluss.

Die Entwicklung von Toleranz kann in der subjektiven Sicht der Konsumierenden also sowohl positive wie auch negative Konsequenzen haben. Auf der einen Seite wird es als normal und angenehm erlebt, zunehmend immer mehr konsumieren zu können und nicht bei jedem Trinkevent gleich mit negativen Folgen rechnen zu müssen. Der Körper wird stetig an gesteigerten Konsum „angepasst" und damit auf bestimmte Art desensibilisiert, um die Bedürfnisse im Kontext des Trinkens und den Wunsch nach einem positiven Rauscherleben ohne negative Konsequenzen erreichen zu können. Dies bedeutet einerseits eine Risikoreduzierung hinsichtlich schlechter (körperlicher) Erfahrungen. Auf der anderen Seite braucht man jedoch dann auch mehr Alkohol, um das erwünschte positive Gefühl zu erreichen, was zu Problemen der Finanzierbarkeit des angestrebten „Kicks" führt.

Dass Toleranzentwicklung bei regelmäßigem hohen Konsum eventuell zu gesundheitlichen Beeinträchtigungen führen könnte, wird in den Orientierungen der Jugendlichen nicht thematisiert. Toleranzentwicklung wird – außer was den finanziellen Aspekt anbelangt – grundsätzlich als „normal" und positiv gesehen, auch weil sie es ermöglicht, in sozial akzeptierter Weise das erwünschte Stadium von Betrunkensein erleben zu können, ohne nach außen negativ aufzufallen durch irgendwelche Anzeichen, dass man zu viel hatte und/oder nichts vertragen kann.

5.1.2 Der Körper als Kontrollinstanz

Während es bei der Entwicklung von Toleranz eher darum geht, den Körper durch regelmäßigen und gesteigerten Konsum an den Konsum anzupassen und zu desensibilisieren, gibt es auch Regulierungspraktiken mit einer genau entgegengesetzten Zielsetzung. Wo bei der Toleranzentwicklung der Körper in seiner sensiblen Kontrollfunktion eher „ausgeschaltet" werden soll, wird er bei den im Folgenden beschriebenen Orientierungen gerade als Kontrollinstanz ins Zentrum gerückt:

> Ich hab' selber gemerkt, irgendwann zeigt's der Wille gehn, das ist genauso wenn, mein Körper sagt jetzt >>ich will kein Alkohol, weil du hast schon gestern getrunken, wenn du jetzt trinkst, ist für dich vorbei, weil dann wird's dir entweder schlecht<<. Ist ja gleich, man soll nicht so viel trinken, weil wenn's jemand schlecht wird, dann sollte man ja nicht noch mehr trinken.//mhm// Und so war's bei mir. (Maria, P2, 711–716)

Bei Maria werden körperliche Reaktionen nicht konkret beschrieben, hier steht nur die Drohung im Raum, es könnte einem „schlecht werden". Dabei werden „Wille" und „Körper" zunächst synonym gesetzt. Im Grunde scheint es jedoch der Körper zu sein, der als Kontrolleur agiert und ihr wie ein reales Gegenüber deutlich macht, wann die Grenzen beim Trinken erreicht sind. Der Körper wird so zu einer externalisierten, also nach außen projizierten Instanz, die mit der konsumierenden Person „kommuniziert" und – bildlich gesprochen – mit erhobenem Zeigefinger Einhalt gebietet.

Hier drückt sich eine Orientierung aus, bei der der Körper eine Über-Ich-Funktion einnimmt. Er wird wahrgenommen als externe Instanz, gegenüber der sich das handelnde und erlebende Subjekt in einer seltsamen Distanz zur eigenen Körperlichkeit befindet. Obwohl die negativen Reaktionen nach zu viel Konsum primär auf der Körperebene erlebt werden, wird dieser Sachverhalt in der Orientierung von Maria genau umgedreht. Bei ihr ist es nicht der Körper, der von zu viel Alkohol betroffen ist, sondern das „Du" („wenn Du jetzt trinkst"). In Marias Erleben ist somit sie selbst – als handelndes Subjekt – von ihrer Körperlichkeit quasi „externalisiert". Sie beschreibt ihren Körper als eine nicht ins Subjekt integrierte externe Kontrollinstanz, die über ihren Konsum wacht.

Körperkontrolle ist auch ein Thema in folgender Beschreibung, wo es um die Entwicklung von Trinktoleranz geht. Raffi erzählt hier teilweise nicht in der „Ich-Form", obwohl klar ist, dass sich die Beschreibung auch auf ihn selbst bezieht. Kontrolle, also konkret wer wen kontrolliert (der Körper den Alkohol oder umgekehrt), ist offensichtlich auch bei gesteigerter Trinktoleranz immer noch ein zentrales Thema:

> Ganz am Anfang war es so, haben 3, 4 Leute an einer Woddi-Flasche, aber jetzt Nachhinein sind's 2 Leute und eine Wodka-Flasche. Ich denke, die spüren einfach nichts von dem, also wo sich der Körper schon lange gewöhnt hat und weiß ja, mit Alkohol verarbeiten soll und so. Ja dann damit's halt mehr als 'ne Flasche, 1, 2 Flaschen werden's draußen danach//mhm//, ist man dann gut dabei. (2) Und schnell, schneller als man sehen kann, liegt man auch irgendwo in der Kurve und weiß nicht mehr wohin.//@(2)@// @ (2) Ja, das macht Alkohol halt auch. (1) Na halt ich stehe

dafür, dass man halt nicht so viel trinken kann, dass der Alkohol deinen Körper kontrolliert. Du sollst den Alkohol kontrollieren und nicht dein, also, (1) dein Körper soll das Alkohol kontrolliert, nicht Alkohol dein Körper und bis zu dieser Grenze hin trinke ich meistens, sehr selten, es war halt wie an Silvester, hab' ich äh war's so, dass Alkohol mein Körper, Körper kontrolliert hat, aber sonst passiert das eigentliche nie. Na auf 'm Geburtstag, auf mein Geburtstag z. B. ist es so, dass ich dann richtig viel trinke//mhm//. Ähm ja und Besinnung verliere sozusagen, auch an Silvester, an gewissen Tagen, wo wo's halt sozusagen meiner Meinung nach erlaubt ist, viel zu trinken, trinke ich auch viel. (Raffi, P2, 850–857)

Bei besonderen Ereignissen trinkt Raffi zwar mehr, als er verträgt, aber jenseits dieser Ausnahmesituationen hat er ein Prinzip für die Regulierung seines Konsums: Der Körper soll den Alkohol kontrollieren, nicht umgekehrt. Körper und Alkohol stehen sich hier als Kontrahenten um die Kontrolle gegenüber. Offenbar gibt es dabei jedoch eine „magische Grenze", an der die Kontrolle des Körpers über den Alkohol kippt. Dieser Orientierungsrahmen zeigt sich im Formulieren von Ausnahmesituationen, wo Raffi beschließt, dass dieses „Kippen" bei diesem bestimmten Anlass auch geschehen darf.

Diese „magische Grenze" wird allerdings nicht näher beschrieben, sie bleibt nebulös, denn Raffi konkretisiert nicht, *woran genau* er körperlich merkt, ob der Körper noch die Kontrolle hat. Es gibt nur umgekehrt – und auch hier eher wenig differenzierte – Beschreibungen von Reaktionen, woran er merkt, dass der Körper die Kontrolle dann bereits eingebüßt hat: Man liegt „in der Kurve" oder verliert die Besinnung, also konkret die Kontrolle.

Anders als Maria beschreibt sich Raffi aber als aktiv handelndes Subjekt, das darüber bestimmt, wer den „Kampf um die Kontrolle" jeweils gewinnen darf: der Körper oder der Alkohol. Raffi stellt sich damit als eine sowohl dem Körper als auch dem Alkohol übergeordnete Instanz dar, während Maria sich im Vergleich dazu als eher passives Subjekt beschreibt, das am Ende durch die (externalisierte) Instanz des Körpers kontrolliert werden muss, damit nicht der Alkohol die Überhand gewinnt. Damit zeigen sich diese beiden Fallbeispiele als diametral entgegengesetzte Orientierungen hinsichtlich der Definition der Körperebene als Kontrollinstanz.

5.1.3 Der Körper als Seismograph für angemessene Konsumregulierung

Während in den oben genannten Beispielen der Körper in einer klaren Kontrollfunktion beim Konsum beschrieben wird, wird er von den Jugendlichen in den folgenden Beispielen (nur) in einer „anzeigenden" und damit eher relativierten Funktion konstruiert.

Für Kay macht sich eine adäquate körperliche Noch-Funktionstüchtigkeit unter Alkoholkonsum an ganz konkreten mobilitätsbezogenen Aspekten fest, die ihm sein Körper rückmeldet. Dadurch findet er für sich auch die Grenze zwischen positiv empfundenem Rauscherlebnis und „Übertreiben":

> *I*: Ja (2) und was heißt für dich ähm nicht übertrieben (2)
> *K*: Mh soviel trinken damit man (1) einigermaßen angetrunken ist und damit man zumindest angetrunken ist (1) also damit das halt immer noch richtig liegt.//mhm// also damit man normal laufen kann mit dem Fahrrad noch mal heimfahren kann so.// mhm mhm// (1). (Kay, P2, 153–156)

Viel detaillierter wird bei Ilias der Prozess beschrieben, der beim Trinken vonstattengeht, in welcher Weise der Körper auf den Alkoholkonsum reagiert und welche entsprechenden Gegenreaktionen bei bestimmten „Warnhinweisen" Ilias dann selbst unternimmt, um „seinen Modus" einzuhalten.

> Ja, indem, isch trinke langsam, weil die Meisten; die geben sich des auf Ex und sowas. Un danach, des, des kommt ja nisch direkt. Weißt du, dein Körper, der nimmt das auf und danach der wartet.//mhm// Der wartet. Promille heißt ja zum Beispiel Prozentzahl von deinem Blut eigentlisch, Prozentzahl Alkohol von deinem Blut, zum Beispiel, wenn du zwei Promille hast, hast du zwei Prozent oder keine Ahnung. So is es eige- also so so denk isch, so hab isch's auch gehört. Und wenn du direkt deine Mischung reinwippst, danach du merkst nix, du denkst okay, isch hab jetzt zwei Gläser hier Ex, passiert nix. Aber nach so fuffzehn Minuten, wenn du zum Beispiel wechselst, vom Kalte ins Warme,//mhm// dann is vorbei. @Dann bist du direkt ciao@, dann bist direkt auf dein Alkflash. Du musst disch chillen, du musst langsam trinken, disch bewegen ab und zu, mal wieder hinsetzen, Zigarette rauchen, weiter langsam trinken. Und danach, du merkst, du wirst ja immer, du steigst ja immer höher in der Anzahl// mhm// von Promillen, weißt du. Und dann irgendwann, du bist auf deim Modus wo du dir denkst >>okay, jetzt, isch bin schon bißchen angetrunken, korrekt<<. Danach du trinkst noch en bißchen und danach, du bleibst immer auf diesem Flash. Wenn es bißchen wieder runtergeht, trinkst du zwei, drei Schlücke. So alle zehn, fünfzehn Minuten trinkst du zwei, drei Schlücke, zwei kräftige.//mhm// Dann bist du immer drinne und 's geht halt so weiter zwei Stunden, drei Stunden//okay// und danach schläfst du irgendwann ein.//@(1)@// So hab isch's jetzt drauf, weißt du.//aha// Isch trink misch auf mein Modus. (1) Isch bleib auf dem. (Ilias, P2, 755–773)

Ilias beschreibt hier seinen Trinkmodus wie einen Drahtseilakt, bei dem es darauf ankommt, langsam vorzugehen, um dem Körper Zeit zu lassen, sich auf die Promillezufuhr einzustellen, der ihm dann auch die entsprechenden Anzeichen rückmeldet. Dies ermöglicht es Ilias, die Balance bei jenem positiven „Flash" zu halten, der ihm „korrekt" erscheint.

In ähnlicher Weise beschreibt auch Marlen, wie sie genau auf bestimmte Körperreaktionen achtet und weiß, wann ihr Trinklimit erreicht ist:

5.1 Regulierungspraktiken auf der Körperebene (Gabriele Stumpp)

> *M*: Ja, also ich weiß halt, dass, wenn ich es merk, dass mir irgendwie langsam bissle schwindelig wird//mhm// oder wenn i irgendwelchen Blödsinn red oder so, @also des hört sich jetzt alles bissle schlimm an@, aber dann weiß >>ah, jetzt tusch langsam<<, oder wenn dei Körper, du spürsch des in deim Körper, dass sich was verändert, und drum, dann irgendwann hörsch auf oder dann weisch >>ah, jetzt isch g'nug//mhm//, jetzt brauchsch et no mehr<< //mhm//.
> *I*: Und was machsch dann?
> *M*: Dann trink i kein mehr//ok//.
> *I*: Und wenn du sagst, des hat sich so entwickelt, wie war des früher, kannst dich da noch erinnern?
> *M*: Nee, ich, des war et, da wusstesch des no net, da wusstesch net, wie dein Körper da drauf reagiert, du wusstesch net, wie der sich entwickelt so//mhm//, ja//ok// (Marlen, P3, 554–567)

Auch bei Anna gibt es eindeutige körperliche Reaktionen, auf die sie achtet und bei denen sie weiß, wann es genug ist:

> *I*: Und wenn du jetzt heute mal so schaust, also wie ist das jetzt heute bei dir mit 'm Alkohol?
> *A*: (2) Also heute, wie man so sagt, im im (2) im Maß. Nicht mehr in Massen, sondern einfach im Maß. (1) Ähm (2) unter der Woche gar nicht.//mhm// (2) Geht nicht, find' ich. Und am Wochenende meistens nur an einem Tag, meistens dann Samstags.// mhm// Freitags seltener, weil mein Freund Samstags meistens arbeiten muss und deswegen bleib' ich dann mit ihm Daheim. (2) Und dann meistens nur Samstags und das auch nicht viel. Ich hab' dann angefangen zu merken, denn wenn wenn es mich schon bisschen dreht und ich merk' >>Oh jetzt wird's langsam viel<< dann fang' ich an zu Essen, normale Sachen zu trinken, dass ich wieder normal werd'.//mhm, mhm// Ja und dann trinke ich auch nix mehr.//mhm, mhm// (Anna, P2, 427–436)

Anna ergreift dann vor allem zwei Gegenmaßnahmen: Sie isst etwas und trinkt dann nur noch „normale Sachen", verzichtet also auf weiteren Alkoholkonsum. Interessant ist in diesem Kontext die Formulierung: „Mit normalen Sachen wird man wieder normal." Damit wird im Grunde der Konsum von Alkohol mit etwas „Unnormalem" gleichgesetzt oder jedenfalls so gesehen, dass man durch den Alkoholkonsum „nicht mehr normal ist" – und wenn man dies spürt, ist es Zeit, aufzuhören.

Bei Tim wird die inzwischen gut funktionierende Regulierung vor allem im Kontext von Sport begründet, wodurch man auch seinen Körper besser kennenlernt und dadurch mit der Zeit eher weiß, was man dem Körper zumuten kann:

> man kennt ja irgendwann seine Grenzen, ganz einfach/mhm//, und ich sag mal in meim, also @ in meim Alter jetzt hab ich schon genug Erfahrung mit Alkohol und allen möglichen Sachen, dass man eben einschätzen kann, wie viel verträgt man> ah äh heut hab ich<< zum Beispiel >>heut hab ich Sport gemacht, heut hab ich wenig gegessen, also vertrag ich weniger, also trink ich weniger, oder trink langsamer<< // mhm// ganz einfach, so Sachen, und ich sag mal, wenn man irgendwie noch 17 is, dann weiß man ja noch gar nich >>oh, ich hab Sport gemacht, aber was, is doch mir

egal, also was hat des jetzt mit Alkohol zu tun<< oder sowas, und trinkt dann einfach trotzdem immer gleich viel oder//mhm// also ja, natürlich immer nur zirka, aber ja, des mein ich so mit dem Bewussten, man kennt sich einfach besser aus und reagiert dann eben auch da drauf//mhm// (Tim, P2, 798–806)

In all diesen Orientierungen wird eine gewisse Achtsamkeit gegenüber und Sensibilität für körperliche Reaktionen deutlich, die offenbar mit der Zeit erworben wurden. In individuell ganz unterschiedlicher Weise werden diese Signale des Körpers dann entsprechend in der aktuellen Trinksituation umgesetzt, entweder indem man „langsam macht", eine Pause einlegt, etwas isst oder aber ab einem Punkt bei diesem Trinkevent dann keinen Alkohol mehr konsumiert.

5.1.4 Risikopraktiken – Über das Limit gehen

Auch wenn die älteren Jugendlichen meist über die Zeit eine bestimmte Trinkpraxis entwickelt haben, mit der sie negative körperliche Folgen vermeiden oder reduzieren können, so gibt es doch auch bei ihnen noch Anlässe, in denen die subjektive Grenze dessen, was „gut tut", überschritten wird. Dabei wird mehr oder minder bewusst ein gewisses Risiko gesucht oder in Kauf genommen, das körperliche Limit zu überschreiten.

Ein in seinen Folgen extremes Beispiel einer außergewöhnlichen Trinkpraxis schildert Alesio in seiner Erzählung über eine monatelange exzessive Trinkphase seiner Clique, wodurch er ein Magengeschwür entwickelte:

A: Also Ding, des ist (1) da hast du wenn du Alkohol trinkst, des kommt glaub vom Schnaps (1) irgendwie so was und dann ist da n Ding (1) n Geschwür hat glaub jeder// mmh// und des ist geplatzt und dann hast du Blut gekotzt und so//ok// ja
I.2: Ja und wie kam des dazu dass du des hattest
A: Wie des jetzt
I.2: Des hattest du vorhin nur kurz angerissen, kannst des noch mal n bissle
A: Ah genau, da war des Ding, da waren wir in [Ort1] ganz normal getrunken (1)// mmh// dann war ich richtig dicht, dann bin ich aufgestanden um zwölfe glaub und musste um halb eins kicken//ok// und hab dann gekickt ne Halbzeit dann war mir so schlecht, dann bin ich Heim, bin ins Bett gelegen und dann hats angefangen, dann musst ich Blut kotzen. Ich glaub bis um elfe ging des und dann hat meine Mutter den Krankenwagen geholt//mmh// ja
I.2: und wie kams dazu, dass des überhaupt (2) du hast vorhin gesagt da ward ihr ganz lang, jedes Wochenende irgendwie (..)
A: Genau da waren wir am Donnerstag praktisch von Donnerstag bis Sonntag durch// ok// wir haben uns jeden Donnerstag bei einem getroffen und haben dort getrunken// mmh// und des zwei Monate lang glaub (1) bis ich des dann hatte
I.2: Zwei Monate lang jedes Wochenende//also// Donnerstag bis (.)

5.1 Regulierungspraktiken auf der Körperebene (Gabriele Stumpp)

A: Ja jedes Wochenende jetzt nicht gleich, also nicht immer drei Mal aber//ja// eigentlich fast immer//ok// aber donnerstags immer//ok// des war halt früher so//ja// aber jetzt nicht mehr
I.2: Und wie kams dazu dass ihr des so regelmäßig
A: Ja des hat man mal gesagt man trifft sich am Donnerstag, man hat bei einem getrunken, dann hat man des so ausgemacht, da hat man auch ne eigene Ding, Seite gehabt im Internet schon, aber die ist jetzt schon wieder weg//ok// des hatten wir auch gehabt (2) und da waren halt fünf Leute von uns, dann hat man ausgemacht jetzt geht man zu dem, zu dem, immer wieder, ja
I.2: Was war des für ne Seite?
A: Ah da haben wir halt Bilder reingestellt von uns//ok// DD hat des geheißen//mmh// @ ja
I.1: Kann ich ganz kurz noch mal//ja// nachfragen wegen dem, wegen dem Magengeschwür//ja// als des deine, deine Mama hat den Krankenwagen gerufen
A: Genau da waren Not- achso
I.1: Ja ja nee, und dann so erzähl mal
A: Da war n Notarzt davor da um neune, weil ich, weil mir halt richtig schlecht ging, dann war einer da, und der hat gesagt des ist nicht so schlimm, hat mir halt Tabletten gegeben und so und um elf konnt ich nicht mehr laufen richtig und//mmh// dann hat man mich eingeliefert, Intensivstation war ich ein Tag lang//ok// ja (Alesio, P2, 468–501)

Im Interview wird deutlich, dass Alesio zu dem Zeitpunkt, als dies passierte, bereits einige Jahre Trinkerfahrung gehabt und zu besonderen Anlässen (wie z. B. Fasnet) auch immer mehr als gewöhnlich konsumiert hatte. Die oben beschriebene Phase von zwei Monaten stellt er jedoch auch aus seiner eigenen Perspektive als für ihn und seine Clique als eine Ausnahmepraxis dar, die sich im Kontext von internetbezogenen Trinkspielen ergab. Dabei erzählt er nichts darüber, ob er oder seine mittrinkenden Freunde in dieser Zeit irgendwelche körperlichen Symptome spürten. Unter Umständen gab es keine solchen Symptome, weil die Gruppe bereits über eine gewisse Trinktoleranz verfügte und diese im Laufe der zwei Monate noch weiter steigerte. Oder aber die körperlichen Symptome wurden gar nicht bewusst wahrgenommen, weil die Sensibilität für körperliche Signale gerade in einem solchen Ausnahme-Setting des Konsums stark herabgesetzt war. Ganz sicher spielte der attraktive Kontext dieses Ausnahme-Trinksettings hier eine entscheidende Rolle. Nach dem Motto: Solange wir Spaß haben und es mir dabei (psychisch) gut geht, kann da nichts (gesundheitlich/körperlich) falsch sein!

Möglich wäre aber auch, dass hier Aspekte eines Nichtzulassens/Verdrängens von potentiellen körperlichen Warnsignalen eine Rolle spielen, die mit einem bestimmten (männlichen) Rollenverständnis nicht konform wären. Damit wäre ein Klagen über körperliche Beschwerden – wie die vermutlich vorhandenen Schmerzen bei der Entwicklung eines Magengeschwürs – ohnehin ausgeschlossen. Und allzumal wäre es gerade auch dem männlichen Interviewer gegenüber unangepasst, solche Symptome zu erwähnen.

Für die letztgenannte Hypothese spricht auch ein anderer Aspekt dieser Erzählung: Alesio äußert die Ansicht: „Ein Magengeschwür hat jeder." An genau dieser Textstelle wechselt er auffällig in die „Du-Form". Damit bringt er eine Normalitätsvorstellung seines Umfelds zum Ausdruck, zu der es eben gehört, dass hartes Trinken bei „Jeder-Mann" zu so einem Magengeschwür führt. Dementsprechend beschreibt er auch die Konsequenzen (Klinik, Intensivstation) mit einem Duktus der Entdramatisierung als eher neutralen Report über ganz „normale" Folgen, die „Mann" eben erlebt.

Von einer speziellen Ausnahmesituation erzählt Driss im Detail – die Erlebnisse einer Silvesternacht, wo er sich im Kontext von Trinkspielen auf eine Art „Mutprobe" einließ und innerhalb kurzer Zeit eine extreme Menge harter Alkoholika zu sich nahm, was für ihn zu einem in negativer Weise denkwürdigen Erlebnis führte:

> Und das war wirklich mein mein Tag, da, weißt du, wie heißt das, wollten die das Krankenwagen rufen und so, weißt du. Also ich sag' mal so, ich hatte hier so, ich hatte Geschmack von Blut im Mund. Ja.//okay// Aber extremen Geschmack, ich, also wirklich, ich hab' auch gespuckt, das sah aus wie Blut. Weißt du, aber ich war so benebelt gewesen, weil ich hab's keinem gesagt oder so, weißt du.//mhm// Sind die zu mir her hergekommen, >>Wir rufen 'n Krankenwagen<< und so, und ich hab' gemerkt, wo wo ich ins Bad gegangen bin, hab' ich hier so gesehen, das war so rötlich, (1) außerhalb vom Mund, weißt du, das war so rötlich, das sah aus wie Blut auf jeden Fall. Hab' ich gesagt >>nein<< und dann hab' ich mich hingelegt bei der, ich wollte nicht einratzen, gell, ich leg' mich hin, ich schwör's dir, 10 Sekunden danach steh' ich auf, muss auf den Balkon gehen. (2) Und dann reier ich, dann geh' ich rein und ich schwör's dir, ich leg' wieder so 10 Sekunden, ich muss wieder aufstehen. Ich schwör's dir, diese Nacht, das war so schlimm, ich musste das ungefähr mindestens 40, 50 mal machen.//@// Glaubst du's mir? Und manchmal, ich bin auf den Balkon gegangen, ja, da kam gar nichts, weißt du. Aber es war einfach nur dieses schlecht, es geht mir,//mhm// es war mir schlecht, weißt du und stehen, stehen war so komisch, das war, ich konnte mich nur hin liegen, aber sobald ich lag, weißt du, kam diese Karusselfahrt//ja//, diese Achterbahn weißt du. Das war so 'ne schlimme Nacht. Sogar noch am nächsten Tag ging's mir richtig dreckig. Nächsten Tag, ich konnt' nichts essen, hab' Wasser getrunken wie so 'n, wie so 'n Pferd. (1) War auf jeden Fall krass. Das war, würde ich mal so sagen so, Höhepunkt was ich erlebt habe, so an Alkohol, also an meinem Körper,//mhm// wo ich gesehen habe', was Alkohol sozusagen bewirkt, weil ich war ja schon sozusagen vor dem Glas, (2) ich war auf jeden Fall gut, gut hacke.//mhm// Weißt du. Und das Glas, das hab' ich wirklich nur getrunken, weil ich so gut hacke war, weil ich mir, weil ich mir nicht, mir war nicht im klaren, was passiert, wenn ich das trinke.//ja// Weil wäre es mir im klaren gewesen, hätte ich es natürlich nicht getrunken, weißt du. Aber ich würde mal sagen, heute, guck mal, jetzt hab' ich z. B. dara- daraus gelernt, weil jetzt heutzutage, wenn diese Situation kommt, (1) würde ich das nicht trinken. (Driss, P2, 530–553)

Im Gegensatz zu Alesio ergeben sich die extrem negativen körperlichen Folgen bei Driss aus einem einmaligen Trinkevent und nicht als Konsequenz von heftigem längerfristigen Konsum. So sind auch die objektiven, gesundheitlich negativen

5.1 Regulierungspraktiken auf der Körperebene (Gabriele Stumpp)

Folgen bei Alesio ungleich größer und längerfristig stärker beeinträchtigend, insofern er danach einige Monate abstinent bleiben muss. Dennoch deutet der Erzählstil von Driss darauf hin, dass er – viel mehr als Alesio – diese Geschichte subjektiv als einschneidendes Erlebnis einstuft, das sich nicht wiederholen sollte. Auch finden sich im Gegensatz zu Alesio in seiner Erzählung detaillierte Beschreibungen von körperlichen Symptomen während des Trinkens und in der Folge am nächsten Tag.

Auch Alina hatte ein einschneidendes Erlebnis, als sie nach einer längeren Zeit der Abstinenz auf einer Party so viel konsumierte, dass sie nachfolgend ins Krankenhaus eingeliefert wurde: Auffallend ist hier, wie sich Alina – entgegen ihrer (Körper-)Vernunft – als besonders trinkfest erweisen wollte und zu zeigen versuchte, dass sie das alles vertragen kann:

> und des eine Mal, wo des dann ja außer Kontrolle gelaufen isch bei mir, da war's ja, des war ja auch ne Hausparty, und da war davor aber ziemlich lang nichts, also des war in de Sommerferien, und da war glaub viel Wochen oder noch länger überhaupt nicht, wir ham nicht getrunken, wir hatten uns nicht getroffen, wahrscheinlich weil alle im Urlaub waren//mhm//, weil es nie gepasst hat, dann hatte ich irgendwie noch Stress zuhause und dann, (1) dann waren wir sowieso schon so deprimiert, dass wir jetzt gesagt ham, wir müssen jetzt noch einmal, zum Ende, irgendwie noch so bisschen, ja, feiern, und dann lief des ja aus dem Ruder, (1) gut da war auch dann, da war dann ja auch schon härteres Zeug dabei, des war dann mit 16, da hatte ich, was ham wir getrunken, Sangria hauptsächlich//mhm// dann ganz viel, (3) °was weiß ich°, eineinhalb Liter oder so, und dann hat uns ja jemand noch Wodka ins Glas und dann ham wir gesagt >>ja, ja, des macht uns nix, wir können des trinken<< //mhm// (Alina, P2, 259–266)

In allen drei Orientierungen wird deutlich, dass auch bereits trinkerfahrene junge Menschen, die schon eine bestimmte Toleranz und ein Gefühl für die subjektiv adäquate körperliche Regulierung entwickelt haben, in bestimmten Situationen an ihr körperliches Limit gehen bzw. sogar über ihre körperlichen Grenzen hinaus konsumieren.

Entscheidend dabei ist, dass dies in einem jeweils eher außergewöhnlichen Setting der Gruppe geschah. Bei Alesio trinkt die Clique in einer bestimmten Phase sehr exzessiv, bei Driss und Alina ist es ein punktueller Gruppenevent. Übergreifend zeigt sich entweder eine fehlende oder nicht berichtete oder aber eine zwar wahrgenommene, aber im aktuellen Moment ignorierte Körperreaktion im Kontext solcher Ausnahme-Events.

Jenseits der Unterschiede mit Bezug auf die Körperwahrnehmung unterstützen diese Erzählungen jedoch die These, wonach Jugendliche sich mit Bezug auf ihre gesundheitlichen Vorstellungen und Praktiken eher an psychosozialen statt an physischen Aspekten orientieren, in diesem Fall an bestimmten Herausforderungen des speziellen gruppenspezifischen Trinksettings. Gesundheitlich riskantes Trinkverhalten durch fehlende oder bewusst ignorierte Körperwahrnehmung hängt also offenbar eng mit dem gruppenbezogenen Kontext und hier wiederum mit bestimmten Ausnahmepraktiken der Gruppe zusammen. Auch ältere und bereits trinkerfahrene junge Menschen sind nicht dagegen gefeit, ein schon erreichtes Level von körperbezogener Regulierung des Trinkkonsums zumindest punktuell – und mehr oder minder bewusst und absichtlich – zu unterlaufen und körperliche Reaktionen zu ignorieren. Dabei zeigen die Orientierungen auch, dass es sehr wohl eine individuelle Maßgabe zum jeweiligen Limit gibt, diese aber unter gewissen Umständen und in einem bestimmten Rauschzustand dann zeitweilig außer Kraft gesetzt wird.

Auf der anderen Seite spielt neben dem gruppenspezifischen Kontext auch die jeweilige individuelle Situation eine Rolle, nämlich inwieweit man sich – genau an diesem Punkt – auf eine Grenzüberschreitung einlassen möchte. Dies drückt sich z. B. darin aus, wenn die Begründung der Ausnahme (wie bei Alina) lautet: „Dann hatte ich auch noch Stress zuhause." Eine Grenzüberschreitung kann jedoch auch einfach aus dem spontanen oder geplanten Wunsch resultieren, jetzt einfach einmal „über die Stränge zu schlagen" (Geburtstag, Silvester) und das Limit weiter auszuloten. Eine akute individuelle Verfasstheit sowie ein bestimmtes gruppenspezifisches Setting müssen demnach zusammenwirken, damit punktuell ein gewisses, subjektiv „normales" Regulierungslevel außer Kraft gesetzt wird.

Wenn bei solchen Ausnahme-Events eine körperliche Grenze überschritten wird, so wird dies im Rückblick jedoch als „Sonderfall" verhandelt, der in gewisser Weise als Kontrastfolie zum sonst „normalen" Trinkverhalten dient. Jedoch führt dies in der Folge wiederum nicht bei allen Jugendlichen unbedingt zu Konsequenzen für den weiteren Umgang mit Konsum- bzw. Risikopraktiken in Ausnahmesituationen. Wie diese Erlebnisse individuell verarbeitet und nachfolgend in den Trinkpraktiken umgesetzt werden, hängt stark davon ab, wie diese im Rückblick gedeutet und reflektiert werden. Dies wird an den oben beschriebenen Orientierungen auch deutlich im Unterschied zwischen der Beschreibung und Bewertung bei Alesio einerseits und Driss und Alina andererseits.

5.1.5 Abstinenz – Regulierung durch den Verzicht auf Alkohol

Wie sich im Folgenden zeigt, können Abstinenzorientierungen sich in durchaus vielfältiger Weise zeigen. Eine Möglichkeit ist es, bestimmte Alkoholika bewusst zu vermeiden, weil man mit diesen negative Erfahrungen gemacht hatte, was die Regulierung auf der Körperebene anbelangt.

So erzählt Olga gleich in der Eingangssequenz des Interviews von ihren ersten Erfahrungen mit Alkohol; dort hat sie schon relativ früh und insbesondere mit Wodka negative Erfahrungen gemacht:

5.1 Regulierungspraktiken auf der Körperebene (Gabriele Stumpp) 45

> Boa ich weiß gar nicht mehr @so genau@. Aber auf jeden Fall, da waren wir glaube ich hier auch an der Schule, dann haben wir halt Alkohol gekauft, (1) ziemlich viel sogar und dann haben wir erst mit Bier angefangen, so normal, und dann haben wir mit den härteren Sachen angefangen. Also früher haben wir echt nur Wodka eigentlich getrunken.//mhm// Und dann haben wir halt (1) angefangen zu trun- zu trinken und dann ähm (1) ja, war ich halt ziemlich betrunken. Also danach ging's mir auch ziemlich schlecht, ich saß eigentlich nur noch auf der Bank und habe auch (1) kotzen müssen müssen, weil das war echt *zu* viel.//mhm// Und dann, seit dem habe ich auch dann, eigentlich seit dem habe ich eigentlich nicht mehr so oft Wodka getrunken,//mhm// weil (1) Wodka war @dann@ nicht mehr so mein Fall.//mhm////mhm// (2) Ja und sonst. (2) @Ich weiß nicht@. (1) Ähm keine Ahnung, also, das war eigentlich das erste Mal, wo ich da betrunken dann war. (Olga, P2, 7–18)

Nachdem Olga also eine geraume Weile mit ihrer Gruppe nur Wodka getrunken hatte, kam es dann schließlich zu einer sehr negativen körperlichen Reaktion mit Erbrechen, woraufhin sie als Konsequenz den Konsum von Wodka seitdem sehr stark eingeschränkt hat. Negative Reaktionen auf der Körperebene können also umgangen werden, indem man solche Alkoholika vermeidet, die man nicht verträgt bzw. indem man den Konsum derselben reduziert.

Andere Orientierungen können als Herstellen einer Art „Moratorium" charakterisiert werden. Diese finden sich dort, wo Jugendliche den Alkoholkonsum phasenweise komplett einstellen. Dafür gibt es verschiedene Gründe und Anlässe.

So erzählt Marlen, wie ihre Gruppe nach exzessivem Trinken über die Fasnet-Zeit hinweg sich selbst so ein Moratorium von „Alkohol-Fasten" verordnet hat:

> *M*: Also des isch grad mein bester Freund und Freundinne von mir, weil, also mir sin ja seit em Januar jedes Wochenende unterwegs g'wese, Freitag,
> Samstag, Sonntag, und an der Fasnet, da g'hört Alkohol einfach @ weiß m'r ja, wie des isch, ma trinkt einfach, und irgendwann, also grad jetz au überd Hauptfasnet, vom Donnerstag bis zum Dienstag hat m'r immer was trunke//mhm// und dann hasch irgendwann au mal g'nug, m'r möcht einfach nemme, und no ham mir g'sagt, andre Leut fastet (2) Schleck oder sonsch was//mhm// und mir fastet halt Alkohol//ok//
> *I*: Und wessen Idee war des?
> *M*: (1) Weiß i gar et so genau, irgendwie sin mir da alle drauf komme//mhm//.
> *I*: Und habt ihr des scho öfters gemacht?
> *M*: (2) Nee, eigentlich net, also des isch uns jetzt erscht komme, irgendwie jetzt die Fasnet isch uns au nie so anstrengend vorkomme, mir waret dieses Jahr total fertig nach d'r Fasnet @//echt//, mir waret au viel länger unterwegs und fort und so, au mim Bus, weil mir immer so spät wieder heim g'fahre sin, also des war ganz andersch// mhm// wie sonsch//mhm//. (Marlen, P3, 573–588)

Diese abstinente Auszeit wird als Gruppenkonsens dargestellt, der sich vor allem aus zwei Gründen ergeben hat: Einerseits hatte aus Marlens Perspektive diese spezielle Fasnetzeit mit ihren Exzessen wohl ihren Tribut gefordert („wir waren dieses Jahr total fertig"). Andererseits zeigt sich darin jedoch auch gleichzeitig eine Orientierung an gängigen soziokulturellen Normen, nämlich an verschiedenen Praktiken des Fastens nach der Fasnetzeit, also wenn andere dann z. B. keine Süßigkeiten mehr essen.

Bei Ilias wird zunächst der Sport als Grund für Abstinenz angesprochen, aber gleich im folgenden Satz wird sein Vater als Initiator einer Abstinenzphase erwähnt:

> *Int*: Und dann hast du (1) ein Jahr lang gar nicht getrunken. De- war des, war des äh als du angefangen hast mim Boxen, oder?
> *I*: Ja ganz genau.//ja// Als ich Sport gemacht habe (1) und Schule (1)//mhm// [Hauptschule] hab isch gemacht.
> *Int*: (2) Und wie kams dazu, dass du irgendwie, dass, dass du, dass du dann einfach beschlossen hast, gar nichts mehr zu trinken?
> *I*: Wegen meim Vater, der hat so gesagt «Du hast kein Abschluss, du hast nix» da hab isch mir gedacht, isch, (1) isch tu dem jetzt mal en Gefallen, isch mach mal für den en Abschluss//@// Isch reiß des mal. Isch weiß, isch bin nischt blöd. Isch hab nur, isch war immer der Klassenclown und so und isch hab nur Scheiße gebaut und (1) dann hab isch mir gedacht, isch mach jetzt mal en Schulabschluss.//mhm// Is en Muss. Der hat zu mir gesagt >>Wenn du deinen Schulabschluss machst, dann darfst du deinen Führerschein machen.<< (Ilias, P2, 390–401)

Ilias begründet seine temporäre Abstinenz also nicht mit körperbezogenen Argumenten. Vielmehr steht hinter seiner zeitweiligen Abstinenz der Druck von Seiten des Vaters („Du hast kein Abschluss, du hast nix") sowie dessen Versprechen auf eine „Belohnung", wenn er mit dem Trinken aufhört und sein Leben – vor allem die Schule – auf die Reihe bekommt.

Allerdings will Ilias bei dieser Begründung (dass er sozusagen nur auf „Anweisung" des Vaters abstinent wurde) nicht stehen bleiben. Wie der folgende Abschnitt zeigt, ist es ihm wichtig, sich hier dennoch als Kontrolleur der Lage zu inszenieren, indem er erklärt, wieso Abstinenz für ihn sowieso kein Problem war. Auch wenn der Vater der Auslöser war, so macht er deutlich, dass er ganz aus eigener Entscheidung heraus seinen Konsum regulieren kann, weil er nicht „süchtig" war oder ist. Dass er inzwischen wieder Alkohol trinkt, ist für ihn dabei ebenso selbstverständlich wie damals die Abstinenz:

> *Int*: (2) Und wie siehst du jetzt so rückwirkend so die Zeit irgendwie, wo du gar nichts getrunken hast, da de so die zwei Jahre? (2) Wenn du des von heute so betrachtest?
> *I*: Nja, is eigentlisch, is eigentlisch gleich. Weil man hat abends halt sein Flash, man is betrunken. Wenn man süchtisch is, dann is man süchtisch, aber isch war nischt süchtisch gar nicht so, isch kann trinken, wann isch will. Isch kann auch nur ein Glas trinken und sagen «isch trink danach nisch mehr».//mhm// Weißt du, (1) isch kann auch nur ein Schluck trinken, wenn isch Lust hab, trink isch halt en Schluck Alkohol//ja// anstatt en Schluck Wasser. (1) Ja. (2) Aber wenn isch trinke, dann trink isch @//@// (unverst.) (1) °auf jeden Fall°. (Ilias, P2, 501–509)

5.1 Regulierungspraktiken auf der Körperebene (Gabriele Stumpp)

Mit diesem Verweis auf das Thema „Sucht" rekurriert Ilias dann implizit auf die körperliche Ebene. Hinter seiner Argumentation steht dabei eine Haltung, die deutlich machen soll, dass er seinen Körper kontrollieren kann und nicht er von einem (süchtigen) Körper kontrolliert wird. Somit ist der inzwischen wieder aufgenommene Konsum für ihn auch kein Problem, da er sich im Vollbesitz der Kontrolle über die Dinge sieht.

Auch bei Alesio stand am Beginn einer viermonatigen Abstinenzphase ein Gespräch mit der Mutter im Krankenhaus, als Konsequenz eines Magendurchbruchs nach einer mehrere Monate währenden exzessiven Trinkphase:

> *A*: Oje @ war nicht gut, (1) hm, wie soll ich sagen (2) ja ich bin halt im Bett gelegen und meine Mutter ist gekommen, dann haben wir halt geschwätzt was ich gemacht hab und so, dass ichs nicht mehr machen soll, so halt ja
> *I*: Hm kannst dus n bisschen genauer erzählen//@// oder ists schwierig @
> *A*: Ja @ schwierig, war lange @//ja @// oje (1) ist schwierig
> *I.2*: (..)
> *A*: @2@
> *I*: Ja
> *A*: Wie soll ich sagen
> *I*: Uns kannsts ja sagen @(2)@
> *A*: @ wie soll ich des erzählen (2) ja man hat halt normal geredet, (1) hat halt gesagt ich soll des nicht mehr machen (1) ja (1) dann halt, hab ich auch vier Monate nichts mehr getrunken//mmh// ja (Alesio, P2, 517–529)

Wie bei Ilias steht bei Alesio die Abstinenzphase im Kontext mit elterlicher Einflussnahme, wenn die Dinge „aus dem Ruder gelaufen sind". In beiden Fällen werden die Eltern als Initiator_innen der Abstinenzphase erwähnt. Während sich jedoch Ilias hier als Akteur in Kontrolle darstellt, ist dies bei Alesio nicht der Fall. Zwar entdramatisiert er das Gespräch über den Vorfall („man hat halt normal geredet"), womit er auch eine Kommunikation auf gleicher Augenhöhe mit der Mutter andeuten will, letztlich bekommt er jedoch eine klare Anweisung („ich soll das nicht mehr machen"), der er dann auch vier Monate lang Folge leistet.

Körperbezogene Argumente für die Abstinenz erwähnt Alesio nicht, obwohl objektiv betrachtet seine Krankenhausaufenthalte sowie die Abstinenzphase in einem eindeutigen Kontext mit schwerwiegenden körperlichen Folgen des Alkoholkonsums stehen. So sieht Alesio auch wenig positive (körperbezogene) Konsequenzen seiner zeitweiligen Abstinenz, vielmehr bewertet er diese im Rückblick als langweilig und unerfreulich:

> *A*: Oje ja ich trink jetzt ja nicht mehr *so* viel//mmh// also des ist (1) so n bisschen Alkohol musst du halt ge- (1) ist halt besser an nem Fest (1)//mmh// sonst ists langweilig fand ich in den vier Monaten. @ Ich bin auch daheim geblieben dann (1) weils keinen Spaß gemacht hat eigentlich (2) aber eigentlich es ging ja auch ohne manchmal aber (1) mit Alkohol ists lustiger halt

I: Kannst du des (1) ähm kannst du dich dran erinnern wann du des des erste Mal gemerkt hast?
A: Wie?
I: Wann wann du des erste Mal oder wann du des gelernt hast (1) wie du des gelernt hast, dass es sozusagen//besser// ja lustiger ist
A: Am Ding des war gleich wo ich Ding ähm nach dem Krankenhausaufenthalt war ja die Fasnet noch//mmh// und des war grad alles des in [Ort2] und dann war ich auch mit denen und Kameraden unterwegs (1) und dann bin ich schon um halb achte Heim weil ich keine Lust mehr hatte//mmh// und da bin ich dann um halb achte mal Heim (1) weils langweilig war so//mmh// ja (1) ohne Alkohol//mmh// ja. (Alesio, P2, 663–672)

Auch Alinas Moratorium ergab sich als Folge einer Alkoholvergiftung mit Krankenhauseinlieferung; und auch sie erzählt in diesem Kontext über die Reaktion ihrer Eltern. Allerdings begründet sie ihren zweijährigen Verzicht auf Alkohol noch einmal anders als Ilias und Alesio, indem sie konkret und direkt Bezug auf ihren (problematischen) Alkoholkonsum nimmt:

I: Und dann, wie lang bist du geblieben (im Krankenhaus)?
A: Bis zum nächsten Morgen, dann hat mich meine Mama abgeholt, dann musst ich zwei Tage äh die Tapete in unserm Wohnzimmer abtapezieren, weil des so ausgemacht war, und des war dann auch nicht ganz so lustig//mhm//, ja (2) na ja, und dann hab ich glaub ich zwei Jahre nichts getrunken//ok//, ja.
I: Deswegen, oder warum//ja//, ja.
A: Also wirklich nichts//gar nichts//, gar nichts//gar nichts//, hm, hm.
I: Warum?
A: Weil ich dann gefunden hab, dass es einfach reicht, also das war einfach zu viel, irgendwo hat ma einfach mal merken müssen, dass es aufhört. (1) Also des war einfach, ja, es hat irgendwie bei mir so en Punkt gegeben, also da eben, wo ich dann gemerkt hab, des isch, es ging einfach viel zu weit, es war ja auch, ich hab auch irgendwie allgemein, wenn's mir schlecht ging oder so hab ich dann mich schon betrunken zuhause oder überhaupt, also es war einfach (2) und da hab ich dann gemerkt, das geht nicht.
I: Und was war, oder woran hast du des dann so fest gemacht für dich?
A: Naja, ich mein des isch einfach so en Einschnitt, wenn man mit 16 wegen Alkohol im Krankenhaus liegt//mhm//, dann sollte man sich überlegen, was man falsch gemacht hat//mhm//, weil des eigentlich nicht normal isch, also es sollte nicht normal sein//mhm//, dass m'r (2) als Jugendlicher sich dermaßen betrinkt, dass ma dann (1) ja, nichts mehr tun kann//mhm// und des war echt, des hat mir, huh, des war ganz schrecklich. (Alina, P2, 298–315)

Alina begründet so ihre Abstinenzphase als eine folgerichtige Konsequenz ihres vorhergehenden Trinkverhaltens, von dem sie sich heute im Rückblick selbstkritisch distanziert („es ging einfach viel zu weit"). Auch wenn sie dabei nicht konkret körperliche Aspekte anführt, so sind diese doch teilweise impliziert, auch in ihrer

5.1 Regulierungspraktiken auf der Körperebene (Gabriele Stumpp)

retrospektiven Selbstwahrnehmung von „Problemtrinken". Einen zusätzlichen, aus ihrer Sicht problematischen Aspekt ihres Alkoholkonsums führt sie nachfolgend noch näher aus:

> und des war immer schon bisschen mein Problem, ich kann's halt trinken und es schmeckt, also Wodka oder so, des schmeckt mit auch//mhm//, des isch bisschen ungeschickt, alles Menschen trinken es, weil se sich betrinken wollen @und mir schmeckt's halt@//ok @// und ja, des war immer so bisschen ein Problem.
> *I*: Warum ein Problem?
> *A*: Weil man es dann getrunken hat und weil ma jetzt nicht getrunken hat um sich zu betrinken, sondern weil ma einfach gedacht hat >>ha ja, des schmeckt ja lecker, kann ma noch en bisschen trinken//mhm// und noch en bisschen und noch en bisschen<< //mhm// und ma merkt dann nicht, dass ma eigentlich aufhörn muss//mhm//, weil's eigentlich, na ja, ma kann's halt trinken//mhm//, ja, komisch irgendwie, also mein Freund kann sowas au nich trinken, aber ich kann's irgendwie, also ich trinks ja net in Übermengen, aber ich kann's halt trinken//mhm//. (Alina, P2, 363–371)

Damit weist sie selbstreflexiv auf ein durchaus auch körperbezogenes Gefahrenpotential hin, das für sie im Alkoholkonsum liegt: Sie will sich zwar nicht betrinken; aber weil es ihr schmeckt, trinkt sie dann zu viel. Wie die Geschichte mit dem Krankenhausaufenthalt gezeigt hat, funktioniert dann ihre körperliche Selbstregulierung nicht immer oder nicht gut genug („man merkt dann nicht, dass man eigentlich aufhören müsste"), was sie als Verlust der körperlichen Kontrolle erlebt hat. Aus heutiger Sicht deutet sie damit ihre Abstinenzphase als „Einschnitt", der es ihr ermöglichte, sich diese problematischen Zusammenhänge ihres Konsums deutlich zu machen und ihre Trinkpraxis entsprechend anzupassen.

Mehr oder minder lange Abstinenzphasen zeigen sich bei jungen Alkoholkonsument_innen auf der „objektiven" und konkreten Ebene also zunächst als Konsequenz aus bestimmten einschneidenden Erlebnissen, als Beschluss nach einer sehr extremen Phase und oft auch im Kontext mit elterlicher Einflussnahme. In der Retrospektive werden jedoch von den Befragten ganz unterschiedliche Begründungszusammenhänge für die Abstinenzzeit konstruiert.

So kann eine Abstinenzphase als Zustand sozialer Ausgrenzung aus dem Peerkontext erlebt werden (wie bei Alesio), den man so bald wie möglich wieder ändern möchte. Selbst bei schwerwiegenden körperlichen Effekten von (exzessivem) Konsum wird dann die Abstinenz aus subjektiver Perspektive nicht unbedingt in einem körperbezogenen Kontext gedeutet und begründet, sondern eher mit dem Druck von außen, z. B. von elterlicher Seite. Dies führt dann dazu, dass die Auszeit vom Konsum als „extern verordnetes Moratorium" erlebt wird, das man eben einige Zeit durchstehen muss. Bei einer solchen Orientierung bleiben Aspekte von Selbstkontrolle weitgehend außen vor; und damit kann es auch nicht zu Selbstreflexionen über einen möglichen sinnvollen Zusammenhang von Alkoholkonsum, körperlichen Konsequenzen und der Abstinenzphase kommen.

Auf der anderen Seite können körperbezogene Faktoren bei einer Abstinenzphase durchaus eine Rolle spielen, zum Beispiel um damit deutlich zu machen, dass man weder mit dem Konsum noch mit der Abstinenz per se ein Problem hat, weil grundsätzlich kein Suchtproblem vorliegt, sondern man immer die Kontrolle über den Körper behält (wie bei Ilias). In diesem Fall wird die Abstinenzphase rückblickend als letztlich undramatische Auszeit inszeniert, als ein „Moratorium aus pragmatisch-zweckrationalen Gründen".

Eine Phase der Abstinenz kann auch als konsensuales „Gruppenmoratorium" inszeniert werden (wie bei Marlen), dem sich alle Gruppenmitglieder anschließen. So wie man zuvor als Gruppe die exzessive Phase miteinander teilte, teilt man nun für eine bestimmte Zeit die Abstinenz vom Alkohol, womit ein solches Moratorium auch wiederum als eine die Gruppenkohärenz stärkende Maßnahme verstanden werden kann.

Zeitweilige Abstinenz kann jedoch im Nachhinein auch als „selbstreflexives Moratorium" inszeniert werden, wo aus der aktuellen Subjektperspektive ehemals problematische Aspekte des Trinkens heute anders bewertet werden (wie bei Alina) und somit zu einer Art „Läuterung" führten, die für den aktuellen Konsum bestimmend ist.

Auf der ganz anderen Seite finden sich dann auch Orientierungen, die sich auf totale Abstinenz beziehen. Allerdings gibt es davon im Untersuchungssample nur in zwei Fällen Hinweise auf Haltungen bzw. Handlungspraxen, in denen totale Abstinenz befürwortet oder praktiziert wird. Diese unterscheiden sich jedoch ganz grundlegend voneinander.

So wird bei Driss Abstinenz als Ideal in einem Kontext hervorgehoben, wo er erklärt, wieso er überhaupt mit dem Konsum von Alkohol in jungen Jahren angefangen hat:

> Man wird, ich sag' mal so, als kleiner Junge, wo die Augen noch glänzen, man wird alles dafür tun, (1) weißt du. Wenn so 'n Älterer zu dir sagt >>Ey du bist, was weiß ich, du bist korrekt, du bist cool, du bist (1)<< keine Ahnung, was halt so die Kleinen hören wollen, weißt du. Dann freut man sich natürlich und dann denkt man sich auch >>Ja komm', ich mach' das, was er macht, vielleicht gehöre ich dann dazu<< //mhm// weißt du. Vielleicht bin ich dann jeden Tag mit denen, weißt du, so denkst du dir. Aber ist halt nicht so. Es ist halt dieser Mitläuferinstinkt, der kommt schon//mhm// von klein auf. Wenn man das hat, dann (2) ist eigentlich schwach, schwache Leistung, meiner Meinung nach. Also hätte ich das nicht gehabt, dann wäre ich heute auf gar keinen Fall auf Alkohol oder so.//mhm// Weil ich sage mal so, der Mensch, der (1) sollte eigentlich ohne Drogen klar kommen. (1) Menschlicher Körper muss eigentlich rein bleiben, wie ein Glas Wasser.//@// Ja. Sozusagen. (Driss, P2, 963–971)

Hier wird ein Ideal von Abstinenz aus ethischen Gründen befürwortet, während gleichzeitig aus der subjektiven Perspektive eine Erklärung dafür geliefert wird, wieso dieses Ideal für ihn nicht praktikabel ist und sich die eigene Handlungspraxis

5.1 Regulierungspraktiken auf der Körperebene (Gabriele Stumpp)

damit nicht in Einklang bringen lässt: Die Integration in Peerkontexte, das „Dazugehören-Wollen" sowie eine Orientierung an älteren Jugendlichen macht es letztlich schwer bzw. unmöglich, sich völlig vom Alkohol fernzuhalten. Lebensweltliche Peerkontexte von Heranwachsenden und eine bestimmte ethische Haltung aus einem anderen Wertekanon können also im krassen Widerspruch zueinander stehen. Driss rezitiert solche ethischen Normen in einer geradezu „belehrenden" Weise: „Der menschliche Körper muss rein bleiben wie ein Glas Wasser." Gleichzeitig widerspricht seine eigene Handlungspraxis beim Konsum diesem Ideal des „reinen Körpers", wobei er sich durchaus selbstkritisch dazu äußert, nicht genug Willensstärke an den Tag zu legen, um diesem Ideal zu entsprechen. Darin bildet sich ein Konflikt ab, den Driss als Heranwachsender im Laufe seiner Entwicklung für sich lösen muss und in dem er sich für die eine Seite entschieden hat: Der ethische Werte einer (rein gehaltenen) Körperlichkeit muss zurückstehen hinter dem vordringlichen Bedürfnis eines Heranwachsenden nach Zugehörigkeit, die zu weiten Teilen auch über gemeinsamen Alkohol- und Drogenkonsum hergestellt wird.

Eine völlig andere Haltung und Praxis zeigt sich bei Alexandra, die – von ganz wenigen situativen Ausnahmen abgesehen – völlig abstinent ist und dies auch in der Vergangenheit immer so praktizierte:

> ähm ich bin so dass ich immer noch wenn ich mit den Cliquen draußen bin gar nichts trinke (1) und ähm (1) jetzt so an Silvester klar da trink man mal ein Glas Sekt oder so was also bei mir ist aber immer noch so dass ich weder angetrunken noch//mhm// irgendwie besoffen immer noch eher diejenige bin die die Leute nach Hause bringt (1)//mhm//. (Alexandra, P2, 15–18)

Für Alexandra gab es dabei gleich zu Anfang der Trinkkontexte in der Peergruppe viele negative Schlüsselerlebnisse, wo sie mitbekam, wie andere völlig die Kontrolle über den eigenen Körper verloren und dabei eine – aus ihrer Perspektive – völlig unattraktive Figur abgaben:

> Das war so das erste Mal, dass ich wirklich mit diesem Party-machen und Saufen konfrontiert//okay// wurde.//mhm// Und dann habe ich ja auch immer irgendwie jemanden nach Hause gebracht und habe dann zugeguckt, wie die dastanden und die halben Augen schon hinten im Kopf verdreht waren so, weil sie schon so viel getrunken hatte,//mhm// oder dass die dann die halbe Nacht auf 'm Klo verbracht haben, weil sie halt wirklich so besoffen waren. (Alexandra, P2, 164–168)

Solche Bilder beschreibt sie im Nachhinein als abschreckende Beispiele, durch die sie nicht in Versuchung kam, selbst aktiv bei solchen Trinkpraktiken mitzuwirken, also selbst auch mitzutrinken. Auch die Gründe ihrer Peers, wieso Trinken Spaß macht, entkräftet sie hier auf mehrfache Weise:

Und das war glaube ich auch so das, wo ich mir gedacht habe >>Nee, das muss nicht sein<<. Also da habe ich glaube ich so ein bisschen mein Entschluss einfach getroffen und dann auch immer diese Argumentation so >>Ja, du wirst da lockerer und ähm das, dann bist du viel entspannter<< und dann habe ich mir immer so gedacht so >>Ja, das will ich aber eigentlich gar nicht<<. //mhm// Weil für mich ist das so, ich bin dann nicht mehr ich selber, also wenn ich, dann mach' ich ja Sachen, die ich im Normalfall nicht machen würde. Und ich bin eigentlich so auch ein Mensch, ich mache auch viel Quatsch mit so,//mhm// auch wenn ich nichts getrunken habe, aber ich muss ja nicht irgendwie was zu mir nehmen, damit ich noch bescheuertere Sachen mache.// mhm// Also das ist so das, was mich auch einfach, (1) was mir da auch klar geworden ist, also das ich das nicht will, dass ich dann irgendwann 'ne halbe Nacht//mhm// auf der Toilette liege, weil ich halt mal zu viel getrunken habe, weil man sagt zwar dann immer >>Ja mh man muss ja nicht übertreiben<<, aber ähm (1) die Grenze zu finden, das ist (1) also das schafft fast niemand, auch von meinen Freunden.//mhm//.
(Alexandra, P2, 169–177)

Alexandras Gründe für eine völlige Abstinenz basieren also zentral darauf, dass sie nicht die Kontrolle über sich verlieren möchte. Dabei geht sie davon aus, dass dies beim Alkoholkonsum unabdingbar die Folge ist. Selbst die Möglichkeit, durch das Trinken nur „entspannter" zu sein, hat für sie eine negative Konnotation: Sie wäre dann nicht mehr kongruent mit sich selbst und benähme sich eventuell in einer Art, die sie normalerweise nicht gut fände. Auch das Argument, man müsse eben eine Grenze finden, entkräftet sie mit der Begründung, dass dies eigentlich fast immer ein Ding der Unmöglichkeit ist („also das schafft fast niemand").

Darin zeigt sich eine Orientierung, bei der Alkoholkonsum mit einem nicht abschätzbaren Risiko von (körperlichem) Kontrollverlust verbunden ist, das auf jeden Fall vermieden werden soll. Dies beinhaltet letztlich ein Misstrauen gegenüber den eigenen (körperlichen) Regulationsfähigkeiten und möglichkeiten, das verhindert, sich auch nur ein Stück weit auf das Trinken einzulassen, oder allenfalls dazu führt, sehr selten und dann nur in extrem restringierter Weise zu konsumieren (an Silvester ein Glas Sekt). Die praktisch völlige Abstinenz wird als einzige Chance gesehen, mögliche Grenzen einer körperlichen Regulierung erst gar nicht „am eigenen Leib" zu spüren.

Ganz im Gegensatz zu Driss hat Alexandra trotz ihrer Abstinenzorientierung offenbar überhaupt keine Integrationsprobleme in ihren Peerkontexten. Sie erlebt sich als eingebunden in die Gruppe und kann auch ohne Alkohol „Quatsch" machen, also mit Anderen Spaß erleben. Zudem basiert ihre Integration auch sehr stark auf der Rolle einer nüchtern bleibenden „Aufpasserin", als jemand, der andere sicher nach Hause bringen kann und generell noch in Kontrolle der gruppenspezifischen Trinksituation ist. Durch die Konstruktion dieser Rolle gewinnt sie sowohl für sich persönlich sowie auch für die Diskurse über das Trinken mit anderen immer wieder gute Argumente, weshalb (ihre) Abstinenz für sie eine positive

5.1 Regulierungspraktiken auf der Körperebene (Gabriele Stumpp)

Sache darstellt. Gerade weil die anderen jede Kontrolle verlieren, braucht es als Contra-Punkt ja jemanden, der die Dinge noch im Griff hat. Damit „profitieren" die anderen letztlich von ihrem Abstinenzverhalten, und damit kann Alexandra integriert sein, ohne selbst konsumieren zu müssen.

Ähnlich wie Driss, jedoch mit einer völlig anderen Haltung, nimmt auch Alexandra Bezug auf Normen ihrer Herkunftsfamilie, was den Alkoholkonsum anbelangt:

> Und was bei mir glaub' ich aber auch ein Punkt war, dass mein Eltern, also mir das auch nie verboten haben.//mhm// Also das ist ja oft so, dass dann, das man denkt >>Boa ey, das muss ja voll toll sein, wenn die mir das so verbieten<< //mhm// und viele ja dann gerade rebellieren und gerade was trinken. Meine Eltern haben mir das einfach nur so aus ihrer Kindheit erzählt und also ich glaube, das hat schon auch was mit meiner Familie zu tun, weil meine Mutter selber trinkt nichts,//mhm// mein Vater, der war auch irgendwie nie besoffen oder sonst was, also ich hab' den nie besoffen gesehen, der ist noch nie besoffen nach Hause gekommen. (2) Sie und die haben wirklich halt nicht da so 'n Trara drum gemacht sage ich mal.//mhm// Die haben das nicht irgendwie so, in so 'n Wattebausch eingepackt und gesagt >>Kind, das darfst du nicht machen, das ist schlecht<<, sondern wirklich ähm gar nichts gemacht. Genauso wie beim Rauchen. Rauchen tu ich auch nicht und meine Eltern haben mir es aber nie verboten oder so//mhm//, also die haben nie was dazu gesagt. (Alexandra, P2, 245–255)

Damit inszeniert sich Alexandra als eine Tochter, die das von den Eltern in sie gesetzte Vertrauen nicht missbraucht, sondern in selbstverantwortliches Handeln umsetzt. Sie muss nicht aus Protest gegen von außen an sie gerichtete Normen rebellieren, sondern kann sich selbst entscheiden und sich dabei zudem am (positiven) Vorbild der Eltern orientieren.

Im Gegensatz zu Driss, der in seiner Herkunftsfamilie mit einem sehr hohen Ideal völliger Abstinenz konfrontiert wird, das er letztlich in seiner jugendlichen Lebenswelt nicht erfüllen kann, sieht sich Alexandra keinem Druck unterworfen und mit keinen Verboten konfrontiert. Vielmehr bestätigt sie an dieser Stelle noch einmal mehr ihre Orientierung an eigenständiger Kontrolle über ihren Körper und ihr Verhalten und weist darauf hin, dass sie völlig aus freien Stücken abstinent sein möchte. Sie eifert keinem Ideal nach, agiert nicht aus Protest gegen elterliche Normen, sondern handelt aus einer freien Entscheidung heraus. Dazu konträr liegt die Orientierung von Driss, der zwar ein Abstinenzideal verinnerlicht hat, sich jedoch wegen des „Mitläufertums" außer Stande sieht, dieses realiter auch zu praktizieren. Damit stellen diese beiden Fallbeispiele einander diametral entgegensetzte Abstinenzorientierungen dar, und zwar nicht nur hinsichtlich der konkreten Handlungspraktiken, sondern auch mit Bezug auf deren normative Begründungen.

5.1.6 Fazit

Die Ergebnisse machen deutlich, dass eine rein pathogenetisch orientierte Sicht auf jugendlichen Alkoholkonsum viel zu kurz greift. Wie die Beispiele zeigen, bietet der Konsum von Alkohol ein weites Terrain von Möglichkeiten für wichtige, körperfundierte Identitätsfindungsprozesse (Höfer 2000) – dies zum einen, weil der Alkoholkonsum direkt und unmittelbar über die physiologische Ebene wirkt, also die Körperreaktionen ganz konkret „erfahrbar" macht; zum anderen, weil der Konsum als Aktivität im Peerkontext praktiziert wird und dadurch der Erfahrungshorizont über das eigene (körperliche) Selbsterleben hinausreicht. Beim gemeinsamen Trinken entsteht also ein komplexer, herausfordernder Erfahrungs- und Erlebnisraum, in dem individuelle und soziale Konstruktionsprozesse von Körperlichkeit aufeinandertreffen und interaktiv und diskursiv ausgehandelt werden können.

Dabei zeigen die Orientierungen der Heranwachsenden ein durchaus differenziertes Spektrum von körperlichen Regulierungsstrategien beim Alkoholkonsum, das prozessual veränderlich und situationsbezogen variabel ist. Wie die Erzählungen zeigen, wird die Aneignung dieser Regulierungsstrategien von den Konsument_innen als eine Anforderung betrachtet, die es im Kontext der subjektiven Entwicklung und vor dem Hintergrund der jugendkulturellen Lebenswelten durch eigene empirische Trinkerfahrungen und in einem Prozess von „trial and error" zu bewältigen gilt.

Der eigene Körper wird dabei als Erfahrungsraum erlebt, in dem sich das Individuum ausprobieren kann bzw. wo Körper und Akteur_in sich als unterschiedliche Personinstanzen in unterschiedlichen Rollen gegenübertreten können. Dabei entstehen differenzierte Interaktionsmöglichkeiten zwischen diesen Instanzen, die sich in den oben geschilderten Orientierungen abbilden. So kann z. B. bei Maria der Körper als stark externalisierte Kontrollinstanz erlebt werden, wodurch sich Widersprüche zwischen Person und Körper auftun, die es zu bewältigen gilt. In jedem Fall liefern die Orientierungen der Regulierungsstrategien wichtige Hinweise darauf, wie Heranwachsende ihr körperliches Eigenmanagement in Entwicklungsprozessen konstruieren.

Die körperliche Ebene erfüllt damit beim Alkoholkonsum Heranwachsender mehrere, teilweise auch widersprüchliche Funktionen. Der Körper ist einerseits Mittel zum Zweck, um ein möglichst positives sinnliches Erleben überhaupt zu ermöglichen und durch dieses Erleben auch einen gemeinsam geteilten Erfahrungsraum mit anderen zu gestalten. Andererseits dient der Körper – wie die Regulierungspraktiken zeigen – auch als Kontrollinstanz, um eigene Grenzen ausloten und wahren zu lernen, um jenseits der Risikosuche dennoch eine bestimmte Sicherheit beim Konsum zu gewährleisten und die soziale Integration nicht zu gefährden.

5.1 Regulierungspraktiken auf der Körperebene (Gabriele Stumpp)

Beim Trinken wird der Körper also gewissen Risiken ausgesetzt, und gleichzeitig wird er – vor allem im Verlauf zunehmender Erfahrung mit Alkohol – zu einer wichtigen Instanz der Risikominimierung.

Die so ermöglichten Erfahrungen verbleiben jedoch nicht rein auf der Körperebene, sondern werden im Zuge der Entwicklung einer als sinnhaft spürbaren und verstehbaren Körperidentität auch bedeutsam für andere Aspekte der Identitätskonstruktion (Höfer 2000; Niekrenz und Witte 2011). Ähnlich wie die sexuellen Erfahrungen Heranwachsender tragen also auch die körperlichen Erfahrungen beim Alkoholkonsum dazu bei, an der Schnittstelle von individuellem Erleben, sozialer Interaktion und diskursivem Aushandeln in der Peergruppe die Entwicklung und Ausdifferenzierung eines Kohärenzgefühls zu ermöglichen.

Die in den Regulierungspraktiken aufscheinenden Risikoreduzierungsstrategien sind jedoch auch ein deutlicher Hinweis darauf, dass die Heranwachsenden – zumindest zu weiten Teilen – bereits ein Gesundheitsbewusstsein bzw. subjektive Gesundheitstheorien entwickelt haben (vgl. Flick 1998), und zwar sowohl in einem salutogenetischen Sinn wie auch in einem traditionell pathogenetischen Verständnis (vgl. Wydler et al. 2000).

Im Sinne des Ersteren wird der Konsum auf der Körperebene möglichst so reguliert, dass ein erhöhtes psychisches und physisches Wohlbefinden erlebt wird, gerade im sozialen Kontext der Gruppe identitätsrelevante Erfahrungen gemacht werden können und damit eine Entwicklung bzw. Bestätigung des Kohärenzgefühls erzielt wird (Stumpp 2006). Aber auch von einer pathogenetischen Warte aus zeigen die meisten der gefundenen Orientierungen eine auf den Körper und die aktuelle Körperbefindlichkeit gerichtete Achtsamkeit (man möchte keine körperlichen „Akutschäden" davontragen). Allerdings bleiben eventuell mögliche objektive körperliche Langzeitschäden in den Orientierungen (noch) so gut wie ausgeblendet. Dies verwundert jedoch nicht, wenn man berücksichtigt, dass Heranwachsende zum einen insbesondere gesundheitsrelevantes Handeln und mögliche Folgen in einem anderen Zeithorizont verorten als Erwachsene. Zum anderen kommt aber paradoxerweise gerade in dieser „Ausblendhaltung" ein durchaus traditionell pathogenetisches Verständnis von Gesundheit zum Ausdruck: Gesundheit ist „das Schweigen der Organe" und die Abwesenheit von Krankheit. Da die Heranwachsenden – außer in jenen Fällen, wo es „zu viel war" – keine nachhaltigen körperlichen Folgen von übermäßigem Alkoholkonsum spüren, wird auch verständlich, wieso diese Dimension möglicher körperlicher Langzeitfolgen in ihren Orientierungen (zunächst noch) keine Rolle spielt. Selbst in solchen Beispielen, wie z. B. bei Alesio, wo es tatsächlich zu schwerwiegenden, anhaltenden Symptomen gekommen ist, werden diese dann ausgeblendet und umkonstruiert. Dies geschieht zum einen im Rekurs auf Normen der „Gesundheitstheorien" des sozialen Umfeldes (wonach „jeder eben ein Magengeschwür hat"), zum anderen durch die Konstruktion dieser körperlichen Symptome als nachrangig gegenüber den in diesem Fall schwerer zu ertragenden Beeinträchtigungen durch Langeweile und Exklusion aus sozialen Kontexten bei Konsumverzicht.

5.2 Prozessieren von Bildungsverläufen (Sibylle Walter)

Im Mittelpunkt dieser Typik steht die Frage danach, wie und in welcher Weise bildungsbiografische Verläufe Einfluss auf Wege in und aus dem Rauschtrinken bzw. auf den Konsum von Alkohol nehmen. Damit richtet sich der Fokus einerseits auf konkrete, individuelle (berufs)biografische Wege, beispielsweise im Rahmen schulischer und beruflicher Qualifizierung, und der Frage danach, inwieweit diese institutionelle Einbindung der Heranwachsenden zu Veränderungen im Konsum von Alkohol führt. Andererseits ist es von Bedeutung im Blick zu behalten, inwieweit das Vorhandensein bzw. die Ermangelung solcher Möglichkeiten und Einbindungen Einfluss auf den Konsum von Alkohol nehmen.

Für Deutschland gibt es in Bezug auf die Frage nach dem Zusammenhang von Bildungsbiografie und Konsumorientierung nur wenige empirische Studien. Sie beziehen sich insbesondere auf die Frage nach dem Zusammenhang von sozioökonomischem Status (und damit indirekt von Bildungsstatus) und dem Konsumverhalten von Individuen. Riskanter Konsummittelgebrauch von Alkohol wird beispielsweise in einer dieser Studien in Verbindung mit hohem sozialen Status gebracht (Bloomfield et al. 2000). Eine andere Untersuchung fokussiert dezidiert den Zusammenhang zwischen unterschiedlichen Schulformen, Ausbildungsgängen sowie aktueller (beruflicher) Tätigkeit und dem Konsum von Alkohol und kommt zu der Aussage, dass sich riskante Konsummittelgebräuche in jeglichen berufsbiografischen Pfaden wiederfinden und sich in diesem Zusammenhang keine signifikanten Unterschiede niederschlagen: „riskante Konsummuster sind in allen Schul-, Ausbildungs- und Tätigkeitsbereichen ähnlich verbreitet" (BZgA 2011, S. 30).

In unserer Perspektive steht weniger der Zusammenhang zwischen konkretem, berufsbiografischem Werdegang und Alkoholkonsum als vielmehr die Handlungspraxis und Konsumorientierung der Befragten im Vordergrund. Dabei spielt auch die subjektive Bedeutung des bildungsbiografischen Standpunktes eine Rolle, weshalb nicht aus dem Blick geraten soll, dass Heranwachsende auch jenseits strukturell und institutionell gerahmter Pfade des (Berufs-)Bildungssystems zahlreiche non-formale Bildungsprozesse und milieuspezifische Bildungserfahrungen machen (vgl. Rauschenbach et al. 2004; Thiersch 2009). Auch diese sind von Relevanz, wenn es um die Frage nach dem wechselseitigen Einfluss von Bildungsbiografie und Konsumverhalten gehen soll.

5.2 Prozessieren von Bildungsverläufen (Sibylle Walter)

Der (regelmäßige) Schulbesuch wie auch die Entwicklung einer Berufsperspektive zählen zu den zentralen gesellschaftlichen Anforderungen an Heranwachsende in unserer Gesellschaft. Bildung gilt als Königsweg der Lebensbewältigung und des Lebenserfolges (vgl. Bundesjugendkuratorium 2001). Brüchigkeiten im „Normallebenslauf" werden dabei überwiegend als Anzeiger für individuelle oder familiäre Problemlagen verstanden und damit in Form von individualisierenden Diskursen problematisiert (Walter und Walther 2007). Sie ziehen ihre je spezifischen Interventionen nach sich und eröffnen dort, wo es sie gibt, Zugang zu unterschiedlichen Unterstützungs- und Hilfsangeboten, die auf eine (Re-)Integration in sozialstrukturell abgesicherte, institutionelle Bahnen abzielen.

Ein hoher Konsum von Alkohol im Jugendalter scheint vor diesem Hintergrund in besonderer Weise mit gesellschaftlichen Erwartungen zu konkurrieren, ist Jugend doch auch eine Zeit der Vorbereitung auf die Übernahme einer verantwortungsvollen Rolle innerhalb der Gesellschaft. Damit gerät der Konsum schnell zum Ausdruck für „soziale Abweichung" (Niekrenz und Ganguin 2010, S. 135), gleichzeitig auch als potentielle Gefahr einer funktionalen Störung der diversen, gesellschaftlichen Subsysteme und darin liegenden Rollenerwartungen – gerade in Bezug auf die Themenbereiche Bildung und Zukunft (Reinhardt 2010, S. 89).

Im Folgenden werden nicht die unterschiedlichen Statuspassagen, in denen sich die Interviewpartnerinnen und -partner zum Zeitpunkt der Interviews befinden, zum Ausgangspunkt genommen, um individuelle Handlungs- bzw. Konsumorientierungen herauszuarbeiten. Diese dienen lediglich als Hintergrundfolie für die Darstellung der unterschiedlichen Orientierungen. Stattdessen stehen die unterschiedlichen Praktiken des Konsums in ihrer Verwobenheit mit berufsbiografischen Kontextualisierungen im Vordergrund.

5.2.1 Passungen herstellen – den Konsum modifizieren

Dieser Typus zielt zentral auf die Frage, wie individuelle Passungen unterschiedlicher Anforderungen im Kontext bildungsbiografischer Übergänge vorgenommen werden. Der Entwurf und die Aufrechterhaltung bildungsbiografischer Wege, Projekte und Optionen zählen zu den zentralen Entwicklungsaufgaben, die gesellschaftlich an junge Menschen im Übergang gestellt werden. Diese Anforderungen schlagen sich auch in einer Reflexion und Modifizierung individueller Konsumorientierungen nieder: einerseits vor dem Hintergrund bereits gemachter Erfahrungen, wenn sich individuelle Konsumpraktiken in der Vergangenheit als wenig vereinbar mit aktuellen bildungsbiografischen Anforderungen zeigten. Diese Reflexionen und Modifizierungen zielen damit auf eine veränderte Konsumpraxis vor dem Hintergrund entsprechender Erfahrungen.

Andererseits werden Veränderungen in der Konsumorientierung im Hinblick auf anstehende, bildungsbiografische Umbrüche „vorweggenommen". Damit ist gemeint, dass als Zugeständnis an künftige Anforderungen und Erwartungen Konsumorientierungen verändert werden.

Allesamt stehen diese Modifizierungen stellvertretend für Versuche, übergangsbezogenen Anforderungen nachzukommen, bildungsbiografische Projekte aufrechtzuerhalten und damit eigenen wie auch von außen herangetragenen Erwartungen zu entsprechen.

Im Rahmen dieses ersten Typus stehen darum Orientierungen im Vordergrund, in denen die Praktiken einer konsumbezogenen Anpassungsleistung zum Ausdruck kommen. Fokussiert werden demnach Handlungspraktiken, in denen eine Modifizierung der Konsumorientierung vorgenommen wird und die Herstellung von Passung im Zentrum steht. Sie schlagen sich nieder in einer Verringerung des Konsums, in einer zeitlichen Verlagerung desselben sowie einer generellen Anpassung des Konsums entlang unterschiedlich starker Beanspruchungen und Anforderungen im Kontext von Bildungserfahrungen.

Verringerung des Konsums
Die Modifizierung der Konsumorientierung im Kontext eines Übertritts in die berufliche Erstausbildung ist Thema des folgenden Interviewausschnittes. Jana beschreibt hier ihre völlige Abkehr von einem Konsumverhalten, das in ihren Augen begonnen hat, negative Auswirkungen auf ihre Schullaufbahn zu nehmen:

> (3) Ähm (4) ich bin zu meinen Freundinnen gegangen und ähm hab' dann mal mit ihnen darüber geredet gehabt, dass ich das einfach nicht mehr möchte, dieses (1) äh Alkohol trinken, jedes Mal saufen gehen, jedes Mal (1) Scheiße machen, jedes Mal schwänzen, dass ich das nicht mehr möchte. Die haben das eigentlich gut aufgenommen, (1) und haben dann gesagt >>Okay, wir können das einerseits verstehen, das ist dein Leben<< (2) und ähm ich hab' mich dann so bisschen von dene getrennt. (1) Wir hatten dann nur noch selten Kontakt.//mhm// Und wenn wir dann uns mal getroffen haben, (1) ähm dann haben wir immer was normales gemacht, also wir sind nicht Trinken gegangen oder so.//mhm//. (Jana, P2, 790–798)

Die Begründung, die Jana hier für ihren Bruch mit dem Konsum von Alkohol einführt – und der damit auch in Zusammenhang stehenden Abkehr von der Peergroup – entfaltet sie entlang einer starken Abwertung ihrer Konsumorientierung. Diese routinierte Praxis von „Saufen" und „Scheiße machen" ist für sie auch eng verbunden mit wiederkehrendem schulabstinentem Verhalten, welches sie nun „nicht mehr möchte". Die Reaktion der Peers auf ihren Rückzug aus den gemeinsam praktizierten Aktivitäten und Konsumgelegenheiten, wie Jana sie an dieser Stelle rekapituliert, fällt gelassen aus. Indem Jana betont, diese hätten ihr mit dem

Verweis erwidert „das ist dein Leben", hebt sie hervor, dass diese Abkehr als eine grundsätzliche Lebensentscheidung, die ihr von diesen scheinbar ohne Groll zugestanden wird, gesehen werden muss. Unter „das ist dein Leben" fällt damit nicht nur die Entscheidung, künftig einen anderen Umgang mit Alkohol zu pflegen, sondern auch die Rückbesinnung auf etwas „Normales", worunter auch die (Re-)Integration in den schulischen Alltag und die Erfüllung der damit in Zusammenhang stehenden Anforderungen gefasst werden kann.

Während sich die Veränderung der Konsumorientierung bei Jana im Zuge einer Rückbesinnung auf schulische Anforderungen und Bildungsaspirationen vollzieht, beschreibt Ilias, wie seine sportliche Karriere konsummindernd wirkt. Auch wenn er zu dieser Zeit noch zur Schule geht, scheint insbesondere die Orientierung an Erfolg im non-formalen Bildungsbereich „Sport" hier von entscheidender Bedeutung für die Konsumpraxis zu sein:

> Isch hab ein Jahr lang jetzt Boxsport gemacht, isch hatt zwei Kämpfe, zwei Siege @// okay//. Gegen so en Paket so hundertzwanzsch-Kilo-Leute//@krass@// Isch bin ja Superschwergewicht. Isch hab die weggeklatscht. (1) Ja. Und isch hab nisch getrunken diese Jahr also letztes Jahr hab isch nischt getrunken (1) aber jetzt wieder seit vier Wochen hab isch wieder wieder bisschen angefangen zu trinken//okay//, isch war ein Jahr nüschtern sozusagen, isch hab keine Zigaretten grauscht, isch hab nur Sport gemacht.//mhm// Ich hab nur, isch hab gar eine Zeit lang hundertfünfunddreißsch Kilo gewogen, hundertsiebenunddreißsch Kilo.//okay// Ja und isch konnt kein anderen Sport machen am Anfang außer Judo und danach hab isch misch also auf Boxen hochgesteigert//mhm// und isch will auch Boxen weitermachen, mit Kraftsport (1) Ja. Aber jetzt mit de- mit Alkohol und Zigaretten rauchen und//klatscht// chillen. Aber kiffen tu isch nischt mehr (3) Ja aber des'sch schlimm. (Ilias, P2, 101–113)

Ilias erzählt in dieser Sequenz, wie erfolgreich er im zurückliegenden Jahr im Boxsport gewesen ist und setzt dies in den Kontext einer völligen Abstinenzorientierung zu eben dieser Zeit: kein Konsum von Alkohol, kein Konsum von Zigaretten. Unmittelbar an die Präsentation seiner erfolgreichen Kämpfe fügt er an „und isch hab nisch getrunken" und unterstreicht auf diese Weise die Wechselwirkung der Abstinenzorientierung und des Erfolgs im Sport. In diesem Jahr, in dem er „nüchtern" ist, ersetzt der Sport wohl andere Aktivitäten, die er an dieser Stelle nur andeutet, „isch hab nur Sport gemacht", der Sport wird damit als Freizeitgestaltungselement akzentuiert, das sich in hohem Maße auch auf andere Lebensbereiche auszuwirken scheint. Implizit deutet er an, dass der Verzicht auf den Konsum von Alkohol einen Beitrag zu eben diesem erfolgreichen Sporterlebnis bzw. Sportjahr geleistet habe. Sein Hobby scheint, zumindest in der Form als karriere- und wettbewerbsorientierte Praxis, nur wenig kompatibel mit dem Konsum von Alkohol; dies unterstreicht er auch in seiner abschließenden Bewertung der gegenwärtigen Rückkehr in alte Konsummuster, indem er resümiert: „Des'sch schlimm."

Temporäre Modifizierung des Konsums
Neben den beschriebenen grundsätzlichen Veränderungen von Konsumorientierungen im Zusammenhang mit bildungsbiografischen Entwicklungen und Dynamiken finden sich bei einigen der Interviewten konsumbezogene Handlungsorientierungen, die eher unter temporäre Modifzierungspraktiken gefasst werden können. Sie sind anlassbezogen und somit auch kontextualisiert und können hier vor dem Hintergrund der jeweiligen Bildungsanforderungen verstanden werden.

Oskar beschreibt eine solche Ausrichtung der Konsumpraxis auf die Wochenstruktur und verweist in diesem Zusammenhang auf den Einfluss, den seine Erwerbstätigkeit auf seine Trinkgewohnheiten genommen hat. Damit verbunden ist auch eine grundsätzliche Reflexion über die Nutzung von freier Zeit, die nun, in diesem für ihn neuen Lebensabschnitt, kostbar geworden zu sein scheint:

> *I*: ja? @(2)@// @(1)@ wie wie wie ist es jetzt? Also wie würdest du jetzt sozusagen dein Alkoholkonsum beschreiben?
> *O*: (3) Äh sagen wir so: (1) Für Alkohol habe ich keine Zeit.//Int.1: okay// Unter der Woche arbeite ich immer. (2) Äh krieg' aber, ich muss, also Lade hat 6 Tage die Woche offen.//Int.1: mhm// Ich muss nur 5 Tage arbeiten, also kriege ich irgendwann mal frei.//Int.2: mhm// Aber am Samstag ist es nicht so oft. Hatte bis jetzt nur 2 mal frei am Samstag. (3) Und da muss ich halt, dann weiß ich, das ich arbeiten muss, vielleicht äh trinke ich abends nach äh Arbeit ein Bier, guck' ein Film, das war's.// Int.1: okay// Ich kann jetzt äh (2) nicht mehr als 3 Flaschen Bier trinken.//Int.1: okay// Geht nicht irgendwie.//Int.2: mhm// Also ich mag Bier, aber (1) ich, wenn mich was stört, dann kann ich einfach nicht trinken. Wenn ich weiß, dass ich am nächsten Tag arbeiten muss, dann kann ich nicht trinken.//Int.2: mhm// Wenn ich weiß, dass ich noch z. B. auf 'ne Party bin, muss noch fahren, dann trink' ich halt 'ne Flasche Bier und dann nach 3 Stunden oder so, 2 Stunden, kann ich schon ruhig fahren.//Int.2: mhm//
> *I*: (3) Heißt das, dass das gar nicht mehr vorkommt, dass du v- äh mehr trinkst, dass solche Gelegenheiten gar nicht mehr gibt, oder?
> *O*: Mh, nach Silvester gar nicht mehr eigentlich. Das ist äh selten, dass ich was trink'.//Int.2: mhm// Also jetzt bin ich, wie gesagt, unter der Woche arbeite ich, am Wochenenden bin ich halt um 7e frei schon, (1) Abends. Dann geh' ich äh zu meiner Freundin.//Int.2: mhm// (3) Dann mach' ich halt, geh' ich mit meiner Freundin äh Kino oder gehen wir was Essen oder (3) gucken Filme bei ihr, machen irgendwas.// Int.2: mhm// Ich mach', ich bin (1) jede Wochenende bei meiner Freundin. Weil ich seh' sie ja nur einmal in der Woche. (Oskar, P2, 1004–1025)

Auf die Frage des Interviewers nach seinem aktuellen Konsumverhalten antwortet Oskar zunächst mit einem Verweis darauf, dass Trinken Zeit benötigt: Zeit, die ihm nun nur noch in geringerem Maße zur Verfügung steht, muss bzw. möchte er die zahlreichen an ihn gestellten Anforderungen erfüllen und berücksichtigen: Arbeitszeiten, die auch ins Wochenende ragen, die Freundin, die er nur am Wochenende sehen kann. Die ausdifferenzierte Beschreibung der Arbeitszeiten und

5.2 Prozessieren von Bildungsverläufen (Sibylle Walter)

Im Kontrast zu Oskar stehen an dieser Stelle nicht grundsätzlich Veränderungen in der Konsummenge im Vordergrund der neu justierten Orientierung. Ganz im Gegenteil, die konsumierte Menge an Alkohol hat sich sogar erhöht. Die Veränderung bezieht sich vielmehr auf eine zeitliche Verlagerung, das Trinken findet jetzt exzessiv und konzentriert an einem Tag des Wochenendes statt. Es bleibt folglich immer noch eine hohe Konsumorientierung bestehen. Einerseits führt er als Begründung an, unter der Woche aufgrund der Ausbildung nicht zu konsumieren, hierfür keine Zeit zu haben. Andererseits bewirkt jedoch auch seine Einbindung und sein Engagement im örtlichen Fußballverein, dass er nicht jeden Tag des Wochenendes trinkt, wie er an einer anderen Stelle im Interview betont. Die gemeinsame Zeit zum Trinken verschiebt sich und wird zum ausgewiesenen Programmpunkt und Gestaltungselement der arbeitsfreien Tage. Verantwortlichkeiten im Zuge der Ausbildung und die knappe Freizeit führen zu einer Reduzierung der Trinkzeit, nicht jedoch der Trinkmenge.

Jedoch führt wie bei Oskar die Aufnahme einer Erwerbstätigkeit auch bei Alesio zu einem grundsätzlichen Reflexionsprozess über Lebensführung und allgemeine Prioritätensetzung:

A: Ja so vorher, hm, da hab ichs noch nicht kapiert glaub des Leben oder so, um was es geht//mmh// ja
I: Jetzt könnt ich ja fragen um was es geht, um was es geht im Leben @
A: @ Ja @(2)@ ja um was geht's im Leben, um Arbeit (1) Ziele (1) ja (1) Geld verdienen//mmh// um des halt. (Alesio, P2, 274–277)

Alesio nimmt an dieser Stelle lachend Bezug auf eine Normalität bzw. verweist auf in seiner Wahrnehmung allgemein geltende zentrale Horizonte für ein gelingendes Leben: Arbeiten und Geld verdienen. Damit deutet er diese Dimensionen als für ihn zentrale Orientierungen an, anhand derer er seine Lebensführung ausrichtet.

Auch Driss beschreibt, wie der Eintritt in die Ausbildung seinen Konsum grundsätzlich v. a. zeitlich reglementiert und zu einer anderen Konsumorientierung führt. Es zeigt sich jedoch ein Kontrast zu Alesio und Oskar dahingehend, dass die Reglementierung des Konsums durch berufsbezogene Anforderungen zur Folge hat, dass der Genuss von Alkohol völlig anders als zuvor erlebt und damit auch bewertet wird:

Ich bin jetzt so seit 3 Monaten da.//okay// (1) Man kriegt halt jetzt nicht so viel Geld, wie normal in 'ner normalen Ausbildung, ich mach' gerade Einzelhandel,//mhm// wird's ja auch nicht so viel geben, aber es geht, es reicht sozusagen, weißt du. (1) Das ist sozusagen muss, ist ein Muss, ja, du wirst immer, aber es macht auch mehr Spaß, wenn du was machst, und wenn du dann am Wochenende weggehst,//mhm// weißt du. Das ist z. B. sowas Positives, das macht mir Spaß. Du kannst dein, du gibst dein eigenes Geld aus, weißt du. Du machst halt so, du denkst dir, >>Ja, ich hab' dafür gearbeitet<< sozusagen, weißt du,//ja// es fühlt sich gut an. So macht's auch Spaß. Da

macht's Spaß zu trinken, da freust du dich, >>Ah heute Abend kann ich trinken, heut Abend kann ich so<<. Aber nicht, wenn du den ganzen Tag chillst und dann denkst du >>Später, ah, Alk, und später das das das<<. //mhm// Das ist so dieses, das macht dich noch downer.//mhm// Weißt du schon dieses down, aber das macht dich//mhm// (2)ist halt scheiße.
I: So war das davor?
D: So war das davor, ja.//mhm// Das ist halt, morgens aufstehen, ich wusste schon wie der Tag war, weißt du.//mhm// Ich hab' mir gedacht, ich geh' raus, die Jungs rufen mich an, ich geh' in irgendeine Bude, weißt du, rauch' da, zock' weißt du, chill, und später geh' ich in eine @andere Wohnung@, weißt du, dann wird da gealkt und dann später vielleicht raus und dann wieder in diese, (2) in diese Bude sozusagen. Jeden Tag, wirklich jeden Tag. Meine Eltern sagen immer zu mir >>Was machst du? Was, weißt du bleib' zu Haus und so<<. Ich geh' raus, m ich hat's gar nicht interessiert dann. Ich wollte irgendwie, ich wollte immer dabei sein, obwohl ich wusste, es passiert nichts neues, weißt du.//mhm// Dieses, der Abend wird sowieso kein Highlight, wird sowieso 'n Flop, alle werden irgendwann mal einschlafen, der eine geht nach Hause, auf einmal bist du allein da, weißt du. Sowas in der Art. Aber du willst irgendwie selber dabei sein. Weißt du. (2) Aber jetzt mit der Zeit ist es zum Glück (2) unter gegangen, auf jeden Fall. (Driss, P2, 632–658)

Für Driss vollzieht sich mit Eintritt in die berufliche Ausbildung ein grundsätzlicher Wandel seiner bisherigen Alltagsstruktur, die er durchaus ambivalent erlebt: einerseits als „ein Muss", Arbeit wird hier als Pflichterfüllung eingeführt. Andererseits betont er jedoch gerade im Kontext seiner Freizeitgestaltung, dass dieser bildungsbiografische Übergang auch etwas „Positives" nach sich gezogen habe. Dieses Argument erklärt sich, indem er in dieser Interviewpassage sehr genau ausdifferenziert, wie unter dem Einfluss der Erwerbsarbeit seine Trinkgewohnheiten einen völlig anderen Sinngehalt erfahren haben. Er hat jetzt einen strukturierten Alltag und eine reglementierte Zeit, um sich mit Freunden zu treffen und zu trinken. Dies führt zu einem anderen Erleben des Konsums, dieser wird zum verdienten Feierabendritual und löst damit dessen ehemalige Funktion als ein den Alltag strukturierendes Moment in der Phase der Nichterwerbsarbeit ab. Gleichzeitig ist die subjektive Bedeutung des Konsums durch diese Reglementierung gestiegen: Driss betont, dass nun die Arbeit den Konsum legitimiere, ihm eine andere Bedeutung verleihe. Der Konsum wird zum Ritual der Belohnung nach getaner Arbeit. Entscheidend an der Erwerbsarbeit ist in diesem Zusammenhang, dass diese die Struktur des Alltags verändert und damit auch die Gewohnheit des Trinkens bzw. deren zeitliche Rahmung. Konsumierte er zuvor ohne jegliche tageszeitliche Begrenzung, so erfährt sein Alltag durch die Arbeit nun eine Zweiteilung in Freizeit und Arbeitszeit.

5.2 Prozessieren von Bildungsverläufen (Sibylle Walter)

Anpassung des Alkoholkonsums an aktuelle Anforderungen

Neben grundsätzlichen Konsumreduzierungen im Kontext bildungsbiografischer Anforderungen oder einer zeitlichen Verlagerung des Konsums finden sich vor dem Hintergrund intensiver Belastungsphasen, beispielsweise während des Studiums oder der Schulzeit, konsumbezogene Umorientierungen. Ein Beispiel hierfür zeigt sich im Interview mit Basti, der seinen Alkoholkonsum bildungsbezogenen Anforderungen anpasst und auf diese Weise eine Modifizierung seiner Trinkgewohnheiten vornimmt:

> Noch so zum Trinkverhalten, weiß ich. (1) Ich weiß nicht. Ja gut, Bier hat halt am Anfang nicht geschmeckt, das würde ich heute @(2)@ im Umkehrschluss äh anders sehen.//@// (2) Ähm (3) ja aber (2) ich glaub', also bei mir jetzt z. B. war's so, ich weiß ganz genau, äh, bei mit gibt's Phasen, wo ich dann auch mal eher weniger weg gehe, weil (1) weil ich einfach weiß, äh, es sind Klausurphasen oder jetzt schreib' ich mein Abitur.//mhm// Oder und dann gibt's auch wieder Phasen, wo ich dann halt jeden Abend, weil ich irgendwas zu feiern hab', abends äh mit meinen Kollegen unterwegs bin und ähm wo dann auch mehr gesoffen wird. Ist ja klar. (Basti, P2, 547–555)

Basti rekapituliert in dieser Interviewpassage seine Konsumgewohnheiten. Dabei fällt auf, dass er diese nicht verallgemeinernd darstellt, sondern jeweils differenziert im Kontext der an ihn gestellten Anforderungen und bildungsbezogenen Rahmenbedingungen: So gibt er an, dass Phasen der Belastung und der Entspannung zu einer Veränderung seiner Trinkpraxis führen. Er modifiziert seinen Konsum also nicht entlang bestimmter Wochentage oder grundsätzlich im Zuge berufsbiografischer Übergänge, sondern eher nach Phasen der an ihn gestellten schul- bzw. studienbezogenen Anforderungen. Basti führt damit seine Konsumgewohnheiten, die er schon zur Zeit seines Schulbesuches hatte, auch nach Übertritt in das Studium fort, denn er hat eine bewährte Praxis entwickelt. Dies verdeutlicht er in seinen Beteuerungen „ich weiß ganz genau" oder seiner diese Beschreibung abschließenden Coda „ist ja klar". Die konsumbezogene Einschränkung, die er vornimmt, bezieht sich folglich lediglich auf Phasen, in denen hohe Leistungsbereitschaft erforderlich ist, wie zu Prüfungszeiten, auch dies praktizierte er bereits zur Zeit seines Schulbesuchs und stellt insofern keine neu herausgebildete Orientierung dar, die sich im Zuge der Aufnahme des Studiums entwickelte.

Eine ähnliche Praxis zeigt sich bei Tim, auch er modifiziert seinen Konsum im Kontext von studienbezogenen Anforderungen. Er gibt jedoch im Unterschied an, dass er seine Konsumgewohnheiten im Vergleich zur Abiturzeit veränderte und seine Trinkphasen nun einem klaren Reglement unterworfen sind:

> *I*: Wie isch des generell so mim trinken ähm während dem Studium (2) oder seit dem Studium?
> *T*: Seit dem Studium, pf: ich würd sagen, ich trink deutlich weniger wie während der Abizeit//mhm// ähm (1) und man trinkt auch en bisschen, was heißt bewusster, aber

schon irgendwie bisschen bewusster, ich mein, während der Abizeit, da trinkt man einfach viel, ähm (1) man sagt >>ja komm, jetzt trinken wir noch einen und noch einen<<, dann trifft man eben, wie gesagt, dann trifft man viele Leute, dann, und man ist, man hat einfach mehr Zeit, ich sag mal, wenn's Abi erstmal rum is, hat man eigentlich jeden Tag Zeit um irgendwie weg zu gehen, man weiß, man hat keine Termine, man muss für nichts lernen, man muss, man hat da einfach viel Zeit, wie gesagt, im Studium isses eher so, am Anfang vom Semester und in den Semesterferien is eher so mehr Party auf jeden Fall und auch trinken, weil wie gesagt, wenn ich nich irgendwie weg geh//mhm//, dann geh ich oder so, aber ich trink ja nich zuhause, deswegen, ja und je näher's dann auf die Prüfung zu geht, ich sag mal schon pf acht Wochen vor den Prüfungen wird's dann schon weniger und ich sag mal n Monat vorher geht ma dann eigentlich au nich mehr weg, des heißt des is eher so phasenweise, während den Prüfungen oder während den Lernphasen trinkt man eigentlich gar nichts, des heißt die Lernphase, ich mein man, ich lern zum Beispiel immer en bisschen nebenher, ich kuck mir dann vielleicht, ich nehm mir jedes Mal vor >>jetzt jede Woche, am Wochenende les ich mir alles noch mal durch, was wir gemacht ham<<, macht ma natürlich eh nich, aber bei mir ging's jetzt zum Beispiel im Wintersemester ging' s ab Weihnachten dann eben los, hab ich so paar Sachen zusammengefasst und dann halt so n Überblick mal verschafft, was man überhaupt alles lernen muss und ab da bin ich dann vielleicht noch paar mal weggegangen und sowas, aber jetzt, also ich hab jetzt in zwei Wochen geht's los, da geh ich jetzt auf keinen Fall mehr weg, weil es geht nich unbedingt darum, dass ich dann abends noch was lernen würde, sondern es geht dann, oder gut, vielleicht teilweise, aber es geht dann eher drum, dass ich mir dann nich erlauben will oder hinterher dann en schlechtesGewissen hätt, dass ich dann am nächsten Tag nur rumlieg, en Schädel womöglich hab und denk so >>ach shit, des ähm lernen kann ich heut eh vergessen<< dann einfach ein Tag verballert hab//mhm// sag ich mal//mhm//.
I: Du hast gesagt, dann gehst du jetzt nich mehr weg.
T: @Ja@, des heißt, ich verlass des Haus schon noch und ich treff mich auch mit irgendwelchen, je nachdem, wer halt jetzt grad so in der Nähe is, treff ich mich mal en Kaffee trinken abends mal, irgendwo treffen oder sowas, aber ich geh dann meistens mim Auto, oder mal ins Kino, oder also gemütliche Sachen, mal Billard spielen oder sowas, des mach ich natürlich schon noch und ich geh auch ins Training oder so, aber ich geh jetzt nich in Club, feier da bis, bis morgens, wenn's wieder hell wird und trink auch, ich sag mal ich trink vielleicht ein Bier mal, wenn wir dann irgendwo sin, aber, ja so war des gemeint mit dem//mhm// Weg- richtig Weggehen is bei mir treffen, in Club gehn, Party bis in die Puppen und dann, ja, so war des gemeint. (Tim, P2, 662–708)

Tim führt zunächst den Eintritt ins Studium als Moment der Zäsur seiner bis dato praktizierten Konsumorientierung ein, der Übergang ins Studium ist folglich auch ein Übergang im Kontext seiner Konsumpraxis. Einleitend verweist er auf eine stattgefundene Entwicklung seit der Schulzeit und beschreibt den Einfluss seines Studiums auf seine Trinkpraktiken. Er unterscheidet in diesem Zusammenhang zwischen eher exzessiv praktizierter „Party", verbunden mit „auf jeden Fall auch trinken", welches er in den Semesterferien und zu prüfungsfreien Zeiten praktiziert. Dem stellt er eine Trinkpraxis gegenüber, die er mit „gemütlich n Bierchen trinken" umschreibt. Diese Differenzierung fasst er insgesamt unter der Kategorie „bewusster trinken" und subsumiert darunter die Berücksichtigung der an ihn gestellten Anforderungen, denen er sein Konsumverhalten anpasst. So verzichtet er nicht völlig auf den Konsum, sondern praktiziert eine moderate Trinkpraxis, die er den jeweiligen Anforderungen anpasst. Mehr will er sich nicht „erlauben" in Zeiten, in denen er den Studienanforderungen genügen möchte. Leistungsfähigkeit setzt er damit in unmittelbaren Zusammenhang zu moderatem Konsum von Alkohol. Zu Hochzeiten der Anspannung führt dies gar zur völligen Abstinenz.

5.2.2 Kompatibilität von Bildungsbiografie und Konsumorientierung – Beibehaltung der (etablierten) Praxis

Zum Zeitpunkt der Interviews waren die Befragten in unterschiedliche Bildungskontexte integriert, teils noch schulpflichtig, in Ausbildung oder aber befanden sich in einem Moratorium, welches sich nach Ende des Regelschulbesuchs anschloss. Andere wiederum hatten eben erst einen berufsbiografischen Übergang bewältigt, wiederum andere standen kurz davor. Diese Perspektiven sollen im folgenden Typus in den Blick genommen werden: konsumbezogene Orientierungen, die sich im Zuge einer Veränderung des (Berufs)Bildungsstatus als Modifizierung i.S. einer Erhöhung der Konsumpraxis abbilden. An dieser Stelle soll aber auch herausgearbeitet werden, inwiefern allgemein die Integration in Bildungskontexte aus Sicht der Interviewten kompatibel mit einer (hohen) Konsummenge erscheint und entsprechende Praktiken des Konsums zur Folge hat.

Vereinbarung von Konsum und (bildungsbezogener) Alltagsführung
Ein Beispiel für den Versuch einer solchen Vereinbarung von Orientierung an (hohem) Konsum bei gleichzeitiger Aufrechterhaltung einer Bildungsorientierung zeigt sich bei Maria. Die Konsumpraxis erweist sich in ihrer Deutung und Darstellung nicht als Vereinbarkeitsdilemma, lassen sich doch ihre bildungsbezogenen Zielsetzungen auch unter den Vorzeichen eines hohen Konsums realisieren:

> *I*: (2) Du hast ja jetzt beschrieben, dass es für dich so 'ne Zeit im Leben gab, wo es echt zu Hause so gebrannt hat und viele//mhm// Probleme und Konflikte ähm, wie war denn das in der Zeit mit der Schule? Kannst du das bisschen was dazu erzählen?
> *M*: Mh ich bin nicht so oft in die Schule mehr gegangen. Ich bin nur noch zu meinen Abschlussprüfungen gegangen. Hab' sie trotzdem geschafft, Gott sei Dank. @ Und (1) ja, ich hab' fast gar nicht in die Schule. Ich bin nur draußen gewesen. Ich hab'

bis Mittags geschlafen oder sogar in der, ja, bis Mittags, hab' mich gerichtet, bin raus. Und bin dann zu meiner Freundin gegangen. Und oder ich bin abends erst aufgestanden und bin dann raus.//mhm// Ja, da gab's nicht mehr Schule, nur noch zur Abschlussprüfung bin ich gekommen.//mhm, mhm// Zur Abschlussfeier bin ich auch nicht gekommen.//mhm// Ja. Mehr nicht.
I: Kannst du da noch ein bisschen was dazu erzählen, warum bist du nicht in die Schule?
M: Mh kein Bock gehabt mehr. Da gab's viel mehr Sachen, Freiheiten, du konntest, halt auch mit viel Alkohol hat das damit zu tun. Trinkst, bis besoffen, Drogen, du bewegst dein Arsch nicht mehr aus dem Bett. Irgendwie so. Du hast einfach kein Bock. Du denkst, du brauchst keine Schule, aber Schule ist wichtig und das ist halt das. Und damals hab' ich halt nicht so gedacht.//mhm// Damals hab' ich gedacht >>Pff ich brauch' keine Schule<<. (2) Ja. (1) Aber jetzt, ich hab' trotzdem meinen Abschluss, auch wenn's nur 3,2 ist der Durchschnitt, aber besser anstatt nichts.//mhm, mhm// Ja. (Maria, P2, 363–384)

Maria führt an dieser Stelle aus, wie sich die Zeit ihres letzten Schuljahres auf der Hauptschule gestaltete, und betont in diesem Zusammenhang ihre Abwendung von den dort an sie gestellten Anforderungen bezüglich der Leistungserbringung und des regelmäßigen Besuchs der Bildungsinstitution. Anstelle des täglichen Schulbesuchs standen „Freiheiten" im Vordergrund ihrer Alltagsgestaltung: Ausschlafen, „draußen" sein, Besuch von Freunden. Zu diesem Zeitpunkt ihrer Biografie fand eine Verlagerung ihres Interessenschwerpunktes statt, auf Schule hatte sie „kein Bock", die neue Alltagsstruktur, die sich in diesem Zusammenhang entwickelt, bringt sie v. a. mit ihren Konflikten zuhause, aber auch mit ihrem Konsumverhalten in Verbindung. Der Konsum wird dabei einerseits eingeführt als Hindernisgrund für die Erfüllung der an sie gestellten Verpflichtungen: „Du bewegst deinen Arsch nicht mehr aus dem Bett. Irgendwie so." Andererseits, so stellt sie dar, erweist sich ihr Konsum als durchaus kompatibel mit der Erfüllung ihrer bildungsbezogenen Aspirationen, die sie auf die Erreichung des formalen Bildungsabschlusses reduziert. Trotz des schulabstinenten Verhaltens und des weiterhin hohen Konsums kann sie einen Bildungsabschluss schließlich absolvieren. Ihr scheint es wichtig gewesen zu sein, zur Abschlussprüfung zu erscheinen, auch wenn sie sich darüber hinaus von der Bildungsinstitution distanzierte, die für sie nahezu bedeutungslos wurde: „Ja, da gab`s nicht mehr Schule." Sie präsentiert an dieser Stelle eine (inzwischen zurückliegende) Handlungspraxis, die den Konsum von Alkohol als in hohem Maße kompatibel mit der Schulzeit beschreibt – selbst im Kontext des nahenden Schulabschlusses. Die negativen Folgen, die sie auch benennt, werden aus einer Retroperspektive formuliert und vor dem Hintergrund weiterer biografischer und konsumbezogener Erfahrungen zum Zeitpunkt des Gesprächs mit der Interviewerin, die sie diesen Lebensabschnitt in einem anderen Licht sehen lässt, rekapituliert.

5.2 Prozessieren von Bildungsverläufen (Sibylle Walter)

Eine ähnliche Praxis der Konsumorientierung im Kontext bildungsbezogener Anforderungen zeigt sich bei Tim. Auch er konsumiert in hohem Maße Alkohol während der Schulzeit:

I: Und was meinst du mit, man trinkt bewusster?
T: (2) Hm pff ja pf bewusster, ich würd fast sagen, (2) so während der Abizeit denken viele so >>ja, viel hilft viel, also ich fang jetzt mittags um Zwei an, trinke den ganzen Mittag Bier, dann grillen wir abends, dann gehn wir in Club, dann trink ich, bis die Karte voll is, dann zahl ich, dann trink ich weiter, bis ich irgendwann nich mehr kann, kotzen muss und nach hause geh<< oder sowas, also ich sag mal, klar, des sin dann, des is dann immer nur so vereinzelt oder sowas, aber mittlerweile is des schon eher so, da überleg ich mir schon manchmal so im Club, wenn ich irgendwie langsam merk >>oh, ok, jetzt hasch dann mal genug getrunken<< dann denk ich mir so >>ok, jetzt, mir reicht's jetzt erstmal<< ja, und dann mach ich zum Beispiel mal ne Pause und sag >>jetzt trink ich mal zwei Stunden nichts<< also ich stopp dann jetzt nich die Uhr und sag >>he, zwei Stunden trink ich jetzt nichts, diet und los geht's<< sondern den so >>oh jetzt langsam machsch auch mal langsam, musch ja auch noch heim kommen<< und man macht sich da so eher Gedanken drüber, und ich sag mal in der Schulzeit, da >>ha ja, komm, einen kannsch auf jeden Fall noch trinken und morgen Schule, ach ja, muss ich ja eh nur da sein und nich aufpassen<< und man denkt auch nich so viel drüber nach >>oh, was könnte jetzt passieren, wenn ich jetzt hier noch weiter trink und keine Ahnung was, so, (2). (Tim, P2, 709–728)

Tim stellt in dieser Interviewsequenz die Unbekümmertheit seiner Konsumpraxis während der Schulzeit in den Mittelpunkt, die sich von seiner aktuellen Orientierung unterscheidet. Er betont in der Gegenüberstellung der damaligen mit seiner heutigen Praxis eine damals starke Gegenwartsorientierung. Über eventuelle Folgen oder negative Begleiterscheinungen für seine schulischen Leistungen musste er sich keine Gedanken machen. Ganz im Gegenteil erscheint die Abiturzeit, von der er hier spricht, geradezu einen großen Spielraum für die Ausweitung des Konsums geboten und keinerlei negative Folgen nach sich gezogen zu haben („muss ja eh nur da sein und nich aufpassen"). Im Unterschied zu Maria findet sich auch in der Retroperspektive keine kritische Distanzierung von dieser Prioritätensetzung. Vielmehr präsentiert er die nun zurückliegende Praxis des hohen Konsums bei gleichzeitig gestiegenen schulischen Anforderungen als etwas, was er gut bewältigen konnte und ihm auch in der Folge keine weiteren Probleme bereitete, konnte er doch sein Abitur erfolgreich abschließen.

Auch Ilias beschreibt die Kompatibilität seiner Alltagsführung mit dem Konsum von Alkohol. Im Unterschied zu Maria und Tim befindet er sich jedoch in einem Moratorium ohne feste Einbindung in das (Berufs-)Bildungssystem. Ilias besucht über lange Zeit keinerlei Bildungseinrichtung und lebt ohne festen Wohnsitz:

> Ja:, da bin isch (1) auf der Straße gelandet. Was heißt auf der Straße, isch hatt ja mein, isch hatt paar Mädels, isch hatt paar Jungs, bei denen isch chillen konnte, schlafen. Isch hatt Klamotten, isch hatt bloß kein Geld. (1) Und isch hab auf jeden Fall so rischtisch gechillt.//mhm// So, aber Street-Style und so, isch war nischt zu Hause.// okay// Da warn wir jeden Tag draußen, trinken, chilln, bis 23 Uhr, 24 Uhr, nach Hause gehen, da weiter trinken//mhm//, chilln. (1) Ja, und des ging halt so ein Jahr, zwei Jahre.//mhm// Und dann (1) war alles wieder. Dann hab isch wieder versucht, normal zu werden. Aber in diesen zwei Jahren, auf jeden Fall, da gab so ne (1) ((klatscht)) so ne Wohnung, da war ein Mädschen und da warn immer zwanzisch Jungs drinne.// okay// In anderthalb Zimmer, isch glaub 34 Quadratmeter, und da warn immer zwanzisch Leute drinne. Die hatte diese marokkanische Couch, des war so ne Deutsche, die hatte marokkanische Couch. Des geht so um die Wand, weißt du//okay// Wand und da können überall Leute sitzen. In der Mitte war en Tisch, da warn nur Flaschen, Joints, Kiffen, weiß nicht, wie oft die Polizei da oben war. (1) (Ilias, P2, 229–241)

In dieser kurzen Sequenz betont Ilias zunächst den Umbruch in der Gestaltung seiner Lebensführung, den er mit „auf der Straße gelandet" beschreibt und dann näher präzisiert, auch um sich von einer mittellosen und sozial desintegrierten Lebensführung abzugrenzen. Vielmehr unterstreicht er seine Eingebundenheit in Peerkontexte, die ihm Wohnraum und Statussymbole („ich hatt Klamotten") zur Verfügung stellen – eventuell auch um zu verdeutlichen, dass er nicht schlicht obdachlos, sondern in vielerlei Hinsicht abgesichert war: sozial, in Bezug auf die Erfüllung seiner Grundbedürfnisse sowie auch in Maßen in materieller Hinsicht. Sein Moratorium, das über einen unbestimmten Zeitraum von ein bis zwei Jahren andauerte, bezeichnet er als „Street-Style". Hierzu gehört das „Chillen" und das „Trinken". Beides wird als alltagsstrukturierend beschrieben – ohne jegliche Brüchigkeit. Der Konsum von Alkohol scheint untrennbar mit dieser biografischen Zeit verbunden zu sein und auch als Handlungspraxis zu fungieren, die an den unterschiedlichsten Orten und Zeiten legitim und auch von anderen in dieser Form praktiziert wird. Sein Bildungsmoratorium des „Street-Style" zeigt sich damit in hohem Maße kompatibel mit der Aufrechterhaltung einer hohen Konsumorientierung, bei einer gleichzeitig gesicherten sozialen Eingebundenheit. Wenn er rückblickend den Wendepunkt der Abkehr von dieser Alltagsorientierung als Rückbesinnung auf eine Normalität umschreibt („Dann hab isch wieder versucht, normal zu werden"), so bezieht er in diese Veränderung sowohl die Aufnahme einer Erwerbsorientierung, als auch eine Veränderung der Konsumpraxis mit ein.

Ein Kontrast zu den Orientierungen von Maria, Tim und Ilias, die sich allesamt auf die Vereinbarkeit und Aufrechterhaltung ihrer Trinkpraxis im Kontext (bildungsbezogener) Alltagsführung beziehen, findet sich bei Alexandra. Sie beschreibt die Notwendigkeit der Beibehaltung einer abstinenten Grundorientierung, die sie nicht nur durch ihre Integration in den Sportverein als non-formalen Bil-

5.2 Prozessieren von Bildungsverläufen (Sibylle Walter)

dungskontext, sondern auch angesichts des anstehenden Beginns ihrer Ausbildung bestärkt sieht. Sie grenzt sich dabei von anderen jungen Erwachsenen und deren Orientierung an einer alkoholbezogenen Freizeitgestaltung ab:

> also mein Boxtrainer ist so alt wie meine Eltern und mein, der der eine Boxtrainer, der Andere ist 22.//mhm// Also das ist einfach auch so gemischt und dadurch, dass das so gemischt ist und man auch so viele Ansichten glaube ich mitbekommt und so viel in Gesprächen ist,//mhm// wo halt auch über (1) andere Sachen gesprochen wird, als jetzt wenn ich mit 17-Jährigen rumhängen würde.//mhm, mhm// Dadurch ist das glaube ich alles dann so gekommen. Immer Schritt für Schritt,//mhm// so dass halt, also es gibt immer mal so Situationen, wo es einen dann wieder reifer macht und// mhm// wo man dann wieder anders über Sachen denkt und bei mir ist das halt alles relativ schnell gewesen.//mhm// Und dadurch ist es wahrscheinlich auch, dass ich halt auch gar nicht angefangen habe. Weil die das, für die ist das ja so, wenn die Alkohol trinken, Spaß haben, Feiern,//mhm// raus gehen, Freiheit genießen (1) und ich mach' das halt einfach anders. Also ich hab' den Spaß bei meinem Sport.//mhm// Ich boxe super gerne, also mache keine Kämpfe oder so, weil ich nicht auch meine @Nase kaputt machen will@//@// oder so. Aber das sind einfach so Sachen, das ist mir was wert,//mhm// ja und für die ist halt am Wochenende einfach, Wochenende bedeutet für die, okay, Freiheit, Feiern,//mhm// Saufen, weg von der Schule, weg von dem ganzen Alltagsstress und mein Abreagieren ist halt einfach beim Sport.//mhm// Also.//mhm// Das ist halt, also, (1) wurde auch bei den Bewerbungsgesprächen z. B. gefragt, ja, viele die ich kenne, die so viel trinken, die machen auch nebenbei kein Sport//mhm// oder irgendwas. Für die ist dann wirklich nur am Wochenende saufen.// mhm// Und ähm bei den, bei den Bewerbungsgesprächen bei mir, wurde auch dann so gefragt: >>Ja und was was denken Sie denn, ja was Sie denn als Ausgleich machen können so//mhm// (1) wenn Sie dann<<, der Job ist ja ein recht anspruchsvoller und (1) dann halt, dann kann man ja nicht sagen. >>Ja @ich gehe am Wochenende saufen@<<. //@// (1)//ja//. Also das ist sowas einfach, dadurch, dass ich ja relativ früh jetzt ins Berufsleben sowieso einsteige,//mhm// denke ich, wird sich das bei mir jetzt auch nicht mehr ändern.//mhm// Also viele haben dann immer gesagt >>Ja, wenn du mal älter wirst, wenn du mal volljährig bist, dann gehst du in Clubs und feierst// mhm// und gehst dann auch mal einen Trinken<<. //mhm// Aber das ist bei mir auch allein schon wegen dem ganzen Werdegang so sage ich mal, gar nicht möglich, weil ich jetzt mit 17 meine Ausbildung anfange und das Studium dann mit 18. (2) Und das so, ja, irgendwie alles ineinander verlaufen ist.//mhm, mhm// Ja. (Alexandra, P2, 480–512)

Als kompatibel mit ihrer Bildungsaspiration sowie ihrem sportlichen Engagement unterstreicht Alexandra eine rein abstinente Konsumorientierung. Damit unterscheidet sich ihre Orientierung deutlich und bildet einen Kontrast zu den dargestellten von Maria, Tim und Ilias, die allesamt auf die gelingende bzw. mögliche Aufrechterhaltung ihrer Trinkpraxis im Kontext von Bildungsanforderungen bzw. eines Moratoriums hinweisen. Alexandra hält ebenso an ihrer Konsumorientierung – die eine abstinente ist – fest, bezieht sich in ihrer Begründung hierfür auf unterschiedliche Aspekte: Zum einen nimmt der Sport als non-formaler Bildungskontext einen zentralen Bestandteil ihrer Freizeitgestaltung ein, in welchem sie – ähnlich wie in ihrer Wahrnehmung ihre Freunde im Alkohol – Ausgleich und Entlastung vom Alltag sucht und findet. Darin sieht sie, im Unterschied zum Trinken, gleichzeitig eine gesellschaftlich anerkannte – und nach außen vertretbare – jugendkulturelle Freizeitaktivität, die ihr auch mit künftigen Bildungsanforderungen kompatibel erscheint. Sie führt den Sport damit als Alternative zum Trinken ein, gleichzeitig ist dieser – auch als sozialer Ort – sehr bedeutsam, „was wert", da sie hier vielfältige Erfahrungen mit älteren Erwachsenen machen kann. Zum anderen nimmt sie auch in Hinblick auf die Zukunft gedankenexperimentell vorweg, dass sich ihre abstinente Konsumorientierung kompatibel mit den Anforderungen der Ausbildung und des Studiums erweisen wird, und geht davon aus, dass sich diese noch weiter verfestigen werde. Bildungsbezogene Ansprüche erscheinen in ihrer Wahrnehmung damit als wenig vereinbar mit einem Konsum von Alkohol, gleichwohl sie – ohne dies zu werten – anerkennt, dass andere jungen Erwachsene dies durchaus anders sehen und gestalten, und sich auch mit diesen alternativen Praktiken auseinandersetzen muss.

Konsumsteigerung im Kontext der Bildungsbiografie
Im Gegensatz zu den bisher ausgeführten Orientierungen, die eine Aufrechterhaltung und Vereinbarung der Konsumpraxis mit bildungsbiografischen Projekten zum Inhalt hatten, zeigt sich bei Kay ein Beispiel für die Veränderung der Konsumorientierung. Im Zuge der Aufnahme seiner Berufsausbildung hat sich sein Alkoholkonsum deutlich modifiziert, sowohl temporär als auch in Bezug auf die Konsumhöhe:

I.2: Ähm ((räuspern)) das andere (1) ähm du hast ja beschrieben vom Schulabschluss und so wie ihr da gefeiert habt jetzt nicht nur bei dir sondern auch bei deinen Kumpels und so wo die Schulabschluss gemacht haben mh dann hast angefangen die Ausbildung zu machen (1) hat sich da irgendetwas verändert jetzt für dich, (1)
K: Mh
I.2: ⌐vom (2) Trinken
K: ⌐ja also, (2) ich trinke eigentlich noch mehr weil ich (1) mehr Geld zur Verfügung habe also, (1) ich muss jetzt nicht sagen auf einem Fest >>oh Mist ich kann nichts mehr trinken<< (1) sondern ich kann auch so im Prinzip weitertrinken und kann auch mal meine Kameraden wo jetzt teilweise noch auf der Schule sind die ka- habe ich auch schon gesagt >>komm ich zahl euch mal einen<< //mhm// so (1)
I.2: Und wie war das früher (2)
K: Mh früher hat man eigentlich (1) schon so viel vorgetrunken gehabt damit man, nicht mehr gar soviel braucht hat und dann hat man eigentlich (1) nicht das getrunken was einem am besten geschmeckt hat sondern das was man am wenigsten vertragen hat. (1) so habe ich das dann eigentlich eher gemacht.//mhm//
I.1: Damit es mehr wirkt.
K: Ja.//mhm// so war es zumindest bei mir.//mhm//

I.2: Und jetzt, (1)
K: Und jetzt trinke ich das was mir schmeckt.//aha ok mhm//
I.1: Weil du sagst es war so bei dir wie war es bei den anderen oder, (1)
K: Mh ich weiß es also (1) mh ja ein Kumpel der glüht ja immer soviel vor also (1) so wie er da immer aussieht braucht er eigentlich bald gar nicht mehr auf das Fest gehen also (1) er kommt dann auch immer mit zwei Bier das langt ihm den restlichen Abend vollends.//mhm mhm// das ist auch immer ganz unterschiedlich.
I.1: Ja jetzt noch eine (1) eine Frage du hast vorhin gesagt dass es einmal in der Woche eigentlich ganz normal ist so Vollgas zu trinken,
K: Ja. (Kay, P2, 735–762)

Auch wenn Kay eine zeitliche Regulierung seiner Konsumpraxis vornimmt, wie er an einer anderen Stelle des Interviews ausführt, wo er betont, im Zuge der Ausbildung unter der Woche eher abstinent zu bleiben, so zeigt sich doch eine Veränderung seiner Konsumorientierung: Die Aufnahme der beruflichen Ausbildung hat bei ihm zu einer Konsumerhöhung geführt, die er nun vor dem Hintergrund der zur Verfügung stehenden finanziellen Mittel zu praktizieren vermag. Während die Geldknappeit zu Schulzeiten eher konsummindernd wirkte, so kann er jetzt auch Freunden einen hohen und kostspieligen Alkoholkonsum ermöglichen. Damit eröffnet sich ihm auch eine andere Rolle unter den Peers, hat er sich nun ihnen gegenüber zum Gönner und Sponsor entwickelt. Im Zuge dieser Entwicklung verändert sich auch sein Trinkhabitus: War er ehemals v. a. an einem schnellen Rauscherlebnis interessiert, das kostengünstig zu erlangen und gerade deshalb besonders attraktiv war, kann er nun eher seine Alkoholpräferenzen ausleben, gerade auch dann, wenn diese eher kostspielig sind. Nun trinkt er nicht nur, was ihm schmeckt, sondern auch an den Hauptschauplätzen, den Dorffesten. Diese Veränderung kann insgesamt auch im Kontext seiner Übernahme eines neuen Habitus verstanden werden, den er sich im Zuge seiner Ausbildung angeeignet hat. Dieser schlägt sich nun auch im Zusammenhang mit seiner Trinkpraxis nieder, indem diese nun eher als erwachsene als eine jugendliche Gestaltung des Trinkens und damit in Zusammenhang stehender Gewohnheiten anmutet: Er kann andere zum Trinken einladen und an Ort und Stelle konsumieren, ist also nicht mehr darauf angewiesen, in Privaträumen vorzutrinken. Er kann seine bevorzugten Getränke konsumieren und andere großzügig einladen.

5.2.3 Konsum als Gestaltelement im Kontext von Übergängen

Während bisher der Frage nach der Regulierung und Gestaltung des Alkoholkonsums angesichts bildungsbezogener Anforderungen bzw. deren Abwesenheit nachgegangen wurde, sollen im folgenden Typus dezidert die Statuswechsel selbst in den Vordergrund gerückt werden.

Statuswechsel fassen dabei den konkreten Übergang zwischen unterschiedlichen Bildungsinstitutionen, markieren den Übertritt bzw. die Veränderung im Zuge der Aneignung neuer sozialer Rollen mit ihren entsprechenden Anforderungen, Herausforderungen, sozialen und räumlichen Kontextualisierungen, die diese u. U. nach sich ziehen. Die folgenden Ausführungen beziehen sich dezidiert auf diese Momentaufnahmen des Übergangs. Sie fokussieren diese als Moment der Reflexion und der Veränderung von Konsumorientierungen; als Anlass, Konsumpraktiken für die Bewältigung dieser Statuspassagen zu nutzen, sowie als Übergangsritual.

Veränderung des Konsums durch Statuswechsel
Ein Beispiel für die Veränderung der konsumbezogenen Praktiken angesichts eines bevorstehenden Übergangs in die berufliche Ausbildung zeigt sich bei Ilias. Bereits vor dem tatsächlichen Übertritt modifiziert er seine Konsumorientierung in Richtung Abstinenz:

> *Int*: @Ja is kein Problem@. (2) Und äh, dann haste gesagt, äh, (1) äh du arbeitest auch, ne?//ja// Was machste?
> *I*: Isch bin Koch.
> *Int*: Du bist Koch?
> *I*: Ja, auf jeden Fall. (2) Isch mach ne Ausbildung als Koch.
> *Int*: Mhm (1) und wie lang machste schon die Ausbildung?
> *I*: Äh isch hab ein Jahr vor (1) also isch hab jetzt ein Jahr lang als Koch gearbeitet und jetzt fang isch im Februar Ausbildung als Koch an.//ah ja okay// Auf jeden Fall. (2) Bis dahin trink isch auch nischt. Nix mehr.//okay// Keine Zigaretten, nix. (2) Nur arbeiten, Geld verdienen.//@// Isch schwör dir.
> *Int*: (2) Und wo machste das?
> *I*: Wa, im äh internationalen [Hotel].
> *Int*: Ah okay, ja.
> *I*: (3) Ja.
> *Int*: Und läuft des so, gefällts dir, oder?
> *I*: Auf jeden Fall. Auf jeden Fall.//ja?// Is mein Job, eigentlich so.//ja?// Ich bin Koch. @ Cool. (Ilias, P2, 317–333)

Die Konsumreduzierung präsentiert er an dieser Stelle als Vorbereitung auf die Übernahme einer neuen sozialen Rolle, die Ilias mit dem Übergang in die Ausbildung verbunden sieht. Die Veränderung seiner Konsumpraxis, zu der er sich zwingt, begründet er nicht aus den Anforderungen, die die Aufnahme der Ausbildung mit sich bringen werde. Vielmehr betont er, dass er entsprechende berufliche Erfahrungen im Ausbildungsbereich hat, nun aber insbesondere durch die Aussicht auf den konkreten Übertritt in ein reguläres Ausbildungsverhältnis seinen Konsum von Alkohol und anderen Genussmitteln radikal einstellen wird. Mit dem Verweis,

5.2 Prozessieren von Bildungsverläufen (Sibylle Walter)

„bis dahin" abstinent zu leben, unterstreicht er an dieser Stelle die Übernahme der Ausbildungsstelle als einschneidendes Erlebnis, welches er auch dezidiert in der Reflexion und Praxis seiner Konsumgewohnheiten berücksichtigt. Indem er nun „nur" arbeiten und Geld verdienen möchte, deutet er an dieser Stelle an, dass die Aufrechterhaltung seiner bisherigen Konsumorientierung seiner berufsbiografischen Zielsetzung entgegenstehen könnte. Gleichzeitig betont er die Ernsthaftigkeit dieser neuen Handlungsorientierung, unterstreicht dies jugendsprachlich und lässt auf diese Weise seinen Interviewpartner zum Zeugen seiner Entschlossenheit werden.

Praktiken des Trinkens als Integrationsmodus in neue soziale Kontexte
Eine andere Form der Gestaltung eines berufsbiografischen Statuswechsels findet sich bei Basti. Bei ihm zeigt sich weniger eine Veränderung der Konsumorientierung im Zusammenhang mit der Übernahme einer neuen sozialen und berufsbezogenen Rolle als vielmehr eine bewusste Zuhilfenahme des Konsummittels im Zuge dieser neuen Kontextualisierung. Das Trinken wird für ihn zum Integrationsmodus für neue soziale Kontakte, wie er beispielhaft in dieser Sequenz von einem Wochenende auf einer Hütte im Kreise von Studienanfänger_innen erzählt:

> Und ähm dann gab's 'nen so 'n Hüttenwochenende, wo wir dann auch wieder pff da schon paar paar so (1) Vorträge kann man sagen gehört wurden, wo auch noch die paar höhere, also höhere Semester, die erzählen, wie's überhaupt so abläuft, dass du vom Studium an sich ein bisschen ein Bild bekommst. War ganz nett und da ähm die ganzen Erstsemester waren halt dann dort zusammen und das, das war schon muss ich sagen, das war richtig gut. Ähm meine 2 Kumpels waren da dann auch gar nicht dabei, bin ich alleine hin. Ähm (1) die hatten da kein Bock drauf. Ich hab' gesagt, ist eigentlich das beste, was was gibt,//mhm// weil ähm (1) wo lernst die Leute besser kennen als beim Saufen,//@// sagen wir's mal @so blöd@.//@// Nee, @ähm@ (2) ja, war ist halt auch echt so. Also wir hatten da dann auch so 'ne Jugendherberge, wo nur wir waren, ich glaub' so 80 Leute oder so dann.//mhm// Und ähm (1) da lernst halt dann so mal in ersten Zügen die die anderen kennen. (1) Sind jetzt eigentlich auch so die, ich mein', ich hab' jetzt erst ein Semester studiert, aber sind jetzt eigentlich die, wo ich dann (1) den Kontakt//ja// ähm am (1) so zumindest mal jetzt hab'.//ja// Wo du dann auch deine Kontakte findest und ich glaub', das ist dann, breitet sich das dann einfach so von selber bisschen aus. (Basti, P2, 982–998)

Auch wenn zum Studienbeginn Informationen und Vorträge rund ums Studium vermittelt wurden, so macht Basti deutlich, dass die Möglichkeit, sich durch eine Teilnahme an dieser Veranstaltung sozial in die Gruppe der Studienanfänger_innen integrieren zu können, im Vordergrund seiner Erwartung an dieses Wochenende stand, die sich dann auch durch seine Erfahrung bestätigt: der Studienbeginn ist für ihn vor allem ein sozialer Beginn und er steht vor der Herausforderung, diesen

Übergang zu gestalten und seine Integration in den neuen sozialen Kontext abzusichern. Diese dezidierte Erwartungshaltung ist der Grund, warum er an dieser Veranstaltung teilnimmt: alle Erstsemester sind gesammelt dort, und „das war richtig gut". Basti nutzt damit offensiv den informellen Rahmen, um in Kontakt zu kommen, dies ist ihm so wichtig, dass er auch ohne seine beiden Freunde an der Veranstaltung teilnimmt. Vor dem Hintergrund der Erwartung, neue Kontakte zu erschließen und seine soziale Integration in einem für ihn neuen Kontext zu gestalten, führt er den gemeinsamen Konsum von Alkohol als Garant und gleichzeitig Katalysator für eine gelingende Gestaltung dieses Übergangs ein. Er ist sich ebenso sicher, dass an diesem Ort und in dieser Runde in hohem Maße konsumiert wird, wie er davon ausgeht, dass gerade dadurch das Kennenlernen und die Einbindung im Übergang gelingen wird:

> ist eigentlich das Beste, was was gibt,//mhm// weil ähm (1) wo lernst die Leute besser kennen als beim Saufen,//@// sagen wir's mal @so blöd@.//@// Nee, @ähm@ (2) ja, war ist halt auch echt so. (Basti, P2, 989–991)

Damit sorgt er für seine soziale Einbindung im Übergang über den Konsum von Alkohol, über diesen kommt er in Kontakt, über diesen findet eine erste Annäherung statt. Am Ende dieser Sequenz betont er, dass ihm dies gelungen ist: Der Beginn neuer Freundschaften im Sinne eines sozialen Übergangs scheint gesichert zu sein, hierfür war und ist der Konsum von Alkohol das entscheidende soziale Kontakt- und Integrationsmittel.

Konsum als Übergangsritual

Ein weiteres Beispiel für den Zusammenhang zwischen Konsumpraxis und der Gestaltung eines Übergangs schildert Alina. Sie bezieht sich hier auf das Ritual des gemeinsamen Sichbetrinkens zum Ende der Schulabschlussprüfungen, an welchem sie selbst teilhatte:

> *A*: Abi war schön, @des war alles so@, so bisschen, ma isch dann einfach fertig, und irgendwie, also ma arbeitet ja die ganze Schullaufbahn nur darauf hin, und dann dieses Gefühl, wenn man dann aus der letzten Prüfung raus geht, ma hat irgendwie alles abgeschlossen, des isch voll gut, also des war echt//mhm//, des war en richtig cooles Gefühl, wir ham dann auch gefeiert, und gut, da hab ich dann, hab ich dann mich betrunken @//also doch @//, @also doch@, ja, aber, ja, aber nich so schlimm, also des war jetzt nicht, dass ich jetzt nicht mehr laufen konnte oder so, also des war einfach gut.
> *I*: Aber du sagst, du hast dich betrunken//ja//.
> *A*: Ja, also, des isch aber auch wieder dieses (3) 150 Leute sin draußen//mhm// und alle Leute haben irgendwelchen Alkohol in Flaschen gekauft, und ma muss nichts dafür zahlen//mhm// und ma trinkt's einfach//mhm//, und des gab's ja eigentlich sonsch nie//mhm//, des is eigentlich sonsch immer so, dass ma irgendwo (1) in ner Disco isch

5.2 Prozessieren von Bildungsverläufen (Sibylle Walter)

oder in irgend ner Bar und ma kuckt dann schon, ob ma jetzt so viel Geld ausgibt// mhm//, was eigentlich nich sein muss, für irgendwelche blöden Cocktails//mhm//, die dann so sechs Euro kosten//mhm//, wo dann nachher eh nichts bringt, und wenn man dann halt wieder auf so ner riesen Wiese isch, mit lauter Leuten und ma isch super gelaunt eigentlich und alle betrinken sich, °dann betrinkt ma sich halt auch°//mhm//, ja, und dann fängt ma ja wieder von ganz unten an. (Alina, P2, 537–555)

Den Moment ihres Schulabschlusses schildert Alina v. a. als schönes Erlebnis und führt detailliert aus, welche zurückliegenden Erfahrungen und emotionalen Anspannungen ihren Ausdruck in dem gemeinsamen Trinkerlebnis fanden. Zum einen bezieht sie sich dabei auf den Abschluss einer langjährigen Bildungsetappe, „ma isch dann einfach fertig", die zu einem besonderen Gefühl führte: ein „cooles Gefühl", es war „voll gut". Mit dieser uneingeschränkt positiven Wertung der vollzogenen Bewältigung einer zentralen Bildungsanforderung ergibt sich eine Feierlaune, die „also doch" zu einem hohen Konsum von Alkohol führte. Dies ist im Falle Alinas besonders zu bemerken, da sie zu diesem Zeitpunkt eigentlich eine abstinente Haltung gegenüber dem Alkohol einnimmt. Im Zuge der Erleichterung und des Bedürfnisses, diesen Moment in ihrer Biografie – gemeinsam auch mit anderen – zu gestalten, greift auch sie zu dem Konsummittel; sie gerät in den Zugzwang des Ereignisses. Alkohol wird damit zum zentralen Ausdrucksmittel der emotionalen Entspannung und des Feierns, eine Art kollektive „Belohnung", der man sich in der Gruppe der Gleichgesinnten hingibt. Der Schul- und Prüfungsabschluss wird als Zeitpunkt höchster Anspannung präsentiert, auf den man die „ganze Schullaufbahn" hinarbeitete, schließlich löst er sich in diesem Moment in einem gemeinsamen Besäufnis auf. Der Konsum erhält für Alina eine rein positive Funktion: „Also des war einfach gut." Detailliert beschreibt sie die Nichtalltäglichkeit dieser Praxis: die große Anzahl an Teilnehmenden, den kostenlosen Konsum, die Gestaltung des Rahmens und Ortes durch die Gruppe in einem informellen Kontext. Das kollektive Besäufnis markiert den Übergang: An der letzten Etappe der schulischen Bildungsbiografie angekommen, steht auch die Aussicht auf die Notwendigkeit, bald wieder einen Neubeginn bewältigen zu müssen: „Alle betrinken sich, dann betrinkt ma sich halt auch//mhm//, ja, und dann fängt ma ja wieder von ganz unten an." Das kollektive Trinken steht auch als Zäsur zwischen diesen beiden biografischen Anforderungen und dient als Gestaltungselement im Kontext des Übergangs.

Während sich im Falle Alinas der hohe Konsum als Übergangsritual auf ein einmaliges Erlebnis konzentriert, verlängert sich diese Phase bei Tim und wird explizit organisiert, indem ein großer Teil der Abiturienten gemeinsam in Urlaub fährt. Der Konsum von Alkohol wird zum Medium der Freizeitgestaltung im Moratorium zwischen Schule und der Aufnahme einer Berufsausbildung:

Hm, des war nach unseren schriftlichen Abiprüfungen, aber vorm Mündlichen, so vor ich (1) °ja, (3) war's vor'm Mündlichen oder (2)°, ja auf jeden Fall, ich sag mal die Schriftlichen warn auf jeden Fall schon rum, ähm und klar, nach'm schriftlichen Abi, wenn man's erstmal hinter sich hat, vorher macht man sich immer die riesen Gedanken >>boah pf: Abi, jetzt boah viel lernen<< und keine Ahnung was, letztendlich warns dann halt große Klausuren, sag ich mal//mhm//, die jetzt auch nich übertrieben schwer warn, aber trotzdem fällt danach halt, äh alle sitzen so im gleichen Boot, dann, zwei, drei Wochen vor'm Abi tut man dann schon eher nich mehr weg gehn, ähm da is dann natürlich schon so ne äh Erleichterung hinterher zu spüren gewesen, dass man dann >>boah, endlich vorbei schriftlich, jetzt nur noch bisschen<< ich glaub, mündlich war noch//mhm//, also >>bisschen mündlich, ha ja, des kriegt ma auch schon hin, des Größte ham wir geschafft, die Schule is jetzt fast vorbei, ja, voll cool<< ähm und danach hatten wir glaub ich auch noch, also wir hatten noch Unterricht teilweise// mhm//, da is man dann auch find ich gerne hingegangen, aber nich irgendwie weil ich jetzt noch was neues lernen will, sondern nur, um die Leute einfach zu sehn, des war immer lustig ähm auf jeden Fall, die Lage war dann entspannt, dann jeden Abend weg gegangen, dann am Morgen trotzdem in die Schule, so >>oh shit, was erzählt der mir jetzt schon wieder da vorne, egal<< äh ja, ich sag mal, ja eigentlich fast jeden Tag dann Party gemacht, äh auf der Abifahrt natürlich sowieso, äh weil wenn man schon mal im Urlaub is, des ging eigentlich, wir sin hin, angekommen, (1) im Bus durfte man natürlich nichts trinken, äh offiziell, des wurde aber auch nich unbedingt eingehalten, dann sin wir angekommen, ins Hotel eingecheckt, an Pool runter, wir hatten ja all inclusive in dem Hotel, deswegen an die Bar, äh gleich getrunken, äh den ganzen Tag, dann abends was gegessen, äh dann noch en bisschen auf den Zimmern gerichtet und dann irgendwie in nen Club oder in Park, also je nachdem, und des hat halt, klar, des hat jeder gemacht, wie er wollte, aber in der Gruppe wo ich war, des warn schon so 30 Leute, Minimum, sin wir dann halt immer zusammen geschlossen weggegangen äh jeden Tag in nen andern Club, oder wenn der dann zugemacht hat, gab's immer noch so einen, der am längsten offen hatte, da sin wir eigentlich jeden Tag dann noch hingegangen, also wir warn eine Woche weg ähm (1) ja, also dann sin wir teilweise an Strand gegangen, morgens um elf wieder aufgestanden, ähm an Strand runter, auch nebenher, also eigentlich Bier war so des Grundnahrungsmittel sag ich mal, mehr oder weniger, (3) ja, eigentlich lagen wir den ganzen Tag nur rum, am Strand oder am Pool, ham Musik gehört, ham unsern Spaß gehabt, ham irgendwelche Witze gerissen oder sowas, und abends sin wir halt in Club und ham richtig Party gemacht dann, (1) also getanzt, mit Mädels geflirtet, sonst (1) noch irgendwelche andern Faxen gemacht ähm, ja (4) war @ne entspannte Atmosphäre@, wo jeder seinen Spaß hatte, klar, viel getrunken, aber es ging jetzt nich vordergründig um's Trinken, sondern es war einfach so ne allgemeine Erleichterung zu spüren >>die Prüfungen sin rum//mhm//, wir ham jetzt Schule endlich geschafft, nach 13 Jahren<<, ja. (Tim, P2, 176–221).

Tim kontextualisiert an dieser Stelle zunächst die emotionale Komponente des Übergangs während der letzten Schulwochen, der auslaufenden schulischen Anforderungen sowie der sich anschließenden Klassenfahrt. Er betont, ähnlich wie Alina, die sich entladende kollektive Anspannung, die Erleichterung angesichts der Bewältigung der Anforderungen im Zuge der Abiturprüfungen. Dabei scheinen

5.2 Prozessieren von Bildungsverläufen (Sibylle Walter)

das soziale Miteinander, der geteilte und gemeinsam durchlebte Druck der Anspannung, die Vorbereitung und die Entspannung von großer Bedeutung zu sein. In diese Beschreibung fügt er jeweils die Auswirkungen auf sein Ausgeh- und Trinkverhalten mit ein und beschreibt einen Prozess der zeitweiligen Zurückhaltung bzw. Abstinenz bis hin zu einer völligen Freisetzung von konsumregulierenden Anforderungen durch den Schulabschluss. Im Zuge der Reduzierung der an ihn gestellten Anforderungen rücken die sozialen Interaktionen in den Vordergrund: sowohl in der Schule als auch in der Freizeit. Untrennbar verbunden sind diese mit dem Konsum von Alkohol, wie er dies mit „jeden Tag dann Party gemacht" umschreibt. Die Erleichterung findet ihren Ausdruck im gemeinsamen Konsum, hierfür wird in der Folge jedoch noch ein eigener sozialer Rahmen geschaffen, der auch dazu beiträgt, den Übergang und die damit verbundende Loslösung der vertrauten sozialen Kontexte zu gestalten und temporär auszudehnen, indem die Abiturient_innen auf Klassenfahrt gehen. Dort geben sich die Teilnehmer_innen gleich zu Beginn dem hohen Konsum hin, „Bier war so Grundnahrungsmittel", das „Party machen" zentraler Inhalt des Urlaubs. Die Erleichterung über die geglückte Bewältigung eines gewichtigen bildungsbiografischen Übergangs wird mit und durch den Konsum von Alkohol gestaltet, die Rahmenbedingungen hierfür sind planvoll organisiert.

5.2.4 Fazit

(Hoher) Alkoholkonsum kann als Stör- und Risikofaktor der Bildungsaspirationen wirksam werden und entsprechende, regulierende Mechanismen freisetzen: von Praktiken einer völligen Abstinenz bis hin zu anforderungsbezogenen, punktuellen Reglementierungen des Konsums. Die Interviewten stellen damit eine Verbindung zwischen Leistungserbringung und Konsummittelgebrauch her (z. B. Ilias sportliche Aktivitäten, Janas Schulbesuch, Oskars Abstinenz unter der Woche); es zeigt sich eine Veränderung des Konsumverhaltens und eine Anpassung an bildungsbiografische Anforderungen. Damit werden Reglementierungen in Kauf genommen – dies v. a. dann, wenn die bildungsbezogenen Anforderungen rückgebunden an biografisch bedeutsame Projekte sind.

Ein Modus zur Sicherung von Leistungsfähigkeit zeigt sich in der bewussten Einschränkung des Konsums und erscheint insbesondere in den Hochzeiten bildungsbiografischer Projekte (Klausuren, Schulabschlussprüfungen, Ausbildungsbeginn) als (erfolgversprechende) Praxis der Bewältigung dieser Anforderungen. Gleichzeitig steht das Feiern mit exzessivem Konsum als Belohnung am Horizont.

Inwieweit gerade vor dem Hintergrund von bildungsbezogenen Anforderungen eine Konsumreduzierung praktiziert wird, scheint jedoch auch damit zusammenzuhängen, welche Zielsetzungen damit je in den Blick genommen werden. Maria z. B. „reicht" es erst einmal, den Bildungsabschluss zu absolvieren. Da diese Zielsetzung auch mit einem hohen Alkoholkonsum zu realisieren ist, sieht sie keinen Grund für eine Modifizierung ihrer Trinkgewohnheiten. Auch Tims Beispiel zeigt, dass vor dem Hintergrund einer „unbeschädigten" Schulkarriere bzw. weiterhin hoher Leistungserbringung keine Regulierung des Konsums in Betracht gezogen wird. Es geht also auch um die Frage nach der konkreten Auswirkung des Konsummittelgebrauchs für die Reglementierung und Modifizierung desselben bzw. darum, wie diese je individuell eingeschätzt wird.

Der Konsum von Alkohol fungiert zudem als zeitstrukturierendes Moment, teilt den Tag in Freizeit und Arbeitszeit und die Woche in Tage, an denen aufgrund beruflicher Verpflichtungen Ansprüchen nachgekommen werden muss oder nicht und entsprechend konsumiert werden kann oder Abstinenz gefordert und praktiziert wird. Gleichzeitig strukturieren auch Bildung und Arbeit bzw. deren Aspiration die Möglichkeiten und Zeiten für den Konsum von Alkohol. Im und durch den Konsum werden jedoch auch biografische Zeiten, und damit Statuswechsel, markiert, öffentlich inszeniert und bewusst gestaltet, wie beispielsweise im Rahmen von Geburtstags- oder Abschluss/Übergangsfeiern. Am Beispiel letzterer zeigt sich: Der gemeinsame Konsum hat sich zu einem Ritual entwickelt, in welchem sich bildungsbezogene Anspannungen „entladen" und die bewältigten Statuspassagen gestaltet und gefeiert werden. Sie stehen in diesem Zusammenhang auch als Zäsur zwischen verschiedenen Bildungsetappen und biografischer Übergängen.

Konsum fungiert als Garant für soziale Interaktionen und gibt Sicherheit in einem mit Unsicherheit und Unbekanntheit belegten Terrain: Das Neue wird durch die Übertragung von altbewährten Praktiken sozialer Integration bewältigbar. Gerade im Kontext neuer berufsbiografischer Kontextualisierungen kann der gemeinsame Konsum damit als Bewältigungsmodus im Übergang fungieren.

5.3 Aushandlungen von Familienbeziehungen im jungen Erwachsenenalter (John Litau)

Zahlreiche Studien (z. B. Larkby et al. 2011) verweisen auf den Zusammenhang von riskantem Alkoholkonsum im Jugendalter und einem problematischen Alkoholkonsum im Elternhaus. Problematischer Konsum der Eltern wird demzufolge verbunden mit einem höheren Risikofaktor für den Konsum von Jugendlichen. Besonders stark trifft das auf Jugendliche aus suchtbelasteten Familien zu, worauf in der Forschung auch der Schwerpunkt gelegt wird. Dies ist jedoch nicht die Perspektive der vorliegenden Analyse. Aber auch aus einer weniger problemorien-

5.3 Aushandlungen von Familienbeziehungen (John Litau) 81

tierten Perspektive auf Alkoholkonsum im Jugendalter (Stumpp et al. 2009; Litau 2011) lässt sich festhalten, dass Eltern Vorbilder im Umgang mit Alkohol sein können. Jugendliche nehmen durch Beobachtung, aber auch durch den Erziehungsstil der Eltern unterschiedliche Einstellungen zu Alkohol wahr. Im Elternhaus bestehen in der Regel tradierte Konsumrituale, sei es, dass Alkohol am Wochenende, zum Essen, zu Festen oder gar nicht konsumiert wird. Durch eine direkte oder indirekte Auseinandersetzung mit den elterlichen Konsumtraditionen kann dies in die Orientierungen der Jugendlichen einfließen. Aus den Erkenntnissen unserer Forschung ist jedoch auch die (freiwillige oder aufgezwungene) Kommunikation mit den Eltern von Bedeutung. Der Alkoholkonsum wird zum Kommunikationsanlass zwischen Jugendlichen und ihren Eltern, sei es, weil Eltern über Konsum und mögliche Folgen aufklären, sei es, weil sie den Konsum bemerken und ihre Kinder zur Rede stellen, sei es, weil sie versuchen, Regelungen zur Konsumkontrolle durchzusetzen, oder weil Jugendliche selbst Klärungs- oder Hilfebedarf formulieren. Doch nicht nur Eltern können für den Konsum von Jugendlichen handlungsleitend sein. Auch die Großfamilie oder die Geschwister spielen im Hinblick auf das Thema Alkohol im familiären Rahmen eine Rolle.

Auf der Grundlage dieser unterschiedlichen und verschränkten Einflüsse scheint es besonders vielversprechend, sich der bislang noch kaum beforschten Frage zu widmen, wie genau sich der familiäre Umgang mit Alkohol auf die Handlungsorientierungen der Jugendlichen auswirkt. Erkenntnisse in diesem Bereich können möglicherweise zur Erklärung beitragen, warum auch präventive Bemühungen seitens der Eltern in Bezug auf einen möglichst risikoarmen Alkoholkonsum meist relativ erfolglos bleiben. Das Kapitel widmet sich dieser Frage anhand zweier Dimensionen, die in der Analyse hervorstechen. Alkoholkonsum im familiären Rahmen lässt sich demnach über die Kommunikation von Jugendlichen und ihren Eltern sowie über die familiäre Vorbildrolle im Umgang mit Alkohol aufschlüsseln.

5.3.1 Alkoholkonsum als Kommunikationsanlass zwischen Jugendlichen und ihren Eltern

Durch die kulturelle Verankerung von Alkohol ist auch die Kommunikation zwischen Eltern und ihren Kindern über die Risiken und potenziellen Funktionen von Alkohol ein etablierter Bestandteil von Erziehung. Gerade die unterschiedlichen Funktionen von Alkohol und besonders positive Erfahrungen der Jugendlichen mit Alkohol können die Kommunikation über den Konsum zu einer Herausforderung zwischen Jugendlichen und ihren Eltern werden lassen. Entsprechende Kommunikationssituationen sind geprägt durch Ambivalenzen und Widersprüche im Hinblick auf Information, Inhalt, normative Haltungen und damit verbundene Handlungen sowohl der Jugendlichen wie auch der Eltern.

Jugendliche streben häufig besonders in der Beziehung zu ihren Eltern nach Unabhängigkeit; und Alkohol stellt bei ihren Bemühungen um die Loslösung vom Elternhaus häufig ein probates Mittel zum Austesten von Grenzen dar. Damit bietet der Alkoholkonsum einen Kommunikationsanlass, bei dem es meist um Aushandlungsprozesse geht, die in gewisser Weise auch mit Machtspielen verbunden sind. Die Wahrnehmung und Auseinandersetzung mit den elterlichen Kommunikationsabsichten – präventiv oder restriktiv –, des Kommunikationsverlaufs, aber auch der Konsequenzen der Kommunikation können in unterschiedliche Orientierungen münden, die sich auf unterschiedliche Weisen im konkreten Trinkverhalten der Jugendlichen zeigen. Besonders auffällig ist, wie dabei Verantwortung und Vertrauen von beiden Seiten kommuniziert werden und welche wichtige Rolle diese Kommunikation für die Jugendlichen spielt.

Alle vier Dimensionen bilden sich in den Handlungsorientierungen der Jugendlichen auf einem Kontinuum von konformem – nicht konformem Verhalten in der direkten Kommunikationssituation mit den Eltern ab, wobei sich Konformität hier auf die Erwartungen der Eltern bezieht, in denen sich wiederum gesellschaftliche Normvorstellungen des Alkoholkonsums spiegeln; hierin drückt sich direkter, indirekter oder nicht feststellbarer Einfluss der Kommunikation mit den Eltern auf den Konsum der Jugendlichen aus. Dabei ist wichtig zu betonen, dass diese Interpretationen keinen kausalen Zusammenhangs von elterlicher Einflussnahme und Reaktionen der Jugendlichen behaupten. Vielmehr muss dieser Kontext verstanden werden als kommunikativer Aushandlungsprozess, in dem Jugendliche versuchen, ihre eigene Handlungsfähigkeit herzustellen.

Alkoholkonsum als Aushandlungsprozess und Machtspiel
Wenn Alkoholkonsum zum Kommunikationsanlass zwischen Jugendlichen und ihren Eltern wird, fällt dessen Thematisierung zumeist beiden Seiten nicht leicht. Eltern stehen vor der Herausforderung, ihre Kinder durch Aufklärung, Kontrolle und Vertrauen zu schützen. Für Jugendliche ist das Thema Alkohol in der Kommunikation mit ihren Eltern ein besonderes Feld, in dem sie die Möglichkeit haben, ihre Unabhängigkeit und Reife auszutesten und diese sich selbst und ihren Eltern gegenüber zu beweisen. Beide Perspektiven sind manchmal sehr schwer zu vereinbaren, den Jugendlichen aber durchaus als dezidiert differente Standpunkte bewusst. Gerade in der Kommunikation über Alkohol setzen sie sich damit auseinander. Eltern und Jugendliche vollführen dabei ein Machtspiel, in dem die Machtverhältnisse nicht generell in Frage gestellt, aber vermittelt über das Thema Alkohol teilweise verschoben oder sogar aufgehoben werden. Das Verschieben dieser

5.3 Aushandlungen von Familienbeziehungen (John Litau)

Machtverhältnisse zeigt sich je nach Fall in unterschiedlichen Ausprägungen des Trinkverhaltens und damit zusammenhängenden Orientierungen.

Wie solche Orientierungen sich in kommunikativen Aushandlungsprozessen abbilden können, lässt sich – zunächst grob – am Beispiel von Alina beschreiben.

I: Ham denn deine Eltern ähm irgendwie was mitgekriegt, dass, also dass du sonst auch mit Alkohol also auch Kontakt hattest?
A: Ja, also die ham des schon gewusst, aber es war immer, die waren dann weg und dann ham mir getrunken und dann, wenn ich dann, also ich kam jetzt nie übermäßig betrunken nach Hause, aber wenn ich betrunken nach Hause gekommen bin, dann hab ich gesagt, äh ich hab immer gesagt, ich trink ein Becks Lemon und dann, wenn se dann gemeint haben >>oh, du hasch aber net bloß ein Becks Lemon gehabt<<, dann hab ich gesagt >>oh, es tut mir so leid, ich hatte zwei Becks Lemon<< @und dann ham se des halt geglaubt@//ok//, @des war eigentlich so@, ja//mhm//, ja//mhm//, so//ok//. (Alina, P2, 411–420)

Wie Alina berichtet, wussten ihre Eltern, dass sie Alkohol konsumierte. Dessen ungeachtet hebt sie zwei Punkte hervor, die für ihren Konsum entscheidend waren: Zum einen fand der Konsum dann statt, wenn die Eltern nicht anwesend waren. Zum anderen wurde über ihren Alkoholkonsum offen und direkt gesprochen, wobei Alina jedoch die tatsächliche Konsummenge verschwieg bzw. nur stückweise offen kommunizierte. Alinas Strategie bestand darin, den Konsum nicht zu verbergen, aber durch die Offenheit im Umgang mit dem Thema ihre Eltern im Hinblick auf die konsumierte Menge zu täuschen. Sie berichtet ebenfalls davon, dass sich ihre Eltern nicht so leicht überlisten ließen, worauf sie ihre Angaben korrigieren musste. Die Form, in der sie diese Korrektur jedoch vornimmt, ist keine demütige, sondern eine selbstbewusste, in der sich eine unabhängige Einstellung zum Konsum dokumentiert: „Oh, es tut mir so leid, ich hatte zwei Becks Lemon." Die Entschuldigung ist keine ernstgemeinte, sondern eine eher ironische, in der sich widerspiegelt, dass sie, obwohl sie ihren Eltern einen Bericht ablegt, es eigentlich nicht für zwingend notwendig hält, ihren Konsum im Detail zu rechtfertigen. Sie zeigt damit auch, dass sie glaubt, eigenverantwortlich entscheiden zu können, wie gelingender Konsum aussieht. Folglich fühlt sich Alina in diesem Aushandlungsprozess überlegen, weil ihre Eltern es ihr „halt geglaubt" haben. Das Lachen, das diese Aussage begleitet, lässt sich aber auch als Verweis auf ein stillschweigendes Übereinkommen interpretieren, in der beide Parteien ihren Standpunkt indirekt deutlich machen, dies jedoch über ein kleines Machtspiel kommunizieren, ohne dabei auf Konfrontation zu gehen. Die Eltern machen deutlich, dass sie einen moderaten Konsum dulden oder akzeptieren, und Alina macht deutlich, dass ihr das bewusst ist und sie sich daran (teilweise) auch hält. Indem sie ihren Eltern nicht genau sagen will und muss, wie viel sie getrunken hat, zeigt sie ihnen ein „reiferes"

Konsumverhalten, in dem Alkoholkonsum Teil ihres Ausgehverhaltens darstellt, aber nicht der Mittelpunkt ihrer Freizeit ist. Interessant bleibt ihre eigene Aussage, dass sie zwar „betrunken" nach Hause kommt, jedoch „nie übermäßig betrunken". Das lässt sich als eine graduelle Konformität mit den Regeln und Kontrollmechanismen ihrer Eltern interpretieren, verweist also auf einen indirekten Einfluss der Eltern auf ihr Trinkverhalten.

Durch den offenen Aushandlungsprozess zeigt sich, dass sie selbst ihren Konsum als selbstgesteuert, erwachsen und verantwortungsvoll erlebt. Aus dem Machtspiel mit den Eltern geht sie ihrer Darstellung nach als Gewinnerin hervor, obwohl sie (nicht übermäßig) betrunken nach Hause kommt. Daher scheint in einem solchen kommunikativen Arrangement eine Orientierung in Richtung exzessiven Konsums nicht wahrscheinlich, weil Alina weiß, dass ihre Eltern aufmerksam sind und sie für sich selbst Verantwortung übernimmt.

Ein minimaler Kontrast lässt sich am Beispiel von Dimitra rekonstruieren.

> *I*: (1) Heißt das, deine Mutter hat (2) gar nichts mitgekriegt oder hat sie doch mal was mitgekriegt?
> *D*: Ja später hat sie schon was mitgekriegt, also (2) mein Absturz, da hat sie schon mitgekriegt, dass ich wirklich besoffen war, aber das war ja schon mit 15.//mhm// (1) Da fand sie's nicht, also, (3) die hat's mir am nächsten Tag erzählt. Sie fand es schon witzig, aber sie fand es nicht okay, dass ich so besoffen nach Hause komme. Das fand sie nicht okay. Also sie hat auch gesagt, >>Das war das erste und das letzte Mal, dass ich dich so sehe<<. (2) >>Ja ja Mutter, dachte ich mir, alles klar Mama<<.
> *I*: Was meinst damit?
> *D*: (1) Also ich sag- also ich hab' zu meiner Mutter ges- also sie hat zu mir gesagt >>Das war das erste und letzte Mal<<, dann hab' ich geantwortet >>ja, okay<<, aber in mein Kopf dacht' ich mir so >>Ja ja ist klar<<. Das letzte Mal. (2) Ja. Ja, aber das war wirklich das letzte Mal, dass ich so (1) nein, war's nicht, aber meine Mutter hat nix mitgekriegt. Meine Mutter war gar nicht da. (3) Nee, ich hatte schon nochmal 'n Absturz fällt mir gerade ein. (Dimitra, P2, 531–566)

Dimitra stellt eine Kommunikationssituation mit ihrer Mutter dar, nachdem sie einen „Absturz" hatte. Die Situation ereignete sich zu einer Zeit, in der Dimitra bereits Erfahrungen mit Alkohol gesammelt hatte, die von ihrer Mutter unbemerkt blieben. Das Gespräch mit der Mutter fand am Tag nach dem Absturz statt. In Dimitras Wahrnehmung kommuniziert ihre Mutter dabei zwei Orientierungspunkte. Einerseits sei der Vorfall aus deren Perspektive „schon witzig" gewesen (das heißt, die Mutter erkennt das Verhalten als jugendlichen Fehltritt an), was auf eine gewisse Normalität im Umgang mit Alkohol im Jugendalter verweist. Andererseits habe sie Dimitra deutlich gemacht, dass es nicht in Ordnung ist, wenn sie so betrunken nach Hause kommt, und ihr zur Auflage gemacht, so etwas solle sich in Zukunft in der Form nicht wiederholen. Diese gespaltene Reaktion der Mutter dokumentiert, dass es sich nicht um eine konfrontative Auseinandersetzung der beiden handelt,

5.3 Aushandlungen von Familienbeziehungen (John Litau)

sondern um ein Aushandeln und Ausloten von etwas Neuem in ihrer Beziehung, das einerseits eine gewisse Normalität beinhaltet, andererseits eine gewisse Normsetzung oder Orientierung für die Zukunft erfordert.

In diesem leicht ambivalenten Machtspiel stellt sich Dimitra – und das ist für den hier behandelten Kontext entscheidend – in Bezug auf ihren Alkoholkonsum als die Überlegene dar. Sie zeigt sich der Mutter gegenüber konform und bestätigt ihr, sich in Zukunft an deren gesetzte Regel zu halten. Gleichzeitig ist ihr bewusst, dass dies nur eine strategische Konformität ist. In Bezug auf ihr tatsächliches Trinkverhalten scheint ihr diese Regelsetzung nahezu lächerlich vorzukommen, die sie auch nicht ernst nimmt: „Ja ja Mutter, dachte ich mir, alles klar Mama." Obwohl sich Dimitra nicht mehr ganz sicher ist, ob es tatsächlich das letzte Mal war, fand eine ähnliche Situation tatsächlich nicht mehr – zumindest nicht mehr oft – statt. Es ist schwierig zu rekonstruieren, welchen Einfluss die Mutter bzw. diese Kommunikationssituation auf Dimitras tatsächliches Trinkverhalten hatte. Die im Interview als vorgetäuscht dargestellte Konformität deutet darauf hin, dass der Einfluss der Mutter gering ist. Die Orientierung, die sich hier zeigt, begründet sich eher aus ihrer Trinkerfahrung vor dieser (eskalierten) Trinksituation, der ambivalenten Reaktion der Mutter, die auch die „Normalität" der Situation zum Ausdruck bringt, und der eindeutig positiven Haltung Dimitras zu ihrem zukünftigen Konsum. All dies fließt in diesem kommunikativen Aushandlungsprozess zusammen und zeigt unterschiedliche Seiten des Machtspiels zwischen Dimitra und ihrer Mutter, in dem beide sich als überlegen fühlen können.

Sowohl bei Alina als auch bei Dimitra zeigt die Aushandlung des Konsums in der Kommunikation mit den Eltern die Wahrnehmung einer Normalität von Alkoholkonsum. In diesen Orientierungen werden also subjektive Vorstellungen von Normalität ausgehandelt, und gleichzeitig wird in diesen Aushandlungen mit teilweise gleichberechtigter Kommunikation eine Verständigung über das „Normale" im Umgang mit Alkohol ermöglicht. Alina und Dimitra teilen uns so mit, was sie als normalen Konsum betrachten und was mithin den Kern ihrer Orientierung ausmacht: Für beide gehört das Rauschtrinken ein Stück weit zur Normalität des Jugendalters.

In beiden bislang ausgearbeiteten Orientierungen kommt ein gewisser ironischer Umgang mit dem Thema Alkohol in den Aushandlungen zwischen den Eltern und Jugendlichen zum Ausdruck. Auch bei Kay lässt sich eine ähnliche Form der Aushandlung und des Machtspiels rekonstruieren.

> *I*: Wenn du jetzt mal in der Erinnerung durchgehst, (1) also (1) von von zwölf bis 18 wie deine Eltern jeweils darauf reagiert haben wenn du Alkohol getrunken hast und am nächsten Morgen dann vielleicht auch einen Kater hattest. (1) gibt es da irgendwie Unterschiede kannst du da was erzählen,

K: Also bei zwölf war es ja ganz schlimm da//@(1)@// @(1)@ dann mit 15 16 so, da waren sie jetzt auch nicht gerade (1) erfreut darüber aber teilweise wenn ich es auch auf einen Geburtstag von einem Kameraden gegangen bin wo 16 geworden sind// mhm// da: habe ich auch gesagt damit ich was trinke (1) und dann haben sie eigentlich (1) da damit eigentlich auch schon gerechnet//mhm mhm// haben sie halt auch mal gesagt gehabt ich soll nicht das Haus vollkotzen (1)//ok// und das krieg ich eigentlich auch ziemlich gut hin. (Kay, P2, 270–279)

Im Verhältnis von früher und jetzt stellt Kay die unterschiedliche Reaktion und Kommunikation der Eltern in Bezug auf seinen Alkoholkonsum dar und berichtet, wie sich dies entwickelt hat. Während er die Eltern zu Beginn seiner Trinkpraxis im Alter von zwölf Jahren als „ganz schlimm" empfand, sie also vermutlich gar nicht mit dem Konsum einverstanden waren, zeigen sie im Alter von 15–16 Jahren mehr Bereitschaft sich auf Diskussionen einzulassen. So rekonstruiert Kay eine Situation, in der er sich zu einer Geburtstagsfeier verabschiedet und mit den Eltern seinen bevorstehenden Alkoholkonsum bespricht. Kay wählt dabei den Aufhänger seines kürzlich erreichten 16. Geburtstages – und bringt damit die gesetzesrechtliche Altersgrenze, bestimmte Alkoholika offiziell trinken zu dürfen, ins Spiel –, um seinen Eltern mitzuteilen, dass er vorhabe, bei dem Fest Alkohol zu konsumieren. Dies sei aber nur zum Zweck einer Vergewisserung erfolgt – so glaube er, dass auch die Eltern bereits davon ausgegangen sind, dass er etwas trinken wird. Der darauf folgende offene Aushandlungsprozess dokumentiert das Machtspiel zwischen ihm und seinen Eltern in einem ironischen bis sarkastischen Umgang miteinander. Die Ermahnung der Eltern lautet nicht, dass er nicht oder doch bitte vorsichtig oder wenig trinken solle. Stattdessen setzen sie ihm den Maßstab, so zu trinken, dass er „nicht das Haus vollkotzt", und geben ihm so auch zu verstehen, dass sie ein Auge auf ihn haben. Diese Regelung kann Kay auch in seiner eigenen Einschätzung problemlos einhalten und dies vermutlich auch den Eltern in der Situation glaubhaft kommunizieren.

Auch wenn der Aushandlungsprozess mit einem Augenzwinkern verläuft, zeigen sich dieselben Muster wie in den Orientierungen, die weiter oben ausgearbeitet werden konnten. In der direkten Interaktion mit den Eltern zeigt Kay eine gewisse Konformität, die sich darauf bezieht, nicht im Übermaß zu trinken. Gleichzeitig zeigt sich, dass beide Seiten Kays Alkoholkonsum nicht in Frage stellen. Wie hoch oder extrem der Konsum tatsächlich ausfällt, können die Eltern folglich nicht beeinflussen, und Kay ist die Position der Eltern hierzu verhältnismäßig egal.

In maximalem Kontrast hierzu findet sich bei Anna eine andere Form der Aushandlung des Konsums, die weniger in einer Form des Machtspiels zum Ausdruck kommt, sondern sich eher als „kommunikative Stütze" im Umgang mit Alkohol interpretieren lässt.

5.3 Aushandlungen von Familienbeziehungen (John Litau)

A: (...) Ähm und wenn ich merke, bei mir wird's schon wieder langsam zu viel, dann gucke ich sie an, dann schwätz' ich vielleicht auch mal mit ihr, (2) dass ich mich wieder runter auf den Boden hole. Dann sagt sie >>Hör' mal 'n bisschen auf, mach' langsamer<< oder sowas.//mhm, mhm// (1) So.//mhm//
I: Wie kann ich mir denn das genau vorstellen? Also gehst du dann zu deiner Mutter und sagst >>Du, ich trink' gerade brutal viel<< oder, weißt?
A: Die merkt, die merkt das, ähm, die merkt das, weil ich bin oft jetzt in letzter Zeit Daheim (1)//mhm// und wenn ich dann 'n bisschen mehr anfange zu trinken, mh, merkt die das, ähm weil ich (1) Daheim vielleicht auch dann mal was trinke oder wenn ich dann von 'ner Party komme und sie noch wach ist, merkt die das. (2) Sie merkt das schon schnell. Und wenn ich am nächsten Morgen wahnsinnig kaputt bin, dann sieht sie's mir sofort an, ich hab' letzten Abend zu viel getrunken.//mhm, mhm// Und wenn das öfters passiert, dann (1) kommt sie meistens auf mich zu.//mhm// Und sagt dann zu mir >>Mh, ist gerade nicht ein bisschen viel?<< //mhm// (2)//mhm//
I: Und was geht dir da durch den Kopf?
A: (2) Eher so >>Oh, scheiße, gemerkt<< @//mhm// (1) Aber dann rede ich mit ihr, sage ich >>Ja, irgendwie in letzter Zeit zu viel<< und dann gucken wir, ob's irgendein bestimmtes Problem gibt,//mhm// was was mich seelisch belastet, weswegen ich gerade viel anfange zu trinken oder sowas. (2) Und dann irgendwie das zu klären, zu handhaben.//mhm// (2)//mhm//. (Anna, P2, 1339–1366)

Anna beschreibt ihre Mutter als kompetente Kommunikationsreferenz in Sachen Alkoholkonsum und Lebensprobleme, auf die sie zurückgreift bzw. zurückgreifen kann, sobald sie selbst merkt, dass ihr Konsum „schon wieder langsam zu viel" wird. Dabei ist ihre Mutter sowohl eine Kommunikationspartnerin, die auf Annas Wünsche und Probleme eingeht, wie auch eine aufmerksame Person, die bemerkt, wenn Annas Konsum zunimmt. Die Mutter reagiert dabei offen und eher unvoreingenommen und sucht die Kommunikation mit Anna. Ermahnungen und Regelsetzung scheinen dabei eine untergeordnete Rolle zu spielen. Vielmehr geht es den beiden darum, mögliche Ursachen oder Probleme des Konsums auf den Grund zu gehen und gemeinsam nach Strategien zu suchen, um diese „zu handhaben". Es findet also eine gleichberechtigte Aushandlung des Konsums statt, in der die ungleichen Rollen und Machtverhältnisse nicht ironisch überspielt werden müssen, sondern durch Hilfestellung kommunikativ bearbeitet werden. Alkohol dient hier auch als Thema, über das Tochter und Mutter ins Gespräch kommen können. Anna muss sich ihrer Mutter nicht konform zeigen, sondern kann in ihrer Perspektive authentisch bleiben. Ihr Konsum orientiert sich eher an eigenen Entscheidungen, wobei sie die Einschätzung der Mutter sehr ernst zu nehmen scheint.

Zusammenfassend lässt sich festhalten: Jugendliche aus unserem Sample gehen davon aus, dass Eltern bis zu einem gewissen Grad ihren Konsum akzeptieren, was sich v. a. in solchen Aushandlungen über den Konsum zeigt, die nicht mit einer Auseinandersetzung um strikte Trinkverbote einhergehen. Jugendliche nehmen aber auch implizit die Versuche der Eltern wahr, ihnen einen Rahmen zu setzen bzw. eine Vorstellung zu vermittelten, was aus ihrer Sicht nicht akzeptabel ist. Die Jugendlichen selbst – wie bspw. Kay – gehen kommunikativ relativ offen mit diesen Situationen um. Sie zeigen sich teilweise konform, kommunizieren teilweise aber auch offen oder ironisch, dass sie in ihrem Trinkverhalten einen eigenen Ermessungsspielraum ausloten wollen und können, an dem sie ihr Trinken orientieren. Im Hinblick auf das Trinkverhalten kann das auch ein komplett eigener Ermessungsspielraum sein, wie man in der Orientierung von Dimitra sehen kann.

Präventive Kommunikation

Aktuelle Forschung zum Einfluss elterlicher Kontrolle im Hinblick auf den Alkoholkonsum Jugendlicher zeigt, dass junge Menschen, die Alkohol trinken, tendenziell weniger Kontrolle durch Eltern erfahren (Higgins et al. 2013). Das heißt auch, dass Jugendliche, die mehr Kontrolle ihres Freizeitverhaltens durch ihre Eltern wahrnehmen, tendenziell seltener – jedoch nicht unbedingt weniger – trinken. Deutlich weniger weiß man darüber, wie Jugendliche elterliche Kontrolle wahrnehmen und wie sie dies in ihr Trinkverhalten einbauen. Die vorliegende Analyse mit ihrer Konzentration auf Handlungspraxis konnte herausarbeiten, welche Erfahrungen Jugendliche in der Kommunikation mit ihren Eltern machen und wie sich diese in ihren Orientierungen im Umgang mit Alkohol zeigen. Zur Darstellung der Ergebnisse soll zunächst die als präventive Kommunikation wahrgenommene Ansprache der Eltern detailliert dargestellt werden. Diese wird eher als sanfte, beschützende bis vorbeugende, aber auch belehrende Kontrolle erlebt.

Je nach Auslegung und Verständnis von Alkoholkonsum als Phänomen des Jugendalters ist das Trinkverhalten der Jugendlichen ein mehr oder weniger relevantes Thema im Elternhaus und Familienkreis. Als „Klassiker" bezeichnet Tim die Kommunikation über Alkohol mit seinen Eltern und bezieht sich damit auf das Aufklärungsgespräch, an das er sich eher vage erinnern kann.

I: Wie isses mim Alkohol bei euch zuhause, isch des n Thema, isch des auch was, was man so bespricht mit seinen Eltern?
T: Puh: des war eher so des Thema, wo Alkohol dann sowas neues war und wo (2) da ham die natürlich auch mal so, so n typisches Eltern-Kind-Gespräch >>ja, wie is des jetzt mit dir, trinkt ihr da immer Alkohol und wie und was<< und keine Ahnung was, also so n Klassiker halt, aber nich dass wir da jetzt, dass wir jetzt jedes Wochenende sagen >>boah<<, dass ich jetzt zu denen hingeh >>boah, diesmal hab ich mich so richtig weg gefetzt<< keine Ahnung was oder sowas, deswegen, ich red eigentlich mit denen, des war einmal so, ja >>also du musst da immer aufpassen und nicht zuviel und schön langsam und nicht durcheinander<< und dann saß ich so da >>ja, ja, ja, ja<< äh und dann war des halt so der Punkt abgehakt >>so, wir ham ihn aufgeklärt über Alkohol<<, aber danach hab ich eigentlich kaum noch, vielleicht wenn ich dann am nächsten Tag mal irgendwie runter kam, am Anfang noch so >>oh shit<< dann

5.3 Aushandlungen von Familienbeziehungen (John Litau)

ham die vielleicht so gesagt >>ah<<, dann sagt meine Mutter immer so >>ah, des hat wieder sein müssen gestern, gell<<, dann sag ich so >>ja<< und dann is des Thema erledigt, also des is eher so, ich sag mal fast des is nich erwähnenswert//mhm//, des vom Anteil her, ich wüsst nich, wann ich mal irgendwie länger mit denen über Alkohol geredet hätt oder sowas//mhm//.
I: Dieses Aufklärungsgespräch, wann war des?
T: Des war, da war ich 15 oder 16, ja. (2) Da kann ich mich schon fast nich mehr dran erinnern, also. (Tim, P2, 1136–1158)

Tim berichtet von einem „Eltern-Kind-Gespräch", das seine Eltern mit ihm geführt haben, als bei ihm das Thema Alkohol aufkam und noch etwas „Neues" war. Die Eltern kommunizierten Tim gegenüber generelles Interesse und wollten wissen, ob und wie der Konsum bei ihm und seiner Gruppe abläuft. Tim grenzt dieses Gespräch von einer regelmäßigen Kommunikation über seine Trinkerlebnisse ab, die er so auch nicht betreibt. Das als „Klassiker" betitelte Gespräch war einmalig und beinhaltete aus seiner Perspektive eine Aufklärung über Alkohol und Ratschläge darüber, wie man Alkohol möglichst risikoarm zu sich nimmt. Dieses Gespräch ließ Tim relativ emotionslos über sich ergehen: „Dann saß ich so da >>ja, ja, ja, ja<< äh und dann war des halt so der Punkt abgehakt."

Tim wertet dies so, dass seine Eltern damit ihren elterlichen Pflichten nachgekommen sind und ihn daraufhin frei und selbstbestimmt sein Trinkverhalten regulieren ließen. Wenn Alkohol in seinem familiären Rahmen nun erneut thematisiert wird, dann mehr als ironische Bemerkungen zu seinem Ausgeh- und Trinkverhalten, auf die er allerdings eher humorvoll reagiert. Hier scheint Tim eine kommunikative Routine mit seinen Eltern entwickelt zu haben. Tim nimmt diese Kommunikation nicht als direkte Reaktion auf sein Trinkverhalten in einer bestimmten Situation wahr, z. B. weil die Eltern merken, dass er über die Stränge geschlagen hat. Stattdessen schreibt er den Eltern schützende, aufklärerische Absichten zu, die losgelöst sind von einer Auseinandersetzung über die tatsächlich konsumierte Trinkmenge oder -frequenz. Folglich hat er es auch nicht nötig, sich auf ein Machtspiel mit ihnen einzulassen, in dem Konsumregelungen ausgehandelt werden. Genauso wenig muss er seinen Konsum verschweigen. Sein Verhalten stellt er als relativ konform mit den Erwartungen seiner Eltern dar, indem er das Gespräch über sich ergehen lässt. In dieser Sequenz offenbaren sich eine präventiv wahrgenommene Fürsorglichkeit der Eltern und ein offener Umgang mit dem Alkoholkonsum des Sohnes in der Familie. Ein direkter Einfluss auf sein tatsächliches Trinkverhalten lässt sich nicht rekonstruieren, eher zeigt sich eine Orientierung, in der der Konsum in den eigenen Verantwortungsbereich verschoben wird und relativ unbeeinflusst bleibt von der Kommunikation mit den Eltern.

Als minimaler Kontrast hierzu lässt sich Kays Orientierung darstellen, wo er beschreibt, wie er die präventiven Absichten seines Vaters wahrnimmt.

K: Familie die gucken eigentlich damit ich eher (2) weniger trinke,
I: Wie machen sie das, (1)
K: ((lautes einatmen)) sie probieren halt zum einem einschwätzen, (2) mein Vater probierst auch immer wenn ich jetzt (1) ein guter Film mal daheim hat//mhm// zum so sagen damit ich daheim bleiben kann kann ich den und den Film angucken, (1) also eher so.//mhm// ((lautes Einatmen)) dann:
I: Gelingt ihm das auch, (2)
K: Mh hin kommt auch ganz drauf an was ist wenn jetzt (1) ein Fest in Stadt 2 ist (1) dann gelingt es ihm gar nicht,
I: @(2)@
K: Aber dann probiert er es auch nicht so oft weil teil- (1) weil er weiß damit es ihm nicht gelingt oder weil er jetzt hin und wieder auch mal auf das Fest hingeht.//mhm// ((lautes einatmen)) un:d wenn jetzt am Wochenende eigentlich gar nichts los ist (1) und sag ich mir eigentlich auch wieso ich eigentlich (dort) hingehe ist doch eh immer das gleiche und so und//mhm mhm// (1) und dann war es halt auch so damit ich hingegangen bin, (1) damit sie mir auch tatsächlich nicht so gefallen hat und ich dann gedacht habe >>wenn der Papa einen guten Film dabei (1) daheim hat dann//mhm// sitzt du da jetzt nicht sinnlos rum und vergeudest deine Zeit//mhm// sonst gehst heim legst dich auf das Sofa guckst ein Film schläfst dann morgen aus.<< //mhm// (1)
I: Also schafft er dann schon hin und wieder.
K: Ja. (Kay, P2, 1339–1358)

Kay charakterisiert seinen familiären Rahmen als den Versuch der elterlichen Einflussnahme in Richtung eines moderateren Konsums. Danach gefragt, wie genau er die elterliche Einflussnahme wahrnimmt, beschreibt er die Kommunikation mit seinem Vater, die er als Versuche darstellt, ihn vom Ausgehen abzuhalten. So habe der Vater ihm den Vorschlag unterbreitet, mit ihm zu Hause zu bleiben und einen Film anzuschauen. Im Hinblick auf die Erfolgsaussichten des Vaters, ihn vom Ausgehen und damit auch vom Trinken abzuhalten, nimmt Kay eine Differenzierung vor. So macht es für ihn einen wesentlichen Unterschied, was das Ausgehziel des Abends ist. Handelt es sich um ein bestimmtes Fest, welches er offenbar besonders favorisiert, dann hat der Vater keine Chance, ihn vom Zuhausebleiben zu überzeugen, zumal der Vater auch selbst bestimmte Feste aufsucht. Vermutlich weiß Kay, dass der Vater bei diesen Gelegenheiten selbst Alkohol konsumiert. Handelt es sich aber um ein Wochenende, an dem „eigentlich gar nichts los ist", stellt sich Kay durchaus die Frage nach dem Grund, warum er dennoch ausgehen und nicht lieber zu Hause bleiben, gemütlich auf der Couch den Film anschauen und den nächsten Morgen ausgeschlafen – und vermutlich „katerlos" – begehen sollte. Das empfände er zumindest als Abwechslung zu den immer gleichen Wochenenden mit seinen Freunden, die er offensichtlich teilweise auch als „sinnlos" oder als „vergeudete Zeit" erlebt.

An Kays Orientierung zeigt sich, dass er von seiner Familie einen präventiven Kommunikationsstil gewöhnt ist. Auch hier dokumentiert sich weder ein Aushand-

5.3 Aushandlungen von Familienbeziehungen (John Litau)

lungsprozess noch eine restriktive Regelsetzung, sondern ein offenes Angebot, auf das Kay zurückgreifen kann oder nicht. Kay würde das Ausgehen mit seinen Freunden zwar tendenziell einem Abend vor dem Fernseher mit seinem Vater vorziehen, generell ausschließen würde er diese Alternative jedoch nicht. Er nimmt also durchaus die fürsorglichen Absichten seines Vaters wahr und zieht sie potenziell als Handlungsoption auch in Trinksituationen in Erwägung. Dies ist entscheidend für seine Orientierung. Durch die offene Einstellung zu den unterschiedlichen Settings muss er sich seinen Eltern gegenüber in der Kommunikationssituation nicht als konform zeigen, weil sein Trinkverhalten für ihn keine non-konforme Haltung zum Angebot der Eltern darstellt. Stattdessen wird die häusliche Situation als gegenpoliges Setting wahrgenommen, in dem kein Alkohol konsumiert wird. Trotzdem lässt sich der Einfluss der Eltern auf seinen Konsum seiner Aussage nach zumindest ansatzweise rekonstruieren, da sich ihm durch diese präventive Kommunikation und das damit verbundene Angebot zum Nichtkonsum eine potentielle Alternative eröffnet, die einen eigenen – wenn auch nicht so hohen – Reiz hat wie das Feiern mit Freunden.

Präventive Kommunikation zwischen Jugendlichen und ihren Eltern, so lässt sich daraus schließen, kann sich also in unterschiedlicher Art in den Orientierungen der Jugendlichen niederschlagen. Sie wird offenbar aus der Perspektive von Jugendlichen als fürsorgliche Maßnahme verstanden, mit der die Eltern ihren elterlichen Pflichten nachkommen. Diese Kommunikation scheint kaum mit konflikthaften Auseinandersetzungen und Aushandlungen verbunden zu sein, sondern stellt in der Wahrnehmung der Jugendlichen eher ein Angebot dar, das man annehmen kann oder auch nicht. Folglich kommt in den Handlungsorientierungen auch eine Doppelbödigkeit zum Ausdruck: zum einen die relativ konforme Haltung der Jugendlichen in der Kommunikationssituation mit den Eltern, zum anderen, davon völlig entkoppelt, die Handlungsstrategien und Orientierungen im Hinblick auf den eigenen Konsum, die u. U. vom direkten Einfluss der Eltern unbeeindruckt bleiben.

Restriktive Kommunikation
Im Gegensatz zur präventiven Kommunikation, wo die Kontrolle der Eltern von den Jugendlichen eher als Fürsorglichkeit wahrgenommen wird, machen Jugendliche aber auch Erfahrungen mit einer deutlich regulativeren Form der Kontrolle durch die Eltern. So findet Kommunikation über Alkohol z. B. auch im Anschluss an den Konsum statt, bspw. dann, wenn Eltern den Konsum bemerken oder Jugendliche durch Ausfallerscheinungen auffallen. Eine typische Reaktion der Eltern sind Strafen und Verbote des zukünftigen Konsums. Die Kommunikation wird folglich von den Jugendlichen auch als direkt auf die Ausfallerscheinung bezogen

wahrgenommen. Da Jugendliche dabei die Autorität der Eltern hervorheben und sich auf deren Grenzsetzungen beziehen, wird diese Kommunikation von ihnen als restriktiv erlebt. Welche Orientierungen sich auf Grundlage solcher Kommunikationserfahrungen rekonstruieren lassen, soll im Folgenden dargestellt werden.

Ein Beispiel hierfür ist das Gespräch von Driss mit seinem Vater, nachdem dieser herausgefunden hat, dass Driss Alkohol getrunken hat.

> Meine Eltern haben natürlich was dagegen, weißt du. (1) Irgendwann mal haben's meine Eltern auch gemerkt, dass ich Alkohol getrunken habe. (1) Dann würde ich mal sagen, es ist, kam halt natürlich die entsprechende Regel, ne. (1) Also mein Vater natürlich, der hat mich erstmal geklatscht, ja, das ist jetzt ohne Spaß. Der hat sich gedacht: Was geht denn mit dem ab?//@// Sozusagen. Nee, aber der hat zu mir auch gesagt >>Ich war auch mal jung gewesen, ja, aber<< der hat zu mir gesagt >>Ich hab' mit euch geredet und so, viel vorher hab' ich euch gesagt, macht das nicht<< und so, hat zu mir gesagt >>Du hast nicht auf mich gehört<< das und das, ja halt enttäuscht, dass ich das gemacht hab' sozusagen.
> (…)
> Du hast, graue Haare hast du nur von zu Hause bekommen.//mhm// Du warst zu Hause, hast du dein Abturn bekommen, wenn du draußen warst, hast du gelacht und so.//mhm// Zu Hause hattest du kein Lächeln. Das hat mich auch genervt,//mhm// weißt du. Und ich sag' mal so, nicht dass mein Eltern mich immer abgefuckt haben, meine Eltern wollten immer das Beste nur für mich, so wie halt jeder sagt. Meine, deine Eltern wollen das Beste für dich, weißt du und so. Aber das Problem war halt, du bist halt dagegen als Jugendlicher. Du bist halt so, ich will das lieber machen, ich will lieber das, kauf' mir das, weißt du. (Driss, P2, 773–806)

Driss berichtet davon, dass seine Eltern mit seinem Alkoholkonsum „natürlich" nicht einverstanden sind. Hier dokumentiert sich bereits eine normativ gesetzte Vorstellung von Alkoholkonsum, mit der sich Driss indirekt auseinandersetzen muss und die sich für seine Orientierung als relevant zeigt. Folglich empfindet er es ebenfalls als „natürlich", dass sein Vater eine „entsprechende Regel" setzt (Verbot von Alkohol), als er den Konsum des Sohnes bemerkt. Ebenfalls als „natürlich" erscheint ihm, dass er dafür auch direkt bestraft wird: „Der hat mich erstmal geklatscht." Der Vater kommuniziert dabei seine Beweggründe für die Regelsetzung und Bestrafung. Er äußert zwar teilweise Verständnis dafür, was man als junger Mensch macht („Ich war auch mal jung"), betont dabei aber dennoch, dass er seine Vorstellungen, Regeln und ein Verbot im Hinblick auf Alkoholkonsum bereits vor längerer Zeit kommuniziert habe und ein Einhalten dieser Regeln erwarte. Aufgeladen ist die Situation mit einer emotionalen Komponente, da der Vater sich vom Verhalten seines Sohnes enttäuscht zeigt. Da sich Driss nicht an die Verbote des Vaters gehalten hat, erscheint ihm die Reaktion seines Vater als „normal", nämlich als eine, mit der er rechnen musste, zumal er ja auch auf die Enttäuschung des Vaters verweist, was diese Auslegung verstärkt.

5.3 Aushandlungen von Familienbeziehungen (John Litau)

In der Hervorhebung dieser beiden Begründungen dokumentiert sich die Legitimität, die Driss der Bestrafung seines Vaters zuschreibt. Darin zeigt sich eine akzeptierte Dominanz des Vaters, der Driss nur mit scheinbarer Konformität begegnen kann, sei dies aus Respekt, Angst oder Verständnis für die Position des Vaters. Auf sein tatsächliches Trinkverhalten hat dies allerdings keine Auswirkungen, außer dass er versucht, seinen Konsum (noch besser) zu verbergen, wie im weiteren Verlauf des Interviews offensichtlich wird. Die Konformität ist also nur symbolisch und bezieht sich nur auf den Umgang mit dem Vater, sie hat keine Auswirkungen auf seinen Umgang mit Alkohol. Während Driss im Umgang mit seinem Vater beim Thema Alkohol seine Entscheidungsfreiheit und damit Handlungsmächtigkeit verliert, kann er sie im tatsächlichen Umgang mit Alkohol weiter aufrechterhalten – eine Spannung, die er selbst als „jugendtypisch" markiert: „Deine Eltern wollen das Beste für dich, weißt du und so. Aber das Problem war halt, du bist halt dagegen als Jugendlicher."

Ein (minimaler) Kontrast von restriktiv wahrgenommener Kommunikation zeigt sich am Beispiel von Alina, die die Bestrafung der Eltern für ihren alkoholbedingten Krankenhausaufenthalt rekonstruiert.

A: Ja, ich war dann im Krankenhaus, also mein Papa hat mich abgeholt, um Zehn glaub ich @, und hat mich dann ins Krankenhaus gefahren (1) und ich bin dann am nächsten Morgen da aufgewacht und des war nicht so toll, so im Gang, und alle fünf Minuten kam irgend ne Schwester vorbei, hat irgendwie >>so, wie geht's uns denn heute, na, ham wir Kopfweh, oh<< und des ging alle fünf Minuten so, und des hat einen so aufgeregt, des war so schrecklich.
I: Was hat dich daran aufgeregt?
A: Ha dieses (2) also es war ja schon schlimm genug, dass man im @Krankenhaus liegt@ wegen Alkohol, aber es wussten ja dann alle, die da vorbei laufen, und die ham sich so, ja, wahrscheinlich ham se sich drüber lustig gemacht und ham sich noch gefreut//mhm//, dass e ein so aufziehn können//ok//.
I: Ach des war jetzt nicht, die waren nicht in Sorge und so, sondern die ham dich so bisschen gepiesackt dann oder?
A: Ha, ich weiß nicht, ob die in Sorge waren, wahrscheinlich nich, ich weiß es nicht, also ich hatte auch glaube ich, (2) ma hätte mich au scho nach Hause nehmen können in der Nacht, aber mein Papa hat gesagt ich bleib da, also//mhm// der hat absichtlich, ich hätt auch in nen Zimmer liegen können//mhm//, aber er hat auch gesagt ich lieg auf dem Gang//mhm//, weil er des glaub ich einfach wollte, dass ich des so merk, dass mir da so ein bisschen da @rein würgt@//mhm, ok//.
I: (4) Und dann, wie lang bist du geblieben?
A: Bis zum nächsten Morgen, dann hat mich meine Mama abgeholt, dann musst ich zwei Tage äh die Tapete in unserm Wohnzimmer abtapezieren, weil des so ausgemacht war, und des war dann auch nicht ganz so lustig//mhm//, ja (2) na ja, und dann hab ich glaub ich zwei Jahre nichts getrunken//ok//, ja. (Alina, P2, 279–302)

Alina erzählt, wie ihr Vater sie relativ früh[2] von einer Party abgeholt und ins Krankenhaus gebracht hat, weil sie zu viel getrunken hatte. Sie schildert ihre unangenehmen Erinnerungen an den Morgen danach im Krankenhausbett. Störend und beschämend war für sie, dass ihr Bett nicht in einem Krankenbettzimmer stand, sondern in der Öffentlichkeit des Flurs. Besonders grausam fand sie, dass das Krankenhauspersonal in sehr kurzen Abständen zu ihr ans Bett kam und sich nach ihrem Zustand erkundigte, was ihrer Meinung nach vermutlich nicht aus Fürsorge geschah, sondern um ihr eine Lektion zu erteilen, an die sie sich erinnern sollte. Ihre Interpretation dieser Erfahrung verstärkt sich für sie nicht nur deshalb, weil sich das Krankenhauspersonal über sie „lustig gemacht" hat, sondern weil ihr Vater ausdrücklich gewünscht habe, dass sie die Nacht im Krankenhaus auf dem Gang verbringt. Dahinter vermutet sie, dass auch er ihr „ein bisschen eins @rein würg(en)@" – also eine Lektion erteilen – wollte. Auf die unangenehmen Erfahrungen im Krankenhaus folgte zu Hause noch eine Strafe („zwei Tage äh die Tapete in unserm Wohnzimmer abtapezieren"), die für sie ebenfalls „nicht ganz so lustig" war. Geprägt durch diese Erfahrungen resümiert Alina, dass sie danach „zwei Jahre nichts getrunken" hat.

Auch wenn es schwierig ist zu bestimmen, welche Komponente handlungsleitend war, so zielt ihre Handlungsorientierung darauf, ein solches Erlebnis künftig zu vermeiden. Der Fokus soll an dieser Stelle aber auf Alinas Beschreibung der elterlichen Reaktion gerichtet werden und darauf, welche Signale Alina von ihnen wahrgenommen hat. Interessant ist nämlich, dass die Eltern nicht ihre Sorge um sie kommunizieren, sondern Alina durch ihre Bestrafung spüren lassen, dass sie nicht mit ihrem Verhalten einverstanden sind. Sie auf dem Flur liegen zu lassen, interpretiert Alina als deutliches Signal: Ihr soll gezeigt werden, dass sie für ihr Verhalten die Konsequenzen tragen muss und die Eltern die Macht haben, diese Konsequenzen noch weiter zu verstärken. Den Konsequenzen folgt dann auch noch eine klar gesetzte Bestrafung oder Wiedergutmachung durch das „Abtapezieren" des Wohnzimmers. Alina hat folglich gar keine Wahl, ob sie sich in der Kommunikation mit ihren Eltern konform oder nicht konform verhalten will. Sie ist dem Willen der Eltern vollkommen ausgesetzt. In Alinas Wahrnehmung der Reaktion der Eltern dokumentiert sich, dass ein alkoholbedingter Absturz sehr beschämend sein kann, wenn er von den Eltern bemerkt wird, v. a. weil die Jugendlichen dadurch die eigene Handlungsmächtigkeit verlieren können. Die danach folgende zweijährige Abstinenz zeigt, dass Alinas Handlungsorientierung auch dadurch gekennzeichnet

---

[2] Dass dies von Alina als früh empfunden wird, wird durch ihr kurzes Lachen bei dem Verweis auf die Uhrzeit verstärkt: „zehn glaub ich @". Dadurch wird aus ihrer Perspektive auch das Ausmaß ihrer Alkoholintoxikation deutlich, da sie bereits um zehn, also vermutlich in relativ kurzer Zeit, so eine hohe Menge getrunken hat, dass sie die Kontrolle verloren hat.

ist, Handlungsmächtigkeit zu bewahren, weil durch eine Abstinenz alkoholbedingter Kontrollverlust und Bestrafung durch Eltern vermieden werden können.

Im Fazit kann also auch eine als restriktiv wahrgenommene Kommunikation für Jugendliche handlungsleitend sein. Wie sich dabei Handlungsorientierungen abbilden, ist sowohl situationsabhängig als auch grundsätzlich auf einem Kontinuum von gezeigter (vorgegebener) vs. tatsächlich akzeptierter Konformität zu verorten. Es wird deutlich, dass Jugendliche trotz der wahrgenommenen Restriktionen weiterhin handlungsmächtig bleiben möchten, sich aber aufgrund der Autorität der Eltern erkennbar konform zeigen müssen. Die daraus resultierenden Orientierungen sind somit stets mit der Aufrechterhaltung von Handlungsfähigkeit verbunden, sei es durch weiter explizierten Konsum (wenn auch im Verborgenen) wie bei Driss, sei es durch temporäre Abstinenz wie bei Alina.

Kommunikation von Verantwortung und Vertrauen
Die Erforschung der Kommunikationsprozesse zwischen Jugendlichen und Eltern der letzten Jahre konzentrierte sich auf die Aushandlung und das Setzen von Regeln im Umgang mit Alkohol. Aktuell gibt es durchaus auch Bemühungen, die Kommunikation von Vertrauen genauer in den Fokus zu nehmen (Demant und Ravn 2013). Auch die vorliegende Analyse legt nahe, dass die Wahrnehmung und die Kommunikation von Vertrauen und Verantwortung ein wichtiges Element für die Orientierungen der Jugendlichen sind. Dies soll im Folgenden an drei Beispielen deutlich gemacht werden.

Die Kommunikation von Verantwortung kann zum einen als Verpflichtung oder als Erwartung bezüglich „guten" oder „angemessenen" Verhaltens von den Jugendlichen wahrgenommen werden.

(1) Na also die haben mir schon so die Werte und alles vermittelt so, was also, gut bei mir war es auch so, dass meine Eltern sich mit 9, als ich 9 war getrennt haben und das ich dann sowieso relativ schnell Verantwortung übernehmen musste.//mhm// Also das ist vielleicht auch so 'n Punkt, dass ich einfach schnell Verantwortung übernehmen musste und das hat ja schon auch was, also Alkohol//mhm// hat ja schon auch was mit Verantwortung zu tun, die man dann auch irgendwo abgibt, wenn man zu viel trinkt,//mhm// kann man nicht mehr wirklich Verantwortung für irgendjemanden übernehmen. (1) Und äh, was haben die mir mitgegeben? Also meine Mutter, die hat immer, die hat auch immer zu mir gesagt >>Ist mir egal, was du machst, ist mir auch<< also auch bei Noten oder sowas. Ich habe meinen Eltern alle Noten gesagt, die ich geschrieben habe//mhm//, egal ob's ne 6 war oder ob's 'ne 1 war. Die haben einfach auch immer zu mir gesagt >>Es ist uns egal was du nach Hause bringst und ob du besoffen bist oder ob du was geraucht hast<< aber ich soll sie nicht anlügen.// mhm// Ich soll ehrlich zu ihnen sein.//mhm// Also das ist so das, was sie mir halt vermittelt haben, dass es einfach wichtig ist, ehrlich zu sein und das ich mich korrekt verhalte und das ich Respekt vor den Anderen habe. (1) Und so, das haben sie mir

einfach mitgegeben.//mhm, mhm// Und ich denke mal, das war auch so der Punkt einfach, ich soll ehrlich zu ihnen sein, und dann hatte ich auch kein Grund, irgendwie heimlich mich zuzusaufen//mhm, mhm// oder so. Ich hätte genauso gut zu Hause ein Glas Sekt trinken können//mhm//. Das war meinen Eltern, die haben auch immer gesagt >>Trink' lieber hier und sauf von mir aus dir hier die Hucke zu und also dann sind wir//mhm// dann dabei und können dich dann ins Bett//@// drüber schleppen, aber<< //mhm// also so.//mhm//. (Alexandra, P2, 317–339)

Alexandra beschreibt, wie ihr durch die Erziehung der Eltern bestimmte Werte und Normen vermittelt worden sind. Darauf Bezug nehmend bewertet sie es als positiv, dass sie durch die Scheidung der Eltern in ihrem Leben „relativ schnell Verantwortung übernehmen musste". Diese Entwicklung bezieht sie auch auf den Alkoholkonsum, der ihrer Meinung nach „auch was mit Verantwortung zu tun" hat, weil v. a. bei exzessivem Konsum keine Verantwortung mehr übernommen werden kann. Ihr Umgang mit ihren Eltern ist durch die Kommunikation von Verantwortung geprägt. Die Eltern machten ihr deutlich, dass es ihnen „egal" ist, was genau sie in ihrer Freizeit macht oder welche Noten sie in der Schule schreibt, solange Alexandra ehrlich zu ihnen ist. Ehrlichkeit, „korrektes" Verhalten und Respekt beschreibt sie als Grundpfeiler der elterlichen Erziehung. Besonders der ehrliche Umgang miteinander bietet Alexandra eine Erklärungsfolie dafür, warum sie keinen „Grund" hatte, sich „heimlich (…) zuzusaufen". Dies ergänzt sie mit der generellen Einschätzung, dass Alkoholkonsum bei ihr „genauso gut zu Hause" stattfinden könnte. Wichtiger zeigt sich für Alexandras Orientierung die Kommunikation der Eltern im Hinblick auf deren eigene Verantwortung. So ist es ihnen lieber, wenn Alexandra etwas zu Hause trinkt, damit die Eltern sie im Blick haben und sich um sie kümmern können.

Hieraus lassen sich drei kommunikativ vermittelte Verantwortungsebenen rekonstruieren, welche für Alexandras Orientierung wichtig sind: einerseits die Selbstverantwortung, die sie durch die Scheidung bereits früh für sich selbst tragen musste und die sie so auch als Einstellung zum Alkoholkonsum übernimmt, andererseits die Verantwortung, die ihr die Eltern durch ihr Vertrauen aussprechen, und drittens die Wahrnehmung der Verantwortung der Eltern für Alexandra, die sie ihr kommunikativ erfahrbar machen und auf die sich Alexandra auch in ihrer eigenen Wahrnehmung bezieht. Entscheidend für Alexandras Orientierung ist, dass sie eine relativ starke Konformität zu der von den Eltern kommunizierten und ihr übertragenen Verantwortung übernimmt. Sie stellt weder die Perspektive der Eltern in Frage, noch beschreibt sie Tendenzen eines möglichen Ausbruchs aus diesem „Verantwortungskorsett". Interessant ist aber, dass sie sehr überzeugt ist von der Richtigkeit ihrer (konformen) Haltung. Das heißt, der Einfluss der Eltern ist immer an der Schnittstelle von direkter und indirekter Einflussnahme, weil Alexandra von

5.3 Aushandlungen von Familienbeziehungen (John Litau)

der Einstellung der Eltern überzeugt ist und sie auch selbst so internalisiert hat. Diese Einstellung vertritt sie auch selbst in ihrem Freundeskreis, wo sie diejenige ist, die auf die anderen aufpasst (wie man aus dem Gesamtverlauf des Interviews weiß). Genau diese Freiheiten, die ihre Eltern ihr lassen, führen dazu, dass sie umso bewusster konsumiert bzw. sogar fast gänzlich auf den Konsum verzichtet.

Die hier eingeführte Orientierung, die sich aus der Kommunikation von Verantwortung rekonstruieren lässt, lässt sich durch minimale Kontraste weiter präzisieren. Gerade im Kontext des Alkoholkonsums im Jugendalter ist diese Kommunikation von Verantwortung stets ein Aushandlungsprozess zwischen Eltern und Jugendlichen, der auch durch Veränderungen gekennzeichnet ist. Typischerweise verändern sich die Delegation von Verantwortung (durch die Eltern) und die Wahrnehmung von Verantwortung (durch die Jugendlichen) mit zunehmendem Alter und zunehmender Erfahrung der Jugendlichen, wie das Beispiel von Marlen zeigt.

> *I*: Du hast g'rad g'sagt, da gab es auch viele Diskussionen mit den Eltern, kannst du da mal noch was zu erzählen, was waren denn so eure Diskussionen?
> *M*: Hm, wie lang darfsch weg, oder jetzt dann au, bevor i no keine 18 war, immer, also i war viel au, weil ich reit jetzt//mhm// ähm übers Wochenende weg und so, und am Anfang tatet die sich da brutal schwer, oder war ich mit meine Freunde, Kumpels unterwegs und hab halt au mal auswärts g'schlafe//mhm//, au mal unter der Woche, und des gab immer bissle, aber jetztet isch des au total verändert//mhm//, also sie saget halt >>du musch selber wisse, was du tusch//mhm//, bisch jetzt alt g'nug//mhm//, halt's im Rahme<< aber sonscht//mhm//, und des wär früher undenkbar gwese, also sie ham halt au immer, sie wolltet wisse, wo ich bin, wie ich heim komm//mhm// und wie, halt einfach Fürsorge au//mhm//, des war halt die meischte Diskussion eigentlich//mhm//.
> *I*: Haben denn deine Eltern da viel mitgekriegt von dem, was du so gemacht hast?
> *M*: (1) Einiges scho, aber net alles, @bin i au froh drum eigentlich@//@//, klar, die wäret da net so begeischtert, wenn se immer alles mitkriege würdet//mhm//. (Marlen, P2, 211–229)

Marlen beschreibt die Entwicklung der Kommunikation über ihr Ausgehverhalten zwischen ihr und ihren Eltern. Als hervorstechendes Thema benennt Marlen die Ausgehzeiten, v. a. in der Zeit bevor sie das 18. Lebensjahr erreicht hatte. Die Aushandlung empfand sie dabei aus der Perspektive der Eltern als kompliziert, weil diese sich besonders „am Anfang (…) da brutal schwer" getan haben. Die Wahrnehmung ihrer Eltern hat sich aber für Marlen verändert. Die Kommunikation mit den Eltern basiert nun viel mehr auf Vertrauen, denn aus Sicht der Eltern habe sie jetzt ein Alter erreicht, wo sie selbst wissen muss, was sie tut. Früher dagegen basierte die Kommunikation mehr auf Kontrolle. Das detaillierte Wissen über ihr Ausgehverhalten, welches die Eltern von ihr einfordern, versteht Marlen als „Fürsorge", worin sich auch bei ihr – ähnlich wie bei Alexandra – die Wahrnehmung der Verantwortung der Eltern dokumentiert. Gleichzeitig macht Marlen deutlich, dass sie nicht ihr gesamtes Ausgehverhalten mit ihren Eltern im Detail ausdiskutiert habe und dass manches durchaus im Verborgenen blieb, worüber sie sich auch erleichtert zeigt. Dies dokumentiert einerseits einen durch Heimlichkeit gewonnenen Handlungsspielraum, andererseits aber auch eine eigenständige Verantwortungsübernahme für Ereignisse, die den Eltern nicht gefallen würden. Es zeigt sich damit auch die Ambivalenz von Konformität und Nichtkonformität in der kommunikativen Beziehung zu ihren Eltern. Marlen stellt die Kommunikation von Verantwortung mit ihren Eltern im Vergleich von früher und heute dar und zeichnet so eine Entwicklung nach, die in mehr Verantwortungsübertragung der Eltern an sie mündet. Ob sie diese tatsächlich wahrnimmt, bleibt offen. Die elterliche Kommunikation schlägt sich direkt (Wahrnehmung von Kontrolle) und indirekt (Wahrnehmung von Verantwortung) auf ihr Trinkverhalten nieder. Die Kommunikation – oder „Diskussion", wie sie es ausdrückt – der Verantwortung ist ein wichtiger Pfeiler von Marlens Alkoholsozialisation, an der sie sich abarbeiten musste und die ihre heutigen Einstellungen und Verhaltensweisen mitbeeinflusst hat.

Der folgende Kontrastfall zeigt, wie sich die Wahrnehmung von Verantwortung in Kommunikationsprozessen zwischen Jugendlichen und ihren Eltern dokumentiert und sich damit verbundene Handlungsorientierungen der Jugendlichen im Hinblick auf ihr Trinkverhalten entwickeln können.

> *I*: (1)Kannst du dich da noch erinnern, als du das erste Mal deiner Mutter erzählt hast, was tagsüber bei dir los war?
> *A*: (3) Sie hat eigentlich so reagiert wie ich's nie erwartet hätte. Also ich hätte gedacht sie ist aufgeregt und >>Was? Wie kann das passieren?<< und sie saß halt da und hat gemeint, ((Räusper)) (1) >>Okay. Find' ich schön, dass du mir das erzählst.<< Ähm (2) ob's immer noch so wäre hat sie dann gefragt. (1) Und dass sie Gott froh ist, dass es gut ausgegangen ist damals.//mhm, mhm// Dass ich da raus bin irgendwann.//mhm//
> *I*: (1) Und du hast gerade gesagt, du hast erwartet, dass sie ganz anders reagiert.
> *A*: Also wie halt Mütter reagieren, wenn wenn ihre Kinder in solche Sachen reinrutschen, in kriminelle Sachen, in so große Alkoholexzesse oder sowas. Aufgeregt und und >>Wie kann das passieren? Und ich hab' davon nix gemerkt.<< //mhm// (1) So und vielleicht auch laut und wütend und vielleicht mir noch Hausarrest erteilen oder sowas,//mhm// Strafen irgendwie.//mhm// Kam nix.
> *I*: Und wie war das für dich, die Reaktion?
> *A*: (2) Ich fand das cool und das hat mir auch gezeigt, dass ich mich mit meiner Mama offen reden kann über alles.//mhm// Und seit dem rede ich auch offen über alles mit ihr.//mhm, mhm, mhm//. (Anna, P2, 395–413)

Anna berichtet, wie sie ihrer Mutter zum ersten Mal von ihren exzessiven Alkoholerfahrungen erzählt hat, und wie überrascht sie von der Reaktion der Mutter war, die ihr weder eine Szene machte noch mit Bestrafung oder dem Festsetzen neuer

5.3 Aushandlungen von Familienbeziehungen (John Litau)

strengerer Regeln reagierte. Im Gegenteil zeigte sich die Mutter eher erleichtert darüber, dass Annas Trinkerfahrungen „gut ausgegangen (sind) damals", und kommunizierte auch ihr Wohlwollen darüber, dass Anna sich ihr mitgeteilt hat. Anna hätte eher mit einer Reaktion gerechnet „wie halt Mütter" auf solche Themen „reagieren", also mit Zurechtweisung und Bestrafung. Anna beschreibt die Reaktion der Mutter auch mit Verweis auf deren Selbstzweifel, warum sie nichts von den „Alkoholexzessen" ihrer Tochter gemerkt habe.

Hier dokumentiert sich ein interessanter Kontrast zu den oben ausgearbeiteten Fällen. Offenbar nimmt Anna ihre Mutter zunächst als weniger verantwortungsvoll wahr, als dies bei Alexandra und Marlen der Fall ist: Anna betont, dass ihre Mutter nichts von ihrem intensiven Konsum bemerkt habe, sie sich aber mehr Interesse und Aufmerksamkeit seitens der Mutter gewünscht habe. Sie bilanziert, dass sie mit ihrer Mutter „offen (…) über alles" reden kann, und dies ist auch die kommunikative Praxis, die sie seitdem betreibt. Für Annas Orientierung ist entscheidend, dass ihre Offenheit und Selbstverantwortung im Umgang mit Alkohol in der Kommunikation mit ihrer Mutter honoriert wird. Gerade weil sie es alleine geschafft hat, ihren exzessiven Konsum besser zu regulieren, und das auch freiwillig der Mutter mitteilt, erfährt sie Vertrauen von ihrer Mutter. Für Anna bedeutet dies nicht nur, weiterhin selbstbestimmt trinken zu können, sondern ihre Trinkerfahrungen nun auch mit ihrer Mutter teilen und von ihr Unterstützung bei Problemen erwarten zu können. Die Kommunikation der Verantwortung ermöglicht ihr eine neue Handlungsorientierung, die für ihre Konsumpraxis handlungsleitend wird. Mindestens genauso entscheidend ist, dass Anna die Kommunikation über ihren Alkoholkonsum als eine Art Vehikel funktionalisiert, die Aufmerksamkeit und Anerkennung der Mutter zu gewinnen.

Zusammenfassend lässt sich festhalten, dass Jugendliche durchaus Erwartungen der Eltern in Bezug auf ihr Freizeit- und auch konkret auf ihr Trinkverhalten wahrnehmen. Sie selbst erwarten aber, dass die Eltern ihnen dabei (zumindest ein Stück weit) vertrauen. Das kann sowohl in einem Entwicklungsprozess zum Ausdruck kommen (wie bei Marlen) als auch in eher überraschenden Momenten, in denen die Jugendlichen mit einer anderen Reaktion bzw. Kommunikationssituation gerechnet haben (wie bei Anna). Das wahrgenommene Vertrauen schafft auf Seiten der Jugendlichen wiederum ein Verantwortungsgefühl und eine Verpflichtung, den wahrgenommenen Erwartungen zu entsprechen (vgl. Litau 2011). Folglich zeigt sich dann in den Orientierungen ein bewussterer bzw. reflektierterer Umgang mit Alkohol. Im Hinblick auf die Frage nach risikominimierenden Strategien bzw. risikoarmem Konsum wäre an dieser Stelle anzusetzen.

5.3.2 Eltern und Familie als Vorbilder und Referenzen im Umgang mit Alkohol

Der Einfluss von Eltern wird in der Jugendphase in der Regel immer mehr durch die Peergroup abgelöst. Eltern sind für die Orientierung der Jugendlichen im Hinblick auf ihren Alkoholkonsum dennoch sehr wichtig. Wie aus Studien in England bekannt ist, haben fast die Hälfte aller 10- bis 14- Jährigen ihre Eltern bereits in betrunkenem Zustand gesehen (ICM 2013), was auf die starke Präsenz von Alkohol im familiären Rahmen der Jugendlichen verweist. Durch die relative Vergleichbarkeit der Trinkkulturen in Deutschland und England (Järvinen und Room 2007) lässt sich dieser Befund zumindest teilweise auf den deutschen Kontext übertragen. Durch Beobachtung beginnt in der Familie in der Regel die Sozialisation in die (familiäre und gesellschaftliche) Alkoholkultur. Die Beobachtung von Konsum oder Nichtkonsum in der Familie kann so auch zur Etablierung bestimmter Einstellungs- und Verhaltensmuster führen, die den späteren eigenen Konsum mitbeeinflussen können. Ab einem gewissen Alter werden auch die Erfahrungen des gemeinsamen Konsums mit Familienmitgliedern relevant und können so generell Einfluss auf Orientierungen im Umgang mit Alkohol im Jugendalter und darüber hinaus auf Konsumbiografien haben. Beide Dimensionen sollen im Folgenden anhand des empirischen Materials rekonstruiert und dargestellt werden.

Beobachteter Alkoholkonsum im Familienkontext
Alkoholkonsum in der Familie wird von den Jugendlichen aufmerksam wahrgenommen – als eine familiale Praxis unter anderen. Jugendliche identifizieren die Konsumgewohnheiten der Eltern und entwickeln so ein Verständnis davon, wann, wie, mit wem und wie viel in der Familie getrunken wird, was also die familienspezifischen Traditionen und Rituale im Umgang mit Alkohol sind. Unabhängig davon, ob sich Jugendliche direkt an den Trinkgewohnheiten der Eltern orientieren oder diese – sei es implizit oder explizit – ablehnen, die Entwicklung der eigenen Trinkpraxis findet auch in Auseinandersetzung mit dem beobachteten Konsum im Familienkontext statt.

Eine Orientierung, die sich in der Auseinandersetzung mit den Trinkmustern und Traditionen der Familie entwickelt, lässt sich am Beispiel von Oskar zeigen.

I also was was mich noch interessieren würde, wie ist es z. B. in der (2) ist ist das Thema Alkohol oder war das in deinem Leben bisher in deiner Familie war das Thema Alkohol irgendwie ein Thema?
O: (2) Mh nein. (3) Das ist halt so, also bei uns ist das so. Bei 'nem Kumpel, ist auch Russe,//Int.2: mhm// äh wenn halt Verwandte oder so oder Freunde kommen, dann trinken die halt bisschen am Wochenende was. (5) Eigentlich haben wir kein Problem mit Alkohol zu Hause. (1) Also zu Hause, also in unserer Familie trink' nur ich. Jetzt

5.3 Aushandlungen von Familienbeziehungen (John Litau)

ab und zu seit ich Führerschein hab' äh (2) hab' ich fast gar nix mehr, also trinke ich fast gar nicht.//Int.1: mhm// (2) Äh weil ich ständig unterwegs war am Wochenende. (1) Und ich konnte eigentlich nur am Wochenende was trinken.//Int.1: mhm// Also war wohl nix. (1) Und äh meine Mom (2) trinkt halt, äh, meine Mom und mein Vater trinken halt wenn wir Besuch haben oder so.//Int.1: mhm// (2) Also natürlich wenn die bei, wenn die bei uns übernachten, also. So Essen die halt was und (1) oder gehen irgendwo hin, keine Ahnung.//Int.1: ja// Spazieren oder so. (3) Aber//Int.1: Wie ist das// aber Alkohol ist eigentlich kein Problem bei uns.//Int.1: okay//
I: (2) Und deine Eltern wissen auch, dass du trinkst?
O: Ja.//Int.1: mhm// Ich durfte schon mit 17 Trinken.//Int.1: okay//
I: (3) Ist da irgendwie ähm, kannst du das näher beschreiben, wie das dazu kommt, dass in deiner Familie, sage ich jetzt mal, Alkohol kein kein großes Thema ist oder dass das gar nicht so präsent ist oder dass das eigentlich gar nicht so auftaucht?
O: (4) Mh:: (2) ja, (4) mh, @.//Int.2: @// (3) Da ist halt so bei uns. (1) Wenn wir Besuch haben, dann trinken die (1) was, bisschen. Kommt drauf an, wer kommt. Wenn 'm Onkel von [Stadt5] kommt, den hat mein Vater schon seit 2 Jahre lang nicht gesehen. (1) Dann trinken die schon so von Abends bis Morgens oder so. @ Sitzen, die sitzen dann zu zweit im im in der Küche (2) oder im Wohnzimmer, trinken halt äh was und reden.//Int.2: mhm// Ist normal halt. Aber so übertreiben, das (2) ist eigentlich kein großes Thema. Wir haben eigentlich gar kein Problem damit, wenn jemand was trinkt. Ich bin auch schon paar Mal besoffen nach Hause gekommen.//Int.2: mhm// Weil (1) früher haben die, äh früher haben Eltern sich so Sorgen gemacht. (3) Nach dem Silvester, @//Int.2: mhm// wo ich richtig besoffen war. (Oskar, P2, 951–986)

Oskar berichtet, inwiefern Alkohol ein Thema in seiner Familie darstellt. Hierin dokumentieren sich drei Aspekte der Trinkpraxis in seinem Elternhaus: Zum einen stellt er durch einen kulturellen Bezug die Besonderheit von Alkohol für seine Familie heraus. So wie in seiner Familie verhalte es sich auch mit anderen russischen Familien. Damit setzt er eine Klammer der Zugehörigkeit und kulturellen Orientierung. Diesen Bezugskontext erweitert er zum anderen durch die mehrfache Betonung, dass bei ihnen, also in seiner Familie, niemand ein Problem mit Alkohol habe. Darin offenbart sich auch eine Normalisierung des Konsums im Familienkontext. Regelmäßigen Konsum schreibt Oskar eigentlich nur sich selbst zu, während er seine Eltern eher als Gelegenheitstrinker beschreibt, die Alkohol nur zu konkreten Anlässen konsumieren. Obwohl der beschriebene Konsum seines Vaters als relativ hoch eingeschätzt werden könnte, zeigt sich in der fortwährenden Normalisierung, dass auch hoher Konsum in bestimmten sozialen Kontexten oder Settings (für diese Familie) noch keine Abweichung von einer gesellschaftlich akzeptierten Normalität darstellt. Das wird auch in Oskars eigener Konsumpraxis sichtbar. Trotz Erfahrung mit exzessivem Konsum kann er situativ – abhängig vom Setting und von sozialen und individuellen Verpflichtungen – entscheiden, wann und wie viel er trinkt. Zudem wird aus dem Gesamtverlauf des Interviews deutlich, dass sich auch sein eigener Konsum in eine ähnliche Richtung entwickelt hat, wie er ihn von seinen Eltern beschrieben – also weniger in exzessiver Form auf Partys als vielmehr mit engen Freunden oder der Freundin in einem eher gemäßigten Rahmen, bei dem es auch darum geht, sich zu unterhalten und sich nicht nur zu berauschen.

Ein Kontrast der Orientierung an den beobachteten Trinkmustern der Eltern lässt sich am Beispiel von Raffi darstellen.

> *I*: (3) Ähm ach so genau, dann wollte ich noch fragen, bei dir in der Familie, ist es, trinken deine Eltern ab und zu Alkohol?
> *R*: Ähm auf Veranstaltungen ja, z. B. Silvester trinken die halt und äh bei mir ist halt so geregelt, dass einer nie trinkt, entweder mein Bruder, mein Vater oder meine Mutter. Wenn mein Vater nicht trinkt, dann trinken meine Eltern, meine mein Bruder und meine Mutter. Weil einer muss ja Auto fahren.//ach so okay// Und ähm die klären sich halt unter sich dann ab und äh fangen halt, entweder trinkt der, die oder der nicht, und und das klären die dann ab und nach, kommt drauf an, trinken oder trinken nicht.// okay//. (Raffi, P2, 1242–1250)

Wie Raffi berichtet, konsumieren seine Eltern zu bestimmten Anlässen (z. B. Silvester) Alkohol. Ferner erzählt er auch von einer Konsumregelung, durch die es immer ein Familienmitglied gibt, das nicht konsumiert, sei es der Bruder, der Vater oder die Mutter. Als Erklärung führt er an, dass ein Familienmitglied schließlich für den Heimweg am Steuer sitzen muss. Die Anwendung der berichteten Regel findet vor jedem Trinkanlass als Aushandlungsprozess der Familie statt. Raffi beobachtet einen rücksichtsvollen Umgang seiner Familienmitglieder untereinander, wenn sie zusammen trinken.

Eine ähnliche Orientierung kommt auch in der Trinkpraxis innerhalb Raffis Peergroup zum Ausdruck. So berichtet er an anderer Stelle des Interviews, dass bei ihm immer wieder auch gewisse Verantwortlichkeiten im Hinblick auf das gegenseitige Aufpassen in der Gruppe abgesprochen und Vorsorgemaßnahmen getroffen werden. Wie Raffis Konsumpraxis in der Gruppe zeigt, gibt es dort ähnliche Handlungsmuster wie in seiner Familie, ohne dass er jedoch selbst diese Verbindung herstellt. Für Raffis Orientierung spielt weniger die Normalisierung des Alkoholkonsums innerhalb seiner familiären Rahmung eine Rolle als vielmehr die tatsächlich beobachtete Normalität der Regulierung der Trinkpraxis in seiner Familie. Obwohl er sich nicht direkt – zumindest nicht normativ – zum Trinkverhalten seiner Familie positioniert, scheint die Beobachtung der Trinkpraxis dennoch in abgewandelter Form handlungsleitend für sein eigenes Trinkverhalten zu sein.

Deutlich direkter zeigt sich bei Anna, wie sehr beobachteter Konsum in der Familie Auswirkungen auf die Handlungsorientierungen der Jugendlichen im Umgang mit Alkohol haben kann.

> *A*: Ähm meine Mama.(2) Ähm (2) die hat schon in der Sache mit Drogen, Alkohol viel zu tun gehabt. Meiner Meinung nach viel zu viel, aber (1) hat da natürlich dann auch das richtige Auge und und ähm (1) das richtige Gefühl dabei und (2) was Alkohol angeht, orientiere ich mich dann an ihr.//mhm//

5.3 Aushandlungen von Familienbeziehungen (John Litau)

I: Kannst du das noch 'n bisschen genauer beschreiben?
A: (2) Ähm (3) ja sie sie ähm trinkt auch ganz ganz wenig.//mhm// Und (2) ganz ganz selten auch über'n Durst.//mhm// Vielleicht (1) einmal in drei Monaten.//mhm//.
(Anna, P2, 1291–1297)

Anna berichtet davon, dass ihre Mutter bereits eigene Erfahrung im Umgang mit Drogen und Alkohol gehabt hat, wobei nicht klar wird, ob sie damit auf ihre Konsumerfahrung rekurriert oder eher auf allgemeine Erfahrungen der Mutter mit dem Thema Drogen und Alkohol. Diese Erfahrungen der Mutter bewertet Anna als „viel zu viel". Gleichzeitig schreibt sie ihr deshalb auch ein gewissermaßen unwiderlegbares („natürlich") Einfühlungsvermögen („richtiges Auge", „richtiges Gefühl") für diese Themen zu. Das ist für Anna auch der Grund, warum sie sich in Sachen Alkohol an ihrer Mutter „orientiert". In ihrem Versuch einer genaueren Beschreibung dieser Orientierung erzählt sie von ihrer Beobachtung, dass ihre Mutter „ganz ganz wenig" trinke. „Ganz ganz selten" trinke sie dabei „auch über'n Durst", was ungefähr alle drei Monate vorkomme. Ähnlich wie Oskar normalisiert Anna damit den beobachteten Konsum der Mutter. Es scheint ihr wichtig zu sein, den Konsum der Mutter als einen moderaten Konsum darzustellen. In der Sequenz wird zudem deutlich, wie Anna ihrer Mutter erweiterte Kompetenzen im Umgang mit Alkohol zuspricht. Anna vertraut ihr und hört auch auf ihren Rat. Wie sie selbst sagt, „orientiert" sie auch das eigene Trinkverhalten an ihren Beobachtungen und vor allem an der Einschätzung der Mutter. Hier wird deutlich, dass für Anna ein gemäßigter und seltener Konsum offensichtlich in Ordnung ist. Ähnlich wie Oskar scheint es ihr wichtig, den beobachteten Konsum nicht zu problematisieren (selbst wenn er exzessiver ausfällt: „über'n Durst"), sondern auch diesen ein Stück weit als Normalität von Alkoholkonsum zu akzeptieren. Diese Einstellung zur Konsumpraxis spiegelt sich auch in ihrer eigenen Handlungsorientierung, das heißt ihrer eigenen Konsumpraxis, wider. Aus dem Gesamtverlauf des Interviews wissen wir, dass Anna im Vergleich zu früher immer seltener trinkt, die Trinkevents können dabei aber durchaus auch intensiver ausfallen.

Beobachteter Konsum in der Familie kann aber auch durchaus als problematisch wahrgenommen werden, wie ebenfalls an einem Beispiel von Anna besonders anschaulich gezeigt werden kann.

I: (3) Was war für dich da ausschlaggebend oder warum sagst du, das war die schlimmste Zeit?
A: (3) Weil ich da langsam verstanden hab' im, im Kopf, dass das (2) gar nichts nützt, so viel Alkohol zu trinken und dann kam aus ähm von Famil- von familiärer Seite aus, ähm, (1) meine Mutter ihr Freund, der war Alkoholiker und (1) da hab- ich das dann mitgekriegt. (2) Und (2) ich dann gesehen hab', wie wie kaputt der ist//mhm// und und er anfängt zu zittern oder nervös wird, wenn er keinen Alkohol hat. Hab' ich gedacht >>Das will ich nicht.//mhm// Und wenn ich so weiter mach', werd' ich auch so<<. //mhm, mhm//

> *I*: Kannst du dich an 'ne Situation erinnern, wo dir das so bewusst wurde?
> *A*: (1) Als ich den Freund von meiner Mama gesehen hab',//mhm// (2) wie sie ihn dann eigentlich therapieren wollte, dass er aufhört so viel zu trinken und ihn dann da sitzen lassen hat mit Wasser und er hat dann angefangen zu zittern, zu schwitzen, wurde nervös (2) und dann auch leicht aggressiv. (1) Als ich das gesehen hab', hab' ich gedacht: >>Hm, hm, will ich nicht mehr<< (Anna, P2, 317–331)

Anna resümiert ihre Gründe, warum sie eine bestimmte Zeit in ihrem Leben als sehr unangenehm erlebt habe. In der Zeit, auf die sie sich bezieht, ist ihr bewusst geworden, dass es für sie keinen Nutzen (mehr) hatte, weiter so viel Alkohol zu konsumieren. Zur Argumentationsfolie wird hier der Freund ihrer Mutter, der ein Alkoholproblem hatte und an dem Anna beobachten konnte, mit welchen körperlichen Entzugserscheinungen („anfängt zu zittern oder nervös wird, wenn er keinen Alkohol hat") Alkoholabhängigkeit verbunden war. In Annas Darstellung zeigt sich, wie problematisch sie diese alkoholbedingten Ausfallerscheinungen erlebte. Sie zog daraus den Schluss, eine solche Entwicklung bei sich selbst frühzeitig zu unterbinden. Ihre eigene Wahrnehmung wird dabei durch die Haltung und Handlungen der Mutter, die versuchte, ihrem Freund zu helfen bzw. ihn „therapieren wollte", bestätigt und vermutlich sogar verschärft. Die Beobachtung der Auswirkungen von problematischem Konsum ist also für Anna ein Anlass, ihren eigenen Konsum zu überdenken. Für ihre Orientierung bedeutet das den Vorsatz einer drastischen Reduzierung ihres Konsums. Anna bezieht sich hier auf die Darstellung einer Abweichung von einer gesellschaftlichen Norm, was sie so jedoch nicht explizit formuliert. Die Beobachtung von Alkoholproblemen kann daher ein besonders schwerwiegendes Abschreckungsszenario sein, welches – zumindest mit gewisser Erfahrung im Umgang mit Alkohol – auch zu einer temporären Abstinenz von Jugendlichen führen kann, wie sich in Annas Beispiel zeigt.

Einen Kontrastfall stellt hier Alexandra dar, die ihre Eltern noch nie betrunken erlebt hat. Alexandra trinkt ebenfalls keinen Alkohol, setzt sich aber mit dem Thema reflektiert auseinander.

> Und was bei mir glaub' ich aber auch ein Punkt war, dass mein Eltern, also mir das auch nie verboten haben.//mhm// Also das ist ja oft so, dass dann, das man denkt >>Boa ey, das muss ja voll toll sein, wenn die mir das so verbieten<< //mhm// und viele ja dann gerade rebellieren und gerade was trinken. Meine Eltern haben mir das einfach nur so aus ihrer Kindheit erzählt und also ich glaube, das hat schon auch was mit meiner Familie zu tun, weil meine Mutter selber trinkt nichts,//mhm// mein Vater, der war auch irgendwie nie besoffen oder sonst was, also ich hab' den nie besoffen gesehen, der ist noch nie besoffen nach Hause gekommen. (2) Sie und die haben wirklich halt nicht da so 'n Trara drum gemacht sage ich mal.//mhm// Die haben das nicht irgendwie so, in so 'n Wattebausch eingepackt und gesagt >>Kind, das darfst du nicht machen, das ist schlecht<<, sondern wirklich ähm gar nichts gemacht. Genauso wie beim Rauchen. Rauchen tu ich auch nicht und meine Eltern haben mir es aber nie verboten oder so//mhm//, also die haben nie was dazu gesagt. (Alexandra, P2, 247–259)

Alexandra beschreibt die Einstellungen ihrer Familie zum Alkohol und wie sie den Umgang ihrer Eltern mit Alkohol erlebt. Ihre Eltern haben ihr gegenüber nie ein Alkoholverbot ausgesprochen, deshalb hatte sie auch nie das Gefühl, dass Alkohol etwas Besonderes sei, das sie unbedingt ausprobieren müsste, ganz im Gegensatz zu anderen Jugendlichen, die ihrer Meinung nach gerade deswegen rebellieren und erst recht Alkohol trinken. Alexandras Eltern berichteten ihr von ihren eigenen Erfahrungen; und sie glaubt selbst, dass ihr Konsum etwas mit ihrer „Familie zu tun" habe, damit, dass die Eltern darüber redeten. Ihre Mutter trinkt nicht und ihr Vater ist zumindest „noch nie besoffen nach Hause gekommen". Auch im Hinblick auf Alexandras Konsum haben die Eltern „nicht da so 'n Trara" gemacht, also das Thema Alkohol nicht irgendwie speziell hervorgehoben, ihr keine Verbote gemacht oder Alkohol als besonders negativ dargestellt. Auch beim Rauchen hat sich das ähnlich gestaltet. In Alexandras Beschreibung dokumentiert sich also eine gewisse Übernahme des familiären (Konsum-)Habitus. Der offene Umgang mit dem Thema und ein Vorleben von Abstinenz begünstigen in ihrem Fall diese Entwicklung. Dadurch bedingt sieht Alexandra für sich auch keine Notwendigkeit, exzessiv oder überhaupt Alkohol zu trinken. Gerade weil sie das Gefühl hat, dass sie jederzeit trinken könnte, macht sie es nicht. Diese Einstellung und Form der Legitimierung des eigenen Nichtkonsums spricht sie anderen jedoch ab, da sie Alkoholkonsum bei anderen Jugendlichen auf rebellisches Verhalten als Protest gegen die elterliche Kontrolle reduziert. Damit bringt sie selbst in gewisser Weise zum Ausdruck, dass in ihrer Orientierung die (Selbst-)Verantwortung einen hohen Stellenwert einnimmt.

Zusammenfassend lassen sich drei Aspekte festhalten: Erstens zeigt sich, dass der beobachtete Alkoholkonsum (oder Nichtkonsum wie bei Alexandra) im Familienkontext teils direkt, teils indirekt als eigene Handlungsorientierung der Jugendlichen bzw. ihrer Konsumpraxis rekonstruiert werden kann (z. B. bei Raffi). Zweitens wird deutlich, dass beobachteter Konsum von Jugendlichen stark normalisiert wird, was auch zur Legitimation der eigenen Trinkmuster genutzt werden kann (z. B. bei Oskar und Anna). Drittens kann die Beobachtung von problematisch bewertetem Konsum starken Einfluss auf die Veränderung eigener Handlungsorientierungen haben (z. B. bei Jana und Anna). Jugendliche übernehmen also offenbar in der Auseinandersetzung mit der beobachteten Konsumpraxis im Familienkontext gewisse Konsummuster, was zwar per se noch keine habitualisierte Handlungspraxis darstellt, sich aber als tendenziell unbewusster, internalisierter „Konsum-Habitus" beschreiben lässt.

Gemeinsamer Alkoholkonsum im Familienkontext
Die familiäre Rahmung von Alkoholkonsum spielt in Bezug auf die alkoholbezogenen Referenzen der Jugendlichen nicht nur in der Beobachtung von Konsum eine entscheidende Rolle. Auch der gemeinsame Konsum innerhalb der Familie,

der mit zunehmendem Alter der Jugendlichen tendenziell zunimmt, kommt in den Thematisierungen und Handlungsorientierungen der Jugendlichen prominent zum Ausdruck.

Am Beispiel von Kay lässt sich zeigen, wie der Erstkonsum in der Familie stattfinden kann und wie sich eine solche Konstellation in der Konsumorientierung niederschlagen kann.

> *K*: Ja. (1) also das erste Mal wo ich Alkohol getrunken habe da war ich zwölf. (1)// aha// da war mein Bruder und so war grad 15, 16 so in dem Alter rum,//mhm// haben sie gesagt sie gehen grillen, und dann habe ich meine Mutter gefragt ob ich da ein bisschen mitgehen darf//mhm// sage ich >>ja mein Bruder ist ja dabei<< dann bin ich mit denen grillen gegangen (1) und dann hatten die halt au:ch Bier und Schnaps dabei, (1) hab ich da halt auch mitgetrunken (1) un:d habe es dann letztendlich übertrieben gehabt, (1) un:d meine Mutter hat mich dann am wie ausgemacht um 10 Uhr geholt (1) und da war ich halt ziemlich (1) stark betrunken//mhm// und später (1) habe ich dann auch noch (1) kotzen müssen//ok// das muss man sagen
> (…)
> *I*: (1) und ähm ja magst du es mal genau erzählen wie das wie das war, also dass du deine Mama fragst und, (1)
> *K*: Ja mein (1) Bruder hat halt gesagt gehabt damit sie ge- grillen gehen, (1) und meine Mutter wollte wahrscheinlich (..) damit sie da Schnaps und alles dabei hatten äh das hat sie nicht gewusst//mhm// und nh habe ich halt gefragt ob ich (1) mit dem [Name 1] mitgehen darf und er hatte gesagt gehabt ihm ist es egal (1) und die Mutter hat gesagt gehabt ja ihr ist es auch egal aber sie holt mich dann halt um zehn.// mhm mhm// ja sie halt gedacht >>ja die sitzen ein bisschen zusammen und grillen<< //mhm// und des war dann halt meh::r zum Saufen oder so sich da eher getroffen gehabt. (Kay, P2, 14–54)

Kay darf mit der Erlaubnis seiner Mutter seinen Bruder zu einer Grillparty begleiten. Der Bruder nimmt ihn bereitwillig mit und führt ihn im sozialen Raum seiner Peergroup in das Trinken ein. Möglicherweise ist es der Mutter nicht klar, dass auf dieser Party exzessiv konsumiert wird, vermutlich aber rechnet sie mit dem Konsum von Alkohol bei dieser Gelegenheit. Kay berichtet auch von keinen weiteren Absprachen oder Regeln außer der vereinbarten Abholzeit. Seine Darstellung dokumentiert, dass weder er noch seine Eltern den Konsum mit seinem Bruder hinterfragen. So gesehen wird hier die familiäre Rahmung für den Erstkonsum doppelbödig. Ähnlich wie für Peergroups gilt offenbar auch hier, dass die Anwesenheit der Familie – in diesem Fall die des Bruders – sowohl Risiko- als auch Schutzraum beim Konsum sein kann (Stumpp et al. 2009). In Kays Orientierung zeigt sich, dass gemeinsamer (familiärer) Konsum akzeptiert wird, solange er moderat oder unbemerkt abläuft.

Ein deutlicher Kontrast dazu lässt sich am Beispiel von Anna zeigen.

5.3 Aushandlungen von Familienbeziehungen (John Litau)

> *A*: Der (2) wenn wir uns sehen, dann (2) animiert er mich schon sicherlich zum Trinken, gerade wenn wir z. B. bei meinem Opa und Opa sind und die dann dasitzen und Bier trinken oder oder 'nen Wein oder sowas und ich dann dasitzt Apfelschorle trink ', dann hat er gesagt >>Ja jetzt komm', trink' doch auch ein Bier mit oder 'nen Schnäpschen oder sowas<<. (3) Ja, aber muss dazu sagen, ich bin auch die einzigste Tochter, sonst sind nur Söhne da. Er weiß nicht wirklich, wie man mit F- 'ner Frau umgehen, mit Mädchen umgehen.//mhm, mhm// Vielleicht auch deswegen.//mhm//
> *I*: (2) Was meinst du damit, er weiß nicht genau wie mit 'ner Frau umgehen?
> *A*: Äh also mit 'm Mädchen umgeht, sagen wir's so. Ähm//oder, ja// ja mit seinen Männern halt, es sind überall Männer, mit Schulter klopfen und Raufen und bisschen schroffer reden mit denen, nicht so.//wie?// und 'n bisschen sanfter. Also unvorsichtiger.//mhm//
> *I*: Und in Bezug auf den Alkohol, (2) ähm kannst du das noch 'n bisschen genauer beschreiben, was das damit zu tun hat oder?
> *A*: Ja da ähm (1) ist ja bekannt, dass Männer, (1) durch Körperstaturgröße mehr vertragen als Frauen und dazu auch sicherlich mir mehr Trinken geben würde, mich arg volltrinken lassen würde, bin ich in der [Krankenhaus] wahrscheinlich sogar landen würde. (1) Das ist dem (2) ja, (2) so weil der denkt >>Mann<< und mich nicht wirklich als Mädchen sieht.//mhm// (2)//Int.2:mhm//. (Anna, P2, 961–980)

Anna beschreibt, wie ein gemeinsamer Konsum von Alkohol mit ihrem Vater typischerweise aussieht, und arbeitet sich so auch über das Thema Alkohol an der Beziehung zu ihrem Vater ab. Offenbar regt ihr Vater sie durchaus zum Trinken an, insbesondere dann, wenn sie bei ihrem Großvater zu Gast sind, zusammensitzen und die beiden Männer Bier oder Wein konsumieren. Wenn Anna in diesen Situationen nicht mittrinkt und stattdessen lieber auf eine Apfelschorle ausweicht, wird sie von ihrem Vater direkt zum Konsumieren aufgefordert. In einer Hintergrundkonstruktion erläutert Anna ihr Verhältnis zum Vater als einzige Tochter in der Familie. Anna wünscht sich als Mädchen von ihm einen anderen Umgang als jenen, den der Vater mit Männern pflegt. Das spiegelt sich auch in ihren gemeinsamen Konsumerfahrungen wider. Anna ist zudem der Meinung, dass Männer offensichtlich durch ihren Körperbau mehr Alkohol vertragen. Dieses Wissen oder ein Gefühl dafür, wie viel sie persönlich verträgt, spricht sie ihrem Vater ab. Aus ihrer Sicht würde sie im Krankenhaus landen, wenn sie so tränke, wie ihr Vater es zulässt oder ihr anbietet. Sie wird vom Vater zum Konsum animiert, was für sie mit bestimmten geschlechtertypischen Trinkgelegenheiten in Zusammenhang steht. An diesem Beispiel dokumentiert sich, wie der gemeinsame Konsum im Familienkontext sowohl katalysierend als auch zur Ablehnung von Konsum führen kann, falls die Konsumpraxis als nicht adäquat erlebt wird.

Kontrastierende Orientierung zeigen sich auch bei „normalisiertem" oder „akzeptiertem" Konsum im Rahmen der Familie. Idealtypisch stehen hierfür Familienfeiern, bei denen je nach Kontext gemäßigte bis exzessive Formen des Konsums als normal gelten können. Ob Alkoholkonsum als normal eingestuft wird oder inakzeptabel ist, kann dabei für die Anwesenden sehr unterschiedlich sein, Solche familiären Konsumsettings unterscheiden sich jedoch in den meisten entscheidenden Trinkparametern (das heißt wann, wo, mit wem und vor allem wie viel) vom Konsum der Jugendlichen in der Peergroup, was damit verbundene Orientierungen aber besonders interessant macht.

I: Trinkt ihr auch Alkohol zuhause?
T: Ähm (1) eher nich, also klar an nem Geburtstag, wenn Gäste da sin trinken wir vielleicht mal was, meine Mutter trinkt manchmal mit meim Vater irgendwie n Glas Wein zum Fernsehn abends, aber sonst eigentlich nich, also//mhm// tagsüber sowieso nich, (2) mein Vater trinkt vielleicht am Wochenende abends mal n Bier oder so, aber, also alles//mhm// im sehr
niedrigen Pensum würd ich sagen//mhm//.
I: Du hast gesagt, bei so Familienfesten oder sowas, klar, da trinkt man halt auch bisschen was, ähm wie verhältst du dich da?
T: Ähm keine Ahnung, also ich verhalt mich auf jeden Fall nich so, wie wenn ich jetzt mit Kumpels oder so irgendwie weg wär, sondern ich trink zwar auch was, aber auch wieder eher so in, alles so in geregeltem Rahmen, weil ich auch vor meinen Onkels und Tanten nich total, wobei ich sag mal, die wären wahrscheinlich jetzt eh vor mir besoffen oder so was, aber mir geht's ja an dem Abend, an so nem Geburtstag mit der Familie, da geht's mir nich drum irgendwie, dass ich mir jetzt irgendwie ein rein leer oder sonst irgendwie was, sondern da trinkt man ja nur nebenher und des sin dann halt vielleicht trinkt man paar Bierchen oder so, aber da is am Ende auch keiner besoffen, auch von den Verwandten keiner, also da gibt's eigentlich niemand, der da sagt >>yes, jetzt heut isch wieder Geburtstag, jetzt bringen wir den Kasten auf den Tisch und ich vernicht ihn kurz<<, also des is eher so nur nebenher//mhm//, ja. (Tim, P2, 1159–1180)

Tim berichtet zunächst vom Trinkverhalten seiner Familie, wo der Konsum bei Familienfeiern und wenn Gäste zu Besuch kommen, eine Selbstverständlichkeit sei. Seine Eltern trinken auch hin und wieder abends „n Glas Wein zum Fernsehn". Ansonsten findet „eigentlich" kein Konsum im familiären Kreis statt, vor allem nicht tagsüber. Generell erlebt Tim Alkoholkonsum in der Familie eher als selten („vielleicht am Wochenende") und gering („niedriges Pensum"). In seiner Beschreibung des beobachteten Konsums wiederholen sich ähnliche Orientierungen, wie sie im vorherigen Kapitel am Beispiel von Oskar und Anna gezeigt werden konnten, wo der familiäre Konsum stark normalisiert wird.

Darauf angesprochen, wie Tim sich selbst bei Familienfeiern in Bezug auf Alkohol verhalte, zieht er eine klare Trennlinie zwischen seinem Konsum im Familienkontext und dem gemeinsamen Konsum in der Peergroup. Sein Konsum im Familienkontext findet im „geregelten Rahmen" statt, weil er sich vor seinen Familienmitgliedern „nicht total" – und hier stockt er – blamieren oder gehen lassen möchte. Tendenziell ist sein Trinkverhalten im Familienkontext so vorsichtig, dass er auf keinen Fall dabei der erste Betrunkene wäre. Beim Trinken mit der Familie geht es für Tim nicht um exzessiven Konsum, sondern um ein Trinken „nebenher", wo selbst bei einem Konsum von „ein paar Bierchen" am Ende weder er noch einer seiner Verwandten betrunken ist. Diese Aussage untermauert Tim mit Verweis auf die zu differenzierende Trinkmotivation im Vergleich zu seinen anderen Trinkkontexten. In Tims Darstellung des familiären Konsums zeigt sich ein gemäßigter Konsum, der eher nebenher stattfindet und nicht den Rausch beabsichtigt. Tim betont zwar den sozialen Kontext der Veranstaltung, differenziert ihn jedoch klar von seinen anderen Trinkkontexten. Daher offenbart sich im gemeinsamen Konsum in der Familie auch eine klare Trennung von unterschiedlichen Trinksettings, welche für die Orientierungen der Jugendlichen relevant zu sein scheinen.

Zumindest die hier befragten Jugendlichen gehen also offensichtlich davon aus, dass gemeinsamer Konsum im Familienkontext moderat ablaufen muss (z. B. Kay und Tim). Jugendliche haben also gewisse Vorstellungen und Erwartungen an eine Konsumpraxis im familiären Kontext, und davon abweichende Konsumpraktiken beurteilen sie als unpassend (z. B. Anna).

Durch den gemeinsamen Konsum scheint auch eine gewisse Beziehungspflege zwischen Jugendlichen und ihren Familien aufrechterhalten zu werden, die vielleicht sonst nicht (mehr) möglich wäre. Vor allem aber unterscheiden Jugendliche den gemeinsamen Konsum in der Familie deutlich vom Konsum in der Peergroup, der sie ganz andere Handlungsorientierungen und Trinkmuster zuschreiben. Was bei beobachtetem Konsum im familiären Rahmen also noch zu einer gewissen Übernahme der Orientierungen führen kann, wird für den gemeinsamen Konsum eher abgelehnt.

5.3.3 Fazit

Wie gezeigt werden konnte, spielt die familiäre Rahmung für den Umgang mit Alkohol im Jugendalter eine wichtige Rolle, da die Familie als erste Instanz zur Sozialisation in eine Alkoholkultur gewertet werden kann. Jugendliche beobachten den Konsum ihrer Eltern, in deren Freundeskreis oder im größeren Verwandtschaftskreis. In diesen Kontexten findet oft auch ein Teil jugendlichen Alkoholkonsums statt, wie das erste Herantasten und Probieren im geschützten familiären Rahmen oder auch der gemeinsame Konsum auf Familienfeiern. Die Eltern sind dabei für die befragten Jugendlichen von großer Bedeutung – als Kontrollinstanz, als Vorbilder, Kommunikationspartner_innen, Hilfsinstanz oder auch als Anlass für den Konsum, zum Beispiel nach Auseinandersetzungen. Die Art und Weise, wie Jugendliche ihre Eltern in diesen Rollen wahrnehmen, kommt in den Interviews deutlich zum Ausdruck und gibt Aufschluss darüber, welche Auswirkungen dies auf die Orientierungen der Jugendlichen im Umgang mit Alkohol haben kann.

Der Alkoholkonsum erweist sich als prominentes Aushandlungsthema zwischen Jugendlichen und ihren Eltern. Machtspiele ebenso wie normativ aufgeladene Vertrauensthemen können in den Modalitäten, wie diese Aushandlungen ausgetragen werden, identifiziert werden. Somit kommt dem Alkoholkonsum eine wichtige Funktion für die Ausgestaltung der Beziehung zwischen Jugendlichen und ihren Eltern zu. Auch die Veränderung der Beziehung zu den Eltern zeigt sich am Beispiel Alkohol sehr deutlich. Zugespitzt auf das Thema Alkohol zeigt sich diese Feststellung auch in der Auseinandersetzung der Jugendlichen mit den Erwartungen der Eltern hinsichtlich ihres Freizeit- und Trinkverhaltens. Eltern kommunizieren ihren Kindern dabei Vertrauen, was sich in den Orientierungen der Jugendlichen als Verantwortung für sich selbst, gegenüber den Eltern und teilweise auch gegenüber ihren Peers im Umgang mit Alkohol zeigt. Da sich solche Orientierungen tendenziell in bewusstem, reflektiertem – also verantwortungsvollem – Umgang mit Alkohol zeigen, ist die Kommunikation zwischen Jugendlichen und ihren Eltern aus präventiven Überlegungen in Zukunft stärker in den Blick zu nehmen.

Dass Jugendliche ihre Eltern im Hinblick auf deren Kontrollbemühungen wahrnehmen und sich mit der Kontrolle ihrer Eltern auseinandersetzen, ist ein relativ offensichtlicher und naheliegender Befund. Weniger naheliegend ist aber, welche Orientierungen Jugendliche darauf bezugnehmend im Hinblick auf ihren Konsum entwickeln. Wie gezeigt werden konnte, beziehen sie sich dabei sowohl auf eine als präventiv wahrgenommene, also fürsorgliche, als auch auf eine restriktiv wahrgenommene, also eher sanktionierende Kommunikation. In präventiven Kommunikationssituationen kommt eine relativ konforme Haltung der Jugendlichen zu den Erwartungen der Eltern zum Ausdruck und damit eine Orientierung an eigenwilliger bzw. selbstbestimmter Gestaltung des eigenen Konsums, weil der Konsum so durch die Eltern nicht gefährdet werden kann. Dagegen zeigt sich an restriktiv wahrgenommenen Kommunikationssituationen, wie sehr Jugendliche bemüht sind, Handlungsfähigkeit zu bewahren, auch wenn sie sich durch die Autorität der Eltern deutlich eingeschränkt sehen. So spielt hier die Gefahr der Bestrafung und Entmündigung durch die Eltern eine wichtige Rolle, da sich Jugendliche dieser häufig nicht entziehen können. Interessanterweise muss diese Gefahr des Verlustes von Handlungsmächtigkeit nicht zwingend in Form von Konformität hinsichtlich ihres Trinkverhaltens zum Ausdruck kommen (das heißt Reduzierung des Konsums oder temporäre Abstinenz), sondern kann sich gerade auch in der Aufrechterhaltung des Konsums (im Verborgenen) und damit der Nonkonformität zeigen.

5.3 Aushandlungen von Familienbeziehungen (John Litau)

Es überrascht folglich nicht, dass der Verzicht auf den Konsum lediglich das Ziel von wenigen ist. Stattdessen suchen viele Jugendliche nach individuellen Möglichkeiten, den antizipierten Sanktionen oder Bestrafungen zu entgehen. Das verweist einerseits auf die relative Wirkungslosigkeit von Kontroll- und Bestrafungsmaßnahmen, andererseits aber auch auf ihre relative Wirkmächtigkeit. Auch wenn diese Wirkung sich eher latent zeigt, ist sie gerade dadurch aber vielleicht sogar umso effektiver. Was ist mit dieser Doppeldeutigkeit gemeint? Jugendliche entwickeln und verfügen über sehr wirkungsvolle und kreative Ideen, wie sie die Kontrolle der Eltern aushebeln können. Sehr effektiv scheint für sie zu sein, das Vertrauen, das Eltern ihnen entgegenbringen, nicht aufs Spiel zu setzen. So kann man sich auch mehr erlauben und erregt keinen Verdacht möglichen Fehlverhaltens. Das funktioniert ganz gut, solange man sich nichts anmerken lässt oder nur Teilwahrheiten über das persönliche Ausgehverhalten berichtet, welche die Neugier der Eltern befriedigen. Die hierfür notwendigen Strategien, erfordern durchaus einen bewussteren Konsum, der indirekt vor Abstürzen schützt: beispielsweise den Gesamtkonsumlevel verhältnismäßig niedrig zu halten oder den Konsum früh genug zu stoppen, um in jedem Fall vor den Eltern ein selbstkontrolliertes und verantwortungsvolles Bild abzugeben bzw. dieses weiterhin aufrechtzuerhalten. Unabhängig von den jeweiligen Konstellationen führt diese Orientierung an individuell funktionierenden Ausweichstrategien dazu, dass der Konsum tendenziell verantwortungsvoller und bewusster organisiert und reguliert wird. Dabei spielt vermutlich die Thematisierung des Konsums in der Kommunikation der Jugendlichen mit ihren Eltern eine Rolle.

Neben der Kommunikation über Alkohol scheint die familiäre Praxis des Alkoholkonsums ein wichtiger Referenzrahmen zu sein und einen impliziten oder expliziten Einfluss auf die Konsumorientierungen Jugendlicher zu haben, wobei Jugendliche dazu tendieren, die beobachtete familiäre Konsumpraxis zu normalisieren. Argumentativ führt dies bei Jugendlichen auch zu einer Verallgemeinerung der Normalität familialen Alkoholkonsums; das heißt, was im Familienkontext als normal empfunden wird, auch generell als normal einzustufen. In der Referenz auf die familiäre Rahmung wird die Normalisierung des Konsums damit auch für die eigene Handlungs- und Konsumpraxis der Jugendlichen handlungsleitend. Auch der beobachtete Nichtkonsum – zumindest sofern dieser in der Familie kommuniziert wird und gekoppelt ist an eine Vertrauensbeziehung – hat so einen indirekten Einfluss auf die Orientierungen der Jugendlichen. Damit zeigt sich auch deutlich, dass und wie Jugendliche teilweise den „Konsumhabitus" ihrer Familie übernehmen. Kontrastierend stellt sich dies in der Beobachtung von problematischem Konsum Erwachsener dar. Ein solcher ist für die Jugendlichen eine Abweichung von einer gesellschaftlichen Norm, von der sie sich in ihrem eigenen Konsumverhalten, beispielsweise durch gezielte temporäre Abstinenz, distanzieren.

Folglich wird der gemeinsame Alkoholkonsum im Familienkontext von Jugendlichen deutlich von der Konsumpraxis abgegrenzt, die mit ihren Peers stattfindet. Während beispielsweise eine exzessive Trinkpraxis im Peerkontext für manche Jugendliche von Relevanz ist, gelten im familiären Rahmen andere Konsummuster, die höchstens mit moderatem Konsum vereinbar sind. In den Orientierungen der Jugendlichen findet sich eine funktionale Bedeutung des gemeinsamen Konsums im Familienkontext, der den Orientierungen ähnelt, die sich anhand der Kommunikation rekonstruieren lassen: Der Alkoholkonsum im Familienkontext hat eine starke soziale Komponente und kann, nicht nur wenn andere Möglichkeiten fehlen, zur Beziehungspflege genutzt werden.

5.4 Sexuelle Erfahrungen und Liebesbeziehungen (Christian Wißmann)

Die Themen „sexuelle Erfahrungen" und „Paarbeziehungen" haben in den Interviews mit den Jugendlichen einen zentralen Stellenwert und stehen für eine ganze Bandbreite von Möglichkeiten, sich in diesem Feld auszuleben und auszuprobieren. In diesem Kapitel soll dargestellt werden, ob und wie der Umgang mit Alkohol mit diesem Themenkomplex in Verbindung steht. Beim Sammeln sexueller Erfahrungen und der Ausbildung einer eigenen Sexualität spielt der Umgang mit Alkohol auf verschiedenen Ebenen eine Rolle. Zum einen beziehen sich Jugendliche häufig explizit auf die enthemmende Wirkung des Alkohols, die für die Kontaktaufnahme von zentraler Bedeutung ist. Zum anderen wird in den folgenden Ausführungen deutlich, dass der gemeinsame Alkoholkonsum unter Jugendlichen ein anschlussfähiges Interaktionsthema darstellt. Durch den gemeinsamen Konsum von Alkohol bedienen Jugendliche ein Interaktionsfeld, welches das Kennenlernen möglicher Sexual- und Liebespartner erleichtert.

5.4.1 Der Umgang mit Alkohol als Thema bei der Entstehung von Sexual- und Paarbeziehungen

Das Sammeln sexueller Erfahrungen und das Leben in „festen" partnerschaftlichen Beziehungen sind relevante Themenfelder in vielen Interviews. Die Erschließung dieses Erfahrungsraums ist dabei eingebettet in nahezu alle Facetten jugendkultureller Freizeitbeschäftigung. Daher liegt es nahe, die Wechselwirkungen zwischen dem Umgang mit Alkohol und der Entstehung von Sexual- und Paarbeziehungen genauer zu betrachten.

5.4 Sexuelle Erfahrungen und Liebesbeziehungen (Christian Wißmann)

Jugendliche nutzen den Umgang mit Alkohol als Interaktionsthema zur Kontaktaufnahme. Das gemeinsame Konsumieren von Alkohol bildet eine vertraute Interaktionsfolie, die für viele Jugendliche anschlussfähig und daher niederschwellig ist. Das Thema Alkohol mit all seinen jugendkulturellen Regeln und Ritualen scheint ein unverfängliches Thema, um miteinander ins Gespräch zu kommen. Das Reden über Alkohol, das gemeinsame Auswählen und Bestellen bzw. Kaufen und Mixen von Getränken, das Sprechen über Lieblingsgetränke, das Anstoßen usw. bilden einen zuverlässigen und unverfänglichen Rahmen, in dem Jugendliche sich sicher bewegen.

Im folgenden Interviewausschnitt beschreibt Artur, wie er auf einem Festival seine Freundin kennenlernte:

I.2 Mhm. (2) Willst du mal erzählen wie ihr euch so kennen gelernt habt?
A: Ja letztes Jahr auf dem [Metal-Festival 1]. @(1)@
I.2: Ok auf einem Festival ok,
A: Ja. @(3)@
I.2: @Ja ok.@
A: Ich war total besoffen und war mit (1) einem Freund, (1) dort, und dann saßen die da draußen am Eingang vor der Brücke sie und noch mal eine andere.//mhm// Ja. (1) Sind wir halt rein haben sie uns so angeguckt haja (1) dann waren wir drin dann habe ich aber z- zu:: meinem Freund halt gesagt >>he willst du die unbedingt noch sehen @ich hätte mehr Bock raus gehen und die abzuchecken<< @
I.2: @(2)@
A: @Ja und@ dann sind wir halt raus und dann saßen immer noch da und dann wir sie halt gefragt ob sie was trinken wollen und dann sind wir (1) was trinken gegangen, (1) später noch in den Mc (1) und immer weiter getrunken halt.//mhm// @(1)@ (Artur, P2, 860–876)

Auf die Frage, wie Artur seine Freundin kennenlernte, führt dieser aus, dass er sie auf einem Musikfestival kennengelernt habe. Artur fügt hier an, total betrunken gewesen zu sein, ohne dies weiter zu erläutern. An anderen Stellen im Interview wird deutlich, dass es für ihn durchaus normal ist, auf Festivals große Mengen an Alkohol zu konsumieren, sodass dies hier keiner weiteren Erklärung bedarf. Als Artur und sein Freund die Mädchen ansprechen, fragen sie, ob und was die Mädchen trinken möchten. Sie nutzen das Thema Alkohol, um ins Gespräch zu kommen. Dies verdeutlicht, wie anschlussfähig das Thema Alkohol ist und dass schon das Reden über Trinkmuster, Trinkrituale und Trinkgewohnheiten einen geeigneten Rahmen darstellt, in dem Jugendliche miteinander in Kontakt treten können. Artur erzählt weiter, dass alle zusammen etwas tranken, zu einem Fastfood-Restaurant gingen und anschließend weiter konsumierten. An dieser Stelle lässt sich eine Orientierung rekonstruieren, in welcher der gemeinsame Konsum von Alkohol als ein Thema präsent ist, welches die gesamte Interaktionssituation rahmt. Der gemeinsame Konsum ist hier kein einmaliges, oder kurzzeitiges Event, sondern bietet ein wiederkehrendes, abendfüllendes Interaktionsfeld. Dieses können Jugendliche nutzen, um mit möglichen Sexual- und Liebespartner_innen in Kontakt zu treten. Im oben zitierten Beispiel lernen sich die Jugendlichen auf einem Festival kennen. Beachtenswert erscheint, dass der gemeinsame Konsum von Alkohol hier offenbar ein noch anschlussfähigeres Interaktionsfeld als das Festival selbst oder die Musik darstellt. Dies muss im Umkehrschluss nicht bedeuten, dass alle anderen Themen (wie Musik, das Festival, Beruf usw.) keine Rolle spielen. Jedoch wird die beginnende Interaktion dadurch erleichtert, dass die Jugendlichen ein Thema finden, welches möglichst unverfänglich ist. Auf diese Weise wird die beginnende Konversation langsam eröffnet. Diese Beobachtung unterstreicht, wie sich das Thema Alkohol eignet, um darüber Flirtversuche zu starten.

Ganz ähnlich findet sich dies bei Tim. Auf die Frage des Interviewers, wie es mit dem Alkohol so sei, wenn er Mädchen kennenlernen wolle, antwortet er nur indirekt. Tim beschreibt sehr reflektiert, wie er seinen Alkoholpegel in Abhängigkeit vom jeweiligen Trinkanlass zu regulieren versucht:

> *I*: Und wie isch des so mim Alkohol, wenn man Mädels kennen lernt, oder wenn du Mädels kennen lernsch?
> *T*: Was is dann?
> *I*: Weil du grad gesagt hast ähm (2) oder ja, du hasch vorhin gesagt, am Anfang, wenn du mit nem Mädchen zusammen bist, dann ist des auch wieder wie beim Fußball, dass dir eher wichtig is, dass ma en guten Eindruck hinterlässt, dass ma eher bisschen Halbgas, hast du's glaub ich genannt, dass man bisschen Halbgas macht, ähm jetzt grad bist du aber in der Phase, wo man viel Party macht und sowas, weil du ja keine Freundin hast, und jetzt hast du ja auch vorhin beschrieben, dass du zwei kennen gelernt hast, mit denen du bisschen was hattest//ja//, wie verhält sich des also so mit Alkohol und Mädchen kennen lernen?
> *T*: (2) na ja, ich sag mal des is unterschiedlich, wenn man jetzt zum Beispiel (3) ich sag mal, wenn man, zum Beispiel einer sagt >>ich feier in dem und dem Club mein Geburtstag<<, dann geht man ja in so ner Gruppe hin//mhm// und dann steht für mich zum Beispiel dann eher so der Geburtstag im Vordergrund, alle zusammen, und trinkt dann auch, mit den andern halt mit, und dann ist des mit den Mädels kennen lernen eher zufällig, sag ich mal, dann triff man vielleicht eine an der Bar oder irgendwas, ja, aber wenn ich jetzt zum Beispiel mit nem andern, mit zwei Kumpels irgendwie sag >>ok, heute gehn wir in Club, da kucken wir mal, was so für Frauen rumlaufen und checken vielleicht mal eine ab oder so<<, dann trinken wir zwar auch was, aber dann eben nich übertrieben viel, sondern eher so Piano, weil ich sag mal, wenn man zu ner Frau hin geht und schon kaum noch stehn kann oder sowas, dann hat man sowieso keine Chance, sag ich, sagen wir uns immer//mhm//, deswegen probiert ma dann schon noch bewusst sein, sich noch paar Sachen merken können, vielleicht dass man zwei Stunden später noch weiß, wie sie heißt oder sowas, ja, aber es is auch nich

5.4 Sexuelle Erfahrungen und Liebesbeziehungen (Christian Wißmann)

> irgendwie, des is auch nich so, dass wir sagen >>ok, jetzt wolln wir Mädchen kennen lernen, oh, jetzt müssen wir uns erstmal Mut antrinken<< oder sowas, also so is des jetzt au nich, aber wenn wir's wirklich drauf anlegen, dann wolln wir schon eher noch n klaren Kopf ham, klar kann man dann ein, zwei Bierchen trinken oder sowas, aber (1) man will halt nich sturzbesoffen schon hin kommen, weil dann, ja, labert man eh nur Scheiß an die hin und, ja, gute Karten hat man au nich, deswegen, ja. (Tim, P2, 999–1033)

Auch hier wird deutlich, dass der gemeinsame Konsum von Alkohol ein adäquates Interaktionsfeld darstellt, um Kontakt zu möglichen Sexual- und Liebespartner_innen herzustellen. Tim wählt das Beispiel einer Geburtstagsfeier in einem Club, in dem für ihn der Anlass des Events im Mittelpunkt steht und nicht das Kennenlernen von Mädchen. Der Ort, an dem Tim eher nebenbei Mädchen kennen lernen kann, ist die Bar. Gegen Ende des Zitates beschreibt Tim, dass er besonders darauf achte, moderat zu konsumieren, wenn er die Absicht habe, Mädchen kennen zu lernen. An dieser Stelle lassen sich weitere Parallelen zur oben zitierten Interviewpassage aufzeigen. Auch Tim scheint den gemeinsamen Konsum von Alkohol zu nutzen, um mit Mädchen in Kontakt zu kommen; doch scheint es ihm wichtig zu sein, beim Konsumieren die Kontrolle zu behalten. Ein möglicher Rausch als Folge des Konsums von Alkohol ist seiner Erfahrung nach einer gelingenden Kontaktaufnahme eher hinderlich und daher zu vermeiden. Auf diese Weise nimmt Tim eine Abgrenzung zwischen dem gemeinsamen Konsum von Alkohol und einem gemeinsam erlebten Rausch vor.

Ein minimaler Kontrast wird zu Alexandra deutlich. Sie erzählt uns im Interview zur dritten Erhebungswelle abstinent zu leben. Deutlich wird, wie ihr Umgang mit Alkohol auch unter diesen Vorzeichen zu einem Thema wird, über das sie neue Leute kennen lernt:

> *I*: Und also wenn solche Gespräche entstehen und man dann so drauf kommt, dass du nicht trinkst, (2) ist das, also wie ist das für dich? Also ist das eher was, wo du dann denkst, ah, du hast Lust was zu sagen oder von dir zu erzählen oder ist das eher was, wo du denkst >>Och nein, jetzt schon wieder muss ich irgendwie erklären,//mmh// dass ich nichts trinke.<<?
>
> *A*: Kommt auf die Person irgendwie an, weil (3) bei manchen ist es einfach so, wo du dann weißt >>Ok.<< also, so so das Gefühl sagt dir dann >>Ok, die finden das gut, wenn man nicht trinkt.<< //mmh// Da redest du dann auch gerne kurz darüber, (2) um denen einfach auch den kompletten Hintergrund zu erzählen und bei manchen denkst du dann einfach >>Oh, du bist doch eh so besoffen oder du blickst es doch eh nicht durch oder willst mich doch eigentlich gar nicht verstehen, dann brauchst du mich jetzt auch noch nicht so//mmh// dumme Fragen irgendwie mir zu stellen.<< //mmh mmh// Also es kommt wirklich immer auf die Situation an, in der man drauf angesprochen wird und in der man rein schlittert und ich glaube auch, es kommt auch immer drauf an irgendwie, auf welcher Ebene man die Person kennenlernen will, weil

wenn es jetzt darum geht, dass ich vielleicht jemanden attraktiv finde oder, ja, interessant finde, dann würde ich das schon eher als was Positives werten,//mmh// dass ich nicht trinke//mmh// und dann erzählt man es natürlich schneller wie wenn man jetzt denkst >>Ok, hm, ja eigentlich will ich gar nichts mit dem zu tun haben, ich halte das mal lieber zurück, sonst muss ich jetzt eine Endlosdiskussion führen.<< //ja// So//ok// geht es mir eigentlich eher. (Alexandra, P3, 783–804)

Alexandra beschreibt verschiedene Strategien im Umgang mit dem Gesprächsthema Alkohol. Je nachdem, wer ihr gegenüberstehe, halte sie das Thema kurz oder versuche sich nachvollziehbar zu erklären. Auch für die abstinent lebende Alexandra ist der Umgang mit Alkohol also ein Thema, über das sie mit fremden Leuten schnell ins Gespräch kommen kann. Dies unterstreicht den Kern einer Handlungspraxis, in welcher der Umgang mit Alkohol den Jugendlichen als Thema zu Entstehung von Kontakten dient. An Alexandras Beispiel wird besonders deutlich, dass dies nicht nur dann gilt, wenn Jugendliche ähnliche Konsumpräferenzen teilen. Vielmehr scheint die Kommunikation über Alkohol recht voraussetzungsarm zu funktionieren. Ähnlich wie bei Tim deutet sich auch bei Alexandra an, dass die psychoaktive Wirkung von Alkohol einem erfolgreichen Flirtversuch im Wege stehen kann, wenn diese zu deutlich sichtbar wird.

Als Zwischenfazit kann festgehalten werden, dass Alkohol als Interaktionsthema (als „kulturelle Chemie") auch fernab der psychoaktiven Wirkung funktionalisiert wird. Zuprosten, gegenseitige Einladungen, Gespräche über Lieblingsgetränke, die Bar als Ort der Kontaktaufnahme usw. beziehen sich direkt auf den Umgang mit Alkohol, ohne zwangsläufig auf die psychoaktive Substanzwirkung zu verweisen. Da die psychoaktive Wirkung des Alkohols als logische Folge des Konsums früher oder später eintritt, wird im Folgenden auch dieser Einfluss auf die Entstehung von Sexual- und Paarbeziehungen untersucht.

5.4.2 Die psychoaktive Wirkung des Alkohols und seine Bedeutung für die Entstehung von Sexual- und Paarbeziehungen

Rückt die psychoaktive Wirkung von Alkohol in ihrer Bedeutung für die Entstehung von Sexual- und Paarbeziehungen ins Zentrum der Analyse, so beschreiben Jugendliche ihre sexuellen Erfahrungen immer wieder im Zusammenhang mit dem Erlebnis von Rauschzuständen. Gleichzeitig scheint der Rausch eine Folie zu sein, auf welcher sich Jugendliche als sexuell aktiv inszenieren können. Beide Dimensionen, sowohl die Dimension der Handlungspraxis als auch die Dimension der Inszenierungspraxis, sind für diesen Auswertungsschritt von Relevanz.

5.4 Sexuelle Erfahrungen und Liebesbeziehungen (Christian Wißmann)

Im folgenden Interviewausschnitt erläutert Basti, welche Rolle Alkohol spielt, wenn er am Abend jemanden kennen lernt:

> *I*: (2) Un:d (4) ja, dann hätte ich noch eine Frage und zwar, genau, dann hast du erzählt irgendwie so, da hattest du so mit äh 16, 17 oder so oder 15, 16 oder so deine erste Freundin//ja//. Und hat so 7 Monate oder so ca. gehalten irgendwie.
> *B*: Ja weiß ich nicht, ja, sowas.
> *I*: (1) Äh, was war danach irgendwie? Gab gab's noch andere?
> *B*: (2) Mh (2) ich bin nicht so der Typ, der @ 'ne Freundin hat. Ich weiß nicht, ich genieße ehrlich gesagt eher so mein Singleleben. (1) Mh (2) eher so, dass ich, (1) ach keine Ahnung, dass du dir halt abends mal eine anlachst oder sowas, aber 'ne feste Freundin hatte ich seit dem her (1) nicht mehr.//okay// Ich würde das jetzt nicht so sagen, dass ich das äh gezielt vermeide oder sowas,//mhm// aber (2) mh (2) es hat sich einfach nicht so ergeben und ich hatte jetzt auch nie irgendwelche großen Problem oder so.//mhm// (3)//okay//
> *I*: (3) Aber ist für dich äh so im @Kontext@ so des Anlachens @(1)@ eine am Abend, ja, ist da Alkohol 'ne//ja klar// sozusagen 'n Faktor?
> *B*: @Auf jeden Fall@ @(2)@//@(2)@ ((Überlappung)). Ich glaub' nüchtern würde ich da jetzt nicht äh (2) auf irgendeine zu gehen, die da (2) keine Ahnung, (2) die ich überhaupt nicht kenne oder so, d- also würdest glaub' ich nüchtern echt nicht machen. Aber klar, wenn du 'n Bier, ein paar Bier gesoffen hast oder bisschen Schnaps oder (unverst.), dann @ passiert's @halt@ mal.//ja// (2) Ja, also das spielt auf jeden Fall 'ne Rolle muss man sagen. (Basti, P2, 1076–1095)

Für die Auswertung ist an dieser Stelle der zweite Teil des Ausschnitts interessant. Basti beschreibt zunächst, dass er sich ohne feste Beziehung ganz wohl fühle, schließt gelegentliche sexuelle Kontakte jedoch nicht aus. Weiter schafft Basti eine Verbindung von Alkoholrausch und sexuellen Erfahrungen, die es ihm ermöglicht, sich in aller Unkonkretheit als erfahren zu inszenieren. Unter Verweis auf den Rausch werden beide von Basti thematisierten Aspekte in einen sinnvollen Zusammenhang gebracht. So kann sich Basti als zufriedener Single darstellen und gleichzeitig seine eigene Sexualität inszenieren. Hieran wird deutlich, wie Jugendliche den Rausch als Konstruktionsfolie für die Entwicklung der eigenen Sexualität nutzen können.

Einen minimalen Kontrast hierzu finden wir bei Raffi. Im folgenden Interviewabschnitt erzählt Raffi von seiner vergangenen Geburtstagsfeier:

> *R*: Äh Absolut-Flaschen. Absolut-Wodka. Haben die getrunken, sind reingegangen und ähm halt das Gute dort war, dann gab's Shots,//mhm// generelle Shots, egal was, für 1 Euro//okay//. Habe ich auch nochmal 20 Euro dafür ausgegeben, für die nur Shots.
> *I*: Nur für dich?
> *R*: Nur für die Shots. An dem Abend
> *I*: Ja aber auch für deine Kumpels oder nur für dich 20?

R: Nur für mich 20 Euro. Für meine Kumpels habe ich auch so mindestens 50 Euro ausgegeben, ja weil's halt mein Geburtstag war.//ja// Und ähm ja und dann verlief es halt so, dass ich mit 'n Mädchen auf die Toilette gegangen bin und dort Geschlechtsverkehr hatten.//okay// Ja und nach kam ich halt raus, hab' weiter getanzt und nachdem Punkt, Moment hab' ich die nicht mehr gesehen gehabt. Also war die irgendwie verschwunden.
I: Also sie, sie hast du nicht mehr gesehen?
R: Ja, sie habe ich nicht mehr gesehen//okay// gehabt, hab' auch gar kein Kontakt mehr jetzt und ähm naja ich würde auch sagen, dass ohne Alkohol ich niemals bereit wäre jetzt (1) mit 'n Mädchen zu schlafen, die noch nicht mal kenne, die ich seit 5 min kenne//mhm//, mit der getanzt hab'. Und ja, (2) ist halt 'n geiler Abend gewesen (1) und danach sind wir halt nach [Stadtteil1 Stadt1] gefahren, sind halt, weil's draußen kalt war, sind wir in den Hochhäusern gegangen, ganz oben ist es meistens ganz ruhig.//okay// Und. (Raffi, P2, 955–975)

Raffi inszeniert seine Sexualität vor dem Hintergrund eines akuten Rausches. Zunächst beschreibt er, wie der Abend verlaufen ist, wie viel konsumiert wurde und wie viel Geld er dafür ausgeben musste. Ohne weitere Umstände schwenkt Raffis Erzählung auf den spontanen Sex mit einem Mädchen auf der Toilette. Ähnlich wie Basti benutzt er die Folie des Rausches, um seine Sexualität darzustellen. Raffi inszeniert sich als sehr selbstsicher und handlungsfähig. Zielgerichtet sei er mit dem Mädchen in Kontakt gekommen; so blieb die erste und einzige Handlung, die er beschrieb, der Sex auf der Toilette. Gleichzeitig nutzt Raffi den Verweis auf seinen Rauschzustand, um sich von seinem Verhalten zu distanzieren. Die Gestaltung von und die Teilnahme an Settings, in denen der berauschende Konsum von Alkohol möglich ist, scheint eine geeignete Folie, auf welcher die eigene Sexualität als gelingend inszeniert werden kann und sich gleichzeitig ein normativer Handlungsspielraum öffnet. So kommt dem Rausch auch die Funktion zu, das eigene Verhalten durch Verweis auf eine Sondersituation zu legitimieren. Dies erlaubt Jugendlichen sexuelle Erfahrungen sammeln, ohne dabei das Idealbild von monogamer Sexualität und vertrauensvoller Partnerschaft aufgeben zu müssen. Gerade beim Erlernen und Erleben eines moralisch stark aufgeladenen Themas wie der eigenen Sexualität scheint der Rausch eine entscheidende Rolle zu spielen. Katalysatorisch fungiert der Rausch hier nicht nur auf der Ebene der Interaktionen, sondern auch auf der Ebene der Bewältigung von Entwicklungsaufgaben.

Beide bisher interpretierten Interviewpassagen zeigen einen minimalen Kontrast. Ihnen liegt eine Erzählperspektive zugrunde, in welcher die Jugendlichen sich selbst als betrunken beschreiben. In diesem Punkt bildet die folgende Passage einen maximalen Kontrast. Kay berichtet über seine Erlebnisse auf der Fasnet und thematisiert den Rausch seiner potentiellen Sexualpartnerinnen:

5.4 Sexuelle Erfahrungen und Liebesbeziehungen (Christian Wißmann)

I.1: Erzähl mal was es damit auf sich hat
K: Ja an der Fasnet da (1) sind eigentlich alle gut drauf, mit den Mädle kann ich leicht reden die lassen sich auch leicht rumkriegen//mhm// und dann ist es halt ziemlich verführerisch//ok// (2)
I.1: Und wie läuft das ab,
K: Ja wenn einem ein Mädle gefällt, geht er zu ihr hin schwätzt mit dem (1) derer und dann wechselt ((stöhnt)) ohje
I.1: @(2)@
K: ⌊da ist eigentlich je nach Mädle schon eigentlich unterschiedlich drauf
I.1: @(2)@
K: Das merkst du auch am Charakter wie sie mit dir redet und so//mhm// je nach dem sagst du auch was, (1) und dann (1) wenn ich merke dass ich sie küssen könnte dann küsse ich sie halt dann (1)
I.1: Mhm (1) so geht so (1) seinen Lauf @(1)@
K: Ja
I.1: Ok
K: Da hat auch jeder seine eigenen Methoden
I.1: Mhm (1) aber es schon äh ganz klar dass das damit zusammenhängt dass alle betunken sind (1) also
K: ⌊ja auch
I.1: Oder gibt es äh oder äh gibt es auch Ausnahmen auf der Fasnet
K: Ne also @mir fällt so keine ein@
I.1: @(2)@
K: Ich bin da meistens an der Bar unterwegs und wer an der Bar ist ist eigentlich meistens auch am Trinken,//ok//. (Kay, P2, 497–521)

Kay beschreibt, dass es an der Fasnet leicht sei, Mädchen kennenzulernen. Man könne gut mit ihnen in Kontakt kommen, gehe einfach auf sie zu und küsse sie bei erster Gelegenheit. Gegen Ende des Zitats wird deutlich, dass Rauscherlebnis und gemeinsamer Konsum hier eng miteinander verflochten sind. Für Kay scheint besonders die ausgelassene und berauschte Stimmung der Fasnet den Kontakt zu Mädchen zu erleichtern. Interessant ist, dass Kay hier nicht primär von sich redet, sondern von seinen potentiellen Partnerinnen. Kay nutzt den Rausch der anderen, um weniger Aufwand betreiben zu müssen und schneller zu seinem Ziel zu kommen. Hier wird eine Orientierung deutlich, in der Kay den Alkohol für sich funktionalisiert. Sexuelle Erfahrungen und Erlebnisse kann Kay besonders dann gut sammeln, wenn er sich in einem Kontext bewegt, in dem er und seine potentiellen Partnerinnen angetrunken sind. Kay scheint folglich auf der Suche nach sexuellen Erlebnissen insbesondere handlungsfähig zu sein, wenn er in Settings agiert, in denen „viel" Alkohol konsumiert wird.

Gerade diese zuletzt interpretierte Orientierung beinhaltet ein geraumes Risiko des Scheiterns.

So kann der Konsum von Alkohol auch gerade verhindern, dass mögliche sexuelle Kontakte zu Stande kommen:

I.2: Wie verhält sich das generell so mit Alkohol und Mädels (1)
K: Also wenn man trinkt und noch fit ist, (1) und man schwätzt mit einem Mädele dann ist das eigentlich ziemlich in Ordnung dann läuft es auch ziemlich aber wenn es jetzt manche übertrieben haben, un:d der kriegt dann sowieso keine mehr ab aber: das stört auch immer die anderen wenn jetzt zum Beispiel ich auch mit einem Mädle geredet habe ist ein Kamerad immer zu einem hergekommen war richtig betunken hat es nicht mehr richtig geblickt und hat immer voll rumgeschrieen und sich halt aufgeführt wie so ein Clown und das ist dann halt auch gerade bei dem Mädel nicht gut angekommen, (1)//mhm// und der hat dann habe ich es also das ist mir zwei drei- mal passiert habe ich es im Prinzip bei den Mädle wegen einem Kumpel von mir (1) verschissen gehabt.//mhm// (1)//mhm//. (Kay, P2, 377–386)

Kay beschreibt die Gefahr, welche aus zu hohem Konsum resultiert. Zu hoher Konsum scheint in diesem Fall eher negative Auswirkungen auf den Flirterfolg zu haben. Zwar scheint ein gemeinsam erlebter Rausch eine Erfolg versprechende Basis für die unkomplizierte Anbahnung sexueller Kontakte, in Bezug auf Trinkmenge und Intensität des Rausches zeichnen sich jedoch gewisse Grenzen ab. Diese Orientierung wird auch bei Tim deutlich, der beschreibt, dass er bewusst moderat konsumiere, um einen Flirtversuch nicht an alkoholbedingten Ausfallerscheinungen scheitern zu lassen.

Neben dem eigenen Konsum scheint im Übrigen auch das Konsumverhalten anwesender Peers einen Einfluss auf den Flirterfolg zu haben: Alkoholbedingte Ausfallerscheinungen oder Störungen durch alkoholisierte Dritte scheinen das Gelingen gleichermaßen negativ zu beeinflussen.

Die Gefahren der psychoaktiven Wirkung von Alkohol werden auch im folgenden Interviewausschnitt deutlich:

I: Du hast ganz am Anfang vom Interview erzählt, auch so dass du so das irgendwie die Erfahrung gemacht hast, es tut dir auch nicht gut oder so das das da Sachen auch passiert sind, wo du dann so ins Nachdenken gekommen bist. Kannst du mir dazu noch ein bisschen was erzählen?
J: (3) Ähm (2) ich hab' schon gemerkt, wenn ich getrunken habe, äh, das (1) mir ist oft ein bisschen schwindelig geworden und dann, äh, (1) ich war irgendwie viel (2) ich war nicht mehr so (1) ich selbst, sondern viel freier, viel offener irgendwie.//mhm// Ist mir aufgefallen, wenn ich, wenn ich getrunken habe. Und (2) bei einer Freundin war das ebend so, dass die mal richtig besoffen war, das erste Mal, dass ich sie richtig besoffen gesehen hab'. (1) Und sie dann mit dem Freund von unser anderen Freundin rumgeknutscht hat.//mhm// (1) Und sie aber am nächsten Tag nichts davon wusste. (2) Und das war dann so der Hauptgrund wo ich dann, wo ich das gesehen hab', habe ich so gedacht >>Mein Gott, das will ich nicht. Nee<< Erstens die konnte, die hat die hat mit dem Freund ihrer Freundin rumgeknutscht, am nächsten Tag wusste sie davon nichts. Und habe ich mir gesagt >>Nee, sorry, nee, das will ich nicht.<< Weil

5.4 Sexuelle Erfahrungen und Liebesbeziehungen (Christian Wißmann)

dann gab's auch voll Streit und das war ein hin und her und es gab so Stress und (1) Streitereien und das (1) hat so viel ausgelöst. Und dann hab' ich gesagt >>Nee, das möchte ich nicht<< .//mhm// Hm, hm. Das das war dann zu viel. (Jana, P2, 835–853)

Jana berichtet davon, sich unter Alkoholeinfluss anders zu fühlen und zu verhalten als im nüchternen Zustand. Ohne dies zu bewerten, erzählt sie davon, unter Alkoholeinfluss viel offener und freier zu sein, als sie es normalerweise ist. Bis hierhin ist die Konstruktion Janas anschlussfähig an Kays Beschreibungen der Fasnet. Wo Kay diese Offenheit unter Alkoholeinfluss durchweg positiv konnotiert, erkennt Jana durchaus Gefahren, die daraus resultieren, die Kontrolle zu verlieren. Ihre Freundin habe unter Alkoholeinfluss mit dem Freund einer anderen Freundin geknutscht, was Spannungen und Stress nach sich zog. Außerdem konnte sich jene Freundin am nächsten Tag nicht einmal mehr an dieses Ereignis erinnern, was Jana mindestens ebenso abschreckte wie der Stress im Freundeskreis. Im Zusammenhang mit diesem Negativbeispiel bekommt der unter Alkoholeinfluss mögliche Kontrollverlust damit für Jana eine abschreckende Bedeutung. Jana formuliert für sich klar, dass sie nicht in eine solche Situation kommen möchte. Inwiefern dies für ihren Umgang mit Alkohol oder die Gestaltung von Trinksettings eine handlungsleitende Rolle spielt, kann an dieser Stelle nicht beantwortet werden. Jedoch erscheint klar, dass Jana den möglichen Kontrollverlust unter Alkoholeinfluss als Gefahr erkennt und zu vermeiden versucht.

Als Zwischenfazit soll an dieser Stelle festgehalten werden, dass Jugendliche die psychoaktive Wirkung von Alkohol zur Entstehung von Sexual- und Paarbeziehungen nutzen können. Zum einen nutzen sie die Wirkung von Alkohol, um eine offene und ausgelassene Stimmung zu erzeugen, aus welcher heraus Flirtversuche gestartet werden können. Zum anderen können sie so ihre eigene Schüchternheit und Zurückhaltung leichter überwinden und mit anderen Jugendlichen in Kontakt treten. In Bezug auf das Sammeln sexueller Erfahrungen scheint die psychoaktive Wirkung von Alkohol den Jugendlichen einen regelrechten Balanceakt abzuverlangen. Auf der einen Seite kann die rauschhafte Wirkung des Alkohols genutzt werden, um eine offene und heitere Stimmung zu schaffen. Auf der anderen Seite scheinen exzessiver Konsum und damit einhergehende Ausfallerscheinungen die Chance auf die Entstehung von Sexual- und Paarbeziehungen deutlich zu verringern, denn die psychoaktive Wirkung des Alkohols beinhaltet in diesem Kontext auch einige Möglichkeiten des Scheiterns. Am Beispiel Janas lässt sich zudem nachzeichnen, dass sexuelle Kontakte infolge eines alkoholbedingten Kontrollverlustes ein abschreckendes Negativbeispiel werden können, an dem sich eine normative Vergewisserung festmacht, die sich sowohl auf den Alkoholkonsum als auch auf das Verhalten in Liebesbeziehungen bezieht.

Quer zu alledem liegt eine weitere Dimension: Am Beispiel von Basti wird besonders deutlich, wie Jugendliche durch den Verweis auf Alkohol und Rausch in der Lage sind, ihre eigene Sexualität kohärent zu inszenieren.

5.4.3 Alkoholkonsum im Kontext einer festen Beziehung

In diesem Unterkapitel wird untersucht, ob und inwiefern Wechselwirkungen zwischen dem Leben in einer festen partnerschaftlichen Beziehung und dem Umgang mit Alkohol bestehen. Dazu werden Textstellen interpretiert, in denen Jugendliche über ihre eigenen Erfahrungen mit partnerschaftlichen Beziehungen berichten, und solche, in denen Jugendliche auf Beobachtungen aus ihrem näheren Umfeld verweisen.

Zunächst geht es darum zu erfassen, welchen Raum partnerschaftliche Beziehungen im Leben junger Menschen einnehmen – sprechen wir hier doch über einen Lebensbereich, welchen sich junge Menschen im Laufe des Erwachsenwerdens Stück für Stück neu erschließen. Im folgenden Interviewausschnitt fasst Kay zahlreiche Entwicklungen und Veränderungen zusammen, welche er in der zunehmenden Bedeutung partnerschaftlicher Beziehungen verortet. Dabei setzt er sich damit auseinander, welchen Einfluss die zunehmende Bedeutung partnerschaftlicher Beziehungen auf die Interaktionen in seiner Peergroup hat. Da die Peergroup als der primäre Kontext bezeichnet werden kann, in dem Alkohol konsumiert wird, sind diese Interpretationen für die Erforschung des Umgangs mit Alkohol von großem Interesse, obwohl der Umgang mit Alkohol in diesem Zitat nicht explizit benannt wird.

I.2: Gut dann gibt es meine zwei kleinen Fragen zum Ende. einmal ob du noch mal so ein bisschen resümieren kannst ähm wie das (1) wie die Entwicklung so war in deinem Freundeskreis wie (1) die da mit denen du was zu tun hattest wie sich das so verändert hat von (1) früher wo du vorhin beschrieben hast wo du das erste Mal so unterwegs warst was getrunken hast bis heute. (1)
K: Also früher war es eigentlich (1) eher ein ruhigerer Freundeskreis war eigentlich nicht ganz (1) so viel gemacht haben und vor allem (1) mit den Mädle ziemlich wenig (1) Kontakt gehabt hat,
I.2: Und wenn du dann auch immer noch dazu dazu sagen könntest wann das so war und wann dann die Veränderung waren weil du hast ziemlich viele Veränderungen beschrieben aber dass man es so ein bisschen einordnen können wann die passiert sind.
K: Ja die genaue Zeit ist eigentlich schwer zu definieren also//@(1)@// wenn ich vom einen Freundeskreis anfangen will das war noch so (1) 15 16 rum bin ich dann zum anderen gegangen da war dann auch (1) so 16 17 war dann auch die ganzen Feste wo es dann darum gegangen ist (1) mit denen ganzen Mädle, (1) und dann:: (1) so 17 18 ist dann wieder ein bisschen ruhiger geworden (1) auch von den Mädle (1) haben ja dann den Charakter geändert gehabt. (1) ein paar haben dann auch sind dann mit frisch Freunden zusammengekommen. (1) und dann ist ein bisschen ruhiger geworden. (1) und dann hat der eigenen Charakter auch ein bisschen geändert also (1) und jetzt heißt es nicht mehr so viele wie möglich sondern (1) dass halt eine und das dann halt (1) eine richtig Hübsche dann oder auch Charakter her mal gut ist. (1) und sonst

5.4 Sexuelle Erfahrungen und Liebesbeziehungen (Christian Wißmann)

sie haben sie halt schlecht ausgesehen aber (1) und hat auch mal (1) vielleicht ein Auge zugedrückt sage ich mal.
I.2: Und wenn du jetzt so dich anguckst und auch äh deine deine Kumpels und so deinen ganzen deine ganzen Freundeskreis in dem du so drin bist und jetzt denkst du mal so fünf Jahre in die Zukunft was glaubst du wie sich das so verändert auch so vom weggehen her und von den Leuten vom Kontakt her glaubst (1) wie wie würde sich das entwickeln, (1)
K: Ich denke damit die Freundschaft so wie sie jetzt bestehen nicht mehr bestehen wird. (1) es deutet sich auch jetzt schon auch (1) ein bisschen an also (1) einer wo jetzt (1) eine Freundin hat ist eigentlich (1) bei ein paar Sachen wo wir halt so als normaler Spaß noch empfinden hat er den Charakter geändert und findet das halt nicht mehr so gut. (1) da hat der auch mit einem (1) wohl sogar mein Freund ist die haben da immer ein wenig Streit miteinander, und (sonst) ändert sich das auch ein bisschen, (kommt) mal einer (1) ist er nicht mehr so dabei dafür sind dann wieder ist wieder ein anderer dabei also (1) ich denke in fünf Jahren (1) würde es schon auch deutlich anders aussehen. (1) aber wie genau (1) kann ich mir so eigentlich (1) auch noch nicht vorstellen. (1) (Kay, P2, 1160–1194)

Kay beschreibt einen Wechsel seiner Peergroup: Im Alter von 16–17 Jahren sei es vermehrt darum gegangen, mit Mädchen in Kontakt zu kommen. Der Aktionsrahmen war zu diesem Zeitpunkt immer noch die Peergroup, aus der heraus Kontakt mit Mädchen hergestellt werden konnte. Beide Interaktionsbereiche können als komplementär bezeichnet werden, da die Interaktionen in der Peergroup und das Kennenlernen von Mädchen miteinander verbunden werden konnten und sich gegenseitig nicht ausschlossen. Kays Erzählung zeichnet bei seinen Peers eine Entwicklung nach, in der sich die Bedeutung der Peergroup im Leben junger Menschen langsam verändert. Aus dem Abenteuer, Frauen kennenzulernen, was aus der Peergroup heraus gut möglich war, entwickelt sich in zunehmendem Maße das Interesse an Liebesbeziehungen als eigenständigem Lebensinhalt. Das Leben in festen partnerschaftlichen Beziehungen ersetzt nun zunehmend die Zeit, die die Jugendlichen vormals in ihren Peergroups verbrachten.

Ein minimaler Kontrast zu dieser Orientierung an einem Prozess des Älterwerdens mit veränderter Relevanz von Peerkontexten zeigt sich in Olgas Ausführungen:

I: Du hast gerade auch gesagt, ihr seid alle älter geworden, kannst du das noch ein bisschen, (1) ja da noch ein bisschen was dazu erzählen? Wie hat sich das verändert mit euch?
O: Wir haben halt alle gemerkt, nach der Zeit, also wo wir alle 18 geworden sind, haben halt alle angefangen mit 'nem Führerschein,//mhm// ähm dann haben halt alle angefangen zu arbeiten, jeder hat dann, 'n Paar haben angefangen 'ne Ausbildung zu machen. Dann wussten halt alle schon: >>Okay, jetzt musst', (1) jetzt wirst langsam erwachsen, jetzt musst' halt was tun für dein Leben<< und (1) dann kam auch, dann hast' 'nen Freund gehabt//mhm// und dann war es eh nicht so öfters mal mit Freunden

unterwegs. Dann warst eher nur mit dein Freund unterwegs oder so.//mhm// Dann warst eher so zu Hause, hast dich nur ab und zu mal mit Freunden getroffen.//mhm// Und (1) ja, jeder hat halt gemerkt, (1) dass wir früher echt dumm waren, ja, @wenn wir so wollen@.//@//. (Olga, P2, 468–477)

Olga benennt noch weitere Lebensbereiche, welche im Laufe des Erwachsenwerdens an Bedeutung gewinnen, wodurch das Leben in der Peergroup an Bedeutung verliert. An dieser Stelle soll nur auf das Leben in einer Paarbeziehung näher eingegangen werden. Olga beschreibt, dass die freie Zeit genutzt werde, um Dinge mit dem Partner zu unternehmen. Dadurch verbringe man weniger Zeit in der Peergroup. Hier konkurriert die Paarbeziehung in besonderer Weise mit der Interaktion in der Peergroup, da sich beide Felder im Bereich der begrenzten Freizeit abspielen. Dies ist für die Erforschung des Umgangs mit Alkohol interessant, da der Konsum von Alkohol so stark an diese freie Zeit gebunden ist. Während die Gestaltung der freien Zeit in der frühen Jugendphase von den Interaktionen in der Peergroup dominiert werden, erschließen Jugendliche im Prozess des Erwachsenwerdens zusätzliche Erfahrungs- und Lebensräume.

Im folgenden Interviewausschnitt skizziert Maria eine Entwicklung, in welcher der Umgang mit Alkohol und Drogen eine zentrale Rolle spielt. Den Eintritt in eine feste Beziehung kennzeichnet Maria als Wendepunkt in Bezug auf ihren Umgang mit Alkohol:

Ja und dann bin ich hier her gezogen und dann gab's hier auch Cliquen mit Alkohol viel, mit Drogen. Dann gab's wieder 'ne Zeit bei mir, wo ich wieder bisschen mehr wieder genommen hab', dadurch andere Leute kennen gelernt hab'. Und dann gab's wieder Zeiten, wo ich gesagt hab', ich ziehe mich wieder zurück, weil sonst fängt das gleiche Spiel genauso wie äh in [Stadt1] wie hier an. Und dann hab' ich mich auch von den Leuten entfernt. (2) Und ja, was soll ich noch dazu sagen? @ (1) Ähm ja, jetzt hab' ich hier Freunde halt, Freunde wo ich weiß, wo Freunde sind und ähm hier sind ähm Freunde, wo ich sagen, ja geht. Dann bin ich mit 'ner Freundin zusammen gezogen.//mhm// Und ähm die ist von ihren Eltern raus geschmissen worden und die hat ja auch angefangen ähm (1) die hat ja auch schon Drogen genommen und ich bin halt, wir sind, mussten halt in 'ne andere Wohnung umziehen, 'ne 3 Zimmer Wohnung. Und ähm dann kam hier auch mit ihren Drogen und (1) äh 10 Leute in der Wohnung sitzen da, haben sich da einen rein gekifft und haben halt gesoffen. (1) Und ähm ich hab' dann irgendwann mal meinen Freund kennen gelernt, dem, wo ich jetzt zusammen bin.//mhm// Und seit ich mit ihm bin, äh hab' ich mich auch mehr von diesen Leuten noch mehr entfernt. Weil dadurch ähm hat es kein Sinn. (Maria, P2, 54–69)

Maria berichtet von zahlreichen Erfahrungen mit Drogen und Alkohol. Überwerfungen und Umbrüche sind ein ständiges Thema in ihrem Leben. Das Kennenlernen ihres Freundes stellt Maria als einschneidendes Erlebnis dar. Seit dieser Zeit habe sie sich von ihren alten Bekanntschaften und Freunden distanziert, da

5.4 Sexuelle Erfahrungen und Liebesbeziehungen (Christian Wißmann)

diese Verbindungen ihren Sinn verloren hätten. Der (Er-)Lebensraum Beziehung gewinnt temporär deutlich an Relevanz gegenüber dem Erlebnisraum Peergroup. Zwar wird in den bisher interpretierten Interviewpassagen deutlich, dass der Eintritt in eine partnerschaftliche Beziehung die Bedeutung der Interaktionen in der Peergroup relativiert, jedoch wird nicht ersichtlich, wie genau adäquater Umgang mit Alkohol in einer Beziehung aussieht. Eine Interviewstelle bei Anna lässt erste Rückschlüsse darauf zu, dass die Form adäquaten Umgangs mit Alkohol mit dem Eintritt in eine Beziehung zwischen den Partnern gewissermaßen neu ausgehandelt wird:

> *I.1*: Okay und dann hast du mir vorher erzählt, hast du 2 Jahre gar nicht getrunken.// mhm// Also ganz ganz wenig getrunken. (2) Nee, ein Jahr hast du gesagt.//1 Jahr// Genau. Und wie ging's denn dann weiter? Erzähl mal da noch 'n bisschen dazu?
> *A*: Ja nach dem Jahr, ähm, hatte ich dann 'nen Freund. (1) Den hab' ich jetzt noch (1) und (2) ja der, (1) der hat dann schon wieder mehr Alkohol getrunken, aber nur Wochenend-mäßig und dann auch nur, wenn man in der Bar saß oder sowas. (1) Und der hatte dann auch 'ne Zeit, wo er dann arbeitslos war und dann wieder mehr getrunken hat, was mir dann schwer zu schaffen gemacht hat (2) und ich dann zu ihm gesagt hab' >>Es geht nicht, entweder ich trenn' mich von dir oder du hörst damit auf<< und dann (2) hat er Gott sei Dank wieder 'ne Arbeit gefunden gehabt und ihm ging's wieder besser und Berg auf und jetzt ist es (1) eigentlich nur noch ein Tag am Wochenende, (2) wenn ich mal oder er Alkohol trinkt.//mhm, mhm//. (Anna, P2, 300–313)

Am Interviewausschnitt zeigt sich, dass Anna in ihrer Beziehung gewisse Erwartungen an den Konsum ihres Partners knüpft. Diese Erwartungen hat er zu erfüllen, sonst wird der Konsum zu einem Konfliktpunkt. Anna ist es wichtig, den Konsum ihres Partners als moderat und kontrolliert dazustellen. Dass ihr Freund zuweilen „mehr" Alkohol trinkt, schränkt Anna mit dem Verweis auf das Wochenende und Lokalitäten wie Bars ein. Durch diese Rahmung stellt Anna den üblichen Konsum ihres Freundes als moderat und kontrolliert dar. An dieser Darstellung wird deutlich, welche Erwartungen Anna an den Konsum ihres Freundes hat und wie sie daran arbeitet, eine Passung zwischen ihrer Erwartung und den Konsummustern ihres Partners herzustellen. Als Annas Freund infolge der Arbeitslosigkeit vermehrt konsumiert, wird diese Passung infrage gestellt; die Diskrepanz zwischen seinem Verhalten und ihren Erwartungen wird zu groß, hieran droht die Beziehung zu zerbrechen. Daran wird deutlich, dass die Konsummuster der jeweiligen Partner mit den gegenseitigen Erwartungen vereinbar sein müssen. Ein weiterer interessanter Aspekt ist Annas eigenes Trinkverhalten. Für den Umgang mit Alkohol bedeutet der Eintritt in eine Beziehung keineswegs eine eindimensionale Konsumentwicklung hin zu moderatem Konsum oder zur Abstinenz. Anna gibt an, vor dem Eintritt in die Beziehung für ein Jahr abstinent gelebt zu haben. Nicht nur, dass der Konsum ihres Freundes kein Hindernis für das Zustandekommen dieser Beziehung war, es findet dabei sogar eine Anpassung der Konsumstile dahingehend statt, dass Anna nun selbst wieder Alkohol trinkt.

Auch an der folgenden Stelle aus dem Interview mit Dimitra wird deutlich, wie an den Alkoholkonsum bestimmte Beziehungserwartungen geknüpft werden:

> *D*: Also, was soll ich da erzählen? Also sie hat's mir gesagt. (2) Und dann dacht' ich mir erst so >>Boa, was hast gerade eben gesagt?<< Also ich hab' es auch gesagt so >>Was hast gesagt?<< Und dann hat sie gesagt >>Ja du bist für mich, du bist 'n Alkoholiker<<. Ich so >>Nee, bin ich nicht<<. Und dann haben wir angefangen zu diskutieren erstmal, ja. (2) Und (1) ich hab' halt innerlich hab' ich mich so schlecht gefühlt. Weil's nicht, weil ich das nicht glauben wollte. (4) Aber sie hatte eigentlich, im Prinzip hatte sie schon Recht. Eigentlich, so indirekt hatte sie glaub' schon Recht. Wenn sie's mir davor gesagt hätte, ja, aber nicht in der Zeit, wo ich schon wenich weniger getrunken habe. (2) Ja. Aber das hat, das so 'n komisches Gefühl im Bauch hatte ich und alles und (2) ja, hab' mir ganz viele Gedanken gemacht.
> *I*: Kannst du dich da noch erinnern, an diese Gedanken oder woher dieses Gefühl kam?
> *D*: Das wollte ich gerade eben sagen. (1) Ähm (5) also meine Gedanken waren einfach so: >>[Dimitra], wenn du diese Beziehung noch lange willst, dann hör' auf mit 'm Alkohol, ja?<< (1) Weil sie mir echt wichtig war und (3) mein Gefühl, mein Gefühl war mein Gef- also es war so ein ganz komisches Gefühl, so, (4) wie wenn man so (1) so Eifersucht und Wut hat, hat man so ganz komisches Gefühl im Bauch und so hat sich's auch ungefähr angefühlt. (2) Ja.//mhm//. (Dimitra, P2, 388–404)

Dimitra schildert eine Konfrontation mit ihrer Partnerin. Offensichtlich entspricht ihr Trinkverhalten nicht den Erwartungen der Partnerin an einen adäquaten Umgang mit Alkohol, woraufhin Dimitra von ihr als Alkoholikerin bezeichnet wird. Dimitra ist durch die Worte ihrer Freundin sehr betroffen. Dies zeigt, welche große Bedeutung Jugendliche den Einschätzungen und Erwartungen ihrer Partner_innen beimessen können. Auf diese Weise kann die Beziehung zu einem Regulativ für den Umgang mit Alkohol werden.

Die gegenseitigen Erwartungen an das Konsumverhalten der Partner_innen führen in manche Fällen dazu, dass in einer Beziehung neu darüber verhandelt wird, wie adäquater Konsum aussieht. Diese im Rahmen einer partnerschaftlichen Beziehung verhandelten Konsummuster unterscheiden sich durchaus fundamental von Konsummustern, welche dieselben Jugendlichen in anderen Settings als adäquat benennen. Ein Beispiel hierfür liefert die Interviewpassage von Oskar:

> *I.2*: (2) Das war bei dir schon typisch, dass du dann auch am nächsten Tag irgendwie Kopfschmerzen hattest und dass es dir nicht gut ging?
> *O*: Mh, nicht immer.//Int.2: mhm// Aber (3) oft.//Int.2: mhm// (5) Also jetzt, pff, wann hab' ich, vor 2 Wochen hab' ich mal 'n Bier getrunken, nein 2. Auf Geburtstag.// Int.2: mhm// (2) Obwohl ich gar nicht fahren musste.//Int.2: mhm// Meine Freundin ist gefahren. (2) Ja.
> *I.1*: Wie kam das, dass du da gar nix getrunken hast?

5.4 Sexuelle Erfahrungen und Liebesbeziehungen (Christian Wißmann)

O: (2) Ich hab' meiner Freundin also dieser Freundin habe ich mal versprochen, dass ich nicht mehr trinkt', nix mehr trink'.//Int.1: okay// Da hat sie gesagt >>Du kannst schon was trinken, aber nicht viel<<. Hab' ich gesagt >>ja okay >>.//Int.2: mhm//
I.2: (2) Das hast ihr versprochen? Schon//O: ja// länger her, oder?
O: Mh, da wo ich sie kennen gelernt hab'.//Int.2: okay//
I.1: Wie kam das dazu, dass du ihr das versprochen hast?
O: Weil (1) wo ich mit der zus- am Anfang, wo ich mit der zusammen war, äh, (2) hab' ich, war ich oft bei Kumpels und wir haben halt irgendwie früher halt immer was getrunken. Dann war ich halt @besoffen@. (2) Und sie mag das voll nicht, wenn ich z. B. besoffen bin.//Int.1: mhm// (5) Sagt sie so >>Schatz, du stinkst nach Alkohol, geh' schlafen<<. //Int.1: @(2)@// @ (5) Ja und dann hab' ich halt gesagt, >>ja okay, ich trink' nix mehr<< Am Anfang wollt' ich irgendwie was trinken, hab' ich gesagt, mh, dann ist sie wieder sauer, dann trink' ich halt bisschen. (3) Und jetzt hab' ich gar kein Problem. Jetzt kann ich (2) auch wenn hier 20 Leute stehen und saufen, es gibt kostenlos was zum Trinken, (1) würde ich auch nei- nein sagen. Ist eigentlich jetzt gar kein Problem für mich.//Int.2: mhm// Früher >>Hey willst was saufen?<< >>Ja klar<<. Jetzt >>Mh (2) mal schauen<<.//Int.1 + 2: mhm// (2) Erst gucken, ob ich Arbeiten muss am nächsten Tag//Int.1: mhm//, dann ob ich was mit meiner Freundin mach', äh, (2) dann wenn meine Freundin nix dagegen hat, (3) tja, dann trink' ich halt paar Flaschen Bier.//Int.2: mhm// Wenn's hoch kommt, dann schaff' ich vielleicht 'n Sixer.//Int.1: mhm// Also ich werd' halt nicht so besoffen, bisschen angetrunken, aber mehr passt nicht in mir, ich mich rein irgendwie. Auch wenn ich 10.000 mal aufs Klo gehe.//Int.2: mhm// Nach Bier.//Int.2: mhm// (1) Ich kann halt danach nix mehr trinken. (Oskar, P2, 1035–1065)

Die Sequenz beginnt mit einer Nachfrage zu körperlichen Symptomen infolge exzessiven Konsums, die Oskar zuvor beschrieben hatte. Er bestätigt, diese körperlichen Symptome häufig zu verspüren, relativiert dies aber, indem er angibt, sein letzter Konsum liege schon zwei Wochen zurück. Zu dieser Gelegenheit habe er nur ein Bier getrunken, obwohl er nicht fahren musste. Die Art und Weise, wie Oskar hier argumentiert, verweist darauf, dass es für ihn eine beachtenswerte Besonderheit darstellt, trotz der sich bietenden Konsummöglichkeit nur ein Bier zu trinken. Im weiteren Verlauf skizziert Oskar die Gründe für sein Handeln. So habe er seiner Freundin versprochen, nichts mehr zu konsumieren. Diese habe geantwortet, dass er seinen Konsum nicht gänzlich einstellen, sondern lediglich einschränken solle. Diese Passage zeigt, wie die Partner_innen in einer Beziehung jeweils akzeptable Konsummuster aushandeln. Auf diese Weise entsteht in einer Beziehung ein gemeinsames Regelwerk, welches handlungsleitend für den Konsum wird.

Eine ähnlich verbindliche Aushandlung gemeinsamer Konsumregeln lässt sich im Kontext von Peergroups beobachten. An dieser Stelle wird deutlich, dass der Umgang mit Alkohol unbedingt als situativ[3] und episodenhaft[4] beschrieben wer-

---

[3] Bestimmte Konsummuster ergeben sich aus der Dynamik der jeweiligen Trinksituation.

[4] Bestimmte Konsummuster sind an eine Episode im Lebenslauf geknüpft. Ein Beispiel hierfür sind die Konsummuster, welche als Resultat aus dem Aushandlungsprozess adäquaten

den muss. So können mehrere Regelwerke zeitgleich und kontextabhängig existieren und/oder einzelne Regelwerke über mehrere Kontexte hinweg wirksam sein.

Bei der angeführten Interviewstelle wird deutlich, dass Oskars Freundin es nicht mag, wenn dieser betrunken ist. Hier formuliert Oskar die Erwartung, die seine Freundin an sein Trinkverhalten hat. Oskar entspricht dieser Erwartung, indem er wenig bis gar nichts konsumiert, wenn er mit ihr zusammen ist. Aus dieser an ihn herangetragenen Verhaltenserwartung rekonstruiert Oskar seine eigene Entwicklung. Er inszeniert sich als handlungs- und willensstark, indem er sich selbst offen hält, trinken zu dürfen. Diese in seiner Beziehung gemeinsam verhandelten Konsumregeln scheinen für Oskar von besonderer Qualität. Auch wenn es klar einseitig formulierte Verhaltenserwartungen sind, die Oskars bisheriges Konsumverhalten auf den Kopf stellen, ist es ihm möglich, diese Regeln zu akzeptieren. Dies führt in seinem Beispiel dazu, dass er sein verändertes Trinkverhalten am Ende gar nicht mehr auf die Kontexte beschränkt, in denen er sich gemeinsam mit seiner Freundin aufhält, sondern in gewisser Weise zu seinem generellen Konsummuster erklärt. Dies gipfelt in einem Rückbezug zum ursprünglichen Thematik „körperliche Grenzen". Oskar erklärt, dass es ihm durch sein moderates Trinkverhalten gar nicht möglich wäre, mehr als sechs Bier zu konsumieren, da sein Köper nicht mehr Flüssigkeit aufnehmen könne. Durch den Verweis auf die Körperebene wird deutlich, dass Oskar nicht nur moderat konsumiert, um seiner Freundin damit einen Gefallen zu tun und Stress in der Beziehung zu vermeiden. Den „moderaten Konsumenten" präsentiert Oskar in gewisser Weise als sein aktuelles Selbstkonzept.

Als zentraler Punkt soll an dieser Stelle festgehalten werden, dass Partner_innen in einer Paarbeziehung gegenseitige Erwartungen an das Konsumverhalten stellen. Diese Erwartungen können dazu führen, dass in einer Beziehung ein gemeinsames Regelwerk entsteht, welches handlungsleitend für den Konsum wird. Obwohl diese Regeln den zuvor gelebten Konsummustern teilweise komplett entgegenstehen, können sie akzeptiert und sogar zu eigen gemacht werden.

Am folgenden Interviewausschnitt wird deutlich, dass die gemeinsam ausgehandelten Konsumregeln keinesfalls in gleicher Form für beide Partner_innen gelten müssen. Wie zuvor schon angedeutet, können diese Aushandlungen unterschiedlichste Ausprägungen annehmen.

M: Mh, ich will meine Beziehung auch nicht aufs Spiel setzen.
I: Was meinst du damit?
M: Weil mein Freund ist bisschen dagegen, auch wenn ich trinken tu. @
I: Ah, okay. @(1)@ Du lachst, wieso lachst du?

Konsums aus einer Beziehung hervorgehen. Diese Konsummuster sind über eine konkrete Situation hinweg handlungsleitend – aber eben stark an den rahmenden Kontext Beziehung geknüpft.

5.4 Sexuelle Erfahrungen und Liebesbeziehungen (Christian Wißmann)

M: (1) Weil mein Freund dagegen ist.
I: Was sagt der?
M: Der mag das nicht. Der sagt so >>ja, ich will nicht, dass du trinkst. Wenn, dann trinkst du nur mit mir und so und so viel darfst du trinken<<. (1) Ja.
I: Okay, und wie geht's dir damit?
M: Äh °habe gesagt° >>Ja @okay@<<. Was soll ich machen? Entweder mach' ich lieber das, was er sagt und bevor ich meine Beziehung aufs Spiel setze, später geht der und ich hab' meine Flasche, aber ich kann ja nicht mit meiner Flasche zusammen leben. (2) Für immer. Ja. Und das will ich nicht.
I: (1) Und dein Freund trinkt gar nichts, oder ab und zu mal?
M: Der trinkt nicht viel. Der wird so schnell @besoffen@.//ja?// Ja. @ Wir haben einmal mal getrunken, nie wieder. Ich hab' mich kaputt gelacht. Der war so, der war nicht besoffen, aber angetrunken. Und ich hab' den unter'n Tisch gesoffen und der hat gesagt, weil ich hab' viel mehr wie er getrunken, hab' fast die ganze Wodka getrunken und der war schon angetrunken und da an dem Tag sind wir zusammen gekommen. Weil der hatte kein Mut mir zu sagen, dass er was für mich empfindet und dann wo er bei sich Alkohol getrunken hat, dann konnte er es mir sagen. Ich hab' mich so kaputt gelacht. Ja. (2) Der verträgt nicht viel.
I: Und du hast gesagt, er will auch nicht, dass du trinkst.//mhm// (1) Hat der dir das irgendwann mal gesagt oder hattet ihr da mal irgendwie//mh// ein Anlass?
M: Weil ich besoffen mal war und ich hab' ihm 3 Backpfeifen verpasst.//ah: @//
I: Warum hat er die eingefangen?
M: Äh ich weiß gar nicht mehr. Ich war besoffen. @ Ich weiß gar nichts mehr von dem Tag mehr. Anscheinend hatte ich auch mein Kopf gegen Heizung gehauen, ich weiß aber von dem Tag nichts. Ob das stimmt oder nicht stimmt, weiß ich nicht. Aber die 3 Backpfeifen stimmen.
I: Okay und und du weißt von dem ganzen Tag nichts?
M: Hm hm. Ich weiß, wie waren ja abends trinken und ich weiß gar nichts davon mehr, nichts.//mhm// Hm hm.
I: Und dann gab's danach 'n Gespräch oder?
M: Mh ja am nächsten Tag.
I: Und, was kam denn da?
M: Ja der war halt sauer. Und hab' ich gesagt >>Tut mir Leid, ich wollte das nicht<<. Der sagt >>Du trinkst nicht mehr, fertig<<. Ja. (2) Seither trinke ich auch nicht mehr. (2) Ja. Ganz wenig.
I: Okay und du hast mir aber vorher erzählt ab und zu tust du ja sch- gehst du schon auch noch weg und so und dann, hast du gesagt, trinkst gern Cocktails, machst du das jetzt gar nicht mehr, seit du ihn hast oder//doch schon// wenn er halt nicht dabei ist?
M: Also ich, mh, ich auch so sehe ich ihn, dann sagt er >>hast du was getrunken?<<, weil der merkt das bei mir. Sage ich >>Ja, ein Cocktail, mehr nicht<<. Ja, aber wenn er halt nicht mal da ist halt, wenn er mal ganz weg ist und ich seh' den einen Tag nicht, dann sag' ich schon >>Komm, jetzt trink' ich mehr<< //mhm//, aber sonst nicht, das traue ich mir nicht zu. (1) Hm hm.
I: Was meinst du damit, dass traust du dir nicht zu?
M: Ja nee, ich hab' kein Bock auf Theater.//mhm// Ja.
I: Was gäb's dann für Theater?
M: Mh, der würde mich anschreien. Der würd' mich hauen dafür.//mhm// Bestimmt. (1) Ja. (Maria, P2, 1157–1209)

Maria berichtet davon, in letzter Zeit wenig bis gar nichts zu konsumieren. Die Aushandlung der gemeinsamen Konsumregeln findet hier nicht auf Augenhöhe statt. Maria beugt sich den Forderungen ihres Freundes, der es nicht für gut heißt, wenn sie trinkt. Entscheidend ist jedoch, dass sie die Regeln für sich akzeptiert und diese damit handlungsleitend werden. Die Gefahr des Verlustes der Beziehung wiegt für sie schwerer als das Festhalten an den eigenen Konsumgewohnheiten. In diesem Punkt scheinen Maria und Oskar nicht weit voneinander entfernt. Beide verändern ihren Konsum zu Gunsten ihrer Beziehung. Wo Oskar die Aushandlung mit seiner Freundin als einen Prozess auf Augenhöhe schildert, ist Marias Verhaltensänderung als Folge einer einseitigen Sanktionierung zu deuten. Das Leben in einer Beziehung scheint für Maria derart essentiell, dass sie einseitige Regelsetzungen trägt, die ihren eigenen Ideen und Vorstellungen fundamental widersprechen. Sie unterwirft sich den Regeln ihres Freundes; und es scheint selbstverständlich, dass sie bei Missachtung dieser Regeln mit Konsequenzen zu rechnen hat. Auffällig ist auch in diesem Fall, dass die Konsummuster Marias und ihres Freundes vor der Beziehung komplett gegensätzlich sind. Dieser Umstand steht dem Beginn einer Paarbeziehung auch in diesem Falle nicht im Weg.

In Bezug auf den Umgang mit Alkohol bleibt festzuhalten, dass die gemeinsam getragenen Konsumregeln nicht paritätisch verhandelt werden müssen, um handlungsleitend zu sein. Am Beispiel Marias wird deutlich, wie sehr die gemeinsamen Konsumregeln vom Rahmen der Beziehung geprägt werden. Dies legt die Vermutung nahe, dass die Konsumregeln episodenhaft an das Leben in der Beziehung geknüpft sind.

Bei einem weiteren Modus der Aushandlung fällt auf, dass die Konsummuster beider Partner_innen vor dem Beginn der Beziehung ähnlich waren, was den Aushandlungsprozess mit Eintritt in die Beziehung offenbar weder obsolet werden lässt noch vereinfacht.

> *I*: Du hast mir vorher mal erzählt, dass ein so en Stresspunkt auch so des Thema Alkohol so ein bisschen war oder ist, kannst du dazu noch en bisschen was erzählen?
> *A*: Jetzt mit meim Freund//ja//, ja er trinkt halt wie, also früher war's, also ich weiß nich, ob's früher schlimmer war oder nich, weil ich's ja nich mit krieg//mhm//, weil ich bin ja nie mit ihm zusammen, wenn er sich betrinkt//ja/7, und früher war ich halt immer mit ihm zusammen, wenn er sich betrinkt, oder betrunken hat, und dann hab ich de eigentlich immer so en bisschen abgekriegt, des war auch bisschen blöd, ich durft ihn dann nach hause tragen @und so@//echt//, also so mehr oder weniger, und sonsch, des krieg ich jetzt halt nich mehr mit und deswegen weiß ich nich, ob's sich jetzt gebessert hat oder nich//mhm//, weil ich überhaupt, ja, er sagt des dann au nich so//mhm//, aber ich bin mir ziemlich sicher, dass er da nich sich groß geändert hat.
> *I*: Warum bist du dir da sicher?
> *A*: (1) Ja weil er halt mit seinen Freunden da rum hängt, weil er irgendwelche komischen, ich krieg's ja, also ich krieg's ja schon bisschen mit, mit irgendwelchen Bil-

5.4 Sexuelle Erfahrungen und Liebesbeziehungen (Christian Wißmann)

dern und Videos//mhm// und irgendwelchen, was weiß ich, wenn er dann morgens wieder betrunken zuhause ankommt, des krieg ich ja schon mit//mhm//, ja, na ja.
I: Und er, was hat er so, also wenn du so sagst ihr habt so zwei getrennte Freundeskreise, hat er dann irgendwie auch so mitgekriegt, was du trinkst, oder wie viel du trinkst, oder da auch was zu dir gesagt?
A: (2) Ja ich trink ja nich so viel//ja//, also von dem her, er kriegt's dann schon, also ich, wir reden ja auch schon mitnander, ich krieg das schon, also ich erzähl ihm des dann auch schon, wenn ich irgendwie was getrunken hab oder so//mhm// und sonsch, er isch halt immer so, dass er nich will, dass ich mich betrink und ja und ich bin wahrscheinlich eher so, dass ich es dann auch nich tu//mhm// und er halt nich//mhm//. (Alina, P2, 849–876)

Mehrmals im Interview kommt Alina auf die Beziehung zu ihrem Freund zu sprechen. In dieser Passage führt sie näher aus, inwiefern das Thema Alkohol für ihre Beziehung zu einer Belastung wird. Alina nennt als Problem, dass sich das Trinkverhalten ihres Freundes im Vergleich zu früher nicht verändert habe. Alina stellt Erwartungen an das Konsumverhalten ihres Freundes, die er nicht erfüllt. Sie möchte, dass er sein Trinkverhalten verändert. Diese Forderung bleibt zunächst recht unspezifisch. Alina verweist darauf, dass mögliche Veränderungen von ihr gar nicht unmittelbar bemerkt würden, da sie ja nicht mehr mit ihrem Freund unterwegs sei, wenn dieser trinke. Dass ihr Freund nach wie vor viel freie Zeit mit seinen Kumpels verbringt, wertet Alina als Indiz für ein konstantes Konsumverhalten. Alina und ihr Partner scheinen sich bewusst zu sein, dass sie ihre gegenseitigen Erwartungen an einen „adäquaten" Konsum nicht erfüllen. Obwohl Alina zum Ende der Passage signalisiert, den Erwartungen ihres Freundes entsprechen zu wollen, scheint es in dieser Beziehung nicht zu einer Einigung auf gemeinsame Konsumregeln zu kommen. Zwar finden beide eine Regelung, indem sie freie Zeit nicht gemeinsam verbringen, jedoch scheint diese Regelung das von Alina formulierte Problem nicht zu lösen. Sie hat den Wunsch ihre freie Zeit gemeinsam mit ihrem Freund zu verbringen. Wie gegen Ende des Zitats deutlich wird, ist Alina durchaus bereit, ihr Trinkverhalten an die Erwartungen ihres Freundes anzupassen. Diese Haltung fordert sie auch von ihrem Freund ein. Die Einigung auf gemeinsame Konsummuster soll es ermöglichen, freie Zeit gemeinsam zu verbringen. Solange der Aushandlungsprozess nicht zu einer Einigung führt, wird Alkoholkonsum ein „Stresspunkt" in der Beziehung bleiben. Auffällig ist in diesem Interviewausschnitt auch, dass die Konsumgewohnheiten beiden Partner_innen vor dem Eintritt in die Beziehung bekannt waren. Trotzdem wird das Konsumverhalten der jeweiligen Partner_in zum Thema in der Beziehung, gemeinsame Konsumregeln werden auch hier ausgehandelt. An dieser Stelle wird auch deutlich, dass es Alina nicht nur darum geht, einen Partner zu haben. Vielmehr hat sie den Wunsch, in einer Partnerschaft zu leben und die verfügbare freie Zeit gemeinsam mit diesem Partner zu gestalten.

Die besondere Bedeutung einer tiefen Zweierbeziehung kann sich auch in konkreten Verhaltensweisen ausdrücken. Inwiefern das gesteigerte Verantwortungsbewusstsein zwischen Partner_innen zu einem ganz handlungspraktischen Regulativ im Umgang mit Alkohol werden kann, wird an einer Passage des Interviews mit Marlen deutlich:

> *I*: Und wenn du mal so überlegst, was er für en Einfluss auf dich hat, also hat er eher einen Einfluss dazu, dass du öfters was trinkst oder mehr trinkst, oder eher einen Einfluss, dass, dadurch, dass er da ist oder dass er dein Freund ist, dass du eigentlich weniger trinkst?
> *M*: Eigentlich macht der gar keinen Einfluss aus//kein Einfluss//, hm, hm, eigentlich mach i des et an ihm so fest. Also klar, wenn er jetzt arg betrunke isch oder so, dann hör i auf mit trinke//mhm//, aber, oder, oder kuck halt, dass ich schon no bei Verstand bin//mhm//, aber sonsch hat der eigentlich kein Einfluss//ok//, ich mach des eigentlich an niemand so richtig abhängig//mhm// so//mhm//, klar, wenn ma weg isch, dann trinket alle zamme//mhm// oder jeder so//mhm// aber sonsch//mhm//. (Marlen, P2, 163–173)

Marlen weist es von sich, dass die Beziehung zu ihrem Freund einen grundsätzlichen Einfluss auf ihr eigenes Trinkverhalten habe. Jedoch versuche sie besonders dann, wenn ihr Freund sehr betrunken sei, bei Verstand zu bleiben. Diese gegenseitige Verantwortungsübernahme erfüllt eine zuverlässige Schutzfunktion. Für beide Partner kann dies zu einem Regulativ im Umgang mit Alkohol werden – für Marlen, weil sie ihren eigenen Konsum in dieser Situation am Rauschzustand ihres Freundes orientiert, für ihren Freund, ab dem Zeitpunkt, an dem Marlen unterstützend eingreift, um ihn vor den negativen Konsequenzen eines Rausches zu schützen. Die weiter oben dargestellten Orientierungsrahmen mit in die Überlegungen einbeziehend, muss festgehalten werden, dass ein gesteigertes Verantwortungsbewusstsein in Beziehungen nur dann auf Dauer funktionieren kann, wenn die gegenseitigen Erwartungen an Konsumverhalten nicht enttäuscht werden.

In Bezug auf den Umgang mit Alkohol lässt sich als Zwischenfazit festhalten, dass Jugendliche mit dem Eintritt in eine Beziehung eine Reihe bisheriger Konsummuster über Bord werfen und sich neue Konsumstile aneignen können/wollen. Diese Konsumstile scheinen episodenhaft an das Leben in der Beziehung geknüpft zu sein. Es kann keine Aussage darüber gemacht werden, ob der Konsum durch den Eintritt in eine Beziehung zu- oder abnimmt. Die Vermutung liegt nahe, dass exzessive Konsummuster für das Erleben einer Beziehung eher unpassend erscheinen. Auf der Ebene der Inszenierungen eignen sich Paarbeziehungen im Besonderen zur Darstellung eigener Reife und Vernunft. Mit zunehmender Relevanz einer festen Beziehung kommt es zu Verschiebungen von freier Zeit von der Peergroup hin zur Paarbeziehung. Dabei wird deutlich, dass Jugendliche spezifische Erwartungen an den Konsum ihrer Partner_innen hegen. Mit dem Eintritt in eine

5.4 Sexuelle Erfahrungen und Liebesbeziehungen (Christian Wißmann)

Beziehung beginnt ein Aushandlungsprozess über adäquate Konsummuster, welche zumindest für die gemeinsam verbrachte Zeit von Gültigkeit sind.

5.4.4 Alkoholkonsum zur Bewältigung des Endes einer Beziehung

Zum Erfahrungsraum „Beziehung" gehört auch der Umgang mit dem Ende partnerschaftlicher Zweierbeziehungen. Zur Bewältigung dieser Übergänge kann Alkohol in verschiedenen Formen eingesetzt werden. Im ersten Zitat wird deutlich, dass Alina Alkohol in ritualisierter Form zur Bewältigung des Beziehungsendes einsetzt:

> *I*: Du hast grad auch erzählt, ähm dass Alkohol für dich au, dass du des auch genutzt hast für dich, wenn es dir mal nicht gut ging, oder//ja//, hast du, hab ich des richtig verstanden//ja//, ja, kannst du dazu ein bisschen was so erzählen?
> *A*: Ich weiß auch nicht, was war denn des, da hat glaub ich mein Freund mit mir Schluss gemacht und dann (2) hab ich mich halt betrunken mit, zuhause, was war des, Rum oder so (2) ich glaub, ja, und @dann@, was hat m'r zuhause, zum Kuchen backen//mhm//, 54%iger Rum//mhm//, also des hab ich, gut, des hab ich eigentlich immer getrunken, ich hab immer Marmorkuchen gebacken mit Rum und dann hab ich immer den Rum nebenher getrunken, also des isch bisschen, also eigentlich nicht so, dass ich mich betrunken hab, sondern einfach nur so en Schnapsgläschen//ja// oder so//ja//. (Alina, P2, 340–352)

Auf die Nachfrage, wie Alina mit Alkohol umging, als es ihr nicht gut ging, führt Alina aus, dass dies in einer Zeit gewesen sei, als ihr Freund die Beziehung beendete. Sie habe sich zuhause mit Rum betrunken. Nun folgt eine Hintergrundkonstruktion, in der Alina erklärt, dass sie diesen Rum normalerweise zum Backen verwendete. Ohne genauer zu erfahren, inwiefern Alina in dieser Situation tatsächlich berauscht war, wird deutlich, dass dem Konsum von Alkohol hier eine gewisse Symbolik innewohnt. Alina markiert das Ende ihrer Beziehung und symbolisiert einen Bewältigungsprozess durch den Konsum von Alkohol. Sie beschreibt hier eine für das Konsumverhalten Jugendlicher völlig untypische Situation des Alleintrinkens. Diese wird jedoch durch die Funktionszuschreibung „Bewältigung eines Beziehungsendes" sinnhaft gerahmt und quasi legitimiert.

Ein maximaler Kontrast zu dieser Art der Bewältigung zeigt sich an einer Interviewstelle von Oskar:

> *I.1*: Du bist ruhig. Ja, nee, aber ich mein danach, am nächsten Morgen irgendwie. Ah genau, du hast gesagt, wenn du, da gehst du nicht gleich zum Arzt, wenn es dir schlecht geht.//O: ach so, ja// Ja ja ja.//Int.2: genau// (2) Okay und dann mit 16 hattest du deine erste Freundin, ne?

> *O*: (1) Ja und dann, (1) na wie gesagt, dann hat sie mit mir Schluss gemacht//Int.1: ja//, hab' ich fast 'ne Woche lang getrunken, mit Kumpels.//Int.1: ja// Und ja, da hat mich das eigentlich gar nicht interessiert.//Int.2: mhm////Int.1: okay// (2) Da habe ich halt gedacht, ich kann' (2) äh: auf die Frauen scheißen, sozusagen @(1)@ (2) und äh ja, dann hat ich 2 Jahre lang fast keine Freundin.//Int.1: okay// Also dazwischen da war ich sozusagen frei. (2) Hab mit 17 Hauptschulabschluss gemacht.//Int.1: mhm// (2) Fast mit 18 sozusagen. (1) Und in der Zeit hatte ich eigentlich gar keine Freundin mehr.//Int.1: okay// Dann nach äh (6) kurz vor meinem 18. Geburtstag hatte ich meine 2. Freundin. (Oskar, P2, 82–94)

Oskar umreißt eine längere Zeitspanne, die zwischen der Beziehung zu seiner ersten und seiner zweiten Freundin lag. Als seine erste Freundin die Beziehung mit ihm beendet hatte, trank er eine Woche lang mit seinen Freunden. Frauen hätten ihn eine lange Zeit nicht mehr interessiert, bis er kurz vor seinem 18. Geburtstag seine zweite Freundin kennengelernt habe. Im Gegensatz zu Alina beschreibt Oskar die Bewältigung des Beziehungsendes als ein sozial eingebundenes Trinken. Ähnlich wie in anderen Erzählungen wird der Umgang mit Alkohol hier verwoben mit einer sozialen Interaktion dargestellt. Wenn die Partner_innen in einer Beziehung „eigene" Regeln für den adäquaten Umgang mit Alkohol aushandeln, kann dieses exzessive Trinken am Beziehungsende als ein bewusster Bruch mit diesem vormals gültigen Regelwerk interpretiert werden. Wenn Jugendliche während einer bestehenden Zweierbeziehung weniger Zeit mit ihrer Peergroup verbringen können, dann kann diese exzessive und intensive Zeit als Reintegration in den Kontext Peergroup interpretiert werden. Beide Beobachtungen verweisen auf den episodenhaften Charakter, den das Leben in einer Beziehung für Jugendliche hat.

5.4.5 Fazit

Der Umgang mit Alkohol kann auf verschiedene Arten zur Entstehung partnerschaftlicher Beziehungen genutzt werden. Zunächst ist das Thema Alkohol ein sehr niederschwelliges und unverfängliches Gesprächs- und Interaktionsthema. Jugendliche können sich über Lieblingsgetränke, Trinkgeschichten und vieles mehr austauschen und so miteinander in Kontakt treten. Durch zahlreiche Trinkrituale, wie gegenseitiges Einladen, Anstoßen oder Trinksprüche, können Jugendliche den Kontakt zu möglichen Sexual- und Liebespartner_innen nicht nur einmalig herstellen, sondern auch über eine komplette Trinkgelegenheit hinweg aufrechterhalten.

Daneben ist auch die psychoaktive Wirkung von Alkohol relevant zur Herstellung und Inszenierung von Sexualität. Die enthemmende Wirkung von Alkohol hilft vielen Jugendlichen bei der Initiierung von Kontakten. Unter Verweis auf den Rausch können Jugendliche ihre eigene Sexualität inszenieren, was als ein Beitrag zur kohärenten Identitätsarbeit im Jugendalter interpretiert werden kann.

Sind im frühen Jugendalter vor allem die Erfahrungen im Kontext der Peergroup von Relevanz, scheint der Erfahrungsraum Beziehung im Laufe des Erwachsenwerdens zunehmend an Bedeutung zu gewinnen. Die Auswertungen zeigen, dass Jugendliche sehr bewusste Erwartungen an den Konsum ihrer Partner_innen formulieren können. In einer Beziehung wird das Aushandeln eines adäquaten Umgangs mit Alkohol zu einem relevanten Thema. Findet keine Einigung über adäquate Konsummuster statt, scheint sich Alkohol zu einem dauerhaften „Streitthema" entwickeln zu können. Die Aushandlungen über adäquate Konsummuster scheinen dabei nicht auf Augenhöhe stattfinden zu müssen, um zu einer verbindlichen Vereinbarung zu kommen. Der Eintritt in eine Beziehung kann zu einem entscheidenden Regulativ für den Umgang mit Alkohol werden. Gemeinsam verhandelte Trinkmuster scheinen mindestens für die gemeinsam verbrachte Zeit von Gültigkeit zu sein, darüber hinaus scheint es jedoch durchaus möglich, dass die für eine Beziehung adäquaten Konsummuster für Jugendliche abstrahiert von diesem spezifischen Kontext Gültigkeit haben. Dies wird am Beispiel Oskars deutlich, der seinen moderaten Konsumstil nicht nur an die gemeinsam erlebte Zeit mit seiner Freundin knüpft, sondern auch mit Verweis auf seine körperlichen Grenzen begründet.

Alkohol kann auch eingesetzt werden, um das Ende einer Beziehung zu verarbeiten. Dabei kann Alkohol sowohl zur persönlichen Bewältigung der neuen Lebenssituation beitragen als auch zu Reinitialisierung in den Kontext Peergroup genutzt werden.

5.5 Gestaltung von Peerzusammenhängen (Christian Wißmann)

Die Interviews zeugen vom Prozess des Erlernens eines gelingenden Umgangs mit Alkohol, der in der Tat als eine eigenständige Entwicklungsaufgabe in der Lebensphase Jugend verstanden werden muss – Jugendliche sollen zu „Könnern" im Umgang mit Alkohol werden (Stumpp et al. 2009). Ein gelingender Umgang mit Alkohol orientiert sich an gesellschaftlichen Normvorstellungen, individuellen Präferenzen, persönlichen Erfahrungen, der eignen Selbstinszenierung, gruppen- und milieuspezifischen Gewohnheiten und Ritualen, und vielem mehr. Diese Komplexität macht deutlich, dass es alles andere als einfach ist, zu einem „Könner" zu werden. Die Attribute, die den „Könner" vom „Nichtkönner" unterscheiden, sind vielfältig, häufig ambivalent und meist nur von temporärer Gültigkeit. Ob der Umgang mit Alkohol gelingt oder misslingt, lässt sich nur schwer an Konsumhäufigkeit oder Konsummenge festmachen, da diese Größen gerade in Bezug auf die Konsummuster von Jugendlichen nicht funktionieren. Die Konsummuster von Jugendlichen variieren in Abhängigkeit von der Lebensphase, der Jahreszeit, dem Wochentag, den persönlichen Verpflichtungen in Schule, Beruf oder Freizeit und dem eigenen Befinden. Sie bewegen sich dynamisch zwischen exzessiv, moderat und abstinent.

Wie zahlreiche Studien und Forschungsergebnisse dokumentieren, ist das Thema Alkoholkonsum bei Jugendlichen eng verbunden mit deren Interaktionen in Peergroups. Alkoholkonsum bei Jugendlichen muss daher als jugendkulturelles Gruppen-Phänomen gedeutet und verstanden werden. Vor diesem Hintergrund ist zumindest fraglich, inwiefern Jugendliche ihr Trinkverhalten im Alltag individualisiert wahrnehmen und steuern. Vielmehr scheinen Jugendliche hochgradig sozial zu konsumieren. Wenn hauptsächlich in Gruppen konsumiert wird, dann finden auch die Aushandlungsprozesse über adäquate Konsummuster in den Gruppen statt. Dann werden Jugendliche auch in und mit ihren Peergroups zu „Könnern" oder „Nichtkönnern" im Umgang mit Alkohol.

Sowohl die Dynamik in der Konsumpraxis, als auch die sozialen Komponenten, die den Alkoholkonsum von Jugendlichen maßgeblich rahmen, sind in der Forschung bisher zu wenig beachtet. Im Folgenden soll die Vergesellung Jugendlicher und deren Umgang mit Alkohol genauer untersucht werden. Dazu soll der Begriff „Gruppe" zunächst nicht näher definiert werden – „Gruppe" bezeichnet alle Formen menschlicher Vergesellung (vgl. Schütz 1996)[56]. Vergesellung bezeichnet in aller Offenheit die Interaktionen zwischen mehreren Peers, in welchen der Umgang mit Alkohol praktiziert oder thematisiert wird.

In der folgenden Auswertung werden relevante Stellen aus biografischen Interviews mit der dokumentarischen Methode analysiert. Relevant sind die Stellen dann, wenn in Beschreibungen und Erzählungen der Jugendlichen sowohl die soziale Dimension „Peers", als auch die Dimension „Umgang mit Alkohol" thematisiert werden.

5.5.1 Alkoholkonsum als gestalterisches Element in Peergroups

Dass der Konsum von Alkohol als Peergruppen-Phänomen verstanden werden muss, wird mittlerweile von zahlreichen Studien belegt (Sting 2008; Stumpp et al. 2009). Dabei bleiben die exzessiveren Konsumpraktiken meist auf den Freizeitbe-

---

[5] (http://www.egon-schuetz-archiv.uni-koeln.de/50.pdf – 03.12.2013, 13:30)
[6] Der Begriff „Vergesellung" bezeichnet in dieser Arbeit die gruppendynamischen Interaktionen mehrerer Peers, rund um das Thema Alkohol.

5.5 Gestaltung von Peerzusammenhängen (Christian Wißmann)

reich beschränkt und sollen den Erfolg in anderen Lebensbereichen (vor allen den Erfolg in Schule und Beruf) nicht gefährden (Wißmann 2011).

Im Folgenden wird untersucht, ob und wie Alkoholkonsum als gestalterisches Element in Peergroups wirksam wird. Sekundär sind dabei die Funktionen des Konsums, welche die Jugendlichen explizit benennen können. Primär von Interesse ist, auf welchen Ebenen der Konsum von Alkohol tatsächlich gestalterisch wirksam wird. Hierfür werden die Orientierungen herausgearbeitet und untersucht, die sich aus den Erzählungen und Beschreibungen der Jugendlichen rekonstruieren lassen.

Alkoholkonsum in Gruppen als Freizeitgestaltungspraxis
Wie im folgenden Interviewausschnitt deutlich wird, kann der Konsum von Alkohol als „verlässliches" Element der Freizeitgestaltungspraxis Jugendlicher beschrieben werden:

> Ja genau genau genau. Ähm (2) ja wie geht's dann weiter? Ich glaub' (3) ja wie gesagt auch, bist dann relativ viel noch so draußen unterwegs und dann ähm je älter du halt wirst, kommst halt mehr dann auch in Clubs rein oder sowas. (2) Also (2) gut, [Stadt1] ist jetzt nicht so die Übermacht, @was das angeht@//@//, aber es gibt auch das eine oder andere, wo du ganz gut ausgehen kannst. (3) Und ähm, ja, wie hat sich das ergeben? Na gut, ich glaub' am Anfang ist echt noch oft so, dass du halt dich davor schon triffst, also zum Vorglühen oder so.//mhm// Schaust, dass du möglich viel intus hast und dann im Club äh (1) ja vielleicht noch 1, 2, 3 Bier trinkst oder sowas, aber dass du dann äh versorgt bist und aber ich glaub' mit der Zeit verändert sich das. Also (2) wenn ich jetzt Abend weg gehe, klar, man trifft sich schonmal zum davor einen Trinken oder so, aber, gut man, vielleicht verträgt man auch mehr, also ich mein', mit 16 trinkst lang nicht so viel jetzt heute z. B. oder so. Aber halt das Ausgehverhalten verändert sich schon, also auch das Trinkverhalten ein bisschen.// mhm// Du trinkst in den Clubs mehr ähm als (1) als davor. Gibst auch mehr Geld aus dafür einfach, ist so. Und äh (3) ja ich meine, klar wenn, (1) da beim Trinken machst die eine oder andere Erfahrung. Dann machst vielleicht mal ein Scheiß, den du (1) nüchtern natürlich nicht gemacht hättest. Äh (2) oder du, was weiß ich, kotzt mal irgendwie in die Ecke oder (2) im Krankenhaus gelandet oder so bin ich nie, zum Glück.//@// Gab's aber auch Leute, klar, in meinem Umkreis, die//mhm// das äh mitgemacht haben. (3) Noch so zum Trinkverhalten, weiß ich. (1) Ich weiß nicht. Ja gut, Bier hat halt am Anfang nicht geschmeckt, das würde ich heute @(2)@ im Umkehrschluss äh anders sehen.//@// (2) Ähm (3) ja aber (2) ich glaub', also bei mir jetzt z. B. war's so, ich weiß ganz genau, äh, bei mit gibt's Phasen, wo ich dann auch mal eher weniger weg gehe, weil (1) weil ich einfach weiß, äh, es sind Klausurphasen oder jetzt schreib' ich mein Abitur.//mhm// Oder und dann gibt's auch wieder Phasen, wo ich dann halt jeden Abend, weil ich irgendwo zu feiern hab', Abends äh mit meinen Kollegen unterwegs bin und ähm wo dann auch mehr gesoffen wird. Ist ja klar. Oder gerade in den Urlauben oder sowas ja.//mhm// (2) Aber. (2) Ja. (2) So. Ich bin jetzt auch nicht der Typ, der äh (1) sagen wir mal, Mittags Mittags Bier aufmachen.

Ich würd' glaub zu Hause alleine würde ich nie, nie trinken. Das (2) also gar nicht, mein's auch Feierabendbier oder so wie man's nennt, mach' ich eigentlich, trink' ich eigentlich gar nie. Aber ähm halt eigentlich immer nur, wenn's wenn du Abends zum zum Party machen, sage ich mal, unterwegs bist.//mhm// (1) Also in in der Gruppe dann.//mhm// Ja. (Basti, P2, 493–524)

Zu Beginn dieses Interviewausschnittes beschreibt Basti eine Entwicklung in seinem Ausgehverhalten. Mit den Events und den damit verbundenen Orten scheint sich auch das Trinkverhalten zu verändern. Deutlich wird, dass der Konsum von Alkohol als „verlässliche" Konstante erhalten geblieben ist. Dabei kann er aber nicht ohne weiteres ausmachen, ob er heute tatsächlich mehr oder weniger Alkohol konsumiert als früher, ob er heute eine höhere Toleranz entwickelt hat, oder ob er schlicht weniger „vorglüht", da er sich in der Disko mehr Alkohol leisten kann. Von entscheidender Bedeutung an dieser Stelle ist jedoch, dass der Konsum von Alkohol ein fester Bestandteil der Freizeitgestaltung von Basti und seinen Peers war und ist.

Die subjektiv empfundene Intensität des Konsums scheint dabei eher in Phasen zu verlaufen. Je mehr freie Zeit zu Verfügung steht, desto intensiver und häufiger kann konsumiert werden. Basti nennt hier verschiedene Phasen, wie Klausurzeiten oder das Abitur, in welchen es eher unpassend sei, viel Alkohol zu konsumieren, und Phasen, in denen der tägliche Konsum durchaus adäquat ist. Diese Phasenverläufe scheinen viel weniger von Bastis persönlicher Befindlichkeit geprägt zu sein als von sozialen Kriterien, durch welche der in der Peergroup stattfindende Konsum legitimiert wird. Sinnstiftend ist dabei das Kollektiv, wohingegen alleine zu konsumieren in jedem Fall inadäquat erscheint. Basti beschreibt die Entwicklung seines Trinkverhaltens als ein „normales", der Gruppe angepasstes Verhalten. Dies macht er zum einen explizit, zum anderen implizit durch kollektivierende („man") Beschreibungen und die Kennzeichnung des Gruppencharakters („wir") seines Verhaltens. Basti beschreibt seinen Umgang mit Alkohol als stark an die Interaktion in der Gruppe gebunden. Diese „Kollektivität des Konsums" zeigt, wie Basti seinen Umgang mit Alkohol normalisiert. Es wird eine Orientierung deutlich, die den Konsum von Alkohol als logischen „normalen" Bestandteil jugendkulturellen Freizeitverhaltens kennzeichnet.

Dieser Eindruck bestätigt sich auch in der Interpretation der folgenden Interviewpassage. Obwohl Alexandra sich selbst als Nichttrinkerin darstellt, wird auch an ihren Erzählungen deutlich, dass der Konsum von Alkohol eine jugendkulturelle „Normalität" darzustellen scheint. Inwiefern der Konsum von Alkohol zu einer „verlässlichen" Freizeitgestaltungspraxis werden kann, lässt sich demnach gerade auch an den Erzählungen und Beschreibungen von Jugendlichen aufzeigen, die sich persönlich gegen eine solche Konsumpraxis aussprechen:

5.5 Gestaltung von Peerzusammenhängen (Christian Wißmann)

> Damals als wir geredet hatten war es glaube ich da hatt ich schon (1) Kontakt durchaus gehabt. Also es bei mir hat sich nicht so viel geändert (1) ähm ich bin so dass ich immer noch wenn ich mit den Cliquen draußen bin gar nichts trinke (1) un:d ähm (1) jetzt so an Silvester klar da trink man mal ein Glas Sekt oder so was also bei mir ist aber immer noch so dass ich weder angetrunken noch//mhm// irgendwie besoffen immer noch eher diejenige bin die die Leute nach Hause bringt (1)//mhm// und ähm (2) ja mit dem Kontakt das ist halt es wird immer also bei mir ist das Problem gewe- oder was heißt Problem bei mir war es so dass viele Freunde von mir einfach dann (1) nach diesem wo ich 14 war noch mehr in das Saufen reingekommen sind,//mhm// und ähm dann habe ich irgendwie immer noch schlechtere Erfahrungen gemacht weil ich immer noch mehr nach Hause bringen musste und//mh// @irgendwie@ ich dann auch echt also jetzt grad dieses Silvester (1) das war so @schrecklich@ @(1)@ weil ich habe Freundinnen versprochen dass sie bei mir übernachten können und ähm (1) ja dann waren die aber halt so besoffen dass wirklich vom (.)[markanter Platz in der Innenstadt] zum Hauptbahnhof anstatt zehn Minuten 40 min @gebraucht haben@.
> (Alexandra, P2, 14–30)

Am Beispiel des Interviewausschnitts von Alexandra wird deutlich, dass sie sich klar vom Verhalten ihrer Peers distanziert. Obwohl Alexandra den exzessiven Konsum von Alkohol ablehnt, beschreibt sie dieses exzessive Trinkverhalten als „verlässliches" Freizeitverhalten ihrer „Freundinnen". Alexandra positioniert sich mit ihrer abstinenten Haltung als die Ausnahme, wohingegen der teils exzessive Konsum ihrer Freundinnen eher die Regel zu sein scheint. Im weiteren Interviewverlauf wird diese Orientierung immer wieder deutlich. Die Lehrer trinken beim Klassenausflug, die Betreuer trinken beim Trainingslager der Fußballmannschaft. Der Konsum von Alkohol scheint also auch dann ein normales, zentrales Element jugendlicher Freizeitgestaltung zu sein, wenn sie institutionell gerahmt ist. Am Beispiel Alexandras wird deutlich, dass es weniger Argumente für den Konsum von Alkohol in der Freizeit bedarf als für eine Abstinenz. Dies kommt auch im Interview mit Kay zum Ausdruck:

> Ich weiß nicht also (2) üh ist schwer zu sagen, ich merk halt wenn ich am besten nichts mehr trinke (1) und dann trinke ich eigentlich auch nicht mehr viel.//mhm// (1) und jetzt ist zum Beispiel vor einer Woche oder vor zwei Wochen war Motorradtreffen in [Stadt 2], (1) und da war schon Mittags ein Elfmetertunier in [Stadt 7] und weil wir da: das sind da immer so Freizeittunier wenn wir da mitmachen ist eigentlich auch normal damit man da halt auch trinkt, (1) waren wir auch davor bei einem Kameraden daheim auf der Gasse//mhm// haben ein paar Bier getrunken dann sind wir zu dem Elfmeterschießen gegangen, dann hat man das Ding runtergeschossen haben nebenher ein paar Bier getrunken, (1) sind dann: äh im Schützenhaus hochgegangen, (1) haben dort Frauen-WM angeguckt haben (1) dort noch mal ein paar Schnäpse und ein paar Bier getrunken dann sind wir auf das Fest gegangen und haben weiter getrunken, (1) und irgendwann habe ich gemerkt gehabt >>ah jetzt tust du lieber nicht mehr weiter trinken sonst(1) habe es halt (…)//mhm mhm// und bist weg<< habe ich mir, eine Bluna gekauft zu dem Zeitpunkt habe ich es fen- gefunden zu den Leuten

hinzugehen, und mit der Bluna bin ich rumgelaufen und wenn sie mich gefragt haben wieso ich Bluna trinken habe ich dann immer erzählt gehabt,//@(1)@// damit ich seit zwei Monaten keine Alkohol mehr trinke//@(2)@// die Leute @um die Uhrzeit@ waren dann die Leute meistens auch ein bisschen angetrunken//@(1)@// haben das auch nicht mehr so gemerkt und (1)//ja// die meisten haben es mir geglaubt und ich habe mich eigentlich gefreut gehabt weil @ich alle@//@(1)@// verarscht habe. @ (3)@//ja @(1)@// ein Kumpel ist auch neben mir gestanden der ist auch teilweise mi- mitgelaufen (1) hat sich auch immer einen ablachen müssen. (Kay, P2, 782–802)

Kay erzählt von einem Tag, an dem er mit seinen Freunden viel Alkohol auf unterschiedlichen Festen konsumierte. Irgendwann habe er festgestellt, dass er genug habe, weil er sonst „weg" sei, woraufhin er sich eine Bluna kaufte. Mit dieser Bluna in der Hand sei er dann auf dem Fest umherspaziert und habe immer, wenn er gefragt wurde, warum er Bluna trinke, erzählt, er würde schon zwei Monate keinen Alkohol mehr trinken. Er erzählt dies wie einen guten Witz: Die Leute hätten ihm, da sie alle zu fortgeschrittener Stunde schon angetrunken waren, geglaubt. Dies habe ihn und seinen Kumpel sehr gefreut – der habe sich kaputtgelacht. Diese Stelle verdeutlicht, wie konform es für Jugendliche untereinander ist, zu bestimmten Zeiten Alkohol zu konsumieren.[7] Dennoch scheint dies nicht mit einem expliziten Trinkzwang einherzugehen. Kay wird nicht ausgeschlossen, indem er eine Bluna trinkt. Kay und sein Kumpel bleiben während der Geschichte um die Bluna integriert und interagieren weiterhin mit den anwesenden Peers. Es findet keine Ausgrenzung bei Nichtkonsum statt. In Bezug auf den Konsum von Alkohol scheinen Settings wie dieses Fest eher ermöglichenden als verpflichtenden Charakter zu haben. Die „Möglichkeit des Konsums von Alkohol" scheint für das Setting[8] essentiell – was aber nicht zu einem unmittelbaren Konsumzwang für die beteiligten Individuen führt.

Kay beschreibt hier zahlreiche Freizeitaktivitäten, wie ein Elfmeterturnier oder die Übertragung eines Fußballspiels. All diese Events scheinen wie selbstverständlich auch durch den Konsum von Alkohol diesen Freizeitcharakter zu bekommen, unabhängig davon, wer diese jeweils ausrichtet. Ein verbindendes Element über alle Events hinweg bleibt „die Möglichkeit" des Konsums von Alkohol. Jugendliche scheinen sich in ihrer Freizeit Räume zu schaffen – oder vorhandene Räume zu nutzen, in denen der Konsum von Alkohol legitim ist. Dabei scheint nicht der individuelle Rausch im Zentrum zu stehen, sondern vielmehr ein kollektives Rauscherlebnis. Kay ist nicht am „Ziel", als er merkt, dass er so langsam genug hat – er trinkt ein alkoholfreies Getränk, um weiterhin integriert zu bleiben. In Bezug

---

[7] Ebenso verbindlich und konform ist es, zu anderen Zeiten (vormittags, wochentags usw.) abstinent zu bleiben.

[8] Wochenende, abends, Fest, Jugendliche.

5.5 Gestaltung von Peerzusammenhängen (Christian Wißmann) 141

auf die Freizeitgestaltung von Jugendlichen scheint es in diesem Beispiel darum zu gehen, sich Ermöglichungsräume zu schaffen und selbige zu nutzen. Dies zeichnet sich auch im folgenden Interviewausschnitt ab, in welchem Raffi beschreibt, welche Rolle der Konsum von Alkohol in Bezug auf die Gestaltung freier Zeit spielt:

> *I*: Und was würdest du sagen hat äh Alkohol jetzt bisher so in deinem Leben für 'ne Rolle gespielt? So ganz allgemein?
> *R*: Naja nicht so 'ne große Rolle. Aber auch schon 'ne gute Rolle spielt es find' das, auch also äh pff, also ich gehe nirgendwo hin, ja, wo ich nicht weiß, alter, z. B. wenn's 'ne Party gibt ja und wo keiner trinkt, ja, da weiß ich okay, entweder es wird äh ein Abend ohne Alkohol, wo die Laune einfach da ist von allen, ja,//mhm// oder einfach da wird die Laune so am Boden sein, dass ich sage, ich geh' da nicht hin, ja.//mhm// Und das ist halt dieser Unterschied zwischen mit Alkohol oder ohne.//mhm// Wenn Alkohol im Spiel ist, weiß ich, weiß, weiß ich 100%, dass da was abgeht, ja.//mhm// Und mit ohne Alkohol ist so 'ne 50 50 Chance.//mhm// (1) Ja. (5) Ist halt so 'ne Sache. (13) Pff, was gibt's noch dazu zu sagen, ja.//@*i*// Muss ich überlegen. (2) Fällt eigentlich nichts dazu ein. (Raffi, P2, 1735–1746)

Raffi beschreibt Alkohol als einen essentiellen Bestandteil seiner Freizeitgestaltung. Die Interpretation dieser Passage unterstreicht die oben ausgeführten Überlegungen sehr deutlich. Die Frage des Interviewers, wie bedeutsam der Konsum bislang (im Rückblick) gewesen sei, beantwortet Raffi eher relativierend. Raffi inszeniert sich hier als moderaten Konsumenten, in dessen Leben Alkohol keine große Rolle spielt, da er den Umgang mit Alkohol beherrscht. Anschließend wechselt der Modus, und spricht nicht mehr über sich als Konsumenten, sondern über sich als Jugendlichen, in dessen Leben Alkohol schon „'ne gute Rolle" zu spielen scheint. Alkohol ist für ihn insofern wichtig, als das gemeinsame Trinken ein Garant dafür sei, dass ein Abend stimmungsmäßig gut werden wird. Ohne Alkohol jedoch wäre das Gelingen des Abends weitaus ungewisser – dann könne es ebensogut sein, dass der Abend ein Flop wird.

Der Konsum von Alkohol als Garant für einen gelingenden Abend – ein Blick über die bislang zitierten Interviewpassagen zeigt, was hiermit gemeint sein kann: bei Raffi ist dies die Garantie für gemeinsames Erleben bei guter Laune. Kay nennt die Kameradschaft mit Peers und den Genuß spontaner Späße, Basti zahlreiche Interaktionsfeldern mit Peers, in denen er Erfahrungen und Erlebnisse sammeln kann.

Bei Raffi wird ein Orientierungsrahmen deutlich, der darauf verweist, dass es ihm darum geht, seine freie Zeit möglichst erlebnisreich zu verbringen und das Risiko, dass der Abend nicht gelingen könnte, so weit wie möglich zu minimieren. Der Konsum von Alkohol wird hier nicht zur zentralen Freizeitbeschäftigung, vielmehr wird der Rausch als Katalysator und Ermöglicher genutzt, um eine erlebnisreiche Freizeit zu garantieren. Die psychoaktive Wirkung des Alkohols ist nur eine Komponente des Rauscherlebnisses. Der Rausch wird erst dann zum Erlebnis, wenn soziale Aktivitäten, Spontaneitäten, Kicks, sexuelle Erfahrungen, das Entstehen und die Pflege von Sozialkontakten und vieles mehr erfahren und erlebt werden. Der Grad der Alkoholintoxikation erscheint dabei sekundär und variabel. Alkoholkonsum fungiert lediglich als sicheres Tor in eine Erlebniswelt. Es ist also viel eher das Ziel, einen Rausch zu erleben, als einen Alkoholrausch zu haben. „Übertriebener" Konsum, oder gar ein Kontrollverlust, scheint eher in Ausnahmefällen das Ziel zu sein, denn hier schwingt die Gefahr mit, den Rausch nicht mehr zu erleben, sondern ihn ertragen zu müssen. Hier wird ein Orientierungsrahmen deutlich, in dem der Konsum von Alkohol gestalterisch genutzt wird. Ziel ist die Gestaltung einer im positiven Sinne erlebnisreichen Freizeit.

Ein minimaler Kontrast zeigt sich in der folgenden Interviewpassage. Alesio erzählt in dieser Sequenz aus einer Zeit, in der er krankheitsbedingt keinen Alkohol konsumieren durfte.

> Am Ding des war gleich wo ich Ding ähm nach dem Krankenhausaufenthalt war ja die Fasnet noch//mmh// und des war grad alles des in [Ort2] und dann war ich auch mit denen und Kameraden unterwegs (1) und dann bin ich schon um halb achte Heim weil ich keine Lust mehr hatte//mmh// und da bin ich dann um halb achte mal Heim (1) weils langweilig war so//mmh// ja (1) ohne Alkohol//mmh// ja. (Alesio, P2, 671–675)

Diese Passage vereint mehrere bisher erarbeitete Orientierungen. Zum einen wird erneut unterstrichen, inwiefern der Konsum von Alkohol als gestalterisches Element einer erlebnisreichen Freizeit funktionalisiert wird, zum anderen wird deutlich, welche Normalität mit dem Konsum von Alkohol in der Freizeit verbunden wird. Alesios Erzählungen ergänzen den bisherigen Blick um eine wichtige Perspektive: Wenn der Konsum von Alkohol wie hier derart an ein Setting gebunden ist, wird Nichtkonsum deutlich erschwert. Für Alesio bedeutet dies nicht, dass er von seinen Freunden ausgeschlossen wird, jedoch scheint die Basis für eine gelingende gemeinsame Interaktion zu fehlen.

Die bisher erarbeiteten Orientierungsrahmen stellen den Konsum von Alkohol in der Freizeit als eine kollektive Handlung dar. Dabei ist die Peergroup nicht nur der Ort, an dem konsumiert wird, sondern auch die Instanz, welche die „Regel" des Konsums vorgibt. Wie adäquater Konsum aussieht, wird bestimmt von gruppenspezifischen Regeln oder jugendkulturellen Normen und weniger von individuellen Maßstäben. Im Folgenden sehen wir hierzu einen maximalen Kontrast. Auch bei Raffi findet der Konsum in der Peergroup statt. Bei der Ausgestaltung des Konsums scheint er sich jedoch weniger an den Normen seiner Gruppe zu orientieren als vielmehr an seinen eigenen Vorstellungen. Raffi zeigt zunächst eine

5.5 Gestaltung von Peerzusammenhängen (Christian Wißmann)

Orientierung, die anschlussfähig an die oben skizzierte Kollektivität von Rauscherlebnissen ist, aber auch noch den Aspekt der individuellen Bearbeitung benennt:

> Ganz am Anfang war es so, haben 3, 4 Leute an einer Woddi-Flasche, aber jetzt Nachhinein sind's 2 Leute und eine Wodka-Flasche. Ich denke, die spüren einfach nichts von dem, also wo sich der Körper schon lange gewöhnt hat und weißt ja, mit Alkohol verarbeiten soll und so. Ja dann damit's halt mehr als 'ne Flasche, 1, 2 Flaschen werden's draußen danach//mhm//, ist man dann gut dabei. (2) Und schnell, schneller als man sehen kann, liegt man auch irgendwo in der Kurve und weiß nicht mehr wohin.//@(2)@// @ (2) Ja, das macht Alkohol halt auch. (1) Na halt ich stehe dafür, dass man halt nicht so viel trinken kann, dass der Alkohol deinen Körper kontrolliert. Du sollst den Alkohol kontrollieren und nicht dein, also, (1) dein Körper soll das Alkohol kontrolliert, nicht Alkohol dein Körper und bis zu dieser Grenze hin trinke ich meistens, sehr selten, es war halt wie an Silvester, hab' ich äh war's so, dass Alkohol mein Körper, Körper kontrolliert hat, aber sonst passiert das eigentliche nie. Na auf 'm Geburtstag, auf mein Geburtstag z. B. ist es so, dass ich dann richtig viel trinke//mhm//. Ähm ja und Besinnung verliere sozusagen, auch an Silvester, an gewissen Tagen, wo wo's halt sozusagen meiner Meinung nach erlaubt ist, viel zu trinken, trinke ich auch viel. Aber so, einfach so ohne Grund jetzt irgendwo hinzugehen, äh 'ne Wodka-Flasche zu kaufen, sich auf 'ne Bank zu setzen, st- steh' ich auch nicht dafür,//mhm// ist auch sinnloses Trinken. (2) Da es auch zu Sucht kommen kann//mhm// und ähm so (1) und ähm (1) generell, Alkohol schmeckt eigentlich für mich gar nichts.//mhm// Ist halt nur so so so 'ne Sache, die man trinkt halt, um ja, die Laune von der, von der Person zu verbessern, um die Sorgen zu vergessen, die man halt im Alltag hat und man halt in dem Moment ist es dir ja auch alles egal, was passiert, was passiert morgen, was passiert, was ist heute passiert? Man vergisst es einfach und halt das ist es halt an Alkohol, das Gute,//mhm// was aber auch zum Negativen führen kann. (2) Mh. (Raffi, P2, 841–865)

Auch Raffi verortet den Konsum von Alkohol in der Peergroup, benennt aber auch die Notwendigkeit eines reflexiven Umgangs mit Alkohol als potentiell suchtauslösender Substanz und beschreibt im Abwägen der positiven und der gefährlichen Aspekte des Trinkens auch klar die Aufgaben, die sich einer individuellen Bewältigung stellen.

Die Peergroup ist für den Umgang mit Alkohol in den meisten Fällen gerade deshalb entscheidend, da die gruppenspezifischen Regeln und Normen den Rausch regulieren. Die Aufrechterhaltung der Interaktionsfähigkeit einer Gruppe kann dabei nur dann sichergestellt sein, wenn keine alkoholbedingten Ausfallserscheinungen zu beklagen sind. Die Beziehungen der Jugendlichen in einer Peergroup bedeuten, eine gewisse Verantwortung füreinander zu übernehmen (Stumpp et al. 2009). Dies reguliert den Umgang mit Alkohol auf zwei Ebenen: Zum einen schauen Jugendliche darauf, dass ihre Peers in der Trinksituation selbst keine Ausfallserscheinungen erleiden, zum anderen führt das wiederholte Verletzen der Gruppenregeln zu sozialen Reaktionen. Nur durch die Orientierung der Peers an den Gruppenregeln kann die Gruppe die Funktion eines Schutzraums erlangen und beibehalten (Stumpp et al. 2009). Raffi beschreibt hier jedoch auch seine eigenen körperlichen Grenzen, wodurch sich in seinem Fall die Schutzfunktion der Gruppe relativiert. Besonders deutlich wird dies, wenn Raffi beschreibt, zu bestimmten Anlässen bewusst zu viel zu konsumieren. Der Konsum von Alkohol verliert unter diesen Vorzeichen seine Funktion als Katalysator für das gemeinsame Erleben. Der Rausch ist nicht länger der Schlüssel in eine erlebnisreiche Freizeit. Vielmehr wird der Rausch selbst zum Erlebnis. Der Konsum rückt ins Zentrum der Freizeitgestaltung.

Nach diesen Ausführungen können nun die zentralen Punkte für den Typus „Alkoholkonsum in Gruppen als Freizeitgestaltungspraxis" festgehalten werden. Zunächst gilt es erneut darauf hinzuweisen, dass keine der getroffenen Aussagen Schlussfolgerungen auf tatsächliche Konsummengen, Konsumhäufigkeiten oder Konsumintensitäten zulassen. Es werden lediglich die Orientierungen sichtbar, die für die Jugendlichen in gewisser Weise handlungsleitend sind.

Zunächst lassen sich Orientierungsrahmen rekonstruieren, welche den Konsum von Alkohol als „normales" jugendkulturelles Gruppenphänomen beschreiben. Dabei geht es um das Erreichen eines „Kollektivrauscherlebnisses", welches wie folgt charakterisiert werden kann:

- Die Möglichkeit des Konsums von Alkohol ist essentiell für die von Jugendlichen gewählten und produzierten Freizeitgestaltungs-Settings.
- Alkohol dient dabei als Garant für den Zugang zu einer jugendkulturell relevanten Erlebniswelt.
- Die psychoaktive Wirkung des Alkohols ist dabei nur eine Seite des Rauscherlebnisses.
- Das Rauscherlebnis entsteht nicht ohne die Interaktionen mit Peers, sexuelle Erfahrungen, spontane Kicks und Späße etc.
- Kohärentes Trinkverhalten ist ein positives Erlebnis für den Einzelnen und die Gruppe.
- Alkoholbedingte Ausfallerscheinungen sind inkohärent und führen zu sozialer Sanktionierung.

In Bezug auf die Wege in und aus dem Rauschtrinken hat dies unter Umständen weiterreichende Folgen. Denn „Kollektivrauscherlebnisse" scheinen durchaus bis weit in die Adoleszenz hinein von großer Relevanz zu bleiben. Sie sind sozial durchaus akzeptiert, da sie gerade nicht im Kontrollverlust enden. Auf dieser Folie sind „Kollektivrauscherlebnisse" geeignet, um sich als „Könner" im Umgang mit Alkohol zu inszenieren. Dies legt die Hypothese nahe, dass ein „Könner" im Umgang mit Alkohol das Rauscherlebnis nicht vermeidet, sondern gezielt herbeiführen kann – ohne die Kontrolle zu verlieren.

5.5 Gestaltung von Peerzusammenhängen (Christian Wißmann)

Daneben lassen sich jedoch auch Orientierungsrahmen rekonstruieren, bei denen der Konsum zwar in der Gruppe stattfindet, jedoch nur bedingt von dieser reguliert wird. Handlungen, die in einem solchen Orientierungsrahmen stattfinden, scheinen für die betroffenen Jugendlichen deutlich risikoreicher zu sein, da die Gruppe ihre Funktion als Schutzraum einbüßt.

All diese Punkte werfen weiterführende Überlegungen auf; so kann an anderer Stelle untersucht werden, ob verschiedene Ausprägungen jugendlicher Peergroups auch unterschiedliche Einflüsse auf den Umgang mit Alkohol haben. Ebenfalls von Interesse wird dabei sein, inwiefern verschiedene Settings mit verschiedenen Trinkmodi in Zusammenhang stehen.

Alkoholkonsum als Impulsgeber für verschiedene soziale Rollen

Inwiefern der Umgang mit Alkohol zu einem gestalterischen Element werden kann, wird auch in der Auseinandersetzung mit den verschiedenen sozialen Rollen deutlich, die Jugendliche in ihren Peergroups annehmen können oder zugewiesen bekommen. An dieser Stelle muss sich die Auswertung auf die unmittelbar im Zusammenhang mit dem Konsum stehenden sozialen Rollen beschränken. Wie die Auswertung zeigt, lassen sich innerhalb dieses Typus verschiedene Kontrastlinien herausarbeiten. So gibt es soziale Rollenzuschreibungen, mit denen sich die Jugendlichen durchaus identifizieren, und solche, von denen sie sich eher distanzieren. Darüber hinaus gibt es auch Beispiele, die verdeutlichen, wie Jugendliche bestimmte soziale Rollen selbst wählen, um sich in bewusster Art und Weise zu inszenieren.

Die folgende Interviewpassage zeigt eine Jugendliche, die sich mit ihrer Rollenzuschreibung zu identifizieren scheint:

D: (2) Also ich bin ehrlich, ich konnte mich wirklich so zusammen raffen, dass man es nicht gemerkt hat. Also ich hab's mir so antrainiert, dass man's wirklich nicht merkt. Also wenn man nicht 'n Meter vor mir//mhm// weg stand und man's gerochen hat.//mhm// (2) Ja.
I: Eigentlich das interessant, @wie jetzt, was@, wie hast du das gemacht oder wie kann ich mir das vorstellen?
D: (2) Ja, mh, wie soll man's form- wie kann man sich's vorstellen? (2) ((Räusper)) Ich hab' mich wirklich so zusammen gerissen, dass ich halt (4) also meine Freunde haben sich auch, ähm ähm fanden das auch immer voll (3) haben das immer bewundert, wie d- wie ich das mach', aber ich weiß gar nicht, wie ich das hingekriegt// mhm// habe. Also jetzt würde ich es bestimmt nicht mehr schaffen, aber (3) weil ich glaub', ich hab' damals so viel Angst einfach, damit es meine Mutter weiß.//mhm// Weil ich mein', welches Kind trinkt schon mit 13?//mhm// Da macht sich, macht sich die Mutter schon Gedanken? (2) Ja, aber ich bin dann immer sofort gleich schlafen gegangen. Und wenn ich kotzen musste, hab' ich immer aus 'm Fenster gekotzt, aber ich bin Gott sei Dank ein Mensch, der richtig richtig leise spuckt.//@// Ja, das ist ein Vorteil gewesen bei mir, weil//mhm// (2) ja ich war wirklich nicht laut. Es war unauffällig. (Dimitra, P2, 533–550)

Zentral für den hier verhandelten Typus wird deutlich, dass Dimitra von ihren Peers „Bewunderung" und Anerkennung für ihr Verhalten erfahren hat. Dies deutet auf eine herausragende Fähigkeit im Umgang mit Alkohol hin, mit der sich Dimitra von ihren Peers abhebt. Dadurch scheint sie in gewisser Weise zu einer besonderen „Könnerin" im Umgang mit Alkohol zu werden. Dimitra führt aus, wie sie ihre alkoholbedingten Ausfallserscheinungen kaschieren konnte, sodass Dritte nicht bemerkten, wie viel sie getrunken hatte. Die Fähigkeit, ihren Körper auch unter größtem Alkoholeinfluss kontrollieren zu können, war in gewisser Weise von Vorteil für sie – gerade gegenüber ihrer Mutter, die nichts von ihrem recht hohen Konsum bemerken sollte. Sie zeigt sich an dieser Stelle keineswegs schockiert darüber, dass sie schon in jungen Jahren eine extreme Toleranzentwicklung gegen die Substanz Alkohol entwickelt hatte, was sie an anderen Stellen des Interviews durchaus tut, sondern identifiziert sich mit der Rolle der starken Trinkerin. Für ihren Umgang mit Alkohol wird Dimitra nur solange „Bewunderung" erfahren, wie sie sich in Peergroups aufhält, in der exzessives Trinken zur Normalität gehört.

Ein minimaler Kontrast bildet sich zu Anna ab, die die Rolle, welche ihr in ihrer aktuellen Peergroup zuteilwird, explizit und sich dabei durchaus mit den Zuschreibungen der Peers identifiziert.

> *I*: Und wenn du jetzt heute mal so schaust, also wie ist das jetzt heute bei dir mit 'm Alkohol?
> *A*: (2) Also heute, wie man so sagt, im im (2) im Maß. Nicht mehr in Massen, sondern einfach im Maß. (1) Ähm (2) unter der Woche gar nicht.//mhm// (2) Geht nicht, find' ich. Und am Wochenende meistens nur an einem Tag, meistens dann Samstags.// mhm// Freitags seltener, weil mein Freund Samstags meistens arbeiten muss und deswegen bleib' ich dann mit ihm Daheim. (2) Und dann meistens nur Samstags und das auch nicht viel. Ich hab' dann angefangen zu merken, denn wenn wenn es mich schon bisschen dreht und ich merk' >>Oh jetzt wird's langsam viel<< dann fang' ich an zu Essen, normale Sachen zu trinken, dass ich wieder normal werd'.//mhm, mhm// Ja und dann trinke ich auch nix mehr.//mhm, mhm//
> *I*: (3) Okay und (1) hat sich auch was so in deiner Einstellung da verändert?
> *A*: ((Räusper)) (3) Ja, sicherlich. Ähm (2) also meine Leute, die die meine Freunde, die meckern immer schon, weil ich so 'n bisschen die Mama in der Gruppe bin, weil ich immer sage >>Jetzt trink' doch nicht so viel und muss das jetzt sein unbedingt. Guck' dich doch an, bist doch schon betrunken<<. (1) Ähm >>Muss der harte Alkohol sein?<< sowas, ja. Muss es einfach immer so (2) eskalieren, dass man so betrunken sein muss und//mhm// dann sich vielleicht übergeben muss. Ja. Also sie meckern schon oft rum @an mir@.//mhm, mhm//
> *I*: Und was geht dir da so durch den Kopf dann?
> *A*: Das ist mir reichlich egal, also ich find' das nicht immer okay, ich meine, man kann natürlich immer wieder mal ein os- ein Ausrutscher haben oder ein bisschen zu viel trinken, aber (1) des Öfteren finde ich das nicht mehr okay.//mhm, mhm// Deswegen sage ich da auch immer was.//mhm//

5.5 Gestaltung von Peerzusammenhängen (Christian Wißmann)

I: Was (1) ähm was ist denn das für dich ein bisschen zu viel oder ein Ausrutscher?
A: (3) Wenn man ähm schon so weit ist, dass man anfängt zu Lallen, sich nicht mehr wirklich unter Kontrolle hat, ähm vielleicht sogar schon Spucken war. (1) So. (2) Ja. (1) Oder wie andere drauf reagieren, aggressiv werden, (1) oder einfach einschlafen irgendwo, wo's eigentlich gar nicht geht.//mhm// (1) Ja. (Anna, P2, 425–454)

Anna bezeichnet sich in dieser Passage als die „Mama" in der Gruppe, die den übermäßigen Konsum der anderen Peers moniert. Dies beschreibt sie analog zu ihrer eigenen Entwicklung, von der sie sagt, dass sie heute „eher in Maßen und nicht mehr in Massen" trinke. Ähnlich wie zuvor Dimitra, scheint auch Anna sich mit ihrer Rolle zu identifizieren. Interessant scheint dies vor dem Hintergrund, dass diese Rolle der Mahnerin ein gewisses Konfliktpotential beinhaltet, da Anna ihre Peers maßregelt und deren Konsum teilweise kritisch bewertet. Der weitere Verlauf der Interviewpassage gibt einen Einblick in die Toleranzbereiche, deren Grenzen Anna anhand von Ausfallerscheinungen wie einsetzenden Kontrollverlust oder Sichübergeben definiert. Die weiten Grenzen des Konsums, die Anna hier selbst nennt, sprechen dafür, dass Anna ihre Rolle als „fürsorgliche Mutter" ausfüllen kann, ohne den Konsum der übrigen Peers in ihrer Gruppe allzu sehr maßregeln zu müssen. Inwiefern Anna qua Rolle, in der sie sich hier inszeniert, einen tatsächlichen Einfluss auf das Konsumverhalten ihrer Peers ausüben kann, bleibt an dieser Stelle verborgen. Hier ist eher zu vermuten, dass die Orientierungen der einzelnen Akteure durchaus sehr heterogen sein können, ohne die Stabilität der Peergroup zu gefährden. So kann Anna trotz oder gerade durch die Selbstinszenierung als moderate Konsumentin in einer Peergroup interagieren, in welcher exzessiver Konsum offenbar zur Normalität gehört. Trotzdem scheint die Freizeitgestaltung in Settings und Peergroups, in denen Alkohol konsumiert wird, für Anna stimmig und adäquat. Es geht hier also viel weniger um eine absolute als vielmehr um eine relative Positionierung in bezug auf einen adäquaten Umgang mit Alkohol, bei der Anna ihr Trinkverhalten im Verhältnis zu ihren Peers betrachtet. Der Konsum von Alkohol bleibt in diesem Bild ein Begleitwerk jugendkultureller Aktivitäten. Unterschiedliche Konsummuster führen nicht zwangsläufig zur Ausbildung neuer Peergroups, sondern zur Ausdifferenzierung der Rollen in bestehenden Gruppen. Jugendliche konstruieren ihren eigenen Umgang mit Alkohol in Relation zum Konsum der Peers in ihrer Gruppe.

Im folgenden Interviewausschnitt thematisiert Anna den Entwicklungsprozess hin zu der Rolle, die sie in ihrer aktuellen Peergroup einnimmt. Dabei werden Wechselwirkungen zwischen einer eigenständigen Positionierung als handelnder Akteurin und gruppenspezifischen Rollenzuschreibungen deutlich:

I: (1) Und ähm (2) erzähl mal wie das, wie das jetzt wie das heute ist mit den Leuten? (2) Den, die du jetzt aber auch kennst, mit denen du immer noch zusammen bist.
A: Also ähm (1) wir verstehen uns sehr gut, ähm, mit dem Alkohol wie gesagt. Einmal am Wochenende, nicht mehr. Und wenn die halt mehr trinken, werde ich wie die Mama//mhm// und Spielverderberin und >>Hört auf<< und sowas.
I: Das was du vorhin erzählt hast.//mhm// Mhm.
A: (2) Ja also, aber es ist okay. Die nehmen mir das nicht übel, meckern halt am Anfang rum, >>Was für 'ne Spielverderberin<<, aber sonst, (1) ist okay.
I: Das heißt du bist in so 'ner Rolle in der Gruppe? @//@(3)@// Hat sich das verändert, die Rolle oder war das schon immer so? Bist du quasi reingekommen und warst die (2)//@// @ Mama? @(2)@//@(2)@//
A: Ja, also in der alten Gruppe, da war ich ähm (1) eher das Küken, ich war immer die Jüngste, immer die Kleinste.//mhm// Da war ich das Küken (1) und dann in der (2) Gruppe von von mein Kindergartenfreunden (2) ja da war ich, da war ich nicht die Mama. (1) Da hab' ich noch nicht so angefangen was zu sagen und den Mund aufzumachen. Das hab' ich mich nicht getraut.//mhm// Weil ich gedacht hab', ich bin zu frisch in der Gruppe drin und (2) nachher schmeißen sie sich die einfach raus, weil sie darauf keine Lust haben.//mhm// (2) Ja. Also ich hab' erst (1) dann, wo die andere Gruppe auseinander gegangen ist, hab' ich dann erst angefangen, was zu sagen (2) und den Mund aufzumachen.//mhm//
I: (3) Kannst du das nochmal genauer erzählen, wie das dazu kam, dass du dann irgendwie dich da auch (1) mehr eingebracht hast und dann mh den Mund aufgemacht hast?
A: (2) Ähm das kam dann viel Respekt mir gegenüber, dass die anderen sehr viel Respekt vor mir hatten, mich sehr gemocht haben, mich in, (1) eigentlich manchmal in den Himmel gelobt haben.//mhm// (2) Hat mein Selbstbewusstsein sehr gestärkt und ich denke daran liegt das, dass ich mich traue, den Mund aufzumachen und dann zu sagen >>Das geht nicht<<. (Anna, P2, 581–610)

Anna beschreibt hier die Eingebundenheit in verschiedene Peergroups und die unterschiedlichen sozialen Rollen, welche ihr in diesen zugeschrieben wurden. Während sie ihre frühere Rolle eher als die des „Küken" bezeichnen würde, sieht sie sich heute in der Rolle der „Mama". In dieser neuen Rolle scheint sie sich wohl zu fühlen – sie erlaubt ihr uneingeschränkte Handlungsfähigkeit. An der Art und Weise, wie Anna ihre Entwicklung beschreibt, wird deutlich, wie vorsichtig und zurückhaltend sie diese durchlebte. Obwohl soziale Rollen immer Ergebnisse sozialer Aushandlungs- und Entwicklungsprozesse sind, die nie einseitig verlaufen, scheint die soziale Rolle der „Mama", welche Anna hier einnehmen kann, zu weiten Teilen deshalb realisierbar, weil ihr die Gruppe dies ermöglicht.

An dieser Stelle scheint eine zentrale Problematik auf, die sich auf die Wechselwirkungen zwischen handelnden Akteuren und den sozialen Gruppen, in denen sie interagieren, bezieht. Die hier verhandelte Typik hat zwei zentrale Parameter: die Orientierung der Jugendlichen im Umgang mit Alkohol und die Orientierung der Jugendlichen in Bezug auf ihre Vergesellung in Peerkontexten. Diese Parameter bilden ein ständiges Spannungsfeld. In Bezug auf den Umgang mit Alkohol in

5.5 Gestaltung von Peerzusammenhängen (Christian Wißmann)

Peergroups scheint dieses Verhältnis zwischen Akteur und Kollektiv von besonderer Relevanz zu sein. Dies wirft die Frage auf, inwiefern sich die Akteur_innen mit neuen und veränderten Rollenzuschreibungen identifizieren können oder sich von den Zuschreibungen durch die Gruppe distanzieren. Das empirische Material zeigt, dass beide Möglichkeiten zutreffen können und diese jeweils handlungsleitend sind.

Als Kontrast zu Orientierungen, in denen Jugendliche ihre Rollenzuschreibungen akzeptieren und sich mit diesen identifizieren, finden wir auch immer wieder Orientierungen, in denen Jugendliche Rollenzuschreibungen ablehnen und sich mit diesen kritisch auseinandersetzen. Diese Orientierung wurde schon an der zuvor zitierten Passage aus Annas Interview sichtbar. Im Folgenden wird dieser Gedanke expliziert. Alexandra beschreibt schon in der Einstiegssequenz des Interviews, dass ihr als Nichttrinkerin in ihrem Freundeskreis die Rolle der Aufpasserin zukommt, von der sie sich deutlich distanziert:

> also so dass es ähm ins Extreme rein einfach gegangen weil der Freundeskreis ist dann irgendwo kleiner geworden//mhm// dann geht man mit den Leuten weg (1) und ähm wenn die dann besoffen sind kümmert man sich natürlich noch intensiver um die// mhm mhm// und ähm (1) ja deshalb ist das dann auch ein bisschen (1) krasser geworden also mein Freundeskreis hat sich geschmälert//mhm// ich gehe auch nicht mehr so enorm mit den Cliquen raus die wirklich sich treffen um saufen zu gehen dann gehe ich da lieber mal (1) also auf Geburtstagen nehme ich//mhm// immer noch teil da treffe ich die noch und (1) aber ähm dass ich soviel noch machen wie vor (1) also vor drei Jahren das ist nicht mehr so//mhm// extrem (2) und ähm mein Freundeskreis ist auch eher älter geworden also//mhm// äh ich bin ja selber 17 und (1) bin aber ähm also meine Freunde sind so 19 bis 25 eher//mhm// weil mich das irgendwann dann auch einfach total gestört hat so dass ich immer diejenige war die aufpassen musste// mhm// und die sich dann voll zugesoffen haben und (1)//mhm// ähm es ist einfach auch so dass wenn dann [Volksfest] ist oder sowas dann mh bin ich sowieso schon genervt weil ich halt da die Besoffenen dadurch dass ich in [Stadtteil 1] @wohn@// mhm mhm// die Besoffenen einfach da rum laufen und wenn die Bahnen genau dann fahren wo sie die auch nach Hause gehen dann wird man sowieso blöd angelabert// mhm// (1) und ja das hat sich so bei mir insofern geändert dass mein Freundeskreis einfach (1) also mit denen die mit denen ich gut befreundet bin (1) die bring ich dann @auch nach Hause@//mhm// @(1)@//mhm// und bei den anderen sag ich mir dann auch >>komm die werden auch irgendwie nach Hause kommen<< //okay// weil (1) mir das einfach dann auch irgendwie zu blöd geworden ist jedes mal (1) weil die sich dann auch darauf verlassen haben so natürlich >>jaja die [Alexandra] ist ja dabei ne mh//mhm// und @ die bringt uns da schon Heim<< //okay// und das war dann so ja (2) ein bisschen °dämlich° irgendwann.//mhm//. (Alexandra, P2, 34–59)

Alexandra erzählt, dass sich der Konsum in ihrem Freundeskreis durch eine Wendung ins Exzessive verändert habe. Abgesehen von bestimmten Geburtstagsfeiern treffe sie sich mittlerweile weitaus weniger häufig mit diesen (trinkenden) Freundesgruppen von früher. Die bewusste Hinwendung zu anderen Freunden begründet sie mit ihrer Unzufriedenheit über die Zuschreibung der Rolle als „Aufpasserin". Sie differenziere nun genauer, auf wen sie aufpasse bzw. wen sie nach Hause begleite. Dies beschränke sie nur auf „gute Freunde", während sie bei anderen davon ausgehe, dass diese schon irgendwie den Heimweg alleine bewältigen werden können. Alexandra beschreibt den Bruch mit bestehenden Peerbeziehungen und die damit einhergehende Orientierung an neuen Peerkontexten, mit deren Verhalten sie sich eher identifizieren kann. Ein solches Handeln ist durchaus voraussetzungsvoll und mit gewissen Risiken verbunden – voraussetzungsvoll, da die Abgrenzung von bestehenden Peerkontexten immer mit der Herausforderung der Integration in neue Peerkontexte verbunden ist; riskant, da die Integration in neue Peerkontexte stets ein Wagnis darstellt, welches misslingen kann. In Bezug auf den Konsum von Alkohol in Peergroups heißt dies, dass gruppenspezifische Trinkmuster, auch wenn diese individuellen Interessen und Orientierungen widersprechen, eine gewisse Dauerhaftigkeit und Verbindlichkeit für Jugendliche haben können – besonders dann, wenn begrenzte Möglichkeiten zur Integration in neue Peerkontexte bestehen.

Im folgenden Interviewausschnitt geht es ebenfalls um die Ablehnung einer spezifischen Rollenzuschreibung. Auch wenn sich die zitierte Sequenz nur auf die Interaktion zwischen zwei Personen bezieht (sie spielt zwischen Dimitra und ihrer Partnerin), drückt sich darin eine Orientierung aus, welche für das Handeln in Peergroups relevant ist:

> *D*: Also, was soll ich da erzählen? Also sie hat's mir gesagt. (2) Und dann dacht' ich mir erst so >>Boa, was hast gerade eben gesagt?<< Also ich hab' es auch gesagt so >>Was hast gesagt?<< Und dann hat sie gesagt >>Ja du bist für mich, du bist 'n Alkoholiker<<. Ich so >>Nee, bin ich nicht<<. Und dann haben wir angefangen zu diskutieren erstmal, ja. (2) Und (1) ich hab' halt innerlich hab' ich mich so schlecht gefühlt. Weil's nicht, weil ich das nicht glauben wollte. (4) Aber sie hatte eigentlich, im Prinzip hatte sie schon Recht. Eigentlich, so indirekt hatte sie glaub' schon Recht. Wenn sie's mir davor gesagt hätte, ja, aber nicht in der Zeit, wo ich schon wenich weniger getrunken habe. (2) Ja. Aber das hat, das so 'n komisches Gefühl im Bauch hatte ich und alles und (2) ja, hab' mir ganz viele Gedanken gemacht.
> *I*: Kannst du dich da noch erinnern, an diese Gedanken oder woher dieses Gefühl kam?
> *D*: Das wollte ich gerade eben sagen. (1) Ähm (5) also meine Gedanken waren einfach so: >>[Dimitra], wenn du diese Beziehung noch lange willst, dann hör' auf mit 'm Alkohol, ja?<< (1) Weil sie mir echt wichtig war und (3) mein Gefühl, mein Gefühl war mein Gef- also es war so ein ganz komisches Gefühl, so, (4) wie wenn man so (1) so Eifersucht und Wut hat, hat man so ganz komisches Gefühl im Bauch und so hat sich's auch ungefähr angefühlt. (2) Ja.//mhm//. (Dimitra, P2, 388–404)

5.5 Gestaltung von Peerzusammenhängen (Christian Wißmann)

Dimitra ist betroffen, sie wurde von ihrer Freundin als Alkoholikerin bezeichnet. In der nachfolgenden Debatte hätte sie sich sehr unwohl gefühlt, da sie der Kritik ihrer Freundin zustimmen mußte, sie gleichzeitig aber nicht wahrhaben wollte. Rückblickend relativiert Dimitra die Aussage ihrer Freundin. Diese wäre zu einem früheren Zeitpunkt durchaus berechtigt gewesen, nicht aber zu einem Zeitpunkt, an dem Dimitra bereits weniger konsumierte. Diese Passage scheint von besonderem Interesse, wenn man sich den weiter oben angeführten Interviewausschnitt vor Augen führt, in welchem Dimitra darstellt, wie sie Bewunderung von ihren Freunden dafür erfährt, ihre Rauschzustände in besonderer Weise kontrollieren zu können. Sie scheint hier in einen Rollenkonflikt zu geraten, der sich zwischen unterschiedlichen Zuschreibungen und Identifikationen im Umgang mit Alkohol zuspitzt. Während sich Dimitra in ihrer Peergroup mit der Rolle der exzessiven Konsumentin durchaus zu identifizieren scheint, ist es eben diese Zuschreibung, welche die Beziehung zu ihrer Freundin auf eine ernsthafte Probe stellt. Die Identifikation mit der Rolle als starke Trinkerin und die damit verbundene Orientierung werden für Dimitra in gewisser Weise zu einem Stigma, von dem sie sich abzugrenzen versucht.

In Bezug auf den Umgang mit Alkohol in Peergroups deuten alle bisher verhandelten Stellen darauf hin, dass Transformation und Veränderung von sozialen Rollen in bestehenden Peergroups äußerst voraussetzungsvoll sind. Sowohl Anna als auch Alexandra beschreiben die Veränderungen ihrer Rollen in enger Verbindung zu einem Wechsel der jeweiligen Peerbezüge. Dies soll nicht heißen, dass Veränderungen und Transformationen sozialer Rollen erst durch den Wechsel von Peerbezügen möglich werden, jedoch scheinen diese dadurch befördert und erleichtert zu werden. Inwiefern die Rollenzuschreibungen und Identifikationen aus bestehenden Peergroups auch in andere Lebensbereiche und Interaktionsfelder übertragen werden können, zeichnet sich am Beispiel Dimitras ab:bestimmte rollenkonforme Trinkmuster und Trinkstile, welche in einer spezifischen Peergroup ausgehandelt wurden, können auch handlungsleitend für die Interaktionen in anderen Kontexten werden.

Innerhalb des Typus „Alkoholkonsum als Impulsgeber für verschiedene soziale Rollen" findet sich noch ein weiterer Kontrast. Bisher wurden ausschließlich soziale Rollen verhandelt, die Jugendlichen „von außen" zugeschrieben wurden. Im Material finden wir auch immer wieder Stellen, an denen Jugendliche mit der Besetzung bestimmter sozialer Rollen spielen. Auf die oben angeführte Passage, in der Tim seine „Alkohol-Sozialisation" im Fußballverein beschreibt, folgt eine Passage, in der er skizziert, wie er sich an „geeigneten Trinkanlässen" verhält:

I: Du hast verschiedene geeignete Anlässe äh genannt, die jetzt so im Zusammenhang mit dem Fußballverein irgendwie Kabinenfest oder wenn's nen besonders guten Sieg gab oder Jahresfeier, wie verhältst du dich denn bei solchen ähm geeigneten Anlässen?

T: Ähm ich nehm jetzt mal die Weihnachtsfeier raus, da verhalt ich mich auf jeden Fall so, dass ich am Ende nich quasi am nächsten Tag so des Gespräch vom ganzen (1) von den ganzen Leuten, die da warn, bin, sondern ich verhalt mich da schon eher bewusst, da sin ja auch viele so, da sin paar Ehrenmitglieder da, des heißt auch ältere, dann sin teilweise Spielerfrauen da, dann (2) ja, sin auch die Jugendtrainer, des heißt da sin auch eher Leute, vor denen, ich sag mal, des puh, des sin Leute auf jeden Fall, vor denen ich nich irgendwie en schlechten Eindruck hinterlassen will, deswegen verhalt ich mich da eher, ich trink zum Essen da n Bier, äh und dann auch später ähm aber auf jeden Fall langsam und wenn ich merk, jetzt reicht's, dann reicht's, dann sag ich >>ok, jetzt trink ich ne Cola<< oder irgendwas, also manch übertreibns da ja so, also manche die sagen dann >>ja gut, des is meine Party, unsre Weihnachtsfeier hier, ich trink jetzt halt<< aber wie gesagt, ich will mich vor zum Beispiel jetzt vor so älteren Leuten, also mit älter mein ich jetzt schon 60-, 70-, 80jährige, vor denen will ich nich irgendwie rumgrölen, rumpöbeln oder sonst irgendwas, deswegen, also ich halt mich bei so, bei solchen Dingen dann eher zurück. (Tim, P2, 850–889)

Tim fokussiert hier das Thema Weihnachtsfeier. Was er zuvor selbst als geeigneten Trinkanlass bezeichnet hat, wird nun von ihm stark relativiert. Zwar scheint die Weihnachtsfeier nach wie vor ein Anlass, zu welchem exzessiv Alkohol konsumiert wird, allerdings distanziert sich Tim von einem solchen Konsumverhalten recht deutlich. Er beschreibt sein Konsumverhalten an der Weihnachtsfeier seines Fußballvereins als sehr moderat. Er möchte auf jeden Fall verhindern, dass ihm die anwesenden Personen wie Ehrenmitglieder oder Jugendtrainer die Rolle eines exzessiven, unkontrollierten Konsumenten zuschreiben. Tim inszeniert seinen Umgang mit Alkohol ganz bewusst, um bestimmte Rollen zu erfüllen oder negativ bewertete Zuschreibungen zu vermeiden. Auch die oben bereits zitierte Interviewpassage, in der Kay erzählt, wie er anderen Jugendlichen vorgaukelt, temporär abstinent zu sein, verweist auf dieses bewusste Spiel mit sozialen Rollen und Erwartungen.

Als Fazit des Typus „Alkoholkonsum als Impulsgeber für verschiedene soziale Rollen" können folgende zentrale Punkte festgehalten werden:

- Es gibt soziale Rollen und Zuschreibungen, mit denen sich Jugendliche identifizieren, und solche, die Jugendliche eher ablehnen. Beide scheinen in gewisser Weise handlungsleitend zu sein.
- Jugendliche konstruieren ihren eigenen Umgang mit Alkohol in Relation zum Konsum der Peers in ihrer Gruppe.

5.5 Gestaltung von Peerzusammenhängen (Christian Wißmann)

- Rollenzuschreibungen und damit verbundene Trinkgewohnheiten, die innerhalb einer Peergroup entstehen, scheinen für den Einzelnen auch außerhalb dieser Peergroups handlungsleitenden Charakter haben zu können.
- Die Veränderung und Transformation von Trinkmustern wird durch den (voraussetzungsvollen) Wechsel von Peergroups erleichtert – wohingegen Trinkmuster und Rollenzuschreibungen in stabilen Peergroups zwar von gewisser Dauerhaftigkeit sind, aber Rollenwechsel nicht ausschließen.
- Die Inszenierung als handelnder Akteur und die Identifikation über die Integration in Peerkontexte bilden ein stetiges Spannungsfeld.
- Darüber hinaus bietet der Alkoholkonsum Jugendlichen eine Inszenierungsfolie, um gewünschte Rollenzuschreibungen zu bestätigen oder sich von ungewünschten Zuschreibungen zu distanzieren.

Alkoholkonsum in seiner Bedeutung für die Bewältigung gemeinsam durchlebter Übergänge

Der Konsum von Alkohol als gestalterischem Element scheint bei der Bewältigung verschiedenster Übergänge eine Rolle zu spielen. Der gemeinsame Konsum mit anderen Jugendlichen dient hier als Katalysator wie auch als Moderator des gemeinsamen Übergangs. Diese Orientierung kann hier exemplarisch an einem Interviewausschnitt verdeutlicht werden, in dem Basti von einem Erlebnis aus seiner frühen Studienzeit berichtet:

> Ähm meine 2 Kumpels waren da dann auch gar nicht dabei, bin ich alleine hin. Ähm (1) die hatten da kein Bock drauf. Ich hab' gesagt, ist eigentlich das beste, was was gibt,//mhm// weil ähm (1) wo lernst die Leute besser kennen als beim Saufen,//@// sagen wir's mal @so blöd@.//@// Nee, @ähm@ (2) ja, war ist halt auch echt so. Also wir hatten da dann so 'ne Jugendherberge, wo nur wir waren, ich glaub' so 80 Leute oder so dann.//mhm// Und ähm (1) da lernst halt dann so mal in ersten Zügen die die anderen kennen. (1) Sind jetzt eigentlich auch so die, ich mein', ich hab' jetzt erst ein Semester studiert, aber sind jetzt eigentlich die, wo ich dann (1) den Kontakt// ja// ähm am (1) so zumindest mal jetzt hab'.//ja// Wo du dann auch deine Kontakte findest und ich glaub', das ist dann, breitet sich das dann einfach so von selber bisschen aus.//mhm// Ja. (2) Und Studium an sich, äh, wie gesagt, hat mir von vornherein Spaß gemacht. Das äh (1) war genau das, was ich mir eigentlich vorgestellt hatte. Ähm (2) klar du bist, du musst selbstständig arbeiten, als du's aus der Schule und so gewohnt bist und ist natürlich auch für dich neu, weil es (1) äh neue Situationen, an die du dich da gewöhnen musst.//mhm// Aber ähm ich hab' das eigentlich genossen, gerade auch dass du dann (1) selber zu Hause wohnst. Also deine eigene Bude hast// ja//, ähm, (2) ja das du so bisschen einfach deinen Alltag selber gestalten musst.// mhm// (1) Zu Hause kocht halt Mutti und @//@// das musst halt dann alles ja selber machen, aber ähm (2) ja und klar, da hast dann auch äh pff (2) deine Freiräume, kannst du machen, was du willst sozusagen, aber wie gesagt, am Ende war dann halt auch 'ne Klausurenphase und//mhm// (1) eigentlich ähnlich wie man's äh gerade von

der Abi-Zeit her kennt, dass man das so, dass man sich dann dann (1) auch mit den anderen viel austauscht.//mhm// Ähm (2) gerade weil's eben so 'ne neue Situation ist. Wie machen die das? Äh was lernen die? Was man, mh. (2) Und äh gut, ich war auch ähm über's Wochenende so alle paar Wochen schon immer wieder zu Hause.//mhm// Und äh auch gerade hab' hier gekickt oder Kumpels getroffen oder sowas. Aber mh (2) das war jetzt nicht so: extrem, dass ich sage, ja, ich hatte da übelst äh (2) groß die Bedenken, dass ich das//mhm// irgendwie pack', dass das so ein großer Schritt war, sondern das ähm ich hab' da, bin eigentlich relativ locker an die Sache rangegangen und es hat von vornherein echt gut geklappt.//okay//. (Basti, P2, 921–949)

Basti berichtet von einem „Kennenlern-Wochenende", welches von seiner Universität organisiert wurde. Er führt aus, dass es wohl die beste Möglichkeit sei, neue Leute über den gemeinsamen Konsum kennen zu lernen. Peerbeziehungen und Peerinteraktionen scheinen für Basti eine entscheidende Bedeutung für die Integration in ein „neues" (Lebens-)Umfeld zu haben. Der gemeinsame Konsum von Alkohol hat hier die Funktion eines besonders niederschwelligen Interaktionsfeldes, welches zur Integration in und Konstitution von neuen Peerkontexten genutzt wird. In Bezug auf den gemeinsamen Konsum von Alkohol zur Bewältigung geteilter Übergänge lässt sich festhalten, dass dieser vornehmlich in seiner symbolischen Funktion von Bedeutung ist. An dieser Stelle sei auf das Konstrukt des „Kollektivrauscherlebnisses" verwiesen. Von zentraler Bedeutung scheint jedoch zu sein, dass Jugendliche in einem für den Konsum geeigneten Setting ein vertrautes Interaktionsfeld vorfinden, in dem sie den gemeinsamen Konsum von Alkohol nutzen können, um neue Sozialkontakte zu knüpfen, Probleme und Sorgen anzusprechen und gemeinsam einen Kontrast zum anforderungsreichen Alltag zu markieren. Exzessive Konsummuster spielen hierbei eine untergeordnete Rolle. Die psychoaktive Wirkung des Alkohols wird hier hauptsächlich in ihrer katalysatorischen Wirkung zum Abbau sozialer Hemmnisse „adäquat" eingesetzt. Die Beziehungen der Akteure innerhalb der Peergroup scheinen in Bastis Beispiel eher lose, da der formale Rahmen (Universität), aus dem sie erwachsen, das bislang einzige verbindende Element ist. Inwiefern die Konsumstile und präferenzen der einzelnen Akteure Überschneidungen aufweisen, scheint für die gemeinsame Bewältigung von Übergängen sekundär, da der Konsum von Alkohol hier eine symbolische, katalysatorische, integrative Wirkung hat.

In Bezug auf den Konsum von Alkohol bedeutet dies, dass sich die handelnden Akteure als „Könner" im Umgang mit Alkohol inszenieren müssen, um sozial kohärent zu bleiben. Alkoholbedingte Ausfallerscheinungen infolge exzessiven Konsums scheinen hier inadäquat. Zuschreibungen und soziale Rollen werden schon in diesen anfänglichen Treffen verhandelt, kommen in ihrer handlungsleitenden Funktion aber erst später zum Tragen. Dazu müssen sich die Peerbeziehungen über den formalen Rahmen (Universität) hinaus zu einer „dauerhaften" Gruppe von Freunden aus dem Studium entwickeln.

5.5 Gestaltung von Peerzusammenhängen (Christian Wißmann)

Zwischenfazit: Alkoholkonsum (als gestalterisches Element) in Peergroups
Abschließend werden die zentralen Punkte der verhandelten Typik zusammengefasst dargestellt.

- Wie zahlreiche Forschungen, aber auch das im Rahmen dieser Studie erhobene empirische Material zeigen, muss der Umgang mit Alkohol als jugendkulturelles Gruppenphänomen verstanden werden.
- Jugendliche nutzen den Umgang mit Alkohol, um ihre Freizeit zu gestalten. In „Kollektivrauscherlebnissen" finden Jugendliche viele Anforderungen an eine gelingende Freizeit erfüllt.
- Jugendliche müssen sich mit sozialen Rollen und Zuschreibungen in Bezug auf ihren Umgang mit Alkohol auseinandersetzen und können hierbei auch den Zugang zu einem erweiterten Rollenrepertoire erwerben.
- Für die Bewältigung von Übergängen bietet der gemeinsame Konsum von Alkohol ein vertrautes Aktionsfeld.

5.5.2 Alkoholkonsum als konstitutives Element von Peergroups

Die bisherige Analyse verdeutlicht, dass die Orientierungen im Umgang mit Alkohol sowohl das Ergebnis gruppenspezifischer Aushandlungen sein können (Kollektivperspektive) als auch auf die „Wahl"[9] der Interaktionspartner zurückzuführen ist (Akteursperspektive). Dass der Umgang mit Alkohol in Bezug auf die Vergesellung Jugendlicher eine integrative Funktion haben kann, ist demnach offensichtlich. Durch die Analyse der Netzwerkkarten, der Konsumverläufe und nicht zuletzt durch die Fokussierung auf die Entwicklungsverläufe ausgewählter Interviewpartner kann an anderer Stelle erforscht werden, welche Rolle der Umgang mit Alkohol für Formation und Auflösung von Peergroups spielen kann. Diese Fragestellung muss jedoch von der im Folgenden verhandelten Typik abgegrenzt werden, um deren Fokus zu schärfen. Hier geht es nicht primär um Peergroups, die neben anderen Aktivitäten auch gemeinsam Alkohol konsumieren, sondern um die wenigen Fälle, in denen der Konsum von Alkohol als das konstitutive Element für Peergroups erkennbar wird.

---

[9] Die „freie Wahl" der Interaktionspartner scheint eine Illusion, die in der Lebenswelt der Jugendlichen eher einer „Auswahl" an potentiellen, begrenzten Möglichkeiten entspricht. Diese wird in einem anderen Kapitel zu behandeln sein.

Aufnahmeritual

Der Typus „Aufnahmeritual" scheint nur in einem einzigen Fall auf, stellt aber einen deutlichen Kontrast zum Typus „Alkohol als Szenethema" dar und kann daher hier verhandelt werden. Am Beispiel zweier Passagen aus dem Interview mit Anna wird deutlich, dass ein Aufnahmeritual zu einem konstitutiven Element von Peergroups werden kann.

> *I*: Du hast ja vorher gesagt, 12 Jahre warst du dann, dein erster Kontakt. Ähm kannst du dich noch erinnern, so wirklich so das aller erste Mal (1) mit dem Alkohol? Kannst du mir da noch was er- dazu erzählen?
> *A*: Mh das war auch unten an der Halfpipe und (3) da ging's dann ähm (1) genauer um in die Clique rein zukommen, musste man dann ähm (1) eine Wodka-Flasche trinken. Ob mit etwas gemischt, mit Orangensaft oder diesem Magic-Man, das war egal, aber man musste die trinken, um da rein zukommen. (2) Genau, dann saßen ich und 'ne Freundin da und wir wollten halt in diese Clique rein und geraucht haben wir schon (1) und (2) haben's dann so ähm hingekriegt die zu überreden, dass wir zusammen diese Wodka-Flasche trinken.//mhm, mhm// (2) Ja. (Anna, P2, 43–54)

Anna beschreibt in dieser Szene eine Peergroup, deren Zugehörigkeiten sich über die Teilnahme an einer ritualisierten Aufnahmeprüfung auszudrücken scheint. Die Aufgabe war der Konsum einer Flasche hochprozentigen Alkohols. Sie kommt im Verlauf des Interviews immer wieder auf diese Erfahrung im Umgang mit Alkohol zu sprechen, so auch im folgenden Interviewausschnitt, der die Umstände ausführlicher beschreibt. Die folgende Passage zeigt einen facettenreichen Orientierungsrahmen in Bezug auf dieses Initiationsritual:

> *I*: Okay und wir ging denn das dann weiter? Also du hast erzählt ihr habt das dann ausgehandelt und wie wie ging das dann weiter? Erzähl' mal ein bisschen.
> *A*: Äh wir haben das ausgehandelt und dann haben die gesagt >>Gut eine reicht<< und dann mussten wir die erstmal besorgen und da, damals noch keiner 18 war, (1) ähm sind wir dann hoch in REWE und haben die geklaut (1) und dann sind wir wieder runter an die Halfpipe und dann standen dann so alle um, wie in so 'nem Halbkreis um uns rum, um mich und meine Freundin, und haben uns dabei zugeguckt, dass auch wirklich jeder letzte Tropfen dabei weg ist.//mhm// (1) Ja. Also zwei, zwei-einhalb Stunden oder sowas ging (1) die ganze Sache.
> *I*: (2) Wenn du sagst, zwei-einhalb Stunden ging die ganze Sache, ähm, kannst du dich da noch genau dran erinnern? Ist ja 'ne lange Zeit. Was was lief da so in der Zeit oder was ist da so passiert?
> *A*: (1) Mh, am Anfang hätte ich sicherlich fast gespuckt davon, weil das Zeug ist eklig. Ich find's heute eklig, ich fand's damals eklig. Ähm (2) aber wir haben das ohne groß Nachdenken wirklich gemacht. Also ich hab' versucht, dass so schnell wie möglich alles runterzukriegen, weil das wirklich ein ekliges Gefühl und Geschmack war und dann haben alle zugeguckt. (2) Und ja, unangenehm.
> *I*: Aber wir kann ich mir das vorstellen? Zwei-einhalb Stunden und ihr standet da da in diesem//mhm// Halbkreis hast du gesagt. Und dann? Also ihr habt dann angefangen zu trinken.//mhm//

5.5 Gestaltung von Peerzusammenhängen (Christian Wißmann)

A: Und ja, also wir haben angefangen zu trinken. Natürlich haben die anderen auch was getrunken und dann halt miteinander geredet und was weiß ich. Und meine Freundin und ich saßen da, haben wir natürlich auch geredet und ähm geraucht und halt versucht, so schnell wie möglich das zu trinken. (1) Und ((Räusper)) (2) ähm (2) als wir das leer getrunken haben, dann war dann so diese Freude da von uns beiden. >>Ja, jetzt sind wir drin<< und die anderen haben sich auch gefreut und uns in Arm genommen und >>Ja, super<<. (1) Ja. Und dann ging das natürlich 2 Jahre so weiter mit diesem Alkoholexzess da so. (1) Ja. (Anna, P2, 95–129)

Anna beschreibt zunächst, wie sie und ihre Freundin die Kriterien für die Aufnahmeprüfung mit den anwesenden Personen verhandeln. Der Charakter dieser Peergroup unterscheidet sich deutlich von den Vergesellungsformen, die uns von den meisten anderen Jugendlichen beschrieben werden. Während die meisten Peergroups offene Grenzen und fluide Zugehörigkeiten haben, scheint sich die hier beschriebene Gruppe ganz explizit durch ihre deutlich markierten Zugehörigkeiten nach innen und außen abzugrenzen. An Annas Beschreibung wird deutlich, dass die Jugendlichen große Anstrengungen auf sich nehmen müssen, um dazuzugehören. Auffällig ist, dass Anna nicht davon spricht, dass sie sich darauf freut, künftig an den Interaktionen in dieser Gruppe teilhaben zu können. Vielmehr beschreibt Anna recht rational ihre Angst vor Ausgrenzung und Mobbing und ihre Hoffnung, durch die Zugehörigkeit zu dieser Gruppe davor geschützt zu sein.

Der Zwang zu exzessivem Konsum als „Aufnahmeritual" lässt keine Rückschlüsse darauf zu, dass auch die nach der Aufnahme folgenden Gruppeninteraktionen von exzessiven Konsummustern geprägt sind. Denn primär handelt es sich hier nicht um die Initiation in eine gängige Gruppenpraxis – sozusagen als Beweis für ein Mindestmaß an Alkoholtoleranz –; vielmehr scheint der Ritus eine Art Opfer an die Gruppe zu sein, um in diese aufgenommen zu werden. Die Handlung stellt eine besondere Leistungs- und Leidensfähigkeit dar, die Anna durchstehen muss, um als „würdiges" Mitglied der Gruppe zu gelten. Diese Interpretation folgt aus der Beschreibung der exponierten Rolle von Anna und ihre Freundin während des Aufnahmerituals. So standen alle Gruppenmitglieder um Anna und ihre Freundin herum und überwachten deren Konsum. Die Aufgabe, eine Flasche Wodka zu trinken, ist ein bewusstes Spiel mit den Risiken und Gefahren der Substanz. Aufgabe ist es, zu viel zu trinken. Ziel ist es, diese extrem exzessive Situation zu überstehen. Der Umgang mit Alkohol, der hier von Anna beschrieben wird, scheint den normalen gruppenspezifischen Umgang mit Alkohol bewusst zu übersteigern. Der „normale gruppenspezifische Umgang mit Alkohol" muss also dezidiert anders aussehen, als im Ritual gefordert, ansonsten würde dieses Ritual seine symbolische Kraft einbüßen.

In Bezug auf den Umgang mit Alkohol lässt sich für diesen Typus Folgendes festhalten:

- Die beschriebene Konsumpraxis ist ein einmaliges Event;
- die Konsumpraxis in der Gruppe scheint sich für gewöhnlich unterhalb der Anforderungen des Initiationsrituals zu bewegen.
- Mit diesen Grenzen und Gefahren wird bewusst gespielt
- Für die Initiation in die Peergroup scheinen Jugendliche bereit zu sein, „Opfer" zu bringen. Dies deutet darauf hin, dass die Vergesellung im Jugendalter an allen Stellen selbstbestimmt ist.

Alkohol als „Szenethema"

Im Gegensatz zum Typus „Aufnahmeritual" lassen sich Orientierungen finden, in denen der Konsum von Alkohol nicht als einmaliges Event, sondern als dauerhaftes, wiederkehrendes oder zentrales Element der Vergesellung Jugendlicher beschrieben wird. Der Konsum von Alkohol stellt ein konstitutives Element für die Vergesellung in Peergroups dar und wird in gewisser Weise zum zentralen Interaktionsthema. In Anlehnung an Hitzler weisen diese Gebilde szeneartige Züge auf (Hitzler et al. 2001), die sich durch relativ offene Grenzen und fluide Zugehörigkeiten auszeichnen. Verbindendes Element ist primär das jeweilige Szenethema, hier also der Alkohol. Im folgenden Interviewausschnitt beschreibt Dimitra die Vergesellung in einer Peergroup mit recht fluiden Grenzen:

> *I*: Und was waren so die Plätze, wo ihr euch getroffen habt und was gab's da über die Jahre vielleicht dann auch für Veränderungen? Kannst du dich da noch erinnern?
> *D*: Also die Plätze haben sich nicht verändert. Das waren immer die gleichen Plätze. (2) Ähm (2) Veränderungen gab's in dem Sinne, dass es immer mehr wurde.//mhm// Also mehr Alkohol. ((Räusper)) (5) Ja, (3) und dann gab's halt, man wurde halt älter, hat andere, hatte andere Ansichten dann auch. (2) Ja. (3) Man geht halt verschiedene Wege und dadurch ist es auch bald irgendwann mal so zerbrochen, was ich nicht schlimm finde.//mhm// (2) Aber das wirklich so 'ne Freundschaft einfach nur so. (3) Gehen wir trinken? So war das halt 'ne Freundschaft. Es war nicht (2) wahre Freunde, sage ich mal. (3) Ja. (Dimitra, P2, 847–856)

Dimitra benennt den öffentlichen Raum, in dem die Treffen der Peers stattfanden, sowie den Konsum von Alkohol als die verbindenden Elemente der Vergesellung. Die Orientierungen rund um das Szenethema Alkohol scheinen in diesem Peergeflecht einen hohen Grad an intersubjektiven Übereinstimmungen aufzuweisen. Die Qualität der Beziehungen zu den anwesenden Peers wird von Dimitra relativiert, indem sie diese als „nicht wahre Freunde" bezeichnet. Dies verweist darauf, dass die Qualität der Sozialbeziehungen dieser Peers eher darin liegt, niedrigschwelligen Zugang zur gemeinsamen Freizeitgestaltung und zu erweiterten Kommuni-

5.5 Gestaltung von Peerzusammenhängen (Christian Wißmann)

kationsmöglichkeiten zu eröffnen. Im folgenden Interviewausschnitt beschreibt Dimitra, was sie an der Interaktion in dieser „großen" Peergroup als spannend empfand:

> *I*: (1) Heißt es, dass es in der, in der großen Gruppe spannender war dann?
> *D*: Ja natürlich, das ist immer spannender, wenn man in 'ner großen Gruppe ist. Ich mein', wenn man zu zweit ist, (2) kann man sich jetzt gut unterhalten wie jetzt, aber (1) wenn man wirklich alles übereinan- einander weiß, dann ist das, dann weiß man einfach gar nicht mehr, was man reden soll. (1) Also man findet auch gar nicht mehr diese Themen oder so, also. Ich versuch's zwar immer wieder, aber dann denk' ich mir so: (1) >>Sag' mal, das hast du schon letzte Woche geredet<<.//mhm// Oder so, das das (3) das wird dann halt einfach zum Monolog so.
> *I*: (3) Und in, und in der großen Gruppe? Was war da so das Spannende?
> *D*: (2) Das man nicht immer nur zu einem konnte, sondern einfach zu jede Gruppe halt mal kurz dastehen, mit denen bissle unterhalten und zu 'n anderen. Das ist einfach so, (2) man konnte mehr kommunizieren.//mhm, mhm// Ja. Das war (1) das Interessante daran. (Dimitra, P2, 910–922)

Es scheint gerade die für Szenen typische Unverbindlichkeit und Oberflächlichkeit der Sozialbeziehungen zu sein, welche Dimitra positiv bewertet. Hier scheint sie ein abwechslungsreiches und unverbindliches Aktionsfeld zur Gestaltung ihrer Freizeit zu finden.

Zwischenfazit: Alkoholkonsum als konstitutives Element von Peergroups

Jeder einzelne hier verhandelte Typus verweist ausdrücklich auf Orientierungen, in denen der Umgang mit Alkohol zum zentralen konstitutiven Element für die Konstruktion von Peergroups wird. Es geht ganz bewusst um die Passagen, in denen dem Alkohol eine besonders zentrale Rolle für die Herstellung von Peergroups zukommt. Gerade in Bezug auf den Typus „Alkohol als Szenethema" scheinen die empirischen Befunde bereits vorliegende Forschungsarbeiten zu bestätigen. Wird der Konsum von Alkohol zum konstitutiven Element von Peergroups, kann dies Brüchigkeiten in Bezug auf die sozialen und körperlichen Regulierungspraktiken junger Menschen zur Folge haben. Die engen Face-to-Face-Beziehungen, die eine Peergroup zum Schutzraum werden lassen, in welchem Jugendliche füreinander Verantwortung übernehmen, sind in szeneartigen Geflechten nur schwach ausgeprägt. Beim Typus „Aufnahmeritual" wird deutlich, dass es im Einzelfall auch weniger um den Konsum als vielmehr um ein Spiel mit den Risiken und Gefahren des exzessiven Konsums gehen kann. Der Umgang mit Alkohol mag in beiden Fällen für Jugendliche sehr risikoreich sein.

Die Fülle und Reichhaltigkeit des Datenmaterials verweist aber gleichzeitig darauf, dass diejenigen Vergesellungsformen, in denen der Umgang mit Alkohol eine sekundäre Rolle spielt, in den Erzählungen und Beschreibungen der Jugendlichen prominenter vertreten sind.

5.5.3 Konformität und Konformitätsdruck im Umgang mit Alkohol

Gruppendruck und Gruppenzwang sind Vokabeln, die im Zusammenhang mit Gruppen Jugendlicher häufig diskutiert werden. Dabei sind es nicht zuletzt die Jugendlichen selbst, die ihr Verhalten unter Verweis auf einen herrschenden Gruppenzwang erklären oder normalisieren. Auch in der Forschung wird häufig von einem in Gruppen herrschenden Konformitätsdruck gesprochen. Dieses Konstrukt ist meist negativ besetzt und findet sich oft in defizitorientierter Jugendforschung wieder. Dieser Sichtweise möchte sich diese Arbeit nicht anschließen. Daher wird im Folgenden untersucht, welche Rolle konformes Verhalten für den Umgang mit Alkohol hat und inwiefern Konformitätsdruck für die Vergesellung junger Menschen von Relevanz ist.

Die Dimension der Vergesellung Jugendlicher umfasst hier mehr als die konkrete Interaktion in Peergroups. Vielmehr geht es darum, aus dem empirischen Material zu erarbeiten, welche Orientierungen im Umgang mit Alkohol für die Jugendlichen relevant sind, denn schlussendlich sind es eben diese Orientierungen, die ausdrücken, welches Verhalten konform ist und welches nicht.

Subtiler Konformitätsdruck

Gruppen junger Menschen scheinen recht genaue Vorstellungen davon zu haben, wie adäquater Konsum in unterschiedlichen Situationen aussieht. Diese Vorstellungen können als Ausdruck eines subtilen Konformitätsdrucks interpretiert werden, da sie nicht in jeder Interaktionssituation von Grund auf neu verhandelt werden müssen, sondern eine gewisse (dauerhafte) Gültigkeit haben. Was als adäquater Umgangs mit Alkohol gilt, orientiert sich dabei sowohl an individuellen und gruppenspezifischen Trinkerfahrungen als auch an gesellschaftlichen, kulturellen und habituellen Kontexten. Diese Orientierung an kulturellen Kontexten, aus deren Aneignung ein gewisser subtiler Konformitätsdruck in Bezug auf den Umgang mit Alkohol erwachsen kann, wird in folgendem Beispiel deutlich:

> *I*: Ähm also des heißt, also du hast g'sagt, wenn ihr so weg geht, dann ist des, dann g'hört des dazu, dann macht ihr das dann au, ähm und du hast vorher erzählt, jetzt ist aber irgendwie ne Zeit, wo ihr, also nach der Fasnet hast du g'sagt habt ihr jetzt strikt Alkohol//@ja// Abstinenz//ja//, erzähl mir mal da dazu was, also wer isch wir und wie kam des dazu?
> *M*: Also des isch grad mein bester Freund und Freundinne von mir, weil, also mir sin ja seit em Januar jedes Wochenende unterwegs g'wese, Freitag, Samstag, Sonntag, und an der Fasnet, da g'hört Alkohol einfach @ weiß m'r ja, wie des isch, ma trinkt einfach, und irgendwann, also grad jetzt au überd Hauptfasnet, vom Donnerstag bis zum Dienstag hat m'r immer was trunke//mhm// und dann hasch irgendwann

5.5 Gestaltung von Peerzusammenhängen (Christian Wißmann)

au mal g'nug, m'r möcht einfach nemme, und no ham mir g'sagt, andre Leut fastet (2) Schleck oder sonsch was//mhm// und mir fastet halt Alkohol//ok//. (Marlen, P2, S. 568–580)
(…)
I: Und wer ist da dabei, also wenn du sagst >>wir<<, wer g'hört da dazu?
M: Hm: ja, also mir ham ja wie en Verein//mhm//, i bin in [Stadt 7] bei de Hexe und da sind aus [Stadt 1] welche dabei, von überall her, also die kenn ich halt durch die Hexe//mhm//, also des sin halt, ja//mhm//.
I: Und wie bith du da dazu gekommen? Erzähl mal.
M: Also ich wollt früher immer irgendwo mal mitlaufe[10], und äh die laufet halt viel und gehet halt au weiter mal weiters weg//mhm//, mir waret einmal im Schwarzwald//mhm// und manche die laufet nur zweimal im Jahr und i sag halt, für des brauch i kein Häs, dann kann i au zukucke//mhm//, und so, mir sin so viel unterwegs und au lernsch neue Städte kenne, kommsch dahin, du weisch schon >>ah, da isch gut<< und >>da, hm ja, isch net so gut, isch Musik et so gut, so<<, also und irgendwie ham mir uns dann (1) grad, da war mein bester Freund au dabei, ham mir uns ang'meldet und dann hen se uns g'nomme//mhm// und dann sin mir halt dahin. (Marlen, P2, 609–622)

Marlen erzählt von der vergangenen Fasnetszeit, und davon, nach der Fasnet auf Alkohol zu verzichten. An diesem Punkt hakt die Interviewerin ein und fordert Marlen auf, dies noch mehr auszuführen. Marlen erzählt, dass sie und ihre engsten Freunde während der Zeit von Anfang Januar bis zur Hauptfasnet jedes Wochenende unterwegs waren und getrunken hatten. Den exzessiven Höhepunkt erreichte der Konsum über die Hauptfasnet, in der täglich konsumiert wurde. Der Konsum von Alkohol wird hier zu einem festen und Bestandteil der Fasnetsaktivitäten. Hier wird eine Orientierung deutlich, die den Konsum von Alkohol als legitime und logische Aktivität innerhalb der Fasnet verortet. Im zweiten Interviewausschnitt wird deutlich, inwiefern die Fasnet hier als traditionelles, kulturelles Element verstanden werden kann. Marlen spricht von einer bestimmten Fasnetsgruppe, den „Hexen", die an einen bestimmten Ort gebunden und vereinsmäßig organisiert sind. Während die Fasnetszeit oder auch der Straßenkarneval häufig einen Ermöglichungsraum darstellt, den Jugendliche recht frei gestalten und annehmen können, ist die Teilhabe im Beispiel Marlens an eine feste (formal organisierte) Gruppe geknüpft. Um die Zugehörigkeit zu dieser Gruppe muss man sich regelrecht bewerben.

Die Zugehörigkeit zur Fasnet und zu einer Fasnetsgruppe ist gerade in ländlichen Regionen Süddeutschlands kulturell tief verwurzelt. Diese lokalen Zusammenschlüsse können zum Ausdruck sozialer Verortung werden und durchaus identitätsstiftenden Charakter bekommen. Die Eingebundenheit in eine solche Fasnetsgruppe kann subtilen Konformitätsdruck in Bezug auf den Umgang mit Al-

---

[10] Mitlaufen bedeutet hier: sich am Faschingsumzug beteiligen.

kohol hervorbringen. Dies zeigt sich auch in der Aneignung der (Fasnet-)Rituale) durch Marens Peergroup. Die Logik, in der Marlen beschreibt, dass sie und ihre Freunde nach der Fasnet eine gewisse Zeit der Alkoholabstinenz einlegen, kann als Verweis auf die außergewöhnliche Exzessivität des Konsums während der Fasnet interpretiert werden. Daran wird deutlich, wie sich jugendkulturelles Trinkverhalten einerseits an regionalen Traditionen und kulturellen Gepflogenheiten orientiert, andererseits aber – durchaus unter Rückgriff auf das existierende Ritual des Fastens – auch eigenständige Grenzbestimmungen vornimmt. Die Aneignung der regionalen Tradition „Fasnet" scheint auf diese Weise mit einem subtilen Konformitätsdruck in Bezug auf den exzessiven Konsum von Alkohol einherzugehen. Dies passiert in doppelter Hinsicht: zum einen in der individuellen Aneignung der lokalen Traditionen und kulturellen Gepflogenheiten („an der Fasnet gehört Alkohol einfach dazu"), zum anderen aber auch in Bezug auf den Umgang mit Alkohol in Marlens Peergroup.

Ein minimaler Kontrast hierzu wird deutlich, wenn typisches jugendkulturelles Freizeitverhalten in den Blickpunkt rückt. Auch hier lassen sich handlungsleitende Orientierungen erkennen, die nahelegen, dass der Umgang mit Alkohol nicht frei von subtilem Konformitätsdruck ist. In Teilen wurde die folgende Interviewpassage bereits weiter oben zitiert. Im Fokus steht das Ende der Passage, wo Kay beschreibt, wie er ein alkoholfreies Getränk konsumiert:

K: Ich weiß nicht also (2) üh ist schwer zu sagen, ich merk halt wenn ich am besten nichts mehr trinke (1) und dann trinke ich eigentlich auch nicht mehr viel.//mhm// (1) und jetzt ist zum Beispiel vor einer Woche oder vor zwei Wochen war Motorradtreffen in [Stadt 2], (1) und da war schon Mittags ein Elfmeterturnier in [Stadt 7] und weil wir da: das sind da immer so Freizeitunier wenn wir da mitmachen ist eigentlich auch normal damit man da halt auch trinkt, (1) waren wir auch davor bei einem Kameraden daheim auf der Gasse//mhm// haben ein paar Bier getrunken dann sind wir zu dem Elfmeterschießen gegangen, dann hat man das Ding runtergeschossen haben nebenher ein paar Bier getrunken, (1) sind dann: äh ins Schützenhaus hochgegangen, (1) haben dort Frauen-WM angeguckt haben (1) dort noch mal ein paar Schnäpse und ein paar Bier getrunken dann sind wir auf das Fest gegangen und haben weiter getrunken, (1) und irgendwann habe ich gemerkt gehabt >>ah jetzt tust du lieber nicht mehr weiter trinken sonst(1) habe es halt (…)//mhm mhm// und bist weg<< habe ich mir, eine Bluna gekauft zu dem Zeitpunkt habe ich es fen- gefunden zu den Leuten hinzugehen, und mit der Bluna bin ich rumgelaufen und wenn sie mich gefragt haben wieso ich Bluna trinken habe ich dann immer erzählt gehabt,//@(1)@// damit ich seit zwei Monaten keine Alkohol mehr trinke//@(2)@// die Leute @um die Uhrzeit@ waren dann die Leute meistens auch ein bisschen angetrunken//@(1)@// haben das auch nicht mehr so gemerkt und (1)//ja// die meisten haben es mir geglaubt und ich habe mich eigentlich gefreut gehabt weil @ich alle@//@(1)@// verarscht habe. @(3)@// ja @(1)@// ein Kumpel ist auch neben mir gestanden der ist auch teilweise mi- mitgelaufen (1) hat sich auch immer einen ablachen müssen,

5.5 Gestaltung von Peerzusammenhängen (Christian Wißmann)

I: Und wie haben die dann reagiert also die anderen die es dir geglaubt haben,
K: Ja (..) haben sie halt gefragt dann habe ich auch mit Mädle geschwätzt da habe ich gesagt gehabt >>ja<< hat sie mich gefragt wieso ich eigentlich Bluna trinke und dann habe ich gesagt gehabt >>ich trinke schon seit Monaten nichts mehr<< hat sie erst erstaunt geguckt hat er mir eigentlich nicht so recht geglaubt hat, mein Kumpel auch noch genickt und dann hat sie es mir geglaubt und dann hat sie gefragt oh wie ich das hinkriege und so//mhm// und dann habe gesagt gehabt >>keine Ahnung ist normal für mich<< //@(2)@// @halt so ein paar Geschichten erzählt. @ @(2)@
I: ⌊ok und dann wie wie reagieren wie reagieren die anderen,
K: Also die wo es wissen die finden es lustig (2) jetzt gerade das Mädle hat mir dann am nächsten Tag//mhm// hat- hat sie es rausgekriegt, oder hat es halt mein Kumpel erzählt wo sie es dann auch mitgekriegt hat, (1) mh wir haben darüber gelacht//aha// und dann war sie aber natürlich halt weiß ich auch nicht.//ok ok// ah ich denke mal es gibt Schlimmeres. (2) (Kay, P2, 782–816)

Kay beschreibt, wie er merkte, genug Alkohol konsumiert zu haben, woraufhin er sich eine Bluna besorgte, mit der Bluna-Flasche umherlief und darauf wartete, angesprochen zu werden. Dies zeigt, dass Kay zwar keinen offenen (expliziten) Konsumzwang verspürte, der ihn dazu brachte sein antialkoholisches Getränk heimlich zu konsumieren, wohl aber einen subtilen Konformitätsdruck, der sich darin ausdrückt, dass Kay davon ausging, auf sein antialkoholisches Getränk angesprochen zu werden. In dieser Passage wird deutlich, wie Kay und sein Kumpel während der Geschichte um die Bluna integriert bleiben. Sie interagieren weiterhin mit den anwesenden Peers. In Bezug auf den Konsum von Alkohol scheinen Settings wie dieses Fest eher ermöglichenden als verpflichtenden Charakter zu haben. Der Konsumzwang entsteht eher subtil. Dies bedeutet, dass der Konformitätsdruck durch die Normalität entsteht, mit welcher der Konsum von Alkohol belegt ist. Die Tatsache des Nichtkonsums stellt eine Besonderheit dar, die auffällig ist. Diese Besonderheit wird von den Anwesenden aktiv thematisiert, und der „Betroffene" muss sich und sein Verhalten rechtfertigen.

Diese Interpretation wird verstärkt durch Kay's Verweis auf die Reaktion des „Mädchens", und auf deren Erstaunen, in einem solchen (jugend)kulturellen Setting keinen Alkohol zu konsumieren. Dies scheint also durchaus eine auch von anderen als beachtenswert beurteilte Leistung, die indirekt auf die Normalität hohen Alkoholkonsums in diesem Setting verweist. Auch dass Kay diese Stelle so ausführlich erzählt, und die Tatsache, dass das Nichtkonsumieren als Witz durchgeht, unterstreicht die Orientierung, in welcher der Konsum von Alkohol handlungsleitende Normalität darstellt und dessen Dazugehören zu einem solchen Setting einen gewissen subtilen Konformitätsdruck erzeugt. Dieser subtile Konformitätsdruck lässt sich am ehesten mit „Nichtkonsum ist auffällig" beschreiben.

Die Subtilität des Konformitätsdruck liegt auch darin, dass der Konsum von Alkohol meist keine Prämisse darstellt, die direkt über Zugehörigkeit oder Nichtzugehörigkeit entscheidet. In keiner der zitierten Interviewpassagen ist eine bestimmte Form des Konsums als Zugangsvoraussetzung zu bestimmten Gruppen zu erkennen. Allerdings herrscht in allen Fällen eine subtile Form von Konformitätsdruck, die sich daraus ergibt, dass es für die Jugendlichen einen größeren Aufwand darstellt, nicht zu konsumieren und trotzdem kohärent zu bleiben. Nichtkonsum scheint auffälliger und aufwändiger zu sein als Konsum.

Alesio beschreibt, wie er krankheitsbedingt abstinent bleiben musste:

> Am Ding des war gleich wo ich Ding ähm nach dem Krankenhausaufenthalt war ja die Fasnet noch//mmh// und des war grad alles des in [Ort2] und dann war ich auch mit denen und Kameraden unterwegs (1) und dann bin ich schon um halb achte Heim weil ich keine Lust mehr hatte//mmh// und da bin ich dann um halb achte mal Heim (1) weils langweilig war so//mmh// ja (1) ohne Alkohol//mmh// ja. (Alesio, P2, 671–675)

Alesio nimmt hier Bezug auf seine Peergroup und auf die Fasnetszeit. Nach einem Krankenhausaufenthalt durfte er keinen Alkohol konsumieren. Zwar war es ihm möglich, an der Fasnet teilzunehmen und mit seinen Peers umherzuziehen, doch beschließt er, früher nach Hause zu gehen, da es ihm an diesem Abend schwer fiel auf den Konsum von Alkohol zu verzichten. An dieser Stelle, wo er sich als Akteur präsentiert und heimgeht, wird seine Orientierung deutlich: Es wäre es ihm wesentlich leichter gefallen, Kohärenz durch den Konsum von Alkohol herzustellen oder aufrechtzuerhalten.

Zum Abschluss der Darstellungen zum Typus „Subtiler Konformitätsdruck" sollen nun die zentralen Aussagen zugespitzt werden.

Auch wenn der Umgang mit Alkohol gruppenspezifische Merkmale aufweist, scheinen viele Attribute eines adäquaten Umgangs mit Alkohol große intersubjektive Überschneidungen über die gesamte Kohorte Jugendlicher aufzuweisen. Dies zeigt sich beispielsweise daran, dass nicht in jeder Interaktionssituation neu verhandelt werden muss, was ein adäquater Umgang mit Alkohol ist.

Kulturelle, milieuspezifische, gruppenspezifische und gesellschaftliche Orientierungen im Umgang mit Alkohol scheinen handlungsleitenden Charakter für Jugendliche und deren Umgang mit Alkohol zu haben. Am Beispiel der Fasnet wird deutlich, dass es nicht nur die Jugendlichen sind, die ihre gruppenspezifischen Trinkstile in einen kulturellen Rahmen einbringen, sondern es zu weiten Teilen eben dieser (bestehende) kulturelle Rahmen ist, der den Umgang mit Alkohol auf ganz bestimmte Art und Weise ermöglicht oder gar voraussetzt. Hieraus kann eine subtile Form von Konformitätsdruck erwachsen, da die Teilhabe an der Fasnet mit der Möglichkeit zu exzessivem Alkoholkonsum gleichgesetzt wird. Die Normali-

5.5 Gestaltung von Peerzusammenhängen (Christian Wißmann)

tät von exzessivem Konsum als Teil der kulturellen Handlungspraxis scheint hier viel weniger das Ergebnis eines jugendkulturellen Aneignungsprozesses zu sein als eine Art abstrakten Vorwissens, das die Basis des jugendkulturellen Aneignungsprozesses darstellt. Kurz gesagt, es war nicht die Idee der Jugend, die Fasnet mit exzessivem Alkoholkonsum zu verbinden.

Die aus dem empirischen Material herausgearbeiteten Orientierungen im Umgang mit Alkohol und der Vergesellung Jugendlicher machen deutlich, dass in vielen Fällen ein subtiler Konformitätsdruck zu herrschen scheint, der zwar handlungsleitend wirkt, aber nicht mit einem direkten Konsumzwang gleichzusetzen ist. Viel eher scheinen Jugendliche durch den Konsum von Alkohol Eingebundenheit in Peergroups erzeugen zu können, woraus sich ein subtiler Konformitätsdruck in Bezug auf den Umgang mit Alkohol ableiten lässt. Ob dabei von „sozialem Druck" oder „Zwang" gesprochen werden sollte, erscheint fraglich. Denn diese Begrifflichkeiten implizieren eine gewisse Passivität (Ohnmacht) der handelnden Subjekte. Die interpretierten Passagen verweisen jedoch weniger darauf, dass Jugendliche trinken *müssen*, um kohärent zu bleiben, als vielmehr darauf, dass Jugendliche trinken *wollen*, um darüber (aktiv) Kohärenz herzustellen. Dies zeigt sich auch daran, dass der Konsum von Alkohol vorwiegend positiv konnotiert wird. Die Passivität, welche durch das Bild eines „sozialen Drucks" ausgedrückt wird, scheint dem Umgang mit Alkohol oft nicht gerecht werden zu können. Viel eher scheint eine Art „sozialen Zugs" zu herrschen – dieses Bild soll unterstreichen, dass Jugendliche im Umgang mit der Substanz Alkohol eine adäquate Möglichkeit gefunden haben, Kohärenz zu erzeugen. Dieses Bild betont die Handlungsfähigkeit der jugendlichen Akteure im Umgang mit Alkohol. Wie oben gezeigt werden konnte, scheint Abstinenz nicht zur sozialen Exklusion zu führen, sondern die Integration lediglich zu erschweren, da ein zentrales und anschlussfähiges Interaktionsfeld fehlt. „Sozialer Druck" scheint viel weniger in Bezug auf den Umgang mit Alkohol zu herrschen als auf einer darüber liegenden Ebene – nämlich in Bezug auf die Integration und Interaktion in Peerkontexten. Aus diesem Blickwinkel stellt der Konsum von Alkohol eine Lösung für die Integrationsanforderung in Peerkontexte dar.[11]

Der Typus „Subtiler Konformitätsdruck" verweist auf kulturelle, gesellschaftliche und gruppenspezifische Rahmen, in denen der Konsum von Alkohol ermöglicht und reguliert wird, und gleichzeitig auf die (Integrations-)Funktion, welche Alkoholkonsum für die einzelnen jugendlichen Akteure erfüllen kann.

---

[11] Überspitzt ausgedrückt handeln Jugendliche, die Aktivitäten ohne die Möglichkeit des Konsums von Alkohol meiden im maximalen Sinne rational.

Offener Konformitätsdruck
Eine deutliche Form offenen Konformitätsdrucks zeigt sich am bereits beschriebenen „Aufnahmeritual". Am Beispiel Annas wurde deutlich, dass getrunken werden musste, um in die Gruppe aufgenommen zu werden.

Ein Kontrast hierzu findet sich in weiteren jugendkulturellen Trinkritualen. Der folgende Interviewausschnitt schließt an eine längere Erzählpassage, in der Kay von verschiedensten Trinkspielen berichtet, an:

> *I*: Und da hast du dann wieder mitgemacht,
> *K*: Ja das war dann wieder ganz lustig. (1)//mhm// da mh da hast du jetzt auch nicht nur dann dran gesessen und hat getrunken, (1) sondern hat man jetzt auch gerade (1) irgendwelche lustigen Sachen machen müssen wo dann eigentlich drüber lachen können hast.//mhm mhm// und jetzt **ein** Trinkspiel wo ich (1) auch jetzt noch mitspiele (1) das einmal (Türme) sagt das euch was//mhm//
> *I*: Wie Türme
> *K*: Ja.//hm, hm// da äh hast du normal zwei Türme aus ganz unten steht eine Halbe// mhm// ist ein Bierdeckel dann steht ein Radler Bierdeckel Schorle weiß süß Schorle weiß rot und ein (1) klarer Schnaps und dann aber noch ein Duplo oder so das alles mit Bierdeckeln getrennt//mhm// und muss man immer der Reihe nach Würfeln und der wo einen Sechser kann entweder einen Bierdeckel runternehmen oder ein Getränk.//ok// und das wird dann immer so abgebaut und//ok// das ist eigentlich auch ganz lustig dann geht es dann auch noch stärker Versionen wie jetzt Sturm da sind dann noch lauter Bier außenherum//mhm mhm// und das haben wir jetzt auch gerade vor Silvester (1) ist es auch bei meinem Bruder seinen Kameraden normal bei denen wo halt dabei (..) ins Schützenhaus (..) sind hoch gegangen//mhm// und da eine runde Stürmen//mhm// und ich bin dann dieses Jahr auch mitgegangen (1) habe ich das Würfelglück gehabt und dann hat es mir natürlich @gefallen@. (Kay, P2, 676–694)

An der Art und Weise, wie Kay über die Trinkspiele spricht, werden mehrere zentrale Orientierungen deutlich: zum einen die Inszenierung als handelnder Akteur, der selbstsicher entscheiden kann, ob er bei einem Spiel mitspielt oder nicht; zum anderen ein gewisser Trinkzwang, der in der konkreten Interaktionssituation spürbar ist.

In der Peergroup von Kays Bruder scheinen sich Trinkspiele zu einem wiederkehrenden Ritual entwickelt zu haben. Wenn die „Kameraden" von Kays Bruder an Silvester im „Schützenhaus" zusammenkommen, gehören Trinkspiele zur verbindlichen Konsumpraxis. Kay inszeniert sich an dieser Stelle trotzdem als handlungsstarker Akteur. Er bekräftigt, dass er dieses Jahr entschieden habe, seinen Bruder an Silvester zu begleiten. An dieser Stelle wird deutlich, dass Kay sich bewusst in eine Situation begeben hat, in welcher offener Konformitätsdruck herrscht. Dem offenen Konformitätsdruck in der Interaktionssituation ist also eine Sequenz vorgeschaltet, in der Kay als Akteur in Erscheinung treten kann.

Interessant ist, dass der Konsum von Alkohol an dieser Stelle eine doppeldeutige Funktion einnimmt. Der gemeinsame Konsum rahmt ganz selbstverständlich die Interaktionen der „Kameradschaft". Der exzessive Rausch fungiert dabei sowohl als Belohnung für ein glückliches Spiel als auch als Konsequenz von Würfelpech. Trinken zu können und trinken zu müssen scheinen in den Augen der Jugendlichen unterschiedliche Dinge zu sein. Die Logik, in welcher Alkohol als Belohnung und Bestrafung eingesetzt wird, zeigt, dass der Konsum von Alkohol gerade nicht mit dem Ziel des generellen Kontrollverlustes verbunden ist, sondern das Risiko eines Kontrollverlustes ist der Einsatz, den die Spieler bringen. Abgesichert wird das Risiko dadurch, dass die Verbindungen zwischen den Jugendlichen sehr eng sind. Dies lässt sich aus Bezeichnungen wie „die Kameradschaft" ableiten. Das Ritual des Trinkspiels garantiert ein „Kollektivrauscherlebnis". Jeder einzelne Jugendliche hat die Garantie, etwas zu erleben, und verspürt die vertraute Sicherheit der bekannten Gruppe.

Abschließend können die zentralen Erkenntnisse zum Typus „Offener Konformitätsdruck" zusammengetragen werden. Die interpretierten Interviewpassagen zeigen zwei kontrastreiche Situationen. In allen Situationen formulieren die Jugendlichen konkrete Erwartungen in Bezug auf ihren Umgang mit Alkohol, denen sie entsprechen müssen, um kohärent zu bleiben. Auch in diesen Situationen bleiben die Jugendlichen selbstverständlich handelnde Akteure. Anna beschreibt die Hinwendung zur Gruppe und die damit verbundene Teilhabe am Aufnahmeritual als aktiv initiierten Prozess. Kay entscheidet, ob er sich an Trinkspielen beteiligen will bzw. ob er sich in Situationen begibt, in denen Trinkspiele gespielt werden. Was den Typus „Offener Konformitätsdruck" vom Typus „Subtiler Konformitätsdruck" unterscheidet, ist, dass all diesen Entscheidungen eine Verhaltenserwartung vorgelagert ist, die sich ganz konkret auf den Umgang mit Alkohol bezieht. Der Umgang mit Alkohol wird in der konkreten Trinksituation vom Akteur nicht mehr aktiv ausgehandelt.

Zwischenfazit: Konformität und Konformitätsdruck im Umgang mit Alkohol
Der Umgang mit Alkohol findet nie im „freien Raum" statt, sondern ist immer auf vielfältigen Ebenen kontextualisiert. Dies führt dazu, dass jedweder Umgang mit Alkohol von gewissem Konformitätsdruck begleitet wird. In manchen Fällen kann dieser Konformitätsdruck ganz explizit kommuniziert und offen dargestellt werden – wie am Beispiel des Typus „Offener Konformitätsdruck" gezeigt werden konnte.

Auch wenn Jugendliche in ihren Peergroups häufig kohärentes Verhalten zeigen, kann nicht per se von offenem Konformitätsdruck oder gar Konsumzwang gesprochen werden. In den meisten Fällen, in denen der Konsum von Alkohol nicht sozial isoliert stattfindet, scheint Konformitätsdruck eher in subtiler Form aufzutreten. Peergroups sind das Interaktionsfeld, in denen Alkohol konsumiert wird und daher auch das Interaktionsfeld, in welchem Konformität und Konformitätsdruck sichtbar werden. Dabei sind die Interaktionsmuster, Rituale und Handlungsroutinen in Peergroups kein weißes Blatt; gruppenspezifische Regeln und Normen werden nie gänzlich neu verhandelt, sondern auf der Basis von milieu-, kultur- und lebensweltspezifischen Regeln und Normen (re-)konstruiert. Die Mikroebene, die in einer jeweiligen Peergroup sichtbar wird, existiert nicht unabhängig von einer Mesoebene der kollektiven Repräsentation und einer Makroebene der Strukturierung von legitimen und illegitimen raum-zeitlichen Zonen des Trinkens. Gerade in Bezug auf den Typus „Subtiler Konformitätsdruck" scheint diese Überlegung zielführend. Denn hier geht es viel weniger um irgendeine Form expliziten Konsumzwangs als um eine Vielzahl an Folien, auf welchen Jugendliche ihren Umgang mit Alkohol inszenieren können, auf denen sie einen „adäquaten" Umgang mit Alkohol von einem „inadäquaten" unterscheiden können. Aus diesen Zuschreibungen entstehen rückwirkend Normalbilder[12] in Bezug auf den (adäquaten/inadäquaten) Umgang mit Alkohol, mit denen sich junge Menschen auseinandersetzen und die in gewisser Weise auch handlungsleitenden Charakter haben können. Subtiler Konformitätsdruck wird immer dann deutlich, wenn Jugendliche durch ihr Verhalten eine Sonderrolle einnehmen. In den oben zitierten Interviewausschnitten zeigt sich, wie sich Jugendliche in solchen Situationen positionieren, rechtfertigen und erklären müssen.

Bemerkenswert erscheint, dass diese Abweichung von den Normalitätsvorstellungen im Umgang mit Alkohol die Eingebundenheit in Peerkontexte nicht zwangsläufig gefährdet. Diese Beobachtung scheint die größte Besonderheit des Typus „Subtiler Konformitätsdruck" darzustellen. Auffällig wird dies vor allem in Situationen, in denen Jugendliche angeben, nicht zu konsumieren. Dies legt die Vermutung nahe, dass der Umgang mit Alkohol, bzw. der gemeinsame Konsum von Alkohol in Peerkontexten, hauptsächlich dazu genutzt wird Eingebundenheit herzustellen. Alkohol ist ein funktionales Beiwerk, kein Hauptdarsteller in der Freizeitgestaltung junger Menschen. So kann über den Konsum von Alkohol Eingebundenheit in Peerkontexte hergestellt werden, was im Umkehrschluss nicht bedeutet, dass Eingebundenheit ausschließlich über den Konsum erzeugt und aufrechterhalten wird. Vielmehr scheinen Akteure, die nicht konsumieren, andere

---

[12] Normalbild soll hier in Abgrenzung zu einem Idealbild verstanden werden. Wo ein Idealbild auf eine ganz bestimmte Art des Umgang mit Alkohol abzielt und dadurch immer auf ein Extrem verweist (beispielsweise die Abstinenz), beschreibt ein Normalbild eher einen breiten Korridor an Umgangsformen mit der Substanz Alkohol, die auf den verschiedenen zur Verfügung stehenden Folien subjektiv kontextualisiert werden können. Adäquates Verhalten im Umgang mit Alkohol kann also durchaus sehr unterschiedlich aussehen.

Wege finden zu können, ihre Eingebundenheit in Peerkontexte herzustellen. Am Beispiel Kays deutet sich an, dass das Sprechen über die Abstinenz denselben Effekt haben kann wie das gemeinsame Konsumieren.

5.6 Bezüge auf Normalität (Sibylle Walter)

Im Mittelpunkt dieser Typik stehen Auseinandersetzungen mit Normen bezüglich des Konsums von Alkohol, die sich in entsprechenden handlungsleitenden Orientierungen niederschlagen. Normalisierungen werden dabei als Prozesse der Hervorbringung von „Normalität" verstanden und zeigen sich in entsprechenden Praktiken im Umgang mit Alkohol.

Vorstellungen von „Normalität" im Zusammenhang mit dem Konsum von Alkohol sind für die Forschungsfrage von besonderer Relevanz, zeichnen sich doch Gesellschaften u. a. durch die Existenz spezifischer Trinknormen aus, die ihre Mitglieder zu einer Auseinandersetzung mit und Positionierung zu diesen herausfordern und damit eine individuelle Standortbestimmung und Handlungsorientierung erforderlich machen. Dies gilt in besonderer Weise für die Zeitspanne der Jugend und des jungen Erwachsenenalters, verdichten sich doch einerseits Erwartungen im Hinblick auf die Entwicklung eines verantwortungsbewussten Umgangs mit alkoholischen Konsummitteln und werden andererseits vornehmlich für dieses Lebensalter Diskurse um den „akzeptierbaren" Umgang mit Alkohol mit solch normativer Strenge geführt, etabliert und gesetzt, wie dies für kaum ein anderes Lebensalter in ähnlicher Weise ausgemacht werden kann. Jugendlichen und Heranwachsenden werden jedoch auch Experimentierräume zugestanden. Der Nutzen derselben wird sogar zu einer weiteren normativen Erwartung, die sich auf die Herausbildung eines verantwortungsvollen Umgangs mit Alkohol als Entwicklungsaufgabe des Jugend- bzw. jungen Erwachsenenalters bezieht. Sie müssen sich jedoch auch mit Normen des „Mithaltens" und „Mitmachens" im Peerkontext auseinandersetzen, die – je nach sozialem Kontext und Anlass – ambivalent sind bzw. sein können.

Normalisierungen im Zusammenhang mit Alkohol sind dabei in hohem Maße an soziale Akteure gebunden. Sie stehen jedoch auch im Kontext spezifischer Settings, die diese wiederum prägen. Diese unterschiedlichen Bezugspunkte können in Widerspruch zueinander treten, beispielsweise wenn differente erwachsene und peergruppenbezogene Vorstellungen hinsichtlich eines gelingenden Umgangs mit Alkoholkonsum existieren, zur individuellen Positionierung, Reflexion und Bezugnahme herausfordern und sich in entsprechenden Handlungsorientierungen niederschlagen (müssen).

Damit deutet sich schon an, dass im Kontext von Alkoholkonsum eine permanente Abgrenzung und Positionierung zur Notwendigkeit wird, die sich in mehrfachen sozialen Bezugsrahmen in einem fortwährenden Prozess zeigen: in Form einer diskursiven Auseinandersetzung mit unterschiedlichen Peers, mit relevanten anderen oder gesellschaftlichen Erwartungen und schließlich der Aufgabe einer Herausbildung entsprechender Handlungspraktiken.

Auseinandersetzungen mit „Normalitäten" finden sich einerseits in Erzählungen über Handlungsvollzüge, andererseits in der Gegenüberstellung aktueller Handlungsorientierungen mit solchen, die in der Vergangenheit Relevanz hatten und damit zum Zeitpunkt des Erzählens als Abgrenzungsfolie dienen. Hier deutet sich schon die Prozesshaftigkeit von Normalisierungen als eines ihrer Merkmale an, denn handlungsleitende Normen sind nicht statisch, vielmehr verändern sich sowohl subjektive Standpunkte wie auch gesellschaftliche Erwartungen in enger Koppelung an soziale Positionen und das Lebensalter. Dabei scheinen auf der einen Seite altersbezogene normative Bezugspunkte, auf der anderen Seite jedoch auch bildungsbiografische Aspekte eine Rolle zu spielen.

Im Folgenden werden unter Normalisierungen implizite Auseinandersetzungen mit gesellschaftlichen und gruppenbezogenen Normen, die sich in Handlungen und Handlungsorientierungen zeigen, gefasst. Diese Normalisierungen gehen einher mit „Verselbstverständlichungen", mit Regulierungs- und Abgrenzungsversuchen und zeigen sich als implizite Bezugspunkte für die Herausbildung einer handlungsleitenden Orientierung. Normalisierungen verweisen damit immer auch auf Aneignungsprozesse, deklarieren, was im Zusammenhang mit dem Konsum von Alkohol als normal bzw. nicht normal verstanden wird und was entsprechend als Begründungslinie für Praktiken und Orientierungen aufgeführt wird.

5.6.1 Aneignungspraktiken

Im Zuge der individuellen Auseinandersetzung mit Normen bezüglich des Konsums von Alkohol spielen unterschiedliche Settings und Akteure, die Vorstellungen und Erwartungen von Konsumnormalitäten repräsentieren, eine zentrale Rolle. Sie können ein maßgeblicher Bezugspunkt für die Herausbildung von Handlungs- und Konsumorientierungen sein. Im folgenden Typus stehen darum Orientierungen im Fokus, die eine Ausrichtung an der „Normalität" des Umfeldes, und damit des sozialen Bezugsrahmens, zeigen und sich in entsprechenden Aneignungspraktiken niederschlagen.

5.6 Bezüge auf Normalität (Sibylle Walter)

Orientierung am Setting: Hineinwachsen in die Normalität des Trinkens
Ein Beispiel für eine solche Aneignungspraktik findet sich im folgenden Interviewausschnitt. Die Sozialisation in das Setting „Fußballverein" vollzieht sich hierbei im Rahmen eines mehrjährigen Prozesses, welcher unmittelbar verbunden ist bzw. verbunden wird mit der Frage nach dem angemessenen Umgang mit Alkohol.

> *I*: Dann hast du gesagt, du (1) hast Fußball gespielt
> *A*: Genau
> *I*: Wann (1) kannst mal n bisschen so erzählen wie des, wie des war mit dem Fußball
> *A*: Ja, wie des mit dem Fuß- da war ich 15, da haben wir mal Spiele gewonnen und dann haben wir ne Spezi gekriegt und so und dann wollten wir halt mal irgendwie mal Bier und dann haben wir halt mal Bier gekriegt//ok// und dann hats da eigentlich so angefangen mit Bier und Trinken, richtig
> *I*: Ok von wem habt ihr da Bier gekriegt
> *A*: @ vom Verein
> *I*: Vom Verein
> *A*: Ja, @(…)@ aber halt nicht viele (.)//mmh// aber hat ja gereicht
> *I*: @
> *A*: Ja @(2)@
> *I*: Ok (2) kannst du noch mal n bisschen erzählen wie des dann ist an so nem (1) bei so nem Fußballspiel
> *A*: Halt wenn wir, ja wenn man gewinnt (1) dann trinkt man normalerweise, wenn man verliert, dann nicht so oft, aber wenn man gewinnt, dann zahlt jeder eigentlich mal was//mmh// n Kasten oder so, falscher Einwurf musst du auch einen bringen, des war früher auch schon @//mmh// ja, dann hat man immer was gehabt//ok// ja @.
> (Alesio, P2, 195–211)

Alesio wird in diesem Interviewausschnitt zunächst ganz allgemein darum gebeten, über sein Hobby des Fußballspielens zu berichten. Interessanterweise bezieht er sich im Folgenden nicht auf die soziale Rahmung des Fußballs, etwaige Praktiken und Erfolge, vielmehr betont er den Zusammenhang von sportlichen Erfolgen und dem Konsum von bestimmten Getränken. So führt er aus, dass es zunächst Teil der sportlichen Anerkennung seitens des Vereins gewesen sei, bei entsprechenden Erfolgen ein Getränk, „ne Spezi" spendiert bekommen zu haben. In der weiteren Erzählung zeigt sich eine Ritualisierung des Alkoholkonsums seitens des Vereins, der ein Belohnungsprinzip über ein Konsummittel einführt. Dieses wird jedoch altersspezifisch modifiziert, indem die jungen Spieler noch nicht den Alkohol bekommen, aber ein Ersatzgetränk. Mit zunehmendem Alter forderte die Gruppe ein alkoholisches Getränk, was ihnen auch zugestanden wurde. Alesio bezeichnet dies als den Beginn seiner eigenen Konsumpraxis. Gleichzeitig führt er aus, inwieweit die Erfolge und Misserfolge bei den Fußballspielen jeweils mit festen Ritualen in Bezug auf den Konsum von Alkohol verknüpft seien.

Alesio übernimmt im Zuge seiner Sozialisation im Verein selbstverständlich die dort gepflegten, ritualisierten Praktiken in Bezug auf den Konsum von Alkohol: Alkohol dient als „normales" Belohnungsprinzip für gute sportliche Leistungen, gleichzeitig wird Alkohol als Währung eingesetzt, die es bei entsprechenden Niederlagen oder Missgeschicken einzulösen gilt. Mit seinem Verweis auf die traditionelle Gepflogenheit dieser Praxis, „des war früher auch schon", unterstreicht er die Aneignung einer als normal und selbstverständlich wahrgenommenen alkoholbezogenen Konsumpraxis, der er sich nun im Zuge seiner langjährigen Integration in den Verein wie selbstverständlich angeschlossen hat. Das Hineinwachsen in den Fußballverein ist damit eng verknüpft mit der Aneignung der Normalität dieses Settings.

Während Alesio seine Trinkpraktik auf der Grundlage eines bestehenden, traditionell und formal gestalteten Settings ausrichtet und dessen Normalitätsvorstellungen in Bezug auf den Konsum als eigene Handlungspraxis übernimmt bzw. sich diese aneignet, zeigt sich bei Artur ein anderer Bezugsrahmen. Im folgenden Ausschnitt berichtet er von seinen Festivalbesuchen:

A: Ist halt ja ((stöhnt)) kommen halt immer (1) relativ früh an, schon, es ist ja normal ein Festival geht so zwei Tage (1) und, dann äh ist am Tag davor auch immer Warm-up-Party und das ist eigentlich so der krasseste Tag vom ganzen Festival weil da sind eigentlich alle da bauen ihre Zelte auf, (1) und da chillen dann halt nur auf dem Campingplatz und (1) da wird halt so ziemlich am meisten gesoffen und das heißt dass das dann auch eventuell auch (1) für den (Folge)tag noch mitreichen kann. @(1)@ (1) @ Vom Alkohol her.@ Ja das ist (1) dann so eigentlich die krasseste Nacht dann, (1) und dann halt am nächsten Tag aufstehen, (1) Frühstück machen, Grillen oder so je nach dem wie man aufsteht. (1) Ab- Konterbier trinken (1) aufs Festivalgelände gehen bisschen Musik anhören, (1) halt das was man anhören will, dann geht man wieder auf den Campingplatz was Abendessen noch.//mhm// (1)
I: Und seit wann macht ihr so was?
A: Festivals?
I: Mhm. (1)
A: Sind jetzt auch fünf sechs Jahre.//mhm// (1). (Artur, P2, 122–158)

Artur schildert in dieser Sequenz den wiederkehrenden Ablauf jährlicher Festivalbesuche, den er weniger entlang von Konzertbesuchen oder Interaktionen der Freunde untereinander beschreibt, denn vielmehr anhand des Konsums von Alkohol strukturiert: Von der Warm-up-Party am Anreisetag über das „Chillen" mit erheblichem Alkoholpegel bis hin zum eigentlichen Beginn des Festivals, der mit einem alkoholischen Getränk am Morgen eingeläutet wird. Die Normalität dieser Verknüpfung von Trinkpraktik und Festivalbesuch untermauert er mit der Verallgemeinerung seiner eigenen Praxis des Konsums auf die der anderen Festivalbesucher: Sein Erzählduktus greift auf das verallgemeinernde und unbestimmte

5.6 Bezüge auf Normalität (Sibylle Walter)

Pronomen „man" zurück und bettet damit seine Praxis des Trinkens ein in die des gesamten Settings, innerhalb dessen er sich mit großer Handlungssicherheit bewegt. Selbstverständlich übernimmt er die „normale" und dem Anlass in seinen Augen adäquate Konsumpraxis. Dies drückt sich auch darin aus, dass er in Bezug auf die Frage nach der angemessenen Konsumorientierung völlige Handlungssicherheit zu haben scheint: Er kennt die Abläufe und Konsumstrategien und schließt sich diesen selbstverständlich an bzw. gestaltet diese mit und trägt damit zu deren Ritualisierung bei.

Während Artur und auch Alesio sich in einem sozialen Kontext bewegen, innerhalb dessen ihr Konsum von Alkohol geteilte „Normalität" darstellt, verweist Raffi auf eine Widersprüchlichkeit:

> Ist halt einfach so. In anderen Gegend, Gegenden so z. B. kommt man halt nicht so schnell an Alkohol wie z. B. wenn ich jetzt sage hier am [Stadtteil1 Stadt1]. Ich gehe zum Freund, der 20 Jahre alt ist, den ich auch kenne so halt im laufenden den Jahren, die man hier wohnt,//mhm// >>Hallo<<, >>Tschüss<< und gehst du zu dem hin und sagt äh, der ist 20 Jahre alt, und sagst >>Ja kauf' mir mal das<<. Dann ist es, ist er bereit dazu, es dir zu holen//mhm// und auch kein schlechtes Gewissen hat und so. Der ist halt einfach dann bereit und käüft dir halt die Wodka für dich ein und dann ist auch die Sache gegessen, also//mhm// so Erfahrung hab' ich schon auch//mhm// gesammelt, obwohl ich nicht darf eigentlich. Gesetzlich ja darf ich das ja nicht.//mhm// Ja aber es sehen halt viele hinweg und ich glaube, wenn ich irgendwo anders wohnen würde, wo ich nicht so viel Kontakt habe mit Außenwelt und so, würde ich glaub' ich so was nie,//mhm// niemals zu Stande kommen sowas. (Raffi, P2, 682–694)

Raffi betont in dieser Interviewpassage unterschiedliche Normalitätsvorstellungen in Bezug auf den angemessenen Konsum bzw. das angemessene Alter für den Konsum von Alkohol. Einerseits betont er, Jugendschutzbestimmungen zu kennen und zu wissen, dass er nicht das entsprechende Alter für einen legitimen Konsum von hartem Alkohol hat. Andererseits beschreibt er jedoch erprobte, gängige und bewährte sowie erfolgreiche Strategien, diese Bestimmungen zu umgehen. Der Normalität des Milieus setzt er Jugendschutzbestimmungen entgegen, betont jedoch deren Missachtung durch die Peers: Ohne schlechtes Gewissen helfen Ältere den Jüngeren aus und ermöglichen den Kauf und Konsum. Raffi nutzt diese Spielräume für sich, weist jedoch gleichzeitig darauf hin, dass er sich damit eigentlich jenseits des legitimen und gesellschaftlich anerkannten „normalen" Rahmens bewegt. Im Stadtteil sind die Präsenz und der Konsum von Alkohol jedoch geteilte und gelebte Normalität, derer er sich für seine Bedürfnisse bedient und die er übernimmt. Letztlich betont er, dass diese Normalität auch eine Versuchung und Verführbarkeit mit sich bringe, derer man sich nur schwer entziehen könne, wenn man in diesem Milieu aufwachse.

Aneignung biografischer „Normalität"

Eine weitere Aneignungspraktik bezieht sich darauf, den Konsum von Alkohol an einem bestimmten Lebensabschnitt auszurichten, der hierfür als angemessen angesehen wird. Tim beschreibt seine Orientierung an einer zeitlich begrenzten Lebensphase, in der es zur Normalität gehöre, Alkohol zu konsumieren:

> *I*: (2) Du hasch gesagt, in der Abizeit ähm da kam dann auch ähm ja so bisschen mehr Party und sowas dazu und Mädchen dazu, gibt's da vielleicht noch irgendne spezielle Situation, die dir gut in Erinnerung geblieben is, die du uns erzählen kannsch?
>
> *T*: Von irgendner Party jetzt irgendwas oder//mhm// (2) pff, ja also, so während, also ich red jetzt mal nur von Zwölfte, Dreizehnte//mhm//, klar, des ging ja auch davor schon, ich sag, ich hab jetzt nur Abizeit gesagt//ja//, damit mein ich jetzt mich unbedingt nur Zwölfte, Dreizehnte, sondern auch so ab der Zehnten ging des ja schon eher los//mhm//, ähm wenn nich sogar noch n Tick früher, aber da ging's ja erst los mit so Homepartys, so >>treffen wir uns mal ganz gemütlich<< und dann hat sich des natürlich immer ausgeweitet. Eine @, in der Zwölften@ hat auch ne Freundin von uns ähm hier in [Stadt 1] Geburtstag gefeiert, bei sich zuhause//mhm//, also ne richtig große Homeparty, die Eltern waren eh nich da, ähm da warn auch 30, 40 Leute da, ja, wurde einiges getrunken, klar, ähm aber es war, also war ne bad-taste-Party, das heißt, jeder hatte auch irgend nen Scheiß an, war umso lustiger dann, ham bisschen gegessen, danach sin wir noch in die Stadt, ja und am nächsten Tag, also, ja ähm hat jeder noch so was Neues erfahrn, was da noch alles passiert sein soll oder so eben, des war schon eine der guten Partys, hab ich auch mit einer rumgemacht, die hatte aber nen Freund, ok, des wusst ich aber zu dem Zeitpunkt nich, was soll ich machen@, (1) ja, ham au noch viele dort sich so auf der Party kennen gelernt und so, was da genau ging, weiß ich natürlich nich, aber des war schon lustig. (Tim, P2, 59–82)

Tims Erzählsequenz bezieht sich auf einen biografischen Abschnitt, den er als Beginn seines Konsums beschreibt: erste privat veranstaltete Partys, mit denen sich kleinere Zusammenkünfte zunehmend zu größeren Events entwickelten, Geburtstagsfeiern, bei denen das Knüpfen neuer Kontakte – insbesondere zum anderen Geschlecht – von zentraler Bedeutung war. Der Konsum von Alkohol erfuhr in diesem Kontext zunehmend Relevanz, was sich daran verdeutlicht, dass er diesen als festen Bestandteil der Partys einführt: „Ja, wurde einiges getrunken, klar." Tim greift hier einen biografischen Zeitrahmen auf und beschreibt auf diese Weise die Praxis des Partymachens (einschließlich des Trinkens) als Teil einer „normalen" Entwicklung, die er eindeutig der Jugendphase zuordnet. Deutlich wird dies durch die von ihm verwendeten Adjektive wie „klar" oder „natürlich", mit denen er auf die allgemeingültige und geteilte Normalität verweist: Im Zuge des Heranwachsens erscheint es für ihn normal, alkoholbezogene Erfahrungen zu machen. In seiner Darstellung wird seine Integration in den Peerkontext und die damit in Zusammenhang stehende konsumbezogene Orientierung als selbstverständlicher Bestandteil der Freizeitgestaltung in einem bestimmten Lebensabschnitt präsen-

5.6 Bezüge auf Normalität (Sibylle Walter)

tiert: „natürlich" habe sich dies „immer ausgeweitet"; „klar ...wurde einiges getrunken". Auf diese Weise stellt er den Beginn seiner eigenen Konsumpraxis in den Kontext einer altersgemäßen Entwicklung und nimmt eine Normalisierung vor, die er eindeutig der Jugendphase zuordnet und an der er seine eigene Handlungspraxis ausrichtete.

Insbesondere in Schilderungen und Reflexionen über die Frage nach dem angemessenen Alter für den Konsum von Alkohol zeigen sich vielfältige Auseinandersetzungen mit gesellschaftlichen Normen und Erwartungen. Sie finden jedoch auch ihren Niederschlag in der Aneignung eines bestimmten Konsumverhaltens, in Praktiken des Verheimlichens, aber auch in Schilderungen von Konfrontationen mit Eltern, Polizei oder anderen Jugendlichen, die mit ihren Interventionen auf etwaige Normverletzungen hinweisen und Regulierungsversuche unternehmen.

Die Vorstellung einer altersbezogenen Konsumentwicklung, bzw. die Entwicklung eines solchen Konsummusters, findet sich in der folgenden Sequenz. Hier beschreibt Oskar, wie er selbst den Konsum in jungen Jahren als selbstverständlichen Teil seiner Entwicklung verstand, jedoch von Seiten der Erwachsenen dieses Verständnis als Normverletzung interpretiert wurde:

> *O*: Ähm ja Vater ist schon bisschen streng bei mir.//Int.2: mhm// (2) Und dann mit, da hab' ich nicht mehr geraucht. (1) Nach 2 Jahren oder so hab' ich mal mit Kumpels 'ne 2 Liter Flasche Bier gekauft, dann sind wir an See gefahren mit Fahrrädern, waren da ein bisschen schwimmen und so und da haben wir ein bisschen Bier getrunken. (2) Wir waren zu sechst ungefähr, 2 Liter.//Int.2: mh// Dann hab' ich halt paar Schlücke genommen. (3) War bisschen heiß draußen, (1) da hat man das gleich gespürt, die paar Schlücke und dann bin ich auch mal (1) sind wir wieder nach Hause gefahren, hat mich Nachbarin gesehen, dass ich so bisschen (1) wackel sozusagen und äh (1) da hat sie, da ist sie zu meiner Mutter gegangen und hat gesagt, ich hab' äh irgendwas getrunken. (2) Dann kommt meine Mutter zu mir, riecht so an mir, sagt so >>Hast Wodka getrunken?<< //Int.1+2: @// @(2)@ Ich sag' so >>Nee, ich hab' paar Schlückchen Bier genommen und so, probiert halt.<< Kommt auch mit der Zeit, muss man ja.//Int.1: @; Int.2: @(1)@//
> *I*: (3) Und das war 2 Jahre später hast du gesagt,//ja// also mit 8 so?
> *O*: Ungefähr.//Int.1: ungefähr, ja// (2) Aber das war noch in Russland. @//Int.2: okay// Und äh (2) ja dann habe ich Hausarrest bekommen. (2) Aber keine Schläge, nix. (2) Nur Hausarrest, 2 Stunden und danach durfte ich wieder raus. Aber wo ich so schon einigermaßen nüchtern war. Ja ich war schon nach 15 min nüchtern, wo ich mein Vater gesehen hab'.//Int.1+2: @(7)@// (4)//Int.2:@(3)@// (1) Mh ja, (2) dann war eigentlich nix mehr großartiges. (1) (Oskar, P2, 35–54)

Oskar erzählt in dieser Interviewstelle von seinem ersten Alkoholkonsum im Alter von 8 Jahren. Eingebettet in eine Freizeitaktivität teilen sich die Freunde eine 2-l-Flasche Bier. Er bezieht sich im Anschluss einerseits auf die Normalität dieses Konsums, „hab ich halt paar Schlücke genommen", und verweist auf seine eigene Konsummenge, die er als sehr gering beziffert („paar Schlücke"). Er habe „halt" konsumiert und unterstreicht damit die Normalität dieser Trinkpraxis unter den gegebenen Umständen. Da die Wirkung des Alkohols durch die hohen Außentemperaturen verstärkt worden sei, habe schon die geringe Konsummenge einen gewissen Effekt gehabt. Der Rückweg auf dem Rad offenbart nun der Nachbarin eine Grenzüberschreitung: Durch das Schwanken verdächtigt sie Oskar, Alkohol getrunken zu haben, und sieht sich in der Verantwortung, seine Mutter bezüglich ihres Verdachts zu informieren. Damit betont Oskar an dieser Stelle den Tabubruch des kindlichen Alkoholkonsums, der nicht allein in die erzieherische Verantwortung der Eltern fällt, sondern geradezu von öffentlichem Interesse zu sein scheint. Oskar hingegen, der den Konsum von Bier zugibt, stellt dabei den ausprobierenden Charakter dieser Praxis bzw. seine kindliche Neugierde gegenüber der Mutter in den Vordergrund. Erklärend rahmt er dieses Ausprobieren in eine aus seiner Sicht normale Entwicklung und betont darüber hinaus auch die Notwendigkeit eines Hineinwachsens in einen Konsum als biografische Normalität: „muss man ja". Damit verweist er auf sein Verständnis einer entsprechenden Sozialisation in Konsumpraktiken, die er sich – auch als Achtjähriger – zugesteht und als selbstverständlich und damit normal akzentuiert. Die von ihm beschriebenen Folgen verdeutlichen nochmals die normative Einbettung seines ersten Konsums: zwei Stunden Hausarrest als Sanktion für die Grenzüberschreitung. Oskar schließt resümierend diese Erzählung ab, indem er angibt, dass es im Anschluss daran nichts Herausragendes mehr gegeben habe. Die verhältnismäßig sachte Konfrontation (an anderer Stelle erzählt er von körperlichen Züchtigungen) mit dem Vater und seine Erklärung, dass der Konsum von Alkohol Teil einer Entwicklungsaufgabe sei (s. o.), verdeutlichen an dieser Stelle, dass er den normverletzenden Aspekt seines Verhaltens bagatellisiert und dieses selbst von den Eltern als nicht sonderlich dramatisch geahndet wurde. Er eignet sich damit eine Konsumorientierung an, die er als angemessen und biografisch vertretbar interpretiert: Das Hineinwachsen in den Konsum und das damit verbundene Ausprobieren ist Teil einer normalen Entwicklung.

Während Oskar seiner eigenen Konsumorientierung die Reaktionen anderer gegenüberstellt, beschreibt Marlen veränderte normative Regularien im Hinblick auf ihren Konsum. Marlens Erzählperspektive fokussiert den indirekten Einfluss von Normen, die ihren Alkoholkonsum untermalen und sich auf ihre Empfindungen während des Konsums auswirken:

> Na ja, früher hat m'r halt alles mal ausprobiert, also so mit 16 oder so, da hat m'r alles mal probiert, und jetzt hasch so, wenn de weg gehsch, dann weisch, ja, du trinksch nur Sekt//mhm//, oder du trinksch, du weisch genau, wie was schmeckt, oder probiersch au mal was Neues, aber du weisch >>ah, ich trink des<< //mhm// oder du trinksch au mit alle zamme, also des isch ja was ganz andres und viel lockerer, weil du (1) früher hasch immer Angst g'habt, du kriegsch jetzt glei Ärger//mhm// oder irgendjemand

5.6 Bezüge auf Normalität (Sibylle Walter)

> erwischt eun oder so, und jetzt kannsch des alles legal mache @praktisch@//mhm// und des isch, da gehsch au ganz andersch mim Alkohol um, also du (2), ja, wie soll i des sage @, des (2) es g'hört scho praktisch eigentlich dazu, wenn de weg gesch, dass de no au mal Alkohol trinksch//mhm//, jetzt au, also mir machets jetzt zum Beispiel, mir machet Alkoholfasten nach der Fasnet//mhm//, und also mir wisset, au über d'r Fasnet, es fließt viel Alkohol, au mal so, dass de bissle zu viel hasch//mhm// mal oder so, aber du, um so älter de wirsch, klar, früher hasch au viel mit Betrunkene zu tun g'habt oder so, aber jetzt dann au mit deine Freunde oder so, wenn de die heim bringsch oder so, also des hat sich verändert. (Marlen, P2, 437–453)

Marlen unterstreicht in dieser Passage die qualitative Veränderung ihrer Konsumorientierung in unterschiedlichen Dimensionen: An Stelle des jugendlichen Herantastens an den Alkohol ist nun ein reflektierter Konsum getreten, der auf den verschiedenen Ebenen – sozialer Kontext, Legalität, Präferenzen – Handlungssicherheit zu geben scheint. Ihren eigenen Konsum beschreibt sie eingebettet in eine geteilte und stark normalisierte Trinkpraxis ihrer Freunde, die als solche nicht wirklich thematisiert oder gar problematisiert wird: Das Betrunkensein gehört eben zu bestimmten Settings und wird mit entsprechenden Regulierungen (wie dem Fasten) wieder kuriert oder entschärft. Die Aneignung des katholischen Fastenrituals unter Jugendlichen als bewusster Verzicht auf Alkohol führt Marlen hier als Teil des Erlernens eines Umgangs mit dem Konsummittel ein, den sie und ihre Peers nun „jetzt au" ritualisiert haben.

Der soziale, ländlich geprägte Nahraum des Heimatortes hat in der Jugend noch stark regulierend gewirkt, nun hat sich Marlen hiervon emanzipiert und hat Anteil am (jugendkulturell und auch anlassbezogen) legitimen Trinken: „Und jetzt kannsch des alles legal mache @praktisch@//mhm// und des isch, da gehsch au ganz andersch mim Alkohol." In jüngeren Jahren, dies wird an dieser Stelle anhand ihrer Erinnerungen beschrieben, begleitete ihren Konsum das Bewusstsein einer Regelverletzung und einer diffusen „Angst". Die Befürchtung, dass ihr Konsum entdeckt und schließlich auch sanktioniert werde, haftete dem Trinken in den früheren Jahren an. Inwieweit dies damals Einfluss auf ihre Konsumpraxis hatte, bleibt an dieser Stelle zwar offen, gleichzeitig wird jedoch deutlich, dass ihre Lust an dem Konsum teilzuhaben, stärker war als die Befürchtung entdeckt zu werden. Eine Entlastung tritt dann ein, als sie das legale Alter erreicht hat. Gleichzeitig beschreibt sie jedoch auch eine dadurch veränderte Konsumpraxis: Sie deutet an, dass seither abendliche Aktivitäten eng mit dem Konsum von Alkohol verknüpft seien. Während in jüngeren Jahren der Jugendschutz, so könnte dies interpretiert werden, den Konsum emotional dämpfte, tritt mit der Legitimität eine Freisetzung ein, die mit einer hohen Normalisierung des Konsums während der Freizeitaktivitäten am Abend einhergeht. Insgesamt beschreibt sie ihren eigenen Konsum eingebettet in einen sozialen Kontext, in welchem ähnliche Konsum- und Handlungsorientierungen praktiziert werden und an dem sie selbstverständlich Teil hat, was sie unter der Zuhilfenahme von verallgemeinernden Konstruktionen wie „man" unterstreicht: Sie schließt sich ein in die Normalität des Umgangs und des Hineinwachsens in den Konsum von Alkohol und der sich im Zuge des fortschreitenden Alters verändernden Praktiken. Sie beteiligt sich jedoch auch an der Entwicklung von Gepflogenheiten und Regularien, die sich auf die Gestaltung von abstinenten Phasen des Konsums beziehen.

Orientierung an bestimmten (Tages-)Zeiten und Ereignissen, die als normal für den Konsum angesehen werden
Trinkpraktiken von Jugendlichen orientieren sich an bestimmten Tagen, Tages- und auch Wochenzeiten oder auch speziellen Ereignissen, die als legitim für den Konsum von Alkohol angesehen werden. Diese Zeiten können zu einem Orientierungspunkt für die Ausrichtung individueller Trinkpraktiken werden und Hinweise auf implizite normative Begründungen geben:

> isch bin jeden Tag hier, isch nehm jeden Abend Routine Nachtbus @null Uhr@, null Uhr fünfundfünzisch oder ein Uhr, nein ein Uhr fünfundfünzisch isch nehm den Nachtbus an der Stadt und von dort wieder nach Bus//@//. Des äh, des äh, ja von, bis da wo isch wohne. (1) Is krass, jeden Tag (1) kommt hier runter und fangt an Zigaretten zu rauchen, man chillt sich, man ist im Jugendhaus. Dann ist man da und da und danach geht man abends wieder trinken oder was weiß isch.//mhm// Des is jeden Tag Routine. (2) Und dann immer abends um ein Uhr weg nach Hause. (1) Oder manchmal wir machen sogar Nacht durch hier//mhm// wir sind manchmal zwanzisch, dreißisch Leute @unterwegs um vier Uhr morgens@//@// @oder du gehst sechs Uhr morgens weil du machst Arbeit@, du arbeitest eben ab sechs Uhr morgen oder Schule, du gehst, du siehst da sitzen schon Leute, die rauchen schon einen und was weiß isch//ja//, die ham sich grad getroffen, die wolln in die Stadt gehen//@// was weiß isch, Leute von der Schule aufhalten oder keine Ahnung. (2) Oder manche alken auch morgens, Mädschen, viele, viele Mädschen//ja?// trinken morgens. (3) Nja so en paar Shots, überall wo die sind//mhm//. Die sind krank. (Ilias, P2, 287–300)

Ilias führt an dieser Stelle den routinierten Ablauf seiner abendlichen Freizeitgestaltung aus. Dabei betont er den typischen Verlauf eines solchen Abends, der sich allabendlich gleich entwickelt: sowohl in Bezug auf die Nutzung bestimmter Buslinien, das Aufsuchen von ausgewählten Orten und auch die regelförmige Beendigung des Abends zu einer bestimmten Uhrzeit. Seine „Routine" umfasst dabei auch den Konsum von Alkohol, der – ebenso wie die gesamte abendliche Gestaltung – von anderen Personen seines Freundeskreises in gleicher Weise praktiziert wird. Ilias „Routine" bezieht sich darum auf zwei Aspekte: einerseits darauf, dass seine Praxis eingebunden ist in die der anderen Peers, andererseits auf den konkreten Ablauf selbst. Deutlich wird dies auch daran, dass Ilias die Gruppengröße betont

5.6 Bezüge auf Normalität (Sibylle Walter)

und dabei das Wort „man" benutzt, mit dessen Gebrauch er dies unterstreicht. Seine allabendlichen Trinkgewohnheiten und die seiner Peers grenzt er im weiteren Verlauf des Interviewabschnitts nun von einer in seiner Wahrnehmung nicht mehr angemessenen Konsumgewohnheit ab: Morgendliches Trinken oder das Trinken an Stelle der Erfüllung anderweitiger Verpflichtungen, wie etwa dem Schulbesuch oder der Arbeit, rückt er in die Nähe eines pathologischen Verhaltens und distanziert sich und seine Konsumpraktiken hiervon vehement. Sein Konsum legitimiert sich vielmehr durch den Charakter eines „Feierabendrituals", welches erst im Anschluss an anderweitige Verpflichtungen zu einem „normalen" Konsum wird. Zum Erwachsenwerden gehört seiner Ansicht nach auch die Normalität, zu bestimmten Zeiten nichts zu konsumieren. Deutlich wird an dieser Stelle: Es existiert eine gängige als normal angesehene Konsumpraxis, die die Peergroup teilt und an der sich auch Ilias orientiert. Tagsüber zu trinken, ist unangemessen, jedoch die Abendgestaltung untrennbar verbunden mit dem Konsum von Alkohol. Der Abend und die Nacht scheinen damit die legitimen Zeitabschnitte für den Konsum zu sein. Hier scheint es keinen Konflikt mit anderen gesellschaftlichen Rollenerwartungen und Verantwortlichkeiten zu geben, so dass dieser uneingeschränkt – jedoch in dem als „normal" definierten Rahmen – praktiziert werden kann.

Nicht alltägliche Ereignisse oder Anlässe im Jahresverlauf, beispielsweise Geburtstage, Urlaube oder jahreszeitliche Festivitäten, gehen einher mit je eigenen Konsumpraktiken und geben damit Hinweise auf deren besondere normative Rahmung:

> Du sollst den Alkohol kontrollieren und nicht dein, also, (1) dein Körper soll das Alkohol kontrolliert, nicht Alkohol dein Körper und bis zu dieser Grenze hin trinke ich meistens, sehr selten, es war halt wie an Silvester, hab' ich äh war's so, dass Alkohol mein Körper, Körper kontrolliert hat, aber sonst passiert das eigentliche nie. Na auf 'm Geburtstag, auf mein Geburtstag z. B. ist es so, dass ich dann richtig viel trinke//mhm//. Ähm ja und Besinnung verliere sozusagen, auch an Silvester, an gewissen Tagen, wo wo's halt sozusagen meiner Meinung nach erlaubt ist, viel zu trinken, trinke ich auch viel. Aber so, einfach so ohne Grund jetzt irgendwo hinzugehen, äh 'ne Wodka-Flasche zu kaufen, sich auf 'ne Bank zu setzen, st- steh' ich auch nicht dafür,//mhm// ist auch sinnloses Trinken. (2) (Raffi, P2, 849–859)

Raffis Hinweis auf „gewisse Tage, wo wo's halt sozusagen ... erlaubt ist", unterstreicht die Sondersituationen spezieller Events wie z. B. Geburtstage, in denen sonst gültige handlungsleitende Normen in den Hintergrund rücken. Er entfaltet in dieser Sequenz anfänglich seine normative Grundorientierung in Bezug auf die Frage nach dem angemessenen Konsumverhalten. Zunächst setzt er die Aufrechterhaltung körperlicher Kontrolle als entscheidendes Kriterium für seine handlungsleitende, alltägliche Trinknorm. Dem gegenüber stellt er im Folgenden seine

Ausnahmepraxis an ausgewählten Tagen und unterstreicht dabei gleichzeitig die normative Begründung, die er diesem anderen Trinkverhalten zugrunde legt: So gebe es legitime Gründe und anerkannte Anlässe für ein Außer-Kraft-Setzen der üblichen Konsumnormen. Mit dem Hinweis auf diese „Erlaubnis" nimmt er eine Rückversicherung auf allgemeingültige normative Orientierungen vor und zeigt, dass er sich diese an bestimmte Anlässe gekoppelte Trinknormen angeeignet hat.

Im Kontrast hierzu zeigt sich bei Alexandra eine doppelte normative Orientierung:

> Damals als wir geredet hatten war es glaube ich da hatt ich schon (1) Kontakt durchaus gehabt. Also es bei mir hat sich nicht so viel geändert (1) ähm ich bin so dass ich immer noch wenn ich mit den Cliquen draußen bin gar nichts trinke (1) un:d ähm (1) jetzt so an Silvester klar da trink man mal ein Glas Sekt oder so was also bei mir ist aber immer noch so dass ich weder angetrunken noch//mhm// irgendwie besoffen immer noch eher diejenige bin die die Leute nach Hause bringt. (Alexandra, P2, 13–19)

Alexandras Selbstinszenierung in Bezug auf ihre Trinkgewohnheiten fußt auf einer abstinenten Grundorientierung. Die Aufrechterhaltung dieser Konsumgewohnheit unterstreicht sie im Interview und betont die gleichgebliebene, normativ aufgeladene Grundhaltung, indem sie auf die fortwährende Praxis der Abstinenz hinweist: Für sie ist es völlig normal, sich – ohne selbst zu konsumieren – weiterhin in Peerkontexten zu bewegen, in denen Alkohol in großen Mengen getrunken wird. Sie führt jedoch auch aus, dass sie ihre strikte Abstinenz zu Silvester aufgibt, mit dem relativierenden Einschub „klar da trink man mal ein Glas Sekt oder so was", und unterstreicht damit, dass sie durchaus Zeiten für sich sieht, an denen sie den Konsum „genehmigt". Damit jedoch hat sie einen doppelten Legitimationsaufwand: einerseits in der alltäglichen Auseinandersetzung mit Peers, denen sie ihre abstinente Grundhaltung vermitteln muss, andererseits auch in den Momenten, in denen sie eine Ausnahme macht. Ihre Erklärung für das Aussetzen der Abstinenz basiert auf der Normalisierung des Alkoholkonsums zu außergewöhnlichen Ereignissen, wie beispielsweise Silvester, wo selbst sie sich dem Zugzwang des Feierrituals nicht entziehen könne. Hier scheinen derart mächtige normative Erwartungen wirksam zu werden, dass sie mit ihrer Haltung bezüglich ihres Konsums bricht.

Die am Beispiel von Raffi und Alexandra skizzierten „Sonderregeln" für den Konsum sind weniger als Kontrast als vielmehr als Ausdruck einer weiteren normativen Orientierung zu verstehen: In der als Ausnahmepraxis notierten Abweichung dokumentiert sich zum einen die alltägliche Regel und zum anderen die legitime Außerkraftsetzung derselben. Diese Ausnahmen verlangen aber, sich mit ihnen auseinanderzusetzen und sich zu bestimmten Normen zu positionieren.

5.6.2 Abgrenzungspraktiken

Handlungsleitende Vorstellungen davon, was ein normaler und angemessener Konsum von Alkohol ist bzw. sein sollte, entwickeln sich auch auf der Grundlage der Beobachtung von Praktiken relevanter Anderer: Peers, Eltern und anderer (erwachsener) Bezugspersonen. Diese bilden in vielfältiger Weise den Ausgangspunkt für die Auseinandersetzung mit dem eigenen Konsumverhalten und damit die Hintergrundfolie für die Herausbildung konsumbezogener Normalitätsvorstellungen und entsprechender Praktiken. Im folgenden Typus stehen aus diesem Grunde Gegenentwürfe, Distanzierungen und Abgrenzungspraktiken im Vordergrund. Sie entfalten sich auf der Grundlage von Skandalisierungen und Dramatisierungen eigener Praktiken oder der Konsumgewohnheiten anderer und bilden die Basis für die Herausbildung eines individuellen Standpunktes, der handlungsleitende Relevanz erlangt in Bezug auf die Frage nach einem angemessenen, „normalen" Konsum von Alkohol.

Räumliche Distanzierung als Verweis auf Normalität
Im Folgenden steht die kritische Auseinandersetzung Marias mit einer zurückliegenden (Trink-)Praxis im Mittelpunkt. Diese mündet in eine räumliche Distanzierung vom Freundeskreis und dessen Einfluss und bildet die Voraussetzung dafür, eine neu gewonnene normative Orientierung im Hinblick auf eine angemessene Konsumpraxis aufrechterhalten zu können:

> Und dann, durch den Konflikt, weil ich besoffen war, wieder @, bin ich, ähm, hatte ich 'ne Schlägerei und die war heftig und die hat äh Nasenbruch gehabt und ähm Schädelhämatom gehabt,//mhm// also alles. Und in dem Moment ähm hab' ich gesagt >>jetzt reicht's<<, weil ich dann nochmal vor Gericht musste//mhm// und ich hatte dann 10 nach 2 Jahre Bewährung bekommen. 10 Monate auf 2 Jahre.//mhm// (1) Und dann hab' ich äh 60 Arbeitsstunden bekommen und dann halt äh Täter Opfer Ausgleich//mhm// musste ich machen. Und an dem Tag habe ich dann gesagt, dass ich äh nicht mehr so viel trinke und dass ich mich von den Leuten fern halte und dadurch bin ich hier nach [Stadt2] umgezogen. Hab' mir 'ne Wohnung gesucht, (2) mit mein Bruder zusammen, weil er hat gesagt, das geht nicht mehr mit meinen großen Bruder. Hat gesagt, jetzt ist vorbei. Und ähm dann haben wir zusammen äh in [Stadt2] 'ne Wohnung gesucht, dass ich von den Leuten weg komme. Und dann bin ich von den Leuten weg gekommen, bin ich nach [Stadt2] umgezogen. Und da kannte ich ja nicht so viele. Also ich hatte eigentlich mein eigenes Leben da. Ich kannte vielleicht 2 Leute, mehr nicht.//mhm// Und dir waren halt bisschen anders, nicht auf vielleicht mal feiern gehen, nach [Stadt3] zur Disko, aber nie besoffen zu sein und sich zu schlagen und so, gab's gar nicht. Und hat sich halt vieles bei mir geändert. Und dann nach ähm so halbes Jahr hatte ich dann immer noch Kontakt, so mit Telefonieren und so mit meiner alten Clique.//mhm// Und dann ist halt eine, ist halt die Clique auseinander gegangen, eine ist schwanger geworden mit 17, die andere ist auch schwanger

> geworden. Halt, und andere wegen Drogen, waren da in [Stadt4], weil da ähm hängen geblieben ist. (1) Und ähm manche haben, waren im Knast. (1) Und jetzt haben die ihr Leben auch jetzt im Griff. Haben jetzt Arbeit und so, haben sich auch von den Leuten entfernt. Und ja, andere sind Vater geworden mit äh mit meiner Freundin, waren auch im Knast davor. Sind jetzt auch, einer ist gerade raus gekommen. Halt, vieles ist passiert. (Maria, P2, 29–55)

Maria beschreibt eingangs all das, was ehemals „normal" war und von dem sie sich nun distanzieren möchte: den körperlichen Auseinandersetzungen, dem hohen Konsum von Alkohol und insbesondere den Peers, die ihr Leben ihrer Ansicht nach nicht im Griff haben und sie negativ beeinflussen würden. Zunächst stellt sie die für sie drastischen Auswirkungen ihrer bisherigen Konsumneigung dar: die Verurteilung wegen Körperverletzung, die Auferlegung von Arbeitsstunden und ihre subjektive Theorie, dass nur durch eine räumliche Distanzierung des gewohnten sozialen Umfeldes ihre Umorientierung aufrechterhalten werden könne. Der radikale Bruch, den sie vornimmt, gibt ihr die Möglichkeit, sich nicht nur sozial, sondern insbesondere auch vom Einfluss der Freunde zu distanzieren, denen sie damit eine Mitverantwortung für die Entwicklung ihrer eigenen Trinkbiografie mit den entsprechenden sozialen Folgen gibt. Dies fasst sie in der Aussage „also ich hatte eigentlich mein eigenes Leben da" und betont damit, dass sie nun, ohne den Einfluss der Freunde, eine eher selbstbezogene Orientierung verfolge. Mit dem Verweis darauf, dass diese Freunde „ihr Leben auch jetzt im Griff" hätten, vergewissert sie sich ihrer neuen Handlungsorientierung als Ausdruck einer angemessenen Entwicklung. Die Distanzierung von den Freunden kann damit als eine Rückbesinnung auf „normales" (Trink-)Verhalten gelesen werden, welches sie selbst als einen moderaten Konsum begreift. Damit distanziert sie sich auch von dem, was als nicht normal angesehen wird; dies wiederum kann als Versuch einer Regulierung interpretiert werden kann.

Normative Positionierung im sozialen Kontext
Während Maria den Wandel ihrer konsumbezogenen Normalitätsvorstellungen zunächst in einem selbstbezogenen Prozess reflektiert und schließlich in eine räumliche Distanzierung münden lässt, zeigt sich bei Alexandra ein offensiver sozialer Aushandlungsprozess:

> Und das war dann auch so die Zeit gewesen, also damals, auch beim [Volksfest], alle sind ins Bierzelt gegangen. Das hat sich ja jetzt auch ein bisschen geändert, weil wir selber sagen: Irgendwie ist es langweilig geworden, (1) ähm und im Bierzelt bin ich ja auch, also das ist ja wirklich so 'ne Sache. Da wird man irgendwie dumm angemacht und wenn man besoffen ist, interessiert das einen ja eher weniger, aber ähm wenn man nüchtern ist, dann @halt man das einfach//mhm// nicht aus@ in diesen Bierzelten.//mhm// Und manche, also ein Freund von mir auch, gerade von der

5.6 Bezüge auf Normalität (Sibylle Walter)

> Clique aus [Stadtteil 1], der hat auch ein Leberschaden sogar schon.//mhm// Und der darf auch eigentlich gar nicht mehr trinken und der hat dann auch 'ne Zeit lang wirklich nicht getrunken, hat dann gemeint: >>Boa ey, [Alexandra], wie hältst du das eigentlich aus//mhm// mit den ganzen Leuten<<, weil ich, die sind sich dessen gar nicht bewusst, wie bescheuert die sind, wenn sie besoffen sind. Also die merken das wirklich nur, wenn sie mal nichts trinken, weil sie von mir aus krank sind oder// mhm// sowas und dann nix trinken können und dann dabei sitzen und denken >>Ja, hm<<. Irgendwie, also manche können auch gar, wirklich gar keinen Spaß haben, ohne das sie was trinken//mhm// oder nicht normal reden und so, dass, man wurde ja auch immer, also die haben immer versucht mich zu überreden:: >>Ja komm', jetzt trinkt doch auch was<< //mhm// und ich habe ja immer gesagt, damals so wie heute auch >>Nee, also könnt' ihr vergessen.<< Also das ist einfach auch sowas, kommt drauf an, mit welchen Leuten man draußen ist.//mhm// Also dort in der Clique, da würde ich niemals anfangen, ein Schluck Alkohol zu trinken. So an Silvester war ich mit 2, 3 Freunden, habe ein Glas Sekt getrunken, aber dann wusste ich auch, die labern mich nicht noch zu//mhm// >>Ach komm trink' doch noch mehr,//mhm// trink' doch noch mehr<<. (1) Und das ist auch so, das wirklich, ich, also mit den Leute, mit den ich draußen bin inzwischen, die sagen auch immer schon: >>Nee nee [Alexandra], du trinkst nichts<< //@//, so also, das, die sind schon selber so,//mhm// dass sie sagen >>Nö nö, du trinkst nichts<< .//mhm, mhm// Also//mhm// das hat sich halt auch geändert, also die achten da schon sogar noch mehr drauf, dann als//@// auf sich eher, also.//okay// (Alexandra, P2, 119–148)

Alexandra bezieht sich in dieser Sequenz auf ihre Erfahrungen beim Besuch von Bierzelten auf einem Volksfest. Einführend räumt sie jedoch ein, dass sowohl für sie selbst als auch für ihren Freundeskreis diese Besuche an Attraktivität verloren hätten, wenn auch aus unterschiedlichen Gründen: Einerseits hätten diese mit der Zeit grundsätzlich ihren gewissen Reiz verloren, andererseits betont sie die gerade für sie negativen Begleiterscheinungen, die hierzu geführt hätten: Aufgrund ihrer abstinenten Grundhaltung sei es zunehmend schwieriger und letztlich auch unerträglich geworden, sich mit den Betrunkenen dort und deren Verhalten abzugeben. Sie selbst sei immer wieder in Situationen geraten, in denen man versucht habe, sie zum Konsum von Alkohol zu überreden. Hier deutet Alexandra an, dass es grundsätzlich „normal" sei, an den Trinkpraktiken und dem entsprechenden Gebaren im Bierzelt teilzuhaben, womit sie die Normalitätsvorstellungen ihrer Peers reflektiert. Sie reklamiert jedoch für sich selbst zu entscheiden, wann und insbesondere in welchem sozialen Kontext sie es für angemessen hält, Alkohol zu konsumieren und ihre abstinente Grundorientierung aufzubrechen.

Die Distanzierung, die Alexandra an dieser Stelle vornimmt, bezieht sich auf die Konsumpraktiken ihrer Freunde, die sie durchaus nachvollziehen kann und auch als normalen Bestandteil jugendlicher Freizeitgestaltung verortet. Sie grenzt sich selbst nicht von den Praktiken ab, sondern vielmehr von den sozialen Ausfallerscheinungen in deren Folge. Sie erkennt die Normalität dessen an, was die

Freunde in ihrer Freizeit an Konsumgewohnheiten praktizieren, teilt auch selbstverständlich den sozialen Kontext und versteht sich als Teil der Gruppe. Positionieren möchte sie sich jedoch eindeutig und verweist dabei auf den sozialen Rahmen, den sie als angemessen bzw. untragbar für eigene Konsumerfahrungen sieht. Normales Konsumverhalten ist für sie ein selbstbestimmter, selbstregulierter Konsum, der *nicht* in der Gruppe und deren Handlungsorientierungen aufgeht. Selbst wenn es völlig gängig ist zu trinken, so hält sie an ihrem Gegenentwurf fest. Sie verbindet dies mit einer ethischen Frage und wird in ihrer Ausführung normativ, indem sie einen Gegenhorizont (die Ausfallerscheinungen der Peers) entwirft, um ihre eigene (normative) Positionierung nachvollziehbar zu machen.

Eine ähnliche soziale Positionierung zeigt sich bei Jana, die im Folgenden ihren Prozess des Hinein- und Hinauswachsens aus der Peergroup und deren Konsumorientierung beschreibt:

> *J*: (1) Ähm, ja, als ich das erste Mal getrunken habe, äh es, klar, war neu für mich. Ich kannte das alles nicht, schmeckt ja auch ganz anders. Ähm (2) ja teilweise war ich nicht so begeistert, aber ähm ich habe mir halt gedacht >>Okay, (1) manchmal mit unter Freunden ist das schonmal in Ordnung, wenn wenn man was trinkt, bisschen Spaß hat<< und keine Ahnung. (1) Ähm ja, das das war halt damals so. Äh mittlerweile rühre ich Alkohol nicht an, (2) überhaupt nicht mehr. Ich trinke kein Schluck Alkohol mehr. Ähm meine Einstellung zu Alkohol hat sich auch sehr geändert. Also ähm damals fand ich das eigentlich für normal, ich habe gesagt >>Okay, das ist schon gut, mal was trinken zu gehen<<. Mittlerweile finde ich das nicht gut, gerade bei Jugendlichen und gerade auch in meinem Alter. Ähm ich finde's überhaupt nicht gut. (3) Ich finde teilweise ist man zu jung dafür. Ähm das Alkohol (2) ja stellt auch vieles mit jemandem an, wenn man das übertreibt. Man wird besoffen, man vergisst viele Sachen, man macht Sachen, äh, wo man nicht richtig weiß, okay, >>Will ich das jetzt eigentlich wirklich//mhm// oder will ich das nicht?<< Ähm, Alkohol kontrolliert einen sozusagen und deswegen ähm habe ich mit Alkohol nichts mehr am Hut.// mhm// Damals war das halt so, ähm, das meine Freunde getrunken haben, ähm ich war auch in meiner Clique immer so die jüngste. Ich bin schon immer mit älteren Leuten rumgehangen. Und dadurch, dass die halt vor mir getrunken haben, geraucht haben,// mhm// ähm habe ich halt mitgemacht, so ich wollte einfach auch mal schauen, wie ist das so? Ähm wie schmeckt das? Wie fühlt man sich damit? Und ich habe meine Erfahrungen gesammelt, die Erfahrungen waren nicht gut.//@// Und deswegen habe ich damit jetzt auch aufgehört, also schon seit Längerem.//mhm, mhm//
> *I*: (1) Du hast jetzt erzählt, ähm, damals und auch noch von Leuten, mit den du da zu tun hast, kannst du mir noch so 'n bisschen mehr aus der Zeit erzählen?
> *J*: (2) Ähm (1) ja wie gesagt, ich bin immer mit älteren rumgehangen,//mhm// also es war schon immer so. Ähm ich hatte immer ältere Freunde, die auch ähm schon viel reifer waren als ich (1) und ähm, ja, durch durch die habe ich dann halt auch ähm viele Sachen schon viel früher gemacht, als vielleicht andere Mädels in meinem Alter. (1) Und ähm (1) ja man man schaut sich das eben, gerade in dem jungen Alter damals, ähm, schaut man sich das so von von seinen Freunden ab, >>Okay, was machen die jetzt?<< und >>Die Trinken. Ah okay, ich will auch mal<< und ähm, ja,

5.6 Bezüge auf Normalität (Sibylle Walter)

> das habe ich dann halt 'ne Zeit lang gemacht, ähm, bi- bis ich dann echt irgendwann mal so gemerkt hab', das ist nicht gut,//mhm// das tut mir selbst nicht gut, ähm, ich möchte es einerseits auch überhaupt nicht. (1) Und ähm andere Seite bin ich viel zu jung.//mhm// Und ähm ich hab' dann auch, ((tiefes Luftholen)) ähm mit den ganzen Leuten dann auch nach kurzer Zeit auch schon Kontakt abgebrochen, weil ähm meine Freunde dann nicht mehr geraucht haben, Alkohol getrunken haben, sondern dann auch die Zeit kam, wo die angefangen haben zu kiffen//mhm// und Drogen zu nehmen. ((Kinderstimmen und Lärm)) (3) Und Drogen zu nehmen//mhm// und das war dann so 'n Punkt, äh, bei mir, wo ich gedacht habe, ähm, (..) will ich nicht mehr, mit solchen Leuten möchte ich nicht mehr zu tun haben,//mhm// das ist ein falscher Umgang für mich. (Jana, P2, 10–52)

In dieser Passage, mit der Jana nach kurzer Erzählaufforderung das Interview beginnt, reihen sich einige Argumentationen in ihre Erzählung ein, die Hinweise auf normative Orientierungen geben. In der Rekapitulation ihrer ersten Trinkerfahrung betont sie die noch ungewohnte Praxis des Trinkens und Rauchens und deren Einbettung in eine für sie zur damaligen Zeit selbstverständliche, normale Freizeitaktivität unter Jugendlichen: „Das war halt damals so." Im Folgenden unterstreicht sie argumentierend einen mittlerweile stattgefundenen Wandel, den sie im Kontext sich verändernder, grundsätzlicher, normativer Handlungsorientierungen verortet und verstanden wissen möchte. Die für sie damals stimmige Normalität – dass Jugendliche gemeinsam in hohem Maß konsumieren – ordnet sie, aus der Distanz und vor dem Hintergrund ihrer heutigen normativen Orientierung, als ein nahezu abweichendes Verhalten ein. Sie spannt in der Folge eine ganze Reihe negativer Szenarien auf, die ihre Ausführungen zu der stattgefundenen veränderten Orientierung rahmen. Schließlich beendet sie ihre Ausführung mit der Schlussformulierung, die gleichsam als Fazit gelesen werden kann: „Und ähm andere Seite bin ich viel zu jung." Damit drückt sich in diesem Interviewausschnitt eine Handlungsorientierung aus, die den Konsum von Alkohol auch mit altersbezogenen Normalisierungen verbindet. Für Jana gibt es ein Alter, in dem man „zu jung" ist. Implizit verweist sie damit auch auf die Vorstellung, dass es im Lebenslauf eine Phase geben muss, in welcher man das richtige und legitime Alter für den Konsum von Alkohol erreicht. Letztlich arbeitet sie sich jedoch in dieser Passage an unterschiedlichen normativ unterlegten Handlungsorientierungen ab: Sie selbst sieht es mit zunehmendem Alter als nicht mehr angemessen an, Alkohol in dieser Form zu konsumieren. Die Normalität, die sie ehemals teilte, sieht sie heute mit anderen Augen. In der Folge forciert sie den Bruch mit der Clique mit dem Ziel, ihre neu gewonnene Konsumorientierung – und die entsprechende Normalitätsvorstellung – aufrechterhalten zu können. Für die Entwicklung ihrer eigenen normativen Positionierung war die Auseinandersetzung mit den Konsumpraktiken der Peers zentral.

Eine andere Form der sozialen Auseinandersetzung findet sich bei Alexandra. Sie beschreibt darin ihre Vorstellung und Bestärkung einer abstinenten Konsumorientierung anhand einer Klassenreise:

> Wie lang waren wir da? Ich glaube wir waren da 9 Tag.//9 Tage// Das war, das Jahr drauf war ich nochmal in Calella//mhm// auch mit meinem Verein wieder.//mhm// (1) Ja, (1) also es waren immer solche kleinen, also wirklich so Eskapaden, weil wenn man wegfährt mit vielen Jugendlichen, dann//mhm// ist klar, dass da irgendwas eskaliert. Und dann waren wir auch auf Studienfahrt (1) und ähm (1) da war's genauso. Da waren wir auch dann ein Abend in der Diskothek und das ist dann auch total ausgeartet, also da war's dann auch wirklich so, dass irgendwann die Lehrer gekommen sind und besoffen waren, ja. Da habe ich mir gedacht so >>Boa, die sind so alt, also eigentlich, sie müssen eigentlich die Verantwortung tragen//mhm// für uns<<. (1) Ob, an die alle getrunken haben und dann kam der Lehrer irgendwann zu mir >>[Alexandra], du hast ja nix getrunken, ne? Du kannst uns ja nach Haus bringen<< .//@// So ungefähr und ich dann schon >>Ähm, kann ich schon @machen@<< .//mhm// Und das war halt dann auch, das sind auch immer so Sachen, wo ich mir dann denk' >>Boa nee, das muss echt nicht sein<<. Weil so als Lehrer dann, wenn man dann da mit fährt und selber Stock besoffen ist und ich dann als Schülerin meinem Lehrer gucken musste, wo der sein Geld hat, weil er viel zu besoffen war, um da das Taxi zu bezahlen.//@// Solche Sachen. (1) Also das, das passiert halt immer wieder und das bestätigt mich dann//mhm// auch immer wieder in dem, dass ich halt wirklich ähm @ nichts trinken@ brauche.//mhm// Also das es so. (Alexandra, P2, 203–221)

In der Erzählsequenz lässt Alexandra ihre Studienfahrt mit der Schulklasse Revue passieren, führt jedoch gleich eingangs ein, dass sich dieses Erlebnis auch mit jeder anderen Konstellation von jungen Menschen auf Auslandsfahrt in dieser Weise abspielen könne. Ein Abend in der Diskothek endet in der Trunkenheit aller Anwesenden – selbst der begleitenden Lehrkräfte. Die an sie herangetragene Verantwortung am Ende des Abends, sie solle die betrunkene Gesellschaft nach Hause bringen, übernimmt sie nebst der Hilfestellung beim Bezahlen des Taxis für ihren Lehrer. Alexandra reflektiert im Folgenden die Verantwortungslosigkeit der Lehrkräfte und kritisiert deren Verhalten, sowohl in Bezug auf den Konsum als auch in Bezug auf die Verantwortungsübertragung an sie. Abschließend resümiert sie, dass sie derartige Erlebnisse, die sie häufiger erlebe, insgesamt in ihrer abstinenten Grundhaltung bestärken würden.

Alexandra verweist in dieser Sequenz auf eine von ihr wahrgenommene Normalität von Eskapaden, die sie zunächst nicht weiter überrascht: „Ist klar, dass irgendwas eskaliert." Sie selbst bleibt – wenn andere sich betrinken – lieber in einer verantwortlichen Erwachsenenposition und ist deshalb teils indigniert, teils aber auch wenig überrascht, als sie diese Rolle auch für ihre Lehrer einnehmen muss. Deutlich wird an dieser Stelle, dass sie sich und die Dinge lieber unter Kontrolle hält, was für sie bedeutet, abstinent zu bleiben. Gleichzeitig stellt sie das betrunke-

5.6 Bezüge auf Normalität (Sibylle Walter)

ne Verhalten von Jugendlichen nicht als „abnormal" oder sonderlich negativ dar. Vielmehr gehört dies für sie zur Normalität derartiger Ausflüge – eine Normalität, an der jedoch sie selbst nicht teilhaben will. So sind derartige Erlebnisse von hoher Relevanz für die Festigung ihrer normativen Grundüberzeugung.

Opponierungen und Widersetzungen

Abgrenzungen von Normalitäten können jedoch auch als Stellungnahmen im Sinne von Widersetzungen vorgenommen werden. Ein Beispiel hierfür findet sich bei Olga, die im folgenden Zitat eine Auseinandersetzung mit der Polizei beschreibt:

> früher haben wir eigentlich fast jeden Tag getrunken.//mhm// Also eigentlich meistens hier an der Schule.//mhm// Und wenn wir getrunken haben, dann waren wir schon ziemlich viele Leute und wir haben uns dann echt schon so betrunken, dass wir dann echt nicht mehr laufen konnten//mhm// oder so. Oder auch kotzen müssten (1) und meistens sind auch dann noch Polizei gekommen, weil hier wegen Nachbarn und so.//mhm// Die haben sich dann immer beschwert, dass wir zu laut waren und das war uns dann im Endeffekt egal. Die Polizei kam, hat (1) gefragt, was wir machen, wir haben gesagt: >>Ge- wir trinken und so<< und dann, die harten Sachen haben wir natürlich versteckt//@// und dann haben die gesagt, ja wir sollen ein bisschen leiser sein und sobald die Polizei weg war, ging es natürlich @weiter@.//mhm////mhm// Dann waren wir auch wieder laut und (1) ja. Also (1) ja keine @Ahnung@.//mhm//. (Olga, P2, 19–30)

Olga beschreibt in dieser Sequenz die sozialräumliche Verortung ihrer Trinkerfahrungen. Sie ist Teil einer sich regelmäßig an der Schule treffenden, größeren Gruppe Jugendlicher, die in einem hohen Maße Alkohol zu sich nimmt. Dabei sind körperliche Ausfallerscheinungen fester Bestandteil dieser Konsumerfahrungen, jedoch auch ein gewisser Lärmpegel, der zu Auseinandersetzungen mit Anwohnern und schließlich auch der Polizei führt. Selbst die Interventionen der Ordnungshüter beindrucken die Clique wenig; Olga weist darauf hin: „Das war uns dann im Endeffekt egal." Sie und auch ihre Peers halten trotz der Regelverletzung, die sie in den Augen der Nachbarschaft und der Polizei mit ihrem Verhalten begehen, unbeeindruckt an ihren Praktiken fest. Hier kommen unterschiedliche Normalisierungen des Trinkverhaltens zum Ausdruck: Die Regulierungsversuche der Polizei stehen stellvertretend für die Einhaltung und Sicherung des Jugendschutzes, den wiederum Olga und ihre Clique ohne größeren Aufwand auszuhebeln wissen, indem sie die harten Alkoholika aus dem Sichtfeld schaffen. Gleichzeitig scheint die Auseinandersetzung mit der Nachbarschaft und der Polizei Teil eines alltäglichen, mit keinerlei Sanktionierungen einhergehenden Prozederes zu sein.

Als alltägliche Praxis beschreibt Olga den gemeinsamen Konsum vor dem Schulgebäude und die sich daran anschließenden Versuche seitens der Ordnungshüter, diese Aktivitäten zu unterbinden. Die Folgelosigkeit dieser Interventionen unterstreichen die normative Rahmung der Trinkpraxis innerhalb der Peergroup, die diese aufrechterhält und gegenüber den Aufforderungen und normativen Botschaften der Gesellschaft immunisiert. Olgas Beispiel zeigt eine handlungsleitende Orientierung, die sich zwar dieser anderen Normalitätsvorstellung bewusst ist, jedoch keine Auswirkung auf ihre eigene Praxis hat. Olga grenzt sich vielmehr davon ab, zeigt sich unbeeindruckt und hält an der „normalen" peerbezogenen Praxis des Konsums fest. In diesem Beharren zeigt sich auch ein widerständiges Moment.

Eine ähnliche Handlungsorientierung findet sich bei Driss. Auch er weist die kritischen Einwände gegen sein Konsumverhalten zurück und verweigert die Anerkennung anderweitiger Konsumnormen:

D: Ja so Familie jetzt so bei uns, mh, wird ja unbedingt Alkohol wird bei uns nicht erlaubt ja. (1) Sozusagen.
I: Wo, wo kommen deine Eltern her?
D: Meine Eltern kommen ursprünglich aus Marokko.
I: Ah ja okay. Und du bist aber hier geboren, oder?
D: Ich bin hier geboren, genau.//okay// Ähm bei mir ist es, also bei meinen Eltern sozusagen, ist es so, wie wir's, die sind ja ohne Alkohol aufgewachsen. Wir sind ja mehr Muslime,//mhm// (2) aber die Sache ist bei mir gewesen, musst du dir vorstellen, ich sag' jetzt mal nicht (unverst.), ich hab' auch deutsche Freunde, gell. Aber das sind nicht meine Freunde, die ich, mit den ich jetzt durch dick und dünn gehe. Also ich sag' jetzt nicht, dass dass die nicht so mit mir befreundet sein können oder dass ich nicht mit ihnen, (1) sondern das kam noch nie dazu.//mhm// Ja, ich hab' 'n Freund, zu dem geh' ich mal nach Hause, bei dem, wir zocken, wir chillen, wir wir waren zusammen mal früher gekickt, auch aus Deutschland kommt der. Und mit dem bin ich so korrekt, weil der, der ist auf meiner Bahn, nicht auf meiner Schiene, sondern der ist so in meinem Slang,//mhm// der ist so (1) der versteht mich, ich versteh' den, weißt du. Wir lachen zusammen. (1) Mit anderen halt Leuten kannst du das halt nicht so gut. Und ja, früher hab' ich halt sozusagen (1) mit 'n paar Deutschen gechillt, paar Ausländern und dann ging's halt mehr so in die Ausländerrichtung.//mhm// Ja. Und als ich mit denen so gechillt habe, (2) das waren ja alles sozusagen Muslime sozusagen. (1) Aber wir haben damals auch nicht so Alkohol, wir haben auch gesagt >>Ha, das dürfen wir nicht trinken<< und so, aber wir haben nie so gesagt >>Ich werd' kein Alkohol trinken<< .//mhm// Wir haben, jeder hat sozusagen gesagt >>Ja ich will es einmal probieren, ich will einmal wissen, wie das ist<< weißt du. (2) Bei mir kam's halt dazu, dass ich so mit den Jungs hab' ich das gemacht, weißt du.//mhm// Meine Eltern haben natürlich was dagegen, weißt du. (1) Irgendwann mal haben's meine Eltern auch gemerkt, dass ich Alkohol getrunken habe. (1) Dann würde ich mal sagen, es ist, kam halt natürlich die entsprechende Regel, ne. (1) Also mein Vater natürlich, der hat mich erstmal geklatscht, ja, das ist jetzt ohne Spaß. Der hat sich gedacht: Was geht denn mit dem ab?//@// Sozusagen. Nee, aber der hat zu mir auch gesagt >>Ich war auch mal jung gewesen, ja, aber<< der hat zu mir gesagt >>Ich hab' mit euch geredet und so, viel vorher hab' ich euch gesagt, macht das nicht<< und so, hat zu mir gesagt >>Du hast nicht auf mich gehört<< das und das, ja halt enttäuscht, dass ich das gemacht hab' sozusagen. (1) (Driss, P2, 748–782)

5.6 Bezüge auf Normalität (Sibylle Walter)

Driss beschreibt in dieser Sequenz zwei für ihn relevante Settings mit konträren normativen Orientierungen und Erwartungen: Eltern und Freunde, die die muslimische Religionszugehörigkeit jeweils als unterschiedlich klare normative Handlungsaufforderung verstehen. Während die Eltern eine Abstinenz propagieren und den Konsum von Alkohol nicht erlauben, verweist Driss darauf, dass bei ihm „die Sache" anders verlaufen sei: Durch seinen alternativen sozialen Bezugsrahmen, den der muslimischen Freunde, habe sich eine andere Leitlinie in Bezug auf den Umgang mit Alkohol angeboten. Er versucht zunächst in einem Balanceakt den Konsum zunächst als ein „einmal probieren" zu legitimieren. Letztlich führt er jedoch seine Orientierung entgegen der von den Eltern erwarteten, geforderten und normativ geprägten fort und erhält diese aufrecht, auch wenn er mit elterlichen Sanktionierungen konfrontiert wird. Obwohl er weiß, „Alkohol wird bei uns nicht erlaubt", zeigt er sich hiervon unbeeindruckt. Bedingt durch die Widersprüchlichkeit, die die beiden Settings mit ihren jeweils unterschiedlichen normativen Erwartungen und Orientierungen repräsentieren, muss er sich letztlich positionieren. Er verheimlicht den Konsum vor den Eltern, gleichzeitig beschreibt er seine Handlungsorientierung als vorübergehende, lebensphasenabhängige Praxis und *als normatives Moratorium*, welches möglicherweise nur vorübergehend handlungsleitend ist.

5.6.3 Regulierungspraktiken

Die Auseinandersetzung mit gesellschaftlichen bzw. gruppenbezogenen Normen schlägt sich nicht nur in der allgemeinen Übernahme oder Zurückweisung von entsprechenden, als „normal" bzw. „nicht normal" kategorisierten, grundsätzlichen Handlungsorientierungen nieder. Sie zeigt sich auch in Bezug auf die Frage, wie im Konsummittelgebrauch ein angemessener Umgang ganz konkret zu gestalten ist, und wird im folgenden Typus thematisiert. Die Interviewten berichten diesbezüglich von Praktiken, in denen in ihren Augen ein angemessener, „normaler" Umgang mit Alkohol zum Ausdruck kommt. Damit verweisen sie z. B. auf entwickelte, normative Vorstellungen bezüglich einer angemessenen Konsumhöhe und -regulierung. Eine dieser normativen Vorstellungen bezieht sich auf die grundsätzliche Frage, in welcher Weise konsumiert werden und was diesbezüglich normal und anerkannt sein sollte. Damit stehen Regulierungsaspekte im Vordergrund. Diese Auseinandersetzungen drücken sich auch in Form von Distanzierungen aus, sowohl von eigenem Verhalten als auch von entsprechenden Erlebnissen mit Ausfallerscheinungen (anderer).

Den Konsum in Grenzen halten

Im folgenden Interviewausschnitt steht die Notwendigkeit und damit einhergehend das normative Gebot einer Begrenzung des Alkoholkonsums im Vordergrund:

> *I*: Wie hat sich 'n das so bei dir, wenn du jetzt mal so überlegst, mit dem Trinken entwickelt?//mhm// Kannst du dich da noch so erinnern, wo du das allererste Mal getrunken hast?
> *M*: Mh, das war so schlimm. Mh, das war so schlimm. Ich war so besoffen, richtig besoffen. Ich hab' eine Wodka vernichtet, und ich war richtig besoffen. Ich konnte nicht mehr stehen mehr, gar nichts mehr, weil ich war's nicht mehr gewohnt, weil ich ja aufgehört hab' ja, wo dadurch ich nach [Stadt2] gezogen bin,//mhm// hab' ich ja nicht mehr so viel gesoffen wie damals, weil damals hab' ich mir fast anderthalb Wodka reingeschüttet und da war ich noch nüchtern. Und dann, dadurch ja wenig getrunken hab', umso mehr ist ja die Wirkung wieder anders. Und dann war ich so besoffen, ich wusste nicht mein. Nee, ich weiß gar nicht, ich wusste nicht mal, wie ich nach Hause gekommen bin. Das ist seit des, dass ich gesagt >>nee, nie wieder<<. Und wegen des halte ich mich auch immer in Grenzen, weil ich's nicht mehr gewohnt bin.//mhm// Hätte ich jetzt so wie damals, damals gesoffen wie jetzt, ich wüsste gar nicht, was jetzt mit mir gewesen wäre.//mhm// Ich wäre bestimmt 'ne Alkoholikerin oder so.//mhm// Hm hm. (Maria, P2, 641–656)

Maria berichtet an dieser Stelle des Interviews zunächst von ihrem ersten Trinkerlebnis nach einer längeren Phase der Abstinenz, das sie – in Bezug auf ihre konsumbezogene Praxis – im Rückblick in hohem Maße negativ in Erinnerung behält. Mit der wiederholten Betonung ihrer starken Trunkenheit zu diesem Zeitpunkt sowie dem Verweis darauf, dass körperliche Ausfallerscheinungen die Folge waren und auch ihre Orientierung beeinträchtigt gewesen sei, entwirft sie ein Bild des grenzenlosen, ungezügelten Konsums, von dem sie sich nun – so ihre Inszenierung an dieser Stelle – distanziert habe. Diese Abgrenzungsfolie nutzt sie, um im Folgenden zu präzisieren, welche Vorstellung von einem „normalen" Konsum sie nun habe. Dieses umschreibt sie als „sich in Grenzen halten". Sie führt gedankenexperimentell aus, dass eine weitere Orientierung an einem hohen Konsum zu einem suchthaften Konsumverhalten geführt habe, und spannt damit den Negativhorizont auf, von dem sie sich abgrenzt: dem Zukunftsszenario einer Alkoholabhängigen. Ein grenzenloser Konsum führe in eine Alkoholerkrankung; eine Begrenzung und Grenzsetzung hingegen sei eine tragbare und normale Handlungsorientierung und charakterisiere heute ihren Konsum. Dabei bleibt undifferenziert, wie sie dieses „in Grenzen halten" für sich fasst, ob im Bezug auf Konsumhöhe, Konsummittel oder Trinkfrequenz, vielmehr scheint die bloße Regulierung an sich die Differenzlinie zwischen normalem und nichtnormalem Konsumverhalten zu markieren. Aus diesem Grund praktiziert sie nun offenbar ein regulierendes Konsumverhalten.

5.6 Bezüge auf Normalität (Sibylle Walter)

Austarieren

Während Maria ihre Normalitätsvorstellung vor dem Hintergrund einer im Laufe ihrer Biografie entwickelten Konsumerfahrung entfaltet, bezieht sich Ilias auf beobachtete Trinkmuster anderer, die er als nicht angemessen und normal erachtet. Diese dienen als Abgrenzungsfolie für sein eigenes Verständnis eines angemessenen Konsums. Gleichzeitig richtet er seine Handlungspraxis weniger an der Vermeidung von Ausfallerscheinungen aus als vielmehr an einer Praxis des Austarierens:

> Bei Alkohol?//mhm// Ja, indem, isch trinke langsam, weil die Meisten; die geben sich des auf Ex und sowas. Un danach, des, des kommt ja nisch direkt. Weißt du, dein Körper, der nimmt das auf und danach der wartet.//mhm// Der wartet. Promille heißt ja zum Beispiel Prozentzahl von deinem Blut eigentlisch, Prozentzahl Alkohol von deinem Blut, zum Beispiel, wenn du zwei Promille hast, hast du zwei Prozent oder keine Ahnung. So is es eige- also so so denk isch, so hab isch's auch gehört. Und wenn du direkt deine Mischung reinwippst, danach du merkst nix, du denkst okay, isch hab jetzt zwei Gläser hier Ex, passiert nix. Aber nach so fuffzehn Minuten, wenn du zum Beispiel wechselst, vom Kalte ins Warme,//mhm// dann is vorbei. @Dann bist du direkt ciao@, dann bist direkt auf dein Alkflash. Du musst disch chillen, du musst langsam trinken, disch bewegen ab und zu, mal wieder hinsetzen, Zigarette rauchen, weiter langsam trinken. Und danach, du merkst, du wirst ja immer, du steigst ja immer deine Anzahl//mhm// von Promillen, weißt du. Und dann irgendwann, du bist auf deim Modus wo du dir denkst >>okay, jetzt, isch bin schon bißchen angetrunken, korrekt<<. Danach du trinkst noch en bißchen und danach, du bleibst immer auf diesem Flash. Wenn es bißchen wieder runtergeht, trinkst du zwei, drei Schlücke. So alle zehn, fünfzehn Minuten trinkst du zwei, drei Schlücke, zwei kräftige.//mhm// Dann bist du immer drinne und 's geht halt so weiter zwei Stunden, drei Stunden//okay// und danach schläfst du irgendwann ein.//@(1)@// So hab isch's jetzt drauf, weißt du// aha// Isch trinkt misch auf mein Modus. (1) Isch bleib auf dem. (Ilias, P2, 755–773)

Ilias nutzt hier die Praxis der anderen („der Meisten") als Gegenhorizont zur Beschreibung seiner eigenen Trinkpraxis und zur Verdeutlichung seiner individuellen Strategie im Umgang mit Alkohol. Nachdem er zunächst connaisseurartig beschreibt, was beim schnellen Konsum im Körper passiert, wie man auf direktem Wege auf den „Alkflash" kommt und was dann zu tun sei, führt er anschließend aus, dass er selbst eine andere Praxis bevorzuge, und präsentiert dies als eine reifere und erfahrenere Art, auf sicheren Wege auch auf einen Flash zu kommen. Dies findet seinen Abschluss in der Coda: „So hab isch's jetzt drauf, weißt du.//aha// Isch trinkt misch auf mein Modus. (1) Isch bleib auf dem", womit er seine Expertise zum Ausdruck bringt. Er formuliert damit eine Regulierungsidee, wahrscheinlich auch eine Regulierungspraxis, und steigt für deren Beschreibung auf die Formulierung „Modus" ein. Er verwendet diesen Begriff als Ausdruck eines bestimmten Levels: „Du bist auf deim Modus." Ilias stellt sich als Mann mit Prinzipien dar: Er weiß genau, wie's funktioniert, er „hat's jetzt drauf"; und diese gelungene Handlungspraktik ist Ausdruck seiner Orientierung an einer normativ unterlegten Praxis der Vermeidung von körperlichen Ausfallerscheinungen, die er als negatives Beispiel anderer einführt. Denn Ilias' Strategie, den Körper langsam an den Alkohol zu gewöhnen und nicht in kurzer Zeit hohe Mengen zu konsumieren, dient dazu, Ausfallerscheinungen, das „ciao", zu vermeiden. Damit richtet er seinen Konsum an einer Orientierung aus, die ein langsames Trinken und ein Austarieren favorisiert, mit dessen Hilfe es ihm gelingt, sich auf seinen „Modus" zu trinken und eine von ihm selbst definierte Grenze nicht zu überschreiten. So gelingt es ihm, „immer auf diesem Flash" zu bleiben und „drinne" zu sein. Mit seiner Resümierung, „so hab isch´s jetzt drauf", inszeniert er sich als Könner im Umgang mit der Herausforderung, einen solchen Umgang mit dem Konsum zu finden, der einerseits ein angenehmes Maß an Trunkenheit bei gleichzeitiger Prävention von Ausfallerscheinungen garantiert und damit einem „normalen" Konsummittelgebrauch entspricht: „Du musst langsam trinken."

Ausfallerscheinungen vermeiden
Die folgende Regulierungsidee und -praxis bezieht sich auf den Versuch der Aufrechterhaltung sozialer Interaktionsfähigkeit:

> (2) na ja, ich sag mal des is unterschiedlich, wenn man jetzt zum Beispiel (3) ich sag mal, wenn man, zum Beispiel einer sagt >>ich feier in dem und dem Club mein Geburtstag<<, dann geht man ja in so ner Gruppe hin//mhm// und dann steht für mich zum Beispiel dann eher so der Geburtstag im Vordergrund, alle zusammen, und trinkt dann auch, mit den andern halt mit, und dann ist des mit dem Mädels kennen lernen eher zufällig, sag ich mal, dann triff man vielleicht eine an der Bar oder irgendwas, ja, aber wenn ich jetzt zum Beispiel mit nem andern, mit zwei Kumpels irgendwie sag >>ok, heute gehn wir in Club, da kucken wir mal, was so für Frauen rumlaufen und checken vielleicht mal eine ab oder so<<, dann trinken wir zwar auch was, aber dann eben nich übertrieben viel, sondern eher so Piano, weil ich sag mal, wenn man zu ner Frau hin geht und schon kaum noch stehn kann oder sowas, dann hat man sowieso keine Chance, sag ich, sagen wir uns immer//mhm//, deswegen probier ma dann schon noch bewusst sein, sich noch paar Sachen merken können, vielleicht dass man zwei Stunden später noch weiß, wie sie heißt oder sowas, ja, aber es is auch nich irgendwie, des is auch nich so, dass wir sagen >>ok, jetzt wolln wir Mädchen kennen lernen, oh, jetzt müssen wir uns erstmal Mut antrinken<< oder sowas, also so is des jetzt au nich, aber wenn wir's wirklich drauf anlegen, dann wolln wir schon eher noch n klaren Kopf ham, klar kann man dann ein, zwei Bierchen trinken oder sowas, aber (1) man will halt nich sturzbesoffen schon hin kommen, weil dann, ja, labert man eh nur Scheiß an die hin und, ja, gute Karten hat man au nich, deswegen, ja. (Tim, P2, 1011–1033)

Tim erläutert in dieser Sequenz unterschiedliche Anlässe und Ziele, mit denen er den Konsum von Alkohol in Clubs gestaltet: von Geburtstagsfeiern mit einer festen, größeren Gruppe von Freunden bis hin zu dezidierten Vorhaben, Frauen kennen zu lernen in eher übersichtlichen Gruppenkonstellationen. Entsprechend der verschiedenen Zielrichtungen solcher Abende interpretiert er das, was er für angemessen und normal hält, jeweils unterschiedlich: Die Geburtstagsfeiern sind völlig anders zu gestalten als die Abende, an denen es um das Knüpfen von neuen Kontakten zu Frauen geht. Letzteres soll eher „piano" vonstattengehen, der Alkoholkonsum also nicht übertrieben werden. Einen „klaren Kopf" zu behalten, ist von großer Bedeutung und selbstverständlicher Teil der Handlungsorientierung in dieser Situation.

Tim verdeutlicht an dieser Stelle, dass die Intention des Abends seinen Konsum reguliert und er sich in seinem Konsum dann auch einschränkt. Darin zeigt sich eine Orientierung an Normen, aber auch eine flexible Zweckorientierung: Nimmt er sich für den Abend vor, Mädchen kennen zu lernen, so will er keine sozialen Ausfallerscheinungen zeigen. In anderen eher zufälligen Begegnungen scheint diese normative Orientierung keine Durchschlagkraft zu besitzen. Deutlich wird jedoch die ihm relevante normative Orientierung an der Vermeidung peinlicher Interaktionen, da diese – da ist er sich sicher – nicht zielführend sein würden: „Und, ja, gute Karten hat man au nich." Ihm geht es damit um die Vermeidung von Ausfallerscheinungen und um die Verhinderung von kompromittierenden Begegnungen. Dabei wird die Regulierung des Konsums als Ausdruck einer Orientierung an Normen, die negative soziale Auswirkungen zu vermeiden sucht, deutlich.

5.6.4 Fazit

Auseinandersetzungen mit Normen, z. B. bezüglich des richtigen Alters und Rahmens für den Konsum von Alkohol, in Bezug auf gesellschaftlich anerkannte (oder gar erwünschte) bzw. als dysfunktional bewertete Konsumformen schlagen sich nieder in entsprechenden Normalisierungen, das heißt aktiv gestalteten Prozessen der Hervorbringung von Normalität. Diese Auseinandersetzungen sind damit Grundlage und Hintergrundfolie für die Entwicklung individueller normativer Orientierungen, die sich in entsprechenden Praktiken zeigen. Damit besitzen generalisierte Normen zum Alkoholkonsum alltagspraktische Bedeutung. Eine Auseinandersetzung mit ihnen ist unumgänglich: als Abgrenzungsfolie ebenso wie als potentielles Modell für deren Aneignung. Ihre praktische Relevanz erhalten Auseinandersetzungen mit Normen dadurch, dass die Herausbildung einer individuellen, normativ begründeten Orientierung bezüglich des Konsums von Alkohol als Teil der Entwicklungsaufgabe von Jugend und jungem Erwachsenenalter verstanden werden muss. Dies zeigt sich in unterschiedlichen Facetten von Normalisierungen:

Aneignungspraktiken ermöglichen es, sich als Teil eines größeren sozialen Bezugsrahmens zu verstehen und zu erleben und sich in dessen normativer Rahmung aufgehoben zu fühlen. Dies verleiht Handlungssicherheit und Identifikationsmöglichkeiten in Bezug auf das, was als normal und angemessen verstanden wird, und bedient auf diese Weise ein zentrales Bedürfnis Heranwachsender. So finden sich in unseren Interviews zahlreiche Reflexionen über zeitlich gebundene, (un)angemessene, „normale", erwartete und propagierte Konsummittelgebräuche, etwa in Bezug auf bestimmte alkoholabstinente Zeiten innerhalb einer zeitlich begrenzten Spanne, z. B. der Fasnet, dem Wochenverlauf oder bestimmter Ereignisse. Darüber hinaus zeigt sich die Existenz komplexer Orientierungen bezüglich eines zeitlichen und anlassgebundenen Konsums. Es existieren Zeiten, in denen der Konsum eine Normverletzung darstellt (unter der Woche, jeden Tag, morgens), es existieren jedoch auch Zeiten, in denen der Konsum geradezu normativ geboten ist (Geburtstage, bestimmte Events wie z. B. bildungsbezogene Übergänge, Jahreswechsel, Fasnet). In den Aneignungspraktiken dokumentiert sich, was aus dem Blickwinkel der Interviewten notwendiger Teil einer „normalbiografischen" Entwicklung ist bzw. zu sein hat. Aus diesem Grunde finden sich Reflexionen und entsprechende Handlungsorientierungen, die in ihrer Argumentation auf die biografisch angemessene Zeit und damit auf die biografische „Normalität" für den Konsum von Alkohol rekurrieren oder aber auf eine bestimmte „Alterstheorie" für den legitimen Konsum von Alkohol zurückgreifen.

Abgrenzungspraktiken verweisen auf die Notwendigkeit und die Herausforderung einer individuellen Positionierung. Sie dienen damit der Herausbildung eigener normativer Standpunkte. Diskursive Auseinandersetzungen mit Normen und Normalitätsannahmen anderer sind folglich von hoher Relevanz, um eigene, tragfähige Leitlinien entwickeln und in das Selbstbild integrieren zu können. Dies verweist darauf, dass zur Herausbildung einer individuellen, normativen Orientierung stets vielfältige, kontrastreiche und auch streitbare Vorstellungen und Praktiken von Bedeutung sind, um einen subjektiven Standpunkt entwickeln zu können. Diese Entwicklung ist als längerer Prozess zu verstehen, der auf vielfältige Anregungen und unterschiedliche soziale Bezugspunkte angewiesen ist.

In den *Regulierungspraktiken* bilden sich letztlich konkrete Hinweise darauf ab, wie normative Leitlinien im Alltag Relevanz erhalten und sich in entsprechenden Handlungsmustern niederschlagen. Dabei wird deutlich, dass eine Auseinandersetzung sowohl mit „zu viel" als auch mit „zu wenig" Alkoholkonsum vor dem Hintergrund der Frage nach dem „normalen" Konsum reflektiert wird und in entsprechenden Handlungspraktiken ihren Niederschlag findet. Die Regulierungspraktiken stehen stellvertretend für die Herausforderung, ein sozial erwünschtes und anerkanntes Konsumverhalten zu praktizieren und mit den eigenen Konsumgewohnheiten auch den Anforderungen und Erwartungen relevanter Anderer zu entsprechen. Sie dokumentieren sich in der Reflexion von unangemessenem Verhalten anderer oder aber in der Betonung einer neu entwickelten Konsumorientierung, mit der eine individuelle Weiterentwicklung verdeutlicht werden soll. Damit sind sie auch Teil einer individuellen Entwicklungsgeschichte, in deren Rekonstruktion es gelingen kann, sich selbst als Könner im Umgang mit dem Konsummittel zu inszenieren und auf die Erarbeitung und Verinnerlichung von handlungsleitenden Normen hinzuweisen.

Grundsätzlich zeigt sich: Orientierungen an Normen im Bezug auf die Frage nach dem angemessenen Konsum sind nicht statisch zu verstehen. Vielmehr weisen sie temporäre oder soziale Varianzen auf, entwickeln sich im Laufe der Biografie, können aber auch kurzzeitig außer Kraft gesetzt werden, z. B. bei außergewöhnlichen und nichtalltäglichen Ereignissen bzw. Aktivitäten. Demnach finden sich keine Hinweise auf generalisierbare, handlungsleitende Orientierungen, die lediglich eine einzige, konsumbezogene Handlungsorientierung zur Norm erheben. Vielmehr haben wir es mit dynamischen Auseinandersetzungsprozessen mit unterschiedlichen Normvorstellungen zu tun, mit gesellschaftlichen Normvorstellungen, mit denen der Peers und mit solchen, die sich vor dem Hintergrund subjektiver Erfahrungsaufschichtungen als eigener normativer Horizont allmählich entwickeln.

5.7 Darstellen von Handlungsfähigkeit (Barbara Stauber)

Wie wir schon in der Vorläuferstudie zeigen konnten, verläuft der Alkoholkonsum in solchen Gruppen nicht unkontrolliert und chaotisch, sondern wird gesteuert durch eine ganze Reihe sich herausbildender Praktiken, die sich situativ finden, die sich einspielen, sich im Laufe der Zeit aber auch wieder verändern können (Stumpp et al. 2009; siehe auch Kap. 5.1). Nun sollen aber in diesem Kapitel nicht diese gruppenbezogenen Praktiken im Fokus stehen, sondern die hierauf bezogenen individuellen Strategien, in denen fallübergreifend eine Typik des *aktiven Gestaltens* des Alkoholkonsums in informellen Gruppen zum Ausdruck kommt. Ein methodologisches Problem sei hier noch einmal kurz benannt: Was uns für die Auswertung zur Verfügung steht, und dies ist im Hinblick auf die hier betonte Akteursperspektive besonders relevant, sind die Arten und Weisen, in denen sich die Befragten mehr oder weniger prononciert in ihrer aktiv gestalterischen Funktion im Interview darstellen. Wir müssen hier also unterscheiden zwischen *der*

Praxis des Erzählens und der *erzählten Praxis*; und gleichzeitig müssen wir davon ausgehen, dass beide in einem Verweisungszusammenhang zueinander stehen. So wird etwa die Gruppenpraxis häufig erst dann explizit benannt, wenn die Einzelnen hierzu in irgendein (verändertes, erzählenswertes) Verhältnis treten. Die Gruppenpraktiken dienen somit häufig als Kontrastfolie für die Selbstdarstellungen der Einzelnen und werden als solche oft erst thematisch.

In den individuellen Strategien lässt sich eine Bandbreite ausmachen, auf der sich die Befragten am einen Pol als starke Akteur_innen inszenieren, am anderen Pol als solche, die eher von den Gruppendynamiken mitgenommen werden, wobei sie sich zumeist zwischen diesen Polen bewegen. Die Befragten stellen hier ihre eigene gestalterische Aktivität als mehr oder weniger situations- bzw. settingabhängig dar.

Wenn sich ein Typus dadurch rechtfertigt, dass aus dem Material heraus Variationen von Orientierungen (minimal und maximal zueinander kontrastierend) gefunden werden können, so können wir in Bezug auf die Selbstpositionierung als Akteur_in zwischen verschiedenen Typen, in denen die Akteursrolle deutlich wird, differenzieren: im Hinblick auf 1) die Darstellung von Souveränität in den Trinksituationen selbst, 2) die proaktive Herstellung von solchen Trinksituationen, 3) die Identifizierung mit bzw. Distanzierung von bestimmten Gruppeninteraktionen oder -konstellationen und 4) die aktive Vereinbarung unterschiedlicher Anforderungen in biografischen Übergängen durch die Anpassung von Trinkpraktiken. Dabei weist die Typik „Darstellen von Handlungsfähigkeit"eine Reihe von inhaltlichen Überschneidungen zu den Kapiteln Regulierungsformen (5.1), Gestaltung von Peerzusammenhängen (5.5) und Konstruktion biografischer Wendepunkte (5.8) auf.

5.7.1 Darstellung von Souveränität in den Trinksituationen selbst

In Bezug auf die konkreten Trinksituationen findet sich ein Typus, mit dem Jugendliche ihre Souveränität im Umgang mit Alkoholkonsum und mithin ihre Akteursrolle zum Ausdruck bringen; dieser Typus kann dabei durchaus mit einem hohen Konsumlevel einhergehen bzw. setzt sogar einen solch hohen Konsum voraus, um sich überhaupt so profilieren zu lassen:

> Ganz am Anfang war es so, haben 3, 4 Leute an einer Woddi-Flasche, aber jetzt Nachhinein sind's 2 Leute und eine Wodka-Flasche. Ich denke, die spüren einfach nichts von dem, also wo sich der Körper schon lange gewöhnt hat und weißt ja, mit Alkohol verarbeiten soll und so. Ja dann damit's halt mehr als 'ne Flasche, 1, 2 Flaschen werden's draußen danach//mhm//, ist man dann gut dabei. (2) Und schnell,

5.7 Darstellen von Handlungsfähigkeit (Barbara Stauber)

schneller als man sehen kann, liegt man auch irgendwo in der Kurve und weiß nicht mehr wohin.//@(2)@// @ (2) Ja, das macht Alkohol halt auch. (1) Na halt ich stehe dafür, dass man halt nicht so viel trinken kann, dass der Alkohol deinen Körper kontrolliert. Du sollst den Alkohol kontrollieren und nicht dein, also, (1) dein Körper soll das Alkohol kontrolliert, nicht Alkohol dein Körper und bis zu dieser Grenze hin trinke ich meistens, sehr selten, es war halt wie an Silvester, hab' ich äh war's so, dass Alkohol mein Körper, Körper kontrolliert hat, aber sonst passiert das eigentliche nie. Na auf 'm Geburtstag, auf mein Geburtstag z. B. ist es so, dass ich dann richtig viel trinke//mhm//. Ähm ja und Besinnung verliere sozusagen, auch an Silvester, an gewissen Tagen, wo wo's halt sozusagen meiner Meinung nach erlaubt ist, viel zu trinken, trinke ich auch viel. Aber so, einfach so ohne Grund jetzt irgendwo hinzugehen, äh 'ne Wodka-Flasche zu kaufen, sich auf 'ne Bank zu setzen, st- steh' ich auch nicht dafür,//mhm// ist auch sinnloses Trinken. (2) Da es auch zu Sucht kommen kann//mhm// und ähm so (1) und ähm (1) generell, Alkohol schmeckt eigentlich für mich gar nichts.//mhm// Ist halt nur so so so so 'ne Sache, die man trinkt halt, um ja, die Laune von der, von der Person zu verbessern, um die Sorgen zu vergessen, die man halt im Alltag hat und man halt in dem Moment ist es dir ja auch alles egal, was passiert, was passiert morgen, was passiert, was ist heute passiert? Man vergisst es einfach und halt das ist es halt an Alkohol, das Gute,//mhm// was aber auch zum Negativen führen kann. (2) Mh (Raffi, P2, 841–865)

Nachdem Raffi hier zunächst den Prozess der Toleranzentwicklung in seiner Gruppe beschreibt und die Gefahren, die der hohe Konsum trotz Toleranzentwicklung mit sich bringt, nutzt er diesen hohen Konsum als Abgrenzungsfolie, um sich als kontrollierter Trinker zu positionieren, der diese Selbstkontrolle nicht an den Alkohol abgibt. Er beschreibt seine eigene Trinkpraxis mit Bezug auf eine Grenzlinie, die für ihn zwischen Selbstkontrolle und Kontrollverlust verläuft; dies schließt Ausnahmen von der Regel (Silvester, Geburtstag) explizit ein, an denen er diese Grenze bewusst überschreitet. Es ist genau diese Definition von konkreten Ausnahmen, die die Grenze markiert. Fortlaufend und alltäglich diese Grenze zu überschreiten, wäre für ihn hingegen „sinnloses Trinken", mit dem er das Risiko von Kontrollverlust und tendenziell eine Suchtgefahr verbindet. Abschließend stellt er – durchaus salutogen zu nennende – Aspekte des Trinkens heraus: die Laune zu verbessern, Schwieriges vergessen zu machen – aber in der von ihm im gleichen Atemzug benannten Ambivalenz („das Gute,//mhm// was aber auch zum Negativen führen kann"). Auch hierin dokumentiert sich seine Orientierung an einer Grenze und damit an der prinzipiellen Steuerbarkeit des Trinkens.

So stellt sich Raffi hier als Person dar, die bei durchaus hohem Konsum die Trinksituation im Griff hat. Seine Trinkpraxis scheint sich an dieser Selbstwahrnehmung als Akteur zu orientieren, die die intendierten Wirkungen des Alkoholkonsums für den Normalbereich und für Ausnahmesituationen differenziert steuert. Dies zeigt sich in seiner Differenzierung zwischen Routinetrinken und Ausnahmetrinken und vor allem in seiner Abgrenzung von einem dauerhaften Kontrollverlust, der letztlich in die Abhängigkeit („zum Negativen") führt. Vor diesem Gegenhorizont inszeniert er sich als derjenige, der die Steuerungsgewalt besitzt und auch behält.

Hierin zeigt sich ein Kontrast zu Tim, der genau zu wissen scheint, wann er sich relativ entspannt dem Trinken mit den Freunden hingeben kann und wann es darauf ankommt, einen klaren Kopf zu behalten – für ihn setzen Situationen mit Vorgesetzten, mit Vereinsvorständen, aber auch mit einer möglichen Partnerin für ein erotisches Abenteuer klare Vorgaben für kontrollierten Konsum:

> (2) na ja, ich sag mal des is unterschiedlich, wenn man jetzt zum Beispiel (3) ich sag mal, wenn man, zum Beispiel einer sagt >>ich feier in dem und dem Club mein Geburtstag<<, dann geht man ja in so ner Gruppe hin//mhm// und dann steht für mich zum Beispiel dann eher so der Geburtstag im Vordergrund, alle zusammen, und trinkt dann auch, mit den andern halt mit, und dann ist des mit dem Mädels kennen lernen eher zufällig, sag ich mal, dann triff man vielleicht eine an der Bar oder irgendwas, ja, aber wenn ich jetzt zum Beispiel mit nem andern, mit zwei Kumpels irgendwie sag >>ok, heute gehn wir in Club, da kucken wir mal, was so für Frauen rumlaufen und checken vielleicht mal eine ab oder so<<, dann trinken wir zwar auch was, aber dann eben nich übertrieben viel, sondern eher so Piano, weil ich sag mal, wenn man zu ner Frau hin geht und schon kaum noch stehn kann oder sowas, dann hat man sowieso keine Chance, sag ich, sagen wir uns immer//mhm//, deswegen probier ma dann schon noch bewusst sein, sich noch paar Sachen merken können, vielleicht dass man zwei Stunden später noch weiß, wie sie heißt oder sowas, ja, aber es is auch nich irgendwie, des is auch nich so, dass wir sagen >>ok, jetzt wolln wir Mädchen kennen lernen, oh, jetzt müssen wir uns erstmal Mut antrinken<< oder sowas, also so is des jetzt au nich, aber wenn wir's wirklich drauf anlegen, dann wolln wir schon eher noch n klaren Kopf ham, klar kann man dann ein, zwei Bierchen trinken oder sowas, aber (1) man will halt nich sturzbesoffen schon hin kommen, weil dann, ja, labert man eh nur Scheiß an die hin und, ja, gute Karten hat man au nich, deswegen, ja. (Tim, P2, 1011–1033)

Tim beschreibt hier eine differenzierte Trinkpraxis, die für unterschiedliche Settings unterschiedliche Trinkmengen vorsieht: Für ihn gibt es Situationen wie den eigenen Geburtstag, in denen – völlig normalisiert – das Trinken auf hohem Level ansteht, und solche wie etwa die Anbahnung von Kontakten zu Frauen, in denen er durch maßvolles Trinken sicherstellt, dass diese Anbahnung auch gelingt. In dieser settingabhängig mehr oder weniger stark disziplinierten Trinkpraxis und dem bewussten Differenzieren zwischen Situationen, in denen er einen Konsum auf hohem Level praktiziert, und solchen, in denen es für ihn darauf ankommt, einen guten Eindruck zu hinterlassen, scheint sich die Normalität seines Trinkens wie auch des Trinkens seiner Freunde aufzuspannen. Die beiläufige Erwähnung „sagen wir uns immer" verweist hier auf eine erzählte kollektive Praxis, zumindest auf

5.7 Darstellen von Handlungsfähigkeit (Barbara Stauber)

eine kollektive Überzeugung, die sich freilich nicht immer 1:1 in gelebte Praxis übersetzen wird. Gleichzeitig bringt er so seine Akteursrolle sehr deutlich zum Ausdruck: Er gibt sich als einer, der anlassbezogen die Trinkpraxis steuern kann. Dabei inszeniert er sich als junger Mann, der sich über die Erfahrung mit dem Trinken allmählich einen souveränen Umgang angeeignet hat:

> man kennt ja irgendwann seine Grenzen, ganz einfach/mhm//, und ich sag mal in meim, also @ in meim Alter jetzt hab ich schon genug Erfahrung mit Alkohol und allen möglichen Sachen, dass man eben einschätzen kann, wie viel verträgt man>ah äh heut hab ich<< zum Beispiel >>heut hab ich Sport gemacht, heut hab ich wenig gegessen, also vertrag ich weniger, also trink ich weniger, oder trink langsamer<< // mhm// ganz einfach, so Sachen, und ich sag mal, wenn man irgendwie noch 17 is, dann weiß man ja noch gar nich >>oh, ich hab Sport gemacht, aber was, is doch mir egal, also was hat des jetzt mit Alkohol zu tun<< oder sowas, und trinkt dann einfach trotzdem immer gleich viel oder//mhm// also ja, natürlich immer nur zirka, aber ja, des mein ich so mit dem Bewussten, man kennt sich einfach besser aus und reagiert dann eben auch da drauf//mhm//. (Tim, P2, 798–809)

Tim rekonstruiert hier einen Prozess des Erwerbs von körperbezogener Kompetenz, dank dessen er inzwischen relativ genau die Wirkung des Alkohols einzuschätzen wisse. Habe er als Jugendlicher Zusammenhänge zwischen Essensmenge, körperlicher Verausgabung und dem Vertragen von Alkohol noch ignoriert, so sei ihm heute ganz klar, wann und warum der Alkohol eine stärkere Wirkung hinterlässt. In dieser Kompetenzdarstellung (in der Praxis des Erzählens) dokumentiert sich eine starke Akteursposition, die allerdings hier auch ein Pendant in einer erzählten Praxis zu haben scheint. Hinweis hierauf könnte das relativierende „also ja, natürlich immer nur zirka" sein, das anzeigt: Dieser Kompetenzgewinn sei als ein relativer zu verstehen, aber man kenne sich inzwischen einfach besser mit dem eigenen Körper aus.

Nur minimal hierzu kontrastierend dokumentiert sich bei Driss in der Rekonstruktion eines Lerneffekts eine Akteursrolle:

> Und das war wirklich mein mein Tag, da, weißt du, (unverst.) wie heißt das, wollten die das Krankenwagen rufen und so, weißt du. Also ich sag' mal so, ich hatte hier so, ich hatte Geschmack von Blut im Mund. Ja.//okay// Aber extremen Geschmack, ich, also wirklich, ich hab' auch gespuckt, das sah aus wie Blut. Weißt du, aber ich war so benebelt gewesen, weil ich hab's keinem gesagt oder so, weißt du.//mhm// Sind die zu mir her hergekommen, >>Wir rufen 'n Krankenwagen<< und so, und ich hab' gemerkt, wo wo ich ins Bad gegangen bin, hab' ich hier so gesehen, das war so rötlich, (1) außerhalb vom Mund, weißt du, das war so rötlich, das sah aus wie Blut auf jeden Fall. Hab' ich gesagt >>nein<< und dann hab' ich mich hingelegt bei der, ich wollte nicht einratzen, gell, ich leg' mich hin, ich schwör's dir, 10 Sekunden danach steh' ich auf, muss auf den Balkon gehen. (2) Und dann reier ich, dann geh'

> ich rein und ich schwör's dir, ich leg' wieder so 10 Sekunden, ich muss wieder aufstehen. Ich schwör's dir, diese Nacht, das war so schlimm, ich musste das ungefähr mindestens 40, 50 mal machen.//@// Glaubst du's mir? Und manchmal, ich bin auf den Balkon gegangen, ja, da kam gar nichts, weißt du. Aber es war einfach nur dieses schlecht, es geht mir,//mhm// es war mir schlecht, weißt du und stehen, stehen war so komisch, das war, ich konnte mich nur hin liegen, aber sobald ich lag, weißt du, kam diese Karusselfahrt//ja//, diese Achterbahn weißt du. Das war so 'ne schlimme Nacht. Sogar noch am nächsten Tag ging's mir richtig dreckig. Nächsten Tag, ich konnt' nichts essen, hab' Wasser getrunken wie so 'n, wie so 'n Pferd. (1) War auf jeden Fall krass. Das war, würde ich mal so sagen so, Höhepunkt was ich erlebt habe, so an Alkohol, also an meinem Körper,//mhm// wo ich gesehen habe', was Alkohol sozusagen bewirkt, weil ich war ja schon sozusagen vor dem Glas, (2) ich war auf jeden Fall gut, gut hacke.//mhm// Weißt du. Und das Glas, das hab' ich wirklich nur getrunken, weil ich so gut hacke war, weil ich mir, weil ich mir nicht, mir war nicht im klaren, was passiert, wenn ich das trinke.//ja// Weil wäre es mir im klaren gewesen, hätte ich es natürlich nicht getrunken, weißt du. Aber ich würde mal sagen, heute, guck mal, jetzt hab' ich z. B. dara- daraus gelernt, weil jetzt heutzutage, wenn diese Situation kommt, (1) würde ich das nicht trinken. (Driss, P2, 530–559)

Driss beschreibt hier eine Extremsituation, die er selbst als Höhepunkt dessen, was er je mit Alkohol erlebt habe, charakterisiert. Im Modus der „lessons learnt" inszeniert er sich als derjenige, der Lehrgeld gezahlt hat und nun genau weiß, dass ihm so ein Exzess nicht mehr passieren wird. Somit stellt er hier einen immerhin in der Interviewsituation verfügbaren Reflexionsprozess dar: „heute, guck mal, jetzt hab' ich z. B. dara- daraus gelernt" – von dem wir natürlich nicht wissen, inwieweit Driss ihn tatsächlich in eine (veränderte) Praxis umsetzt.

Wiederum minimal kontrastierend zu dieser Kompetenzdarstellung ist die Orientierung von Alina, die deutlich wird an der Erzählung eines Ausnahmeerlebnisses, durch das sie eines Besseren belehrt wurde:

> und des eine Mal, wo des dann ja außer Kontrolle gelaufen isch bei mir, da war's ja, des war ja auch ne Hausparty, und da war davor aber ziemlich lang nichts, also des war in de Sommerferien, und da war glaub viel Wochen oder noch länger überhaupt nicht, wir ham nicht getrunken, wir hatten uns nicht getroffen, wahrscheinlich weil alle im Urlaub waren//mhm//, weil es nie gepasst hat, dann hatte ich irgendwie noch Stress zuhause und dann, (1) dann waren wir sowieso schon so deprimiert, dass wir jetzt gesagt ham, wir müssen jetzt noch einmal, zum Ende, irgendwie noch so bisschen, ja, feiern, und dann lief des ja aus dem Ruder, (1) gut da war auch dann, da war dann ja auch schon härteres Zeug dabei, des war dann mit 16, da hatte ich, was ham wir getrunken, Sangria hauptsächlich//mhm// dann ganz viel, (3) °was weiß ich°, ein-einhalb Liter oder so, und dann hat uns ja jemand noch Wodka ins Glas und dann ham wir gesagt >>ja, ja, des macht uns nix, wir können des trinken<< //mhm//. (Alina, P2, 259–272)

5.7 Darstellen von Handlungsfähigkeit (Barbara Stauber)

Interessant sind hier die vielen Begründungen, mit denen dieses exzessive Ausnahmetrinken eingeführt wird (die Freunde lange nicht gesehen, traurig sein wegen des Ferienendes, und bei ihr zusätzlich noch eine belastete familiäre Situation), um eigentlich auszusagen: In der Regel behalten wir alles mehr oder weniger unter Kontrolle, nur an diesem Abend haben wir uns überschätzt. Die Akteur_innenrolle wird also nicht aufgegeben, sie wird erweitert auf den Lerneffekt, durch eine fatale Situation eines Besseren belehrt worden zu sein.

Diese Orientierung ist nun deutlich anders als in den Interviews der ersten Projektphase (Stumpp et al. 2009), in denen an einigen Beispielen viel stärker zum Ausdruck kam, wie sich Jugendliche haltlos der Trinksituation ausgeliefert sahen. Dieses Gefühl des Ausgeliefertseins wird in den nunmehr geführten Interviews als überwunden dargestellt und scheint durch eine wesentlich stärker steuernde Praxis ersetzt worden zu sein (hierfür stehen beispielhaft die Aussagen von Olga, Dimitra, Maria, und auch Driss).

Aus dem aktuellen Interviewmaterial zur gelebten Praxis gibt es in maximaler Kontrastierung zu Tim allenfalls solche Fälle, in denen Jugendliche vorwegnehmen, dass sie sich in einer Trinksituation der Verführung des Mittrinkens nicht entziehen können, und die deshalb – durchaus aktiv – Strategien ergreifen, um sich erst gar nicht einer solchen Verführung auszusetzen. Diese Praxis findet sich bei Alesio wie auch bei Maria:

Alesio ist nach einem Magendurchbruch und einem nochmaligen Krankenhausaufenthalt ärztlicherseits angehalten, eine Weile keinen Alkohol zu konsumieren. Für ihn fällt dieses Verdikt dummerweise in die Fasnetszeit, und er sieht somit nur eine Möglichkeit, mit diesem Dilemma umzugehen – er geht früher nach Hause:

> Am Ding des war gleich wo ich Ding ähm nach dem Krankenhausaufenthalt war ja die Fasnet noch//mmh// und des war grad alles des in [Ort2] und dann war ich auch mit denen und Kameraden unterwegs (1) und dann bin ich schon um halb acht Heim weil ich keine Lust mehr hatte//mmh// und da bin ich dann um halb acht mal Heim (1) weils langweilig war so//mmh// ja (1) ohne Alkohol//mmh// ja. (Alesio, P2, 671–675)

Alesio hat das Pech, dass die ärztlich verordnete Abstinenz in die Hochzeit des Alkoholkonsums auf dem Land, die Fasnet, fällt. Er führt diesen Umstand hier als Hintergrundkonstruktion ein, um zu begründen, warum er sich bereits am frühen Abend frustriert zurückzieht. Er bringt damit zum Ausdruck, dass für ihn Feiern, zumal in der Fasnet, fest mit hohem Alkoholkonsum verbunden ist – seine Orientierung an dieser Trinkpraxis ist ungebrochen, auch wenn er nach einem Magendurchbruch ein Alkoholverbot berücksichtigt und eine Weile nicht mehr trinkt. Früher nach Hause zu gehen, scheint dabei die einzige Ausweichstrategie darzustellen, mit der er sich von den Gruppendynamiken des Rauschtrinkens abschirmen und vor der Frustration, beim Trinken zuschauen und die Langeweile aushalten zu müssen, schützen kann. Dieser sehr aktive Schritt des Rückzugs aus der Situation dokumentiert gleichzeitig den Orientierungsrahmen: Feiern und Alkohol gehören untrennbar zusammen. Die Akteursrolle zeigt sich hier somit in einer Praxis der Vermeidung.

In ähnlicher Weise kontrastiert bei Maria eine Orientierung innerhalb des Typus „Darstellung von Souveränität in den Trinksituationen": Sie präsentiert sich als eine, die, sobald sich die Situation bietet, auch exzessiv trinkt. Bei ihr findet sich die Akteurinnenrolle zum einen in der Form, dass sie sich aktiv und bewusst den Abstinenzforderungen Dritter entgegensetzt und „Trinken als Widerstandsstrategie" einsetzt, zum anderen aber, und hier sehr ähnlich wie bei Alesio, im radikalen Ortswechsel, um sich dem Sog der Gruppe zu entziehen. Was bei Alesio der Rückzug aus der Trinksituation, ist bei ihr allerdings der Auszug aus bestimmten mit hohem Alkohol- und Drogenkonsum verbundenen Wohnungen, oder gar der Wegzug aus einer bestimmten Stadt, die für sie diesbezüglich belastet ist.

> Und immer Partys//mhm// und nicht nach meinem Leben geguckt hab', nach keiner Arbeit, (1) war irgendwie lieber mit meinen Freunden, bin ich dann, wurde ich dann raus geschmissen und ähm am an mein 18. Geburtstag bin ich dann abends, bin ich zu 'ner Freundin umgezogen. War ich bei ihr, so 2 Monate lang. (2) Und ja, ging's halt auch nur um Party und Drogen. (1) War halt kein normales Leben. Es war halt immer noch das gleiche wie davor. (3) Und dann bin ich dann ähm an mein 18., da hab' ich meinen 18. nachgefeiert, nach einer Woche oder so, an einem Freitag. Waren wir alle am [Kneipe/ Restaurant] und haben was getrunken und so. Und dann bin ich mit 2 Freundinnen an McDonalds gegangen und ähm hatte da äh Konflikt gehabt mit ein Mädchen. Und dann, durch den Konflikt, weil ich besoffen war, wieder @, bin ich, ähm, hatte ich 'ne Schlägerei und die war heftig und die hat äh Nasenbruch gehabt und ähm Schädelhämatom gehabt,//mhm// also alles. Und in dem Moment ähm hab' ich gesagt >>jetzt reicht's<<, weil ich dann nochmal vor Gericht musste// mhm// und ich hatte dann 10 nach 2 Jahre Bewährung bekommen. 10 Monate auf 2 Jahre.//mhm// (1) Und dann hab' ich äh 60 Arbeitsstunden bekommen und dann halt äh Täter Opfer Ausgleich//mhm// musste ich machen. Und an dem Tag habe ich dann gesagt, dass ich äh nicht mehr so viel trinke und dass ich mich von den Leuten fern halte und dadurch bin ich hier nach [Stadt2] umgezogen. Hab' mir 'ne Wohnung gesucht, (2) mit mein Bruder zusammen, weil er hat gesagt, das geht nicht mehr mit meinen großen Bruder. Hat gesagt, jetzt ist vorbei. Und ähm dann haben wir zusammen äh in [Stadt2] 'ne Wohnung gesucht, dass ich von den Leuten weg komme. Und dann bin ich von den Leuten weg gekommen, bin ich nach [Stadt2] umgezogen. Und da kannte ich ja nicht so viele. Also ich hatte eigentlich mein eigenes Leben da. Ich kannte vielleicht 2 Leute, mehr nicht.//mhm// Und dir waren halt bisschen anders, nicht auf vielleicht mal feiern gehen, nach [Stadt3] zur Disko, aber nie besoffen zu sein und sich zu schlagen und so, gab's gar nicht. Und hat sich halt vieles bei mir geändert. (Maria, P2, 19–46)

5.7 Darstellen von Handlungsfähigkeit (Barbara Stauber)

Nachdem Maria in der Eingangserzählung ihr zurückliegendes Leben und die folgenreichen Ereignisse während der Feier ihres 18. Geburtstages erzählt hat, beschließt sie – ihrer Rekonstruktion zufolge am Tag des Urteilsspruchs –, ihren Alkoholkonsum zu drosseln und sich von ihrer alten Clique fernzuhalten. Auch wenn sie im Folgenden immer wieder von einem Hineinrutschen in den Alkohol- und Drogenkonsum berichtet, so versucht sie immer wieder mit derselben Praxis – dem Ortswechsel – ein neues Kapitel aufzuschlagen. Nur im Abstand zu (alten wie auch potentiellen neuen) Freunden, so ihre Konstruktion, kann sie sich ein eigenes selbstbestimmtes Leben aufbauen: „Und da kannte ich ja nicht so viele. Also ich hatte eigentlich mein eigenes Leben da." Freundschaftskontakte werden von ihr mithin automatisch mit hohem Alkohol- und Drogenkonsum gleichsetzt, so als ob sie von diesen Szenen magnetisch angezogen werde oder als ob ihr der Zugang zu anderen Szenen verwehrt sei. Auch hier scheint sie also aktive Vermeidung zu praktizieren – auch wenn es immer nur für kurze Zeit glückt, sich damit aus der Gefahrenzone zu bringen. Darin spiegelt sich eine Selbsteinschätzung als einer den Verführungen und den damit verbundenen Dynamiken (Gewalttätigkeit) Unterworfenen, die sich dem negativen Sog der Gruppe nur durch das Befolgen von außen auferlegter Regeln entziehen kann.

Im Kontext der Trinksituationen geht es nun nicht nur um Darstellungen von Souveränität, die sich auf die eigene Person beziehen; genauso interessant sind die Darstellungen, in denen sich die Befragten als für andere steuernd und handelnd inszenieren. So impliziert der Typus „Darstellung von Souveränität in den Trinksituationen" hier auch die *heroischen Interventionen zugunsten von anderen*. Hierzu finden sich in den Interviews Aussagen zu Praktiken des Eingreifens, in denen auch eine ganz bestimmte Form dessen, was die Befragten für richtig, und vor allem dessen, was sie für falsch halten, zum Ausdruck kommt. Die erzählte Praxis hat hier ein sehr enges Pendant zur Praxis des Erzählens: So gehen mit heroischen Interventionen häufig auch *heroische Selbstinszenierungen* einher – etwa in der Form der Selbstinszenierung als Retter aus einer gefährlich werdenden Situation:

> *I*: Auf jeden Fall dort (1) da is, (1) da warn manchmal zwanzisch, fünfundzwanzisch Leute drin an eiem Abend, da wurd nur getrunken. Ja und da sind schleschte Erfahrungen, Leute sind abgekackt, isch hab da ihr Leben gerettet//echt?// die hatt getrunken mit Pille, die hat ne Pille genommen davor irgendetwas//mhm// so ne Pille und hat auch Alkohol
> *Int*: Ecstacy oder was?
> *I*: Isch weiß nischt. Alkohol darauf getrunken, danach äh is sie abgekackt. Und isch stand vor der Tür und da war immer so en [nicht deutscher Herkunft] bei der zu Hause, wir hatten, was heißt wir hatten Angst vor dem, der war einfach behindert. So en krasser [nicht deutscher Herkunft]. Ja und danach die ham die Tür aufgemacht bei der (1) ääh, also isch hab bei der geklopft, sag >>Mach die Tür auf oder ich tret

die ein<< und dann hat die, macht die Tür auf, isch geh rein, isch seh die liegt aufm Boden, die zappelt und so. Isch nehm die, isch leg die auf die Couch, isch nehm so en Tuch, isch mach ihr über ihr Kopf und so, weißt du, so en äh nassen Lappe//mhm//, kalte Wasser, isch mach über ihr Kopf, dann isch ruf Krankenwagen, die sagen zu mir >>Hättst du jetzt niescht angerufen, wer weiß, vielleiescht die wär gestorben<< und so was.//mhm// Eiskalt. (1) Und danach (1) korrekt. (2) Da hatt man auch gesehen, was Alkohol bringen kann (1) Drogen. (2) Auf jeden Fall. (1) Des war hart, sehr hart, fand isch. (Ilias, P2, 248–265)

Ilias erzählt hier einen außergewöhnlichen Abend in einer Großstadtwohnung, die für ihn und seine Clique ein etablierter Ort für hartes Trinken war; aus dem üblichen hohen Substanzkonsum, der in dieser Wohnung praktiziert wird, hebt er einen Abend hervor, den er über eine ganze Reihe von Fokussierungsmetaphern („abgekackt; die liegt aufm Boden, die zappelt und so; eiskalt") als besonderes Ereignis markiert. In dieser Erzählung inszeniert er sich als derjenige, der eingreift, handelt und einen Krankenwagen ruft, und der prompt als Lebensretter der jungen Frau anerkannt wird.

Eine Fülle von Erzählungen und Beschreibungen solcher Interventionen findet sich in weiteren Interviews, so etwa mit Anna und Marlen. Sie dokumentieren immer eine Form von Handlungsfähigkeit; die Befragte zeigt sich als starke Akteurin.

M: Ah zu meim besten Freund an der Fasnet//ja//, da hab i g'sagt >>jetzt isch gut, jetzt gehe mir heim<< und na geht's klar, da streitet ma sich dann au immer mal wieder, wie's halt so isch wenn ma betrunke isch und da willsch et so unbedingt glei auf die andere höre, aber meistens is der dann scho einsichtig.
I: Wie läuft des dann ab, also erzähl mal genau, also wie kommst erstmal du dazu, zu sagen >>jetzt isch genug<<?
M: Ja, ich merk's ja, wenn er genug hat, also ich kenn ihn ja//mhm//. Er wird zwar net aggressiv und gar nix, er wird halt witzig, dann tanzt er, dann lacht er und redet Blödsinn raus//mhm// und dann sag i halt immer >>ja, jetzt isch<<, oder wenn er nemme richtig stehe kann, des isch bei mir immer, wenn i des merk//mhm//, oder wenn er so mim Kopf immer so, dann sag i >>jetzt isch gut<< und dann, und wenn er no was hat oder wenn er nix mehr hat, dann sag i >>he, gut jetzt<< und dann gehe mir, da kann i au sage >>komm, mir gehet heim<< oder so//mhm//, also des isch dann bei mir so.
I: Und der sagt dann >>ja klar<< oder wie, @wie geht des@?
M: Also mir hen au scho Streitereie und Diskussion g'het, weil er, also des kommt immer drauf an, was er für a Verfassung hat, er hat au scho zu mir g'sagt >>was willsch eigentlich du jetzt<< und so, aber am nächsten Tag tut ihm des immer alles wieder leid//mhm//, also bei meim Freund au, des wird dann g'regelt und dann isch des wieder vorbei//mhm//, also des isch jetzt kei großes Drama//mhm//. (Marlen, P2, 292–313)

Marlen beschreibt hier wie an anderen Stellen im Interview eine (inzwischen erworbene) Kompetenz, bei anderen zu erkennen, wann sie genug Alkohol getrunken haben. Sie könne die Anzeichen lesen, vor allem, wenn es dieselben seien, die

5.7 Darstellen von Handlungsfähigkeit (Barbara Stauber)

sie auch bei sich kenne (zum Beispiel: nicht mehr gerade stehen können). Sie hat ein klares körperbezogenes Sensorium entwickelt, wann es für sie genug ist. In dieser unter der Salutogenese-Perspektive wichtigen Orientierung finden sich Ähnlichkeiten zu Ilias, Kay und vielen anderen. Aber Marlen nutzt dies nun nicht nur für die Regulierung ihres eigenen Konsums, vielmehr berichtet sie von einer Praxis des Intervenierens – egal, ob sich dies situativ gerade anbietet oder nicht (sprich: egal, ob der beste Freund gerade ausgetrunken hat oder nicht). Sie betont, dass sie diese Intervention auch wirklich konsequent durchzieht, bis ihrer Aufforderung, nach Hause zu gehen, nachgekommen wird. Auf Nachfrage räumt sie ein, dass sie dabei immer wieder auch auf Unverständnis bei dem jeweiligen Gegenüber stößt, aber dass sich die Betreffenden (sie nennt hier ihren besten Freund und ihren Freund=Liebespartner) hinterher immer bei ihr entschuldigten und sie letztlich darin bestärkten, diese Rolle weiter zu übernehmen. Marlen drückt hier nicht nur eine Regulierungsidee aus, sondern berichtet auch von einer Regulierungspraxis, die sie konsequent umsetzt, auch wenn sie hierfür ab und zu Widerstände überwinden und situativ Ablehnung akzeptieren muss. Sie sieht sich offensichtlich in der Rolle der aktiv Eingreifenden; dies zeigt sehr deutliche Parallelen zu Anna, die einen interessanten Gruppen- und auch Rollenwechsel hinter sich hat (vgl. Kap. 5.5):

A: Ähm (2) also meine Leute, die die meine Freunde, die meckern immer schon, weil ich so 'n bisschen die Mama in der Gruppe bin, weil ich immer sage >>Jetzt trink' doch nicht so viel und muss das jetzt sein unbedingt. Guck' dich doch an, bist doch schon betrunken<<. (1) Ähm >>Muss der harte Alkohol sein?<< sowas, ja. Muss es einfach immer so (2) eskalieren, dass man so betrunken sein muss und//mhm// dann sich vielleicht übergeben muss. Ja. Also sie meckern schon oft rum @an mir@.// mhm, mhm//
I: Und was geht dir da so durch den Kopf dann?
A: Das ist mir reichlich egal, also ich find' das nicht immer okay, ich meine, man kann natürlich immer wieder mal ein os- ein Ausrutscher haben oder ein bisschen zu viel trinken, aber (1) des Öfteren finde ich das nicht mehr okay.//mhm, mhm// Deswegen sage ich da auch immer was.//mhm//
I: Was (1) ähm was ist denn das für dich ein bisschen zu viel oder ein Ausrutscher?
A: (3) Wenn man ähm schon so weit ist, dass man anfängt zu Lallen, sich nicht mehr wirklich unter Kontrolle hat, ähm vielleicht sogar schon Spucken war. (1) So. (2) Ja. (1) Oder wie andere drauf reagieren, aggressiv werden, (1) oder einfach einschlafen irgendwo, wo's eigentlich gar nicht geht.//mhm// (1) Ja. (Anna, P2, 433–454)

Anna praktiziert in ihrer Gruppe ganz offenkundig eine Form der Intervention, die nicht immer nur auf Gegenliebe stößt. In einem hiermit thematisch zusammenhängenden weiteren Ausschnitt des Interviews rekonstruiert sie, wie sie überhaupt in diese Akteursrolle gekommen ist:

A: Ja, also in der alten Gruppe, da war ich ähm (1) eher das Küken, ich war immer die Jüngste, immer die Kleinste.//mhm// Da war ich das Küken (1) und dann in der

(2) Gruppe von von mein Kindergartenfreunden (2) ja da war ich, da war ich nicht die Mama. (1) Da hab' ich noch nicht so angefangen was zu sagen und den Mund aufzumachen. Das hab' ich mich nicht getraut.//mhm// Weil ich gedacht hab', ich bin zu frisch in der Gruppe drin und (2) nachher schmeißen sie sich die einfach raus, weil sie darauf keine Lust haben.//mhm// (2) Ja. Also ich hab' erst (1) dann, wo die andere Gruppe auseinander gegangen ist, hab' ich dann erst angefangen, was zu sagen (2) und den Mund aufzumachen.//mhm//
I: (3) Kannst du das nochmal genauer erzählen, wie das dazu kam, dass du dann irgendwie dich da auch (1) mehr eingebracht hast und dann mh den Mund aufgemacht hast?
A: (2) Ähm das kam dann viel Respekt mir gegenüber, dass die anderen sehr viel Respekt vor mir hatten, mich sehr gemocht haben, mich in, (1) eigentlich manchmal in den Himmel gelobt haben.//mhm// (2) Hat mein Selbstbewusstsein sehr gestärkt und ich denke daran liegt das, dass ich mich traue, den Mund aufzumachen und dann zu sagen >>Das geht nicht<<. (Anna, P2, 581–610)

Ihre Orientierung ist hier ganz klar auf die Anerkennung durch die Gruppe bezogen: So erwägt sie zu einem früheren Zeitpunkt, als sie noch nicht so lange in ihrer neuen Gruppe ist, ob sie sich ein solches aktiv regulierendes Verhalten leisten könne, weil die Gefahr zu groß sei, „einfach wieder rausgeschmissen zu werden". Somit ist die Akteursrolle das Ergebnis eines Prozesses des Ausbalancierens ihres Status in der Gruppe; wo dieser ursprünglich noch prekär war, wächst mit der expliziten Anerkennung (*„manchmal in den Himmel gelobt"*) das Selbstbewusstsein und damit auch diese Handlungsfähigkeit. Inzwischen „macht sie den Mund auf" und greift ein – hierin durchaus vergleichbar mit Alexandra.

Übergreifend lässt sich im Hinblick auf den Typus „Darstellung von Souveränität in den Trinksituationen" also eine stärkere oder schwächere Inszenierung von Handlungsfähigkeit herausarbeiten, die sich entweder auf die eigene Person oder aber auf andere Personen aus der Gruppe beziehen kann. Letztgenannte Interventionen knüpfen an Handlungsmuster des Aufpassens an, die wir in der Vorgängerstudie identifizieren konnten und mit denen wir ein starkes Moment von sozialer Verantwortlichkeit und sozialer Bildung (Sting 2008) verknüpfen. Die Fälle von Anna und auch von Marlen weisen darauf hin, dass die Übernahme einer solchen Rolle nicht voraussetzungslos ist, sondern ein einigermaßen gesichertes persönliches Standing und ein bestimmtes Level an Anerkennung in der Gruppe erfordern, das sich die Befragten – mit mehr oder weniger großen Hindernissen – erarbeitet haben.

5.7.2 Proaktive Herstellung von Trinksituationen

Eine überaus starke Akteursrolle ist in der Praxis der Jugendlichen zu sehen, die selbst die entsprechenden Trinksituationen herbeiführen. In diesem Typus finden

5.7 Darstellen von Handlungsfähigkeit (Barbara Stauber)

sich als Variationen stärker formalisierte Settings wie etwa die Vereinskultur oder die ländliche Kultur der Dorffeste, aber auch selbst gestaltete Settings, in denen sich Jugendliche über einen gewissen Zeitraum hinweg solche informellen Institutionen (vor allem: Trinkorte) geschaffen haben.

Zunächst einmal erlaubt der Kontext der Vereinskultur ganz offensichtlich das aktive Aufgreifen und das Modifizieren von Ritualen, die durchaus auch unter einer Akteursperspektive zu betrachten sind, insofern sie nicht automatisch vorhanden sind, sondern aktiv aktualisiert werden müssen. Ein Beispiel ist hierfür das „Kabinenfest" im Kontext des Fußballtrainings:

I: Ähm so n Kabinenfest, kannst du des mal genauer beschreiben, wie des abläuft, nur so, weil ich irgendwie, ich hab nie Fußball gespielt so.
T: Kabinenfest, des is eigentlich nur, es hat meistens einer Geburtstag, also ja, sonst macht man ja kein Kabinenfest, der bringt dann schon zum Training n Kasten mit oder holts aus'm Sportheim oder irgendwas, dann trainiert man ganz normal, geht dann runter und dann ähm (2) ja, kann man sich am Kasten bedienen, dann nimmt jeder sich n Bierchen, dann stößt man zusammen an, sagt >>ja, danke, alles Gute noch mal<< äh und dann hockt man einfach da, manche gehn dann schon duschen, dann kommen wieder welche raus und dann nimmt man n Bier zum duschen mit oder sowas, aber (2) dann ja, ne Musikanlage ham wir in der Kabine, die wird dann angemacht, dann läuft nebenher n bisschen Musik, man unterhält sich, trinkt nebenher Bier, aber des is jetzt nich, dass man da irgendwie ne Tanzfläche hat oder so, also des läuft alles so nebenher ab//mhm// und dann trinkt man halt entweder bis man keinen Bock mehr hat oder bis der Kasten leer is, oder//mhm// dadurch, dass bei uns nie so übertrieben viel dann so auf dem Tisch steht, läuft des alles so nebenher, man zieht dann nebenher so n Pulli aus, dann redet man wieder, dann trinkt man, ja//ok//, so ganz human. (1) Ich hab auch schon von anderen gehört, aber die gehn dann halt da rein, leern sich da erstmal kurz vier Bier da direkt runter, dann gehn se duschen, dann trinken se alles leer, was da is, dann gehn se ins Sportheim und äh wissen am nächsten Tag nich mehr, wie se heim gekommen sind oder sowas//mhm//, aber des is in andern Vereinen, also bei uns isses eher so klein gehalten//mhm//, bisschen Musik, bisschen was trinken, bisschen unterhalten//mhm//, weil normalerweise geht man duschen, nimmt sein Zeug und fährt nach hause//mhm// und da bleibt man dann halt n bisschen länger da, unterhält sich noch bisschen, trinkt nebenher noch Bier//mhm//, ja. (Tim, P2, 1184–1211)

Auf die Frage des Interviewers, ob Tim ein wenig präzisieren könne, wie sich so ein Kabinenfest abspiele, beschreibt Tim den üblichen Anlass hierfür (Geburtstag), zu dem das Geburtstagskind Bier zum Training mitbringe, welches nach dem Training konsumiert werde. Nach dem Training stoße man auf es an, man säße herum, einige würden schon mal duschen gehen, dann nehme man das Bier auch mit unter die Dusche, es gebe nebenher Musik, und das gehe alles so neben- und ineinander, bis man keine Lust mehr habe oder das Bier getrunken sei. Es konsumiere nie „übertrieben" viel, weil nur begrenzte Mengen vorhanden seien, man ziehe sich aus, rede, trinke, das sei alles ganz locker. In Abgrenzung zu anderen Vereinen beschreibt Tim die Praxis seiner Mannschaft als moderat: *ein wenig* Musik, *ein wenig*

Bier, *ein wenig* reden, *ein wenig* Kontrast erzeugen zu einem normalen Trainingsabend. Aus der Außenperspektive ist das Normalisierende in Tims Beschreibung der Geburtstagsfeiern in der Umkleidekabine faszinierend. Er ist sehr präzise in seinen Beschreibungen, er scheint beim Beschreiben so ordentlich sein zu wollen, wie er auch in anderen Lebensbereichen erscheinen will, und zieht dabei die eigenen Trinkpraktiken ins ganz Normale, „Humane", „Gechillte", und vor allem auch: Kontrollierte. Hier wie an anderen Stellen ist der implizite negative Horizont ein Außer-Kontrolle-Geraten des eigenen Körpers, der Mimik, der Gestik, des Stehvermögens. In der Betonung, dass alles hier so nebenher laufe, wird dem Alkohol keine herausgehobene Rolle zugestanden – dennoch kommt die Herstellung einer kleinen außeralltäglichen Feier sehr gut zum Ausdruck.

Ähnlich wie Tim und seine Fußballfreunde das Fußballtraining als institutionelles Setting nutzen, um eigene Rituale einzuführen, so Artur das institutionalisierte Setting „Musikfestival": In schöner Regelhaftigkeit gehen Artur und seine Freunden auf die jährlich stattfindenden Musikfestivals zum Trinken – auch hier zeigt sich agency im (Um-)Nutzen des musikalischen Events bzw. im offensiven Nutzen des Festivals für ein über die Tage hinweg andauerndes Trinken auf hohem Konsumniveau:

> *I.1*: Kannst du mir zu den Open Airs vielleicht noch ein bisschen genauer was beschreiben?
> *A*: Ja ((stöhnt)) es es (1) wir gehen halt hin zelten dort, (1) jede Menge Alkohol immer dabei, (1) trinken sehr viel es gibt auch Open Airs da sind wir eigentlich nur auf dem Campingplatz (1) weil: uns die Musik gar nicht interessiert und ja, (1) viel Alkohol (1) alles//mhm// gute Laune, Livemusik.//mhm// Zelten halt campen,
> *I.1*: Was heißt drum und dran?
> *A*: Ja es ist ja schon einiges jetzt grillen alles halt.//mhm// So das Campingfeeling dann die Musik (1) ja. (1) Freunden also (1) Leuten wo man leiden kann. (1) Trinken Spaß haben. (3)
> *I.1*: Du musst mir das aber trotzdem noch ein bisschen (1) äh genauer umschreiben weil ich ich war noch nie auf so was ich kann mir so was gar nicht vorstellen ich brauch da ich musst ei- musst einfach noch ein bisschen (1) (....) (1)
> *A*: @(1)@ Sind halt so Sachen wo @man@ erleben @muss wo@
> *I.2*: @(2)@
> *A*: @(1)@ (2) Ist halt ja komisch @drüber zu reden.@
> *I.2*: Probier's mal. (1)
> *I.1*: Ist halt ja ((stöhnt)) kommen halt immer (1) relativ früh an, schon, es ist ja normal ein Festival geht so zwei Tage (1) und, dann äh ist am Tag davor auch immer Warm-up-Party und das ist eigentlich so der krasseste Tag vom ganzen Festival weil da sind eigentlich alle da bauen ihre Zelte auf, (1) und da chillen dann halt nur auf dem Campingplatz und (1) da wird halt so ziemlich am meisten gesoffen und das heißt dass das dann auch eventuell auch (1) für den (Folge)tag noch mitreichen kann. @(1)@ (1) @ Vom Alkohol her.@ Ja das ist (1) dann so eigentlich die krasseste Nacht dann, (1) und dann halt am nächsten Tag aufstehen, (1) Frühstück machen, Grillen oder so je nach

5.7 Darstellen von Handlungsfähigkeit (Barbara Stauber)

> dem wie man aufsteht. (1) Ab- Konterbier trinken (1) aufs Festivalgelände gehen bisschen Musik anhören, (1) halt das was man anhören will, dann geht man wieder auf den Campingplatz was Abendessen noch.//mhm// (1)
> *I.1*: Und seit wann macht ihr so was? [...]
> *A*: Sind jetzt auch fünf sechs Jahre.//mhm//. (Artur, P2, 99–136)

Artur beschreibt hier, wie sie auf dem nun schon zum sechsten Mal besuchten Festival campen, mit sehr vielen Getränken, einem sehr hohen Level des Alkoholkonsums; und oft sei ihnen die Musik auch egal, da würden sie nur auf dem Zeltplatz bleiben, trinken, rumhängen und sehr viel Spaß dabei haben. Das Trinken ist für ihn hier eingebettet in das, was für ihn dieses Event ausmacht: das Grillen, die Camping-Atmosphäre, das Zelten mit Leuten, die man mag, und die Musik. Auf nochmalige Präzisierungswünsche der Interviewer sagt Artur lachend, das könne man schlecht beschreiben, das müsse man miterlebt haben und es sei seltsam für ihn, das in Worte zu fassen. Er versucht dann aber doch den genauen Ablauf eines solchen Festivalwochenendes zu schildern. Hierbei kommt eine selbstgestaltete regelhafte Choreographie zum Ausdruck: Sie würden zu so einem zumeist zweitägigen Event immer frühzeitig anreisen, um den Vortag mitzunehmen, an dem in der Regel das Aufwärmen stattfinde – dem im Hinblick auf das Trinken extremsten Tag. Denn da würden sich alle „installieren", würden auf dem Platz rumhängen und da würde so viel getrunken, dass diese Alkoholmenge sogar für den nächsten Tag ausreiche. Die folgende Nacht sei entsprechend immer auch die extremste. Den nächsten Tag würden sie mit Frühstück beginnen, oder, abhängig vom Zeitpunkt des Aufstehens, gleich wieder grillen. Und dann würden sie „Konterbier" trinken, zur Musik rüber gehen, nach Laune ein bisschen den Bands zuhören und dann wieder auf den Zeltplatz zum Abendessen zurückkehren.

Artur nutzt mit seinen Freunden die Gelegenheit der Festivals geplant für einen inzwischen ritualisierten Ablauf mit hohem Alkoholkonsum. Dass er dies als eine Umwidmung und aktive Aneignung erlebt, zeigt sich an den Äußerungen, die sich mit der Annahme beschäftigen, dass bei einem Festivalbesuch doch eigentlich die Musik im Vordergrund stehe: „Eigentlich sind wir nur auf dem Campingplatz."

Während sich Artur und Tim solche institutionalisierten Settings zu Trinkgelegenheiten machen, gibt es auch Beispiele von völlig informellen, eigeninitiierten Settings. So etwa bei Kay, der sich in einem Sommer wieder dem Bierkonsum annähert und dabei – eher beiläufig – erzählt, wie er diese Situation hergestellt hat:

> dann ist einmal habe ich meine Kameraden schon in der Schule geschrieben damit bei mir die Schule ausfällt vor allem im Sommer wenn da immer schön Wetter war, (1) dann sind wir halt mal zu mir auf die Terrasse gesessen, und da habe ich wieder angefangen zum Bier trinken, (1) ja ersten paar mal war es nicht so gut aber (1) der Schnaps äh (1) habe ich halt auch nicht immer trinken wollen, weiß ich auch nicht (1) auf eine Art hat mich das Bier wieder angemacht aber ich habe es halt nicht gemocht

> (1) und tr- habe ich halt Colaweizen und so getrunken das ist dann einigermaßen gegangen,//mhm// am Anfang schwächer jetzt wieder deutlich stärker,//mhm// jetzt mag ich es auch wieder deutlich besser, (1) also sind wir bei mir auf die Terrasse gesessen haben schon (1) um drei in der Sonne (1) ein paar Bier getrunken und dann haben wir (1) auch teilweise schon bevor wir was getrunken haben (1) haben wir auch mal im Garten so gegeneinander geboxt (1) ich habe zwei Pärle Boxhandschuhe dabei daheim//mhm// haben wir so gegeneinander ein bisschen da (1) nebenher ein paar Bier getrunken und ja. (1) (Kay, P2, 556–568)

Kay beschreibt die Hinwendung zum Bier anhand eines Ereignisses, an dem der Nachmittagsunterricht der Berufsschule ausgefallen ist und er bereits frühzeitig, noch während des Schulunterrichts, seine Freunde darüber informiert hat, sich nachmittags bei ihm auf der Terrasse zu treffen. So entstand ein informell verabredetes Trinksetting, bei dem sie sich bereits am frühen Nachmittag bei schönem Sommerwetter („um drei in der Sonne") trafen, sich im Garten beim Boxen austobten und nebenher Bier konsumierten. Mit der Gestaltung des Settings verbunden ist auch eine Form der Vergewisserung von Anerkennung: Es reicht ja nicht, dass Kay nur ruft – die Freunde müssen dem Ruf auch folgen.

In einer eher passiven Variante findet sich das Herstellen informeller Settings in der Praxis von Dimitra und ihrer Gruppe, sich an die Bushaltestelle zu setzen und zu trinken. Auch wenn diese Praxis der Vergangenheit anzugehören scheint – die Äußerungen sind hier nicht ganz eindeutig –, so ist dies eine weitere Spielart der informellen sozialräumlichen Herstellung von Trink-Setttings. Dies konnte auch darauf hinauslaufen, dass niemand kam und sie dort alleine blieb:

> Ich hab' schon mal alleine getrunken, sicherlich alleine getrunken. (1) Also hat mir ab und zu schon mal, also wenn, ich bin halt, hab' 'n Bier gekauft oder 2, (2) dann saß ich an meiner Lieblingsstelle [=Bushaltestelle, BS] und hab' getrunken. (2) Also das macht mir, hat mir wirklich nichts ausgemacht,//mhm// wenn jetzt alle da sind oder wenn ich alleine trinke, hat's mir, hab' getrunken, hab' ich, ich hab' getrunken, wann ich wollte und nicht, wann die anderen wollten. (3) Ich saß zwar immer dabei, aber// mhm// (1) ja. (2) Ich weiß gar nicht wie (3) also man lernt halt neue Leute kennen und so.//mhm// Genau weiß ich nicht, wie man jetzt, wo ich die jetzt alle kennen gelernt habe. (2) Weiß ich gar nicht, echt nicht. (1) Ja. (Dimitra, P2, 949–975)

Diesem Schaffen von Settings kann eine besondere Bedeutung im Kontext der aktiven Gestaltung von Trinkpraktiken zugeschrieben werden, kommt in ihm doch sehr deutlich das Moment des Herstellens zum Ausdruck. Die Art und Weise, wie dieses Herstellen funktioniert, variiert zwischen stärker institutionalisierten Rahmungen, die Jugendliche dazu nutzen, ihre eigenen Rituale unterzubringen, und sehr informellen Formen, die in die Alltagspraxen der Jugendlichen übergehen.

5.7.3 Neupositionierung und Gewinnen einer Akteur_innenrolle

Es klang bereits ein Kompetenzerwerb an, der sich darauf bezieht, mit den normativen Erwartungen der Gruppe selbstbewusster umgehen zu können. So finden sich im Hinblick auf den eigenen Konsum wie auch den Konsum von Peers normativ gehaltvolle Reflexionen über sozialen Druck und schwierige Situationen. Alexandra, Raffi und Jana positionieren sich beispielsweise als dem situativen Druck zum Mitmachen widerstehend, was noch nichts über ihre tatsächlichen Konsummengen aussagt. Die Spanne der Orientierungen reicht hier vom Abstandnehmen zu den bis zu einem bestimmten Zeitpunkt akzeptierten Gruppennormen bis hin zur völligen Abkehr von der Gruppe. Prototypisch hierfür stehen die Praktiken und Erfahrungen, die im Interview mit Jana berichtet werden: Jana rekonstruiert in ihrem Interview die Entwicklung von der Jüngsten, auf die die Älteren immer aufgepasst haben, zu einer starken Akteurin, die sich irgendwann – nachdem sie Zeugin einer Kontrollverlustsituation bei einer Freundin wurde – vom Alkoholkonsum und von der Gruppe abwendet.

> es war schon 'ne schöne Zeit, aber ähm (2) m- mit der Zeit, ich bin älter geworden und ich habe halt gemerkt, das ist nichts für mich.//mhm// Ich möchte das eigentlich gar nicht, ich möchte eigentlich ein anderes Leben führen (1) und ähm nichts mit Alkohol oder sonst irgendwas. Das//mhm//, ich hab' dann gemerkt, dass das ist kein guter Umgang für mich und ähm (1) ja, klar, ich habe schon schöne Zeiten gehabt, wir haben viel zusammen erlebt, das erste Mal Trinken, erste Mal Rauchen, das erste Mal vielleicht auch mal in 'n Club gehen.//mhm// Ähm sowas alles, aber (2) das wurd' mir dann irgendwann mal auch zu viel, irgendwann// mhm// wollte ich das nicht mehr. (Jana, P2, 65–73)

Das Neinsagen scheint sie als unglaublich befreiende Erfahrung zu erleben, was implizit den Gruppendruck reflektiert, unter dem sie bis dato gestanden hat:

> *I*: Und, also du hast ja gerade gesagt, du warst so richtig erleichtert. Ähm kannst du das noch so 'n bisschen erklären (1) oder beschreiben? Wieso erleichtert?
> *J*: (4) Ähm (3) einerseits ist es ja auch 'ne Gefahr, ne, wenn man mit Leuten rumhängt, die kiffen oder sowas. Wenn die Polizei kommt und dich erstmal bei erwischt und sieht, >>okay, deine Freunde kiffen<< dann heißt es natürlich gleich: >>Du kiffst auch<<.//mhm// Und ich hab' in der Zeit, wo ich halt immer mit dene rumgehangen bin, hab' ich gleichzeitig auch immer, immer Angst gehabt so wegen Polizei.//mhm// (1) So, okay, hoffentlich s- äh sieht uns keine Polizei, weil dann kriegt das meine Mutter mit//mhm// und dann bin ich wirklich, (2) @ dann hab' ich wirklich verkackt bei meiner Ma-//mhm// meiner Mutter. Und ähm (1) und dann, als ich dann den Kontakt abgebrochen habe, ich war so erleichtert, ich musste mich nicht mehr verstecken

> irgendwie, ich musste nicht mehr getrunken, äh ich musste keine Angst haben, dass mich jetzt irgendjemand sieht und irgendwie bei meiner Mutter petzt oder die Polizei mich irgendwie nach Hause bringt deswegen.//mhm// Oder irgendwie sowas.//mhm// Deswegen so.//mhm, okay, okay//. (Jana, P2, 1011–1036)

Formal positioniert sich Jana hier wie an anderen zentralen Stellen im Modus einer sortierten Argumentation (einerseits – andererseits). Diese starke Argumentationsförmigkeit unterstreicht einen Legitimationsbedarf: Es scheint, als müsse ihre Entscheidung, jetzt nicht mehr zu trinken, trotz der gleichzeitig zum Ausdruck gebrachten Erleichterung gut begründet werden. So zeigt die *Form* noch viel stärker als der *Inhalt* ihrer Aussagen die Spannung zwischen ihrem alten Leben an der Grenze der Legalität und ihrem neuen abstinenzorientierten Leben an, und mithin auch die (längst noch nicht abgeschlossene) Aktivität, mit dem sozialen Druck umgehen zu müssen. Gleichzeitig wird deutlich, dass Jana hierbei auf soziale Anerkennung für ihre Entscheidung angewiesen ist: So erfährt sie eine starke Bestätigung, als zwei weitere Freundinnen sich ebenfalls von der Gruppe abwenden und ihr anschließen:

> durch mich, dadurch, dass ich mich von dieser Gruppe ähm so, wie soll ich sagen, (1) äh getrennt habe,//mhm// ähm, das hat auch 2 andere Freundinnen von mir auch zum Denken gebracht.//okay// Und die haben dann auch (1) nach kurzer Zeit eigentlich schon, ähm, (1) begriffen, dass es nicht gut ist// mhm, mhm// äh dieses Alkohol. (Jana, P2, 107–111)

Dies steht hier zum einen als Indiz für eine starke Selbstwirksamkeitserfahrung, zum anderen könnte sich hierin auch dokumentieren, dass die Abwendung von der Gruppe für Jana durchaus riskant gewesen ist und nun erst durch die Solidarisierung der Freundinnen ihre Absicherung findet.

Nur minimal kontrastieren hierzu Passagen im Interview mit Olga, nach denen sie und ihre Freundin weiter und reifer sind und durch die ganzen Höhen und Tiefen der Gruppenprozesse nun einen ganz besonderen Akteurinnenstatus erworben haben:

> *O*: und dann bin ich von denen weg gegangen und sie von den anderen und ja. Jetzt haben wir halt unseren an- neuen Freundeskreis und so finden wir es auch besser.// mhm////mhm//
> *I*: (1) Was war denn oder kannst du dich da noch erinnern, der Grund, warum du dann wirklich von den anderen weg bist? Woher das, gab's da?
> *O*: (2) Ja ersten wegen den Drogen und (1) weil (2) die haben halt echt extrem viel Scheiße gebaut.//mhm// Also die bauen jetzt meistens noch Scheiße. Die prügeln sich jedes Mal (1) und das wollen wir halt alles nicht. Wieso auch? Ich mein, davon kriegst nur Anzeigen, irgendwann musst dann halt in Knast//mhm// und dann ist dein Leben auch kaputt. (1) Und die meisten sind schon im Knast gelandet,//mhm// sind immer

5.7 Darstellen von Handlungsfähigkeit (Barbara Stauber) 213

noch oder die meisten sind schon wieder draußen und machen trotzdem immer weiter (1) und das wollen wir halt alles nicht, weil wir sehen auch die lernen auch aus den ganzen Fehlern nicht und//mhm// (1) wir haben draus gelernt und die sollen halt ihr Ding machen und wir machen unser Ding.//mhm////mhm//
I: Kannst du vielleicht mal noch so 'n bisschen was dazu erzählen, zu so 'ner Situation wo du gerade gesagt hast, ihr habt draus gelernt und die haben nicht draus gelernt? Kannst du dich da an was erinnern, wo das deutlich wird?
O: (1) Oh, keine Ahnung.//@// @Nee, nicht wirklich@. (1) Also wir haben halt irgendwann mal, ich weiß jetzt nicht genau, wie es war, also irgendwann mal, wir haben halt versucht, auch mit denen zu reden,//mhm// wir haben gesagt >>Haja wollt ihr nicht euer Leben irgendwie langsam in Griff kriegen? Weil das Rauchen und der ganze Alkohol, das macht euch doch voll dumm und (1) ihr seid voll faul und ihr macht nichts<< und was weiß ich und dann haben die gesagt >>Haja, ihr seid jetzt nur, weil ihr nicht raucht, total dagegen. Ihr seid gegen uns<<, dann haben wir gesagt >>Nee, ihr könnt von uns aus das weiter machen, wenn's euch Spaß macht, bloß wir haben's halt eingesehen, dass es nichts bringt. Du bist faul, du willst nichts machen, du (1) okay, ist zwar echt cool, wenn du geraucht hast, aber es bringt doch nichts, ich meine, du musst doch auch irgendwie dein Geld verdienen und mit den Drogen kannst dein Geld auch nicht machen,//mhm// wenn man dich erwischt, dann sitzt' auch im Gefängnis<< und was weiß ich und dann haben die auch gesagt >>Ja, ist doch unser Problem<< und dann habe ich gesagt >>Ja, das ist euer Problem, deswegen machen wir jetzt unser Ding und ihr macht euer Ding.<< //mhm////mhm// Ja und jetzt ist halt auch so.//mhm////mhm//. (Olga, P2, 730–772)

Olga distanziert sich von den Peers und vermerkt, dass auch ihre Freundin sich von (unbestimmten) anderen distanziert habe; sie hätten nun ihre neue Gruppe – und das sei für sie beide besser so. Auf die Nachfrage, ob sie noch wisse, warum sie sich von den anderen distanziert habe, sucht Olga nachdenklich (mit langen Pausen) nach Gründen und zählt auf: zum einen wegen der Substanzen, zum anderen weil die Freunde unter Drogeneinfluss so viel Mist gemacht hätten und fortlaufend machten, einschließlich körperlicher Auseinandersetzungen. Die Freundin und sie seien sich einig darin, dies alles abzulehnen. Rhetorisch stellt sie sich selbst eine Frage, um weitere Gründe zu nennen: mit der Justiz in Konflikt kommen, Gefängnisstrafen bekommen, das eigene Leben zerstören. Es geht hier zentral um Fragen der wechselseitigen Anerkennung von (drogenaffinen oder eher drogendistanzierten) Lebensstilen, um Prozesse, in denen sie und ihre Freundin die Ablehnung aushalten mussten („Ihr seid gegen uns"). Die abschließende Coda („deswegen machen wir jetzt unser Ding und ihr macht euer Ding.<<//mhm////mhm// Ja und jetzt ist halt auch so") verdeutlicht die dezidierte Position der Freundinnen, die sich von einem möglichen sozialen Druck befreit haben: In Abgrenzung zu Stagnation und ausbleibenden Entwicklungsprozessen der Freunde hätten sie einen Lernprozess durchgemacht; und deshalb sei das gut so, dass sich die Wege trennten.

Eine ebenfalls sehr prozessorientierte Variante dieses Typus findet sich bei Anna, die durch selbstbestimmte Abwendung von der alten Gruppe und Hinwendung zu einer neuen in ihrem Selbstkonzept zur Akteurin geworden ist:

> *I*: (3) Ähm erzähl' mal so bisschen, wie das, wie das funktioniert hast, dass du dann neue Freunde gefunden hast?
> *A*: (2) Ähm ich hab' zwei Kindergartenfreundinnen von mir, die waren auch bei mir in der Para-Klasse auf der Realschule und die hatten so ihren eigenen Freundeskreis und dadurch, dass ich die von Kindergarten auf kenne, hab' ich mich da so 'n bisschen eingebaut//mhm// und mich auch wohl gefühlt. Also die waren dann wirklich vollkommen okay und nett und//mhm// (2) nicht so wie die alte Gruppe. (Anna, P2, 548–553).

Anna beschreibt hier, wie sie den Wechsel in die neue Gruppe geschafft hat – der Weg lief über alte Verbindungen (Kindergarten), aktualisiert dadurch, dass diese Freund_innen an ihrer Schule in der Parallelklasse waren. Sie argumentiert, wie die alten Verbindungen dafür gesorgt hätten, dass sie sich da „einbauen" konnte – was auf ein aktives Sich-ins-Spiel-Bringen hinweist. Die bewertende Beschreibung, wie wohl sie sich hier gleich gefühlt habe, wird argumentativ untermauert durch die Kontrastierung mit der alten Gruppe. Das heißt, hier wird mit der alten Gruppe deutlich ein Gegenhorizont zur Beschreibung der neueren Freunde aufgespannt. Die alte Clique wird mehr und mehr zu einer Art „Jugendsünde", der sie einstmals verfallen war, weil sie die Leute damals eben so cool fand und – dies ein Ergebnis der Interpretation einer anderen Stelle – weil sie damals offensichtlich keinen anderen Weg gesehen hat, sich anerkannt und integriert zu fühlen.

Als noch unabhängiger von der Meinung der anderen inszeniert sich Alexandra: Alexandra tritt als starke Akteurin auf, indem sie immer wieder ihre Abstinenz legitimiert und aushandelt (bzw. aushandeln muss). So beschreibt Alexandra diese ihre „Normalität" der aktiven Legitimierung von Abstinenz im Kontext der Netzwerkkartenarbeit:

> *I*: (3) Warum ist das gesplittet jetzt?
> *A*: Ähm (1) weil zum Teil, also ich hab' 8 Cousins und Cousinen//mhm// und 5 davon (1) ja 5 davon sind älter als ich//mhm// und ähm so mein, 2 Cousins davon, die sagen immer >>Ach komm', jetzt trink' doch mal was<< und und meine Cousine und ein anderer Cousin, die sagen immer >>Nein nein, das ist schon gut so, dass//mhm// du nichts trinkst<< //mhm// Also (1) manche wollen mich davon animieren und manche dann eher weniger.//mhm// Bei den Boxern ähm (2) also gibt's dann auch Teils Teils. Also//mhm// da gibt's Leute, die haben dann gemeint >>Ach komm', jetzt trink' doch 'n Schluck<< (1) und dann gibt's wieder Leute, die dann gemeint haben >>Nein, ich find' das cool, dass du nix trinkst<< //mhm// (3) Und ähm dann noch, also bei der Gruppe aus [Stadtteil3] ist das so, dass (1) dass so, in der Anfangsphase war das so, dass sie dann wollten, dass ich mehr trinke.//mhm// Ähm aber im Endeffekt (2) haben

5.7 Darstellen von Handlungsfähigkeit (Barbara Stauber) 215

> sie's dann auch irgendwann, also als man dann so (1) dreimal miteinander draußen war, war das dann irgendwann klar, dass ich nichts trinke,//mhm// und dann war das auch in Ordnung so.//mhm, mhm// Also war's so Anfangs eher (3) blau und dann (2) war's so, dass es so grün ist//mhm// eigentlich.//mhm// (4) Und in [Stadtteil1] war es eigentlich (2) da kann ich alle drei rein machen, weil dann immer noch da welche dabei sind, die immer noch sagen >>Ach komm', trink' doch was. (2) Kann doch nicht sein, dass du nix trinkst<<. Kommen auch immer die Fragen >>Wird dir das nicht langweilig? Was machst du dann eigentlich?<< //@// >>Und dann immer am Wochenende, du kannst doch nicht nichts trinken<<. Weil die wissen wirklich nichts dann so, halt was sie anderes machen sollen.//mhm, mhm// Das ist auch gleich bleibend. (1)//mhm// (3) Ähm, das auch. (2) Die ehemaligen Klassenkameraden, die hatten eigentlich gar keinen Einfluss dadrauf,//mhm// also (1) weiß nicht, die waren mir nicht so wichtig, sage ich mal, dass mir das, dass mich das in irgendwelchen Maßen @beeinflusst hätte@,//mhm// was sie zu mir sagen.//mhm// Also (1) aber sie haben eher dann immer gesagt >>Komm' trink' mal was<<.//okay// (3) Ja und das in der Klasse war das halt auch so gespalten, also (4) kann ich mal so, (1) @rot und grün@ machen.//mhm, mhm// (2) Meine Fußballmädels. Aber bei den ist das so, dass, bei den ist das klar, dass ich nichts trinke, die versuchen mich auch nicht, zu überreden. (Alexandra, P2, 1299–1329)

Alexandra nimmt in ihrer Arbeit an der Netzwerkkarte eine Unterscheidung vor zwischen den Leuten, die sie in Ruhe ihre Abstinenz leben lassen, und denen, die sie permanent zum Trinken zu überreden suchen, was für sie die Anstrengung des Sichbegründens und behauptens mit sich bringt.

Abschließend kann zu diesem Typus gesagt werden, dass er zwei Dimensionen unseres Themas verdeutlicht: Zum einen konturiert sich durch die verschiedentlich aufgezeigten Distanzierungen von den kollektiven (Trink-)Praktiken die eigene Akteursrolle sehr klar – diese findet in der Gruppenpraxis eine Folie für Abgrenzung bzw. eine Gelegenheitsstruktur, sich bewusst in ein selbstbestimmtes Verhältnis zu dieser Gruppenpraxis zu setzen. Und zum anderen wird in dieser Distanzierung diese Gruppenpraxis häufig erst explizit benannt. So gewinnen wir über die thematische Fokussierung auf die Akteursrolle auch Zugang zu kollektiven Orientierungen und Praktiken der Gruppe, die sonst tendenziell unbenannt bleiben. In den geschilderten Entwicklungs-, Befreiungs- und Emanzipationsprozessen dokumentiert sich wiederum eine sehr starke Akteursrolle – immerhin erzählen die Befragten von durchaus prekären Distanzierungen –, in der zumindest vorübergehend soziale Desintegration droht. Das Trinken wird zum Teil zum Anlass, diese Distanzierung zu vollziehen – an ihm scheint in manchen Fällen etwas klar zu werden (vgl. Kap. 5.8) –, und es wird sich mit einer Übergangsthematik auseinandergesetzt. Hierauf geht das folgende Unterkapitel ein.

5.7.4 Gestaltung und Bewältigung von biografischen Übergängen

Die von uns befragten Jugendlichen befinden sich in thematisch unterschiedlicher Hinsicht *im Übergang*: Die meisten sind gerade dabei, einen Übergang im Kontext von Bildungs- und Ausbildungskarrieren zu durchlaufen, manche haben institutionelle Übergänge im Jugendhilfekontext zu bewältigen, einige von ihnen stehen im Hinblick auf ihr Verhältnis zur Herkunftsfamilie in einer konkreten Übergangssituation, entweder was das Wohnen oder was die Ebene der Intergenerationenbeziehungen anbelangt[13], einige haben konkret mit dem Übergang in eine relevante Liebesbeziehung zu tun, und viele sind gerade im Kontext ihrer jugendkulturellen Einbindungen im Übergang. Diese verschiedenen Übergänge wollen zum einen *bewältigt und gestaltet* werden, wofür die Trinkpraktiken eine wichtige Funktion bekommen können, und werfen zum anderen eine Fülle von *Vereinbarkeitsfragen* auf, die sich fallbezogen unterschiedlich in den Übergängen stellen. Hierdurch wird agency geradezu provoziert, bzw. hierin genau zeigt sich Handlungsfähigkeit.

Wir gehen im Folgenden auf diese zwei hier aus rein darstellungstechnischen Gründen unterschiedenen Modi ein: zunächst auf die Orientierungsrahmen *Gestaltung (und damit auch Bewältigung) von Übergängen durch Trinkpraktiken* und dann auf die Handlungsfähigkeit, die im Orientierungsrahmen *Vereinbarung unterschiedlicher Übergangsthemen* und ihrer jeweiligen Anforderungen zum Ausdruck kommt.

Gestaltung und Bewältigung von biografischen Übergängen durch Trinkpraktiken
Übergangsfragen sind immer auch mit Verunsicherungen und tendenziell mit Freisetzung aus vertrauten sozialen Settings verbunden, Absicherungsstrategien liegen infolgedessen sehr nahe. Eine sehr klare Orientierung daran, dass (gemeinsamer) Alkoholkonsum als sicherer Weg angesehen wird, sich in einer neuen sozialen Umgebung schnell einzusozialisieren (und eine Grundausrichtung daran, sozial eingebettet zu sein bzw. sich sehr rasch in einem neuen Kontext wieder sozial einzubetten), findet sich bei Basti, der auf einen gelungenen Übergang ins Studium zurückschauen kann:

---

[13] Prozesse der Neugestaltung der Beziehung zu den Eltern, namentlich zur Mutter, für die eine veränderte Trinkpraktik stehen kann, werden im Folgenden explizit ausgeklammert, weil sie im Kap. 5.3 eingehend behandelt wurden.

5.7 Darstellen von Handlungsfähigkeit (Barbara Stauber) 217

I: (3) Und dann ging's Studium los, wie war das? Wie ging das, wie wie hat sich das so entwickelt?
B: Eigentlich ja gefällt mir. Also ähm (2) die beiden anderen, mit denen ich da zusammen wohne, wie gesagt, genau gleiche Studium auch. (1) Wir sind ein ziemlich großer Jahrgang für zumindest für die Verhältnisse dort, glaub' 400 Leute oder so//okay// oder 400, 420 sogar. (1) Ähm klar du hast volle Säle erstmal am Anfang, aber wir haben's echt cool gemacht. Wir hatten so 'ne (2) Orientierungsphase, wo du dann in Gruppen aufgeteilt wirst, ähm, von deinen Tutoren rumgeführt wirst.//mhm// Die bisschen kennen lernst und die anderen Leute dann in der Gruppe kennen lernst. Dann ähm Stadtralley, klar, geht's auch nur ums Saufen, aber @//@// (1) ähm offiziell Stadtralley und ähm (2) da Abends auch, das waren dann so 2, 3 Tage oder so war das.//mhm// Sind wir Abends auch mit denen weg gegangen. Ähm ich kannte die Stadt davor schon bisschen, weil wir einfach wie gesagt da uns 'ne Wohnung gesucht hatten//ja//, auch Abends zu dritt paar Mal unterwegs waren,//okay// aber gut, du lernst es dann nochmal neu kennen,//ja// weil die können dir sagen, wo du an welchen Tagen hingehen kannst//ja// und so. Und ähm dann gab's 'nen so 'n Hüttenwochenende, wo wir dann auch wieder pff da schon paar paar so (1) Vorträge kann man sagen gehört wurden, wo auch noch die paar höhere, also höhere Semester, die erzählen, wie's überhaupt so abläuft, dass du vom Studium an sich ein bisschen ein Bild bekommst. War ganz nett und da ähm die ganzen Erstsemestler waren halt dann dort zusammen und das, das war schon muss ich sagen, das war richtig gut. Ähm meine 2 Kumpels waren da dann auch gar nicht dabei, bin ich alleine hin. Ähm (1) die hatten da kein Bock drauf. Ich hab' gesagt, ist eigentlich das beste, was was gibt,// mhm// weil ähm (1) wo lernst die Leute besser kennen als beim Saufen,//@// sagen wir's mal @so blöd@.//@// Nee, @ähm@ (2) ja, war ist halt auch echt so. Also wir hatten da dann so 'ne Jugendherberge, wo nur wir waren, ich glaub' so 80 Leute oder so dann.//mhm// Und ähm (1) da lernst halt dann so mal in ersten Zügen die die anderen kennen. (1) Sind jetzt eigentlich auch so die, ich mein', ich hab' jetzt erst ein Semester studiert, aber sind jetzt eigentlich die, wo ich dann (1) den Kontakt//ja// ähm am (1) so zumindest mal jetzt hab'.//ja// Wo du dann auch deine Kontakte findest und ich glaub', das ist dann, breitet sich das dann einfach so von selber bisschen aus.// mhm// Ja. (Basti, P2, 966–998)

Es ist hochinteressant, wie Basti hier den Studienbeginn rekonstruiert – Hauptthema für ihn scheint zu sein: Wie kriege ich ganz schnell wieder festen Boden unter den Füßen? Wie kriege ich angesichts der anfänglichen Anonymität des Studiums schnell wieder einen sozialen Ankerpunkt? Die Beschreibung der Studiensituation (400 und mehr Studierende) steht für ein Anonymitätsproblem, das ihn sehr zu bewegen scheint und das deutlich wird, als er die Lösung desselben erzählt: Sie hätten volle Hörsäle, aber (und hier wird die Textsorte der Argumentation wichtig) er und seine beiden WG-Mitbewohner hätten das Semestereinführungsprogramm dazu genutzt, die neuen Studierenden kennen zu lernen. In diesem Kontext wird das Trinken zum Katalysator, ein Mechanismus, den er schon kennt, den er – im Unterschied zu seinen beiden WG-Mitbewohnern – verstanden hat, und nun auch wieder erfolgreich zum Einsatz bringt („ist eigentlich das beste, was was gibt,// mhm// weil ähm (1) wo lernst die Leute besser kennen als beim Saufen,//@// sagen wir's mal @so blöd@.//@// Nee, @ähm@ (2) ja, war ist halt auch echt so"). Für Basti ist völlig klar: Der Studienbeginn als Situation, die ein neues Sichzurechtfinden und ein aktives Herstellen von neuer Einbindung erfordert, bedarf eines mit Sicherheit wirksamen und verlässlichen Mediums. Das genau ist für ihn der Alkoholkonsum. Er ermöglicht es, in Kontakt zu kommen, sich anzunähern, etwas anzufangen, an das – wenn es gut läuft – angeknüpft werden kann. Und das genau habe bei ihm auch funktioniert: Das seien jetzt auch die Leute, mit denen er zu tun habe, und er sei zuversichtlich, dass sich dieses Kontaktnetz immer weiter ausbreite.

Auf der Suche nach *neuen* Passungen oder Anpassungen findet sich selbst in der Verlaufskurvendynamik[14], die bei Maria zu verzeichnen ist, ein Moment der (gelingenden) Intervention, die für die Orientierung an einer selbstbestimmten Gestaltung ihrer weiteren Entwicklung steht. Dabei entwirft Maria permanent Szenarien, die vor allem die Übergangsthemen des Wohnens und der Legalbewährung betreffen: Der reduzierte Substanzkonsum in Verbindung mit einer neuen Wohnung ist für sie die Verheißung auf einen neuen Start:

> ja, und jetzt, seit ich mit mein Freund, jetzt such' ich mit meinem Freund 'ne Wohnung. Wir machen ab und zu bisschen, geh' ich auch mal weg, er auch, was trinken, aber nicht mehr so extrem, dass ich sagen kann, dass ich mich nicht mehr unter Kontrolle habe, dass ich mich schlagen muss und so. Nein, das nicht mehr.//mhm// Das hat sich schon vieles geändert. Und jetzt suchen wir 'ne Wohnung und dann guck' ich, dass ich jetzt 'ne Ausbildung anfange oder mindestens ein Praktikum ein Jahr. Und das halt mein Leben dann//mhm// (1) ganz normal sich weiter, also weiter geht.// mhm// Ja.//mhm// ((beide kichern)) (2) Ja. Jetzt mal gucken.//mhm// Ja. @. (Maria, P2, 93–101)

In dieser Passage grenzt sich Maria mit einem zukunftsoptimistischen Entwurf, dass sich ihr Leben nun nachhaltig verändere, von ihrer bisherigen Lebensnormalität ab. In der Formulierung der aktuellen Praktiken „aber nicht mehr so extrem, dass ich sagen kann, dass ich mich nicht mehr unter Kontrolle habe, dass ich mich schlagen muss und so" kommt deutlich zum Ausdruck, dass sie an diesem Übergang arbeitet, dass sie diese Phase aber noch nicht hinter sich gelassen hat. Denn gleichzeitig enthält diese Aussage eine Unterstellung: Manche Dinge (Gewaltaus-

---

[14] Nach Fritz Schütze finden sich in biografischen Rekonstruktionen vier verschiedene Formen von Prozessstrukturen: Neben institutionellen Ablaufmustern, Wandlungsprozessen und biografischen Schemata sind dies Verlaufskurven, also lebensgeschichtliche Ereignisse und Zusammenhänge, die eine solche Macht und Dynamik entfalten, dass sich die Biografieträger_innen diesen gegenüber als ausgeliefert darstellen.

5.7 Darstellen von Handlungsfähigkeit (Barbara Stauber)

übung, Substanzkonsum) müssen extern kontrolliert werden, die habe ich selbst nicht im Griff. *Der Anspruch* ist aber der einer selbständigen Übergangsgestaltung in Richtung auf ein „normales Leben": „Und das halt mein Leben dann//mhm// (1) ganz normal sich weiter, also weiter geht." Hier stehen Übergangsbewältigung und Übergangsgestaltung wieder in einem engen Zusammenhang.

In dieser Linie ist auch Driss zu verstehen, wenn er seinen unter der Woche inzwischen gemäßigten Alkoholkonsum mit seinem neuen Ausbildungsplatz in Verbindung bringt.

I: (2) Seit wann bist du jetzt dort?
D: Ich bin jetzt so seit 3 Monaten da.//okay// (1) Man kriegt halt jetzt nicht so viel Geld, wie normal in 'ner normalen Ausbildung, ich mach' gerade Einzelhandel,// mhm// wird's ja auch nicht so viel geben, aber es geht, es reicht sozusagen, weißt du. (1) Das ist sozusagen muss, ist ein Muss, ja, du wirst immer, aber es macht auch mehr Spaß, wenn du was machst, und wenn du dann am Wochenende weggehst,//mhm// weißt du. Das ist z. B. sowas Positives, das macht mir Spaß. Du kannst dein, du gibst dein eigenes Geld aus, weißt du. Du machst halt so, du denkst dir, >>Ja, ich hab' dafür gearbeitet<< sozusagen, weißt du,//ja// es fühlt sich gut an. So macht's auch Spaß. Da macht's Spaß zu trinken, da freust du dich, >>Ah heute Abend kann ich trinken, heut Abend kann ich so<<. Aber nicht, wenn du den ganzen Tag chillst und dann denkst du >>Später, ah, Alk, und später das das das<<.//mhm// Das ist so dieses, das macht dich noch downer.//mhm// Weißt du schon dieses down, aber das macht dich//mhm// (2) ist halt scheiße.
I: So war das davor?
D: So war das davor, ja.//mhm// Das ist halt, morgens aufstehen, ich wusste schon wie der Tag war, weißt du.//mhm// Ich hab' mir gedacht, ich geh' raus, die Jungs rufen mich an, ich geh' in irgendeine Bude, weißt du, rauch' da, zock' weißt du, chill, und später geh' ich in eine @andere Wohnung@, weißt du, dann wird da geaklt und dann später vielleicht raus und dann wieder in diese, (2) in diese Bude sozusagen. Jeden Tag, wirklich jeden Tag. Meine Eltern sagen immer zu mir >>Was machst du? Was, weißt du bleib' zu Haus und so<<. Ich geh' raus, m ich hat's gar nicht interessiert dann. Ich wollte irgendwie, ich wollte immer dabei sein, obwohl ich wusste, es passiert nichts neues, weißt du.//mhm// Dieses, der Abend wird sowieso kein Highlight, wird sowieso 'n Flop, alle werden irgendwann mal einschlafen, der eine geht nach Hause, auf einmal bist du allein da, weißt du. Sowas in der Art. Aber du willst irgendwie selber dabei sein. Weißt du. (2) Aber jetzt mit der Zeit ist es zum Glück (2) unter gegangen, auf jeden Fall. (Driss, P2, 631–652)

Driss argumentiert hier, dass vor dem Hintergrund der neuen Ausbildung nun das Weggehen viel mehr Freude mache. Es sei richtig befriedigend, das selbstverdiente Geld im Bewusstsein auszugeben, dass das der Lohn für die eigene Arbeit ist. Er markiert hier einen deutlichen Unterschied zu den früheren Tagen, die aus Rumhängen bestanden und an denen der Gedanke, abends weiter zu trinken, das ganze Leben noch deprimierender machte. Driss entwickelt hier als Gegenhorizont zu den heutigen die früheren Trinkpraktiken, die durch den veränderten übergangsbiografischen Kontext völlig neu bewertet werden: In einem Kontext von dauerhaftem Abhängen und Chillen habe das Trinken seinen Reiz verloren, nun aber – nach getaner Arbeit – mache es so richtig Spaß. Es ist bemerkenswert, wie sehr er hierbei positive Gefühle zum Ausdruck bringt. Mit dem Gegenhorizont findet eine klare Markierung einer vergangenen Lebensphase statt und damit eine Übergangsbewältigung.

Stand der Alkoholkonsum in den Interviews der ersten Phase noch für die Latenz von Übergängen, für die Aufgabe der Gestaltung und Strukturierung eines unstrukturierten Freizeitraumes, so wird er hier deutlicher in seiner Funktion, normative Übergänge zu markieren. Die Befragten machen ihn insofern zum Gradmesser für die Bewältigung von Übergängen, als sie mit dem Sichabwenden von exzessivem jugendkulturell geprägten Konsum den Beginn einer neuen Lebensphase mit einer reiferen Haltung markieren.

Vereinbarung unterschiedlicher Übergangsthemen durch Anpassung der Trinkpraktiken
Bei einigen der Befragten (Alesio, Driss, Dimitra, Jana, Olga) geht es darum, die bisherige Trinkpraxis an neue Anforderungen aus anderen Übergangsbereichen, namentlich der Bildungs- und Ausbildungsinstitutionen, anzupassen. Es geht hier also um ein Einsozialisieren in den und ein Vereinbaren mit dem Ernst der Ausbildungssituation: situatives Reduzieren des Konsums in Verbindung damit, sich sehr bewusst dafür zu entscheiden, dass und wie die Balancen zwischen peerbezogenem und schulischem bzw. ausbildungsbezogenem Engagement zu halten sind. Dieses *Balancieren*, dieses Vereinbarkeitshandeln ist hier die zum Ausdruck kommende agency.

Andere Vereinbarkeitsthematiken tauchen mit den ersten relevanten Liebesbeziehungen auf, so etwa bei Oskar:

I.1: Wie kam das, dass du da gar nix getrunken hast?
O: (2) Ich hab' meiner Freundin also dieser Freundin habe ich mal versprochen, dass ich nicht mehr trinkt', nix mehr trink'.//Int.1: okay// Da hat sie gesagt >>Du kannst schon was trinken, aber nicht viel<<. Hab' ich gesagt >>ja okay >>.//Int.2: mhm//
I.2: (2) Das hast ihr versprochen? Schon//O: ja// länger her, oder?
O: Mh, da wo ich sie kennen gelernt hab'.//Int.2: okay//
I.1: Wie kam das dazu, dass du ihr das versprochen hast?
O: Weil (1) wo ich mit der zus- am Anfang, wo ich mit der zusammen war, äh, (2) hab' ich, war ich oft bei Kumpels und wir haben halt irgendwie früher halt immer was getrunken. Dann war ich halt @besoffen@. (2) Und sie mag das voll nicht, wenn ich z. B. besoffen bin.//Int.1: mhm// (5) Sagt sie so >>Schatz, du stinkst nach Alkohol, geh' schlafen<<.//Int.1: @(2)@// @ (5) Ja und dann hab' ich halt gesagt, >>ja okay, ich trink' nix mehr<< Am Anfang wollt' ich irgendwie was trinken, hab' ich gesagt,

5.7 Darstellen von Handlungsfähigkeit (Barbara Stauber)

mh, dann ist sie wieder sauer, dann trink' ich halt bisschen. (3) Und jetzt hab' ich gar kein Problem. Jetzt kann ich (2) auch wenn hier 20 Leute stehen und saufen, es gibt kostenlos was zum Trinken, (1) würde ich auch nei- nein sagen. Ist eigentlich jetzt gar kein Problem für mich.//Int.2: mhm// Früher >>Hey willst was saufen?<< >>Ja klar<<. Jetzt >>Mh (2) mal schauen<<.//Int.1+2: mhm// (2) Erst gucken, ob ich Arbeiten muss am nächsten Tag//Int.1: mhm//, dann ob ich was mit meiner Freundin mach', äh, (2) dann wenn meine Freundin nix dagegen hat, (3) tja, dann trink' ich halt paar Flaschen Bier. (Oskar, P2, 1040–1060)

Durch die Freundin scheint Oskar seinen Alkoholkonsum verändert zu haben, auch wenn sie dies nicht offensiv einzufordern scheint. So wie Oskar die Positionierung seiner Freundin bezüglich seines Konsums beschreibt, bezieht sich diese nicht nur auf sein Verhalten in betrunkenem Zustand, sondern auf etwas Intimeres: den Geruch und die Zurückweisung: Sie schickt ihn schlafen, wenn er getrunken hat, und dokumentiert somit, nichts mehr mit ihm anfangen zu können. Oskar scheint aber eine Vereinbarkeitspraxis entwickelt zu haben: Solange sie anwesend ist, beschreibt er sich als völlig immun gegenüber den Verlockungen des Alkohols; weder die Gruppendynamik noch kostenlose Möglichkeiten sich zu berauschen, könnten ihn in dieser Situation verführen. Wenn er aber ohne sie ausgeht, trinkt er durchaus mit seinen Freunden. In Anwesenheit der Freundin Alkohol zu konsumieren, scheint einen Widerspruch darzustellen, den er so auflöst. Diese Praxis ähnelt ein stückweit der Marias, die auch ihrem Freund zuliebe mit den Freunden und ihren Konsumpraktiken bricht. Oskar allerdings will beides und versucht, dies durch Kompromisse auszubalancieren. In einer Nebenbemerkung fädelt er noch ein weiteres Vereinbarkeitsthema ein: die Anforderungen durch den Job („Erst gucken, ob ich Arbeiten muss am nächsten Tag//Int.1: mhm//, dann ob ich was mit meiner Freundin mach', äh, (2) dann wenn meine Freundin nix dagegen hat").

Das Vereinbaren der Anforderungen des Jobs bzw. der aufkommenden Relevanz von Liebespartner_innen mit einem fortgesetzten Eingebundensein in die trinkende Peergroup scheint ein situatives Reduzieren des Konsums hervorzubringen. Oskar ist ein gutes Beispiel für die Vereinbarkeit zweier Welten: der Welt der Zweierbeziehung und der Welt der Peers mit ihren jeweiligen Regeln.

Hier kann auch noch einmal auf Tim verwiesen werden – in der oben bereits analysierten Stelle, die zum Ausdruck bringt: Tim will mit seinen Leuten trinken, auch auf hohem Niveau. Er tariert aber ganz genau die Situationen aus, in denen es darauf ankommt, einen guten Eindruck zu hinterlassen: Situationen mit potentiellen Liebespartnerinnen, Situationen mit sonstigen „relevanten anderen", mit denen er sich im Sinne der Anhäufung von sozialem Kapital (Bourdieu 1983) gutstellen will.

5.7.5 Fazit

Die Inszenierung einer Akteur_innenrolle wurde in unterschiedlichen Typen deutlich:
Erstens als Akteur_innenrolle in den Trinksituationen selbst, als ‚Darstellung von Souveränität in der Trinksituation', zu dem auch Praktiken gehören, sich aktiv Trinksituationen zu entziehen, sowie die Praxis der ‚heroischen Intervention'. In Erzählungen zu den Lehren, die aus „übertriebenem" Trinken gezogen werden, und/oder zum Standhalten gegenüber dem sozialen Druck der Gruppe wird eine Akteur_innenrolle etabliert. Hier ist der Fokus auf die ‚Praxis des Erzählens' gerichtet – von den im Interview stattgefundenen Reflexionsprozessen kann nicht unmittelbar auf eine veränderte Praxis geschlossen werden, auch wenn in den analysierten Passagen Anhaltspunkte hierfür zu finden sind.

Zweitens als Akteur_innenrolle in der proaktiven Herstellung von solchen Trinksituationen, in der das jeweilige Setting von der befragten Person (durchaus auch koproduktiv mit anderen) geschaffen oder verändert wird. Innerhalb dieses Typus konnten Variationen zwischen einem Umwidmen stärker institutionalisierter Settings (wie etwa eines Festivals oder des Fußballtrainings) und dem Schaffen hochgradig informeller Settings gefunden werden.

Drittens als Akteur_innenrolle im Typus „Neupositionierungen" und seinen Variationen in Entwicklungs- und Emanzipationsprozessen sowie, hiermit verbunden, in deutlichen Authentizitätsausweisen. Hier finden die Befragten in der Gruppenpraxis eine Folie für Abgrenzung bzw. eine Gelegenheitsstruktur, sich dezidiert in ein selbstbestimmtes Verhältnis zu dieser Gruppenpraxis zu setzen.

Viertens wird der Akteur_innenstatus in der Handlungsfähigkeit deutlich, die sich im Bewältigen und Gestalten durch Trinkpraktiken und im Verändern oder situativen Anpassen der Trinkpraktiken zeigt, um damit die Vereinbarkeit mit unterschiedlichen Anforderungen in biografischen Übergängen zu gewährleisten.

In diesen Typen wird durchgängig die Komposition von agency in den drei Zeitdimensionen deutlich, die Emirbayer und Mische (1998) betonen: im Vergangenheitsbezug (zumeist als Abgrenzung von derselben), im Gegenwartsbezug (zum Beispiel in der aktuellen Vereinbarkeitsanforderung) und im Zukunftsbezug (z. B. im Selbstentwurf, in der Projektion auf ein künftiges Leben). Gleichzeitig zeigt sich hier der Strukturbezug von agency: So werden die institutionellen Übergänge von der Schule oder von Phasen der Arbeitslosigkeit in eine Ausbildung, von unterschiedlich genutzten Zwischenzeiten nach dem Abitur ins Studium etc. zu Anlässen, Handlungsfähigkeit zu zeigen und neben anderem das Trinken für die Gestaltung, Absicherung und Entlastung dieser Übergänge zu nutzen. Strukturbezogene Ermöglichungen der Bewältigung von Übergängen finden sich auch dort, wo Institutionen, wie der Fußballverein oder aber jährlich wiederkehrende

5.7 Darstellen von Handlungsfähigkeit (Barbara Stauber)

Events wie die Fasnet oder Musikfestivals, Freizeit strukturieren und Ankerpunkte oder Horizontlinien für agency bereitstellen. So fungieren die Festivals für Artur als Halte- oder Ankerpunkte über einen sechsjährigen Zeitraum hinweg, der auch die gesamte schwierige Zeit seines Heimaufenthalts umfasst. Diese Festivals, in die die oben genannten Trinkpraktiken eingebettet sind, geben seinem Leben bis heute Struktur (jeden Sommer wieder ...) und haben eine wichtige Bedeutung im Bewältigen von Übergängen, wie etwa den Übergängen in die und aus der stationären Jugendhilfe, bekommen. Ähnlich scheint die Fasnet eine strukturgebende, durch die Jugendzeit führende Institution für manche Jugendliche im ländlichen Raum zu sein.

Im Rückblick auf Vergangenes werden unterschiedliche Bewältigungsgeschichten erzählt, in denen Biografizität, also der Erwerb von Kompetenzen, die Wechselfälle des Lebens produktiv in die eigene Biografie zu integrieren (Alheit und Dausien 2000; Alheit 2000), zur Leitfigur wird. Das „Ich hab was gelernt!" im Hinblick auf den Umgang mit hohem Alkoholkonsum (wie etwa bei Alina und Driss) kann hier womöglich stellvertretend für umfassende Lern- und Gestaltungsprozesse gelesen werden.

Das in mitunter komplizierten Interaktionen in den Peerkontexten erworbene Standing, der bewusste Gruppenwechsel mit im neuen Gruppenkontext wieder entdecktem Selbstwertgefühl (Anna), die erfolgreiche Distanzierung (Jana) bei gleichzeitiger Solidarität durch zwei Freundinnen, die gegenseitige Bestärkung in Freundschaftsnetzwerken und engen Zweierfreundschaften (Olga und ihre Freundin, Marlen und ihr bester Freund) sind Zeugnisse einer Handlungsfähigkeit, die u. a. durch (den Wechsel von) Trinkpraktiken erst ermöglicht wurde. So finden sich in den Interviews viele Zeugnisse von individuellen wie auch sozialen Bildungsprozessen, von Kompetenzerwerb im Hinblick auf sich selbst wie auch auf soziale Interaktionen in der Gruppe, gerade auch im Kontext von Gender-Interaktionen (Marlen).

In diesen Kontext aktiver Übergangsbewältigung gehört, sich als eine Person darzustellen, die ihre *Grunderfahrungen* gemacht hat – und hiermit einen deutlichen Kontrast aufzubauen zu all denen, die anders sozialisiert sind. Dies hat also zwei Aspekte: *zum einen* die Betonung von Reife, Kompetenz und Lebenserfahrung, *zum anderen* die Konstruktion von zwei Welten, die unmittelbar einherzugehen scheint mit der Abgrenzung von den anderen – als Zugehörigkeitsbeschreibung zur reiferen Gruppe, und damit als Abgrenzung von den anderen. So scheinen in diese Gestaltungsformen, in diese Betonungen *Praktiken der Distanzierung* eingelagert zu sein, mit denen sich die Einzelnen zu individuellen Akteur_innen in einem selbstgestalteten Verhältnis zur Gruppe machen.

Durchgängig wird deutlich: Die Gestaltung von Übergängen braucht starke Akteur_innen – und entsprechend inszenieren sich die Befragten auch als *besonders* oder *anders*; anders als der Mainstream, anders als die Mehrheit, anders als die unreifen Konsument_innen, anders als der Rest der Gruppe. Diese *Selbstinszenierung als „andere"* kann mithin als ein weiterer Typus des Gestaltens gelesen werden. Gleichzeitig hat dieser Mechanismus der Subjektivierung auch immer die Schlagseite *zugemuteter Selbstverantwortlichkeit*. Hier sind wir im Fokus der Individualisierung, wo strukturelle – oder lebenslagentypische – Übergangsthemen als individuell zu bewältigende Aufgaben formuliert und angegangen werden.

5.8 Konstruktion von biografischen Wendepunkten (John Litau)

Durch das longitudinale und biografische Design der Studie wird rekonstruierbar, wie Jugendliche ihre Erfahrungen im Umgang mit Alkohol als eine Entwicklungsgeschichte darstellen. Dabei treten fast zwangsläufig Darstellungen von Veränderungen und Anpassungen ihres Umgangs mit Alkohol zu Tage – Erzählungen, Beschreibungen und Reflexionen von erlebten Wendepunkten, welche in ihrer Konsequenz zu einer anderen oder neuen Konsumpraxis geführt haben. Solche Wendepunkte stehen offensichtlich stellvertretend für biografische Momente des Wandels und der Transformation von Personen im Hinblick auf ihren Alkoholkonsum. Sie markieren biografische Entwicklungslinien eines subjektiven Prozesses, der in Abgrenzung zu gemachten Erfahrungen zur Erklärung und Legitimierung des aktuellen Konsums und der damit zusammenhängenden Praktiken und Einstellungen vermittelt wird. Hier muss davon ausgegangen werden, dass diese Darstellungen bereits durch den neuen Erfahrungshorizont der Jugendlichen gefiltert sind, weshalb ein erlebter und berichteter Wendepunkt immer auch eine Inszenierung darstellt, also eine subjektive Rekonstruktion oder Erklärung der eigenen (Konsum-)Geschichte. Wendepunkte können gleichzeitig aber auch als zeitlich terminierte Erkenntnisprozesse verstanden werden, welche den aktuellen – veränderten oder angepassten – Konsummodi zugrunde liegen. Kennzeichnend ist auch, dass die Beschreibung einer solchen biografischen Entwicklungslinie typischerweise auf der Beschreibung eines *davor* und eines *danach* basiert, zwischen dem sich eine subjektiv so signifikante Veränderung im Umgang mit Alkohol vollzogen hat, dass solche subjektiven Wendepunkte offensichtlich für eine kohärente Darstellung der aktuellen Einstellungen und Praxis des Trinkens als Argumentationsgrundlage notwendig werden. Sie sind damit bis zu einem gewissen Grad Erklärungen der

5.8 Konstruktion von biografischen Wendepunkten (John Litau)

eigenen Person und an konkrete Handlungen gebunden, im Rahmen derer sich der Wendepunkt ereignet hat.

Besonders interessant für das zentrale Thema des Projekts ist dabei, dass in den Wendepunkten subjektive Deutungsmuster der Jugendlichen hervortreten, im Hinblick darauf *wie* (Orientierungsrahmen), *warum* (Orientierungsschema) und *wann* (longintudinale Perspektive) sich der Alkoholkonsum verändert hat. Der Wendepunkt führt subjektiv zu einer Neubewertung des Konsums und der damit verbundenen Einstellungen. Daher ist es auch weniger wichtig, ob nach dem Wendepunkt tatsächlich eine Veränderung oder Anpassung des Konsums stattgefunden hat. Viel wichtiger scheint es, dass damit ein relevanter Punkt in der Biografie markiert wird, auf den die Konsumveränderung subjektiv zurückgeführt wird.

Die vorliegende Analyse fokussiert primär die Typisierung solcher Wendepunkte. Die detaillierte Rekonstruktion der darin zum Ausdruck kommenden subjektiven Transformationen im Hinblick auf den Umgang mit Alkohol wird an anderer Stelle geleistet[15], wo dann auch die Frage beantwortet wird, wie Jugendliche den Umgang mit Alkohol erlernen.

Im Vordergrund der Analyse steht also die Frage, welche Bedeutung der Wendepunkt für den Umgang mit Alkohol hat bzw. welche Bedeutung dem damit zum Ausdruck kommenden subjektiven Wandel aus heutiger Sicht beigemessen wird. Es geht hier also weniger um die Rekonstruktion tatsächlicher Veränderungen als darum, wie Jugendliche retrospektiv auf Veränderungen ihres Konsums zurückblicken und versuchen darzustellen, wie sie diese Phasen erlebt haben, wie sie sich aktuell dazu positionieren, welche Konsequenzen sie explizit und implizit diesen Veränderungen zuschreiben und was sich darin jeweils im Hinblick auf ihre Orientierungen im Umgang mit Alkohol dokumentiert.

Im Folgenden werden zunächst Wendepunkte dargestellt, die Jugendliche symbolisch in Form von Chiffren oder Metaphern der Veränderung (wie etwa „dann hat es Klick gemacht") verbalisieren. Daraufhin werden Wendepunkte des Konsums beschrieben, die auf das Erschließen von neuen Horizonten und Relevanzen zurückgeführt werden können, typischerweise am Beispiel von Veränderungen in Beziehungen und Partnerschaften oder im Hinblick auf Ausbildung und Arbeit. Ebenso lassen sich Wendepunkte in der Positionierung zu alkoholbezogenen Grenzerfahrungen, anhand normativer Distanzierung von der (konsumierenden) Peergroup oder durch die Distanzierung der eigenen Konsumpraxis von problematischem Konsum bzw. Suchtverhalten nachzeichnen.

---

[15] Siehe Disseration von John Litau

5.8.1 Wendepunkte als Metaphern der Konsumveränderung

Eine exzessive jugendliche Alkoholkonsumpraxis, vor allem zu Beginn des Konsums, führt nicht selten zu einem Legitimations- und Vereinbarungsdruck vergangener und im Lauf der Zeit veränderter Konsumpraxis. Das Reden über die veränderte Konsumpraxis offenbart nicht selten wechselhafte Bewegungen von sich wandelnden Einstellungen, Routinen und Praktiken, welche eine kohärente Selbstdarstellung (in der Interviewsituation) gefährden. Manche Jugendlichen bedienen sich dabei einer verbalen Hilfskonstruktion, mit der sie die Konsumveränderung in Form einer Metapher ausformulieren. Dabei zeichnen sie Momente ihrer Biografie nach, in denen es „Ding" oder „Klick" gemacht hat. Diese Form der wendepunktartigen Verbalisierung von Veränderung markiert offenbar Momente der Selbsterkenntnis. Die Form ihrer codierten Verbalisierung ist zum einen ganz offensichtlich und bis zu einem gewissen Grand eine Hilfskonstruktion der verbalen Vermittlung von Veränderung, die – aus welchen Gründen auch immer – nicht besser oder eloquenter dargestellt werden können. Zum anderen – und das ist der entscheidende Punkt hier – ist es eine Form der Selbstinterpretation und -darstellung, die zeigen soll, dass man nicht hilflos den Dingen ausgesetzt ist, sondern Kontrolle über die eigene Entwicklung hat. Daher sind diese verbalisierten Wendepunkte gerade für die Rekonstruktion von Konsumverläufen besonders interessant und sollen im Folgenden im Hinblick auf die darin dokumentierten Orientierungen im Umgang mit Alkohol dargestellt werden.

Am Beispiel von Artur kann zunächst gezeigt werden, wie in Form eines inneren „Dings" eine einschneidende biografische Phase und ein darin verorteter Wendepunkt im Umgang mit Alkohol verbalisiert wird.

> *I*: Was waren das für Zeiten wenn du sagst da gab es Zeiten da bist du nicht so gut mit ihr [der Mutter, JL] klar gekommen?
> *A*: Ja da (1) haben sie mich weggeschickt. @(1)@
> *I*: Ja.
> *A*: Ins Heim.
> *I*: Ja?
> *A*: Ja ja. (1) Ja das war halt eine Zeit da (1) vor da habe ich relativ viel (1) Scheiße gebaut einige Anzeigen bekommen, (1) und ja (1) ***dann hat es aber bei mir sozusagen (1) Ding gemacht*** und da drauf hin haben sie mich weggeschickt. (1) Das da habe ich mich dann halt auch nicht wieder komplett gefangen sondern die ganze Scheiße ging halt gleich wieder los.
> *I*: Was heißt Scheiße ging wieder los?
> *A*: Alles. (1) Alkohol Schule eh nicht gemacht, (1) Schlägerein, (1)
> *I*: Du hast gesagt und dann hat es bei dir Ding gemacht und dann haben sie dich weggeschickt
> *A*: Ja

5.8 Konstruktion von biografischen Wendepunkten (John Litau)

I: Habe ich das richtig verstanden?
A: Ja (1) sie das (1) das haben sie nur nicht so mitgekriegt weil da war (1) so im Abstand drei Monaten noch so dazwischen.//mhm// Auch vier so was.
I: Was heißt Ding gemacht ich habe es noch nicht,
A: Ja dass ich es gerafft habe dass es so nicht mehr weitergehen kann//mhm// dass ich es reduzieren muss, (1) ((schnalzt)) gucken weniger (1) zu machen,
I: Was reduzieren und was weniger machen?
A: Sch- Schlägereien Alkohol reduzieren. (1) Weil es gab dann halt auch Tage wo ich unter der Woche gesoffen habe.//mhm// Stress vermeiden. (1) Dass man in der Schule halbwegs mitkommt.
I: Und du hast da gesagt du hast da ein paar Anzeigen bekommen auch?
A: Ja.
I: Möchtest du mir das noch ein bisschen genauer ähm beschreib- könnt- möchtest du da ein bisschen drüber reden was das für eine Zeit war in deinem Leben wie was da so abging?
A: Weiß nicht heut sage ich immer dumm. @(1)@//mhm// (1)
I: Und was hättest du damals gesagt? (1)
A: (Ich weiß nicht).
(…)
I: Du hast gesagt es hat Ding was heißt das dann für dich selbst, (1) als Konsequenz wenn du sagst es hat Ding gemacht,
A: Äh ich habe halt geguckt dass ich (1) mich zurückziehe also ich war in der Zeit eigentlich so gut wie immer daheim.//mhm// Weil ich einfach das Risiko auch nicht mehr eingehen wollte (1) habe in der Schule geguckt dass ich ein bisschen aufpasse und mitschreibe und so Zeug vor allem mal,//mhm// habe da halt ein bisschen meinen Arsch hochgekriegt und ja (1) Hausaufgaben und alles gemacht,//mhm//
I: Hat das funktioniert für dich?
A: Ja. (1) Deswegen hat es mich ja damals dann auch so angekotzt (1) weil ich habe gemerkt das funktioniert (1) ich brauche nur meine Zeit.//mhm// Aber ((stöhnt)) die haben es ja wir- nicht wirklich mitgekriegt,
I: Was hat dich so angekotzt?
A: Ja dass ich dann ins Heim gekommen bin obwohl es eigentlich (1) Ding gemacht hat.//mhm//
I: Und aber im Heim hat das Ding dann nicht angehalten?
A: Nö. (1)
(Artur, P2, 371–700)

Artur erzählt von einer Zeit, in der er „viel Scheiße gebaut" hat und „Anzeigen bekommen" hat, woraufhin seine Eltern ihn in ein Jugendheim „weggeschickt" haben. Noch kurz bevor er tatsächlich ins Heim musste, realisierte er, dass es so mit den ganzen „Schlägereien", Schulproblemen und dem intensiven Konsum, auch unter der Woche, „nicht mehr weiter gehen kann", er einerseits „Stress vermeiden" und sich andererseits mehr auf die Schule konzentrieren sollte. Dieses Erkenntnismoment bezeichnet er retrospektiv als „Ding", was eine akustische Assoziation beinhaltet und bspw. als empfundenes Wecksignal zu einem Neuanfang interpretiert werden kann. Entscheidend für Arturs Orientierung ist, dass sein „Ding" zu spät kommt, von den Eltern unerhört bleibt und er trotzdem ins Heim muss. Dadurch bleibt sein „Ding" und ein damit verbundener Wunsch nach Veränderung bzw. die Veränderung selbst obsolet, weil im Heim „die ganze Scheiße" genauso weiterging, er also in altbewährte Verhaltens- und Konsummuster verfiel. Das spricht dafür, dass es bei Artur nicht aufgrund eigener oder innerer Einsicht „Ding" machte, sondern eher als Reaktion auf Druck von außen. So überrascht es nicht, dass sein Wendepunkt im Umgang mit Alkohol eine erneute Kehrtwende erfährt, nachdem der Druck von außen nachlässt bzw. die gefürchtete Konsequenz, ins Heim zu kommen, unumkehrbar zur Realität geworden ist. Aus der aktuellen Perspektive distanziert sich Artur von seiner damaligen Praxis und bezeichnet sie als „dumm". In seinem geschilderten Wendepunkt dokumentiert sich die Enttäuschung darüber, von seinen Eltern weggeschickt worden zu sein, obwohl sich bei ihm bereits eine Veränderung und Erkenntnis über begangene Fehler abgezeichnet hat. Mit dieser Auslegung externalisiert er auch die Verantwortung für das Scheitern seiner Bemühungen. Hätte sein Umfeld sein „Ding" wahrgenommen, wäre er nicht wieder auf die schiefe Bahn geraten, so könnte die implizite Logik seiner Ausführungen interpretiert werden. Der Wendepunkt steht damit für eine gescheiterte Momentaufnahme seiner Erfahrungen mit Alkohol und ist kennzeichnend für seine aktuelle Orientierung an einer immer noch intensiven, wenn auch reduzierten, Konsumpraxis.

Ein minimaler Kontrast für einen Wendepunkt, der ebenfalls stark durch Druck von außen initiiert wird, gleichzeitig als eigene innere Erkenntnis dargestellt wird, findet sich bei Olga, nachdem sie „eine Nacht über" eine Diskussion mit der Mutter „geschlafen hat".

> *I*: Wenn du jetzt mal so zurück denkst, was denkst du, hat da 'ne Rolle gespielt oder wodurch kam das?
> *O*: Das wir uns wieder gut verstehen?//mhm// Weil ich halt, weil meine Mom halt gemerkt hat, dass ich auf mein Arsch gesessen bin,//mhm// ich habe mir 'ne Arbeit gesucht. (1) Früher, ich hatte schon mal 'ne Arbeit, aber ähm auf 400 € Basis//mhm// und da hatte ich dann auch kein Bock. Ich habe meiner Mom verheimlicht, ich habe sie angelogen, habe gesagt: >>Ja, ich muss heut' nicht arbeiten<<, dabei habe ich angerufen, habe gesagt >>Ja ich kann wegen den und den Gründen nicht kommen<< //mhm// und dann wurde ich halt auch gekündigt und dann hat meine Mom auch gemerkt. Dann hat sie gesagt, ja warum wurde ich gekündigt und was weiß ich. Dann habe ich ihr halt auch die Wahrheit gesagt, (1) weil ich kein Bock hatte und was weiß ich. Dann haben wir halt geredet, dann hat sie gesagt: >>Ja so kannst du aber auch nicht weiter machen.//mhm// Du brauchst Geld, du willst weggehen, du willst dir was kaufen<< und (1) was weiß ich und ähm ich wollt auch mein Spaß haben und wie will ich mein Leben überhaupt leben? Ich will irgendwann mal Auto haben, ich will 'ne eigene Wohnung haben. Wie will ich das alles machen ohne Geld? Und dann habe ich

5.8 Konstruktion von biografischen Wendepunkten (John Litau)

halt Nachts mal drüber geschlafen und dann habe ich zu meiner Mutter auch gesagt: >>Ja, du hast schon Recht, ich will eigentlich schon alles so in meinem Leben haben, was ich brauch' und (1) meine Freunde arbeiten auch//mhm// und ich weiß nicht, warum ich das nicht tue oder warum ich schwänz<< und was weiß ich und dann (1) habe ich gesagt: >>Okay, ich bemühe mich jetzt, ich schreibe 'ne Bewerbung dort und dort hin<< und dann habe ich jetzt auch 'ne Arbeit bekommen.//mhm// Und seit dem weiß meine Mom, dass ich es auch wirklich ernst meine.//mhm//. (Olga, P2, 326–349)

Olga erzählt von der Kommunikation mit ihrer Mutter, in deren Verlauf die beiden wieder enger zueinander gefunden haben. Ausschlaggebend war dabei Olgas eher unverantwortliche Haltung zur Schule und Arbeit. So hat sie die Schule ohne Abschluss verlassen (wie aus dem Gesamtkontext des Interviews bekannt ist) und auch ihre unqualifizierten Jobs auf 400-Euro-Basis durch Absentismus, Lügen und exzessives Freizeitverhalten, zu dem auch der regelmäßige Alkoholkonsum gehörte, verloren. Daraufhin konfrontiert die Mutter sie mit den möglichen Konsequenzen ihrer Einstellungen, ihrer Arbeitsmoral und ihren so gefährdeten Zukunftsplänen, einschließlich der kurzfristigen Konsumbedürfnisse. Es wird deutlich, dass die Mutter damit einen richtigen Nerv bei ihr trifft, denn Olga geht bei ihrer Erzählung fließend von der Aufzählung der Mutter in die eigene Auflistung von monetär bedingten Bedürfnissen über, übernimmt also in gewisser Weise die Perspektive. Für Olga resultiert das in einer Art Ultimatum im Hinblick auf ihre Zukunft, denn ihr wird offenbar so bewusst, dass sie wirklich mal ein „eigenes Auto", eine „eigene Wohnung" und eigenes Geld haben möchte. Den Wendepunkt markiert bei Olga genau dieser Erkenntnisprozess. Ihre Begründung dafür basiert darauf, das Gespräch über Nacht auf sich wirken gelassen und am nächsten Morgen erkannt zu haben, dass die Mutter „schon Recht" hatte. Die Konsequenz ihrer Wende ist nicht nur der Vorsatz, sich mehr zu bemühen, sondern auch eine konkrete Bewerbung, das Einmünden in ein Berufsleben und eine Neuregulierung ihrer Konsumpraxis.

Ähnlich wie bei Artur ist für Olgas Orientierung entscheidend, dass der Wendepunkt seinen Impuls aus dem äußeren Druck bekommt, der durch die Mutter erzeugt wird. Das zeigt sich sowohl in dem Anlass zur Veränderung als auch in Olgas Konsequenz, die Mutter davon zu überzeugen, dass sie es ernst meint mit ihrer Veränderung. Der entscheidende Unterschied zu der Arturs Orientierung ist, dass Olga die Veränderung als eine Erfolgsgeschichte präsentiert, welche eine tatsächliche Konsumveränderung nach sich zog. Beide interpretieren den Schritt zu Selbsterkenntnis und den Wunsch nach Änderung als inneren Prozess und verbalisieren ihn durch Metaphern wie „Ding" oder „eine Nacht drüber schlafen". Bei beiden sind die Wendepunkte ihrer Trinkkarriere jedoch Reaktionen auf äußeren Druck. Obwohl die Veränderung, zumindest längerfristig, nur bei Olga eintritt, explizieren und legitimieren beide am Beispiel des Wendepunktes ihre aktuelle Konsumpraxis und erklären daran auch, wie sich diese entwickelt hat. Diese Orientierung greift bis zu einem gewissen Grad ins nachstehende Kapitel aus, das sich ebenfalls auf veränderte Relevanzen bezieht. Im Vordergrund steht hier jedoch die Metapher, mit der das gemacht wird und was sie aussagt.

Die Konstruktion eines Wendepunktes bedeutet in diesem Zusammenhang, dass die Konsumveränderung sich an äußeren und inneren Parametern orientiert. Die erfolgreiche Bewältigung des Veränderungsdrucks wird einer Selbsterkenntnis zugeschrieben, während für das Scheitern bzw. die Nichtveränderung des Konsums äußere Faktoren verantwortlich gemacht werden.

Ein maximaler Kontrast lässt sich am Beispiel von Alesio veranschaulichen, der durch einen schulbezogenen Wendepunkt den Stellenwert des Alkoholkonsums in seinem Leben reflektiert.

> *I*: Vielleicht noch mal kurz zum Thema Schule, du hast gesagt du warst früher nicht gut in der Schule//nee// kannst du des noch mal n bisschen genauer erklären was, was da war//oje// oder was für ne Zeit des war
> *A*: Des war fünfte Klasse, wie alt war ich da (2) da wars ja glaub grad mit der Trennung von meinem Vater glaub (1) oder?//mmh// ja genau. Da war ich eigentlich nicht gut, fünfte Klasse, sechste wär ich fast sitzen geblieben, siebte war ich auch noch nicht gut, achte auch nicht, da wars, also da war ich richtig schlecht, war ne schwere Zeit halt//mmh// und dann ab der achten Klasse, achteinhalb, war so ne Lehrerin da, die hat mir dann geholfen immer und ja und da war ich gut (1)//mmh// ab da ja
> *I*: Und wie erklärst du dir das
> *A*: Oje, wie erklär ich des, ja mit dem Alter, dann hab ichs halt glaub auch selber gecheckt (1) ab dann ja
> *I*: Woher (…)
> *A*: Ja so vorher, hm, da hab ichs noch nicht kapiert glaub des Leben oder so, um was es geht//mmh// ja
> *I*: Jetzt könnt ich ja fragen um was es geht, um was es geht im Leben @
> *A*: @ Ja @(2)@ ja um was gehts im Leben, um Arbeit (1) Ziele (1) ja (1) Geld verdienen//mmh// um des halt
> *I*: Was hast denn du so für ne Vorstellung vom Leben (…)
> *A*: Ja, arbeiten gehn auf jeden Fall (1) aber Party auch machen, halt am Wochenende aber nur noch einmal, Freunde, Freundin und so (1) ja. (Alesio, P2, 261–282)

Für Alesio gab es eine Art Wendepunkt im Hinblick auf seine Schulbildung. Seine schlechten schulischen Leistungen haben sich verbessert, nachdem ihn eine neue Lehrerin dauerhaft unterstützt und nachdem er selbst einen reflexiven Wandlungsprozess vollzogen hatte, durch den er eine neue Form des eigenen Lebensverständnisses erlangte. Hier benennt er das Älterwerden als ausschlaggebenden Grund, weshalb er es „selber gecheckt" habe, um was es im Leben gehe und was zu seiner persönlichen Entwicklung geführt habe. Alesios Lebenskonzept basiert auf den Annahmen und Vorgaben einer „Normalbiografie", in der Erwerbsarbeit,

5.8 Konstruktion von biografischen Wendepunkten (John Litau)

das Verfolgen von Zielen und Besitz von Geld, entscheidende Leitlinien darstellen. Das Partymachen, und damit auch der Alkoholkonsum, gehörten zwar dazu, nur eben nicht mehr so oft, sondern nur noch am Wochenende. Diese Perspektive muss im Spiegel seiner bereits gemachten Erfahrungen mit den Verpflichtungen einer Ausbildung und ihrer Vereinbarung mit der Konsumpraxis gedeutet werden. Die Zeit vor seinem Wendepunkt und der Erkenntnis, worauf es wirklich im Leben ankommt, muss dagegen eine Zeit gewesen sein, in der er außer dem Schulkontext keine orientierungsleitenden Verpflichtungen empfunden hat. Alesios neue Leistungsorientierung in der Schule kann auch als stellvertretend für seinen Einsatz in der Ausbildung gedeutet werden und damit auch für eine Orientierungsveränderung im Umgang mit Alkohol, die sich daran angepasst hat.

Auch in Alesios Orientierung ist ein äußerer Druck rekonstruierbar, der ihn zu seinem Erkenntnisprozess und retrospektiv nun auch zum Wendepunkt seiner Konsumpraxis geführt hat. Diesen Druck stellt er aber im Vergleich zu Artur und Olga nur implizit dar. Auch ist Alesios Wendepunkt deutlich mehr eine subjektive Erfolgsgeschichte, weil er durch die Veränderung seiner Orientierung eine Konsumpraxis erlangt hat, mit der er zufrieden ist, die ihn im Hinblick auf sein Freizeitverhalten befriedigt und gleichzeitig seine normalbiografischen Anforderungen nicht gefährdet. In seinem Wendepunkt dokumentiert sich folglich auch mehr die Vereinbarung mit und weniger die Abgrenzung von Alkohol.

Zusammenfassend sollte deutlich geworden sein, wie Veränderungen des Konsums konstruiert werden können und die Aufmerksamkeit auf diese Momente der Veränderung lenken. Dabei sollte nachgezeichnet werden, wie dies anhand von signifikanten subjektiven Wenden oder in Form von Erweckungserlebnissen von Jugendlichen inszeniert wird und welche Relevanz sie solchen Wendepunkten in Bezug auf ihren Konsum zuschreiben. So beschreiben die Wendepunkte, wie Jugendliche den Umgang mit Alkohol anpassen und aneignen. Auffällig scheint dabei zunächst, dass Wendepunkte dann notwendig werden, wenn der Druck von außen auf Jugendliche zunimmt und eine Reaktion in Bezug auf ihren Konsum erfordert. In diesen Momentaufnahmen verdichtet sich möglicherweise etwas Unbewältigtes, bspw. wenn Bezug genommen wird auf Momente, in denen die Gefahr des Scheiterns vorprogrammiert und eine Änderung unausweichlich war. Wendepunkte zeigen damit zunächst einmal, dass man seinen Konsum selbst im Griff und eigenmächtig gesteuert hat. Die zentrale Orientierung ist die selbst entschiedene und vollzogene Anpassung oder Veränderung der Konsumpraxis auf Grund eines subjektiven Erkenntnisprozesses. Wie solche Wendepunkte im Einzelnen konstruiert und inszeniert werden und was sie für die Orientierungen sowie für Orientierungsveränderungen bedeuten, folgt auf den zweiten, komparativen Blick quer über das Material einer gewissen Logik, die in den folgenden Kapiteln erarbeitet wird. Die in diesem Zusammenhang erarbeiteten Wendepunkte sind nicht ganz so offensichtlich wie die hier gezeigten verbalisierten Metaphern der Konsumveränderung.

5.8.2 Erschließen neuer Horizonte und Relevanzen

Für die befragten Jugendlichen ist der Umgang mit Alkohol eingebettet in ihre Freizeitpraxis. Alkoholkonsum dient dabei auch als Strukturmerkmal der Organisation der freien Zeit, vor allem im Rahmen der Peergroup. Zu Beginn der Konsumpraxis – jedoch abhängig von der Intensität – kann der Konsum noch ziemlich vereinnahmend sein. Das heißt, der Konsum rahmt den Ablauf von Freizeit und bestimmt so, mit wem man sich trifft, wohin man geht, was man dort macht und entsprechend was, wie und wie viel getrunken wird. Mit zunehmender Trinkerfahrung verändert sich jedoch der Konsum. Die Veränderung ereignet sich aber nicht nur auf Grund der Zunahme an Trinkerfahrung, sondern kann auch dadurch beeinflusst sein, dass bestehende Orientierungen der Freizeit und Lebensgestaltung durch neue Horizonte und Relevanzen abgelöst werden, die bisher keine oder eine andere Rolle gespielt haben. Besonders neue Erfahrungen im Rahmen der Gestaltung von Liebesbeziehungen und Partnerschaft sowie (neue) Bewertungen und Herausforderungen im Bereich Schule und Ausbildung scheinen dabei hervorzustechen, wenn es darum geht, die Veränderung des Konsums zu erklären. Die Orientierungen, die an solchen Wendepunkten sichtbar werden, sowie die Veränderungen der Orientierungen sollen im Folgenden im Hinblick auf den Alkoholkonsum dargestellt werden.

Beziehung und Partnerschaft
Partnerschaftliche Beziehungen stellen wichtige Entwicklungserfahrungen im Jugendalter dar. Die Abstimmung gemeinsamer und individueller Zeit und Interessen, besondere Formen der Rücksichtnahme und die Durchsetzung eigener Prioritäten, (neue) Formen von Verpflichtung sowie zahlreiche weitere Aspekte, welche die Gestaltung von Partnerschaft kennzeichnen, können im Hinblick auf Alkohol auch zu Veränderungen des etablierten Konsums führen, der beispielsweise als Single oder in einer anderen Beziehung gepflegt wurde (vgl. Kap. 5.4). Neben kontinuierlichen Veränderungen des Konsums berichten Jugendliche auch von Momenten und Erfahrungen aus ihren Beziehungen, die explizit und ursächlich für bestimmte Konsumveränderungen markiert werden. Auf diese Momente und deren Bedeutung für den Konsum bzw. auf die dabei zugrunde liegenden Orientierungen und Orientierungsveränderungen soll im Folgenden der Blick gerichtet werden.

5.8 Konstruktion von biografischen Wendepunkten (John Litau)

Am Beispiel von Oskar lässt sich zeigen, wie die Beziehungsgestaltung den Alkoholkonsum und damit verbundene subjektive Relevanzen durch neue Horizonte und Relevanzen allmählich überlagern kann. Oskar präsentiert die Aushandlung in seiner Beziehung als Moment der Veränderung seines Konsums:

I.2: Wie kam das, dass du da gar nix getrunken hast?
O: (2) Ich hab' meiner Freundin also dieser Freundin habe ich mal versprochen, dass ich nicht mehr trinkt', nix mehr trink'.//Int.1: okay// Da hat sie gesagt >>Du kannst schon was trinken, aber nicht viel<<. Hab' ich gesagt >>ja okay >>.//Int.2: mhm//
I.2: (2) Das hast ihr versprochen? Schon//O: ja// länger her, oder?
O: Mh, da wo ich sie kennen gelernt hab'.//Int.2: okay//
I.1: Wie kam das dazu, dass du ihr das versprochen hast?
O: Weil (1) wo ich mit der zus- am Anfang, wo ich mit der zusammen war, äh, (2) hab' ich, war ich oft bei Kumpels und wir haben halt irgendwie früher halt immer was getrunken. Dann war ich halt @besoffen@. (2) Und sie mag das voll nicht, wenn ich z. B. besoffen bin.//Int.1: mhm// (5) Sagt sie so >>Schatz, du stinkst nach Alkohol, geh' schlafen<<.//Int.1: @(2)@// @ (5) Ja und dann hab' ich halt gesagt, >>ja okay, ich trink' nix mehr<<; Am Anfang wollt' ich irgendwie was trinken, hab' ich gesagt, mh, dann ist sie wieder sauer, dann trink' ich halt bisschen. (3) Und jetzt hab' ich gar kein Problem. Jetzt kann ich (2) auch wenn hier 20 Leute stehen und saufen, es gibt kostenlos was zum Trinken, (1) würde ich auch nei- nein sagen. Ist eigentlich jetzt gar kein Problem für mich.//Int.2: mhm// Früher >>Hey willst was saufen?<< >>Ja klar<<. Jetzt >>Mh (2) mal schauen<<.//Int.1+2: mhm// (2) Erst gucken, ob ich Arbeiten muss am nächsten Tag//Int.1: mhm//, dann ob ich was mit meiner Freundin mach', äh, (2) dann wenn meine Freundin nix dagegen hat, (3) tja, dann trink' ich halt paar Flaschen Bier.//Int.2: mhm// Wenn's hoch kommt, dann schaff' ich vielleicht 'n Sixer.//Int.1: mhm// Also ich werd' halt nicht so besoffen, bisschen angetrunken, aber mehr passt nicht in mir, ich mich rein irgendwie. Auch wenn ich 10.000 mal aufs Klo gehe.//Int.2: mhm// Nach Bier.//Int.1: mhm// (1) Ich kann halt danach nix mehr trinken. (Oskar, P2, 1040–1064)

Oskar beschreibt eine Veränderung vom regelmäßigen und hohem Konsum mit seinen Freunden zu einem Status relativ bedachten Abwägens von Trinkgelegenheiten, die abhängig davon sind, welche Pläne und Verpflichtungen am nächsten Tag für ihn anstehen. Während in der Vergangenheit die Freunde seine vordergründige Orientierung im Umgang mit Alkohol darstellten, ist die aktuelle Orientierung primär überlagert durch die neue Relevanz der Partnerschaft. Oskars Wendepunkt im Umgang mit Alkohol ereignet sich nach einer Abweisung durch die Freundin. Prägnant ist, dass er die Ablehnung der Freundin nicht auf sein Verhalten in betrunkenem Zustand bezieht. Stattdessen geht es hier um etwas Intimeres wie den Geruch und die körperliche Zurückweisung. Letztere ist ihm wohl besonders stark in Erinnerung geblieben; daher konstituiert er gerade diese Erfahrung als Wendepunkt, indem er sowohl zu seiner Freundin als auch zu sich selbst (als auch zum Interviewer) sagt: „Ja okay, ich trink' nix mehr." So bietet er ihr an, und verspricht es sogar, nicht mehr zu trinken.

In der Ablehnung der Freundin manifestiert sich damit der entscheidende Umbruch in Oskars Alkoholkonsum. Auch wenn die Freundin dies nicht direkt einfordert, schränkt es Oskars Konsum ein. Interessant ist, dass, obwohl die Freundin nur einen moderaten Konsum wünscht, er sich für (eine völlige) Abstinenz entscheidet. Für Oskar ist die Abstinenz an ein Versprechen gekoppelt, welches seine Freundin ihm jedoch (zumindest erzählt er es nicht so) gar nicht abgenommen hat. Damit kommt auch eindeutig zum Ausdruck, dass Oskar seine Partnerschaft dem Konsum und der Gemeinschaft unter (Männer-)Freunden vorzieht, auch wenn ihm dies zu Beginn schwer fällt – er muss sich ihren Zorn erst vergegenwärtigen, um den Konsum einzuschränken. Aktuell beschreibt sich Oskar als immun gegenüber den Verlockungen des Alkohols: Weder die Gruppendynamik noch kostenlose Möglichkeiten, sich zu berauschen, können ihn derzeit in Versuchung führen (übermäßig viel) zu trinken. Damit deutet er auch an, welche Aspekte ihn früher zum Konsum animierten (große Gruppen) und was ihn eher reglementierte (Kosten). Dennoch bleibt eine gewisse Ambivalenz deutlich. Er schließt einen Konsum nicht völlig aus. Nur die Selbstverständlichkeit des Konsums hat sich gewandelt. Heute reflektiert er die Folgen des Konsums und antizipiert sie im Hinblick auf den nächsten Tag. Daneben tauchen als regulierende Aspekte seines Konsums auch Verantwortlichkeiten auf, die sich für ihn im Zuge der Ausbildung ergeben haben. Auch seine Trinkmenge hat sich in dieser Zeit verändert. Seine weitreichende Konsumveränderung kulminiert so gesehen in dem dargestellten Wendepunkt und legitimiert so seinen aktuellen Konsum bzw. die retrospektive Entwicklung zu der aktuellen Phase.

Während bei Oskar die Veränderung des Trinkverhaltens auf einem Aushandlungsprozess mit der Partnerin (und Oskars Rücksichtnahme und Einsicht) basiert, findet sich bei Maria ein minimaler Kontrast der Konsumveränderung bedingt durch die (neuen) Relevanzen ihrer Beziehung. Bei ihr scheint jedoch der Druck durch den Partner entscheidender als ihre eigene Einsicht, was sich auch in ihrer (wenig veränderten) Orientierung im Umgang mit Alkohol widerspiegelt.

M: Mh, ich will meine Beziehung auch nicht aufs Spiel setzen.
I: Was meinst du damit?
M: Weil mein Freund ist bisschen dagegen, auch wenn ich trinken tu. @
I: Ah, okay. @(1)@ Du lachst, wieso lachst du?
M: (1) Weil mein Freund dagegen ist.
I: Was sagt der?
M: Der mag das nicht. Der sagt so >>ja, ich will nicht, dass du trinkst. Wenn, dann trinkst du nur mit mir und so und so viel darfst du trinken<<. (1) Ja.
I: Okay, und wie geht's dir damit?
M: Äh °habe gesagt° >>Ja @okay@<<. Was soll ich machen? Entweder mach' ich lieber das, was er sagt und bevor ich meine Beziehung aufs Spiel setze, später geht

5.8 Konstruktion von biografischen Wendepunkten (John Litau)

der und ich hab' meine Flasche, aber ich kann ja nicht mit meiner Flasche zusammen leben. (2) Für immer. Ja. Und das will ich nicht.
I: (1) Und dein Freund trinkt gar nichts, oder ab und zu mal?
O: Der trinkt nicht viel. Der wird so schnell @besoffen@.//ja?// Ja. @ Wir haben einmal mal getrunken, nie wieder. Ich hab' mich kaputt gelacht. Der war so, der war nicht besoffen, aber angetrunken. Und ich hab' den unter'n Tisch gesoffen und der hat gesagt, weil ich hab' viel mehr wie er getrunken, hab' fast die ganze Wodka getrunken und der war schon angetrunken und da an dem Tag sind wir zusammen gekommen. Weil der hatte kein Mut mir zu sagen, dass er was für mich empfindet und dann wo er bei sich Alkohol getrunken hat, dann konnte er es mir sagen. Ich hab' mich so kaputt gelacht. Ja. (2) Der verträgt nicht viel.
I: Und du hast gesagt, er will auch nicht, dass du trinkst.//mhm// (1) Hat der dir das irgendwann mal gesagt oder hattet ihr da mal irgendwie//mh// ein Anlass?
O: Weil ich besoffen mal war und ich hab' ihm 3 Backpfeifen verpasst.//ah: @//
I: Warum hat er die eingefangen?
O: Äh ich weiß gar nicht mehr. Ich war besoffen. @ Ich weiß gar nichts mehr von dem Tag mehr. Anscheinend hatte ich auch mein Kopf gegen Heizung gehauen, ich weiß aber von dem Tag nichts. Ob das stimmt oder nicht stimmt, weiß ich nicht. Aber die 3 Backpfeifen stimmen.
I: Okay und und du weißt von dem ganzen Tag nichts?
O: Hm hm. Ich weiß, wie waren ja abends trinken und ich weiß gar nichts davon mehr, nichts.//mhm// Hm hm.
I: Und dann gab's danach 'n Gespräch oder?
O: Mh ja am nächsten Tag.
I: Und, was kam denn da?
O: Ja der war halt sauer. Und hab' ich gesagt >>Tut mir Leid, ich wollte das nicht<<. Der sagt >>Du trinkst nicht mehr, fertig<<. Ja. (2) Seither trinke ich auch nicht mehr. (2) Ja. Ganz wenig. (Maria, P2, 1249–1287)

Maria beschreibt sich selbst als Person, die überdurchschnittlich viel trinken kann, was sich bspw. dadurch kennzeichnet, dass sie mehr verträgt als ihr Freund. Dabei berichtet sie von zwei unterschiedlichen Szenarien, in denen sie sehr betrunken war und im Anschluss ihr Verhalten mit ihrem Freund ausdiskutieren musste. Bereits der Beginn der Partnerschaft basiert auf einem gemeinsamen Trinkerlebnis, bei dem der Freund sich Mut antrinken musste, Maria dagegen konnte sich darüber amüsieren, obwohl sie deutlich mehr getrunken hatte als er. Zu einer ähnlichen Situation sei es nie wieder gekommen, durchaus aber zu Situationen, in denen nur Maria betrunken war – so betrunken, dass sie ihren Freund geschlagen habe und sich an nichts mehr an diesem Abend erinnern könne. An diesem alkoholbedingten Kontrollverlust im Rahmen ihrer Beziehung konstituiert sich Marias Wendepunkt und deutet von da an eine Entwicklung hin zu weniger exzessivem Konsum an.

Durch die Rekapitulation der beiden Geschichten erzeugt Maria in gewisser Weise ein Gleichgewicht. Einerseits folgt sie den Vorgaben des Freundes und versucht nicht zu trinken. Andererseits kann sie sich durch ihre Selbstinszenierung als harte Trinkerin auch im Rahmen ihrer Beziehung als handlungsfähig darstellen, als jemand, die nicht nur den Vorgaben des Freundes ausgesetzt ist. Die Orientierung des Konsums an beziehungsrelevanten Parametern bleibt vorherrschend, denn der Freund ist ihr deutlich wichtiger und sie möchte ihn nicht verlieren. Die Relevanz dieser Orientierung zeigt sich an dem Gegenhorizont, den sie aufspannt: Würde sie den Freund verlieren, bliebe ihr nur die Alkoholflasche, das heißt die Konsumpraxis. Folglich resümiert sie auch: „Aber ich kann ja nicht mit meiner Flasche zusammen leben" und bringt damit zum Ausdruck, dass Alkoholkonsum nicht das gesamte Leben bestimmen dürfe und sich bei einer ausschließlichen Orientierung an (exzessivem) Konsum ein Leben nur schwer und nicht zufriedenstellend planen lasse. Einerseits beschreibt sie die Beziehung zu ihrem Freund als unvereinbar mit der Aufrechterhaltung der Konsumpraxis, andererseits scheint für Maria beides Hand in Hand zu gehen und ist nicht isoliert voneinander zu betrachten. Die Begründung ihrer Konsumveränderung als Anpassung an die Bedürfnisse und Wünsche des Partners ist damit auch die Legitimation ihres aktuellen Trinkverhaltens. Darin zeigt sich ihre Delegation von Verantwortung für ihr Konsumverhalten, abhängig davon, wer es mitbekommt und mit welchen Konsequenzen sie dadurch rechnen muss. Genau diese Orientierung manifestiert sich auch in ihrem Wendepunkt, schließlich reduziert sie den Konsum nur aus Rücksicht auf ihren Freund, weniger jedoch aus eigener Einsicht wie bei Oskar. Interessant bei Maria ist, dass sie (im Gegensatz zu Oskar) ihre (aufgezwungene) Orientierung an Abstinenz relativiert und zugibt, zumindest (nur noch) moderat zu konsumieren. Damit wird aber auch deutlich, dass es Maria darum geht, ihre subjektiven Bedürfnisse mit der Verantwortung, die eine Beziehung mit sich bringt, in Einklang zu bringen. Sie hat offenbar gelernt, dass sie im Rahmen einer Beziehung nicht völlig verantwortungslos und bis zum Kontrollverlust konsumieren kann. Sie macht ihre Relevanzen deutlich: erst der Freund, dann der Alkohol – ein erzählter Wendepunkt, der seinen Charakter darin zeigt, dass es ihr nicht gelingt, dem Alkohol durchgängig zu widerstehen.

Zusammenfassend lässt sich festhalten, dass mit zunehmender Alkohol-Erfahrung der Konsum von den Relevanzen bestehender oder sich neu entwickelnder Beziehungen im Jugendalter überlagert werden kann. An den Konsumveränderungen, die anhand von Wendepunkten sichtbar werden, spiegeln sich Orientierungen wider, die Alkoholkonsum in Relation zu anderen Lebenshorizonten (neu) verorten. Dabei ist interessant, dass es durchaus unterschiedliche Wege gibt, wie sich solche Orientierungen entwickeln und wie sie sich in der Beziehungsgestaltung zeigen. Stets geht es um die Vereinbarung von Freizeitpraxis mit Peers, die Alkoholkonsum einschließt, mit einer Beziehungsgestaltung, die in der Regel nicht mit Alkoholkonsum verbunden wird oder andere Konsummuster aufweist. Aus-

5.8 Konstruktion von biografischen Wendepunkten (John Litau)

handlungsprozesse und der Druck vom Partner können dabei zur Veränderung des Konsums führen. In welche Richtung genau sich der Konsum entwickelt, lässt sich nicht verallgemeinern. Alles scheint möglich: eine Veränderung der Orientierung hin zu mehr, zu weniger oder hin zu Verzicht auf Konsum. Entscheidend ist, dass die Veränderung auf die subjektive Relevanz der Beziehung zurückgeführt wird.

Ausbildung und Arbeit

Der Alltag Jugendlicher wird durch unterschiedliche institutionelle Kontexte – wie Schule, Ausbildung, Beruf oder Studium – strukturiert. Auch ihre Freizeitpraxis wird durch diese Kontexte gerahmt bzw. muss an die Anforderungen einer gesellschaftlich vorgegebenen, „normalen" Biografie angepasst werden. Gerade in ihrer Konsumpraxis müssen sie damit auch Rücksicht nehmen auf die vielfältigen Verpflichtungen ihres Alltags. Verändern sich die institutionellen Kontexte, ändern sich auch die Anforderungen und Vorstellungen einer „Normalbiografie" und können durch bestehende (z. B. Ausbildung) oder neue Horizonte und Relevanzen Veränderungen des Alkoholkonsums notwendig machen. Wie sich solche (Konsum-) Veränderungen in Form von Wendepunkten zeigen und welche Orientierungen dabei jeweils von Relevanz sein können, soll im Folgenden dargestellt werden.

Am Beispiel von Driss' beschriebenem Wendepunkt lässt sich aufzeigen, wie die (neuen) Anforderungen und Relevanzen einer Ausbildungsstelle sowie der damit zusammenhängende veränderte Tagesablauf als Ursache einer Konsumveränderung ausgemacht werden.

D: Das ist halt, morgens aufstehen, ich wusste schon wie der Tag war, weißt du.// mhm// Ich hab' mir gedacht, ich geh' raus, die Jungs rufen mich an, ich geh' in irgendeine Bude, weißt du, rauch' da, zock' weißt du, chill, und später geh' ich in eine @ andere Wohnung@, weißt du, dann wird da gealkt und dann später vielleicht raus und dann wieder in diese, (2) in diese Bude sozusagen. Jeden Tag, wirklich jeden Tag. Meine Eltern sagen immer zu mir >>Was machst du? Was<<, weißt du, >>bleib' zu Haus und so<<. Ich geh' raus, mich hat's gar nicht interessiert dann. Ich wollte irgendwie, ich wollte immer dabei sein, obwohl ich wusste, es passiert nichts neues, weißt du.//mhm// Dieses, der Abend wird sowieso kein Highlight, wird sowieso 'n Flop, alle werden irgendwann mal einschlafen, der eine geht nach Hause, auf einmal bist du allein da, weißt du. Sowas in der Art. Aber du willst irgendwie selber dabei sein. Weißt du. (2) Aber jetzt mit der Zeit ist es zum Glück (2) unter gegangen, auf jeden Fall.
I: Aber was is passiert irgendwie, was is passiert halt dass du irgendwie gemerkt hast, dass irgendwie >>Hab' ich keinen Bock mehr drauf<<?
D: Ich würde mal sagen, das Arbeiten hat's dazu gebracht. (2) Ich würde mal sagen, weil ich, ich war 'n Mensch, der so nicht arbeiten konnte. Also ich hab' mir selber gedacht, ich selber, ich werde das niemals können, früher, erstens aufzustehen, weißt du, diese Faulheit, das hat mich so dazu gebracht. Hab' mir nie gedacht, dass ich früh

aufstehen kann, dass ich äh nie Arbeiten kann, dass ich, mein Tagesablauf. Ich hab' nix anderes zu tun, außer Arbeiten zu gehen, weißt du.
(...)
I: Aber was ist passiert irgendwie, dass du oder wie ist es dazu gekommen, dass du dann gemerkt hast, >>Okay, ich kümmer' mich jetzt irgendwie um 'ne Ausbildung<< (2) So nach den 2 Jahren?
O: Ach, du meinst wie es gekommen ist.//ja genau// Es wurde langweilig, ich sage dir ehrlich. Weißt du wie das gekommen ist? Guck' mal, das ist so gekommen, ich hatte 'n Freund gehabt, ja, der hat mit mir gechillt, der heißt [Name3], immer mit mir gechillt und (1) wir waren sozusa- sozusagen zusammen, weißt du, immer dieses, der geht dahin, ich geh' mit dem, ich geh' dahin, er kommt mit mir, weißt du.//mhm// Er ruft mich an, >>Ey ich hab' z. B. ich hab' gerade 'n Fuffi bekommen, ich hab' gerade da 'n bisschen Geld geschnappt, ich habe gerade da 'n bisschen was gemacht. Komm' wir gehen dahin, ich lad' dich ein<<. Bei mir war's genauso, weißt du. Oder wir haben zusammen mal Geld gemacht, dann sind wir zusammen mal weg gegangen oder wir haben einfach nur gechillt.//mhm// Waren immer zusammen und ja, (1) und nach 'ner Zeit, musst dir vorstellen, hat er 'ne Ausbildung bekommen.//okay// Ja. Und er hat's einfach gemacht, obwohl er auch in dem sozusagen in demselben Modus war wie ich.//mhm// Ja, vielleicht sogar schlimmer, weißt du. Und der hat's einfach gemacht und nach 'ner Zeit sehe ich den, ich bin vorm Kiosk sozusagen, ich chill, ich komm' morgens früh um 11 Uhr raus, geh' am Automaten, schmeiß' 2 Euro rein, ja, geh' wieder raus, haben wir ungefähr 12 Uhr, ich rauch' 'ne Zigarette, ich bleib' halt vorm Kiosk und dann seh' ich wie der vom Bus aussteigt, gibt mir die Hand ja, hat Arbeitstasche dabei, kommt gerade von der Arbeit oder von der Berufsschule, weißt du. Und das war so, ich hab' den nur paar Monate gesehen, ja,//mhm// (2) dann merkst du so, wie der Mensch sich so verändert, weißt du. Der ist so, der geht nach Hause. >>Warum warum chillst du nicht? Ey, chill doch mal<< weißt du.//mhm// Und das >>Nein, ich geh' zu Hause, ich geh' erstmal was Essen<<>>Ja, was machen wir später?<< >>Ja ich geh' wahrscheinlich schlafen<< So direkt, weißt du.//mhm// Und denkst dir halt >>Was ist mit dem los<< weißt du. Oder du rufst den an >>Nee, ich kann gerade nicht, ich bin gerade hier und hier<<. Weil früher war ich es nicht für ihn so wichtig, weißt du, zu Hause jetzt zu sein oder >>ich muss dahin gehen, ich muss dahin gehen<<. Der ist immer mit uns gewesen.//mhm// (2) Und nach 'ner Zeit, du bist neugierig, du denkst dir, warum ist das so, weißt du. Und nach 'ner Zeit, du merkst die Leute, die wenden sich ab und die Leute, die sich halt nicht abwenden, die bleiben immer noch da, wo sie sind.//mhm// Verstehst du. Du änderst dich, dein Weg ändert sich nicht und da ich das sozusagen, ich hab' davor ein paar Jahre gemacht, ja, aber diese 2 Jahre ist es ja intensiv gewesen. Da hab' ich ja nichts anderes gemacht, außer das, weißt du.//mhm// Und dann merkt du ungefähr, was (1) was hast du denn in den 2 Jahren erreicht? Sozusagen, weißt du. Ich hab' Leute kennen gelernt, ich habe Drogen kennen gelernt, aber ich (2) für mich hab' ich jetzt nichts Besonderes getan.// mhm//. (Driss, P2, 646–740)

Driss' wesentliche Konsumveränderung basiert auf der Veränderung seines Tagesablaufs nach der Aufnahme einer Ausbildung. Während er vorher zwei Jahre lang keine Verpflichtungen gehabt oder empfunden hat, bestimmt von nun an die Arbeit

5.8 Konstruktion von biografischen Wendepunkten (John Litau)

die zeitliche Strukturierung seines Tages. Der Konsum bekommt damit als Alltagspraxis eine andere Wertigkeit – er ist langweilig geworden. Die Einschränkung der Konsummöglichkeiten dagegen hat dazu geführt, dass Driss das Trinken und das für ihn damit verbundene soziale Setting mehr genießen und wertschätzen kann. Seine Orientierung am Konsum jeglicher Art wandelt sich zu einer Orientierung an Arbeit und einem eher qualitativ hochwertigerem Konsum. Die Verpflichtungen der Arbeit führten auch zu einer Veränderung seiner Tagesinhalte. Früher waren seine Peers die Leitorientierung. Er musste immer dabei sein und an der Konsumpraxis partizipieren. Aktuell steht die Arbeit im Vordergrund und gestaltet die meiste Zeit des Tages; alles andere muss sich ihr unterordnen – auch die Konsumpraxis, unter anderem, weil er weniger Zeit mit seinen Peers verbringt.

Diese Konsumveränderungen manifestieren sich in der Begegnung mit dem Freund zu einer Zeit, in der für Driss überwiegend Prokrastination anstand. Die beschriebene Begegnung markiert einen Wendepunkt hin zu mehr Verantwortung für die eigene Zukunft und weniger Konsum. Der Wendepunkt steht hier für eine Phase, in der der Freund eine Ausbildungsstelle antrat und nach und nach keine Zeit mehr für ihn hatte, was in der Darstellung ihres Aufeinandertreffens an der Bushaltestelle kulminiert. Während der Freund offenbar andere Orientierungen angenommen hat, ist Driss Leben zu diesem Zeitpunkt immer noch ausgefüllt mit „Chillen" und regelmäßigem Alkoholkonsum. Verstärkt durch die hohe Wertschätzung des Freundes wird Driss nach einiger Zeit „neugierig" und setzt sich mit der Frage auseinander, warum sich der Freund so verändert hat. Genau in dieser Phase verortet er seinen Wendepunkt und versieht ihn mit entscheidender Tragweite. Dem positiven Beispiel folgend, vollzieht sich auch bei Driss ein Wandel, der von ihm als schon länger existierendem Wunsch nach Veränderung rekonstruiert wird. Die Beschreibung seines aktuellen Konsums entspricht in Ansätzen der damaligen Wahrnehmung des Konsums des Freundes: Trinken als Freizeitbetätigung nach getaner Arbeit. Im Großen und Ganzen stellt das für ihn aber eine positive Entwicklung dar, was er damit legitimiert, dass er sich im Gegensatz zu seinem Umfeld verändert, das heißt weiterentwickelt hat. Damit inszeniert sich Driss mit Hilfe des Wendepunktes als reiferer Konsument.

Ein minimaler Kontrast hierzu findet sich bei Oskar, der die Veränderung seines Trinkverhaltens in Form eines Abwägungsprozesses zwischen Wahrnehmung von Verpflichtungen und Möglichkeiten der Freizeitpraxis beschreibt.

I.1: wie wie wie ist es jetzt? Also wie würdest du jetzt sozusagen dein Alkoholkonsum beschreiben?
O: (3) Äh sagen wir so: (1) Für Alkohol habe ich keine Zeit.//Int.1: okay// Unter der Woche arbeite ich immer. (2) Äh krieg' aber, ich muss, also Laden hat 6 Tage die Woche offen.//Int.1: mhm// Ich muss nur 5 Tage arbeiten, also kriege ich irgendwann

mal frei.//Int.2: mhm// Aber am Samstag ist es nicht so oft. Hatte bis jetzt nur zwei Mal frei am Samstag. (3) Und da muss ich halt, dann weiß ich, dass ich arbeiten muss, vielleicht äh trinke ich Abends nach äh Arbeit ein Bier, guck' ein Film, das war's.// Int.1: okay// Ich kann jetzt äh (2) nicht mehr als 3 Flaschen Bier trinken.//Int.1: okay// Geht nicht irgendwie.//Int.2: mhm// Also ich mag Bier, aber (1) ich, wenn mich was stört, dann kann ich einfach nicht trinken. Wenn ich weiß, dass ich am nächsten Tag arbeiten muss, dann kann ich nicht trinken.//Int.2: mhm// Wenn ich weiß, dass ich noch z. B. auf 'ne Party bin, muss noch fahren, dann trink' ich halt 'ne Flasche Bier und dann nach 3 Stunden oder so, 2 Stunden, kann ich schon ruhig fahren.//Int.2: mhm//
I.2: (3) Heißt das, dass das gar nicht mehr vorkommt, dass du v- äh mehr trinkst, dass solche Gelegenheiten gar nicht mehr gibt, oder?
O: Mh, nach Silvester gar nicht mehr eigentlich. Das ist äh selten, dass ich was trink'.//Int.2: mhm// Also jetzt bin ich, wie gesagt, unter der Woche arbeite ich, am Wochenenden bin ich halt um 7e frei schon, (1) Abends. Dann geh' ich äh zu meiner Freundin.//Int.2: mhm// (3) Dann mach' ich halt, geh' ich mit meiner Freundin äh Kino oder gehen wir was Essen oder (3) gucken Filme bei ihr, machen irgendwas.// Int.2: mhm// Ich mach', ich bin (1) jede Wochenende bei meiner Freundin. Weil ich seh' sie ja nur einmal in der Woche.
I.1: (3) Und wie war das früher?
O: Ja früher bin ich (2) mh was meinst, mit Freundin?
I.1: Äh nee, mit mit Alkohol.
O: Mit Alkohol. (3) Mh (3) da hab' ich mh: da war mir eigentlich alles scheißegal. Ich hab' einfach getrunken. (2) Ruft ein Kumpel mich an vielleicht, ob ich Lust hab', irgendwo auf Party zu gehen. Äh (1) oder irgendwo draußen was trinken, chillen usw. Sag' ich >>ja klar<<. (3) Hab' halt da einfach getrunken. Hat mir Spaß gemacht. (1) Aber morgens nicht.//Int.2: @// (2) Mit Kopfschmerzen usw. (Oskar, P2, 1001–1033)

Auch bei Oskar leiten die Verpflichtungen der Ausbildung einen Wendepunkt in Richtung eines moderateren Konsums ein, auch wenn er es nicht ganz so plastisch anhand einer konkreten Situation darstellt wie Driss. Oskars Wendepunkt ist weniger reflektiert, sondern eher eine zeitliche Konkretisierung, wann sich der Konsum tatsächlich verändert hat. Der Wendepunkt des Konsums wird als solcher auch nicht differenziert von ihm beschrieben, der Kontext der Konsumwende ist offener und resultiert aus seinem Vergleich von früher und heute. Deutlich kommt zum Ausdruck, dass eine Wandlung stattgefunden hat. So setzt er durch den Verweis auf Silvester (an dem er sich besonders stark betrunken hat, wie aus dem Gesamtverlauf des Interviews bekannt ist) eine klare Trennlinie, weshalb es auch an dieser Stelle als Wendepunkt analysiert wird. Wesentlich für seine Veränderung ist, dass er früher, also vor der Ausbildung, ohne jegliche Rücksicht auf Verpflichtungen und höchstens unter Berücksichtigung körperlicher Grenzen getrunken hat. Aktuell ist für seine Abwägungen dagegen leitend, ob und wann er arbeiten muss, ob er sich mit seiner Freundin trifft oder ob er mit dem Auto unterwegs ist – alles neue Horizonte, an denen er sich orientiert und die er früher nicht hatte. Der Alkoholkonsum bekommt bei ihm damit einen Rahmen und eine Zeitstruktur, die vorgeben, ob und wie viel getrunken werden kann. Früher war dieser Rahmen offener. Zusätzlich spielt für ihn aktuell eine Rolle, dass er nur eine begrenzte Menge Alkohol zu sich nehmen kann, was ein exzessives Trinken ausschließt. Damit ist insgesamt ein Verweis darauf gegeben, dass Alkohol immer noch etwas Relevantes für ihn ist, etwas, das schmeckt. Die Veränderung ist also weniger in Oskars Einstellung zum Konsum zu suchen als vielmehr in seiner tatsächlichen Konsumpraxis, die wiederum erst im darauffolgenden Schritt – so scheint es – zu einer Neubewertung von Alkohol geführt hat. Zusammengenommen deutet sich damit auch eine Veränderung seiner Handlungsorientierung an. Während früher der Konsum eher hedonistischer Natur war, legitimiert er seinen aktuellen Konsum vor allem damit, dass er heute durch seine Ausbildung (aber auch seine Beziehung) Störfaktoren für grenzenloses Trinken verspürt.

Zusammenfassend kann festgehalten werden, dass normalbiografische Anforderungen, wie Arbeit und Ausbildung, eine zeitliche Strukturierung des Alltags Jugendlicher erzeugen, die mit Verpflichtungen verbunden sind, an die der Alkoholkonsum häufig angepasst werden muss. Eine Veränderung der Anforderungen und Verpflichtungen kann auch zur Veränderung von Wertevorstellungen für das eigene Leben führen. So werden bestehende soziale Bezüge in Frage gestellt, besonders jene, welche subjektiv den individuellen Verpflichtungen im Weg stehen, wie es im Fall der sozialen Kontexte des Alkoholkonsums der Fall sein kann. Damit verändert sich aber auch die Bewertung des Konsums als routinierte Handlungspraxis. Die Routine des Trinkens ändert sich und wird so angepasst, dass sie sich als etwas Besonderes vom (Arbeits-)Alltag abhebt und gleichzeitig die Realisierung von Zielen und Verpflichtungen nicht gefährdet. Nicht zuletzt zeichnen sich in den dargestellten Wendepunkten auch Vereinbarungsstrategien oder -praktiken ab, den Konsum trotz neuer relevanter Horizonte beizubehalten, wenn auch in einer neuen Form.

5.8.3 Positionierung zu alkoholbezogenen Grenzerfahrungen

Das Erlernen des Umgangs mit Alkohol vollzieht sich für Jugendliche immer wieder auch nach dem „trial and error"-Prinzip. Wie aus den Interviews ersichtlich wird, kann die Wirkung des Alkohols immer wieder unberechenbar sein und eine mangelnde Erfahrung zu Über- oder Fehleinschätzung des eigenen Trinkverhaltens führen. Alkoholbedingte Intoxikationen und damit verbundene ungewollte Krankenhausaufenthalte können die Folgen sein. Solche extremen Erfahrungen mit Alkohol bleiben nicht unvergessen und können auch zum Umdenken der Trinkpraxis führen. Die Veränderung des Trinkverhaltens vollzieht sich in solchen Fällen an der Positionierung zu den gemachten extremen Erfahrungen. Wie Jugendliche mit solchen Erfahrungen umgehen und zu welchen Veränderungen im Umgang mit Alkohol solche Grenzerfahrungen führen können, soll im Folgenden dargestellt werden.

Am Beispiel von Driss lässt sich rekonstruieren, wie es zu einer Intoxikation kommen und welche Konsequenzen diese nach sich ziehen kann.

> Ja du, ich hab' mal Wette gemacht.//ja// Ich hab' mal, (1) musst dir vorstellen, so ' Glas, ich schwör's dir, so 'n IKEA Glas, das habe ich mal (1) so, wir haben getrunken, gell, das war an Silvester, (2) wir hatten so 'n Nudeltopf gehabt, gell, war voll mit Nudeln gewesen, (2) wir hatten einen mit uns, der war, wir mögen nicht Leute, die die so koksen, ja,//mhm// mögen wir überhaupt nicht. Und mit denen chillen wir auch nicht. [...] Und dann irgendwann mal hat der so 'n Glas voll gemacht, (2) mit Whisky, gell, und wir hatten keine Mischung mehr und dann meint der so, (2) weil dieser Topf mit diesen Nudeln, der da lag, gell, wir haben die Nudeln gegessen, aber das, was der Rest übrig war, die haben da rein geascht, die haben da rein gespuckt. Also eklig ja, und dann meint der so zu mir, ja, >>Ey, wenn du das Glas hier trinkst, auf Ex, dann schnapp ich mir 'ne Gabel, ich dreh' die, ich schraub' die da rein<< meint der zu mir, ich weiß nicht, >>Ich ess das und ich schluck' das<<. (1) Alle auf einmal fangen an ausrasten, >>Trink trink trink trink<< //@//, ja auf jeden Fall in dem Moment hab' ich mir gesagt >>ja okay<< und dann schnapp' ich mir so das Glas und habe ich getrunken. Ich kann mich noch erinnern, dass der Whisky mir von hier, von den Seiten raus gekommen ist, weißt du, vom Mund sozusagen. Danach hab' ich, haben die Jungs zu mir gesagt >>Du hast alle Farben gewechselt<<.//@// [...] >>Wir rufen 'n Krankenwagen<< und so, und ich hab' gemerkt, wo wo ich ins Bad gegangen bin, hab' ich hier so gesehen, das war so rötlich, (1) [...], das sah aus wie Blut auf jeden Fall. Hab' ich gesagt >>nein<< und dann hab' ich mich hingelegt bei der, ich wollte nicht einratzen, gell, ich leg' mich hin, ich schwör's dir, 10 Sekunden danach steh' ich auf, muss auf den Balkon gehen. (2) Und dann reier ich, dann geh' ich rein und ich schwör's dir, ich leg' wieder so 10 Sekunden, ich muss wieder aufstehen. Ich schwör's dir, diese Nacht, das war so schlimm, ich musste das ungefähr mindestens 40, 50 mal machen.//@// [...] Das war so 'ne schlimme Nacht. Sogar noch am nächsten Tag ging's mir richtig dreckig. Nächsten Tag, ich konnt' nichts essen, hab' Wasser getrunken wie so 'n, wie so 'n Pferd. (1) War auf jeden Fall krass. Das war, würde ich mal so sagen so, Höhepunkt was ich erlebt habe, so an Alkohol, also an meinem Körper,//mhm// wo ich gesehen habe', was Alkohol sozusagen bewirkt, [...] Und das Glas, das hab' ich wirklich nur getrunken, weil ich so gut hacke war, weil ich mir, weil ich mir nicht, mir war nicht im Klaren, was passiert, wenn ich das trinke.//ja// Weil wäre es mir im Klaren gewesen, hätte ich es natürlich nicht getrunken, weißt du. Aber ich würde mal sagen, heute, guck mal, jetzt hab' ich z. B. dara- daraus gelernt, weil jetzt heutzutage, wenn diese Situation kommt, (1) würde ich das nicht trinken. [...] weil (1) sozusagen mein mein mein Kopf geht mir vor, weißt du. Ich will noch einigermaßen gut nach Hause kommen, ich will einigermaßen, dass es mir gut geht und ich habe kein Bock

5.8 Konstruktion von biografischen Wendepunkten (John Litau)

auf diese (1) du kackst da ab, du kackst da ab, du bist wieder normal, du bist wieder so, weißt du.//@// Das ist komisch. Ja. (2) Würde ich mal sagen, an dem Tag habe ich so gelernt, was mich das mache, weißt du,//mhm// dass ich nicht sozusagen abkacke. (Driss, P2, 507–568)

Driss erzählt von einer Trink-Wette. Er konstituiert durch dieses Erlebnis einen Wendepunkt in seiner Handhabung von Alkohol und deutet eine Veränderung seiner Einstellung zum eigenen Trinkverhalten an. Obwohl er bereits vor der beschriebenen Intoxikation auf lange und intensive Erfahrungen im Umgang mit Alkohol zurückgreifen konnte, war ein solcher Absturz auch für ihn neu. Bewährte Handlungsmuster bei alkoholbedingter Übelkeit haben offensichtlich nicht gegriffen, und er erlitt einen Kontrollverlust, was in dieser excessiven Form eine neue Erfahrung für ihn darstellte. Der einzige Moment, in dem er sich als Handelnder präsentiert, ist, als er es schafft, seine Freunde davon abzubringen, einen Krankenwagen zu rufen. Mit dem andiskutierten Krankenwagen und der Erwähnung von Blut im Erbrochenen verdeutlicht er die Drastik der Situation. Er selbst resümiert diese Erfahrung als seinen „Höhepunkt" im Umgang mit Alkohol, das heißt, er hat weder vorher noch hinterher eine vergleichbare Erfahrung gehabt. Erst sein bereits betrunkener Zustand habe ihn dazu gebracht, das Glas Whiskey zu trinken. Damit erreichte er eine neue Stufe des Rausches, deren Auswirkungen er nicht antizipieren konnte. In seiner reflektierten Auseinandersetzung mit der Intoxikationserfahrung macht Driss deutlich, dass er aus dieser Erfahrung „gelernt" habe. Für seine neue Orientierung in Bezug auf sein Trinkverhalten bedeutet das, nur so viel zu trinken, bis die „Schwelle" zu dieser Stufe des Rausches erreicht ist, und dann rechtzeitig aufzuhören. Das Austarieren seines Konsums, um sich genau an dieser Schwelle einzupendeln und sich im Rausch noch wohl zu fühlen, ist nicht nur sein erklärtes Ziel, sondern auch der Wendepunkt seines Umgangs mit Alkohol, den er in der zitierten Erfahrung verbalisiert. Für sein Trinkverhalten bedeutet es, eine neue Relation zu haben, an der er sich orientieren kann.

Als Kontrast einer Konsumveränderung nach einer alkoholbedingten Intoxikation soll im Folgenden Alinas Wendepunkt erörtert werden, die nach einem Besäufnis von ihrem Vater ins Krankenhaus gebracht wird.

A: Ja, ich war dann im Krankenhaus, also mein Papa hat mich abgeholt, um Zehn glaub ich @, und hat mich dann ins Krankenhaus gefahren (1) und ich bin dann am nächsten Morgen da aufgewacht und des war nicht so toll, so im Gang, und alle fünf Minuten kam irgend ne Schwester vorbei, hat irgendwie >>so, wie geht's uns denn heute, na, ham wir Kopfweh, oh<< und des ging alle fünf Minuten so, und des hat einen so aufgeregt, des war so schrecklich.
I: Was hat dich daran aufgeregt?
A: Ha dieses (2) also es war ja schon schlimm genug, dass man im @Krankenhaus liegt@ wegen Alkohol, aber es wussten ja dann alle, die da vorbei laufen, und die

ham sich so, ja, wahrscheinlich ham se sich drüber lustig gemacht und ham sich noch gefreut//mhm//, dass e ein so aufziehn können//ok//.
I: Ach des war jetzt nicht, die waren nicht in Sorge und so, sondern die ham dich so bisschen gepiesackt dann oder?
A: Ha, ich weiß nicht, ob die in Sorge waren, wahrscheinlich nich, ich weiß es nicht, also ich hatte auch glaube ich, (2) ma hätte mich au scho nach hause nehmen können in der Nacht, aber mein Papa hat gesagt ich bleib da, also//mhm// der hat absichtlich, ich hätt auch in nen Zimmer liegen können//mhm//, aber er hat auch gesagt ich lieg auf dem Gang//mhm//, weil er des glaub ich einfach wollte, dass ich des so merk, dass er mir da so ein bisschen eins @rein würgt@//mhm, ok//.
I: (4) Und dann, wie lang bist du geblieben?
A: Bis zum nächsten Morgen, dann hat mich meine Mama abgeholt, dann musst ich zwei Tage äh die Tapete in unserm Wohnzimmer abtapezieren, weil des so ausgemacht war, und des war dann auch nicht ganz so lustig//mhm//, ja (2) na ja, und dann hab ich glaub ich zwei Jahre nichts getrunken//ok//, ja.
I: Deswegen, oder warum//ja//, ja.
A: Also wirklich nichts//gar nichts//, gar nichts//gar nichts//, hm, hm.
I: Warum?
A: Weil ich dann gefunden hab, dass es einfach reicht, also das war einfach zu viel, irgendwo hat ma einfach mal merken müssen, dass es aufhört. (1) Also des war einfach, ja, es hat irgendwie bei mir so en Punkt gegeben, also da eben, wo ich dann gemerkt hab, des isch, es ging einfach viel zu weit, es war ja auch, ich hab auch irgendwie allgemein, wenn's mir schlecht ging oder so hab ich dann mich schon betrunken zuhause oder überhaupt, also es war einfach (2) und da hab ich dann gemerkt, das geht nicht.
I: Und was war, oder woran hast du des dann so fest gemacht für dich?
A: (2) Naja, ich mein des isch einfach so en Einschnitt, wenn man mit 16 wegen Alkohol im Krankenhaus liegt//mhm//, dann sollte man sich überlegen, was man falsch gemacht hat//mhm//, weil des eigentlich nicht normal isch, also es sollte nicht normal sein//mhm//, dass m'r (2) als Jugendlicher sich dermaßen betrinkt, dass ma dann (1) ja, nichts mehr tun kann//mhm// und des war echt, des hat mir, huh, des war ganz schrecklich.
I: Was war des Schreckliche für dich?
A: (1) Vielleicht so dieses, weiß nicht, sich selber auch so bisschen von außen dann zu betrachten//mhm//, also wenn jetzt jemand anderscht da liegen würde und ma würd ihn sehn, dann würd ma ja au denken >>oh mein Gott, was isch denn des für jemand, der sich da bis zum Umfallen ins Koma sauft<< also des isch ja echt, bah, des kann ich gar net @brauchen@, des isch echt schlimm, wenn ma des dann selber isch, des geht ja gar nicht. (Alina, P2, 276–326)

Alina erzählt von einem Trinkerlebnis, welches „außer Kontrolle" geraten ist, und von ihren unangenehmen Erinnerungen an den Morgen danach im Krankenhausbett. Beschämend war für sie, dass ihr Bett nicht in einem Krankenbettzimmer, sondern „im Gang" stand. Besonders grausam fand sie, dass das Krankenhauspersonal in sehr kurzen Abständen zu ihr ans Bett kam und sich nach ihrem Zustand

5.8 Konstruktion von biografischen Wendepunkten (John Litau)

erkundigte, was ihrer Meinung nach nicht aus Fürsorge geschah, sondern um ihr eine Lektion zu erteilen. Ihre Interpretation dieser Erfahrung verstärkt sich für sie, weil auch ihr Vater es ausdrücklich wünschte, dass sie die Nacht im Krankenhaus auf dem Gang verbringe. Dahinter vermutet sie, dass auch er ihr „ein bisschen eins @rein würg(en)@" wollte. Vom Moment des alkoholbedingten Kontrollverlustes ist Alina also nicht nur den Reaktionen ihres Körpers, sondern vor allem auch ihrer sozialen Umgebung ausgesetzt. Die gesamte Erfahrung, die sie rückblickend als „Einschnitt" bezeichnet, war so unangenehm für sie, dass sie hier den Wendepunkt markiert, von dem an sie „zwei Jahre nichts getrunken" hat.

Für Alinas Orientierung ist entscheidend, dass sich ihr Wendepunkt nicht (nur) um die extreme Körpererfahrung unter Alkoholeinfluss konstituiert, wie es bei Driss eher der Fall ist, sondern um die sozialregulierende Konsequenz der Intoxikation. Bereits das Trinken schildert Alina als soziale Situation, in der ihr Trinkverhalten von anderen Anwesenden beeinflusst war.

> gut da war auch dann, da war dann ja auch schon härteres Zeug dabei, des war dann mit 16, da hatte ich, was ham wir getrunken, Sangria hauptsächlich//mhm// dann ganz viel, (3) °was weiß ich°, eineinhalb Liter oder so, und dann hat uns ja jemand noch Wodka ins Glas und dann ham wir gesagt >>ja, ja, des macht uns nix, wir können des trinken<< //mhm//, und das hat uns noch, also ne Freundin von uns, also wir waren ja zu zweit, die wir uns da so betrunken haben, und ne Freundin hat dann noch gemeint >>ja, da hat euch jemand was rein<<, des hat uns halt nicht gestört, wir waren ja schon betrunken, und dann, ja, ich glaub, sie hatte einfach nur Glück, dass sie wesentlich größer und stabiler war als ich//mhm// und bei mir hat's dann halt mich @hingehauen@. (Alina, P2, 266–277)

Jemand anderes habe ihr mehr Alkohol ins Glas geschüttet und sie habe sich lediglich nicht dagegen gewehrt, weil sie bereits unter Alkoholeinfluss stand. Eine Parallele wird hier zu Driss erkennbar, der sich ebenfalls von der Dynamik der Gruppensituation leiten ließ und durch die enthemmende Wirkung des bereits getrunkenen Alkohols die Folgen nicht abschätzen konnte. Alina argumentiert zudem, dass es Pech gewesen sei, dass sie die Kontrolle verloren hat, was sie am Kontrast zur Freundin aufzeigt, die ihrer Meinung nach auf Grund ihrer körperlichen Statur „einfach nur Glück" gehabt habe. Damit dokumentiert sich, wie Alina teilweise die Verantwortung für ihren Kontrollverlust externalisiert.

In ihrer reflektierten Auseinandersetzung mit der Erfahrung setzt sich Alina mit einer sozialen Normalitätsvorstellung auseinander, nach der so etwas einer 16-Jährigen nicht passieren sollte, weshalb man sich auch fragen müsse, „was man falsch gemacht hat". Darin kommt die implizite Vorstellung von einem Fehlverhalten im sozialen Kontext zum Ausdruck. Diese Orientierung kulminiert für sie in einer abstoßenden und zu verurteilenden Vorstellung von sich selbst im Zustand des Kontrollverlustes. Diese spiegelt ihre Selbstwahrnehmung durch eine von ihr antizipierte soziale Fremdwahrnehmung. Alinas Wendepunkt lässt sich als Begründung ihrer aktuellen Abstinenz interpretieren. Ihre Orientierung verändert sich von einer sozialermöglichenden Funktion des Alkohols hin zu einer sozial unauffälligen oder angepassten Rolle im Sozialkontext, welche durch Alkohol gefährdet wird.

Ein Kontrast zu Alina lässt sich an Alesios Wendepunkt aufzeigen, bei dem ein alkoholbedingter Krankenhausaufentenhalt zwar zu einer Reduzierung des Konsums geführt hat, weniger jedoch zu einer Veränderung seiner Orientierung, die dennoch an dem Wendepunkt sichtbar wird.

> *A*: Ne Alkoholvergiftung hat ich auch mal [...] Ja (1) genau des hat ich auch noch (2) des war, wann war des (2) des war (1) kurz nachdem (2) nach den vier Monaten (1) wann war des im Sommer glaub//mmh// (.)
> *I.*: Also wo du vier Monate nichts getrunken hast
> *A*: Genau danach hab ich dann mal wieder richtig getrunken und dann gings mir auch gleich dreckig, dann bin ich daheim im Bett gelegen (1) voll übel gekotzt alles und dann hat meine Mutter auch den Krankenwagen gerufen//mmh// @ja des war auch @ (2)@ war auch nicht so gut
> *I*: Kannst du des noch mal (1) kannst du des auch näher erzählen?
> *A*: Oje wie war des, da war in [Ort7] so n Schanzenfest (1) kennen Sie des oder?// hm hm @// da ist so Ding (1) da sind halt Leute, die machen des dann wenn du (1) Crossfahrer bist dann kannst du da fahren//mmh// machen sie Tricks und so und dann nebenher trinkst du halt (1) dann war ich so dicht, dann hat man mich um zwölf heim gebracht (1) und dann musst ich halt kotzen und dann hat meine Mutter Ding gerufen den Krankenwagen//mmh// ja
> *I*: Und dann?
> *A*: Und dann, oje wie wars dann (3) ja dann, wie wars dann danach (2) oje
> *I*: Sag bloß du weißt es nicht mehr @
> *A*: Ha wie wars danach, bin (1) am nächsten Tag gleich gehen dürfen wieder (1) und dann war ich daheim und ja (2) da wars (2) waren auch @ was soll ich da (1) wie wars denn (2) oje (1) war halt auch nicht so gut @wieder @//mmh// des zweite Mal halt schon wegen Alkohol im Krankenhaus, war halt nicht so gut (2) seitdem trink ich auch nicht mehr so viel//mmh// ich dacht mir (1) hab halt nach den vier Monaten wieder was getrunken und dann gings halt gleich so (1) aber ab dann weniger. (Alesio, P2, 716–737)

Alesio führt die Reduzierung seines Konsums auf seine mehrfachen alkoholbedingten Krankenhausaufenthalte zurück. Aus dem Gesamtverlauf des Interviews weiß man, dass er bereits nach einem Magengeschwür, welches er durch wochenlanges Trinken mit Peers bekommen hatte, im Krankenhaus war und danach eine kürzere Abstinenzzeit eingelegt hatte (hier der Verweis auf die vier Montage zu Beginn der Sequenz). Gleich bei seinem ersten Trinkerlebnis nach der abstinenten Zeit landet er mit einer Alkoholvergiftung im Krankenhaus. Seine im Verhältnis zu Driss und Alina viel intensivere alkoholbedingte Krankenhauserfahrung führt aber nicht zu einer generellen Abkehr vom Konsum, sondern lediglich zu einer teilweisen Reduzierung. Er setzt sich nur bedingt mit der Trinksituation als einer herausstechenden Situation auseinander. Folglich verurteilt er sein eigenes Verhalten auch nicht wie Alina und stellt es auch nicht in den Kontext einer gesellschaftlich normativen Vorstellung von Normalität im Umgang mit Alkohol. Dies deutet darauf hin, dass seine Orientierung am exzessiven Konsum trotz alkoholbedingter Grenzerfahrungen unverändert bleibt. Zwar findet er den Umstand des gesundheitlichen Schadens nicht erfreulich, sein Handeln zeigt aber keine wirkliche Veränderung in seiner Orientierung.

Zusammenfassend kann festgehalten werden, dass eine Alkoholintoxikation sowohl eine körper- als auch eine sozialregulierende Dimension im Hinblick auf die Veränderung des Konsums haben kann. Für Jugendliche bedeutet eine Intoxikation einen Kontrollverlust in beiden Dimensionen, an denen sich gleichzeitig auch ihr Handeln orientiert. Für ihre Orientierungen bedeutet die Intoxikation so auch eine Erfahrungserweiterung um eine qualitativ neue Eskalationsstufe. Veränderungen des Umgangs mit Alkohol werden an diesen Eskalationsstufen bemessen und in Relation gesetzt. Typisch für die Bewertung der Konsequenzen der Intoxikation scheint auch die Relationierung der gemachten exzessiven Alkoholerfahrungen zu den subjektiv relevanten gesellschaftlichen Normalitätsvorstellungen im Umgang mit Alkohol.

5.8.4 Normative Distanzierung von der (konsumierenden) Peergroup

Alkoholkonsum im Jugendalter findet zumeist in der Peergroup statt. Auch Wendepunkte im Umgang mit Alkohol haben daher häufig Bezug zu den Peergroups. Der subjektive Bezug zur Peergroup dient Jugendlichen auch zur Erklärung, Begründung und Kontextualisierung ihres Konsums. Veränderungen im Umgang mit Alkohol werden daher auch an Veränderungen der Peergroup bzw. am persönlichen Bezug zur Gruppe bemessen, bewertet oder auch inszeniert. Formulieren Jugendliche zur Erklärung ihrer Konsumveränderung Wendepunkte des Konsums, kommen darin normative Formen der Positionierung zur Gruppe und Gruppenpraxis zum Ausdruck. Das verwundert nicht, denn die Konsumpraxis der Gruppe entspricht entweder der eigenen Konsumpraxis oder erfordert zumindest eine gewisse subjektive Begründung des Nichtkonsums, seien dies Motive des Trinkens oder die soziale Rolle in der Gruppe. Eine besonders auffällige Form solcher Positionierung stellt die normative Distanzierung von der (konsumierenden) Peergroup dar, die als Wendepunkt und Erklärung der Veränderung des Konsums präsentiert wird. Im

Folgenden sollen genau diese wendepunktartigen Veränderungen veranschaulicht werden.

Am Beispiel von Jana lässt sich nachzeichnen, wie die sich steigernde oder verändernde Trinkpraxis in der Gruppe zur Ablehnung des Konsums und zur Distanzierung von den Peers geführt hat.

I: (1) Du hast jetzt erzählt, ähm, damals und auch noch von Leuten, mit den du da zu tun hast, kannst du mir noch so 'n bisschen mehr aus der Zeit erzählen?
J: (2) Ähm (1) ja wie gesagt, ich bin immer mit älteren rumgehangen,//mhm// also es war schon immer so. Ähm ich hatte immer ältere Freunde, die auch ähm schon viel reifer waren als ich (1) und ähm, ja, durch durch die habe ich dann halt auch ähm viele Sachen schon viel früher gemacht, als vielleicht andere Mädels in meinem Alter. (1) Und ähm (1) ja man man schaut sich das eben, gerade in dem jungen Alter damals, ähm, schaut man sich das so von von seinen Freunden ab, >>Okay, was machen die jetzt?<< und >>Die Trinken. Ah okay, ich will auch mal<< und ähm, ja, das habe ich dann halt 'ne Zeit lang gemacht, ähm, bi- bis ich dann echt irgendwann mal so gemerkt hab', das ist nicht gut,//mhm// das tut mir selbst nicht gut, ähm, ich möchte es einerseits auch überhaupt nicht. (1) Und ähm andere Seite bin ich viel zu jung.//mhm// Und ähm ich hab' dann auch, ((tiefes Luftholen)) ähm mit den ganzen Leuten dann auch nach kurzer Zeit auch schon Kontakt abgebrochen, weil ähm meine Freunde dann nicht mehr geraucht haben, Alkohol getrunken haben, sondern dann auch die Zeit kam, wo die angefangen haben zu kiffen//mhm// und Drogen zu nehmen. ((Kinderstimmen und Lärm)) (3) Und Drogen zu nehmen//mhm// und das war dann so 'n Punkt, äh, bei mir, wo ich gedacht habe, ähm, (..) will ich nicht mehr, mit solchen Leuten möchte ich nicht mehr zu tun haben,//mhm// das ist ein falscher Umgang für mich. Das sind keine richtigen Freunde und ähm solche Leute (2) rutsche ich einfach nur noch ab und das möchte ich eben nicht.//mhm// Und das war dann so der Punkt, wo ich gesagt habe >>Nee, jetzt nicht mehr<<.//mhm, mhm//
(…)
Ähm als ich dann, wo der Punkt war, wo ich dann gesagt habe >>Ich möchte nicht mehr<<, war dann, einmal war es eben der Fall, dass die Mädels, also meine Freundinnen, sehr besoffen waren und dass sie dann echt äh Sachen gemacht haben, die sie ohne Alkohol niemals gemacht//mhm// hätten. Und als ich das dann gesehen habe, wie die sich so verhalten haben im im besoffenen Zustand und wie die miteinander umgegangen sind und was für Sachen die gemacht haben, das hat mir dann so gezeigt: Das möchte ich nicht.//mhm// Das das möchte ich auf gar keinen Fall. Weil ich finde, Alkohol verändert Menschen,//mhm// gerade wenn man zu viel trinkt. (1) Ähm (1) man ist teilweise einfach nicht s- (1) also sich selbst und (1) ähm dann wollte ich nicht mehr.//mhm// Und dann habe ich auch zu meinen Freunden gesagt, dass ich das nicht mehr möchte dieses ständige Alkohol trinken,//mhm// Rauchen, ähm, in Clubs gehen und keine Ahnung,//mhm// dass mit das einfach zu viel wird und dass ich das nicht für richtig halte. Das haben die mir jetzt dann auch ähm eigentlich gut aufgefasst,// mhm// die waren auch gar nicht sauer auf mich oder so. Die haben das verstanden und ähm (2) durch mich, dadurch, dass ich mich von dieser Gruppe ähm so, wie soll ich sagen, (1) äh getrennt habe,//mhm// ähm, das hat auch 2 andere Freundinnen von mir auch zum Denken gebracht.//okay// Und die haben dann auch (1) nach kurzer

5.8 Konstruktion von biografischen Wendepunkten (John Litau)

Zeit eigentlich schon, ähm, (1) begriffen, dass es nicht gut ist//mhm, mhm// äh dieses Alkohol. Okay, vielleicht mal Trinken zu gehen//mhm//, mal ein Glas irgendwie mal irgendwie in der Bar ging so sowas schon, aber dieses Dauersaufen//mhm// so, dieses richtige Saufen//mhm// so, nur noch am Trinken sein, nur noch an der Flasche hängen. Und die haben dann auch eingesehen, dass nicht fal- äh dass es falsch ist und ähm haben dann eigentlich teilweise auch damit aufgehört.//mhm, mhm// Also wenn sie (1) ab und zu mal Trinken gehen, dann vielleicht ein, zwei Gläser//mhm//, aber mehr nicht.//mhm, mhm// Die haben das echt dann so in Grenzen gehalten.//mhm, mhm// Ja. (Jana, P2, 33–118)

Jana bezieht sich zunächst auf eine Zeit vergangener Peererfahrung mit Alkohol, in der sie die Konsumpraxis ihrer Peergroup bis zu einem gewissen Grad akzeptiert und geteilt hat. Diese Konsumzeit bewertet sie (an anderer Stelle) als eine schöne Zeit mit vielen neuen Erfahrungen, die ihr Spaß gamacht haben. Viele dieser Erfahrungen hat sie bereits früher gemacht als „andere Mädels" in ihrem Alter. Sie grenzt sich damit zum einen bereits von ihrer damaligen Peergroup ab bzw. verweist auf eine gewisse Sonderstellung innerhalb der Gruppe, stellt andererseits aber auch ihre frühe Reife dar. So hat Jana „dann halt 'ne Zeit lang" mitkonsumiert bis sie realisiert habe, dass es ihr „selbst nicht gut" tut und sie es außerdem überhaupt nicht möchte. Als Gründe führt sie ihr zu junges Alter an, aber auch, dass der Konsum in der Gruppe sich auf illegale Drogen ausgeweitet habe. Diese für ihren weiteren Verlauf gravierende Erkenntnis macht sie konkret an einer Situation fest, in der sie mit einem gewissen Schrecken das Verhalten und den Umgang ihrer betrunkenen Freundinnen untereinander beobachtet habe und zu der Meinung gelangt sei, dass Alkohol Menschen verändere. Hier markiert sie ihren Wendepunkt, von dem an sie „mit solchen Leuten" nichts mehr zu tun haben wollte, weil sie einen „falschen Umgang" für sie darstellen.

Janas Konsequenz, ihren Konsum zu verändern, manifestiert sich in der Distanzierung von der konsumierenden Gruppe. Die Veränderung der Trinkpraxis verläuft bei ihr also parallel zur Veränderung ihrer Gruppenzugehörigkeit. Die Freundinnen ihrerseits haben die Nachricht „eigentlich gut aufgefasst" und „waren auch gar nicht sauer" auf Jana. So fühlte sich Jana von ihnen verstanden, was auch dadurch bekräftigt wurde, dass nach kurzer Zeit zwei dieser Freundinnen einen ähnlichen Erkenntnisprozess durchlaufen haben und so aktuell auch deutlich weniger und nur noch in bestimmten Settings („mal ein Glas … in der Bar") trinken, auf das „Dauersaufen" aber verzichten. Hier erhält Jana also auch soziale Bestätigung für ihre Distanzierung und ihren veränderten Konsum. Der Bezug zum aktuellen Konsum der Freundinnen ist gleichzeitig ein Verweis darauf, welche Konsumformen aktuell für Jana akzeptabel sind.

Durch die Distanzierung von der Gruppe verleugnet Jana nicht per se ihre vergangene Gruppenpraxis, sondern markiert eine Trennlinie zwischen früher und später, die auch als Wendepunkt der Veränderung ihrer Orientierungen interpretiert werden kann: einerseits die Peerorientierung über den Konsum eines noch jungen Mädchens, andererseits die Orientierung an Abstinenz und Gruppenunabhängigkeit einer nun erfahrenen jungen Frau. Damit entwirft sie ein kohärentes Selbstbild, in dem sich eine Entwicklung und ein Lernprozess darstellt, den sie durch ihre Distanzierung selbst angestoßen hat. Um diese Entwicklung als Lernprozess darstellen zu können, muss sie aber anerkennen, dass die geteilte Konsumpraxis mit der Gruppe eine schöne Zeit war, für die gerade der Alkoholkonsum eine wichtige Rolle spielte. Retrospektiv und in Bezug auf die aktuelle Konsumpraxis dient diese Erfahrung als Abgrenzungsfolie. Die Inszenierung einer mittlerweile erworbenen Trinkkompetenz macht es möglich, sich vom damaligen Verhalten und der bestehenden Orientierung abzugrenzen, ohne diese zu verleugnen. So kann Jana sich sowohl als reif im Hinblick auf den frühen Konsum inszenieren, aber gleichzeitig als „zu jung", wenn sie versucht zu begründen, warum sie plötzlich nicht mehr trinken wollte. Ihre Reflexion basiert folglich auf der Markierung von zwei Punkten, zwischen denen sich eine Wende ihres Trinkverhaltens vollzogen hat, und die sie versucht, auch rational zu begründen. Diese Konstruktion dient ihr wiederum dazu, sich aktuell als abstinent zu inszenieren. Denn ihre Abstinenz basiert auf ihren gemachten Erfahrungen und ist genauso gewollt, wie es die zurückliegende Konsumzeit war. Interessant ist dabei, wie sie die Akzeptanz der Peergroup für ihren Austritt darstellt, verstärkt durch den Einfluss, den ihr Entschluss auf zwei der Freundinnen hat. Dies scheint für die Legitimation der aktuellen Abstinenz besonders wichtig, und dokumentiert, wie riskant die Distanzierung von einer Gruppe im Jugendalter sein kann. Für Jana entsteht dadurch die Möglichkeit, sich auch ohne Alkohol sozial integrieren zu können.

Ein Kontrast findet sich bei Olga, die ihre Distanzierung von der Gruppe konfrontativer beschreibt. Dennoch geht auch bei ihr mit der Distanzierung eine Wende hin zu weniger Konsum einher.

> *I*: (1) Was war denn oder kannst du dich da noch erinnern, der Grund, warum du dann wirklich von den anderen weg bist? Woher das, gab's da?
> *O*: (2) Ja erstens wegen den Drogen und (1) weil (2) die haben halt echt extrem viel Scheiße gebaut.//mhm// Also die bauen jetzt meistens noch Scheiße. Die prügeln sich jedes Mal (1) und das wollen wir halt alles nicht. Wieso auch? Ich mein, davon kriegst nur Anzeigen, irgendwann musst dann halt in Knast//mhm// und dann ist dein Leben auch kaputt. (1) Und die meisten sind schon im Knast gelandet,//mhm// sind immer noch oder die meisten sind schon wieder draußen und machen trotzdem immer weiter (1) und das wollen wir halt alles nicht, weil wir sehen auch die lernen auch aus den ganzen Fehlern nicht und//mhm// (1) wir haben draus gelernt und die sollen halt ihr Ding machen und wir machen unser Ding.//mhm////mhm//

5.8 Konstruktion von biografischen Wendepunkten (John Litau) 251

I: Kannst du vielleicht mal noch so 'n bisschen was dazu erzählen, zu so 'ner Situation wo du gerade gesagt hast, ihr habt draus gelernt und die haben nicht draus gelernt? Kannst du dich da an was erinnern, wo das deutlich wird?
O: (1) Oh, keine Ahnung.//@// @Nee, nicht wirklich@. (1) Also wir haben halt irgendwann mal, ich weiß jetzt nicht genau, wie es war, also irgendwann mal, wir haben halt versucht, auch mit denen zu reden,//mhm// wir haben gesagt >>Haja wollt ihr nicht euer Leben irgendwie langsam in Griff kriegen? Weil das Rauchen und der ganze Alkohol, das macht euch doch voll dumm und (1) ihr seid voll faul und ihr macht nichts<< und was weiß ich und dann haben die gesagt >>Haja, ihr seid jetzt nur, weil ihr nicht raucht, total dagegen. Ihr seid gegen uns<<, dann haben wir gesagt >>Nee, ihr könnt von uns aus das weiter machen, wenn's euch Spaß macht, bloß wir haben's halt eingesehen, dass es nichts bringt. Du bist faul, du willst nichts machen, du (1) okay, ist zwar echt cool, wenn du geraucht hast, aber es bringt doch nichts, ich meine, du musst doch auch irgendwie dein Geld verdienen und mit den Drogen kannst dein Geld auch nicht machen,//mhm// wenn man dich erwischt, dann sitzt' auch im Gefängnis<< und was weiß ich und dann haben die auch gesagt >>Ja, ist doch unser Problem<< und dann habe ich gesagt >>Ja, das ist euer Problem, deswegen machen wir jetzt unser Ding und ihr macht euer Ding.<< //mhm////mhm// Ja und jetzt ist halt auch so.//mhm////mhm//. (Olga, P2, 731–760)

Ähnlich wie oben bei Jana, vollzieht sich auch bei Olga die Veränderung der Konsumpraxis durch die Distanzierung von der konsumierenden Gruppe. Auch Olga partizipierte eine gewisse Zeit an dieser Konsumpraxis, hat aber auf Grund der sich verändernden Konsummuster der Gruppe hin zu illegalen Drogen ihre Einstellung verändert. Ähnlich wie bei Jana stellte der Alkoholkonsum in der ersten Erfahrungs- und Erprobungsphase noch ein gewolltes Mittel zum Zweck dar. Die Freizeitpraxis in der Peergroup war dabei um die Organisation und den Konsum organisiert und befeuerte sie, solange damit neue Erfahrungen ermöglicht wurden oder zumindest ein solches Gefühl erzeugt wurde. Zunehmend diversifizierte sich die Konsumpraxis in der Gruppe: bei einigen kam der Konsum von illegalen Drogen hinzu, bei anderen dagegen, wie bei Olga, gab es die Tendenz zu einem gemäßigteren Konsum. Hier ist der Moment von Olgas Wendepunkt zu verorten. Während einige Jugendliche sich der veränderten Konsumpraxis ihrer Peergroups anpassen, scheint dies bei anderen Jugendlichen einen Reflexionsprozess in Gang zu setzen, im Zuge dessen sich ihre autonome Konsumpraxis herausschält. Olga hat in dieser persönlichen gruppen- und konsumbezogenen Umbruchphase erfahren, welche Konsequenzen regelmäßiger starker Konsum von Alkohol und Drogen haben kann. Sie bezieht sich dabei auf gescheiterte Biografien von Peers, die im Knast gelandet sind, und solche, die selbst nach der Entlassung keine Konsequenzen aus ihrem folgenreichen Verhalten ziehen konnten. Olgas Wendepunkt in ihrem Trinkverhalten basiert daher auch auf der abschreckenden Wirkung dieser Beobachtung. Mit Alkohol und Drogen assoziiert sie so eine Gefahr für ihre Freiheit und ihre Lebensperspektive. Vor ihrem Wendepunkt dagegen war ihre Assoziation mit Alkohol durchaus positiv. In Olgas aktueller Perspektive dokumentiert sich, dass der Umgang mit Alkohol erfahren, durchlebt und erlernt werden *muss*, um ihn entsprechend sich wandelnden Entwicklungen anpassen zu können. Nichtanpassung, also keine Veränderung des Konsums, bedeutet eine potenzielle Gefahr. Der geschilderte Wendepunkt verdeutlicht, wie Olga zu dieser Erkenntnis gelangt ist, wie sie also durch Aufrechterhaltung von Handlungsfähigkeit gelernt hat sich subjektiv funktional anzupassen. Handlungsfähigkeit zeigt sich bei ihr durch das Partizipieren an der Gruppenpraxis, durch den Wendepunkt einer veränderten Konsumpraxis, durch die Distanzierung von der stark konsumierenden Gruppe. Diese erfolgt ähnlich wie bei Jana zusammen mit der Freundin.

Ein maximaler Kontrast lässt sich am Beispiel von Maria darstellen. Marias Wende ereignet sich nach einer konsequenzenreichen Schlägerei. Die Wende im Hinblick auf ihre Konsumveränderung beschreibt sie jedoch an der Distanzierung (und teilweisen Wiederannäherung) von der Gruppe.

> Und dann bin ich dann ähm an mein 18., da hab' ich meinen 18. nachgefeiert, nach einer Woche oder so, an einem Freitag. Waren wir alle an [Kneipe/ Restaurant] und haben was getrunken und so. Und dann bin ich mit 2 Freundinnen an [Fastfoodkette] gegangen und ähm hatte da äh Konflikt gehabt mit ein Mädchen. Und dann, durch den Konflikt, weil ich besoffen war, wieder @, bin ich, ähm, hatte ich 'ne Schlägerei und die war heftig und die hat äh Nasenbruch gehabt und ähm Schädelhämatom gehabt,// mhm// also alles. Und in dem Moment ähm hab' ich gesagt >>jetzt reicht's<<, weil ich dann nochmal vor Gericht musste//mhm// und ich hatte dann 10 nach 2 Jahre Bewährung bekommen. 10 Monate auf 2 Jahre.//mhm// (1) Und dann hab' ich äh 60 Arbeitsstunden bekommen und dann halt äh Täter-Opfer-Ausgleich//mhm// musste ich machen. Und an dem Tag habe ich dann gesagt, dass ich äh nicht mehr so viel trinken und dass ich mich von den Leuten fern halte und dadurch bin ich hier nach [Stadt2] umgezogen. Hab' mir 'ne Wohnung gesucht, (2) mit mein Bruder zusammen, weil er hat gesagt, das geht nicht mehr mit meinen großen Bruder. Hat gesagt, jetzt ist vorbei. Und ähm dann haben wir zusammen als in [Stadt2] 'ne Wohnung gesucht, dass ich von den Leuten weg komme. Und dann bin ich von den Leuten weg gekommen, bin ich nach [Stadt2] umgezogen. Und da kannte ich ja nicht so viele. Also ich hatte eigentlich mein eigenes Leben da. Ich kannte vielleicht 2 Leute, mehr nicht.// mhm// Und die waren halt bisschen anders, nicht auf vielleicht mal feiern gehen, nach [Stadt3] zur Disko, aber nie besoffen zu sein und sich zu schlagen und so, gab's gar nicht. Und hat sich halt vieles bei mir geändert. Und dann nach ähm so halbes Jahr hatte ich dann immer noch Kontakt, so mit telefonieren und so mit meiner alten Clique.//mhm// Und dann ist halt eine, ist halt die Clique auseinander gegangen, eine ist schwanger geworden mit 17, die andere ist auch schwanger geworden. Halt, und andere wegen Drogen, waren da in [Stadt4], weil da ähm hängen geblieben ist. (1) Und ähm manche haben, waren im Knast. (1) Und jetzt haben die ihr Leben auch jetzt im Griff. Haben jetzt Arbeit und so, haben sich auch von den Leuten entfernt. Und ja, andere sind Vater geworden mit äh mit meiner Freundin, waren auch im Knast davor.

5.8 Konstruktion von biografischen Wendepunkten (John Litau)

Sind jetzt auch, einer ist gerade raus gekommen. Halt, vieles ist passiert. Man kriegt halt trotzdem mit. Und dann der eine ist jetzt vor kurzem vom Knast raus, jetzt ist er wieder drinne. Der andere ist auch vom Knast raus, wieder drinne. Manche lernen's nicht, manche wollen's nicht lernen. Ja und dann bin ich hier her gezogen und dann gab's hier auch Cliquen mit Alkohol viel, mit Drogen. Dann gab's wieder 'ne Zeit bei mir, wo ich wieder bisschen mehr wieder genommen hab', dadurch andere Leute kennen gelernt hab'. Und dann gab's wieder Zeiten, wo ich gesagt hab', ich ziehe mich wieder zurück, weil sonst fängt das gleiche Spiel genauso wie äh in [Stadt1] wie hier an. Und dann hab' ich mich auch von den Leuten entfernt. (2) Und ja, was soll ich noch dazu sagen? @ (1) Ähm ja, jetzt hab' ich hier Freunde halt, Freunde wo ich weiß, wo Freunde sind und ähm hier sind ähm Freunde, wo ich sagen, ja geht. (Maria, P2, 13–65)

Maria beschreibt mehrere situative sowie eine kontinuierliche Veränderung ihres Trinkverhaltens. Die situativen, wendepunktartigen Veränderungen macht sie an biografisch relevanten Momenten fest, in denen entweder ihr Konsum eskalierte oder die exzessive Konsumpraxis schwerwiegende Konsequenzen nach sich zog. Am prägnantesten formuliert Maria den Vorsatz ihren Konsum zu ändern, nach der Schlägerei im Schnellrestaurant, die zu einer rechtskräftigen Verteilung führte. Trotz dieser markanten Selbstinszenierung als einen von da an geläuterten Menschen greift Maria in ihrer Selbstdarstellung immer wieder auf den Modus einer wendepunktartigen Veränderung zurück, weil auch ihr Trinkverhalten weiterhin zwischen exzessiv, gemäßigt und abstinent pendelt. Wie der Konsum phasenweise konkret ausfällt, scheint bei ihr immer davon abhängig zu sein, in welchen sozialen Peerkontexten sie sich jeweils in diesen Phasen bewegt. Sie scheint extern gesteuert zu werden, folglich inszeniert sie auch die Veränderung ihres Trinkverhaltens stets als Wechsel des Wohnortes. Zusammengenommen zeigt sich bei Maria eine kontinuierliche Veränderung, durch die sie gelernt hat, wen sie heute tatsächlich zu ihren Freunden zählen kann und wen nicht. Diese Entwicklungsperspektive ist für Marias Orientierung deshalb so wichtig, weil sie ihre jeweilige Gruppenzugehörigkeit als Grund für verantwortungsvollen (bzw. verantwortungslosen) Konsum inszeniert. Folglich ist auch nicht eine kontinuierliche Reduzierung oder Abstinenz Marias treibende Kraft. Ihre Orientierung beruht auf der Zugehörigkeit zu einer Gruppe, aber gleichzeitig auf der Vermeidung eines exzessiven Konsums und besonders damit zusammenhängender negativer Folgen. Das ist vermutlich auch das, was sie selbst als ihren Lernprozess interpretieren würde und was sie, ähnlich wie Olga, in ihrer Argumentation deutlich macht: dass einige ihrer Peers nicht aus ihren Fehlern gelernt haben oder nichts lernen wollen. Maria ist es wichtig zu betonen, dass sie immer wieder etwas aus ihren Fehlern gelernt habe, indem sie beispielsweise immer wieder bewusst den Wohnort und/oder den Freundeskreis gewechselt habe. Auch wenn diese Wohnort- und Peergruppewechsel teilweise wie eine Flucht anmuten, zeigt sich in dieser Argumentation ihre Lernmotivation, weiterhin (vermutlich nach dem „trial and error"-Prinzip) ihre Kompetenz in der Steuerung von starken und schwachen Konsumphasen auszubauen. Funktioniert das nicht, „entfernt" sie sich erneut von der entsprechenden Peegroup, in der getrunken wird. Schließlich kann sie aktuell resümieren, dass sie „kein normales Leben" in einer exzessiv trinkenden Gruppe führen kann, folglich ein „eigenes Leben" für sie nur ohne eine starke Eingebundenheit in einen Gruppenkontext möglich ist. Ihre Konsumpraxis orientiert sich weiterhin an ihren Peerkontexten. So ist es zentral für sie ihre Peers einzuschätzen zu können im Hinblick darauf, welchen Einfluss sie auf ihr Trinkverhalten haben.

Zusammenfassend kann herausgestellt werden, dass für Jugendliche in der Regel nicht der Konsum an sich im Vordergrund ihrer Freizeitpraxis steht, sondern dessen Relevanz stark durch die soziale Interaktion in den Peergroups vermittelt ist. Für die Veränderung des Konsums bedeutet das, dass, wenn der Konsum zu einnehmend wird (z. B. zu intensiv oder durch Nichtakzeptanz des Verhaltens der Peers) oder seinen Reiz bzw. seine Funktion verliert, sich ein Bedürfnis nach Anpassung des Konsums entwickeln kann. Das kann auch bedeuten, dass die Ansprüche an die Konsumpraxis sich verändert haben, was wiederum mit biografischen Veränderungen zusammenhängen kann. Die Kopplung von Konsum- und Peerpraxis macht zur Regulierung des Konsums eine Anpassung der Gruppenpraxis notwendig. Die Distanzierung von der Gruppe ist dabei eine authentische Form der Bewältigung der Gruppenpraxis, mit der ein autonomes Selbstverständnis markiert wird.

5.8.5 Distanzierung von Suchtverhalten

Wendepunkte der Konsumpraxis lassen sich in konkrete Erfahrungen im Umgang mit Alkohol und deren Reflexion durch Jugendliche zergliedern. Hier spielen in der Regel nicht nur die selbst gemachten Erfahrungen eine Rolle, sondern auch die beobachtete Trinkpraxis von Peers, Familie oder anderen (signifikanten) Konsumenten. Ebenso scheint auch die eigene Wahrnehmung durch Dritte dabei eine wichtige Rolle zu spielen. Jugendliche neigen dazu, den eigenen Konsum im Verhältnis zu anderen zu relativieren und den Konsum der anderen deutlich drastischer wahrzunehmen als den eigenen. Wendepunkte der Konsumpraxis scheinen an den Momenten rekonstruierbar, an denen die eigene Konsumpraxis von einer problematisch bewerteten Konsumpraxis anderer abgegrenzt wird. Der Wendepunkt kann sich dabei als Reaktion auf eine suchtgefährdete Erfahrung oder als präventive Maßnahme ereignen, um mögliches Suchtverhalten durch eine Änderung des

5.8 Konstruktion von biografischen Wendepunkten (John Litau)

Trinkverhaltens zu vermeiden. Die Auseinandersetzung mit dieser problemhaften Konsumform zeigt Orientierungen im Hinblick auf den Umgang mit Alkohol, die im Folgenden veranschaulicht werden sollen.

Ein Wendepunkt der Konsumpraxis über die Distanzierung von beobachtetem Suchtverhalten kann zunächst sehr anschaulich am Beispiel von Anna verdeutlicht werden.

> *I*: (1) Ähm am Anfang hast du mal erzählt, also das war irgendwann ziemlich Eskalation//mhm// mit 'm Alkohol. Ähm kannst du da was noch dazu erzählen?
> *A*: Ja diese Eskalation, das war so mit 13, 13-einhalb, wo das dann angefangen hat, äh nicht am Wochenende ganz arg viel zu trinken, sondern auch unter der Woche, Mittags//mhm// nach der Schule, wo's dann drum ging, 2 Wodka-Flaschen für eine Person oder dann sogar so 'ne Jacky-Flasche für eine Person oder hochprozentigen Schnaps, wo's dann (2) nach 'ner halben Stunde (2) lagen dann alle auf der Wiese und konnten sich kaum bewegen. Stroh-Rum war auch dabei, hat sie auch alle getrunken. (2) Ja. (2) Das fand ich, das war so die schlimmste Zeit, deswegen bin ich dann auch mit 14 ungefähr raus.
> *I*: (3) Was war für dich da ausschlaggebend oder warum sagst du, das war die schlimmste Zeit?
> *A*: (3) Weil ich da langsam verstanden hab' im, im Kopf, dass das (2) gar nichts nützt, so viel Alkohol zu trinken und dann kam aus ähm von Famil- von familiärer Seite aus, ähm, (1) meine Mutter ihr Freund, der war Alkoholiker und (1) da hab- ich das dann mitgekriegt. (2) Und (2) ich dann gesehen hab', wie wie kaputt der ist//mhm// und und er anfängt zu zittern oder nervös wird, wenn er keinen Alkohol hat. Hab' ich gedacht >>Das will ich nicht.//mhm// Und wenn ich so weiter mach', werd' ich auch so<<.//mhm, mhm//
> *I*: Kannst du dich an 'ne Situation erinnern, wo dir das so bewusst wurde?
> *A*: (1) Als ich den Freund von meiner Mama gesehen hab',//mhm// (2) wie sie ihn dann eigentlich therapieren wollte, dass er aufhört so viel zu trinken und ihn dann da sitzen lassen hat mit Wasser und er hat dann angefangen zu zittern, zu schwitzen, wurde nervös (2) und dann auch leicht aggressiv. (1) Als ich das gesehen hab', hab' ich gedacht: >>Hm, hm, will ich nicht mehr<<.
> *I*: (1) Was ging dir da durch den Kopf?
> *A*: (2) Schlimm, das sah, das sah schlimm für mich aus und da hab' ich, hab' ich so nachgespielt in meinem Kopf, wie wie es wäre, wenn ich so irgendwann aussehe, ob ich dann überhaupt meinen Realschulabschluss pack' oder ob ich dann überhaupt 'ne Ausbildung krieg'. (2) Na.//mhm, mhm//. (Anna, P2, 207–336)

Annas Wendepunkt ist gekennzeichnet durch zwei Veränderungen bzw. persönliche Entwicklungslinien. Zum einen beschreibt sie die Zuspitzung ihres Alkoholkonsums im Alter von ca. 13 Jahren. In diese Zeit sei der Beginn einer veränderten Konsumpraxis in der Gruppe zu verorten, die nun auch unter der Woche und nicht nur an den Wochenenden in hohen Mengen konsumierte. Diese Phase bewertet Anna retrospektiv als eine schreckliche Periode. Im Alter von ca. 14 Jahren trat sie aus der Gruppe aus, weil sie in einer Art Bilanzierung realisiert habe, dass der hohe Konsum von Alkohol für sie keinen Nutzen habe. Zum anderen beschreibt Anna ihre Konfrontation mit der Alkoholthematik in der Familie durch den alkoholabhängigen Bekannten der Mutter, der für sie zum Sinnbild eines schlechten Ausgangs ihrer eigenen Konsumpraxis und auch einer gescheiterten Schulkarriere wird. Anna hat Einblick in die Folgeerscheinungen einer Alkoholabhängigkeit und beschreibt das hilflose Bemühen der Mutter, den Freund zu entwöhnen. In der Ohnmacht der Mutter verdeutlicht sich für Anna die Hoffnungslosigkeit dieses Unterfangens und gleichzeitig die latente Gefahr der Abhängigkeit. Die körperlichen und psychischen Ausfallerscheinungen werden zum abschreckenden Beispiel und haben entscheidend zu ihrer Umorientierung beigetragen.

Annas Wendepunkt und ihr aktuelles Wissen im Hinblick auf den Umgang mit Alkohol ist durch ihre Erkenntnis gekennzeichnet, dass der (exzessive) Alkoholkonsum dann riskant wird, wenn dieser normalbiografische Parameter wie Schule und Ausbildung gefährdet. Im Rahmen einer rein auf das Wochenende bezogenen Praxis tangiert der Konsum diese Relevanzen scheinbar nicht und wird von ihr darum auch erst dann als Gefährdung und Eskalation beschrieben, als der Alkoholkonsum als nicht mehr vereinbar mit diesen erscheint und sich veralltäglicht. In dieser Reflexion scheinen die Legitimation und die Begründung ihres aktuellen Konsums auf. Wie aus dem weiteren Verlauf des Interviews ersichtlich wird, beendet Anna nach einiger Zeit ihre Abstinenz, welche durch die Trennung von der Gruppe eingeleitet wurde, und setzt ihren Konsum fort. Diese neue Phase des Konsums charakterisiert sie durch deutlich reduziertes und zeitlich limitiertes Trinken. Problembehaftetes oder süchtiges Trinkverhalten steht also sowohl der Gruppenpraxis als auch den normalbiografischen Orientierungen entgegen.

Ein Kontrast zeigt sich zu Dimitra, die mit ihrer Partnerin in einen Konflikt bezüglich ihres Alkoholkonsums gerät, welcher rückblickend einen Wendepunkt ihrer Trinkbiografie darstellt.

> *I*: Du hast gerade gesagt, also sie hat sich auch da dran gestört, dass dass du viel trinkst oder oder//mhm// mehr trinkst. Kannst du dich da noch dran erinnern, wie das?
> *D*: Ja, sie hat mich als Alkoholikerin bezeichnet. (2) Und das hat mich extrem gestört, weil (2) das hat mich echt gestört. Also wirklich, das hat mich extrem gestört, dass sie mich so genannt hat, weil (2) als ich sie kennen gelernt habe, (2) ich hatte ja davor mit 15 hatte ich schon so 'n Absturz, aber danach war das halt so, dass ich jeder 2. Woche oder jeder 3. Woche am Wochenende 2, 3 Bier getrunken hab, ja, und ich fand das wirklich nicht viel. Also ich find's noch immer nicht viel. (2) Für Leute die Alkohol trinken.//mhm// Find' ich wirklich nicht viel. Also (1) abgesehen von damals, wie viel ich da getrunken habe', fand ich das nicht und die hat mich als Alkoholikerin bezeichnet, das hat mich dann gestört. Weil ich's wirklich nicht viel fand.//mhm// (1) Ja, dann hat sie mich als Alkoholikerin abgestempelt und dann (2) hat's mir gereicht

5.8 Konstruktion von biografischen Wendepunkten (John Litau)

und dann kam es immer so nach und nach, dass ich immer weniger, immer weniger getrunken habe. Ja.
I: Kannst du dich da noch an 'ne Situation erinnern, als sie das zu dir gesagt hat?
D: (2) Ja.
I: Kannst du da noch 'n bisschen was dazu erzählen?
D: Also, was soll ich da erzählen? Also sie hat's mir gesagt. (2) Und dann dacht' ich mir erst so >>Boa, was hast gerade eben gesagt?<< Also ich hab' es auch gesagt so >>Was hast gesagt?<< Und dann hat sie gesagt >>Ja du bist für mich, du bist 'n Alkoholiker<<. Ich so >>Nee, bin ich nicht<<. Und dann haben wir angefangen zu diskutieren erstmal, ja. (2) Und (1) ich hab' halt innerlich hab' ich mich so schlecht gefühlt. Weil's nicht, weil ich das nicht glauben wollte. (4) Aber sie hatte eigentlich, im Prinzip hatte sie schon Recht. Eigentlich, so indirekt hatte sie glaub' schon Recht. Wenn sie's mir davor gesagt hätte, ja, aber nicht in der Zeit, wo ich schon wenich weniger getrunken habe. (2) Ja. Aber das hat, das so 'n komisches Gefühl im Bauch hatte ich und alles und (2) ja, hab' mir ganz viele Gedanken gemacht.
I: Kannst du dich da noch erinnern, an diese Gedanken oder woher dieses Gefühl kam?
D: Das wollte ich gerade eben sagen. (1) Ähm (5) also meine Gedanken waren einfach so: >>[Dimitra], wenn du diese Beziehung noch lange willst, dann hör' auf mit 'm Alkohol, ja?<< (1) Weil sie mir echt wichtig war und (3) mein Gefühl, mein Gefühl war mein Gef- also es war so ein ganz komisches Gefühl, so, (4) wie wenn man so (1) so Eifersucht und Wut hat, hat man so ganz komisches Gefühl im Bauch und so hat sich's auch ungefähr angefühlt. (2) Ja.//mhm// (...) hätte sie's mir davor gesagt, paar Monate früher,//mhm// (3) dann hätte sie vollkommen recht. Also ich glaub', nicht mal da hätte ich's zugegeben, ja. (1) Aber jetzt mit meinen jetzigen Verstand und so heute, (2) sage ich jetzt, hätte sie's mir früher gesagt, hätte ich mit meinem jetzigen Verstand >>ja<< gesagt. Aber damals hätte ich bestimmt auch nicht zugegeben, dass ich ein leich- dass ich ein leichtes sage ich mal, ein starkes Alkoholproblem habe.// mhm, mhm// (2) Ja. (Dimitra, P22, 370–451)

Dimitra erzählt von einer Konfrontation mit ihrer Partnerin. Diese habe sie als Suchtkranke bezeichnet, was Dimitra sehr missfallen habe. Zur Erläuterung holt sie weiter aus und berichtet davon, wie viel und wie regelmäßig sie getrunken habe, bevor sie mit ihrer Partnerin zusammengekommen ist. In der Zeit der Beziehung habe sie dagegen bereits nur noch ein- bis zweimal pro Monat einige Bier getrunken, was sie als „wirklich nicht viel" empfand. Die Deklarierung als „Alkoholikerin" empfand sie als zu pauschal, was sie sich nicht gefallen lassen wollte, sodass sie „so nach und nach (...) immer weniger, immer weniger getrunken habe". Die Konfrontation mit der Partnerin konstituiert den Wendepunkt von Dimitras Konsumveränderung. Die Situation hat sie so aufgewühlt, dass ihr fast schlecht geworden ist. Dieses Gefühl im Bauch vergleicht sie mit Eifersucht und Wut – es ist undefinierbar, aber nachhaltig. Die Konfrontation selbst kommt im Interview in einer Erzählung zum Ausdruck, was ebenfalls auf die einschneidende Bedeutung dieser Situation verweisen könnte. Dimitra benennt zwei Gründe, warum sie so aufgebracht reagiert habe: zum einen, weil ihr die Beziehung zu ihrer Freundin sehr wichtig ist, und zum anderen, weil sie die Meinung ihrer Freundin nicht ganz teilen konnte. Interessant ist, dass sie ihrer Freundin zugestimmt hätte, wenn diese sich auf einen früheren Zeitpunkt ihrer Konsumpraxis bezogen hätte. Offensichtlich war Dimitra zu dem Zeitpunkt der Meinung, dass sie damals bereits weniger getrunken habe. Dennoch nahm sie sich die Auseinandersetzung zu Herzen und regulierte ihren Konsum dementsprechend nach unten.

Parallel zu ihrer Erzählung der Konfrontationssituation lässt sich in Dimitras Reflexion eine weitere Perspektivenveränderung rekonstruieren. So relativiert und relationiert sie ihre eigenen Perspektiven, indem sie ihre Einschätzung des eigenen früheren Trinkverhaltens korrigiert. Aus heutiger Perspektive müßte sie ihrer Freundin dann recht geben, wenn diese sich auf Dimitras frühere Konsumpraxis bezogen hätte, auch wenn sie damals nicht zugegeben hätte, ein Alkoholproblem zu haben. In diesen Kontrastierungen kommt ihre aktuelle Orientierung zum Ausdruck. Demnach problematisiert sie selbst ihren vergangenen Konsum, was früher eine Routine darstellte und eben nicht hinterfragt wurde. Erst die Konfrontation leitet diesen Perspektivenwechsel ein, aus dem nun auch das eigene Einstiegsalter und die hohe Trinktoleranz, die sie im jungen Alter erworben hat, nicht nur in Frage gestellt, sondern sogar verurteilt werden können. Für die Legitimation des aktuellen Trinkverhaltens muss sie offensichtlich die vergangene Praxis verurteilen, ja sich dafür schämen. Es kommt dadurch sehr schön ein Selbstverständnis als normale Konsumentin und nicht als problembehaftete Trinkerin zum Ausdruck, das heißt also eine Orientierung an der Ablehnung eines problembehafteten Konsums.

Zusammenfassend lässt sich festhalten, dass die Konfrontation mit Suchtverhalten zu nachhaltigen Wendepunkten der Konsumpraxis führen kann. Die darauf basierende Umorientierung beinhaltet die Abgrenzung zu alten Konsummustern und führt zu einer Orientierung an gemäßigtem Konsum bzw. zur Abstinenz. Sucht wird als potenzielle Gefahr des Konsums interpretiert. Mehr noch werden mögliche Folgen eines suchtgefährdeten bzw. regelmäßigen exzessiven Konsums als Gefahren für die normalbiografischen Relevanzen und Horizonte wie Beziehung oder Schule und Arbeit wahrgenommen.

5.8.6 Fazit

Die beschriebenen unterschiedlichen Orientierungen Jugendlicher in Bezug auf ihren Umgang mit Alkohol basieren auf den Erfahrungen, die sie mit Alkohol gemacht haben. Ein Muster, wie die Entwicklung der eigenen Konsumgeschichte nachgezeichnet wird, ist die wendepunktartige Veränderung des Trinkverhaltens.

5.8 Konstruktion von biografischen Wendepunkten (John Litau)

Es handelt sich dabei um eine subjektive Rekonstruktion, welche die Darstellung eines kohärenten aktuellen Selbstbildes ermöglicht und gleichzeitig eine Erklärungsfolie dafür liefert, wie man sich dahin entwickelt hat. Folglich überrascht es nicht, dass Wendepunkte im Umgang mit Alkohol verbunden sind mit Wendepunkten oder Veränderungen in der Biografie. Das kann von Jugendlichen auf aufkommende neue Relevanzen und Horizonte wie Beziehung und Partnerschaft bezogen werden. Das kann aber auch durch Bezugnahme auf neue Anforderungen erfolgen, welche beispielsweise das Berufsleben mit sich bringt, indem es bestimmte Möglichkeiten und Formen des Jugendlichseins nicht mehr zulässt bzw. verschiebt. Die Bezugnahme auf diese biografischen und konsumbezogenen Veränderungen kann so auch funktionalen Charakter haben, wenn zum Beispiel der Wendepunkt eine wichtige Stellung einnimmt, um den aktuellen Konsum oder die aktuelle Abstinenz zu legitimieren, wie in Bezug auf alle Wendepunkte ausgearbeitet werden konnte. Die Legitimierung des Konsums vollzieht sich dabei an der Abarbeitung an gesellschaftlichen Normen und Vorstellungen des Umgangs mit Alkohol. Das heißt, der Wendepunkt dient zwar als Erklärung, wie man zu der jeweiligen Erkenntnis und Konsumpraxis gelangt ist, die Begründung ist aber auch eine Auseinandersetzung mit gesellschaftlichen Normen. Dies ist vermutlich u. a. der speziellen Charakteristik des gesellschaftlich sensiblen und aufgeladenen Themas Alkohol geschuldet. Das betrifft Jugendliche im Besonderen, denn sie müssen sich nicht nur mit dem Thema auseinandersetzen, weil Alkohol in unserer Gesellschaft alltagstranszendierende Präsenz hat. Sie müssen sich gleichzeitig zu den gesellschaftlichen Konsummustern in Beziehung setzen können. Und auch dies zeigt sich exemplarisch sehr eindrucksvoll an den rekonstruierten Wendepunkten. Auffällig wird diese Feststellung, wenn Positionierungen zu alkoholbezogenen Grenzerfahrungen rückgebunden werden daran, welches Konsumverhalten als akzeptabler und welches als problematischer Konsum einzustufen ist. Es zeigt sich auch in der klaren Distanzierung des eigenen Konsums zu Suchtverhalten, welches man anderen attestieren kann und anhand dessen der eigene Konsum relativiert wird. Welchen Kraftakt Jugendlichen diese Balance zwischen gesellschaftlichen, familialen, peerorientierten und subjektiven Erwartungen und Möglichkeiten abverlangen kann, zeigt sich exemplarisch an den Wendepunkten, an denen sie eine normative Distanzierung von ihren konsumierenden Peers vornehmen. Hierin spiegeln sich genauso Verantwortung wie Verantwortungslosigkeit sowie Delegation für eigene Handlungen. Das heißt, Veränderungen im Umgang mit Alkohol werden besonders dann als Veränderungen wahrgenommen, wenn sie mit umfassenderen Veränderungen im Leben verbunden sind. Das lässt sich bis zu einem gewissen Grad auch an möglichen Verbalisierungsformen von Wendepunkten ablesen. Die dabei gebrauchten Metaphern deuten auf aufgezwungene Anpassung des Konsums. Gleichzeitig konnte im gesamten Kapitel im Detail nachgezeichnet werden, dass die Anpassung sich auch stark durch eigene Einsicht oder durch unbemerkte Veränderung der Konsumpraxis vollziehen kann.

5.9 Jugendlicher Alkoholkonsum und seine vielfältigen Bedeutungszusammenhänge

Die in diesem Kapitel dargestellten acht Typiken eröffnen einen Zugang zu impliziten Orientierungen der interviewten jungen Frauen und Männer. In konkreten Praktiken lassen sich Orientierungsrahmen identifizieren und damit differenziertes Wissen über Trinkpraktiken erschließen – ein Wissen, das gegenstandstheoretischen Charakter hat und das Phänomen des jugendlichen Alkoholkonsums sehr gut ausleuchtet. Gerade der methodologische Zugang der dokumentarischen Methode hat unsere bisherigen Ergebnisse aus dem Vorläuferprojekt vertiefen und erweitern können und uns zu konkreten Dimensionen der Handlungspraxis im Kontext von Alkoholkonsum geführt, welche in Kap. 5.1–5.8 ausgeführt wurden.

1. *Der Körper* wird im Kontext des jugendlichen Alkoholkonsums zu einem zentralen Medium mit ganz unterschiedlichen und teilweise sogar widersprüchlichen Funktionen: Toleranzentwicklung erfordert Desensibilisierung für immer höhere Mengen an Alkohol; sozial akzeptiertes Trinken wiederum setzt voraus, dass der Körper als Warn- und Kontrollinstanz vor exzessivem Konsum und als Seismograph für eine gute (Rausch)Regulierung funktioniert.
Jugendliche Trinkpraktiken suchen in vielfältiger Weise Lösungen für diese paradoxen Anforderungen an den Körper. Dadurch entsteht ein Erfahrungs- und Entwicklungsraum, der wiederum an soziokulturelle Konsumvorstellungen und -normen rückgebunden werden muss.
Alkoholkonsum ist für Jugendliche kein gesundheitsrelevantes Thema im pathogenetischen Sinn. Vielmehr zeigt sich in der Kommunikation über die körperlichen Reaktionen beim Konsum bzw. in den Regulierungspraktiken ein salutogenetisches Verständnis von Gesundheit, das – wie bei anderen Entwicklungsaufgaben ebenfalls – vor allem auf die Herstellung von Kohärenz abzielt.
2. Für Jugendliche bieten *bildungsbiografische Schritte* grundsätzlich Anlässe zur Reflexion ihrer Konsumorientierungen. Dabei werden potentiale Gefährdungen der Berufs- und Bildungskarrieren (auch) durch den (hohen) Alkoholkonsum wahrgenommen, und es wird beispielsweise in Form von Reglementierungen oder zeitlichen Verlagerungen des Konsums versucht, diesen bildungsbezogenen Ansprüchen nachzukommen – wenn auch unterschiedlich erfolgreich.

5.9 Jugendlicher Alkoholkonsum und seine vielfältigen ...

Passend zur Integration in Berufsbildungskontexte entwickelt sich ein neuer Trinkhabitus, der sich von jugendlichen Modi des Konsums abgrenzen lässt und eine ‚andere' Konsumorientierung in Bezug auf Menge, Konsumpräferenzen und grundsätzliche soziale Rahmung des Konsums andeutet. Trinken wird so zum ausgewiesenen Programmpunkt der Freizeit und damit auch neu bewertet, z. B. als Feierabendritual oder als Belohnung.

Gerade weil in den Interviews deutlich wurde, dass gelingende Bildungs- und Berufswege für junge Menschen hochrelevant sind, erlauben gleichbleibend hohe Konsumorientierungen grundsätzlich zwei Lesarten: Sie können als Anzeiger dafür gelesen werden, dass Jugendliche (noch) keine negativen Auswirkungen auf Bildungs- und Berufswege sehen und sich die Praxis des Konsums mit ihren Bildungsaspirationen vereinbaren lässt. Sie können jedoch auch Hinweise auf wenig zufriedenstellende und subjektiv wenig tragfähige bildungsbezogene Projekte geben.

Im Übergang in nachschulische Bildungskontexte fungiert Alkohol als soziales Gestaltungselement: Gemeinsamer Konsum rahmt kollektive Abschiede und Neuanfänge und wird von Jugendlichen als soziales Übergangsritual genutzt.

3. Die *Familie* bildet nicht selten den engsten Rahmen, in dem in eine Alkoholkultur einsozialisiert wird, sei es durch Beobachtung oder gemeinsamen Konsum. Dabei unterscheidet sich der Konsum in der Familie klar von dem in der Peergroup. Er ist in unserem Material im familiären Rahmen gemäßigter. Entscheidend ist hier aber vor allem die Funktion, die der Alkoholkonsum in der Familienkommunikation bekommt: Er stellt in unserer Auswertung ein wichtiges Aushandlungsthema im Kontext der Gestaltung von Familienbeziehungen dar. Dabei scheint präventive Kommunikation im familiären Rahmen, die auf gegenseitigem Vertrauen basiert, den Konsum stärker zu beeinflussen als restriktive, also eher sanktionierende Kommunikation. Kontroll- und Bestrafungsmaßnahmen von Eltern erscheinen vor diesem Hintergrund relativ wirkungslos und haben höchstens latent eine Bedeutung, wenn Jugendliche beispielsweise Strategien entwickeln, ihren Konsum (teilweise) zu verheimlichen, was einen bewussteren und verantwortungsvolleren Konsum erfordert, der das begleitende Risiko minimiert.

4. Das Thema Alkohol ist ein sehr niederschwelliges Gesprächs- und Interaktionsthema, über welches Jugendliche problemlos miteinander in Kontakt treten können. Durch die vielfältigen Rituale rund um den gemeinsamen Konsum von Alkohol wird es Jugendlichen möglich, den Kontakt zu potentiellen *Sexual- und Liebespartner_innen* herzustellen. Sodann ist spannend, wie die Übergangsbereiche Peergroup und exklusive Liebesbeziehungen miteinander vereinbart werden und welche Konsequenzen dies für die gruppenbezogenen Praktiken

und den Konsum hat: Die Aufnahme einer Liebesbeziehung kann zu einem entscheidenden Regulativ für den Umgang mit Alkohol werden. Zumindest war überall dort, wo uns von Liebesbeziehungen erzählt wurde, das Aushandeln eines adäquaten Umgangs mit Alkohol ein relevantes Thema.
Alkohol kann auch eingesetzt werden, um das Ende einer Beziehung zu verarbeiten. Dabei kann Alkohol sowohl zur persönlichen Bewältigung der neuen Lebenssituation beitragen als auch zu Reintegration in den Kontext der Peergroup genutzt werden.
5. Jugendliche nutzen den Umgang mit Alkohol, um ihre Freizeit zu gestalten. In kollektiven Rauscherlebnissen finden sie viele Anforderungen an eine gelingende Freizeit erfüllt. Insofern ist es wichtig zu fragen, wofür diese Form der gelingenden Freizeit steht bzw. was dies für Jugendliche bedeutet. So bietet der gemeinsame Konsum von Alkohol in der *Peergroup* ein vertrautes Aktionsfeld, er ist mithin ein Terrain, in dem Handlungssicherheit erfahren wird, was für die Bewältigung von Übergängen insgesamt eine Ressource darstellt. Gleichzeitig ist dies ein Feld für Kompetenzerweiterungen: Jugendliche müssen sich mit sozialen Rollen und Zuschreibungen in Bezug auf ihren Umgang mit Alkohol auseinandersetzen und können hierbei auch den Zugang zu einem erweiterten Rollenrepertoire erwerben.
Jugendliche zeigen in ihren Peergroups häufig kohärentes Verhalten. Dennoch kann im Hinblick auf die Dynamiken in der Peergroup nicht per se von offenem Konformitätsdruck oder gar Konsumzwang gesprochen werden. Aus den Erkenntnissen unserer Untersuchung scheint Konformitätsdruck vielmehr vor allem in subtiler Form aufzutreten.
6. Jugendliche setzen sich mit konsumbezogenen *Normalitäten* ihres Umfeldes auseinander und entwickeln auf diese Weise ihre eigene Handlungsorientierung – sowohl in der Abgrenzung als auch in der Aneignung der Konsumpraxis relevanter Anderer. Dabei bietet das Trinken von Alkohol in vielfältiger Weise Möglichkeiten, Zugehörigkeit zu erfahren und sich zu vergewissern: Was ist wann und in welcher Form ‚normal'? Für Jugendliche wird hier offensichtlich ein zentrales Bedürfnis nach Identifikation und Handlungssicherheit erfüllt.
Bezugspunkte für diese Normalitäten sind dabei komplex und vielfältig und einer steten Veränderung unterworfen. Sich verändernde relevante soziale Bezugsrahmen wie auch biografische Entwicklungen haben Einfluss darauf, was als ‚normaler' Konsum handlungsleitend wirksam wird oder als Abgrenzungsfolie dient. Stetige Aneignungs- und Vergewisserungsprozesse gehen mit dieser individuellen Positionierung einher und werden zur sozialen Anforderung, da veränderte Vorstellungen davon, was ‚normal' ist, wiederum an die

5.9 Jugendlicher Alkoholkonsum und seine vielfältigen ...

sozialen Bezugsrahmen rückgebunden und argumentativ ausgehandelt werden müssen.

7. Das Trinken erlaubt, sich in unterschiedlichen Konstellationen als *souveräne Akteur_in* zu inszenieren, sei dies in der direkten Intervention oder im aktiven Herstellen von Trinksituationen, sei dies im ‚Erfinden' eigener Rituale oder im Aneignen und Umwidmen bereits existierender Trinkgelegenheiten wie der Fasnet. Dabei strukturieren Jugendliche mithilfe des Alkoholkonsums nicht nur aktiv ihre (Frei-)Zeit, an vielen Beispielen lässt sich hierin auch ein Bewältigen und Gestalten schwieriger Übergänge beobachten. Darüber hinaus wird in Neupositionierungen sowie, hiermit verbunden, in Betonungen von Authentizität oder von Lernprozessen gegenüber einer Gruppenpraxis, die dann auch zur Folie für Abgrenzung vom Mainstream oder vom Rest der Gruppe werden kann, ein Akteur_innenstatus deutlich. Handlungsfähigkeit zeigt sich aber auch im Bewältigen und Gestalten von biografischen Übergängen durch Trinkpraktiken und in deren Verändern oder situativem Anpassen, um damit die Vereinbarkeit mit unterschiedlichen Anforderungen in den biografischen Übergängen zu gewährleisten. Implizit wird dabei die gesellschaftlich zugemutete Selbstverantwortlichkeit für diese Übergänge angenommen.
8. Die Darstellung von *Wendepunkten* im Umgang mit Alkohol ist verbunden mit Veränderungen in der Biografie, und umgekehrt: Biografische Veränderungen können Wendepunkte im Umgang mit Alkohol herbeiführen. Sie verweisen damit darauf, dass Veränderungen im Umgang mit Alkohol besonders dann als Veränderungen wahrgenommen werden, wenn sie mit umfassenderen Umbrüchen im Leben verbunden sind. Indem sich Jugendliche auf Wendepunkte im Umgang mit Alkohol beziehen, legitimieren sie ihre aktuell ausgeübte Trinkpraxis, und gleichzeitig arbeiten sie sich damit an gesellschaftlichen Normen und Vorstellungen des Umgangs mit Alkohol ab. Sie geben auch Hinweise darauf, welches Konsumverhalten als akzeptabler und welches als problematischer Konsum eingestuft wird.
Wendepunkte machen deutlich, dass Veränderung des Konsums sowohl durch Druck von außen angestoßen werden, sich aber auch durch eigene Einsicht oder durch unbemerkte Veränderung der Konsumpraxis vollziehen können.

Im Verlauf des Forschungsprozesses hat uns die Arbeit mit der dokumentarischen Methode zu einer wichtigen Differenzierungsnotwendigkeit geführt: Neben den Typiken, die einen eher gegenstandstheoretischen Charakter haben, insofern sie sich direkt auf die Praktiken des Trinkens und ihre Verbindung zu oder Vereinbarung mit benachbarten Lebensbereichen beziehen – so etwa die Typiken körperliche Regulierungen, Gestaltung von Peerzusammenhängen oder sexuelle Erfahrungen und Liebesbeziehungen –, existieren Typiken, die darüber hinaus Praktiken des Erzählens über das Trinken und Praktiken diesbezüglicher Selbstinszenierungen (Stauber 2004) beleuchten. Solche Praktiken des Erzählens finden sich in den *Bezügen auf Normalität*, der Darstellungen von *Handlungsfähigkeit* sowie der *Konstruktion von biografischen Wendepunkten*. Während also die in diesem Kapitel diskutierten Typiken interessante und bislang wenig beachtete Querverbindungen der jugendkulturellen Trinkpraktiken mit anderen Übergangsthemen aufzeigten, sehen wir bei diesen drei letztgenannten Typiken eine zweite Bedeutungsebene: Als Praktiken des Erzählens oder Inszenierungspraktiken erlauben sie das Herstellen generalisierbarer Zusammenhänge zum Umgang mit und zur Bewältigung von Anforderungen im Jugendalter.

Die damit markierte Unterscheidungslinie ist eine zwischen gegenstandstheoretischen und grundlagentheoretischen Erkenntnissen; die Notwendigkeit einer diesbezüglichen Differenzierung war ein zentrales Ergebnis unseres Forschungsprozesses und führt gleichzeitig zu einem nächsten Theoretisierungsschritt, der aktuell in einem Fortsetzungsprojekt ausgeführt wird.

Deutlich ist geworden: Obwohl unsere Analyse bei alkoholbezogenen Handlungsorientierungen ansetzt, gibt sie nicht nur in diesem thematischen Kontext Einblick in die lebensweltlichen Zusammenhänge und die entsprechenden Bewältigungsstrategien Jugendlicher. Vielmehr verweisen die Dimensionen auch auf andere lebensweltliche Praktiken Jugendlicher und damit auf generalisierbare Handlungsorientierungen, die der allgemeinen Bewältigung von Entwicklungsaufgaben und Übergängen im Jugendalter dienen (können).

Gleichzeitig zeigten sich neben den Orientierungsrahmen auch Orientierungsschemata, die auf eine Praxis der diskursiven Auseinandersetzung und Reflexion verweisen. Die Ergebnisdimensionen machen deutlich, dass Alkoholkonsum für Jugendliche sowohl im Selbstbezug als auch in der Auseinandersetzung mit gesellschaftlichen Normvorstellungen ein wichtiges Thema ist.

Auch wenn wir uns mit dieser Querauswertung auf der Ebene der Handlungsorientierungen bewegen, zeigen diese sich bereits als *dynamische* Praktiken und müssen als solche verstanden werden. Erste Hinweise darauf deuteten sich im Rahmen der einzelnen Typiken im Zusammenhang mit der familiären Rahmung des Alkoholkonsums oder der Bezüge auf Normalität an. Dieser prozesshafte Charakter steht im Mittelpunkt der nun folgenden Analyse, wenn die Längsschnittperspektive des Forschungsgegenstandes in den Fokus gerückt und diese Dynamiken anhand ausgewählter Ankerfälle nachgezeichnet werden.

Fünf Ankerfälle mit verschiedenen Verläufen   6

Die im Folgenden vorgestellten Ankerfälle legen eine Längsschnittperspektive durch unser Material. Die Auswertung erfolgte hierfür in mehreren Schritten: Zunächst wurde aus den gesamten Informationen aller drei Interviews eines Falls der jeweilige Lebenslauf rekonstruiert, wobei innerhalb der biografischen Entwicklung und der relevanten Übergänge die Entwicklung des Konsumverhaltens der Person im Vordergrund stand. Methodisch wurde dafür zunächst ein Gerüst der hierfür relevanten Fakten in chronologischer Abfolge erstellt, die aus entsprechenden Interviewstellen herausgearbeitet werden konnten. Dabei wurde in diesem ersten Schritt bewusst und so weit wie möglich versucht, auf Interpretationen des Materials zu verzichten. Methodologisch bedeutet dies, sich so weit wie möglich von den subjektiven Sinngehalten der Interviewaussagen zu entfernen und aus einer quasi „übergeordneten" Position die Lebensereignisdaten zu rekonstruieren, aber gleichzeitig weitgehend jede Deutung, Wertung und Bewertung des Materials zu vermeiden (vgl. Rosenthal 1995).

Für den zweiten Teil der Fallanalyse (Kap. 2) wurden zunächst die Eingangssequenzen aller drei Interviews detailliert untersucht, und zwar beginnend mit Interview 1 und weiter in zeitlicher Reihenfolge der pro Fall geführten Interviews. Dieser Analyseschritt erfolgte unter der methodologischen Prämisse, der zufolge Anfangssituationen ein besonderes Gewicht haben (Flick 1991, S. 157; Oevermann 2000, S. 98), weil die interviewte Person insbesondere hier eigene Relevanzsetzungen vornehmen kann, in denen die subjektiven Bedeutungskonstruktionen mit Hinblick auf die nachgefragte Thematik sichtbar werden können. So ergeben sich aus der Analyse der Eingangssequenz wichtige Anhaltspunkte für die nachfolgend vertiefte Bearbeitung des weiteren Interviewmaterials. In der Anfangssequenz lassen sich so oftmals bereits Kernthemen identifizieren, die sowohl vom Inhaltlichen her wie auch aufgrund ihrer sprachlich-diskursiven Präsentation Ansatzpunkte für eine erste Thesenbildung ermöglichen.

Die daran anschließende Analyse des gesamten Interviews (Sequenzanalyse, Herausarbeiten von zentralen Stellen, an denen sich die Kernthemen zeigen, welche für das Forschungsthema besonders relevant scheinen) ermöglicht dann eine vertiefte Prüfung dieser aus der Eingangssequenz heraus formulierten Annahmen anhand des Gesamttextes sowie die Herausarbeitung zusätzlicher, anfangs noch nicht aufscheinender Kernthemen.

Im nächsten Schritt werden auf dieselbe Weise auch die Eingangssequenzen von Interview 2 und 3 und nachfolgend jeweils das gesamte Interview untersucht, um weitere mögliche Kernthemen zu identifizieren, die für die befragte Person offensichtlich eine besondere Relevanz im Hinblick auf die Forschungsfrage haben. In sukzessiver Weise verdichtet sich somit von Interview zu Interview die Plausibilität der Kernthemen.

Auf der Grundlage der so aus den drei Interviewanalysen gewonnenen Kernthemen und ihrer vergleichenden Interpretation wird dann die Fallstruktur herausgearbeitet. Dazu werden plausible Thesen zu den subjektiv bedeutsamen Parametern und Zusammenhängen formuliert, mit denen die befragte Person ihre biografische Entwicklung und ihre lebensweltlichen Deutungsmuster konstruiert.

Die intensive Auswertung der Eingangssequenzen als Basis einer Thesenbildung für die Gesamt-Fallanalyse bietet den Vorteil, dass hierdurch auch eine bessere Kontrastierung der verschiedenen Ankerfälle möglich wird. In einigen Fällen genügt allerdings die Eingangssequenz eines Interviews solchen Anforderungen nicht oder nur unzureichend. Dann muss der Schritt einer ersten Hypothesenbildung aus der Eingangssequenz heraus übersprungen werden, bzw. es können allenfalls vorsichtige Vermutungen über etwaige Kernthemen formuliert werden, die anhand zentraler Stellen im weiteren Interviewverlauf überprüft werden müssen.

6.1 „Basti" (Gabriele Stumpp)

Mit Basti wurden drei Interviews durchgeführt, das erste, als er 17 Jahre alt ist, noch aufs Gymnasium geht und mit zwei Schwestern zuhause bei seinen Eltern wohnt. Beim zweiten Interview ist er 20 Jahre alt, hat das Abitur und den Wehrdienst hinter sich und studiert an einem von zuhause etwas entfernten Studienort im zweiten Semester Jura. Im dritten Interview, etwa ein Jahr später, studiert er noch immer am selben Ort Jura und hat sich erfolgreich für ein Stipendium für ein Auslandssemester beworben.

6.1.1 Biographische Entwicklung, Übergänge und Konsumverhalten

Basti wurde in einer Stadt mittlerer Größe geboren. Seine Eltern sind beide Akademiker, und er hat zwei jüngere Schwestern. Die Familie wohnt seit seiner Geburt immer am selben Ort und ist dort in ein großes soziales Netzwerk von engen Freunden eingebunden.

Basti bezeichnet seine Kindheit als schön und behütet. Mit seinen Eltern hatte er ein gutes Verhältnis, viel Unterstützung und genügend Freiräume. Er fühlt sich sehr verwurzelt in seinem Heimatort und mit den vielen Menschen, die er dort kennt und ihm viel bedeuten. Eine gute Beziehung hat er auch zu den beiden jüngeren Schwestern, teilweise haben sie auch einen gemeinsamen Freundeskreis.

Als kleines Kind besuchte er eine Krabbelgruppe und den Kindergarten, später die Grundschule und anschließend das Gymnasium. Diese Übergänge verliefen für ihn alle reibungslos, da er sich immer völlig eingebunden fühlte in seinen lebensweltlichen Bezügen und in einen Freundeskreis, den er seit frühesten Kindheitstagen kennt und der bis heute besteht.

Schwierigkeiten im schulischen Kontext hatte er nie. In der Grundschule war er wohl ein guter Schüler, im Gymnasium dann allerdings nicht mehr. Er hält dies jedoch in diesem Alter auch für normal, weil dann eben viele andere Dinge wichtiger sind als die Schule. Obwohl er damals in der Schule recht faul war, war seine Versetzung jedoch nie gefährdet.

Seine ersten Erfahrungen mit Alkohol machte Basti im Alter von 14/15 Jahren. Damals begann er, mit seinen Freunden an den Wochenenden zu trinken, vor allem Biergemische mit Schnaps und Wodka. Als durchschnittliche Konsummenge an einem Abend damals gibt Basti etwa sechs Bier an, dazu auch härtere Sachen, wie z. B. Wodka, den man sich teilte. Er beschreibt auch einige Events, wo es sehr exzessiv zuging, oder eine Ski-Woche, wo jeden Abend auf der Hütte sehr viel konsumiert wurde.

Mit 15 hatte er ein negatives Erlebnis, als er auf einer Klassenparty zu viel trank. Danach fuhr er noch mit dem Fahrrad nach Hause und musste sich dann in seinem Zimmer übergeben. Seitdem versuchte er, seinen Konsum so zu regulieren, dass er zwar einen „idealen" Rauschzustand erleben, aber solche Extreme körperlicher Reaktionen vermeiden konnte.

Basti spielte aktiv Fußball, weshalb er neben seiner Freundesclique (überwiegend Leute aus der Schule) auch noch mit seinen Sportkameraden in einer Gruppe zusammen war. Die beiden Gruppen überschnitten sich beim gemeinsamen Weggehen am Abend auch teilweise. Der Konsum von Alkohol gehörte in Bastis Gruppenkontexten einfach dazu, beim Ausgehen am Wochenende, bei Partys und gemeinsamen Ausflügen oder in der Disco. Durch Alkohol fühlte er sich lockerer, kontaktfreudiger und er konnte zusammen mit anderen mehr Spaß haben. Ausschlaggebend für seine Art zu konsumieren ist dabei von Anfang an die Gruppe, mit der er gerade zusammen ist. Wenn er mit einer Gruppe zusammen war, in der nicht viel getrunken wurde, dann passte er sich diesem Level auch an. Generell wurde in seinen Cliquen mehr getrunken, wenn nur Jungs unterwegs und keine Mädchen dabei waren.

In dieser frühen Phase des Alkoholkonsums kam es mitunter beim Trinken mit der Gruppe auch zu bestimmten Ausschreitungen, wie z. B. Schlägereien und Konfrontationen mit der Polizei, was er aber als „normales Jugendverhalten und nichts Ernsthaftes" einstuft.

Basti durchlebte dann auch eine Zeit, wo er mit anderen zusammen kiffte, so zum Beispiel mit Klassenkameraden vor der Mittagschule. Damit hörte er dann nach einigen Monaten ganz wieder auf; hierfür nennt er zum einen gesundheitliche Gründe, wie die Suchtgefahr und auch die Befürchtung negativer körperlicher Konsequenzen für das Fußballspielen. Zudem kam es durch das Kiffen auch zu negativen Reaktionen in seinem sozialen Netzwerk. So bat ihn seine damalige Freundin, er solle doch damit aufhören; und er schildert auch ein unangenehmes Erlebnis, als seine Mutter ihn und seine Kumpels beim Kiffen erwischte.

Mit etwa 16 Jahren hatte Basti eine Zeit lang eine Freundin, die er aber schon lange zuvor aus seinem vertrauten Cliquenkontext kannte. Er schildert die Beziehung, die etwa ein halbes Jahr bestand, als nicht besonders intensiv. Danach blieb er ohne feste Beziehung, hatte aber in seiner Freundesgruppe weiterhin engen Kontakt mit der früheren Freundin und auch anderen Mädchen.

Die Zeit um das Abitur beschreibt er als die schönste in seinem bisherigen Leben, wobei er auch hier die Gemeinschaft mit den Klassenkameraden in den Mittelpunkt stellt und den guten und engen Zusammenhalt betont.

Direkt nach dem mündlichen Abitur ging er für sechs Monate zur Bundeswehr. Damit erlebte er zum ersten Mal in seinem Leben einen wirklichen Einschnitt, da zum einen kaum einer seiner Freunde auch Wehrdienst machte und er zum anderen direkt am Tag nach der großen Abiturfeier einrücken musste. Während alle anderen ausgiebig und mit viel Alkohol feierten, musste er sich diesbezüglich zurückhalten und von der Feier weg auch schon um 22 Uhr nach Hause gehen.

Seinen Entschluss, zur Bundeswehr statt zum Zivildienst zu gehen, begründet er damit, dass er auch mal etwas Neues erleben und selbst die Erfahrung machen wollte, wie es dort zugeht. Bei der Bundeswehr war Basti dann zum ersten Mal in seinem Leben getrennt von seinem gewohnten Umfeld, seiner Familie und seinen vertrauten Freunden. Obwohl er sich freiwillig zu diesem Schritt entschlossen hatte, erlebte er diesen biografischen Einschnitt für kurze Zeit doch als schwierig oder zumindest befremdlich, denn zum ersten Mal befand er sich in einem Kontext, wo er überhaupt niemanden kannte und auch die Regeln des sozialen Umgangs ihm teilweise ganz fremd waren. Zumindest in den ersten Tagen erlebte er deshalb dort einige für ihn befremdliche Situationen, wie z. B. im Umgang mit Vorgesetzten und Dienstgraden.

Dieser Übergang war für ihn jedoch letztlich nicht wirklich problematisch, da es ihm auch in dieser fremden Umgebung innerhalb kürzester Zeit gelang, Kontakte zu knüpfen und sich in die Gruppe der anderen Rekruten zu integrieren. Durch dieses Gefühl von Integration wurden für ihn auch eher unerfreuliche Erfahrungen beim Bund erträglich als „geteiltes Leid".

So wie er sich grundsätzlich schnell und problemlos an die Gepflogenheiten des Umfelds beim Wehrdienst anpasste, so hielt er dies auch mit seinem Alkoholkonsum dort. Beim Bund trank er so gut wie nicht; hatte er an den Wochenenden oder im Heimurlaub frei und konnte nach Hause fahren, dann lebte er dort seine freie Nach-Abiturs-Zeit voll aus. Während er in der Kaserne war, hielt er sich jedoch an die Regeln und distanzierte sich damit auch von jenen, die sich nicht strikt daran hielten. Er betonte, lieber gar nichts zu trinken als nur ein „Feierabendbier" und wartete bis zum freien Wochenende, wo er dann zuhause mit seinen alten Freunden wieder „richtig" trinken konnte.

Nach der Bundeswehr hatte er zunächst noch einige Monate freie Zeit, bis sein Jurastudium zum Sommersemester begann. In dieser Zeit war er mehrere Wochen Skifahren mit seinen alten Freunden und genoss diese freie Zeit auch sehr, die er ja direkt nach dem Abitur nicht wie die meisten anderen gehabt hatte. In dieser Phase wurde dann auch im Kontext der gemeinsamen Aktivitäten sehr viel Alkohol konsumiert. Neben diesen vielfachen Gruppenaktivitäten mit gesteigertem Alkoholkonsum bewarb sich Basti in dieser Zeit an verschiedenen Universitäten und bekam dann für das darauffolgende Sommersemester eine Zusage für zwei Universitäten. Für seine letztendliche Wahl spielte es wohl auch eine Rolle, dass zwei seiner alten Freunde auch für diesen Studienort eine Zusage hatten.

Den Übergang von der Schule zum Studium hatte er insofern vorbereitet, als er sich am Ende der Schulzeit in Gesprächen mit anderen schon Gedanken über die Zukunft gemacht hatte. Für die Wahl seines Studiums spielten neben pragmatischen Faktoren (wie dem Studienort) letztendlich auch familiäre Gründe eine ausschlaggebende Rolle, da sein Vater Jurist war und ihm dieser Beruf aus der Erfahrung in der Familie attraktiv schien.

Somit brachte der Beginn seines neuen Lebensabschnitts als Student und in einer fremden Stadt für ihn kaum Übergangsschwierigkeiten mit sich. Trotz aller positiv erlebten Einbindung zu Hause empfand er es als positiv, nun an einem neuen Ort ein doch auch selbstständiges Leben zu führen, eine eigene Wohnung und mehr Freiräume zu haben als zuhause. Zudem war er zu Beginn des Studiums nicht komplett auf sich selber gestellt, da er mit seinen zwei langjährigen Freunden, die dasselbe Fach studierten, zusammen wohnte, und bemühte sich darüber hinaus – wie auch zuvor bei der Bundeswehr –, schnell wieder eine gute Integration in das neue soziale Umfeld zu erreichen. Er nahm an Veranstaltungen teil, wo es um das Kennenlernen ging, wie z. B. Hüttenwochenenden, Stadtrallyes und Feste. Dabei hatte der gemeinsame Alkoholkonsum für ihn auch eine wichtige Funktion bei der Kontaktaufnahme in dieser Phase. Er äußert dazu die Ansicht, dass man nirgendwo Leute besser kennen lernen könne als beim gemeinsamen Trinken. Damit hatte er schon recht schnell wieder genügend soziale Kontakte, um sich wohl und nicht mehr „fremd" zu fühlen. Für weitere neue Kontakte brauchte es dann schließlich auch gar keine speziellen Events mehr, da sich diese im Alltag des Studiums dann sowieso fanden und aus verschiedenen Kontexten heraus ergaben.

Nach dem ersten Semester gab einer seiner Freunde das Studium auf und zog aus der WG aus, später dann auch der andere. Dies war für ihn zunächst etwas schwierig, weil er sich das anfangs anders vorgestellt hatte, aber er arrangierte sich dann damit, nur noch in einer „Zweck-WG" zu wohnen und mit den Mitbewohnern nicht viel zu tun zu haben.

Das Studium gefiel ihm grundsätzlich gut, auch wenn er teilweise Klausuren „versiebte". Zunehmend lebte er sich immer mehr in die Anforderungen seines Studiums ein und nahm dafür auch Abstriche in Kauf. So hatte er z. B. ursprünglich vorgehabt, an der Universitätsstadt auch wieder aktiv bei einer Mannschaft Fußball zu spielen. Aber dazu blieb ihm dann letztlich zu wenig Zeit. Auch das Weggehen am Abend und der Alkoholkonsum wurden im Semester den Anforderungen des Studiums untergeordnet und im Wochenalltag stark reduziert, mit Ausnahme von speziellen Events wie Partys.

Basti befindet sich zum Zeitpunkt des dritten Interviews im 4. Semester und macht ein Praktikum in einer Anwaltskanzlei. Außerdem hat er sich erfolgreich für ein Stipendium beworben, um demnächst ein Auslandssemester zu absolvieren.

Obwohl er sich im Studium und dem sozialen Umfeld also problemlos und gut eingelebt hat, ist seine Hauptanbindung aber doch weiterhin das alte Umfeld seiner Heimatstadt. Er verbringt nach wie vor oft die Wochenenden und vor allem die Ferien und Urlaube mit der Familie und den Freunden aus der alten Clique, die auch immer wieder in die Heimatstadt zurückkehren. Mit seinen beiden Schwestern hat er täglich Kontakt per Handy. Somit hat sich sein soziales Umfeld durch das Studium nur erweitert, aber der alte Kern ist gleich geblieben und hat sich nicht verändert.

Am Anfang des Studiums war der gemeinsame Alkoholkonsum bei bestimmten Events im Studium für ihn vor allem ein „Türöffner" für neue Kontakte gewesen, jedoch auch da immer angepasst an die jeweiligen Anforderungen des Studiums. In den Phasen intensiven Lernens für Prüfungen reduzierte er sowohl das Ausgehen als auch den Konsum. Da sich die Studentenpartys eher unter der Woche abspielten, war von daher auch eine gewisse Begrenzung des Konsums gegeben.

Für gewöhnlich geht er nun mit einigen Kommilitonen allenfalls ein paar Mal unter der Woche abends weg und beschränkt den Konsum dann auf ein oder zwei Bier. Wenn er Auto fährt, trinkt er nur ein oder zwei Radler.

Jedoch gibt es auch im Semester spezielle Anlässe, wo es mehr werden kann, wie z. B. beim Juraball, bei dem er und seine Freunde sich dann „volllaufen lassen" und es dabei auch nicht beim Bier bleibt, sondern später auch härtere Sachen getrunken werden. Auch nach Klausuren wird teilweise gemeinsam getrunken, indem man gleich ein paar Kästen Bier im Auto mit an die Uni bringt. Im Praktikum, das er aktuell absolviert, geht er nach Feierabend noch gelegentlich mit einigen Bekannten etwas trinken. Alkoholkonsum gehört also auch im Studium durchaus zu seinem Alltag und zum geselligen Miteinander mit Kommilitonen, wenn auch mit starken Differenzierungen bezogen auf Anlässe und ausgerichtet an den Erfordernissen des Studiums, speziell in den Klausurphasen. Diese Konsumanpassung begründet Basti damit, dass er „den Fokus auf die Uni gelegt hat".

An den Wochenenden im alten Umfeld oder in den Ferien und Urlauben mit seinen Freunden zuhause ist sein Konsum allerdings höher als am Studienort, wobei er hier auch eine gewisse Differenzierung vornimmt, je nach Anlass und mit wem er unterwegs ist. Mit seinen Freunden beim Zelturlaub ist sein Konsum an einem typischen Urlaubstag relativ hoch. Dort wird dann auch tagsüber meist schon Alkohol getrunken, so dass es mitunter schon etwa 2 bis 3 Liter Bier pro Tag sein können.

Bei Familienfesten trinkt er allenfalls ein Bier zum Essen, aber wenn er danach mit seinen Cousins oder Freunden noch unterwegs ist, wird einiges mehr konsumiert. Ist er mit Freunden der Familie beim Skifahren, dann passt er auch hier den Konsum den Gegebenheiten an, die ihm probat erscheinen.

Somit hängt der Konsum bei Basti immer stark von den Gegebenheiten ab, also was gerade im Studium ansteht, ob er viel weggeht und in welchem sozialen Kontext er sich befindet. In den Ferien ist der Konsum eindeutig am höchsten. Das hängt teilweise auch damit zusammen, dass er am liebsten mit den Freunden aus der alten Clique trinkt, weil es mit diesen am meisten Spaß macht und dort die alte Vertrautheit in der Clique eine wichtige Rolle spielt.

Alkoholkonsum spielt offenbar für Basti auch im Kontext von Frauenkontakten eine Rolle. So kommt es beim Weggehen mit viel Alkoholkonsum durchaus mitunter zu Bekanntschaften, die dann in einen „One-Night-Stand" münden können. Eine feste Paarbeziehung ist aber derzeit kein wirkliches Thema für ihn, vielmehr äußert er sich hierzu nur peripher. So vermutet er, wenn „die Richtige" käme, dann würde er auch eine feste Beziehung eingehen, aber bisher sei dies eben nicht der Fall gewesen.

Basti hat sich auf einem gewissen Konsumlevel eingependelt, das zwar etwas unter dem höchsten Level der Zeit nach dem Abitur und vor dem Studium liegt, aber dennoch höher als zur Schulzeit ist. Dies sieht er selbst aber als ganz normale Entwicklung, da er mit der Zeit einfach mehr Erfahrung gewonnen habe und sich deshalb inzwischen als „ausgelernt" in Bezug auf den gekonnten Umgang mit Alkohol bezeichnen könne.

6.1.2 Kernthemen in den Interviews

Interview 1
Beim ersten Interview ist Basti 17 Jahre alt und konsumiert seit etwa drei Jahren regelmäßig Alkohol.

Auf die Anfangsfrage im Interview nach dem letzten Mal, wo er sich richtig betrunken habe, antwortet Basti gleich zu Beginn mit einer detaillierten Beschreibung eines Gruppenevents bei einer Ski-Woche. Dabei ging es auf der Ski-Hütte sehr exzessiv zu, sowohl in Bezug auf den Alkoholkonsum wie auch hinsichtlich extremer Begleitumstände im Kontext des Trinkens, wo ein Teilnehmer eine Kühlbox als Toilette benutzte und die Fäkalien von den anderen erst am anderen Tag entdeckt wurden:

> *I:* Okay. Wie lang wart ihr da unterwegs; also jetzt quasi Ski fahren, wie lang wart ihr?
> *B:* Eine Woche.
> *I:* Eine Woche, okay und ah, lief das jeden Abend so ab?
> *B:* Ahm, eigentlich ja, aber es gab halt einen kleinen Zwischenfall, ich weiß nicht, soll ich das auch erzählen?
> *I:* Ja, ja, klar.
> *B:* Scheiße, (gemeinsames Lachen). Der war aber hart.
> *I:* Okay.
> *B:* Also der hat, ah, ahm, an einem Abend, war halt wahrscheinlich noch so betrunken, dass er in die Küche geschissen hat.
> *I:* Auf den Boden, oder wie?"
> *B:* „Nee, in die (?)box rein, ich weiß nicht wer's war, aber, ahm, so dass wir darüber spekuliert haben, am nächsten Morgen ist einer neidappt, nach dem Ausflug, hat's gesehen und ist.
> *I:* Der hat das entdeckt, quasi.
> *B:* Der hat das entdeckt, hat dann 'ne Ansprache gehalten und dann haben wir an dem Abend Pause gemacht natürlich, völlig außer Rand und Band, aber dann ist's eigentlich die ganze Woche weitergegangen. (Basti, P1, 90–119)

6.1 „Basti" (Gabriele Stumpp)

Die Erzählung ist zwar nicht besonders lang und wird auch nicht gerade flüssig am Stück vorgebracht, so dass man zunächst vermuten könnte, ihm sei dieser Vorfall doch eher peinlich. Zieht man jedoch die Gesamtsituation der Interviewsequenz mit den nonverbalen Äußerungen auf beiden Seiten sowie die (etwas ungläubigen bis interessierten) Einschübe des Interviewers mit in Betracht, dann lässt sich die These von einer Verunsicherung des Interviewten nicht wirklich halten.

Zwar vergewissert sich Basti kurz beim Interviewer, ob er dieses Ereignis, das er als „ein kleinen Zwischenfall" definiert, wirklich erzählen soll. Vermutlich stellt er diese Frage bereits in einer Art, die auf etwas Unerwartetes und Erheiterndes schließen lässt, denn nach der positiven Rückmeldung diesbezüglich durch den Interviewer lachen beide gemeinsam. Damit führt Basti das Ereignis als etwas Lustiges ein, auch wenn er dann gleich darauf den „kleinen Zwischenfall" zusätzlich noch als „hart" einstuft. Wer genau für den „Zwischenfall" verantwortlich war, bleibt offen. Basti bezieht sich hier nur auf „der", er geht also vermutlich davon aus, dass es sich um eine männliche Person gehandelt haben muss, wobei offen bleibt, ob überhaupt Mädchen oder Frauen mit auf der Hütte waren. Offensichtlich war es auch ganz normal, dass man über den eventuellen „Täter" nur Vermutungen anstellte und auch die Betreuer nicht versuchten, mehr über den Verursacher des Malheurs herauszufinden. Die Sache wird von Basti als relativ normal einfach so begründet, dass so etwas bei einer Gruppenparty mit extremem Alkoholkonsum eben vorkommen kann („war halt wahrscheinlich noch so betrunken"). Selbst die Tatsache, dass jemand dann zufällig in die Fäkalien trat, berichtet Basti eher neutral, jedenfalls in keiner Weise negativ oder angewidert.

Dieser Eindruck von Normalität auch eines solch extremen Zwischenfalls verdichtet sich auch noch im letzten Satz der Sequenz. Hier wird klar, dass es offenbar ein Betreuer war, der die „Entdeckung" gemacht hatte. Man erwartet an dieser Stelle nun eigentlich eine harte Reaktion von Seiten des betroffenen Betreuers, aber Bastis Beschreibung spielt die Situation herunter. Er erzählt, es habe eine „Ansprache" gegeben, wobei der Begriff in diesem Kontext vermuten lässt, dass zumindest die Gruppe (die ohnehin wohl „außer Rand und Band" war), dies weniger als Strafpredigt denn als zusätzliches Amüsement verbuchte. Auch die als Konsequenz an diesem Abend verordnete „Pause", vermutlich den Alkoholkonsum betreffend, wird von Basti einfach als „natürlich" erlebt. Somit war das Ganze eben doch nicht mehr als ein „kleiner, erheiternder Zwischenfall", wie er im Kontext des Gruppenkonsums eben passieren kann. Basti vermittelt an keiner Stelle den Eindruck, dieses Ereignis in irgendeiner Weise negativ empfunden oder kritisch hinterfragt zu haben.

Solche Beschreibungen und Einschätzungen von „Normalität" ziehen sich auch durch den weiteren Interviewverlauf, wo er über den regelmäßigen Alkoholkonsum mit seinen Freunden an den Wochenenden und in den Ferien berichtet. Es findet sich so gut wie keine kritisch-distanzierende Haltung zum Alkoholkonsum. Diese Art der Normalisierung des Konsums und dessen Inszenierung ermöglichen es Basti, mitunter auch exzessiv zu trinken, ohne vor sich selbst oder nach außen in Argumentationsnöte zu kommen. Im Kontrast dazu nimmt er zum Kiffen durchaus eine kritisch-reflektierte Einstellung ein. Offensichtlich geht Kiffen über „das Normale" hinaus, und davon nimmt er ja dann auch Abstand (siehe unten).

Neben dem im ersten Interview schon sehr deutlich werdenden Kernthema „Normalisierung" des Alkoholkonsums spielen hier auch schon die „Peerkontexte" eine zentrale Rolle. Er beschreibt die verschiedensten Anlässe des Alkoholkonsums als gängige Gruppenpraktiken, wo es nichts kritisch zu hinterfragen gibt, selbst dann nicht, wenn es dabei zu einem körperlich negativen Erlebnis (wie bei ihm nach der Klassenparty) oder zu exzessiven Ausschreitungen (wie auf der Hüttenwoche) kommt. Je nachdem, mit wem Basti zusammen ist, passt er seinen Alkoholkonsum entsprechend an, nach dem Motto: „Wie sich die Gruppe verhält, kann immer nur normal sein."

Abgesehen vom Bericht über das exzessive Hüttenwochenende am Beginn des Interviews gibt es ansonsten kaum Erzählungen. Das Interview ist zu weiten Teilen eher geprägt von Interviewerfragen, die er dann mehr oder minder knapp beantwortet und dabei in einer Weise beschreibend bleibt, als gebe er etwas vollkommen Selbstverständliches wieder, das keiner allzu spezifischen Darstellung bedürfte. Dadurch wird der Eindruck vermittelt, dass seine Trinkpraktiken mit der Gruppe etwas „Gewöhnliches" sind, bei dem es zu keinen Erzählungen kommen kann, weil es im Grunde nicht viel Erzählenswertes gibt. Selbst Ausnahmesituationen, wie z. B. Ärger mit anderen Cliquen, werden entdramatisierend berichtet („bei mir war's, was, wann hat ich persönlich mal mit der Polizei zu tun? Ein paar Steine haben wir mal durch die Gegend geschmissen. Da kommen die dann halt.")

Basti und seine Freunde bleiben dabei immer Herr der Situation. Zwar gibt es unterschiedliche Trinkanlässe und Trinksettings und man kann zusätzlich zum „harten Kern" der Gruppe auch immer einmal neue Leute kennen lernen, aber im Grunde verläuft alles „normal".

Nur an einer weiteren Stelle kommt es kurz zu einer Erzählung, nämlich wo Bastis Mutter ihn und seine Freunde beim Kiffen erwischt. Dies scheint etwas zu sein, was nun doch „aus dem Rahmen des Normalen" fällt und damit auch erzählt werden kann:

I: Kannst du das mal vielleicht irgendwie schildern, wie, wie das war als sie euch da erwischt hat?
B: Ja gut, das war nachts, nachts um vier, oder so, sind wir hat noch, noch rausgegangen. Wir haben, waren glaub' ich davor, wie war denn das? Wir waren glaub' ich ein-

6.1 „Basti" (Gabriele Stumpp)

> fach abends bei mir und haben, haben, weiß gar nicht so jetzt, glaub ich, ferngesehen, oder irgendwie so was.
> *I:* Wie viele Leute?
> *B:* Ich glaub waren, ja, gut, anfangs waren's mehr Leute und dann, die zwei haben bei mir übernachtet, dann waren wir nur noch abends zu dritt.
> *I:* Ah, okay. Bei dir ist das immer so, ne, zu Hause?
> *B:* Hm ja, wir haben auch 'n Kellerraum.
> *I:* Ah ja, okay.
> *B:* Und ahm, dann sind wir rausgegangen und ahm, haben uns irgendwo hingesetzt und haben gekifft und dann sind wir wieder reingekommen und ahm, wir waren nicht so weit vom Haus weg, deshalb glaub' ich halt, dass ah, meine Mutter das mitbekommen hat, dass wir irgendwie raus sind, vielleicht haben wir auch zu laut geredet, oder so und das halt.
> *I:* Meinst du, das hat deine Mutter mitbekommen oder wie, da wo ihr gesessen habt Völlig unverständliches Durcheinanderreden (61)
> *B:* Ah, okay.
> *I:* Und hat sie dann schon auch gleich irgendwie was gesagt, oder?
> *B:* Ja, sie hat halt gesagt, ja, schau mir mal in die Augen und ahm, hat sie geschaut, ob meine Pupillen erweitert sind, oder so. Und ich weiß jetzt nicht, ob sie jetzt da einschätzen konnte, oder so…..Aber, ja ah, das war halt ihre Reaktion. Und dann hat sie halt am nächsten Morgen hat sie uns gleich gefragt, was wir da gemacht haben und dann haben wir gesagt, wir haben geraucht, ganz normal, ja. (Basti, P1, 1313–1352)

Deutlich wird durch den gesamten Interviewverlauf auch, dass Basti sich nirgendwo als passiv oder der Situation ausgeliefert beschreibt. Vielmehr bleibt er trotz der deutlich starken Einbindung in verschiedene Gruppenkontexte beim Alkoholkonsum immer „Herr der Lage". Er beschreibt die Trinkpraktiken aus der Perspektive des Akteurs und nicht des „Mitläufers". Er kann beim gemeinsamen Trinken zugleich lockerer werden und loslassen, aber er behält dennoch immer die Kontrolle, auch dort, wo es anscheinend doch mitunter „aus dem Ruder läuft" oder zu Konfrontationen mit anderen Cliquen, der Mutter, der Polizei oder Betreuern bei der Jugendfreizeit kommt.

Interview 2
Beim zweiten Interview ist Basti 20 Jahre alt. Hier zielt die Eingangsfrage auf Bastis Alkoholkonsum, aber auch gleichzeitig auf seine Lebensgeschichte. Daraufhin beginnt Basti mit seiner Biografie von der frühesten Kindheit an:

> Also Kindheit wird wahrscheinlich erst mal schwierig. @ (2) Ähm ((Räusper)) ja gut, ich wohn' eigentlich schon immer hier. (1) Ähm (3) pff hatte 'ne schöne, behütete Kindheit, würde ich mal sagen. (1) Ähm (1) ich hab' 2 Schwestern. (2) Ähm ja, (2) von meinem Aufwachsen, was kann ich da spezielles sagen? Ich war ganz normal, Krabbelgruppe, Kindergarten, so was mir immer gesagt wurde, Erinnerungsvermögen reicht vielleicht zum Kindergarten. //mhm// Zum paar speziellen Ereignissen zurück oder so, weiß nicht, Sommerfeste, (1) nix besonderes. (2) Ähm dann Grund-

> schule war ich in 'ner ganz kleinen, in der _innenstadt. Wir sind glaub 80 Schüler oder sowas, war auch äh (1) ja, da war ich mit vielen Freunden, die ich schon aus meiner frühsten Kindheit dann kannte. (1) Ähm (1) war eigentlich 'ne schöne Zeit muss ich sagen. (2) Mh (4) was kann ich groß erzählen? Ich hab' auch jetzt noch viel mit den Leuten zu tun teilweise, mit denen ich dann in der Grundschule zusammen war. //mhm// (1) Ähm (4) ja. (4) Gut, gehen wir mal weiter. @ //@// Ja ich weiß nicht, ob das so interessant ist die Sache. (Basti, P2, 22–35)

Zunächst einmal definiert er diese Frage als „schwierig", was gedeutet werden könnte als ein Hinweis darauf, dass es für ihn aus bestimmten Gründen problematisch ist, über seine Kindheit zu sprechen. In den darauffolgenden Sätzen widerlegt er diesen Eindruck jedoch durch seine positiven Anmerkungen, so dass sich „schwierig" offensichtlich eher auf eine anfängliche Befürchtung Bastis bezieht, mangels Erinnerungen an die frühe Kindheit nicht genügend Erzählstoff hierzu liefern zu können.

In seiner Antwort auf die Eingangsfrage klammert er den Alkoholkonsum zunächst völlig aus und beginnt mit seiner Lebensgeschichte, soweit eben seine Erinnerungen dabei zurückreichen. Auffallend ist, dass er gleich im zweiten Satz, sozusagen als ersten „Fixpunkt" seines Lebens, den Wohnort erwähnt, der sich seit seiner Kindheit nie verändert hat. Diese Verortung bei etwas, das „immer schon so war", hat für ihn also offenbar eine zentrale Bedeutung. Gleich darauf fasst er seine Erinnerung auch schon bilanzierend zusammen, er bewertet seine Kindheit im Rückblick sehr positiv, wobei der Ausdruck „behütet" auch wieder auf eine Verortung durch Verlässlichkeit, Kontinuität und Geborgenheit hinweist.

Als zweiten konkreten Fixpunkt seiner Kindheit nennt er dann seine beiden Schwestern, während die Eltern hier zunächst keine konkrete Erwähnung finden. Vermutlich bedürfen die Eltern deshalb keiner expliziten Erwähnung, weil sie die Basis von und eine Selbstverständlichkeit für diese behütete Kindheit waren. Im weiteren Verlauf des Interviews fasst er dies an einem Punkt dann auch so zusammen:

> ich würd das jetzt gar nicht so situationsbedingt sehen, sondern das, also echt relativ pauschal sagen, weil ähm es gibt eigentlich nichts, wo ich sagen würde, dass sie mich nicht unterstützt haben. (Basti, P2, 139–141)

Mit der Erwähnung der Schwestern macht Basti deutlich, dass es von Anfang an etwa Gleichaltrige in seinem Leben gab, was vermuten lässt, dass solche engen sozialen Beziehungen für ihn eine wichtige Rolle spielen. Weiter unten im Interview erwähnt er dann auch ausdrücklich, dass er zu den zwei bzw. drei Jahre jüngeren Schwestern immer schon ein sehr gutes und enges Verhältnis hatte und dies bis heute auch so geblieben ist.

6.1 „Basti" (Gabriele Stumpp)

Die Beschreibung der weiteren biografischen Übergänge (Krabbelgruppe, Kindergarten) leitet er mit dem Hinweis ein, dass bei ihm im Grunde alles ganz „normal" verlief und er sich nicht als „speziell", als außergewöhnlich einstuft. Seine weiteren Ausführungen, die sich dann auf die Grundschulzeit beziehen, zeichnen ebenfalls wieder ein Bild, das mit Verortung und Geborgenheit zu tun hat: eine kleine Schule, mitten in der Stadt, wo er unter lauter Freunden aus frühesten Kindertagen zur Schule ging.

Diese frühe Lebensphase bis zum Ende der Grundschulzeit rundet Basti dann ab, indem er den Bogen bis in die Gegenwart schlägt, und zwar durch die Erwähnung der Tatsache, dass er heute noch mit den von ganz früher vertrauten Freunden viel Kontakt hat.

Deutlich wird damit als zentrales Kernthema bei Basti in dieser Eingangssequenz und am Auftakt seiner biografischen Erzählung „Verwurzelung" bzw. „Einbindung an einem sicheren Ort", der jedoch nicht nur und nicht in erster Linie räumlich zu verstehen ist, sondern gegeben ist durch kontinuierliche soziale Beziehungen mit vertrauten Menschen, insbesondere Gleichaltrigen. Diese kontinuierlichen sozialen Bezüge begleiten ihn sozusagen von Anfang an und auch durch alle Übergänge in seiner frühen Kindheit.

Im ersten Interview war bereits deutlich geworden, dass der Peergruppenkontext für Basti ein sehr wichtiger Faktor ist, dies bestätigt sich nun auch im zweiten Interview und lässt sich – anhand des Auftaktes seiner biografischen Erzählung – auch bis in seine früheste Kindheit zurückverfolgen.

Auch das im ersten Interview schon deutlich zum Ausdruck kommende Kernthema „Normalisierung" findet hier gleich wieder Erwähnung. Seine Kindheit war einfach nur „normal", daran gibt es nichts Spezielles, nichts was aus dem Rahmen fiele.

Im weiteren Verlauf des zweiten Interviews berichtet er über seine Schulzeit, seine Freizeitgestaltung – von der Kindheit angefangen bis heute – sowie über das gute Verhältnis zu seiner Familie, über seine Freundschaften, die Peergruppe und das gemeinsame Ausgehen.

Wenig Raum nimmt sein Bericht über seine (bisher einzige und nicht sehr lange währende) Liebesbeziehung ein. Auch die Beziehung zu seinen Eltern beschreibt er an keiner Stelle sehr ausführlich, punktuell jedoch wird immer wieder deutlich, dass offensichtlich ein harmonisches Verhältnis herrschte, in dem es kaum zu den typischen Konflikten zwischen Eltern und Heranwachsenden kam. Da es offenbar kaum Konflikte gab und sich auch hier alles „im normalen Rahmen" für ihn bewegte, bietet auch dies kaum Erzählstoff für ihn. Die einzige Stelle, wo sich dies etwas bricht, ist jene, wo Basti – auch eher kurz und knapp – die Reaktion seiner Mutter beschreibt, als sie ihn und seine Freunde einmal beim Kiffen ertappte.

Sein Darstellungsmodus ist insgesamt meist beschreibend, teilweise argumentativ. Auffallend ist, dass er für die Beschreibung bestimmter Sachverhalte oft die „Du-Form" benutzt. Diese Form kann hier als ein Synonym von „man" verstanden werden, um auszudrücken, dass es sich hierbei um etwas höchst Selbstverständliches handelt, das keiner weiteren Erläuterung bedarf, da „man" solche Dinge eben kennt. Gleichzeitig erfüllt diese Formulierung auch die Funktion, das interviewende Gegenüber mit einzubeziehen bzw. „auf seine Seite" zu holen. Durch diese Art, das Gegenüber anzusprechen, wird der Interviewer gewissermaßen zu „Solidarität" mit der präsentierten Sichtweise aufgefordert. In jedem Fall jedoch bewirkt dieser sprachliche Duktus eine Verringerung der Distanz zwischen „Ich und Du".

Diesen Modus wählt Basti denn auch vor allem an solchen Stellen, wo es ihm vermutlich besonders um die Verdeutlichung geht, dass sich alles im „Normalbereich" abspielt, solange man in einen Gruppenkontext eingebunden ist, wo „Du" und „Ich" sich letztlich weder in den Aktionen noch in den Sichtweisen auf die Dinge wirklich unterscheiden – beispielsweise bei der Auseinandersetzung mit der Polizei, als es beim Trinken in der Öffentlichkeit zu Ausschreitungen kommt:

> Nur halt ähm (1) dass mal das Ordnungsamt äh kommt, weil du halt zu laut bist oder das (2) ähm (3) was was sollte man wohl @sagen@? Halt dass du abends in der Stadt mal rumpöbelst oder das auch mal (1) mh (2) einfach ein größerer, also gerade bei bei Silvester oder sowas kann ich mich an 'ne Situation erinnern, wobei ich da eigentlich nicht selber beteiligt war, wo einfach dann halt 'ne Schlägerei ausgebrochen ist. Also ich würd's gar nicht sagen, dass ich's ähm (3) dass ich da so oft direkt Kontakt hatte, //mhm// aber auch so indirekt, dass du dann einfach mal dabei bist in 'ner Situation, klar. (Basti, P2, 376–383)

Auffallend ist im zweiten Interview, dass er eine lange und detaillierte Erzählung dort liefert, wo es zum (bisher einzigen) Umbruch in seinem Leben kommt, nämlich als er direkt am Morgen nach der Abiturfeier zur Bundeswehr einrücken muss. An dieser markanten „Bruchstelle" seines bisher „behüteten" Lebens erlebt er nun tatsächlich Neues und Unbekanntes, etwas, das „erzählenswert" ist. Dieser Herausforderung begegnet er damit, als er sich recht rasch an den neuen sozialen Kontext anpasst, Kontakte mit den anderen Rekruten knüpft und sich damit wieder in einer Gruppe integriert und aufgehoben fühlen kann:

> *I:* Wie war das? Erzähl mal? Erzähl mal also erzähl mal von der Zeit im, beim Bund.
> *B:* Tsja. @ @okay@. Ähm ja, wie gesagt, am Anfang gewöhnungsbedürftig, eigentlich, gut, man weiß nicht, worauf man sich einlässt. @Weiß man wirklich nicht@. //@(2)@// Äh (1) ich fand's ja die ersten paar Tage waren schon heavy, weil (1) also ich, das das geilste war echt, du, ich bin hingekommen, (2) ähm das waren in der Kaserne mehrere Kompanien und ich wusste nicht genau, zu welcher ich hin muss. Und dann frage ich da einen von den (1) im Tarnanzug//@//. Du weißt ja da noch gar nicht, wie du ihn ansprichst. Also Dienstgrade und so ist dir ja völlig unbekannt.

6.1 „Basti" (Gabriele Stumpp)

> Fragst ihn halt, ja, ob das hier die richtige Kompanie sei und dann heißt es erstmal>>Halt die Fresse<<. Also so, wenn irgendwo Fragen sind, dann stelle dich in die Reihe. @ //echt?// Ja und ähm das@war@, das war echt extrem. //@// Und dann ähm die ersten Tage, das ist echt, das ist schon heavy, da ähm (2) gut, ersten du kennst keine Sau dort, also ich kannte wirklich niemanden. Aber mit den anderen Rekruten äh sofort gutes Verhältnis gehabt, weil das schweißt einfach zusammen, denk' ich. Du bist den ganzen Tag, hockst zusammen rum, also bist, pennst zusammen auf der Stube, //mhm// du bist den ganzen Tag zusammen unterwegs, wirst angebrüllt die ganze @Zeit@ zusammen. //@(2)@// Ähm, nee, ich mein', man hat ja auch seinen Spaß zusammen und so (2) und (1) ähm man lernt auch echt neue Sachen kennen. (Basti, P2, 792–809)

Man kann hier die These aufstellen, dass Basti sich am ehesten dort, wo er mit etwas „nicht Normalem" jenseits der Routine der Einbindung konfrontiert ist, seiner individuellen Subjektivhaftigkeit ganz bewusst wird und sich dann auch ganz dezidiert als „Ich" – außerhalb jeder gewohnten sozialen Kontexte – inszenieren muss und kann. Er übernimmt dann ohne Probleme auch alleine für sich selbst und außerhalb einer vertrauten sozialen Gruppe die aktive Gestaltung seiner lebensweltlichen Anforderungen.

Interview 3

Beim dritten Interview ist Basti 21 Jahre alt. Die Eingangsfrage des Interviewers bezieht sich darauf, was sich seit dem letzten Gespräch vor etwa einem Jahr getan hat, wobei der Fokus zwar immer noch auf Alkohol gerichtet sei, aber auch was sich in einem weiteren Rahmen seines Lebens generell seither getan hat.

Daraufhin ergibt sich von Bastis Seite zunächst eine Überlegungsphase zur zeitlichen Abfolge der Ereignisse im vergangenen Jahr, wobei sich kurze Sequenzen der Abklärung zwischen ihm und dem Interviewer abwechseln. Die erste längere Sequenz, als Basti dann den „Faden" gefunden hat, fängt mit seiner Anmerkung an, er komme nun ins vierte Semester. Von da aus orientiert er sich dann zeitlich zurück:

> ich komm jetzt ins vierte, genau, ja ok, ä::hm, und zweites Semester war eigentlich (2) so äh ((atmet aus)) ja, war eigentlich relativ extrem, jetzt nicht so vom vom vom Lernstoff her, sondern ähm man hat ja so die ersten Leute aus dem ersten Semester kennen gelernt gehabt und ähm dann war's im Prinzip so, dass man halt ä::h da die Kontakte enger zusammengekommen sind und (ja), so dem entsprechend, ä:hm ich war damals äh ursprünglich mit zwei Kumpels aus [Stadt 1] nach [Stadt 2] zogen, der erste hat uns aber nach dem ersten Semester wieder verlassen, ist wieder zurück nach [Stadt 1] gezogen, //ok// ähm, wir habn dann auch ne neue Mitbewohnerin reinbekommen //mmh// und ä::hm ja im Prinzip war dann des Semester so, dass wir hal- also (3) klar, halt neben Uni-Alltag auch oft viel abends unterwegs waren und ähm keine Ahnung ich hab mich da Unisport zum Tennis angemeldet und so was und (2)

eigentlich ja: hat sich so'n bisschen des des des Studentenleben etwas intensiviert, sag ich mal, weil aus'm ersten Semester war des ja eher alles noch relativ unbekannt, //mmh// also man hat des jetzt dann so deutlicher wahrgenommen sag ich mal, ä:hm (2), jetzt (bin) ich mal am überlegen ob's da irgendwelche besonderen Ereignisse gab oder so was, (4), ja so Sachen, ich weiß nicht, ob euch so was interessiert, aber halt // alles// Jura-Ball, irgendwelche Semester-Opening-Parties und (und) so Sachen halt, ähm (2), ja. Dann ähm (2) zum zum Winter hin (2), es müsste ja jetzt schon letzter Winter gewesen sein, seh' ich des richtig?//mmh, genau//, ja ok, des war der arschkalte Winter @2@, ä::hm, (2), ja zum Winter hin (6) war's dann so, also, da hab ich , da hab'n ein ein relativ prägendes Erlebnis, oder was heißt prägendes Erlebnis aber halt (2) herausragendes Erlebnis, also da ist halt mein Onkel gestorben, äh an Herzinfarkt, des war insofern ganz ääh relativ äh bedeutend oder sag ich mal, weil des halt °irgendwie° direkt so äh kurz vor Weihnachten war, //mmh// und eigentlich ähm, die Beerdigung war dann sogar am Tag von meinem Geburtstag, ich weiß nicht, also des war halt, der der war erst Mitte Fünfzig und hat natürliche einige Kinder hinterlassen, so, also es war ähm (2) so einer der ähm Stichpunkte //mmh//, wo man sich jetzt auf jeden Fall dran erinnert, sag ich mal so, wenn man so ansetzt, ein Jahr zurück denkt //mmh// oder des letzte halbe Jahr, ähm, (2), ja. ((holt Luft)) Dann Weihnachtszeit hab'n wir eingentlich ä::hm bei der Großfamilie verbracht, wie jedes Jahr, und danach is es eigentlich mittlerweile zum zum Ritual, sag ich mal, geworden, dass wir zwischen Weihnachten und Neujahr mit Freunden aus [Stadt 1] zum Schi-Fahren gehen, //mmh// waren wir im [Stadt 5] unten, ähm (2) da war ich eigentlich so mit einigen meiner besten Freunde, einigen alten Schulfreunden noch so, ähm (3) und dann Silvester haben wir ((räuspert sich)) bei mir gefeiert? Stimmt des, (3) @verdammt@! @2@ //@1@// äh jetzt lass mal ganz kurz überlegen, wo haben wir Silvester gefeiert, (5) ja, des habn wir (bei ihm), habn wir bei mir gefeiert //ok// @tja@ war geil. (Basti, P3, 83–124)

Der Verlauf des Studiums dient ihm hier also zunächst als Aufhänger für die weitere Erzählung, allerdings berichtet er an dieser Stelle nur in einem Halbsatz über sein Studium per se (nämlich dass sich die inhaltlichen Anforderungen wohl in Grenzen hielten). Als Ausdruck für das zweite Semester benutzt er zunächst „relativ extrem" und man erwartet eigentlich, dass sich dies nun auf das Studium bezieht.

Tatsächlich jedoch wird in den weiteren Ausführungen deutlich, dass er mit „relativ extrem" vielmehr die sozialen Kontakte meint, die sich in diesem Semester wohl sehr intensivierten und zu vielen gemeinsamen Festivitäten führten, womit das Studium per se eben selber nur *ein* Teil seines Lebens ist („neben dem Uniialltag").

Konkret benennt er dann stichwortartig auch gleich einige besonders herausragende soziale Events, die er dann später im Interview detaillierter schildert, wie z. B. den Jura-Ball. Er stellt also auch hier wieder gleich zu Beginn des Interviews soziale Beziehungen mit Peers, in diesem Fall mit den Kommilitonen, ins Zentrum.

Als nächstes erwähnt er den Tod seines Onkels als besonderes Ereignis, das für ihn auch deshalb einen Markierungspunkt darstellt, als dies kurz vor Weihnachten

6.1 „Basti" (Gabriele Stumpp)

und um seinen Geburtstag herum war. Damit leitet er über zu den Weihnachtsferien, die er zuhause verbrachte, wo er – wie jedes Jahr – mit der Familie Skifahren ging und dann die Zeit um Silvester wieder mit seinen alten Freunden verbrachte.

Das dritte Interview enthält etwas mehr Erzählsequenzen als die beiden früheren Interviews. Diese beziehen sich in erster Linie auf spezielle Ereignisse, bei denen Alkohol konsumiert wurde: ein Dorffest, das Oktoberfest, der Jura-Ball, das Raclette-Essen an Silvester etc. Der thematische Hauptschwerpunkt dieses Interviews liegt wiederum auf der Beschreibung sozialer Bezüge, sei es im Studium, sei es in der Freizeit. Unter dieser Perspektive wird auch jeweils das Thema Alkoholkonsum verhandelt.

Weder seine Art, Interviewfragen zu beantworten, noch die subjektive Darstellung und Bewertung der Erlebensinhalte haben sich stark verändert. Man erlebt Basti als einen „Prototyp von Kontinuität im Wandel". So meint er an einer Stelle auch treffenderweise: „Ich selber? Ähm, eigentlich relativ gleichbleibend, ich werde vielleicht sagen, dass ich, was das Studium angeht, ernsthafter geworden bin" (Basti, P3, 2167–2168).

Der „Kern", um den sein Leben kreist, das was ihm wirklich am wichtigsten ist, hat sich nicht geändert: „Die engsten Punkte Familie ist klar, dass das relativ gleichgeblieben ist und engster Freundeskreis eigentlich auch" (Basti, P3, 1750).

Sein Studium verläuft wie sein bisheriges Leben auch: Alles ist eine verlässliche Routine, ein klarer Weg mit klarem Ziel. Bisher zeigte sich darin nur die Zeit um das Abitur und die Bundeswehr als markanter Übergang, und er kommt darauf auch rückblickend in diesem Interview wieder zu sprechen:

„Ja, schon. (5) Und dann ähm, ja, klar, der- Abi ist natürlich der absolute @Wendepunkt@ //ja// da geht der Trend dann wieder jetzt stark nach oben und des war dann auch so, wir waren dann erst ähm Abifahrt, die dann halt total, sag ich mal, exzessiv war, //ja// ähm und auch wirklich halt äh so dass, so dass wir nach dem Abi eigentlich, du schreibst zwar noch ein paar kleinere Klausuren oder so was, aber im Prinzip ist ja mit dem schriftlichen Abi schon der Großteil beendet, dann. //mmh// (durch die Schulzeit). //mmh// Und in der Zeit hab ich sicher am meisten getrunken. //ok// Ja. (2) Und des kann man jetzt quasi so mit Höhepunkt Abifahrt oder was kennzeichnen // ja// ähm, ja dann, also, äh der Schlusspunkt setzt dann quasi, mehr oder weniger, der Abiball, also //mmh// nach'm Mündlichen auch dann und allem, und des ist ja wirklich so tatsächlich des letzte Schul-Event dann eigentlich, //ok// und ich wurde dann ja auch äh wirklich direkt danach eingezogen. //ok//
I: Das war, du hast es halt einfach selber gemerkt irgendwie so, dass da jetzt plötzlich irgendwie auf jeden Fall irgendwie ein Unterschied irgendwie zu den vorigen-
B: Ja, klar, deutlicher geht's nicht, //ja// weil, ich musste am Tag von unserem Treppenfest und unserem Abistreich musste ich in die Kaserne hochfahren. //ja// Und ab dem Moment war's klar, da muss ich morgens um halb sechs aufstehen. //ja// Und äh machst den ganzen Tag nur @scheiß@. //@(1)@// @(1)@ Ja, da wird, da wurde abends nicht mehr viel-//ja// also höchstens mal ein Bier oder so was, aber, //ja// gut

> an den Wochenenden schon noch, deshalb bin ich da jetzt irgendwie auch nicht ganz runter oder //mmh// so was, aber des ist natürlich im Vergleich zu der Phase äh nach' m Abi dann ein riesen Unterschied. //ok//". (Basti, P3, 2342–2370)

Der Übergang wird von Basti ganz ähnlich wie schon im zweiten Interview auch hier wieder nicht im (negativen) Sinne eines „Bruches" dargestellt. Zwar erlebt er diese Zeit durchaus als Übergang zu etwas Neuem, aber letztlich auch wiederum als eine „normale" Stufe auf seinem Weg, die eben auch durchlaufen werden musste.

So schließen sich die Kernthemen und ihre Inszenierung in der Art der sprachlichen Darstellung auch im dritten Interview nahtlos an die vorhergehenden Interviews an.

In puncto Darstellung seines Alkoholkonsum hat sich ebenfalls seit dem ersten Interview nicht sehr viel verändert: Er „normalisiert" weiterhin seine Konsumgewohnheiten, mögliche negative Folgen oder Exzesse werden entweder nicht erwähnt oder wo doch, dann ebenfalls „normalisiert" – und dies, obwohl seine Verlaufskurve sich „objektiv" betrachtet auf einem im Vergleich zu den Anfängen recht hohen Level eingependelt hat. Alkoholkonsum ist für ihn ein so „normaler" Teil seiner Lebenswelt, dass es da für ihn nichts zu hinterfragen gibt.

Damit ist die Inszenierung seines Alkoholkonsums über alle drei Interviews hinweg dieselbe geblieben: Alles, was man in den (durchaus verschiedenen) Gruppen oder sozialen Kontexten tut, ist immer „im Rahmen". Alleine würde er nicht trinken und wenn er trinkt, dann immer angepasst an den jeweiligen sozialen Kontext. Damit kann selbst sehr exzessiver Konsum, wie z. B. beim Jura-Ball, von Basti in einer entdramatisierenden Weise erzählt werden, so dass man daran nichts „außerhalb des Normalen" erkennen kann, was in der folgenden Sequenz noch einmal mehr durch die mehrfache Wiederholung des Worts „halt" verstärkt wird:

> dann war's glaub ich, so gegen zwei, also der Jura-Ball zu Ende, aber gab halt noch ne After-Hour //ok// in der Stadt drin dann. //ok// Und ähm dann sind wir wiederum mit, ein paar von den anderen waren dann nach Hause gefahren, wir zwei sind dann halt auch noch mit mit (2) zwei oder drei von unseren Kommilitoninnen, und noch ein paar Freunden waren halt dabei, //mmh// und sind dann in die Stadt gefahren, da auf die auf die Aftershowparty, und da haben wir uns dann relativ @voll-laufen lassen, ja @ //ok//, also es war, des war ne gute Party, sagen wir so (.). (Basti, P3, 768–765)

6.1.3 Wege in und aus dem Rauschtrinken – Fallstruktur Basti

Basti präsentiert seine Biografie als klaren, unproblematischen Verlauf. Aufgewachsen in einer für ihn „heilen und geborgenen Welt", spielen vor allem der verlässliche familiäre Hintergrund sowie die stabilen und positiven Peerbeziehungen seit der frühen Kindheit bis heute eine zentrale Rolle. Durch diese solide Basis

6.1 „Basti" (Gabriele Stumpp)

kann er sich in verschiedensten sozialen Kontexten als zugehöriger Teil gut aufgehoben fühlen bzw. sich in neue Kontexte relativ rasch einbringen.

Vor diesem Hintergrund gibt es so gut wie keinen Konfliktstoff in Bastis Biografie, weder im Kontext des Elternhauses, der Peergruppen noch im schulischen bzw. universitären Bereich. Alles verläuft kontinuierlich, problemlos und „normal", abgesichert durch den Rückhalt dieser stabilen sozialen Einbindungen. Auch biografisch relevante Übergänge gestalten sich für Basti nicht als bedrohliche oder kritische Bruchstellen, sondern nur als letztlich „normale" Stufen, die es eben auch zu durchlaufen gilt. Dabei dienen ihm seine Eltern und deren Umfeld in vieler Hinsicht als Orientierungspunkte, auch für seine Zukunft (so z. B. bei der Wahl des Studiums). Trotz dieser starken Verankerung in seinen engen sozialen Bezügen erlebt sich Bast nie nur als passiven Teil eines sozialen Kontextes, sondern durchaus als aktiven Gestalter seiner eigenen Belange.

Bastis Biografie orientiert sich somit grundlegend vor allem an „sozialer Einbindung/Zugehörigkeit" sowie „Normalisierung".

Diese Orientierungen sind bedeutsam in den verschiedensten Bereichen von Bastis Lebenswelt und spielen deshalb auch eine entscheidende Rolle bei der Frage, wie sein Alkoholkonsum sich im Laufe des Heranwachsens entwickelt.

In Bastis Familie spielt das Thema Alkohol keine nennenswerte und ganz sicher keine problematische Rolle, sondern gehört eher als „Nebensache" dazu. Die Eltern trinken wenig oder nur zu besonderen Anlässen. Alkoholkonsum taucht nirgendwo als schwieriges Thema in der Familie auf und ist darum schon von zuhause her „normal".

Als Jugendlicher durchläuft Basti einen durchaus typischen Weg des Umgangs mit Alkohol innerhalb seiner Peerkontexte. In diesem Rahmen gehört Alkohol überall mehr oder weniger dazu. Es gibt dabei auch exzessive Konsumphasen, die aber Bastis schulischen Werdegang nicht beeinträchtigen und ihn auch nirgendwo in ernsthafte Konflikte bringen. Die Haltung der Eltern gegenüber Bastis Konsum, den sie vor allem in seiner Pubertät schon auch mitunter als exzessiv wahrnehmen, ist eher entspannt und es gibt nur gelegentliche Ermahnungen, nicht zu viel zu trinken. Weder vom Elternhaus her noch in den Peerkontexten, in der Schule oder im Freizeitbereich erlebt Basti negative Rückmeldungen oder Konsequenzen mit Bezug auf den Konsum von Alkohol bzw. Rauschtrinken.

Das gemeinsame Trinken mit Peers hat für Basti durchgängig eine gesellige Funktion und spielt eine Rolle einerseits als Türöffner für die Herstellung neuer sozialer Beziehungen, andererseits für die Beförderung der „sozialen Chemie" in bereits vertrauten sozialen Kontexten. Da Basti nie allein trinkt, ist Trinken immer eine Gruppenaktivität. Gruppenkontexte sind bei ihm durchgängig positiv konnotiert und beinhalten für ihn immer eine „Normalität" der gemeinsamen Handlungspraktiken. An seiner Konsumpraxis zeigt sich deshalb schlüssig, wie hier seine beiden zentralen Orientierungen, „soziale Einbindung/Zugehörigkeit" und „Normalisierung", zusammen spielen, was sich subsummieren lässt unter dem Motto: Was man im jeweiligen Kontext einer Gruppe macht, ist „die Norm", das „Normale".

Dieses Zusammenspiel bestätigt sich gerade auch dort, wo sich punktuell bestimmte Konfliktlinien andeuten, wie zum Beispiel beim Kiffen. Hier nimmt Basti die Reaktion der Mutter zum Anlass, damit aufzuhören. Obwohl Kiffen auch eine Peergruppenaktivität ist, bricht sich hier sein Muster, wonach alles, was in gemeinsamen Aktivitäten praktiziert wird, immer der „Normalität" entspricht. Konkret gesprochen schlägt er sich hier dann als Konsequenz auf die Seite des normativen Kontexts des Elternhauses, wo Kiffen nicht zur Normalität gehört.

Basti berichtet so gut wie nie von negativen Erlebnissen im Kontext des Konsums, weder in Hinblick auf subjektive körperliche Reaktionen noch mit Bezug auf soziale Interaktionen. Offenbar ist es Basti im Laufe seiner mehrjährigen Konsumpraxis gelungen, seine Selbstregulierung immer so zu steuern bzw. so zu optimieren, dass es zu keinen negativen körperlichen oder sozialen Konsequenzen kam. Auf der einen Seite hat er durch regelmäßigen und zeitweise recht hohen Konsum eine gewisse körperliche Trinktoleranz entwickelt. Auf der anderen Seite ist es ihm gelungen, seinen Konsum immer an die Gegebenheiten des jeweiligen sozialen Settings anzupassen. Damit hat er zunehmend einen differenzierten Umgang mit Alkohol entwickeln können, der darauf abzielt, einerseits die positiven Effekte des Konsums erleben zu können („ein optimales Rauscherlebnis"), andererseits aber auf keinen Fall zu riskieren, wegen unangemessenen Konsums in einem sozialen Kontext in Konflikte zu geraten oder gar eine (positiv konnotierte) Zugehörigkeit dadurch in Frage zu stellen.

Diese Prioritätensetzung ermöglicht es ihm, seinen Konsum immer gezielt mit bestimmten lebensweltlichen Anforderungen (wie z. B. beim Wehrdienst oder in Prüfungszeiten) in Einklang zu bringen, also den Konsum entsprechend zu regulieren. Zugleich nimmt er damit jedoch auch immer eine aktive Haltung innerhalb eines sozialen Gruppenkontextes ein: Er definiert letztlich für sich selbst, wie weit er mit seinem Konsum innerhalb der jeweiligen sozialen Gegebenheiten gehen will und kann (wie auch das Beispiel bei der Bundeswehr zeigt, wo er unter der Woche nicht mit den anderen Rekruten trinkt). Auch wenn Alkohol für ihn in vielerlei Hinsicht ein wichtiger Katalysator in sozialen Kontexten ist, ist er auch jenseits dieses für ihn vertrauten und „normalen" Musters durchaus handlungsfähig, wie das eben genannte Beispiel Wehrdienst zeigt, wo er sich auch ohne gemeinsames Trinken schnell und problemlos in neue soziale Kontexte integrieren kann.

Innerhalb dieser Logik braucht Basti dann auch nirgendwo eine kritisch-distanzierende Haltung gegenüber seinem Alkoholkonsum einzunehmen, obwohl er (z. B. in der Zeit um das Abitur oder in den Semesterferien) phasenweise recht exzessiv konsumiert. Für ihn ist diese Art zu trinken eine Normalität, die nicht weiter reflektiert werden muss. Er präsentiert vielmehr einen für ihn „normalen", nämlich situationsangemessenen, kontrollierten Konsum, der ihn nirgendwo in die Bredouille bringt. In seinem Selbstverständnis verhält er sich also wie ein reifer, erwachsener Alkoholkonsument, der mit den gesellschaftlich vorgegebenen Konsumnormen weitgehend konform geht. Als „ausgelernter Könner" im Umgang mit Alkohol kann er sich deshalb durchaus einen Alkoholkonsum leisten, der sich nun in seinen jungen Erwachsenenjahren auf einem zumindest phasenweise hohen Konsum eingependelt hat.

Eine gewisse „Bruchstelle" tut sich in Bastis „problemloser Kontinuität" nur da auf, wo es um eine feste Partnerschaft geht. Eine solche ist für ihn bisher „kein Thema" und die Art, wie er Fragen hiernach eher „de-thematisiert", zeigt, dass er mit diesem Kontext seiner Biografie bisher noch nicht wirklich zu Rande gekommen ist. Er wird hier mit einem Thema bzw. einem Übergang (in eine feste Paarbeziehung) konfrontiert, den er in seiner „normalen" Entwicklung bisher ausgeklammert hat. Vieles deutet darauf hin, dass Basti dies jedoch bislang kaum als Defizit empfunden hat, da er in viele zufriedenstellende soziale Kontexte eingebunden ist, wo es möglicherweise durch eine feste Partnerschaft sogar zu Interessenkonflikten zwischen den vertrauten Beziehungen und einer Partnerin käme, die er (derzeit noch) scheut. Zudem genügte es ihm offenbar bislang, seine sexuellen Bedürfnisse in losen Begegnungen auszuleben.

Gerade an dieser „Bruchstelle" präsentiert sich noch einmal ganz deutlich der strukturelle Zusammenhang von Bastis zentralen Orientierungen: Für seine bis dato bevorzugten, losen Begegnungen mit Frauen ist seine bisherige Art des Alkoholkonsums durchaus funktional im Sinne eines „Türöffners" für neue soziale Kontakte. Auf der anderen Seite empfindet er das Fehlen einer festen Partnerschaft offenbar noch nicht als Defizit, da er sich in viele soziale Kontexten gut und stabil eingebunden fühlt und er zudem innerhalb dieser Kontexte auch in keine Konflikte mit seinen Trinkgewohnheiten gerät, diese vielmehr dort „normal" sind. Eine feste Partnerschaft könnte für Basti unter Umständen durchaus bedeuten, sich mit seinen bislang zentralen Orientierungen „soziale Einbindung/Zugehörigkeit" sowie „Normalisierung", gerade auch unter dem Aspekt seiner Trinkgewohnheiten, auseinandersetzen zu müssen. Dies könnte u. a. ein Grund sein, weshalb er diesen Schritt in seiner Biografie bislang noch vermieden hat.

6.2 „Jana" (Sibylle Walter)

Mit Jana sind insgesamt drei Interviews geführt worden. Während des ersten Interviews ist Jana zwölf Jahre alt und Schülerin an einer Hauptschule. Beim zweiten Interview hat die nun 16-Jährige eben ihr Berufseinstiegsjahr, das sie im Anschluss an die allgemein bildende Schule absolvierte, beendet. Im dritten Interview besucht die nun 17-jährige Jana die erste Klasse einer Berufsfachschule. Im zurückliegenden Schuljahr hat sie bereits eine andere Berufsfachschule besucht, wurde jedoch nicht in das zweite Jahr versetzt, so dass sie dieses nun an einer anderen Schule wiederholt. Zu allen drei Interviewzeitpunkten lebt sie in derselben Großstadt in einer gemeinsamen Wohnung mit ihrer Mutter.

6.2.1 Biografische Entwicklung, Übergänge und Konsumverläufe

Jana wurde in Deutschland geboren und ist in einer Großstadt aufgewachsen. Ihre Mutter ist Marokkanerin, ihr Vater Deutscher. Janas Mutter arbeitete zunächst als Sekretärin und später als Reinigungskraft, ihr Vater wurde aus gesundheitlichen Gründen frühverrentet. Davor war er als Klempner und Installateur beschäftigt. Jana ist das einzige Kind ihrer Eltern, hat jedoch Stiefgeschwister aus einer früheren Beziehung des Vaters. Zu den älteren Halbgeschwistern hat Jana keinen Kontakt. Ein Versuch der Mutter, eine Annäherung zwischen den Geschwistern zu forcieren, wurde von diesen zurückgewiesen. Jana selbst möchte nun auch keinen Kontakt, aber dieser Teil ihrer Familiengeschichte beschäftigt sie dennoch. Auch vieles andere aus der Familiengeschichte und Vergangenheit des Vaters scheint vor Jana und ihrer Mutter verborgen zu bleiben. Offenbar gibt es in der Familie zahlreiche „Geheimnisse".

Im Alter von einem Jahr zieht die Familie nach Marokko, wo Jana mit den Eltern bis zu ihrem dritten Lebensjahr in engem Kontakt mit einer Tante, Cousinen und Cousins lebt. Der ursprüngliche Plan der Familie, in Marokko dauerhaft zu leben, verändert sich. Der Familie geht es finanziell gut, schließlich drängt der Vater jedoch auf eine Rückkehr nach Deutschland. In der Folgezeit kommt es aufgrund der Alkoholerkrankung des Vaters zu finanziellen Problemen der Familie, seine Abhängigkeit belastet das Leben der Familie in Deutschland schwer. Es kommt zu Auseinandersetzungen zwischen den Eheleuten, Streits eskalieren, und in der Folge erkrankt die Mutter an einer Depression. Schließlich flüchtet die Mutter aufgrund der anhaltenden Konflikte zusammen mit Jana in ein Frauenhaus. Es kommt zu einer Drohung des Vaters, Jana nach Marokko zu entführen. Auch nachdem sich die familiäre Situation in der Folge entspannt hat, distanziert sich Jana in dieser Zeit vom Vater. So verweigert und erschwert sie beispielsweise die Wiederaufnahme der Kontakte. Als die Eltern sich trennen, ist Jana vier oder fünf Jahre alt. Nach der Rückkehr aus dem Frauenhaus zieht Jana mit der Mutter aus bzw. um. Ihr Vater erleidet in dieser Zeit einen Schlaganfall und verändert sich in der Folge stark. Aus

6.2 „Jana" (Sibylle Walter)

Janas Sicht wurde er viel ruhiger und hörte auch auf zu trinken. Janas Kontakt zum Vater bricht nicht ab, sondern wird vor allem aufgrund dessen Erkrankung aufrechterhalten, da sich sowohl die Mutter als auch Jana in der Verantwortung sehen, ihm zur Seite zu stehen.

Nach Ende der Grundschule besucht Jana eine Hauptschule, in ihrer Freizeit spielt der Besuch einer Jugendfarm eine wichtige Rolle: Hier lernt sie reiten, übernimmt Verantwortung für Tiere und freundet sich mit älteren Mädchen an. Insgesamt besucht sie diese Farm fünf Jahre lang bis zum Alter von 12/13 Jahren. In ihrer Freizeit nutzt sie die Angebote der Mobilen Jugendarbeit im Viertel und ist dort im „Club", was z. B. auch einen gemeinsamen Urlaub beinhaltet, zudem besucht sie das Jugendhaus in der unmittelbaren Nachbarschaft.

Im Alter von elf Jahren macht Jana erste Alkoholerfahrungen und konsumiert in der Folgezeit in höheren Mengen, aber aus ihrer Sicht immer noch eher moderat im Vergleich mit den anderen älteren Mädchen. Gezielt zum Trinken verabredet sie sich in dieser Zeit mit ihren Freund_innen, die sie sonst täglich trifft, ungefähr einmal im Monat an den Wochenenden. Typische Treffpunkte sind der Wald oder öffentliche Grünanlagen. Diese Treffen werden organisiert und es gehen nur solche Jugendliche mit, die auch trinken werden. Zur Clique gehören Mädchen und Jungen zwischen 15 und 17 Jahren, womit also Jana bei weitem die Jüngste ist. Janas Konsummenge schwankt zwischen einem halben Glas und einem Sixpack Bier und sie findet die Freunde unter Alkoholeinfluss gut gelaunt, es wird viel gelacht, geredet oder auch ein bisschen Unfug getrieben: alles Gründe, warum auch Jana mittrinkt. Richtig „besoffen" zu werden oder einen „Absturz" zu erleben, versucht sie zu vermeiden, indem sie darauf achtet, nicht über eine gewisse Grenze hinaus zu konsumieren, die sie an negativen körperlichen Symptomen bemisst. Jana ist mit zwölf Jahren der Ansicht, dass Abhängigkeit dann entstehe, wenn der Konsum zur Angewohnheit werde und Alkohol als Bewältigungsstrategie, etwa bei Kummer oder Wut, eingesetzt werde.

Vor den Eltern verbirgt sie den Konsum, diese haben ihr klar ihre Erwartungen in Bezug auf Alkoholkonsum gesetzt: kein Alkohol vor 18 Jahren. Jana entzieht sich dieser Kontrolle jedoch durch Übernachtungen bei Freundinnen. Schulisch gerät sie zunehmend in Schwierigkeiten: Sie schwänzt den Unterricht, die Zensuren sind schlecht, sie ist versetzungsgefährdet. Konflikte mit der Mutter drehen sich um die unterschiedlichen Vorstellungen, wann Jana abends zu Hause zu sein hat. Die Auseinandersetzungen mit der Mutter setzt Jana auch in Bezug zu deren Migrationshintergrund: Als Araberin sei die Mutter sehr viel strenger als andere Mütter und möchte ihrem Drang nach Freiheit nicht entsprechen. Den neuen Freund der Mutter lehnt sie ab und findet auch seine Präsenz in der Wohnung belastend. Sie spricht von Hassgefühlen ihm gegenüber und begründet ihre ablehnende Haltung damit, dass er einen Keil zwischen sie und ihre Mutter treibe und zudem noch wenig vertrauenswürdig sei, da er weiterhin bei seiner eigenen Ehefrau lebe.

Die Probleme, die Jana mit dem Partner der Mutter hat, führt sie mit als Grund an, warum sie sich selbst so selten zu Hause aufhalten möchte. Gleichzeitig weist sie darauf hin, dass ihr der Konsum von Alkohol in diesem Zuge auch als Bewältigungsstrategie diene, um abzuschalten und die familiären Probleme und Streitigkeiten zu vergessen.

Durch ihr schulabstinentes Verhalten und die Konflikte mit der Mutter bezüglich der Schulnoten und der Verletzung der ihr auferlegten Regeln gibt es Kontakt zum Jugendamt, welches ihre Mutter aufgrund der angespannten Situation einschaltet. Jana ist in dieser Zeit voller Wut auf die Mutter, verhält sich respektlos und missachtet die Auflagen und Erwartungen der Mutter. Sie möchte Abstand haben und entscheidet sich dazu, in eine Jugendhilfeeinrichtung zu ziehen. Zu diesem Zeitpunkt ist sie 13 Jahre alt und lebt für drei Monate in einer solchen Einrichtung. Als sie schließlich zur Mutter zurückkehrt, hat sich diese von ihrem Freund getrennt. Im Zuge der veränderten Konsumgewohnheiten ihrer Clique – Kiffen und Drogen kommen zum Alkoholkonsum hinzu – bricht Jana im Alter von 14 den Kontakt zu diesen Freunden ab, da sie diese nun als „falschen Umgang" für sich selber sieht und auch nicht mehr trinken möchte. Im Zuge der Trennung von den Freunden und der Abkehr vom Alkoholkonsum verbessert sich die Beziehung zur Mutter. Jana geht regelmäßiger zur Schule, ihre Leistungen bleiben jedoch weiterhin schlecht, sie versteht sich mit den Lehrern nicht gut und gibt diesen eine Mitschuld an ihrer schulischen Situation.

Mit 16 Jahren erhält Jana von ihrer Mutter mehr Freiheiten, sie fühlt sich besser von ihr verstanden und es gibt keine Verbote mehr, weil Jana auch selber ihr Verhalten geändert hat. Ihre Freunde trifft Jana nun im Zuge anderer Aktivitäten, die Kontakte werden jedoch weniger, dies hängt auch mit berufsbiografischen Entwicklungen der Freunde zusammen.

Nach Ende der Hauptschule besucht Jana für ein Jahr eine weiterführende Schule und absolviert dort ein Berufseinstiegsjahr. Hier macht sie positive Erfahrungen: Ihre Leistungen verbessern sich, die Lehrkräfte erlebt sie als unterstützend, der Schulkontext wirkt ermutigend und sie sieht sich bestärkt, sich noch weiter schulisch zu qualifizieren. Auch die Beziehung zur Mutter verbessert sich in dieser Zeit weiter, weil Janas Noten gut sind, sie regelmäßig die Schule besucht und wieder ein Vertrauensverhältnis entstanden ist.

Mit einem nun verbesserten Hauptschulabschluss versucht sie, auf einer zweijährigen Berufsfachschule mit Schwerpunkt Hauswirtschaft ihre Mittlere Reife zu absolvieren, und besucht diese für ein Jahr.

Auch Janas Freundeskreis verändert sich in dieser Zeit wieder. Ihr ist es wichtig, dass Freundinnen nicht zu viel trinken und ihre Grenzen des Konsums kennen.

Sie selbst trinkt weiterhin keinen Alkohol. Mit 16 Jahren besucht sie Clubs und geht fast jedes Wochenende dort feiern, lässt dies aber wieder sein, als sie ihr erstes Berufsfachschuljahr hinter sich hat, weil sie sich von der Atmosphäre Betrunkener zunehmend abgestoßen fühlt und auch nicht länger auf die betrunkenen Freundinnen aufpassen möchte.

Die Berufsfachschule besteht Jana im ersten Jahr nicht, so dass sie die Schule wechselt und nochmals von vorne beginnt, allerdings mit einem anderen Schwerpunkt. Dieses Mal besucht sie eine Wirtschaftsschule. Aufgrund der angespannten finanziellen Situation und weil sie die Mutter entlasten möchte, hat Jana mehrere Nebenjobs. Diese verlangen ihr jedoch zunehmend Kraft und Zeit ab, die sie für die Schule benötigt, weshalb sie diese Jobs kündigt. Im Alter von 17 Jahren hat Jana zwei Beziehungen hinter sich, die letzte zerbricht nach zwei Jahren. Zur Belastungsprobe ihrer letzten Beziehung wird eine Zeit von drei Monaten Untersuchungshaft, die ihr Freund aufgrund einer Verstrickung in Bandenkriminalität absitzen musste. Jana versucht den Freund zunächst bei der Erfüllung der gerichtlichen Auflagen zu unterstützen, aber letztlich zerbricht die Beziehung. Sie möchte nun, aufgrund der bisherigen negativen Erfahrungen, erstmal keine neue Beziehung eingehen.

Im Zuge des wiederholten Beginns der Berufsfachschule muss Jana viel lernen, so dass sie keine Zeit für außerschulische Aktivitäten hat. Auch konsumiert sie weiterhin keinen Alkohol und besucht nur ab und an eine Shisha-Bar. Ihr Freundeskreis hat sich nochmals verändert. Der wiederholte Schulbesuch ist positiv, sie profitiert davon, schon einen Teil des Unterrichtsstoffes zu kennen, und bekommt gute Zensuren. Zudem erlebt sie die Lehrkräfte im Unterschied zur vorangegangenen Schule als sehr unterstützend. Hilfestellungen bekommt sie auch von der Mobilen Jugendarbeit. Zugleich motiviert sie die Aussicht auf eine attraktive berufliche Perspektive, die sie in Verbindung mit einem höheren Schulabschluss oder auch Studienabschluss anstreben kann.

Jana geht unter der Woche kaum noch aus und wenn überhaupt, dann eher am Wochenende. Sie hat viel über Freundschaften und Liebesbeziehungen nachgedacht und bewertet diese nun als vielfach belastet durch Enttäuschungen und Vertrauensbrüche. Trotzdem wertet sie dies insgesamt als eine positive Entwicklung, aus der sie für sich gestärkt hervorgehen konnte.

Jana verbringt nun viel Zeit mit der Mutter, bei der sie immer noch wohnt. Sie macht sich viele Gedanken um ihre berufliche Zukunft und möchte sich schulisch höher qualifizieren, um einen attraktiven Ausbildungsberuf zu bekommen und später gut zu verdienen. Auch betont Jana nun stark ihre muslimische Religionszugehörigkeit, gerade auch im Kontext ihrer Alkoholabstinenz. Diese Zugehörigkeit prägt jedoch ihren Alltag nicht sehr stark, so besucht sie weder regelmäßig die Moschee, noch orientiert sie sich an strengen Gebets- und Verhaltensregeln.

Jana bekommt überwiegend positive Reaktionen auf ihre Abstinenz, sowohl von den Peers als auch von der Mutter, die stolz darauf ist, dass ihre Tochter keinen Alkohol trinkt.

Zur Mutter hat Jana eine engere Beziehung als zum Vater, den sie dennoch jedes Wochenende sieht. Die zurückliegenden Ereignisse innerhalb der Familie haben ihre Beziehung zu ihm nachhaltig geprägt. Jana kann die vielen negativen Erfahrungen nicht vergessen, so dass die Mutter für sie die zentrale familiäre Bezugsperson bleibt.

Ihr Konsumverlauf zeigt einen Anstieg bis zum Alter von 13 ½ Jahren, dann folgt ein sukzessiver Rückgang, der mit 14 ½ auf null geht. Seither ist sie völlig abstinent, ihr Konsum bleibt auf einem gleichbleibenden Level.

6.2.2 Kernthemen in den Interviews

Interview 1

Bei diesem ersten Interview ist Jana zwölf Jahre alt. Da sie im Verlauf des Interviews darauf hinweist, dass ihr erster Konsum „8, 9 Monate, fast ein Jahr" zurück liegt, hat sie folglich zum Zeitpunkt des Gesprächs schon Erfahrungen mit dem Konsum gesammelt. Die Einstiegsfrage der Interviewerin fokussiert das letzte Erlebnis, an das sich Jana erinnern könne und bei dem sie selbst „so richtig" getrunken habe; und sie fordert Jana auf, hiervon zu erzählen. Jana bezieht sich auf ein Erlebnis, das am frühen Abend beginnt:

> *I:* Erzähl doch das letzte Mal, als du so richtig getrunken hast, von dem Abend, von dem Erlebnis, erzähl einfach mal, wie war das?
> *J:* Das war letzte Ferien. Da war ein Kumpel von der Schweiz zu Besuch. Der ist 17. Wir wollten halt einfach feiern, dass er wieder halt mal da ist, weil wir haben ihn jetzt zwei Jahre nicht mehr gesehen. Und dann waren wir halt im Wald bei der Freiwehrkreisstelle.
> *I:* Erzähl mal, wann ging das los, wer war alles dabei?
> *J:* Soll ich jetzt die Namen sagen?
> *I:* Nee, keine Namen. Nur vielleicht wie alt die sind, Jungs, Mädels, wer alles so dabei war.
> *J:* Also zwei Jungs waren 17, ein Junge war noch 16, dann waren zwei Mädels dabei die waren 15, ja und ich.
> *I:* Und du als Allerjüngste. Wann ging das dann so los, oder wie hat der Abend so angefangen?
> *J:* Glaub um fünfe, bis achte, neune, so ungefähr.
> *I:* Erzähl mal, was war dann da so?
> *J:* Wir waren im Wald halt, da sind so Bänke, haben es uns ein bisschen gemütlich gemacht. Dann haben wir halt schon so Bier getrunken und Wodka und noch vieles andere.

6.2 „Jana" (Sibylle Walter)

I: Was denn noch?
J: Pina Colada, Whisky, ja und eine Jacky-Flasche.
I: Weißt du noch, was du getrunken hast an dem Abend?
J: Von jedem etwas.
I: Und dann, wie ging dann der Abend weiter?
J: Wir haben dann getrunken und dann am Ende, ich habe ein bisschen zuviel getrunken, dann habe ich am Ende halt schon gespuckt.
I: Noch im Wald?
J: Im Wald, ja.
I: Und wie ist es dann weitergegangen?
J: Dann sind wir noch ein bisschen ins Jugendhaus gegangen, bis zehne. Ein paar von uns waren halt ein bisschen weg, aber es ging dann halt wieder, weil wir haben was gegessen und so. Ich hab bei einer Freundin geschlafen, sind wir halt nach [Ortsname], weil die wohnt in [Ortsname]. Und dann sind wir halt um zehne, halb elfe sind wir dann alle nach Hause gegangen.
I: Und im Wald war es dir dann gar nicht gut und dann ging es dir wieder besser, oder wie?
J: Ja, ich konnte eigentlich gar nicht laufen, die mussten mich schon stützen. Dann sind wir ins Jugendhaus gegangen und habe mich ein bisschen hingelegt, hab was getrunken und gegessen, danach ging es schon wieder.
I: Und wer hat dann den Alkohol mitgebracht?
J: Eine Freundin, die war zwar nicht dabei, aber wir haben die angerufen, damit sie uns was besorgt. Die war 18. Und ja, die hat uns dann was besorgt vom Kaufland.
I: Und dann hat die euch das vorbeigebracht, oder wie?
J: Wir haben uns mit der getroffen, dann sind wir uns was holen gegangen, vom Kaufland. Dann sind wir nach Hause gegangen und dann in den Wald.
I: Und wieso ist die nicht mit?
J: Also keine Ahnung. Sie wollte glaube ich nicht wegen ihrem Freund.
I: Sind das deine engsten Freunde, gehst du öfters mit denen was trinken?
J: Ja.
I: Die hast du dann alle auch ganz gut gekannt?
J: Ich bin fast jeden Tag mit denen. (Jana, P1, 8–86)

Jana kommt der Erzählaufforderung nach und benennt einige ausgewählte Aspekte: Anlass, Orte, Teilnehmerinnen und Teilnehmer, Beginn und Ende der Zusammenkunft sowie die Organisation des Alkohols innerhalb der Gruppe. Mit diesem gewählten Fokus deutet sich hier bereits ein zentrales Kernthema an: Die Zugehörigkeit zur Peergroup wird als attraktiver neuer Erfahrungsraum eingeführt. Gleichzeitig zeigt sich dieser als Spannungsfeld, das sowohl positive als auch negative Erfahrungen für sie bereithält.

Ihre Beschreibung der Integration in einen Kreis aus zumeist älteren Freunden, mit denen sie mittlerweile „fast jeden Tag" Kontakt hat, erscheint zunächst als zentrales Sujet, mit dem sie das Interview einführt. Den gemeinsamen Konsum beschreibt sie als ein verbindendes Element und wichtiges Thema innerhalb der Gruppenzusammenkünfte: So bringt dieser beispielsweise Jugendliche unterschiedlichen Alters zusammen, geht einher mit der Gestaltung und dem Aufsuchen bestimmter Orte, wird als Medium genutzt, um Ereignisse zu feiern und Freizeit zu gestalten. Im weiteren Verlauf des Interviews betont sie, dass die Integration in die Peergroup nicht an ein bestimmtes Konsumverhalten gekoppelt sei. Vielmehr kann sie dem sozialen Kontext auch dann sehr viel abgewinnen, wenn sie selbst nicht trinkt: Sie erlebt die Peergroup als positiven Erlebnisraum, einen Erfahrungsraum, den sie – zumal als Zwölfjährige und verstärkt durch den Konsum von Alkohol – als einen neuen, insbesondere ereignisreichen Kontext erlebt.

Janas Ausführungen über den Ablauf dieses beispielhaften Nachmittags bzw. Abends, über den sie in der Eingangssequenz berichtet, sind eher beschreibend und im Modus von kurz angerissenen Erzählungen gehalten, die sie insbesondere nutzt, um von Ereignissen im Kontext der Gruppenzusammenkünfte zu berichten.

Solche Erzählungen über die Peergroup finden sich auch im weiteren Verlauf des Interviews, ausführlich elaboriert vor allem dann, wenn – oft in Zusammenhang mit dem Konsum von Alkohol – für Jana aufregende und besondere Dinge passieren. Dies unterstreicht die Bedeutung, die die Erlebnisse innerhalb der Gruppe für Jana einnehmen: So sind es gerade diese außergewöhnlichen neuen Erfahrungen, die erzählenswert erscheinen, die sie in ihrer Chronologie verinnerlicht hat und auf Nachfrage der Interviewerin detailliert wiedergeben kann. Die Peergroup wird in diesem ersten Interview als neuer Erfahrungsraum eingeführt, in dessen Kontext Jana unterschiedliche Rollen erproben und erleben kann. Gerade dadurch, dass durch den Konsum von Alkohol außergewöhnliche Dinge passieren, wird dieser soziale Kontext für sie zu einem neuen Lern- und Erfahrungsraum: Eine neue und aufregende Welt erschließt sich ihr. Sich über Möglichkeiten des Ein- und Ausschlusses in die/aus der Gruppe sowie Regeln der Zugehörigkeit und erwartete Handlungsmuster zu vergewissern, scheint von hoher Relevanz zu sein, da dies das Interview an unterschiedlichsten Stellen durchzieht.

Innerhalb der Gruppe erfährt Jana schließlich auch für sie wichtige Aspekte des Umgangs mit Alkohol: Regulierungen bezüglich ihres Trinkverhaltens, Orientierung in Bezug auf Konsummittel, Möglichkeiten der Gefahrenminimierung. Insbesondere erfährt sie, wie sich die Älteren um sie als jüngstes Mitglied der Gruppe kümmern: Diese zeigen Grenzen bezüglich des Konsums auf bzw. tragen dafür Sorge, dass ihr nichts zustößt. Dies erlebt Jana als positiv, als „Anfängerin" ist sie sowohl auf die Einführung in einen adäquaten Umgang mit dem Konsummittel angewiesen als auch darauf, diesen Schutzraum bei ihren Orientierungsversuchen zu nutzen. Themen der Verantwortung und des Kümmerns sind für sie damit untrennbar mit dem Konsum von Alkohol verknüpft und werden dort handlungsrelevant. Der Konsum von Alkohol scheint Jana damit auch als Folie zu dienen, für sich selbst Normen zu gestalten, so scheint sie im Konsum auch Antworten auf die Frage „wer bin ich?" und „was gefällt mir?" zu suchen.

6.2 „Jana" (Sibylle Walter)

Die Art und Weise, wie die Älteren Janas Konsum regulieren, erlebt sie positiv als ein Umsorgt-werden. Es folgt eine ungewöhnliche sprachliche bzw. thematische Verknüpfung von Familie und Peers: Jana nutzt interessanterweise des Bild von Brüdern und Geschwistern, um die Peergroup zu beschreiben. Die „Geschwister" werden zum Vorbild mit Erfahrungsvorsprung und bieten damit eine Orientierung für eine Handlungspraxis, wo sie selbst noch über keine Expertise verfügt. Die Begrenzungen werden aus diesem Grund auch nicht negativ, sondern eher als hilfreich interpretiert:

> *J:* Weil ich bin ja Einzelkind, ich habe keine Geschwister und die sind dann wie meine Brüder sozusagen. Die sagen dann schon: Hör auf damit oder schreien mich an.
> *I:* und wie findest du das dann?
> *J:* Auf einer Seite richtig scheiße, aber auf einer Seite finde ich es auch gut dass die sich Sorgen um mich machen. Auf mich aufpassen. (Jana, P1, 734–741)

Jana empfindet die Regulierungen der „Brüder" als Vergewisserung einer angemessenen Trinkpraxis, gleichzeitig wird diese Interaktion als Zeichen der Verbundenheit, Freundschaft und Fürsorge interpretiert. Der gemeinsame Konsum dient damit auch einer Stärkung der Beziehung der Jugendlichen untereinander. Das Bild der Familie, das sie hier einführt, gibt einen Hinweis auf die starke Verbundenheit bzw. Zugehörigkeit, die sie gegenüber den Peers zu empfinden scheint. Im Widerspruch dazu erlebt sie ihre Ursprungsfamilie in dieser Zeit als in hohem Maße ambivalent und konflikthaft.

Neben allem Positiven, das Jana innerhalb der Freundesgruppe erfährt, deutet sie auch Situationen unter Alkoholeinfluss an, in denen sie sich eher von den Interaktionen der Peers distanziert und Gefühle der Überforderung und Handlungsohnmacht in den Vordergrund stellt. Die Peergroup wird damit auch zu einem hoch ambivalenten Erfahrungsraum. Negativ empfindet sie beispielsweise soziale Auswirkungen (zu) hohen Konsums mit dem damit verbundenen Risiko:

> *J:* Also das Verhalten, wenn man besoffen ist. Dann läuft man ja so, so richtig Absturz. Man läuft dann, oder labert nur Dreck und macht Sachen, man denkt gar nicht nach, man macht einfach nur Sachen. Wo es einmal Klick im Kopf kommt und dann…
> *I:* Sind dir auch schon blöde Sachen passiert, wenn du betrunken warst?
> *J:* Mir nicht, aber meinen Freundinnen.
> *I:* Erzähl mal.
> *J:* Z. B. meine andere Freundin, nicht die mit meinem besten Freund, sondern eine andere, da gab es ein Junge, der wollte was von ihr. Sie wusste es ganz genau und sie hat immer aufgepasst, dass sie nichts macht was ihn verletzt. Dann wurde sie halt mal besoffen und dann hat sie aus Versehen mit einem Kumpel von ihr rumgemacht. Und er saß daneben, der Junge, der was von ihr wollte. (Jana, P1, 325–339)

Die Verlässlichkeit von interaktiven Handlungsmustern oder gar moralischen Überzeugungen scheint durch den Konsum von Alkohol freigesetzt zu werden. Auf diese Weise erlebt sie ihre Freunde in einer anderen Rolle, ein Zustand, der sie in hohem Maße irritiert und auch abstößt. Ihre Freunde scheinen auf ein Mal „Andere" zu sein, ehemals verlässliche Orientierungsmuster (wie Interaktionen untereinander, Loyalität zueinander) scheinen außer Kraft gesetzt, der hohe Konsum von Alkohol wird hier (bereits) kritisch hinterfragt. Hohen Alkoholkonsum versteht sie damit als eine Praxis, die negative soziale Effekte birgt und letztlich auch dazu führt, dass nicht nur der bzw. die Trinkende selbst, sondern auch andere hierunter zu leiden haben. Da die Zugehörigkeit zur Peergroup für Jana von großer Bedeutung ist, wirken diese Entwicklungen möglicherweise bedrohlich, bergen sie doch die Gefahr einer Desintegration:

> Weil wir merken, der ist gar nicht bei uns, der ist nur am trinken, ohne stopp, ohne gar nichts (…) wir wollen halt nicht immer wenn wir saufen irgendwie jemanden dabei haben der besoffen ist oder der nur am kotzen ist. Das wollen wir halt nicht, wir wollen schon dass jeder ein bisschen klar bleibt (…) Wenn die besoffen sind und die fangen dann irgendwie an zu kotzen, dann ist die Laune verdorben. (Jana, P1, 643–657)

Auf diese Weise ist der Peerkontext hoch ambivalent: Er ist Ermöglichungs-, aber auch risikobehafteter Erlebnisraum.

Jana selbst benennt ihre Konsumgrenzen klar, distanziert sich von Beeinflussungsversuchen anderer und lässt sich nicht unter Druck setzen. Dies bezieht sie auch auf das Kiffen, das durchaus auch von anderen praktiziert wird. Die Zugangsmöglichkeit zur Gruppe sieht sie nicht als ausschließlich über den Alkohol möglich:

> Manchmal hab ich auch gar keine Lust auf Alkohol. Dann bin ich einfach nur dabei aber trinke nichts. (Jana, P1, 400–401)

Damit deutet sich ein weiteres Kernthema an: Selbstbestimmung scheint für Jana von zentraler Bedeutung zu sein: Sie selbst, so betont sie, entscheide darüber, wann und ob überhaupt sie an der Konsumpraxis der Gruppe teilnehme, und sieht sich diesbezüglich auch als Akteurin; sie selbst lege in Abwägung der zeitlichen Rahmung (Wochenende, Ferien), der psychischen und sozialen Konstitution (kein Frusttrinken, nicht „daneben" sein) und unter Berücksichtigung der ihr selbst wichtigen körperlichen Regulierung (kein extremer Konsum, Vermeidung des Betrunkenseins) fest, inwiefern sie konsumiere. Darin drückt sich auch ein Bedürfnis nach Selbstregulierung aus.

Ein weiteres Kernthema, das innerhalb dieses ersten Interviews deutlich wird, ist Janas Balanceakt zwischen unterschiedlichen Erwartungen ihrer sozialen Be-

6.2 „Jana" (Sibylle Walter)

zugsrahmen: Trifft sich Jana mit ihren Freunden, so werden bestimmte Orte hierfür aufgesucht – fernab von elterlicher Kontrolle und abseits einsehbarer Plätze, wie beispielsweise im Wald oder am See. Die Gruppenzusammenkünfte scheinen damit weder an einem beliebigen Ort noch zu jedweder Zeit stattfinden zu können; und die gewählten Orte können als ein Hinweis auf den Versuch gedeutet werden, möglichst unentdeckt zu bleiben, einen intimen Rahmen zu gestalten bzw. aufzusuchen, in welchem die Gruppe ungestört sein kann.

So endet Janas Eingangserzählung über ihr letztes Trinkerlebnis mit der Gruppe mit dem Hinweis darauf, dass sie an diesem Abend nicht zuhause, sondern bei ihrer Freundin übernachtet habe. Im weiteren Verlauf des Interviews wird dieser Umstand nochmals expliziert: Jana versucht auf diese Weise zu verhindern, dass ihre Eltern von ihrem Konsum erfahren. So gelingt es ihr, an der für sie aufregenden und attraktiven Konsumpraxis zu partizipieren, ohne negative Konsequenzen fürchten zu müssen. In diesen Hinweisen auf die (scheinbare) Notwendigkeit zu verbergen, zu täuschen und zu verstecken, zeigt sich, dass Jana sich mit unterschiedlichen Normen und Erwartungen auseinandersetzt und versucht, durch eine Praxis des „Verheimlichens" Konflikten und Dilemmata, die hieraus für sie entstehen könnten, aus dem Weg zu gehen:

> Wenn ich zum Beispiel jetzt Freitag saufen gehe und ich dann besoffen werde und dann soll ich irgendwie nach Hause gehen, wenn meine Eltern das mitkriegen, das wäre nicht so schön. Deswegen bin ich dann immer bei einer Freundin, weil die dürfen es ja meistens schon von ihren Eltern, oder bei denen ist es ja nicht so schlimm, weil die sind ja auch älter als ich. Und dann geh ich halt meistens zu denen. (Jana, P1, 484–488)

Auf diese Weise funktioniert beides: die Partizipation an den als attraktiv wahrgenommenen Treffen mit den Freunden und die Vermeidung einer Auseinandersetzung mit relevanten anderen über den Bruch gesellschaftlicher bzw. elterlicher Normen. Jana muss sich folglich nicht für eine Handlungsorientierung entscheiden. Das Trinken stellt für sie damit dennoch eine potentiell konfliktbelastete und riskante Praxis dar. Sämtliche Einschätzungen und Handlungen, die sie beschreibt, deuten darauf hin, dass Trinken zwar im Freundeskreis „normal" ist, jedoch außerhalb dieses Kontextes eher als abweichendes Verhalten verstanden wird. Verbunden mit unterschiedlichen Strategien und Anstrengungen versucht Jana nun Konfrontationen zu vermeiden und hat für sich einen Modus gefunden, wie sie beiderlei Anforderungen gerecht werden kann: auf der einen Seite ihren eigenen Bedürfnissen nach Integration in die attraktive Peergroup und auf der anderen Seite ihrem Wunsch nach der Aufrechterhaltung des Bildes der braven, abstinenten Tochter vor ihren Eltern.

Interview 2

Die Eingangsfrage des zweiten Interviews, das mit Jana geführt wurde, fokussiert ihren ersten Konsum von Alkohol. Zu diesem Zeitpunkt ist die Interviewte 16 Jahre alt:

> *I:* Gut, dann dachte ich fangen wir mal so an, erzähl' mir doch mal, ähm, wie das war, als du das erste Mal mit Alkohol zu tun hattest. Du kannst alles erzählen, was dir einfällt, ich unterbrech' dich jetzt auch erstmal nicht, ich mach' mir nur ein paar Notizen, damit ich später nochmal drauf zurück kommen kann.
> *J:* (1) Ähm, ja, als ich das erste Mal getrunken habe, äh es, klar, war neu für mich. Ich kannte das alles nicht, schmeckt ja auch ganz anders. Ähm (2) ja teilweise war ich nicht so begeistert, aber ähm ich habe mir halt gedacht>>Okay, (1) manchmal mit unter Freunden ist das schonmal in Ordnung, wenn wenn man was trinkt, bisschen Spaß hat<<und keine Ahnung. (1) Ähm ja, das das war halt damals so. Äh mittlerweile rühre ich Alkohol nicht an, (2) überhaupt nicht mehr. Ich trinke kein Schluck Alkohol mehr. Ähm meine Einstellung zu Alkohol hat sich auch sehr geändert. Also ähm damals fand ich das eigentlich für normal, ich habe gesagt>>Okay, das ist schon gut, mal was trinken zu gehen<<. Mittlerweile finde ich das nicht gut, gerade bei Jugendlichen und gerade auch in meinem Alter. Ähm ich finde's überhaupt nicht gut. (3) Ich finde teilweise ist man zu jung dafür. Ähm das Alkohol (2) ja stellt auch vieles mit jemanden an, wenn man das übertreibt. Man wird besoffen, man vergisst viele Sachen, man macht Sachen, äh, wo man nicht richtig weiß, okay,>>Will ich das jetzt eigentlich wirklich //mhm// oder will ich das nicht?<<Ähm, Alkohol kontrolliert einen sozusagen und deswegen ähm habe ich mit Alkohol nichts mehr am Hut. //mhm// Damals war das halt so, ähm, das meine Freunde getrunken haben, ähm ich war auch in meiner Clique immer so die jüngste. Ich bin schon immer mit älteren Leuten rumgehangen. Und dadurch, dass die halt vor mir getrunken haben, geraucht haben, //mhm// ähm habe ich halt mitgemacht, so ich wollte einfach auch mal schauen, wie ist das so? Ähm wie schmeckt das? Wie fühlt man sich damit? Und ich habe meine Erfahrungen gesammelt, die Erfahrungen waren nicht gut. //@// Und deswegen habe ich damit jetzt auch aufgehört, also schon seit Längerem. //mhm, mhm//. (Jana, P2, 6–32)

Jana greift die Interviewfrage auf, bezieht sich jedoch nur sehr knapp auf die Erzählaufforderung und betont dabei, dass sie dieses „erste Mal" vor allem als neue, bisher unbekannte (Sinnes-)Erfahrung erlebt habe. Nach einem kurzen Zögern und einer Pause beginnt sie dann, ihren zurückliegenden Konsum zu bewerten und nutzt dabei zahlreiche argumentierende Darstellungsmodi. Dies unterstreicht an dieser Stelle die Funktion des thematischen Einschubs: Jana möchte sich und die bei ihr stattgefundene Entwicklung gleich zu Beginn des Interviews betonen und sichergehen, dass die Interviewerin ihre Beweggründe in deren unterschiedlichen Aspekten begreift. Damit setzt sie an dieser Stelle einen eigenen Schwerpunkt – unabhängig von der Interviewfrage. Sie verdeutlicht auf diese Weise, dass sie ein ihr zentrales Kernthema vorzubringen hat: Es habe ein radikaler Reifungs- und Wandlungsprozess stattgefunden.

6.2 „Jana" (Sibylle Walter)

Schon in der Eingangssequenz präsentiert sie eine polarisierende Darstellungsform, die sie im gesamten weiteren Interviewverlauf immer wieder aufgreift: Vergangenes wird Gegenwärtigem gegenübergestellt. Dabei werden zurückliegende Verhaltensmuster, Prioritätssetzungen und Dynamiken stets rückgebunden in die zu diesem Zeitpunkt subjektiv relevanten Kontexte: „Das war halt damals so." Damit unterstreicht sie, dass Handlungsorientierungen seinerzeit durchaus ihre Berechtigung hatten („Damals fand ich das eigentlich für normal") und werden damit in einen konkreten Begründungskontext rückgebunden: „Ich wollte einfach auch mal schauen, wie ist das so?"

In der Eingangssequenz nimmt sie die Entwicklung ihres Konsumverhaltens zum Anlass, um ihren Reifungs- und Wandlungsprozess zu präsentieren. Auf der einen Seite erkennt sie die nun zurückliegende Konsumerfahrung in ihrer damaligen, positiven Funktion an und weist darauf hin, dass dies zu dieser Zeit eine relativ normale Praxis der Freizeitgestaltung gewesen sei: „Unter Freunden ist das schon mal in Ordnung, wenn man was trinkt, bisschen Spaß hat." Gleichzeitig jedoch unterstreicht sie auf der anderen Seite, schon zu diesem Zeitpunkt nicht lediglich die positiven Aspekte im Blick gehabt zu haben („Ja teilweise war ich nicht so begeistert") und führt damit ihre heutige, völlig gegensätzliche Positionierung ein.

Von ihrem aktuellen Standpunkt aus proklamiert sie eine eindeutige moralische Position: „Mittlerweile finde ich das nicht gut, gerade bei Jugendlichen und gerade auch in meinem Alter. Ähm ich find's überhaupt nicht gut" (Jana, P2, 18–20).

Was damals normal und gut war, ist es heute nicht mehr. Sie wertet das Konsummittel an sich sehr negativ und schließt für sich selbst kategorisch damit ab: „Ich finde Alkohol scheiße. Bin ich ganz ehrlich. Auch wenn's nur ein kleiner Cocktail ist. Ich möchte es nicht" (Jana, P2, 1085 f.). Während es im ersten Interview noch die hohe Konsummenge war, von der sie sich distanzierte, so inszeniert sie sich in diesem zweiten Interview als völlig Abstinente, die den Konsum an sich negativ wertet.

Ein weiterer Aspekt, in welchem das Kernthema des Reifungs- und Wandlungsprozesses deutlich wird, bezieht sich auf ihre Rolle innerhalb der alten Peergroup. Es deutet sich in ihrer Reflexion und beschriebenen Handlungspraxis ein radikaler Bruch mit diesen Peers an, der eng im Zusammenhang mit ihrer Abkehr vom Konsummittel Alkohol steht. Wie auch schon im ersten Interview betont sie ihre Rolle innerhalb der Freund_innengruppe als jüngstes Mitglied, das neugierig und verführbar aber auch schutzbedürftig gewesen sei. Nun habe jedoch ein Emanzipationsprozess eingesetzt, der nicht nur – wie im ersten Interview – mit einer kritischen Distanzierung von bestimmten Praktiken der Gruppe einhergehe. Jetzt wird sie radikaler, kehrt der Gruppe den Rücken, bricht schließlich mit den jahrelang vertrauten Weggefährt_innen und beschreibt einen einsetzenden Ablöseprozess.

Jana nutzt an dieser Stelle divergierende Vorstellungen bezüglich des adäquaten Umgangs mit Alkohol als Begründungszusammenhang für ihr verändertes Zugehörigkeitsgefühl: Sie selbst möchte nicht länger die Gruppenpraktiken teilen und sieht zu diesem Zeitpunkt keine andere Möglichkeit als die des Bruchs mit der Gruppe.

Im Gegensatz zum ersten Interview, in dem das Kernthema des Balancierens mit den unterschiedlichen an sie gestellten Erwartungen für sie eine große Rolle spielte, hat sie nun eine Entscheidung getroffen: Sie rückt ab von der Konsum- und Freizeitpraxis der Peers und wendet sich den Erwartungen zu, die die Mutter an sie stellt. Dieser Prozess geht einher mit einer starken Distanzierung, der nicht ohne innere Konflikte verläuft, wie diese Interviewstelle verdeutlicht:

> Ähm (4) ich bin zu meinen Freundinnen gegangen und ähm hab' dann mal mit ihnen darüber geredet gehabt, dass ich das einfach nicht mehr möchte, dieses (1) äh Alkohol trinken, jedes Mal saufen gehen, jedes Mal (1) Scheiße machen, jedes Mal schwänzen, dass ich das nicht mehr möchte. Die haben das eigentlich gut aufgenommen, (1) und haben dann gesagt>>Okay, wir können das einerseits verstehen, das ist dein Leben<<(2) und ähm ich hab' mich dann so bisschen von dene getrennt. (1) Wir hatten dann nur noch selten Kontakt. (Jana, P2, 790–796)

Der hier anklingende moralisierende Duktus scheint für Jana von Relevanz zu sein, um die Notwendigkeit ihrer Überzeugungsarbeit zu legitimieren. Letztlich hätten sogar die Freund_innen eingesehen, dass dieser Weg der richtige sei.

In anderen Gruppenzusammenhängen verweist sie auf ihre veränderte Rolle innerhalb von Freund_innengruppen. War sie ehemals als Jüngste diejenige, der Einhalt geboten werden musste, die sich an den Trink- und Verhaltensmustern der älteren Jugendlichen orientierte, so ist sie heute in anderen Kontexten diejenige, die durch ihre Interventionen versucht, Trinkende zur Mäßigung zu bringen. Beispielhaft beschreibt sie dies im Kontext einer engen Freundschaftsbeziehung:

> Ich habe halt immer mit ihm geredet darüber, weil bei ihm war es halt sehr extrem, weil er ist auch immer durch den Alkohol voll aggressiv geworden und [Mehmed] ist einer, der redet, der, der lässt sich, also der redet nicht mit vielen Personen so, der lässt sich von niemandem irgendwas sagen, aber weil, gerade er und ich, wir haben so einen Bruder-Schwester-Bezug und ich habe oft mit dem geredet und habe ihm halt gesagt, dass es nicht gut ist, //mmh// dass er immer so lange trinkt bis er besoffen //mmh// ist, weil er wird immer aggressiv und fängt dann Streit mit seinen Freunden an und das habe ich ihm auch oft gesagt, oft gesagt und (2) irgendwann mal hat er dann, einmal war der Fall, dass er (3) als er besoffen war, seinem Freund eine mitgegeben hat und als ich das dann mitbekommen habe, war ich richtig sauer auf ihn und da habe ich wochenlang nicht mit ihm geredet gehabt und das war halt so der Punkt, wo er aufgehört hat, //mmh// viel zu trinken, weil da hat er auch zu mir gesagt>>Man, ich werde es dir versprechen, ich mache es nicht mehr so oft. (Jana, P2, 1539–1552)

6.2 „Jana" (Sibylle Walter)

Auch hier taucht wieder das Bild der Geschwister auf, das sie argumentativ nutzt, um eine Beziehung zu charakterisieren, wie schon im ersten Interview. Verband sie mit dem Bild „Bruder – Schwester" in der Vergangenheit ein Erfahrungs- und Reifungsgefälle zwischen sich und anderen Gruppenmitgliedern, so betont sie an dieser Stelle, dass sie nun die Schwester geworden sei, der Verhaltensänderungen versprochen werden.

Einen Reifungs- und Wandlungsprozess beschreibt Jana auch im Kontext ihrer schulischen Laufbahn. Parallel zum Bruch mit den Peers und der neuen Abstinenzorientierung, so argumentiert sie, habe nun auch wieder eine schulische Leistungssteigerung einsetzen können; ihr schulabstinentes Verhalten habe mit dem Rückzug aus der Clique und dem verringerten Konsum von Alkohol abgenommen, wie auch die Konflikte mit Lehrkräften.

Die Selbstbeschreibung als Akteurin, die Verhaltensmuster ablegen und sich neuen Prioritäten zuwenden kann, scheint Jana von zentraler Bedeutung zu sein.

An zahlreichen Stellen betont sie, dass mit ihrem Wandlungsprozess und ihren veränderten Priorisierungen auch eine Stärkung der Beziehung zur Mutter stattfand. Familiäre Zugehörigkeit führt sie wie schon im ersten Interview als Kernthema ein. Waren es ehemals heftige Konflikte mit der Mutter in Bezug auf die auferlegten Regeln des Zusammenlebens sowie Erwartungen hinsichtlich Janas schulischen Engagements, so präsentiert Jana in diesem Interview eine radikale Veränderung der Mutter-Tochter-Beziehung:

> Als ich dann mich von diesen Leuten getrennt habe, ähm, hab' ich eigentlich nicht mehr geschwänzt. //mhm// Ich habe (1) ähm bin immer pünktlich nach Hause gekommen. (2) Ich (2) ja, ich hab' mich eigentlich an alles gehalten. //mhm// Ähm (2) ja und ähm (1) gerade jetzt in diesem Jahr, wo sie gesehen hat,>>okay, meine Tochter hat sich angestrengt in der Schule, hat gute Noten nach Hause gebracht und hat sich so arg verbessert, schwänzt nicht mehr<<, ich hab' in diesem Jahr wirklich kein einziges Mal geschwänzt. (1) Ähm da hat sie gesehen, ähm, (2) ja>>meine meine Tochter ist nicht mehr wir früher, //mhm// meine Tochter macht jetzt was aus sich, sie strengt sich an, sie schaut nicht äh nur auf ihre Freunde<<. Dann hat sie erst begriffen>>Okay die Zeit ist vorbei mit damals, wo sie (2) nicht nach Hause gekommen ist, wo ich mir Sorgen gemacht hab'<<und ähm (4) ja. (2) Ähm (1) ja keine Ahnung. Das ähm Verhältnis gerade dieses Jahr hat sich mit meiner Mutter sehr sehr gebessert. Wie sind eigentlich sozusagen wie beste Freundinnen. Wie machen vieles zusammen, wir lachen auch immer zusammen, wie verstehen uns wirklich sehr sehr gut. (1) Und ähm meine Mutter hat angefangen, mir zu vertrauen (1). (Jana, P2, 500–515)

Jana entwirft sich, auch vor dem Hintergrund der zeitweiligen Trennung durch ihren Aufenthalt in der Jugendhilfeeinrichtung und ähnlich wie im Kontext der Freundschaftsbeziehungen, als gereifte Persönlichkeit: „Die Zeit ist vorbei", wie sie es pointiert. Interessanterweise koppelt sie diese Entwicklung auch an ihr verändertes Konsumverhalten: Aufgrund der Abkehr von den Peers, die sie zu Konsum und schulabstinenten Verhalten verführten, eröffnet sich ihr eine weniger konfliktbeladene Beziehung zur Mutter, was auch durch den argumentativen Sprachmodus unterstrichen wird, welchen sie an dieser Stelle im Interview nutzt. Nicht nur scheint sich die Beziehung zur Mutter verbessert zu haben, Jana übernimmt nun der Mutter gegenüber eine auch neue Rolle, die sie als freundschaftlich und vertrauensvoll beschreibt. So hilft sie der Mutter sogar bei der Gestaltung der Trennung von deren Lebensgefährten und stellt sich schützend vor sie, als die Auseinandersetzungen eskalieren. Die Rückbesinnung auf die mütterlichen Erwartungen hinsichtlich Janas schulischen und freizeitbezogenen Engagements symbolisiert für Jana jedoch auch eine Positionierung in Hinblick auf normative, gesellschaftliche Erwartungen. Sie beschreibt es als Prozess der Befreiung und Erleichterung, der untrennbar mit dem Bruch des Konsums von Alkohol und der Peergroup in Verbindung steht:

> Und ich hab' in der Zeit, wo ich halt immer mit dene rumgehangen bin, hab' ich gleichzeitig auch immer, immer Angst gehabt so wegen Polizei. //mhm// (1) So, okay, hoffentlich s- äh sieht uns keine Polizei, weil dann kriegt das meine Mutter mit // mhm// und dann bin ich wirklich, (2) @ dann hab' ich wirklich verkackt bei meiner Ma- //mhm// meiner Mutter. Und ähm (1) und dann, als ich dann den Kontakt abgebrochen habe, ich war so erleichtert, ich musste mich nicht mehr verstecken irgendwie, ich musste nicht mehr getrunken, äh ich musste keine Angst haben, dass mich jetzt irgendjemand sieht und irgendwie bei meiner Mutter petzt oder die Polizei mich irgendwie nach Hause bringt deswegen. (Jana, P2, 1026–1034)

Jana inszeniert sich damit als verantwortungsvolle junge Frau, zu der sie sich aus einer ehemals pubertären und „unartigen" Tochter entwickelt hat. Ihre Rückbesinnung auf die Normen der Mutter, die sie in diesem Interview anführt, liest sich wie eine Abkehr vom jugendkulturellen Kontext und eine Hinwendung zu bzw. Anerkennung der mütterlichen Erwartungen, auch unter Berücksichtigung der Familiengeschichte:

> Weil mein Vater äh damals (1) oft getrunken hat. //okay// Der war zwar kein Alkoholiker, aber hat oft getrunken. //mhm// Und äh das hat auch dazu geführt, dass er oft nicht ansprechbar war, Punkt eins und dass er auch oft aggressiv war. //okay// (2) Und äh (1) deswegen meine Mutter mag das nicht, wie gesagt: Rauchen von mir aus ja, // mhm// aber bitte nicht Trinken. //mhm// Also sie sie sagt auch nicht>>Ich verbiete dir zu Trinken<<, //mhm// sie redet hat immer mit mir>>Bitte bitte trinke nicht<<. //mhm, mhm// (2)>>Mach' alles, aber mach nicht das<<und deswegen, da hör' ich auch schon auf meine Mutter. (Jana, P2, 1098–1105)

6.2 „Jana" (Sibylle Walter)

Neben der Betonung von Reifungs- und Wandlungsprozessen und familiärer Zugehörigkeit präsentiert Jana in diesem Interview als drittes zentrales Kernthema Selbstbestimmung. Auch hier verläuft die Argumentationslinie entlang einer skizzierten Entwicklungsgeschichte: Janas Abwendung vom Konsum und der Peergroup liest sich wie eine Emanzipationsgeschichte, in der sie sich vom ehemals jungen verführten Mädchen zu einer eigenständigen und selbstbewussten Akteurin wandelt, die für sich beschlossen hat, einen anderen Weg einzuschlagen als den, den ihr die älteren Mädchen und Jungen vorleben. Dabei inszeniert sie sich stark als junge Frau, die gegenüber den Altersgenoss_innen reifer, erfahrener ist und deren Handlungsorientierungen sie aus dieser Warte heraus ablehnend distanziert gegenübersteht. Die Abkehr vom Konsum geht für Jana mit einem Verlassen dieses sozialen Kontextes einher, den sie an anderer Stelle im Interview auch als Befreiung umschreibt:

> *J:* (3) Ja einerseits irgendwie schlecht, weil ich mich klar, ich mein', das sind meine Freunde und ich hatte mit denen schöne Zeiten gehabt. Eigentlich mal so meine Kindheit habe ich mit denen erlebt, weil ich kenn' die ja schon sozusagen seit dem ich 7 bin. //mhm// Und die haben mir auch's teilweise das Reiten beigebracht und alles Mögliche. Schon schöne Zeiten mit dene, aber andererseits war ich auch irgendwie erleichtert irgendwie, die dieses das alles nicht mehr um mich zu haben, dieses ständige Alkohol, Kiffen, dann hier teilweise auch Koksen. Ich hab' mich irgend- befreiter gefühlt irgendwie.
> *I:* Kannst du das noch ein bisschen beschreiben? Warum
> *J:* Ich hab' mich einfach besser gefühlt irgendwie ohne diesen Alkohol und ähm (2) ich hab' dann auch gelernt, nein zu sagen, wenn jemand z. B. gesagt hat>>[Jana] komm', gehen wir trinken<<. //mhm// Und ich>>Nee, ich trinke nicht<<. (1)>>Sorry, ich hab' aufgehört.<< //mhm// Das haben dann die Leute zwar am Anfang zu mir gesagt>>Hä? Okay<<//mhm//, aber die haben's dann auch akzeptiert und seit dem habe ich Alkohol nicht mehr angerührt. //mhm// Nicht mehr nur, //mhm// gar nicht, nicht mal ein Bier oder so. //mhm//. (Jana, P2, 1005–1020)

Sie zeichnet auf diese Weise das Bild einer starken Akteurin, die sich von einer ehemals attraktiven Praxis innerhalb der Peergroup abgewendet und nun ihren eigenen Standpunkt klar für sich formuliert hat. Wie auch schon im ersten Interview betont sie, dass zu hoher Konsum potentiell negative soziale und körperliche Effekte berge. Sie führt in diesem Interview eine Reihe von Negativbeispielen auf, um dies zu verdeutlichen: Abermals problematisiert sie dabei die unterschiedlichen Auswirkungen von Alkoholkonsum innerhalb der Gruppe von Peers sowie in (un)spezifischen gesellschaftlichen oder familialen Kontexten, die sie zu vermeiden versucht.

Auf der Körperebene sind es Erfahrungen bzw. Befürchtungen von Desorientierung und Verlust von Erinnerungsvermögen, insbesondere jedoch auch die unzureichend kohärente Selbstwahrnehmung, das Gefühl, plötzlich eine andere zu sein und Dinge zu tun, die man eigentlich nicht möchte:

> (3) Ähm (2) ich hab' schon gemerkt, wenn ich getrunken habe, äh, das (1) mir ist oft ein bisschen schwindelig geworden und dann, äh, (1) ich war irgendwie viel (2) ich war nicht mehr so (1) ich selbst, sondern viel freier, viel offener irgendwie. //mhm// Ist mir aufgefallen, wenn ich, wenn ich getrunken habe. Und (2) bei einer Freundin war das ebend so, dass die mal richtig besoffen war, das erste Mal, dass ich sie richtig besoffen gesehen hab'. (1) Und sie dann mit dem Freund von unser anderen Freundin rumgeknutscht hat. //mhm// (1) Und sie aber am nächsten Tag nichts davon wusste. (2) Und das war dann so der Hauptgrund wo ich dann, wo ich das gesehen hab', habe ich so gedacht>>Mein Gott, das will ich nicht. Nee<<Erstens die konnte, die hat die hat mit dem Freund ihrer Freundin rumgeknutscht, am nächsten Tag wusste sie davon nichts. Und habe ich mir gesagt>>Nee, sorry, nee, das will ich nicht.<<Weil dann gab's auch voll Streit und das war ein hin und her und es gab so Stress und (1) Streitereien und das (1) hat so viel ausgelöst. Und dann hab' ich gesagt>>Nee, das möchte ich nicht<<. //mhm// Hm, hm. Das das war dann zu viel. (Jana, P2, 839–853)

Sie unterstreicht auf diese Weise u. a. negative soziale und körperbezogene Folgen als zentrale Aspekte, die sie in Verbindung mit dem Alkohol bringt, und betont gleichermaßen die hoch ambivalente Situation: auf der einen Seite die positiv empfundene Offenheit, auf der anderen Seite die Dämonisierung der Grenzüberschreitung, die sich gleichermaßen unter Alkoholeinfluss zeigen kann. Sie zieht diese Ambivalenz schließlich auch als eine der Begründungen heran, warum sie nun nichts mehr trinkt. Aus der ehemals umsorgten „Kleinen" ist eine junge Frau geworden, die für sich selbst sorgt und zur eigenständigen Persönlichkeit herangereift ist. Damit in Zusammenhang steht auch ihr Bedürfnis der Aufrechterhaltung von Handlungsfähigkeit, indem sie Alkohol geradezu dämonisiert und personalisiert. Sie verweist auf die Gefahr einer Alkoholerkrankung, an welcher sie sich als Negativfolie gleich in der Eingangssequenz des zweiten Interviews abarbeitet:

> Ähm das Alkohol (2) ja stellt auch vieles mit jemandem an, wenn man das übertreibt. Man wird besoffen, man vergisst viele Sachen, man macht Sachen, äh, wo man nicht richtig weiß, okay,>>Will ich das jetzt eigentlich wirklich //mhm// oder will ich das nicht?<<Ähm, Alkohol kontrolliert einen sozusagen und deswegen ähm habe ich mit Alkohol nichts mehr am Hut. (Jana, P2, 20–25)

Das Thema der Selbstbestimmung findet sich auch in Hinblick auf die Beziehung zur Mutter. Sie beschreibt sich als diejenige, die durch ihre Umorientierung diese Beziehung veränderte, woraus die Mutter-Tochter-Beziehung nun gestärkt hervor gegangen sei. Konflikte gehörten nun der Vergangenheit an. Sie betont, die Mutter habe „begriffen", dass sie sich verändert habe. Jana nimmt nun eine völlig andere Rolle gegenüber der Mutter ein.

6.2 „Jana" (Sibylle Walter)

Der Darstellungsmodus dieses Interviews ist insgesamt beschreibend gehalten, mit punktuellen Erzählungen. Auffallend häufig werden diese Beschreibungen von argumentativen Einschüben gerahmt, womit sie entsprechend ihrem stark präsenten Kernthema des stattgefundenen Reifungs- und Wandlungsprozesses sicherstellen möchte, Beweggründe und Hintergründe ausreichend argumentativ ausgeleuchtet zu haben. Sie nutzt diesen argumentativen Modus insbesondere dann, wenn sie auf veränderte Einstellungen und Wendungen ihrer Entwicklung zu sprechen kommt, um auch zu unterstreichen, wie und warum sie selbst diesen Prozess initiierte.

Das gesamte Interview ist gekennzeichnet von langen Sprechpassagen der Interviewten. Im Gegensatz zu ihrer Mutter nimmt der Vater im Interview nur wenig Raum ein, es gibt keine detaillierte Erzählung oder Beschreibung zu dieser Beziehung. Dies ist insofern auffallend, als sie sonstige soziale Interaktionen, die von Spannungen und Konflikten gekennzeichnet sind, ausführlich elaboriert, wie beispielsweise die Hassbeziehung zum Freund der Mutter, die ausführlich beschrieben und erzählt und auf diese Weise betont wird.

Als zentrales Thema innerhalb dieses zweiten Interviews bildet sich jedoch ihre aktive Rolle in der Gestaltung ihrer Lebensführung heraus: auf der Ebene der Peerbeziehungen, auf der Ebene ihrer Konsumorientierung und im Hinblick auf die Mutter-Tochter-Beziehung.

Interview 3

Beim dritten Interview ist Jana 17 Jahre alt. Zu Beginn des Interviews wird Jana von der Interviewerin gebeten, davon zu erzählen, was sich in der Zeitspanne seit dem letzten Interview vor ca. einem Jahr in ihrem Leben ereignet habe:

> *J:* Alles klar. //ja?// Also ich gehe ganz normal zur Schule, //mmh// habe letztes Jahr die zweijährige angefangen im ersten Jahr, //mmh// habe es dann aber leider nicht bestanden wegen BK. //mmh// Ja jetzt bin ich wieder auf der Zweijährigen, also wieder im ersten Jahr. //mmh// Ja. Sonst gehe ich zur Schule, ich habe nebenbei bis vor kurzem gearbeitet so nebenbei, vierhundert- Euro-Basis, //mmh// bisschen Taschengeld. (3) Ja ansonsten Alkohol trinke ich nicht, rauchen tu ich leider noch immer.
> *I:* (5) Vor einem Jahr ist ja eine lange Zeit. Wenn du da jetzt noch einmal //ja// so zurückdenkst, letztes Jahr im Sommer bis, bis heute. Was fällt dir da noch so ein, was war so?
> *J:* Ja, ich bin älter geworden, reifer geworden. //mmh// Ich denke über viele Sachen ganz anders. //mmh// Also das fällt mir schon auf. //mmh// Ja ich habe zu vielen Dingen jetzt eine ganz andere Einstellung, eine ganz andere Meinung. Ich, ich sehe viele Dinge auch mit ganz anderen Augen //mmh// als vor einem Jahr noch. (2) Ja, viel erlebt, //mmh// ich habe einen Freund, aber ich glaube, das kann, soll ich, muss ich jetzt nicht erzählen, oder?
> *I:* Erzähl, was du magst.
> *J:* Ja mit ihm viel durchgemacht, °er war im Gefängnis° //mmh// 3 Monate Untersuchungshaft //mmh// °War auch eine schwere Zeit so und ja sonst eigentlich nichts.

Also Schule halt //mmh// wie immer eigentlich, also rausgehen gehe ich eigentlich nicht mehr so oft, unter der Woche eigentlich kaum. //mmh// Wenn ich rausgehe, dann am Wochenende, //mmh// (3) gehe meistens irgendwo Shisha rauchen oder was //mmh// essen oder was trinken oder ins Kino, also alles Mögliche. (2) Ja ansonsten bin ich eigentlich nur am lernen //mmh// zu Hause oder verbringe meistens Zeit mit meiner Mutter. //mmh// Ja, das war es eigentlich. //mmh// Viele, viele Freunde verloren, sage ich mal //mmh// so. Also viele Freunde haben mich enttäuscht, das ist auch passiert, viel passiert. (4) Ansonsten das war es eigentlich.° (Jana, P3, 14–41)

Im Versuch, die Interviewfrage zu beantworten, orientiert sich Jana an zwei unterschiedlichen Perspektiven, mit denen sie auf das vergangene Jahr zurückblickt. Zum einen benennt sie Ereignisse, die konkret passiert sind, wie etwa die schulischen Entwicklungen, die Aufnahme und Aufgabe diverser Jobs, Brüche in den Freundesbeziehungen und ihrer Liebesbeziehung sowie ihr aktuelles Freizeitverhalten. Zum anderen weist sie – wie auch schon im zweiten Interview – auf eine stattgefundene persönliche Entwicklung hin und fasst dies zusammen mit den Worten, sie sei nun „reifer" geworden, was sie zunächst ohne weitere Konkretisierung stehen lässt. Sie greift auf diese Weise gleich zu Beginn wieder das Kernthema eines stattgefundenen Wandlungsprozesses auf und führt alle Aspekte ein, die sie im weiteren Verlauf des Interviews ausführlicher entwickelt: ihre Distanzierung von Freizeitpraktiken, ihre schulischen Anstrengungen und Zukunftsperspektiven, stattgefundene Vertrauensbrüche im Freundeskreis sowie die Konsolidierung ihrer Beziehung zur Mutter.

In diesem dritten Interview stehen – wie auch im zweiten Interview – Beschreibungen mit argumentativen Einschüben im Vordergrund, Erzählungen finden sich insbesondere dann, wenn Jana explizit darum gebeten wird, eine konkrete Situation nachzuerzählen: der Ablauf eines Clubabends (Jana, P3, 758–770); die Auseinandersetzungen ihrer Eltern in Janas früher Kindheit (Jana, P3, 1631 ff.), wobei sie stets schnell wieder in einen eher beschreibenden Modus fällt. Ansonsten reduziert sie ihre Ausführungen auf Beschreibungen und rekapituliert die Ereignisse, ohne konkrete Abläufe wiederzugeben. Damit hat sich in ihrem Erzählduktus im Vergleich zum zweiten Interview wenig verändert, wohl aber im Vergleich zum ersten Interview.

Auch die schon im zweiten Interview eingeführten Kernthemen werden in diesem dritten Interview wieder aufgegriffen, wenngleich leicht modifiziert. Weiterhin zentral ist Janas Inszenierung ihres eigenen Reifungsprozesses. Diesen bezieht sie jedoch in diesem dritten Interview nicht nur auf veränderte Praktiken, wie noch im zweiten Interview. Vielmehr stellt sie nun Reflexionsprozesse und veränderte Einstellungen in den Mittelpunkt ihrer Ausführungen – in Bezug auf Freundschaften, Liebesbeziehungen oder auch hinsichtlich ihrer Zukunftsentwürfe. Reflexio-

6.2 „Jana" (Sibylle Walter)

nen und Positionswechsel, die damit einhergehen, werden als zentrale Kategorien präsentiert, ihr Entwicklungsprozess als kognitiver Reifeprozess eingeführt:

> Ich denke über viele Sachen ganz anders. //mmh// Also das fällt mir schon auf. // mmh// Ja ich habe zu vielen Dingen jetzt eine ganz andere Einstellung, eine ganz andere Meinung. Ich, ich sehe viele Dinge auch mit ganz anderen Augen //mmh// als vor einem Jahr noch. (Jana, P3, 24–27)

Hier verdeutlichen sich Veränderungen von Haltungen. Jana macht zudem klar, dass sie deshalb nun beschlossen hat, grundsätzlich keine persönlichen und intimen Informationen mit Gleichaltrigen zu teilen. Ihr Credo lautet nun, besser gleich Dinge für sich zu behalten, um letztlich nicht enttäuscht zu werden. Freundschaften sieht sie darum vor allem problembezogen, Gleichaltrige als potentielle Gefährdung ihrer Integrität, Misstrauen dabei jedoch als subjektiven Gewinn und Ausdruck von Stärke, nicht als Verlust:

> Ich lasse niemanden mehr so einfach an mich ran und das ist gut, //mmh// das ist mein Schutz eben, //mmh mmh// den ich für mich habe. Das ist meine Sicherheit, dass niemand irgendwie, wenn es mal zu so etwas kommen sollte, wenn man sich einmal unter Freunden streitet, dass es niemanden geben wird, der irgendwie mal irgendwo hin rennen kann und sagen kann>>Ah, die hat das und das Geheimnis.<<//mmh// und darauf achte ich jetzt einfach, ich erzähle Leuten nichts mehr, //mmh// egal ob ich die jetzt fünf Jahre kenne oder zwei Jahre //mmh// kenne, egal wie sehr ich mit, mich mit dieser Person verstehe, ich erzähle nichts. (Jana, P3, 498–506)

Ihre „Sicherheit" bezieht sie damit rein aus sich selbst heraus, Fragilität entsteht durch vertrauensvolle Beziehungen. Ähnlich argumentiert sie auch, indem sie ihre Abkehr von Liebesbeziehungen erläutert: Aufgrund negativer Erfahrungen habe sie nun die Grenzen ihrer Belastbarkeit erkannt und mit der Konsequenz, als Single zu leben, die bessere Alternative gewählt.

Sie rahmt auch diese Entwicklung argumentativ, indem sie sie als reinen Selbstschutz und Ergebnis eines Reifeprozesses bezeichnet. Neben der Reflexion in Hinblick auf Liebes- und Freundesbeziehungen hat auch in Hinblick auf ihre Bildungsbiografie ein Veränderungsprozess stattgefunden. Jana unterstreicht in diesem Interview ihren Wunsch und ihr Bestreben, einen sozialen Aufstieg über Bildungsanstrengungen zu verwirklichen. Lernen, Geldverdienen und die Entwicklung einer berufsbiografischen Perspektive sind nun für sie von Relevanz, sie möchte „auf jeden Fall etwas Großes machen" (Jana, P3, 454) – auch hier nutzt sie den Rückblick auf vergangene Verhaltensmuster, um auf ihre stattgefunden Reflexionsprozesse hinzuweisen.

Ein weiteres Kernthema, welches in diesem dritten Interview im Zusammenhang mit den unterschiedlichsten Themen und Lebensbereichen präsentiert wird und sich bereits im zweiten Interview andeutete, ist Janas Bestreben, sich als Akteurin ihres Lebens zu inszenieren. Eigenständigkeit und Eigenverantwortlichkeit scheinen Aspekte zu sein, die ihr viel bedeuten. Im dritten Interview bezieht sie sich in diesem Zusammenhang beispielsweise auf das Thema Geld und Geldverdienen. Obwohl ihre Mutter ihr ein monatliches Taschengeld zur Verfügung stellt und auch bei Sonderausgaben nicht zögert, sie finanziell zu unterstützen, möchte Jana dies eigentlich nicht. Zum Zeitpunkt des Interviews befindet sie sich deshalb auch in einer für sie schwierigen Situation: Aufgrund der Mehrbelastung im Kontext ihres Schulbesuchs kann sie ihre Nebenjobs nicht weiterführen. Jetzt ist sie voll und ganz auf die Mutter und das Taschengeld angewiesen, ein Umstand, der ihr sehr unrecht ist. In diesem Zusammenhang geht es ihr nicht nur darum, eigenes Geld zu verdienen und darüber niemandem Rechenschaft ablegen zu müssen, sondern auch darum, ihrer Mutter nicht auf der Tasche zu liegen:

> Mir tut es halt für meine Mutter leid, //mmh// weil ich weiß, meine Mutter geht eigentlich für mich arbeiten, //mmh// um mir eigentlich so viel wie möglich zu geben, (3) aber andererseits tut es mir auch leid, weil ich weiß, dass meine Mutter das eigentlich alles für mich macht und eigentlich das ganze Geld mir gibt //mmh// und eigentlich selten was für sich macht //mmh// und das war eben das Gute daran als ich gearbeitet habe. Meine Mutter konnte das Geld, was sie normalerweise mir gegeben hat, //mmh// endlich mal für sich nutzen, //mmh// mal für sich irgendwie einkaufen gehen, (2) mal zum Nagelstudio //mmh// gehen oder einfach sich mal was gönnen //ja// und das war eben das Gute. Ich hatte mein eigenes Geld und meine Mutter konnte mal ihr Geld für sich nutzen //ja// und nicht nur mir geben //mmh// und darum geht es mir, //mmh// weil meine Mutter gönnt sich nicht oft was. (Jana, P3, 371–382)

Auch in Hinblick auf Janas berufsbiografischen Verlauf verdeutlicht sich, dass sie nicht zögert, Entscheidungen zu treffen, die unter Umständen auch radikale Brüche mit Gewohntem und Vertrautem nach sich ziehen. So gestaltet sie aktiv ihre Schullaufbahn, wechselt die Schule und gibt damit nicht nur soziale Bezüge und einen vertrauten Rahmen auf, sondern mutet sich auch eine neue fachliche Ausrichtung zu. Dieses Verlassen eines bekannten Terrains schildert sie vor allem als Herausforderung, betont aber, wie gezielt und überlegt sie diese Entscheidung getroffen hat, indem sie all das aufführt, was ihr nicht zugesagt hat: die Schule nicht, die Klasse ebenso wenig und mit den Lehrern sei sie nicht zurechtgekommen:

> //und ja ich hatte die Chance, das Jahr auf der Schule zu wiederholen, //mmh// wollte ich aber nicht, weil die Schule mir überhaupt nicht gefallen hat, ich auch mit den Lehrern nicht klargekommen bin, meine Klasse mir auch gar nicht gefallen hat, weil das waren, jeder ist so seinen eigenen Weg gegangen, das war keine richtige Klassengemeinschaft und ja dann habe ich in den Sommerferien mit [Lisa] zusammen //mmh// einen neuen Schulplatz gesucht, habe dann, bin jetzt auf der, auf dem IB

6.2 „Jana" (Sibylle Walter)

> diesmal auf der Wirtschaftsschule, //mmh// was tausend Mal besser ist und ja bis jetzt eigentlich läuft alles gut, ein bisschen stressig, klar, //mmh// muss viel lernen und so, //mmh// gerade jetzt, weil die ersten sechs Monate ist ja Probezeit, //mmh// da muss man sich ja vor Allem richtig anstrengen, dass man da keine schlechten Noten hat, aber ansonsten //mmh// ja. (Jana, P3, 58–69)

Schule wird beschrieben als Ort, an dem man sich wohlfühlen soll, und damit insbesondere über soziale Bezüge zu den Lehrkräften sowie zu den Mitschülern definiert. Nicht nur im Moment des Schulwechsels fällt ihre aktive Rolle auf, auch der Neuanfang an der Schule bedeutet, dass sie gefordert ist, sich aktiv einzubringen: Neue Kontakte müssen geknüpft, Rahmenbedingungen neu erschlossen werden.

Der aktive Bruch mit sozialen Beziehungen wird in diesem Interview in unterschiedlichen Kontexten thematisiert. Jana kann sich auf diese Weise als handlungsfähige und unabhängige junge Frau inszenieren, wobei diese Brüche jeweils als subjektiver Gewinn und nicht als Verlust thematisiert werden.

Neben dem mit dem Schulwechsel in Zusammenhang stehenden Neubeginn an der Schule berichtet Jana im dritten Interview von zwei radikalen Brüchen in ihren sozialen Beziehungen. Sie beschreibt ausführlich, wie sie sich Stück für Stück von den Freundinnen, mit denen sie einst Clubs besucht hatte, zunächst innerlich, dann jedoch auch deutlich nach außen hin distanziert hat. Die Freundschaften wurden zum Ort der Enttäuschung, Jana fühlt sich in ihrer Integrität bedroht. Daraus zieht sie schließlich die Konsequenz eines radikalen Bruchs, eines Aufkündigens der Freundschaft. Damit präsentiert sie sich als autarke, starke junge Frau, die nicht auf Freundschaften angewiesen ist, was sich in ihrem Motto „ich vertrau eigentlich fast keinem" (Jana, P3, 473) ausdrückt. Jana betont an der Stelle, an der sie hiervon erzählt, ihren aktiven Part: Die Freundschaften sind nicht allmählich erloschen, sie selbst setzt ihnen ein radikales Ende:

> *I:* Mmh. Und wie ist es dann weitergegangen mit euch?
> *J:* Ich habe Kontakt abgebrochen und dabei ist es auch geblieben.
> *I:* Mmh. Kannst du mir da noch ein bisschen was dazu erzählen, also wenn du sagst, du hast den Kontakt abgebrochen, also hast du dich einfach nicht mehr gemeldet oder gab es wirklich so eine Diskussion oder?
> *J:* Es gab wirklich eine Diskussion, also ich bin schon immer ein sehr direkter Mensch gewesen. //mmh// Wenn mir etwas nicht passt, dann sage ich das der Person. Ich bin auch kein Mensch, der sich irgendwie vorn einen auf nett tut und hintenrum dann abläster. So etwas mag ich gar nicht. Auch wenn es meine Freundinnen sind, ich lasse sie von Anfang an wissen, //mmh// wenn mich gerade irgendetwas aufgeregt hat oder ich etwas nicht gut fand. Ich habe es oft bei denen gemacht, war aber so als ob ich gegen eine Wand geredet hätte und irgendwo kam es einfach zur Diskussion. Es hat sich nichts geändert und dann habe ich gesagt>>Wenn ihr meint, das ist richtig, was ihr macht, (3) dann möchte ich mit euch nichts zu tun haben.<<// und dann?// Ja, nichts. Das war es dann. Kontakt abgebrochen. Ich habe die Num-

mern von denen gelöscht. //mmh// Das war es dann. //mmh mmh// Das ist auch gut so. (Jana, P3, 814–830)

Aktiv beendet sie auch die Beziehung zu ihren Freundinnen, die ihre „Geheimnisse" verraten haben. Auch in Bezug auf Liebesbeziehungen setzt sie auf ein Schwarz-Weiß-Muster und kennt nur „gut" oder „schlecht": Aufgrund negativer Erfahrungen habe sie den klaren Standpunkt für sich gefunden, wonach Liebesbeziehungen eher belastend seien. So resümiert sie, dass sie auch diese Beziehungsform nicht brauche, sich selbst genug sei:

> Beziehungen. Damals habe ich halt schon sehr positiv von so etwas geredet. //mmh// Also ich habe (2) gesagt>>Beziehung ist etwas Schönes. Man hat jemanden, mit dem man reden kann. //mmh// Man hat jemanden, der zu jemand, zu einem steht, der einen unterstützt.<<Aber mittlerweile denke ich mir>>Beziehung brauche ich nicht, Beziehung will ich nicht und ich bin lieber alleine.<<//mmh// Also ich möchte keinen Freund haben, so denke ich mir, //mmh// weil ein Freund kann auch etwas Negatives sein. //mmh// So sehe ich das mittlerweile. (Jana, P3, 521–527)

Der Beziehungsbruch findet letztlich, so Janas Deutung, aus Selbstschutz statt.

Ein weiterer Aspekt, in welchem sich Janas Bedürfnis nach Selbstbestimmung verdeutlicht, findet sich im Rahmen ihrer Freizeitaktivitäten. Im Zuge der Clubbesuche setzt ein sukzessiver Distanzierungsprozess von den Praktiken der Freundinnen ein. Nicht nur findet sie deren Verhalten für diese selbst irritierend oder gar peinlich, vielmehr ist sie in Sorge darüber, ob dieses Verhalten auf das Bild, das sich andere von ihr machen, abfärben könnte. Janas Bedürfnis nach Selbstbestimmung und der Aufrechterhaltung von Handlungsfähigkeit kommt schließlich darin zum Ausdruck, dass sie selbst diese Außenwahrnehmung steuern möchte: Sie möchte bestimmen können, wie sie von anderen gesehen und eingeschätzt wird. Solange sie aber in einen Freundinnenkreis integriert ist, mit dessen Praktiken sie nicht identifiziert werden möchte, kann sie nicht verhindern, selbst als eine von diesen jungen Frauen gesehen zu werden:

> *J:* ich wollte das einfach nicht mehr, weil wenn meine Freunde sehen, dass meine Freundinnen so sind, was denken die Leute dann über mich, die denken dann automatisch>>Ok, die, wenn ihre Freundinnen so sind, //mmh// dann ist die doch bestimmt genauso.<<Und das wollte ich irgendwann mal nicht. Ich habe versucht, denen, mit denen zu reden, denen zu sagen, dass ich das einfach nicht mehr will, dass es einfach nicht gut ist, was die machen, mit so vielen Jungs gleichzeitig was zu haben und irgendwann wurde mir das zu viel. Das wurde, es ging wirklich so weit, dass ich mich schon wirklich vor denen geekelt habe //mmh// und
> gesagt habe>>Mit euch möchte ich nichts mehr zu tun haben.<<
> *I:* Mmh. Und wie ist es dann weitergegangen mit euch?
> *J:* Ich habe Kontakt abgebrochen und dabei ist es auch geblieben. (Jana, P3, 804–815)

Die radikale Konsequenz, die Jana hier zieht, unterstreicht die zentrale Bedeutung, die der Aufrechterhaltung von Handlungsfähigkeit zukommt: In dem Moment, als sie keinen anderen kommunikativen Entwicklungsweg mehr sieht, bricht sie mit den Freundinnen und erhält ihre Selbstbestimmung.

Als drittes Kernthema rückt Jana in diesem Interview das Thema der Familie in den Vordergrund. Interessanterweise verhandelt sie dieses im Spiegel ihrer Distanzierung vom Freundeskreis, denn die selbstinitiierte Abkehr von den Peers geht mit einer Beziehungsstärkung zur Mutter einher. Letzteres hat sich schon im zweiten Interview angedeutet, bekommt nun jedoch noch eine zusätzliche Konnotation durch Veränderungen in ihrem Freundeskreis: Durch den Bruch mit den Freunden und der verbindenden Freizeitgestaltung bleibt ihr mehr freie Zeit – Zeit, die sie nun zuhause mit der Mutter verbringt. Während sie den Freundeskreis als Rahmen beschreibt, der potentiell zu einer Verletzung und Bedrohung ihres Selbstbildes als „anständiges Mädchen" führt, beschreibt sie nun die Familie als Ort des Rückzugs und der Harmonie: Mit der Mutter verbringt sie nun Zeit; und zuhause hat sie die Möglichkeit, an ihrer Bildungsbiografie zu arbeiten. So gibt sie nun dem heimeligen und familiären Bereich den Vorzug vor den Clubbesuchen mit Freund_innen und widmet sich nun all dem, was im Zusammenleben mit der Mutter anfällt.

Aus diesem Grund bilanziert sie auch den Bruch mit den Freundinnen positiv: War sie doch ehemals immer in Gefahr, dass ihr „Ruf" von dem der Freundinnen überlagert wurde, so kann sie sich nun sicher sein, dass keine falschen Gerüchte über sie in Umlauf kommen. Die Kongruenz zwischen dem, wie sie sich selbst sieht und gesehen werden möchte, und den Erwartungen ihrer Mutter ist damit sichergestellt.

In Bezug auf den Alkoholkonsum wirken nicht nur Janas Kindheitserlebnisse, die sich ihr im Zuge der Alkoholerkrankung des Vaters eröffneten, in Richtung einer zunehmenden Abstinenz. Keinen Alkohol zu konsumieren, wird für sie auch zum Symbol dafür, die Mutter nicht zu enttäuschen. Ein Bruch mit dieser unausgesprochenen mütterlichen Erwartung würde fatale Folge haben, nicht nur in Hinblick auf die Vertrauensbeziehung zur Mutter, sondern auch dahingehend, dass der Konsum von Alkohol Teil der belastenden Familiengeschichte ist: Diese Wunden aufzureißen, wäre für Jana undenkbar, sie will die Mutter schützen. Dies gelingt ihr in ihren eigenen Augen damit, dass sie sich in eine radikale abstinente Rolle begibt:

> Beispiel: Wie sitzen manchmal vor dem Fernseher, ja, (3) keine Ahnung, irgendwelche Sendungen, da sind Jugendliche in meinem Alter, die total besoffen sind, ihre Eltern anpöbeln, ja? Meine Mutter guckt mich an und sagt dann zum Beispiel>>Oh, Gott sei Dank bist du nicht so.<<//mmh// und wenn ich, wenn sie dann aber erfahren würde, dass ich trinken würde, dann, sie wäre schon enttäuscht, ich, sie würde nicht schimpfen, //mmh// das nicht, aber sie wäre schon enttäuscht von mir. //mmh// Und sie ist stolz darauf, dass ich nicht trinke //mmh// und das möchte ich ihr nicht kaputt machen. (Jana, P3, 1122–1129)

Das dritte Interview enthält, wie auch schon das vorherige, zahlreiche längere Erzählpassagen. Gleichbleibend reflektiert sie ausführlich vollzogene Entwicklungsschritte und nutzt hierfür argumentative Einschübe. Indem sie an ihrem Topos einer sich weiterentwickelnden, nun reifen jungen Frau festhält, hat sich auch der gesamte Erzählduktus nicht verändert.

6.2.3 Wege in und aus dem Rauschtrinken – Fallstruktur Jana

Jana präsentiert ihren biografischen Verlauf als Entwicklungsgeschichte mit radikalen, teilweise dramatischen Umbrüchen. Angefangen mit der Migration der Familie, über die Alkoholerkrankung des Vaters, die familiären Konflikte, die Flucht ins Frauenhaus bis hin zur Erkrankung beider Elternteile, erscheint schon ihre frühe Kindheit kaum sorgenfrei und wohlbehütet, sondern brüchig und unzuverlässig, was die sozialen Beziehungen anbelangt. In jungen Jahren erlebt sie die Trennung der Eltern und muss sich mit einem neuen Partner der Mutter arrangieren, den sie ablehnt. Die Brüchigkeit sozialer Beziehungen zieht sich durch Janas gesamte Biografie. Anfangs erleidet sie sie, später forciert sie sie aktiv. Mehrmals bricht sie aktiv und nach reiflicher Überlegung – auch langjährig gewachsene – soziale Beziehungen ab und begibt sich damit in die herausfordernde Situation, sich neu sozial verorten zu müssen. Ein weiterer Lebensbereich, der von Diskontinuität geprägt ist, ist Janas Bildungsbiografie, zu der mehrere Schulwechsel und das Scheitern in der schulischen Qualifizierung zählen. Nicht nur muss sie in diesem Kontext Misserfolge verarbeiten, an unterschiedlichen Stellen verweist sie auch auf die Bedeutung sozialer Interaktionen innerhalb dieser Bildungsinstitutionen für ihr Wohlbefinden und ihren dortigen Verbleib.

Als verlässlichen Orientierungspunkt im Kontext all dieser unterschiedlichen sozialen Diskontinuitäten und Brüche empfindet sie ihre Mutter als einen der Menschen, der sie noch nie „enttäuscht" (Jana, P3, 1193) hat. Aus der Orientierung an Peers und der geteilten Freizeitpraxis, zu der auch der Konsum von Alkohol gehörte, hat sich nun eine eher bildungsbezogene und familiär gerahmte Orientierung entwickelt. So präsentiert sie es nun als ihr Anliegen, sich eine vielversprechende berufliche Perspektive aufzubauen.

Die hier angerissenen Entwicklungen sind auch hinsichtlich der Frage von Relevanz, auf welche Weise sich Janas Konsum und ihre Einstellungen im Verlauf der Zeit, die durch die Interviews dokumentiert werden konnte, entwickelten.

Janas Konsumerfahrungen müssen sicherlich vor dem Hintergrund ihrer Familiengeschichte gedeutet werden. Der Konsum von Alkohol stellt für Jana kein neutrales, jugendspezifisches Entwicklungsfeld dar, in dem sie sich frei und unbelastet erproben kann, denn Alkoholkonsum ist in der Familie ein zentrales Thema: Janas Mutter lehnt aus religiösen Gründen jeglichen Konsum von Alkohol ab und hat selbst noch niemals Alkohol konsumiert, dies erwartet sie auch von der Tochter; Janas Vater ist alkoholkrank und belastet die Familie mit seinem Konsumverhalten existenziell. Alkoholkonsum ist demnach familiär potentiell problembelastet und wird für Jana mit fortschreitendem Alter nun auch zur Gewissensfrage, denn sie möchte das Bild, das die Mutter von ihr hat, auf keinen Fall zerstören.

In einem relativ frühen Alter – und auch aufgrund von Janas Freundschaft mit überwiegend deutlich älteren Peers – wird sie jedoch in den Konsum von Alkohol eingeführt. Diese Entwicklung ist nicht zu trennen von Janas Suche nach einer „anderen Familie", in deren Kontext sie Momente des Kümmerns und des Aufgehobenseins erfahren kann; Erfahrungen, die ihr in ihrem Familienverbund zu dieser Zeit fehlen.

Gleichzeitig ist für Jana aber zu Beginn ihrer Alkoholerfahrungen die Vereinbarkeit der Konsumpraxis mit Erwartungen ihrer Eltern zentral, sodass sie darauf bedacht ist, diese Praxis zu verheimlichen. Während ihr Konsum an sich unentdeckt bleibt, führt er jedoch in der Folge dazu, dass Jana ihren schulischen Verpflichtungen nicht mehr nachkommt, Konflikte mit der Mutter entstehen und Jana in eine Jugendhilfeeinrichtung zieht. Damit führen der Konsum von Alkohol und die für Jana damit eng verknüpfte Freizeitgestaltung zu einem radikalen Einschnitt ihrer Lebensführung.

Jana beschließt deshalb in der Folge, sich nicht nur vom Konsum, sondern zugleich auch vom Freundeskreis abzuwenden; beides ist für sie untrennbar miteinander verknüpft, und beides baut sie als Gegenhorizont zu den Erwartungen ihrer Mutter auf. Die Funktion, die der Konsum von Alkohol für sie hatte, die Geselligkeit, das Ausprobieren, die Lust am Verbotenen und die Integration in einen Kreis älterer Jugendlicher, deutet sie in der Folge radikal um und inszeniert sich in der Entscheidung, den Erwartungen an sie als Tochter und im Kontext von Bildung nun zu entsprechen, als gereift und geläutert. Die Gruppeninteraktionen unter Alkoholeinfluss werden darum in der Folge negativ beschrieben; Jana grenzt sich sowohl von den Konsumpraktiken als auch von den Interaktionen unter Alkoholeinfluss vehement ab, sie schlägt sich in dem von ihr konstruierten Widerspruch zwischen Peers und der Mutter auf die andere Seite und inszeniert sich als reifer und geläutert. Die Peergroup ist damit nicht mehr ein positiv besetzter Ort, der wichtige jugendkulturelle Erfahrungen eröffnet, sondern wird zunehmend zu einem negativen Erlebnisraum. In diesem Zusammenhang nutzt sie die Metapher der „Reife": Auch wenn sie selbst damals zu den Jüngsten der Gruppe gehörte, durchlief sie doch einen Entwicklungsprozess, der es obsolet macht, weiter an dieser Konsumpraxis zu partizipieren, da dies nur zu Problemen führte. Ihre Abwendung von den Peers geht schließlich einher mit einer zunehmenden Übernahme von Eigenverantwortung, einem Priorisieren von selbstgesetzten Zielen und der Abkehr von Konsum- und Handlungspraktiken der Peers.

Lediglich im ersten Interview beschreibt Jana überhaupt positive Dynamiken und Effekte, die sie auf den Konsum von Alkohol zurückführt. In den folgenden Interviews arbeitet sie sich am destruktiven Charakter des Alkoholkonsums ab, was so weit führt, dass sie im letzten Interview gar angibt, niemals wirklich betrunken gewesen zu sein. Diese veränderte Wahrnehmung auf eine zurückliegende Konsumorientierung unterstreicht an dieser Stelle, dass Jana ihr Selbstbild nun auf der Basis einer abstinenten Grundhaltung inszeniert. Dies scheint von so fundamentaler Bedeutung für ihre Identitätsarbeit zu sein, dass sie ihre eigenen früheren Konsumerfahrungen dethematisiert und aus ihrer Entwicklungsgeschichte streicht.

Die neue Positionierung führt im Zuge der Freizeitgestaltung zu Situationen, in denen Jana sich in der neuen Abstinenz erklären muss. Dabei ist sie einem hohen Normalisierungsdruck ausgesetzt: Sie muss sich und ihre Haltung erklären, aber auch, warum sie weiterhin mitunter dort dabei ist, wo Alkohol getrunken wird und ein Mittrinken erwartet wird.

Hier wird die hohe Anforderung sichtbar, sich in einem Setting zu bewegen, in dem der Konsum als „normal" und die Abstinenz eher als „abweichend" definiert werden. Janas völliger Rückzug aus Peerkontexten, die eng mit dem Konsum von Alkohol verbunden sind, liest sich damit als notwendige Konsequenz, um ihre Integrität aufrechterhalten zu können.

Dabei hat der Konsum bzw. die Abstinenz schließlich dazu geführt, dass Jana jugendkulturelle Begegnungen und Erfahrungsräume zunehmend verschlossen bleiben und sie sich in eine Position der moralischen Überlegenheit begibt, die einer selbstgewählten Isolation gleichkommt. Alkohol scheint im Falle Janas schließlich eher desintegrativ wirksam zu sein oder aber ständig verknüpft mit einem notwendigen hohen Legitimationsaufwand für eine abstinente Grundhaltung. Dabei gibt es einen Widerspruch in den Darstellungspraktiken: Alkoholkonsum wird einerseits mit der Gefahr sozialer Desintegration verknüpft, da er aufgrund seiner enthemmenden Wirkung zu Loyalitätsbrüchen und Verletzungen in Freundschaftsbeziehungen führt. Andererseits bedarf Janas Abstinenzpraktik nach wie vor eines hohen argumentativen Aufwands – ein Legitimationsdruck, der ein Spiegel des mit jugendkulturellem Alkoholkonsum versehenen Normalitätsdrucks ist. Letztlich führt Janas Wunsch nach einer Aufrechterhaltung ihrer Handlungsfähigkeit und dem Wunsch, die Mutter nicht zu enttäuschen und mit dieser ein positives Familienleben zu führen, dazu, dass sie sich von vielen anderen sozialen Bezügen distanziert. In der Konsequenz kann Jana selbst dem gemäßigten Konsum von Alkohol nichts mehr abgewinnen. Sie inszeniert sich als reif, als junge Frau,

6.2 „Jana" (Sibylle Walter)

die ihre Erfahrungen mit diesem Konsummittel gemacht und nun, aus einer erwachseneren Position heraus, realisiert hat, dass der Konsum nur negative Folgen zeitigt. Diesen Lernprozess präsentiert sie als eine Entwicklung, die sie für sich als abgeschlossen ansieht.

Im Zusammenhang mit den unterschiedlichsten Themen fällt auf, dass Jana in ihren Inszenierungen und Argumentationen stets auf starke Kontrastierungen zurückgreift. Möglicherweise drückt sich darin ihre Bewältigungsstrategie aus, mit widersprüchlichen Erwartungen umzugehen, die an sie gestellt werden: auf der einen Seite die Freunde, die in den Clubs selbstverständlich in hohem Maße konsumieren und angetrunken flirten; auf der anderen Seite die Erwartungen ihrer Mutter, deren Bild der anständigen, abstinenten Tochter sie nicht irritieren oder gar zerstören will.

Ihr Wunsch nach Zugehörigkeit und Einbindung führt sie als junges Mädchen zu den älteren „Geschwistern" der alkoholkonsumierenden Peers. Dies vollzieht sich in einer Zeit familiären Umbruchs, in der sie ihre Herkunftsfamilie als wenig verlässlich und integrativ erlebt. Ihre Abwendung vom Alkoholkonsum muss daher auch im Kontext ihres Rückzugs von den Peers und der wiedererfolgten Hinwendung zur Familie verstanden werden, die ihr mit der Zeit attraktiver und wichtiger geworden isst bzw. sich durch die Trennung der Mutter von ihrem Partner überhaupt wieder als Möglichkeit neu eröffnet hat.

Gerade durch die radikalen Brüche, die Jana vornimmt, gelingt es ihr möglicherweise, handlungsfähig zu bleiben. Sie scheinen aus diesem Grunde von besonderer biografischer Relevanz zu sein. Kontinuität findet sich nur in Hinblick auf die Beziehung zur Mutter, in allen anderen Lebensbereichen macht sie die Erfahrung von Umbrüchen, Neuorientierungen und Neuanfängen. Sicherheit gibt ihr da möglicherweise ein Orientierungsmuster, welches klare Grenzziehungen ermöglicht.

Auffallend ist der hohe argumentative Legitimationsaufwand, mit dem Jana ihre Entwicklung hin zu einer abstinenten Orientierung absichern und im Interview verdeutlichen muss. Hierfür nutzt sie zum Teil hoch moralisierende Argumente (z. B. die Mutter in ihrem muslimischen Glauben nicht verletzen zu wollen, die Würde nicht zu verlieren). Damit legitimiert sie ihre radikalen Veränderungen und Positionierungen (wie die völlige Abkehr von jugendkulturellem Freizeitverhalten, ihr verändertes Ausgehverhalten, ihre Abstinenz, ihre Ablehnung von Liebesbeziehungen), die aus einer Peerperspektive eigentlich nicht „normal" sind. Letztlich scheint sie keinen Modus mehr zu finden, an den Peerbezügen zu partizipieren: So früh, wie sie Zugang zu jugendkulturellen Settings suchte, so früh und vor allem radikal scheint sie sich aus diesen wieder zu verabschieden. Schließlich findet ein verbitterter Rückzug statt, ein Misstrauen gegenüber Welt und sozialen Bezügen jenseits eines eng abgesteckten familiären Rahmens.

6.3 „Olga" (Barbara Stauber)

Olga ist die älteste von vier Geschwistern, sie hat einen ein Jahr jüngeren Bruder und zwei deutlich jüngere Geschwister. Mit Olga wurden insgesamt drei Interviews geführt. Beim ersten Interview ist sie 17 Jahre alt und Schülerin an einer Hauptschule, beim zweiten Interview ist sie 20 Jahre alt, verfügt inzwischen über einen im Berufsvorbereitungsjahr nachgeholten Hauptschulabschluss und hat soeben die Zusage auf eine feste Arbeitsstelle im Schichtdienst erhalten. Beim dritten Interview ist sie 21 Jahre alt und Mutter eines kleinen Sohnes. Sie lebt nach wie vor mit ihrer Herkunftsfamilie – den beiden Eltern, den drei Geschwistern und ihrer Großmutter. Die Beziehung zum Kindsvater, von dem sie sich eigentlich schon getrennt hat, wird aktuell wieder intensiver.

6.3.1 Biografische Entwicklung, Übergänge und Konsumverläufe

Olga wächst als älteste von vier Geschwistern in einem ländlichen Milieu in Süddeutschland auf. Sie selbst ist in Russland zur Welt gekommen, die Familie ist aus Russland eingewandert, als Olga noch ein Baby war. Ihre Geschwister – sie hat einen ein Jahr jüngeren Bruder und zwei deutlich jüngere Geschwister (Schwester und Bruder), für die sie als Mädchen schon die Versorgung übernehmen musste – sind in Deutschland geboren.

Olga bezeichnet sich als „Omakind", da sich zwischen ihr als erstem Enkelkind und der im Haus lebenden Großmutter eine besonders enge Bindung entwickelt habe. In diesem Kontext wird auch Olgas Interesse am ländlichen Leben im russischen Herkunftsdorf thematisch, das Olga zwar noch nie gesehen hat, für das sie sich aber interessiert und das sie eines Tages unbedingt bereisen möchte.

Die Schulzeit wird für Olga schon recht früh zu einer Last; sie macht schon in den ersten Schuljahren, in denen sie gleichzeitig stark in die Kinderbetreuung ihrer kleinen Geschwister eingespannt wird, Mobbing-Erfahrungen im Schulkontext, die sie ihrem damaligen Übergewicht zuschreibt. Im Alter von 14 Jahren fängt für sie eine turbulente Jugendphase an, mit häufigem Schulabsentismus, mit Konflikten in der Schule und mit zunehmendem Alkohol- und Drogenkonsum an der Schule. So berichtet Olga auch davon, dass sie im Kontext ihrer schulischen Peergroup schon vormittags in den Pausen starken Alkohol getrunken und zu denjenigen gehört habe, die andere dazu animiert – wenn nicht gezwungen – hätten, mitzutrinken. Ihre Schulkarriere ist dementsprechend geprägt von Einträgen und Schulausschlüssen, von massiven Konflikten mit Lehrenden, mit Mitschüler_innen und mit ihren Eltern. Immer wieder ist sie in (durchaus handgreifliche) Auseinandersetzungen verwickelt und hat in diesem Kontext auch mit der Polizei zu tun. Olga berichtet von starken körperlichen Auseinandersetzungen unter Mädchen; dass diese Auseinandersetzungen immer wieder eskalieren, führt sie teils schlicht auf ihren hohen Alkoholkonsum zurück, teils geht es jedoch auch um ernsthafte Themen wie etwa rassistische Diskriminierungen, gegen die sich Olga – durchaus erfolgreich – behaupten kann.

Ihre Jugendphase ist einerseits geprägt durch ein intensives Cliquenleben mit vielen durchzechten Wochenenden und andererseits durch eine enge freundschaftliche Verbindung mit ihrer langjährigen Freundin, bei der sie regelmäßig übernachtet. Neben diesen außerschulischen Einbindungen hat kaum etwas anderes Platz, schon gar nicht die Schule mit ihren Anforderungen an frühes Aufstehen, Lernen und Vorbereiten. Dementsprechend sind Olgas Noten zu schlecht, um den Hauptschulabschluss zu erreichen. Es gelingt ihr immerhin, im Rahmen des Berufsvorbereitungsjahrs (BVJ), das sie wegen des nicht geschafften Hauptschulabschlusses absolvieren muss, ihre Noten auf ein einigermaßen ansehnliches Niveau anzuheben und einen Abschluss zu erwerben. An das Berufsvorbereitungsjahr schließt sie das Berufseinstiegsqualifizierungsjahr (BEJ) an, um so lange wie möglich den Arbeitsbeginn hinauszuzögern und an ihrem intensiven Jugendleben festzuhalten. Nach wie vor schwänzt sie häufig die Schule bzw. den Betrieb, eigentlich ist sie immer noch vor allem daran interessiert, mit ihren Freund_innen abzuhängen und zu feiern, bei anhaltend hohem Alkoholkonsum.

Nach dem BEJ fängt sie an, Bewerbungen zu schreiben, und stellt fest, dass sie mit ihrem Abschluss nur Absagen bekommt. Ein 400-Euro-Job, den sie annimmt, ist so unbefriedigend, dass sie wiederum der Arbeit fernbleibt und irgendwann die Kündigung erhält. Schließlich fängt sie in dem Betrieb, in dem sowohl die Mutter als auch die Großmutter Schicht arbeiten, als Jobberin an. Nach einem halben Jahr, in dem sie sich offensichtlich recht gut einsozialisiert hat, bekommt sie die Zusage zu einem festen Vertrag für ebendiese Stelle, eine angelernte Tätigkeit im Schichtdienst, auf die sie sich auf Anraten der Mutter beworben hat. Für sie ist dies beileibe kein „Traumjob", aber die erwartbare Konsequenz der jahrelangen Vernachlässigung schulischer Anforderungen.

In dieser Zeit distanziert sie sich von denjenigen aus ihren bisherigen Peer-Zusammenhängen, die unvermindert auf hohem Niveau Alkohol und Drogen konsumieren – sie erzählt von Erlebnissen, die sie zum Nachdenken gebracht haben (hierzu gehören auch die körperlichen Verfallserscheinungen einiger stark konsumierender Peers, und deren zunehmende Probleme mit dem Rechtssystem), sie erzählt von „Klick"-Momenten, nach denen sie für sich klar hat, was sie im Leben will und wo sie auf keinen Fall enden will: in einer Kriminalitäts- und Suchtkarriere. Diese Distanzierung erfolgt nicht im Alleingang, sondern zusammen mit ihrer besten Freundin: Es gibt in dieser Phase viele Vergewisserungen mit dieser Freundin über den richtigen Weg, auch im Umgang mit konflikthaften Auseinandersetzungen innerhalb der Peergroup. Nach wie vor geht sie sehr gerne feiern, hohen Alkoholkonsum inbegriffen.

Die Freundin scheint über den gesamten Verlauf der Peerbeziehungen Olgas wichtigste Bezugsperson zu sein, doch es gibt auch Beziehungen zu jungen Männern. Die Begegnungen finden häufig beim Feiern statt, und so lernt sie auch ihren letzten Freund kennen.

Mit 21 Jahren wird sie Mutter eines kleinen Sohnes. Offensichtlich, so ihre Interpretation, ist sie schwanger geworden, als sie und ihr letzter Freund einmal, als sie beide betrunken waren, nicht verhütet hatten. Sie hat die Schwangerschaft erst im fünften Monat festgestellt, was sie in furchtbare Gewissensnöte bringt, weil sie einstweilen munter weitergefeiert und viel Alkohol und Zigaretten konsumiert hat. Doch Schwangerschaft und Geburt sind gut verlaufen, der Kleine ist wohlauf, und im Moment ist Olga sehr damit beschäftigt, die Kontakte zwischen dem Kind und dem Kindsvater zu organisieren. Dieser hat sich inzwischen von seiner neuen Freundin wieder getrennt und scheint nun an einer Wiederaufnahme der Beziehung zu Olga interessiert zu sein. Sie äußert sich ihrerseits zwar ambivalent im Hinblick auf einen solchen Beziehungsneustart, doch das Thema beschäftigt sie derzeit sehr und scheint sie emotional aufzuwühlen.

Olga wohnt in einer Wohnung mit ihren Eltern und Geschwistern. Dieser familiäre Zusammenhang scheint im Laufe der Zeit immer wichtiger geworden zu sein. War die Beziehung zur Mutter in Olgas „wilden Zeiten" sehr konfliktreich, so hat sie nun ein sehr gutes Verhältnis zu ihr; der Vater versuchte, Olga in ihrer Jugend über autoritäres Reglement Grenzen zu setzen; die Beziehung zu ihm beschreibt sie aber als durchgängig unproblematisch; Gespräche mit der Großmutter, die im selben Haus wohnt und der sich Olga immer besonders emotional verbunden fühlte, gehören für sie zu den „Klick"-Momenten; der etwas jüngere Bruder, mit dem sie sich früher nur gestritten habe, ist mittlerweile eine wichtige Bezugsperson geworden, und die Präsenz der beiden jüngeren Geschwister, die sie „quasi großgezogen" hat und denen gegenüber sie sich in einer Vorbildrolle sieht, ist ihr jetzt, wo sie in ihrer Elternzeit viel zuhause ist, lästig.

Olga ist aktuell sehr stark in ihre Familienbezüge eingewoben und von ihnen gehalten – immerhin geht sie in derselben Firma arbeiten wie Mutter und Großmutter, sie profitiert davon, dass Mutter und Großmutter in verschiedenen Schichten arbeiten und somit quasi rund um die Uhr eine Betreuungsperson für den Kleinen zur Verfügung steht. Ehemals konflikthafte Beziehungen zur Mutter und zum nächstjüngeren Bruder scheinen sich beruhigt zu haben. Vom Leben in der gemeinsamen Wohnung profitiert sie im Moment noch, allerdings betont sie, dass sie sich so schnell wie möglich räumlich selbständig machen möchte.

Olga geht nach wie vor gerne mit ihrer Freundin feiern, allerdings nur noch am Wochenende und – quasi durch ihren Körper gebremst – eher maßvoll, auch wenn von „Rausch ausschlafen" die Rede ist. Doch sie scheint nicht mehr viel zu vertragen, zumindest im Vergleich zu ihrem früheren Konsumlevel. In ihrer Selbsteinschätzung zum Konsumverlauf sieht sie einen Höhepunkt im Alter von 18 Jahren, danach reduziert sich der selbsteingeschätzte Konsum dramatisch. Ihre Mutter ermöglicht ihr diese Phasen des – durchaus mit Alkoholkonsum verbundenen – Chillens und Entspannens am Wochenende, indem sie sich um das Enkelkind kümmert. Olga selbst möchte so schnell wie möglich wieder arbeiten gehen, denn das Zusammenleben in einer Wohnung wird ihr allmählich zu eng.

6.3.2 Kernthemen in den Interviews

Interview 1

Das erste Interview, das dezidiert auf das Thema „Anfänge des Konsums und Trinkpraktiken in der Gruppe" bezogen war, beginnt mit der Erzählaufforderung, das letzte intensivere Trinkerlebnis zu schildern („Zum letzten Mal betrunken sein"). Die Kernthemen, die sich hierin abzeichnen, sind das Strukturieren einer um den Alkoholkonsum herumgebauten bzw. mit ihm einhergehenden Freizeit im Kontext einer Freundinnenbeziehung sowie ein Austarieren und Regulieren möglicher Ausfallerscheinungen, auch mit Blick auf die Eltern und deren Erwartungen.

> *I:* Fangen wir einfach mal so an, erzähle doch mal vom letzten Mal als du so richtig getrunken hast
> *O:* Das letzte Mal?'
> *I:* Ja
> *O:* Das war bei einer Freundin, einfach aus Spaß, da haben wir nichts Besseres zu machen gehabt, dann haben wir gedacht, trinken wir halt was, dann haben wir uns eine Wodkaflasche geholt und noch irgend so eine Flasche, aber ich weiß grad nicht mehr wie die heißt, dann saßen wir bei meiner Freundin, haben halt getrunken die ganze Zeit und dann wurde mir halt irgendwann schlecht und dann und dann habe ich in ihrem Zimmer gekotzt auf (unverst.). Zur Zeit trinken wir halt nicht mehr wegen der Schule und der Prüfung, aber sonst eigentlich fast jedes Wochenende. (Olga, P1, 9–22)

Sehr konsequent erzählt Olga nach einer kurzen Rückversicherung von diesem letzten Mal und bringt dieses Ereignis in einem eher unaufgeregten Modus vor, mit vielen „halt"-Formulierungen, die für Selbstverständliches stehen. Die Funktion, die das Trinken in diesem Kontext für die beiden Freundinnen hat, wird hierbei sehr deutlich: Die beiden haben „nichts Besseres zu machen gehabt, dann haben wir gedacht, trinken wir halt was" – das Trinken wird hier also *als Modus des Zeitvertreibs* präsentiert. Gleichzeitig werden sowohl das Trinken als auch das anschließende das Sichübergeben von Olga normalisiert und entdramatisiert. Beides findet *im Rahmen der Freundinnenbeziehung* und sozialräumlichen Kontext der Wohnung der Freundin statt, einem Setting, das in Olgas Interviews immer wieder als ein höchst bedeutsames wiederkehrt.

Der erste Punkt, das Rauschtrinken als Modus des Zeitvertreibs, wird an anderen Stellen in diesem Interview noch genauer ausgeführt. In den Beschreibungen der Planungsüberlegungen für ein Wochenende, der genaueren Terminabsprachen und Treffpunkte, der Aufgaben- und Arbeitsteilungen wird das Beiläufige, gleichzeitig aber auch Allgegenwärtige des Themas Alkoholkonsum offenkundig – so bei der beispielhaft von Olga genannten Idee „wir können ja grillen gehen, dann besorgt der eine Alkohol und das und das" oder den damit einhergehenden gemeinschaftlichen Praktiken des Teilens: „dass wir immer Geld zusammenlegen". In der Diskursorganisation zeigt sich dabei die Regelmäßigkeit bzw. Ritualhaftigkeit dieser Form der Gestaltung von Freizeit („Meistens machen wir das so…").

Ähnlich wie die Trinkpraxis stellt sie ihre körperbezogenen Regulierungspraktiken vor, wie willentlich herbeigeführtes Erbrechen, um wieder einigermaßen nüchtern zu wirken und nicht mehr zu torkeln oder zu lallen. Diesbezüglich benennt sie in diesem Interview die unterschiedlichen raum-zeitlichen Rahmungen für ihr Trinken, und je nachdem, wo der Abend endet, ob zuhause bei den Eltern oder bei der Freundin, konsumiert sie entweder stärker kontrolliert, mit regulierenden Maßnahmen wie willentlichem Erbrechen, oder eher enthemmt:

> *I:* Das finde ich jetzt spannend, dass du sagst, du schläfst bei einer Freundin, machst du das dann jedes Wochenende oder wie sieht das aus
> *O:* Nicht immer. Wenn ich meinen Eltern Bescheid sage, ja ich komme um 2 oder 3 Uhr oder so, dann schlafe ich meistens nicht bei einer Freundin, dann fangen wir schon so um 8 Uhr an, dann trinke ich vielleicht bis um 1 Uhr oder so und dann trinke ich nichts mehr, dass ich ausnüchtere. Meistens kotze ich danach und dann geht es mir eigentlich besser. Wenn ich bei einer Freundin schlafe, dann trinke ich halt immer weiter, bis wir heimgehen. (Olga, P1, 651–659)

In diesem ersten Interview wird – bereits retrospektiv – auf die Normalität eines hohen Alkoholkonsums Bezug genommen und deutlich gemacht, wie im ländlichen Setting der Alkoholkonsum zur Freizeitgestaltung, zum „Hobby" wird. Die Latenzzeit der Jugend, die in diesem ländlichen Kontext als besonders stark von Langeweile und einem eher kargen Anregungsmilieu geprägt zu sein scheint, und eine unspezifische Suche nach Abwechslung und nach besonderen Ereignissen werden hierbei greifbar. Komplementär zu den normalisierten Trinkpraktiken werden normalisierte Praktiken der Körperregulierung berichtet, wie etwa das willentlich herbeigeführte Erbrechen oder die Abstimmung des Alkoholkonsums auf die raum-zeitlichen Rahmungen eines Abends. Dabei scheint der zentrale Bezugskontext neben den Peers vor allem der *Einzelkontakt zu ihrer Freundin* zu sein. Doch auch die Eltern, denen gegenüber sie Absprachen durch entsprechende Praktiken der Körperregulierung einzuhalten sucht, scheinen ihr nicht unwichtig zu sein.

Olga präsentiert sich hier schon als starke Akteurin, als eine, die die Sache gut im Griff hat und die auch bereits etwas gelernt hat: Obwohl sie sich als stark in durchaus exzessive Trinkpraktiken involviert beschreibt, distanziert sie sich bereits in diesem ersten Interview von allzu heftigem Konsum.

Interview 2

Das zweite Interview ist stärker narrativ angelegt und wird von Olga auch für solche längeren Narrationen genutzt. In diesem zweiten Interview werden nach der Einstiegserzählung zum Beginn des Konsums die Kernthemen der Reifung und Entwicklung, (zurückliegende) Peerauseinandersetzungen, Olgas exklusive Freundinnenbeziehung und die Wendepunkte in ihrer Konsumkarriere bearbeitet.

I: Gut, dann ähm dachte ich zum Einstieg, ähm, erzähle doch mal, wie das war, also du das aller erste Mal mit Alkohol zu tun hattest.
O: Das aller erste Mal.
I: Ja, du kannst alles erzählen was du willst, ich versuche dich, unterbreche dich jetzt auch erstmal nicht. //okay// Ich mache mir nur so ein paar Notizen, //mhm// damit ich später drauf zurückkommen kann. //okay// Okay?
O: (2) Boa ich weiß gar nicht mehr @so genau@. Aber auf jeden Fall, da waren wir glaube ich hier auch an der Schule, dann haben wir halt Alkohol gekauft, (1) ziemlich viel sogar und dann haben wir erst mit Bier angefangen, so normal, und dann haben wir mit den härteren Sachen angefangen. Also früher haben wir echt nur Wodka eigentlich getrunken. //mhm// Und dann haben wir halt (1) angefangen zu trun- zu trinken und dann ähm (1) ja, war ich halt ziemlich betrunken. Also danach ging's mir auch ziemlich schlecht, ich saß eigentlich nur noch auf der Bank und habe auch (1) kotzen müssen müssen, weil das war echt *zu* viel. //mhm// Und dann, seitdem habe ich auch dann, eigentlich seitdem habe ich eigentlich nicht mehr so oft Wodka getrunken, //mhm// weil (1) Wodka war @dann@ nicht mehr so mein Fall. //mhm//// mhm// (2) Ja und sonst. (2) @Ich weiß nicht@. (1) Ähm keine Ahnung, also, das war eigentlich das erste Mal, wo ich da betrunken dann war (1) und dann habe ich eigentlich, früher haben wir eigentlich fast jeden Tag getrunken. //mhm// Also eigentlich meistens hier an der Schule. //mhm// Und wenn wir getrunken haben, dann waren wir schon ziemlich viele Leute und wir haben uns dann echt schon so betrunken, dass wir dann echt nicht mehr laufen konnten //mhm// oder so. Oder auch kotzen müssten (1) und meistens sind auch dann noch Polizei gekommen, weil hier wegen Nachbarn und so. //mhm// Die haben sich dann immer beschwert, dass wir zu laut waren und das war uns dann im Endeffekt egal. Die Polizei kam, hat (1) gefragt, was wir machen, wir haben gesagt:>>Ge- wir trinken und so<<und dann, die harten Sachen haben

wir natürlich versteckt //@// und dann haben die gesagt, ja wir sollen ein bisschen leiser sein und sobald die Polizei weg war, ging es natürlich @weiter@. //mhm//// mhm// Dann waren wir auch wieder laut und (1) ja. Also (1) ja keine @Ahnung@. // mhm//. (Olga, P2, 1–30)

Olgas Eingangserzählung bedient hier zwei Stränge: Zum einen versucht sie, eine Aktion zu *erzählen*, zum anderen *beschreibt* sie eine wiederkehrende Handlungspraxis. Beide Stränge sind miteinander verschlungen. Die erste Person Plural (wir) scheint Olga zu verwenden, wenn sie wiederkehrende Verhaltensmuster beschreibt, die erste Person Singular (ich) scheint sie vornehmlich dann zu verwenden, wenn sie ein konkretes Ereignis erzählt. Deutlich wird allerdings, dass sie sich auf einen zurückliegenden Zeitraum und auch eine zurückliegende Handlungspraxis bezieht. Indem sie betont, dass dies früher der Normalfall war, impliziert sie, dass es heute eine *andere* Normalität gibt. Hier findet sich ein durchgängiges Thema, auf das weiter unten noch eingegangen wird: das der Reifung und Entwicklung.

In diesem zweiten Interview tauchen auch alte Themen wieder auf, so etwa das Thema des Trinkens als Freizeitgestaltung, von dem sie sich nun aber stärker abgrenzt. Es geht hierbei vor allem um Abgrenzungen zwischen früher und heute – dieses Thema wurde schon in der Eingangserzählung deutlich („Wodka war @ dann@ nicht mehr so mein Fall") – und wird verstärkt durch eine eindeutig retrospektiv gestaltete Beschreibung einer *zurückliegenden* Praxis der Freizeitgestaltung:

> *O:* Ja da war ich so (2) 15, ja so ab 15, 14 habe ich //mhm// angefangen zu trinken. //mhm// Dann waren wir meistens immer im Sommer waren wir eigentlich echt immer nur draußen //mhm// und dann wussten wir keine andere Lösung. Dann waren wir entweder grillen, //mhm// und da war natürlich Alkohol dabei. //mhm// Oder wir saßen irgendwo draußen, h- meistens eigentlich hier an der Schule oder irgend-, an der Bushaltestelle und haben halt da getrunken. //mhm////mhm// Das war uns so unsere Hobbys eigentlich @so gesehen@. //mhm////mhm////mhm//
> *I:* Kannst du dich noch so 'nen bisschen zurück erinnern an die Zeit, wo du 15 Jahre alt warst und da mal so ein bisschen erzählen, über die Zeit?
> *O:* (1) Poa, nicht so genau, aber (2) weiß nicht. Also wir waren immer eigentlich so, dass wir, wir sind nie weggegangen oder so, wir waren immer hier im Ort (1) und haben eigentlich nur wenn wir uns getroffen haben:>>Ha was machen wir? (1) Ja trinken wir<<. //mhm// Und das war es eigentlich. Dann haben wir unser Geld alle zusammen gekratzt und haben Alkohol geholt. //mhm// Und dann eigentlich uns nur grundlos besoffen @so gesehen@. //mhm////mhm// (1) Ja. (Olga, P2, 37–49)

Olga verweist in dieser Beschreibung auf den ländlich-lokalen Kontext, in dem es offensichtlich keine wirklich andere Idee der Freizeitgestaltung gab, als miteinander zu trinken („Das war uns so unsere Hobbys eigentlich @so gesehen@"). Hiermit findet die Relevanz der Thematik im ersten Interview noch einmal ihre Bestä-

6.3 „Olga" (Barbara Stauber)

tigung. Dass die Freizeitgestaltung für (Land-)Jugendliche eine wirkliche Aufgabe darstellt, kommt sehr deutlich in ihrer Formulierung zum Ausdruck, dass es für diese Aufgabe auch keine andere *„Lösung"* gegeben habe, als irgendwelche naheliegenden und leicht umsetzbaren Aktivitäten zu starten, wie eben zu grillen oder draußen herumzusitzen, „und da war natürlich Alkohol dabei". Aus der heutigen Warte wertet sie dies negativ („Und dann eigentlich uns nur grundlos besoffen @ so gesehen@"). Sie sagt dies zwar lachend, aber die direkt anschließende Passage scheint das „schlimm" wirklich wörtlich zu meinen, indem sie im weiteren Verlauf auf das Thema der Aggressivität anspielt.

Doch scheint die Gruppe nicht einfach nur alkoholbedingt provokativ gewesen zu sein, vielmehr gab es für Aggressivität wohl auch sehr konkrete Anlässe. So erzählt sie in einer anhand von vielen Fokussierungsmetaphern hervorgehobenen Stelle davon, wie sie sich gegen rassistische Diskriminierungen und Verleumdungen einer Mitschülerin gewehrt hat:

I: Und kannst du dich jetzt, kannst du dich da noch ähm erinnern, was, was dich da so wütend gemacht hat oder so auf die Palme gebracht hat?
O: Weil sie halt ähm und alle beleidigt hat, sie hat //mhm// gesagt, wir sind ein Pack und weil wir halt meistens (1) echt nur Ausländer, sagen wir so. //mhm// Und sie war halt 'ne Deutsche und //mhm// ähm sie hang auch mit ziemlich vielen Nazis ab und so und dann hat sie halt voll was gegen Ausländer gehabt. //mhm// Dann hat sie halt immer gesagt:>>Ja ihr scheiß Ausländerpack<<und keine Ahnung und das hat mir halt voll nicht gepasst und dann habe ich halt auch gedacht:>>Ja die spinnt doch<<//mhm// oder so und dann //mhm// hat es halt irgendwie klick gemacht und der Alkohol dann halt noch mehr. //mhm////mhm//
I: Und dann, wie ging es dann weiter?
O: (1) Wir haben uns halt, dann kamen halt auch die Eltern dazu und dann hatten wir ja auch mit den Eltern voll die Probleme, weil //mhm// die halt sich mit eingemischt haben //mhm// und ähm dann, sie hat uns ja in [Kommunikationsplattform] und so auch geschrieben, keine Ahnung, hat uns voll beleidigt und was weiß ich und die Eltern wussten davon alles nichts. //mhm////mhm// Und dann haben wir das halt den Eltern erzählt, aber die Mutter war so, die hat eher ihrer Tochter geglaubt, anstatt uns //mhm// und dann haben wir halt auch gedacht, ja, pff, dann ist uns auch scheiß egal, dann kacken wir drauf //mhm// und machen unser Ding. Und dann haben wir halt mit denen ein bisschen rumdiskutiert und was weiß ich und dann ist halt alles total eskaliert. //mhm//
I: (2) Und was heißt das?
O: Ja dann hat halt der Vater hat mich dann auch beleidigt, hat gesagt, ja, keine Ahnung, ich bin 'ne Alkoholikerin und was weiß ich, ich wäre 'ne Schlampe, ähm ich soll nicht so viel trinken und gucken, mit wem ich gerade rede. Na habe ich gesagt:>>Ja gucken Sie mal, mit wen, wie Sie überhaupt mit mir reden //mhm// und Sie brauchen mich auch nicht anpacken<<. Und dann halt, ähm, wo die Mutter dann halt mitgekriegt hat, dass ich ihre Tochter gehauen habe, //mhm// dann kam sie halt auch her und hat mich halt auch beleidigt und was weiß ich und dann hat sie mir halt auch eine geklatscht, //mhm// und dann kamen halt alle Freunde dazwischen

und so und ähm das Mädchen stand halt die ganze Zeit hinter den Eltern und ha- hat so getan, als wäre sie das Engelchen und was weiß ich, aber dann am Schluss haben auch die Eltern gerafft, das sie, also die haben die ganzen Nachrichten gelesen und so und dann //mhm// irgendwann mal haben sie auch gemerkt, dass sie nicht so ein Engelchen ist, wie sie getan hat. //mhm// Ja und dann, aber trotzdem haben wir alle 'ne Anzeige bekommen, //mhm// aber die wurde fallen gelassen, weil //mhm// (1) wir haben gesagt wie es war und es war so und (1) die Polizei hat uns auch dann geglaubt. //mhm////mhm////mhm/. (Olga, P2, 93–130)

Olga präsentiert sich hier als Mädchen, das sich von anderen nichts gefallen lässt – schon gar nicht, wenn es um rassistische Diskriminierung geht. Ihre Erzählung wird immer wieder von argumentativen Einschüben und Bewertungen unterbrochen, mit denen sie ihr Anliegen und ihre Positionierung deutlich macht. Sie scheint die eskalierende Wirkung des Alkohols durchaus zu realisieren. Dass sie die verbalen Beleidigungen sowohl der Mitschülerin als auch deren Vaters noch parat hat und wörtlich zitieren kann, könnte bedeuten, dass sie diese wirklich verletzt haben. Interessant ist die Rolle, die sie hier ihren Freunden zuschreibt: Diese seien zwischen die Konfliktparteien gegangen, um Olga abzuschirmen. Und ihre Bilanzierung: Sie und ihre Peers konnten sich durchaus erfolgreich für ihre Belange einsetzen, denn am Ende dieser Erzählpassage – quasi als Coda – habe die Polizei ihnen geglaubt, und nicht der Konfliktpartei. Als wichtiges Motiv ihrer Selbstinszenierung scheint hier auf: Eigenwilligkeit und Selbstbewusstsein, gerade als junge Frau.

Das zweite Interview enthält auch sehr nachdenkliche Passagen, die ein weiteres zentrales Thema beleuchten: In der Gegenüberstellung von früher und heute bringt sie zum Ausdruck, dass sie sich inzwischen auf andere normative Horizonte bezieht und rückblickend vieles anders machen würde. Irgendwann habe es „Klick" gemacht:

O: Also ich habe da schon immer meine Ausreden gehabt in der Schule und zu Hause. //@// Aber dann irgendwann mal hat's auch nicht mehr funktioniert. //aha// Ich habe meine Noten, voll ich schlechte Noten hatte ich, dann habe ich Unterschriften gefälscht. //mhm// Das haben dann die Lehrer auch irgendwann mal mitgekriegt, dann hätte ich deswegen fast auch 'ne Anzeige bekommen //mhm// Ja und dann irgendwann mal hat's schon klick gemacht, dann habe ich auch gedacht:>>Haja, wenn du Schule nicht machen willst, dann suchst du dir halt 'ne Arbeit, verdienst dein Geld, machst was<<.
I: (2) Kannst du das mal noch ein bisschen genauer beschreiben? Du hast gerade gesagt, äh, irgendwann hat's so klick gemacht. Kannst du dich da noch dran erinnern?
O: (1) Ja das war eigentlich so nach dem BEJ, weil ich habe dann angefangen Bewerbungen zu schreiben //mhm// und dann kamen halt immer mehr Absagen und dann habe ich halt auch überlegt:>>Haja, mit solchen Noten will dich ja auch keiner<<und dann habe ich auch überlegt, ja,>Ich hab's mir selber so vermasselt, ich bin selber dran schuld, *ich* wollte nicht lernen, ich habe nur Scheiße gebaut<<ja und dann habe ich halt gedacht,>>Ja, jetzt nimmst' halt das, was kommt und dann bemühst' dich halt, dass du auch da bei der Arbeit bleibst<<. //mhm////mhm//. (Olga, P2, 232–247)

6.3 „Olga" (Barbara Stauber)

Olga rekonstruiert hier einen *biografischen Wendepunkt*, der zunächst nur mit der Metapher „irgendwann mal hat's schon klick gemacht" markiert wird, und durch das unauffällig Wörtchen „schon" zeigt, wo Olga sich heute positioniert: auf der Seite derer, die wissen, worauf es im Leben ankommt. Als sie von der Interviewerin gebeten wird, dies noch etwas zu explizieren, erzählt sie von der Zeit, in der sie realisiert hat, dass sie mit diesem Abschluss und mit diesen Noten nehmen muss, was kommt, und sich auch keine Eskapaden mehr leisten kann. Interessanterweise bezieht sie sich hier auf ihre Peers, die ihr Krisenszenarien ausgemalt hätten, so dass Olgas Wendepunkt hier eher als von außen nahegelegt erscheint.

> Mach' irgendwas, weil so kommst du irgendwie voll runter langsam und (1) du verlierst alles<<und was weiß ich.>>Du kriegst Stress Daheim //mhm// und vielleicht schicken dich dann deine Eltern in ein Heim //mhm// oder sonst irgendwas<<. (Olga, P2, 251-255)

Die Tragik, die von ihr nur sehr am Rande erwähnt wird, ist dabei, dass sie zwar den Abschluss nachholt, aber ihr der Ausbildungs- und Arbeitsmarkt mit diesen Noten keine wirklichen Chancen mehr bereithält – so konzediert sie weiter oben im zweiten Interview:

> *I:* Du sagst, ihr ward jung und dumm, ähm, was meinst du damit?
> *O:* Ja, wir haben also ich, also wenn ich jetzt so überlege, ich also jetzt würde ich es nicht machen, weil ich weiß, wie es ist. //mhm// Und wenn ich so gesehen die Zeit zurück drehen könnte, dann würde ich es tun wegen der Schule halt. //mhm// Weil ich es da halt dann echt verkackt habe mit meinen Noten und //mhm// die sind jetzt nicht auch gerade besser deswegen geworden und ich meine, ich habe jetzt zwar 'ne Arbeit, aber ich bin auch nicht gerade mein @Traumberuf@, //mhm// aber besser als gar nichts. //mhm//. (Olga, P2, 150–158)

Hier verweist das Lachen auf einen Bewältigungsmodus für einen gesellschaftlich nicht sehr anerkannten Übergang ins Erwerbsleben: Mit der Bezugnahme auf „Traumberuf" kommt zur Sprache, was heute die normalgesellschaftliche Erwartung ist: sich im Beruf zu verwirklichen und dieses Ziel irgendwie annäherungsweise zu erreichen. Diesen normativen Übergang nicht in der gesellschaftlich erwarteten (und auch ihrem eigenen Anspruch entsprechenden) Weise geschafft zu haben, muss Olga hier verkraften. Dies scheint sie quasi schulterzuckend zu bewältigen, indem sie sich selbst tröstet („besser als gar nichts"), wodurch sie Akteurin bleibt; dennoch kennt sie die gesellschaftlichen Standards und weiß, dass sie an diesem Übergang eigentlich gescheitert ist.

In diesem Interview gibt es das oben genannte Klick-Motiv auch in einer stärker selbstgesteuerten Variante, mit Bezug auf das Verhältnis Olgas zu ihrer Mutter:

I: Wenn du jetzt mal so zurück denkst, was denkst du, hat da 'ne Rolle gespielt oder wodurch kam das?
O: Das wir uns wieder gut verstehen? //mhm// Weil ich halt, weil meine Mom halt gemerkt hat, dass ich auf mein Arsch gesessen bin, //mhm// ich habe mir 'ne Arbeit gesucht. (1) Früher, ich hatte schon mal 'ne Arbeit, aber ähm auf 400 € Basis //mhm// und da hatte ich dann auch kein Bock. Ich habe meiner Mom verheimlicht, ich habe sie angelogen, habe gesagt:>>Ja, ich muss heut' nicht arbeiten<<, dabei habe ich angerufen, habe gesagt>>Ja ich kann wegen den und den Gründen nicht kommen<<//mhm// und dann wurde ich halt auch gekündigt und dann hat meine Mom auch gemerkt. Dann hat sie gesagt, ja warum wurde ich gekündigt und was weiß ich. Dann habe ich ihr halt auch die Wahrheit gesagt, (1) weil ich kein Bock hatte und was weiß ich. Dann haben wir halt geredet, dann hat sie gesagt:>>Ja so kannst du aber auch nicht weiter machen. //mhm// Du brauchst Geld, du willst weggehen, du willst dir was kaufen<<und (1) was weiß ich und ähm ich wollt auch mein Spaß haben und wie will ich mein Leben überhaupt leben? Ich will irgendwann mal Auto haben, ich will 'ne eigene Wohnung haben. Wie will ich das alles machen ohne Geld? Und dann habe ich halt Nachts mal drüber geschlafen und dann habe ich zu meiner Mutter auch gesagt:>>Ja, du hast schon Recht, ich will eigentlich schon alles so in meinem Leben haben, was ich brauch' und (1) meine Freunde arbeiten auch //mhm// und ich weiß nicht, warum ich das nicht tue oder warum ich schwänz<<und was weiß ich und dann (1) habe ich gesagt:>>Okay, ich bemühe mich jetzt, ich schreibe 'ne Bewerbung dort und dort hin<<und dann habe ich jetzt auch 'ne Arbeit bekommen. //mhm// Und seit dem weiß meine Mom, dass ich es auch wirklich ernst meine. //mhm//. (Olga, P2, 326–349)

Auch hier geht es um die Inszenierung einer Läuterung – quasi im Schlaf – nach der sie eingesehen habe, dass sie für einen „Normalentwurf" eines (auch am Konsum partizipierenden) Lebens arbeiten und Geld verdienen muss: „Und dann habe ich halt Nachts mal drüber geschlafen und dann habe ich zu meiner Mutter auch gesagt:>>Ja, du hast schon Recht, ich will eigentlich schon alles so in meinem Leben haben, was ich brauch' und (1) meine Freunde arbeiten auch". Diese Wende habe (ähnlich wie bei Jana) dann auch das ehemals sehr konflikthafte Verhältnis Olgas zur Mutter wieder in Ordnung gebracht. Das zentrale Moment ist hier das (wiedergewonnene) Vertrauen der Mutter: „Und seit dem weiß meine Mom, dass ich es auch wirklich ernst meine."

Ein weiteres Kernthema dieses Interviews ist Olgas *Freundinnenbeziehung*, die im ersten Interview vor allem als Setting für ausgiebiges Trinken vorkommt. Diese Freundinnenbeziehung stellt in Olgas Rekonstruktion die biografische Klammer zwischen dem alten wilden Leben („wir haben immer miteinander getrunken und das halt alles") und der Zeit davor, der unschuldigen Kindheit, wie auch zwischen dem wilden Leben und der heutigen Phase des Ruhiger-geworden-Seins her.

6.3 „Olga" (Barbara Stauber)

> *I:* und wie hat sich das so, eure Freundschaft entwickelt?
> *O:* Also wir kenne uns eigentlich seit dem Kindergarten. //mhm// Wir wa- sind seit klein auf spielen wir, haben wir miteinander gespielt. (1) Dann waren wir zusammen in der Schule, also wir haben echt eigentlich immer alles miteinander gemacht und seit dem eigentlich immer noch. //mhm//
> *I:* Das heißt ihr seid jetzt immer noch eng //ja// befreundet? Mhm. Ähm (1) gerade an dem Beispiel vom vom Kiffen hast du es beschrieben, ähm das ihr so miteinander (1) wie so 'ne Wette abgeschlossen habt, wo ihr euch so auch gegenseitig dann so gesagt haben: Keine soll jetzt eigentlich weiter machen, //ja// oder? Habe ich das richtig verstanden? Ähm (2) war das so 'ne typische Situation für dich und deine Freundin oder gab's sowas noch öfter? (1) Oder wie sah so eure Freundschaft aus?
> *O:* Ja, nee, also es war jetzt, also wenn jemand, also wir waren immer ehrlich zueinander so gesehen. Wenn uns was aneinander nicht gepasst hat, haben wir es halt immer gesagt. //mhm// Und wir haben das nicht, wir haben halt nie irgendwie angefangen gleich zu streiten oder so, //mhm// tagelang nicht miteinander zu reden. Wenn wir Probleme miteinander hatten, dann haben wir es auch gleich immer geklärt. //mhm// Haben es zumindest versucht, wenn es manchmal nicht funktioniert hat, dann hatten wir schon so 2, 3 Tage Abstand kurz, //mhm// aber dann haben wir uns getroffen und dann hatten wir uns wieder total lieb, weil //mhm// wir wussten halt, ja okay, war scheiße oder so. (1) Und auch so, wenn, wir haben halt immer so gedacht so an früher, weil wir haben halt immer zusammen voll viel durchgemacht und jeder hat jedem geholfen und (1) dann haben wir auch gesagt: >>Haja, auf so viel kannste auch nicht scheißen<< und (1) //mhm// ja und wir wir drohen uns halt dann immer gegenseitig, sagen >>Haja, wenn du das nicht lässt, dann rede ich mit dir nicht<< oder so. Aber es funktioniert dann auch, weil wir gegenseitig uns halt nicht so verlieren wollen, //mhm// sagen wir //mhm// und so @funktioniert's halt@ dann immer. //mhm//.
> (Olga, P2, 647–662)

Ein starkes biografisches Motiv verbirgt sich hier in einer unauffälligen Hintergrundkonstruktion: „weil wir gegenseitig uns halt nicht so verlieren wollen", sprich: die Freundin wird hier zur Lebensbegleiterin, zum emotionalen Halt (Erfahrungen von Solidarität und Verbindlichkeit), und gleichzeitig zu einem Ort der Vergewisserung über normative Fragen der Gestaltung des Jugendlebens, sei es in Peer- oder in Liebesbeziehungen. Die Freundinnenbeziehung als zentraler Ort für (informelle) Bildungsprozesse ist hier das eine Kernthema, zum zweiten, und mit der Freundinnenbeziehung im Zusammenhang stehend, sind hier Reorganisationsprozesse im Peerkontext zentral:

> Und wir haben uns halt immer gegenseitig aufgebaut und deswegen können wir auch ohne einander nicht. Manchmal nicht miteinander, //mhm// aber auch überhaupt nicht ohne einander. //mhm// Und seit dem, wenn wir streiten, dann ist echt manchmal, zicken wir uns halt kurz an und dann ist wieder okay. //mhm////mhm// Also wir versuchen es echt immer gleich zu klären. //mhm////mhm// Und mit den anderen so, (1) wir, also es gibt Freunde, die sind immer gleich total eingeschnappt und so und wir sagen dann immer >>Das ist Kindergarten<<, weil wir sind älter und wieso sollten

wir da dann immer jeden Tag streiten oder sonst irgendwas und (1) wir sind dann eher immer so locker. Wir sehen das immer alles so locker. Wir lachen immer viel und wir versuchen es halt immer gleich alles zu klären und egal mit wem. Mit allen //mhm// eigentlich so. Und wenn's halt nicht klappt, dann (1) lassen wir halt die Leute ein paar Tage in Ruhe und irgendwann mal melden sie sich von alleine und dann re- wollen sie selber reden. Und dann (1) aber wir 2 versuchen das eigentlich //mhm// immer so //mhm// zu schlichten alles. //mhm////mhm//. (Olga, P2, 673–687)

Die von Olga betonte Kompetenz, die sie und die Freundin in permanentem Austausch erworben haben, wird hier auch zur Grundlage einer starken Gegenüberstellung von *wir* und *ihr*: ein Eifersuchtsdrama zwischen den Freundinnen wird so gelöst, dass beide sich von den jeweiligen Freundeskreisen und auch den entsprechenden Konsumpraktiken distanzieren und sich einem neuen Freundeskreis anschließen:

I: Du hast gesagt, damals hast du die dann auch im Stich gelassen. //ja// Was, kannst du das noch ein bisschen beschreiben?
O: Ja also wir waren ja so eigentlich dann immer jeden Tag eigentlich so zusammen und dann wo wir halt zusammen das Rauchen [=Kiffen, BS] angefangen haben, (1) dann haben sich irgendwie unsere Wege getrennt, weil sie hatte dann 'nen Freund, der hat natürlich das auch gemacht. (1) Und ähm dann war die halt immer bei dem und (1) dann habe ich das auch irgendwie scheiße gefunden, weil sie immer dort war, hat sich nie gemeldet und wenn, dann nur>>Hi, wie geht's?<<//mhm// und nicht so>>Ja wollen wir uns treffen?<<oder so und dann habe ich halt sie dann auch so gesehen im Stich gelassen. Dann, und dann wo es halt mit dem aus war, hat sie sich halt gemeldet und dann habe ich halt auch gesagt>>Ja nee, jetzt kannst dich melden, wo er halt jetzt weg ist<<//mhm// und dann habe ich gesagt>>Ja, da scheiße ich jetzt auch drauf<<. (1) Und dann bin ich halt weiter mit den anderen abgehangen und dann irgendwann mal habe ich dann auch gedacht>>Okay, ist schon scheiße<<, weil sie war halt echt immer für mich da und ich habe sie auch voll vermisst und so und dann haben wir es halt irgendwann mal geklärt und dann bin ich von denen weg gegangen und sie von den anderen und ja. Jetzt haben wir halt unseren an- neuen Freundeskreis und so finden wir es auch besser. //mhm////mhm//
I: (1) Was war denn oder kannst du dich da noch erinnern, der Grund, warum du dann wirklich von den anderen weg bist? Woher das, gab's da?
O: (2) Ja ersten wegen den Drogen und (1) weil (2) die haben halt echt extrem viel Scheiße gebaut. //mhm// Also die bauen jetzt meistens noch Scheiße. Die prügeln sich jedes Mal (1) und das wollen wir halt alles nicht. Wieso auch? Ich mein, davon kriegst nur Anzeigen, irgendwann musst dann halt in Knast //mhm// und dann ist dein Leben auch kaputt. (1) Und die meisten sind schon im Knast gelandet, //mhm// sind immer noch oder die meisten sind schon wieder draußen und machen trotzdem immer weiter (1) und das wollen wir halt alles nicht, weil wir sehen auch die lernen auch aus den ganzen Fehlern nicht und //mhm// (1) wir haben draus gelernt und die sollen halt ihr Ding machen und wir machen unser Ding. //mhm////mhm//. (Olga, P2, 713–741)

6.3 „Olga" (Barbara Stauber)

Olga zeigt hier zum einen, dass sie nicht zulässt, dass man sie einfach sitzen lässt. Wie schon oben in der Auseinandersetzung mit Diskriminierung entwirft sie sich hier als starke Akteurin, als eine junge Frau, die sich zu wehren weiß, die in der Lage ist, die Konflikte aktiv anzugehen.

Zum anderen ist in dieser längeren Erzählpassage von Distanzierung und Wiederannäherung auch die Re-Organisierung der Peers zentrales Thema. Der Abschluss mit der Coda: „Jetzt haben wir halt unseren an- neuen Freundeskreis und so finden wir es auch besser" hat dabei die Funktion einer „Wir"-Konstruktion: Nach einigen Höhen und Tiefen haben wir wieder zueinander gefunden, nach Reue und Versöhnung ist unser Wir noch stärker, und von dieser gestärkten Position aus befinden wir *gemeinsam,* was gut ist und was schlecht. Eingewoben in diese Positionierung ist hier die Abkehr vom Kiffen.

Somit sind in dieser Passage zwei Themen eng mit einander verbunden: *die Freundinnenbeziehung und die Peergroup*, die Versöhnung der Freundinnen, ihre einvernehmliche Abwendung vom alten Freundeskreis und der ebenso einvernehmliche Anschluss der beiden an einen neuen Freundeskreis. Dabei werden die Stagnation und der ausbleibende Lernprozess der Freunde dem Lern- und Reifungsprozess der Freundinnen gegenübergestellt. Das oben genannte weitere Kernthema des Interviews verkoppelt sich hier mit dem Kernthema der stabilisierten Freundinnenbeziehung und dem Thema der Abgrenzung von der Gruppe.

Das zweite Interview hat also vor allem Entwicklungsprozesse zum Thema, die an unterschiedlichen, sich durchaus auch mit veränderten Konsumpraktiken verschränkenden Binnenthematiken festgemacht werden: an der Freundinnenbeziehung, an der Mutterbeziehung, an den veränderten Peerbezügen. Ein eher verdecktes Thema in diesem Interview sind die normativen Übergänge in den Beruf – hier reüssiert Olga nicht, auch wenn sie sich zu einem veränderten Verhältnis zu Arbeit/Einkommen/Funktionierenmüssen und in diesem Kontext zu einem gemäßigten Konsum durchgerungen hat.

Interview 3

Das dritte Interview setzt biografisch-narrativ ein, und nach einer ersten vorweggenommenen Bilanzierung, die – ähnlich wie im Ankerfall von Basti – zunächst implizit, dass die Kindheit „eigentlich gut" gewesen sei und es deshalb nichts Nennenswertes zu erzählen gebe, kommt doch eine längere Stegreiferzählung zustande:

> *I:* Genau also so zum Einstieg würd ich dich jetzt einfach mal bitten mir deine Lebensgeschichte zu erzählen. Du kannst ähm (1) erzählen was dir dazu einfällt, was dir wichtig ist. Ich unterbrech dich auch jetzt erst mal nicht //mmh, mmh// ähm ich mach mir nur so 'n paar Notizen, wenn ich vielleicht auf manches nochmal zurückkommen möchte damit ich da nachschauen kann.

O: Ich weiß gar nicht wie ich da anfangen soll, keine Ahnung. Also meine Kindheit war eigentlich gut.
I: Mmh, mmh. Dann fang doch da mal an.
O: Ich war eigentlich eher so (1) Oma-Kind. Ich war immer oft mit der Oma unterwegs. Die hat mich auch überall mitgenommen, ich war's erste Enkelkind. //mmh, mmh// Da hat mich meine Oma auch gern mitgenommen. //mmh, mmh// Also ich war mit meiner Oma meistens auch immer Sommerferien immer im Urlaub. //mmh, mmh// Wir war'n in [Land 1], [Land 2], dann war'n wir irgendwo hier in der Nähe, keine Ahnung am [Urlaubsgebiet 1] war'n wir oft, ja, so. Und dann Schule, (1) ja, war jetzt nicht so mein Fall. Ich war nicht gern in der Schule. Hab auch dann ab der 6. Klasse eigentlich nur geschwänzt //mmh, mmh// hab nie gelernt, Stress daheim auch gehabt, wollte eigentlich nur mit Freunden weggehn und so und dann irgendwannmal wo's halt dann zu spät war, hab ich dann halt auch meinen Abschluss nicht geschafft. Dann war ich BEJ und BVJ musst ich machen, da hab ich mich 'n bisschen aufgerauft aber nicht (1) naja. Schule war halt nicht mein Ding. //mmh, mmh// Ja und dann (2) wo ich 18 geworden bin, ja, dann fing's halt an mit Disco's (1) hier Party, dort Party, ja und dann (2) war'n halt eher die Jungs wichtiger und Party und so, dann hat ich auch da gar kein Bock zu arbeiten. Dann hab ich mir auch keine Arbeit gesucht, nichts. Ja und dann irgendwann mal so mit (1) 19 fast 20 hab ich mich irgendwann mal aufgerafft und hab halt dann mal ne Arbeit gesucht. Dann hab ich bei meiner Mum jetzt gearbeitet. Ja und dann wurd ich halt schwanger. (2) Des hab ich dann aber auch nicht so schnell gemerkt weil ich meine Tage normal hatte und so //mmh, mmh//. Dann hab ich (1) glaub ich war im Ende 5.Monat dann hab ich erst gemerkt dass da was nicht stimmt wo ich beim Frauenarzt war, war ich dann schon im 7.Monat. //mmh, mmh// Ja dann ging das eigentlich alles ratzfatz //mmh, mmh// und dann war der Kleine @ schon da. //mmh, mmh// Also vorbereiten konnte ich mich jetzt nicht wirklich, war schon 'n Schock für mich, ich hab auch immer geweint und so, weil (1) ja ich wollt halt jetzt noch keine Kinder haben des war mir viel zu früh und mit dem Papa bin ich halt auch nicht mehr zusammen und dann hab ich halt gedacht ja die Leute reden über mich schlecht, meine Eltern und was weiß ich, aber stehn eigentlich alle hinter mir, meine Freunde vor allem //mmh, mmh// und ja ich komm jetzt damit klar, der Klein- ja der Vater kommt halt den Kleinen immer mal besuchen. //mmh, mmh// Find ich auch ok aber ja (1) also ich mag des jetzt nicht so wenn er da ist aber ich tu's nur wegen dem Kleinen zuliebe weil der braucht halt auch 'n Papa, ja und (1) sonst so jetzt großartig weggehn wie früher kann ich auch nicht mehr, aber ich hab mich irgendwie dran gewöhnt also ein Wochenende geh ich meistens schon ein Tag weg, da geh ich schon in ne Disco mal 'n bisschen Feiern, Mama passt auf //mmh, mmh// aber so dass ich jetzt so wie früher jeden Tag unterwegs bin oder gar nicht mehr. Klar ich vermiss des schon manchmal ganz ehrlich aber (1) ja der Kleine ist süß und ich (1) ja ich bin gern mit ihm deswegen ist des eigentlich ganz ok so. //mmh, mmh// Mit dem Alkohol ja trink halt gar nicht mehr eigentlich so, nur Wochenende wenn ich halt mal weggeh dann (1) 'n bisschen aber so wie früher geht auch gar nicht mehr //mmh, mmh// kann ich auch @gar@ nicht mehr. //mmh, mmh// Also des verträgt mein Körper schon gar nicht. //mmh, mmh// Ja sonst (1) ja. Weiß nicht. (3) @Fällt mir jetzt nichts mehr ein@. (Olga, P3, 1–46)

6.3 „Olga" (Barbara Stauber)

In dieser Eingangserzählung nimmt Olga quasi chronologisch eine Aufzählung ihrer wichtigsten Lebensthemen vor: zunächst die Beziehung zur Großmutter, die in ihrer Bedeutung zum ersten Mal deutlich benannt wird (Olga bezeichnet sich als „Oma-Kind") und die den Rahmen abgibt für eine sehr positiv konnotierte Kindheit.

Der zweite Aspekt wird dann geradezu als negativer Gegenhorizont entworfen: die Schule bzw. ihre Schülerinnenkarriere, charakterisiert durch Schulabsentismus und damit verbundene Konflikte im Elternhaus. Der dritte Aspekt ist das Partyleben, das sich immer mehr vor die Schule schiebt und in Olga auch keinerlei Motivation zur Aufnahme einer Arbeit aufkommen lässt. Der vierte Aspekt der Wende hin zu regelmäßiger Arbeit („Ja und dann irgendwann mal so mit (1) 19 fast 20 hab ich mich irgendwann mal aufgerafft und hab halt dann mal ne Arbeit gesucht"). Als chronologisch aktuellster Aspekt nehmen Schwangerschaft und Mutterschaft den größten Raum ein – das überrascht nicht, da sie ja auch die derzeitige Lebenslage am stärksten prägen. Von Olga hervorgehoben wird der Schockeffekt der lange Zeit unbemerkten und dann sie stark mit einer völlig neuen Lebenssituation konfrontierenden Schwangerschaft, wo offensichtlich auch keine Abtreibung (mehr) zur Debatte stand: Olga beschreibt dieses Hineingeworfenwerden in eine neue Lebensrealität und eine neue Rolle als „Schock". Dramatischer Höhepunkt der Erzählung ist dabei die Beschreibung ihrer Verzweiflung und ihrer Ängste, von allen verstoßen zu werden. Diese Dramatik löst sie aber schnell auf: „aber stehn eigentlich alle hinter mir, meine Freunde vor allem". Die aktuelle Situation wird als gelingende Vereinbarung von Freizeitinteressen und Mutterrolle charakterisiert, Letztere gefalle ihr gut, sie sei gern mit ihrem Kind zusammen. Interessanterweise (aber auch nicht weiter verwunderlich, da Olga das Forschungsinteresse der Interviewerin kennt) kommt sie selbst relativ schnell auf ihren Alkoholkonsum zu sprechen, und darauf, dass sie gar nicht mehr viel vertrage, ihr Körper also zu einem quasi automatisch funktionierenden Regulativ geworden sei.

Auch im Hinblick auf ihren Weg in die Arbeit gibt es diese Erzählfigur von wilder Jugendzeit, Zuspitzung (Krise) und normalbiografischer Einsozialisierung:

> *I:* Mmh, mmh.Und hast hast du gesagt hast du angefangen dass du auch geschwänzt hast und, kannst du dazu 'n bisschen noch was erzählen, aus der Zeit?
> *O:* Wo wir geschwänzt haben? //mmh, mmh// Ja was haben wir da gemacht wenn wir geschwänzt haben? Meistens haben wir sind wir dann echt haben schon früh am morgen angefangen zu trinken da hast dann erst deine erste Zigarette geraucht (1) dann hast mal vielleicht angefangen (1) zu Kiffen oder so des mal ausprobiert. Da hast halt dann schon eher so Scheiße gebaut //mmh, mmh// weil du dann halt gesehn hast ja der macht des oh des ist cool, der macht des, des ist cool. Damit du halt dazugehörst. Ja und wenn man halt älter wird dann versteht man des irgendwann mal dass halt doch irgendwann mal scheiße war was du gemacht hast.

I: Wenn du sagst wenn man älter wird versteht man des irgendwann, kannst du mir da vielleicht irgendwie noch 'n bisschen was dazu erzählen, wie kam des dass du des dann irgendwann so anders gesehn hast?
O: (1)Ja da wo ich mein Abschluss nicht gekriegt hab da hab ich dann erst mal drauf geschissen. Dann hab ich glaub 'n (1) Jahr gar nichts gemacht, dann hab ich daheim auch noch Stress gehabt weil ich halt immer Geld wollte, immer weggehn wollte und so aber meine Mutter gesagt hat>>Ja Schule wolltest auch net machen, kriegst auch kein Geld weil arbeiten willst auch nicht<<//mmh, mmh// ja und dann irgendwann mal (1) wirst halt immer älter und dann so mit 19 oder so hab ich dann halt dann auch mein Abschluss doch hingekriegt. Und dann hab ich dann halt auch gedacht>>Ja jetzt musst halt doch arbeiten weil ohne Geld kannst keine Klamotten kaufen, nichts mehr<<Ich hab noch 3 Geschwister, meine Mutter muss die ja auch versorgen können und ich bin halt die Älteste ich müsste eigentlich 'n Vorbild für die Kleinen sein, (1) ja dann hab ich halt dann schon gedacht ja ok jetzt machst halt mal was und dann (1) hab ich erst im hab ich immer so Praktiken gemacht, dann war des hat mir nie was gepasst oder so und dann hab ich ne Bewerbung bei meiner Mutter daheim geschrieben //mmh, mmh// ja dann klar am Anfang hat's mir auch nicht gefallen aber dann irgendwann mal hatt ich mich auch mit den Ko- Arbeitskollegen gut verstanden und dann hat's mir auch voll Spaß gemacht, dann hab ich gedacht ja ok, kriegst gutes Geld //mmh, mmh// Arbeitskollegen sind auch ok, dann kannst eigentlich. //mmh, mmh// (1) Und dann guck mer mal, ja. (Olga, P3, 162–190)

Olga beschreibt hier zunächst einmal die (zurückliegende) Normalität ihres Jugendlebens, in dem sie „schon eher so Scheiße gebaut" habe. Das Nacheifern von Verhaltensweisen im Peerkontext, um „halt irgendwie dazuzugehören", ist hier eindeutig eine in der Vergangenheit liegende Praxis. Die Wende in ihrer damaligen Orientierung rekonstruiert sie als mit zunehmendem Alter einhergehend – zu realisieren, dass sie sich ohne zu arbeiten zunehmend ins Off manövriert. Sie erzählt dann von einem Prozess des schwierigen, mit vielen Hürden versehen, zunächst nur extrinsisch motivierten (Konsumbeteiligung; Vorbildrolle für die jüngeren Geschwister), letzten Endes aber doch wenig erfolgreichen Einsozialisiertwerdens in die Normalität von Erwerbsarbeit.

Wenn Olga in der Eingangssequenz den Kontakt zum Kindsvater noch so dargestellt hat, als hielte sie diesen „nur (.) dem Kleinen zuliebe" aufrecht, so nimmt das Thema der *Beziehung zum Kindsvater* im weiteren Verlauf des Interviews sehr viel Raum ein. Olga scheint diesbezüglich zum einen um eine dauerhafte Beziehung zu ringen, sich zum anderen aber alles andere als sicher zu sein – weder, was ihre eigenen Gefühle und Wünsche noch die des Ex-Freundes anbelangt.

Und dann hat er sich halt auch bei mir entschuldigt>>Ja dass es ihm Leid tut dass er mir nicht geglaubt hat und was weiß ich dass er so krass war<<//mmh mmh// Ja und jetzt hat er sie irgendwie verlassen und er schreibt mir ja auch dass wenn er halt da ist und wir miteinander normal reden dass halt die Gefühle von früher wieder hochkommen. //mmh, mmh// Ja keine Ahnung ist halt grad so 'n hin und her, ist grad alles

6.3 „Olga" (Barbara Stauber)

so kompliziert, meine Mutter sagt>>Ja ihr müsst irgendwie klarkommen wegen dem Kleinen halt auch, ihr könnt's ja nochmal probieren wenn's nicht klappt dann geht aber im Guten auseinander keine Ahnung. Ja jetzt mal sehn was passiert, weiß halt auch nicht. (Olga, P3, 442–449)

Olga erzählt sich, auch angesichts von Impulsen der Interviewerin, immer mehr in eine mögliche Wiederaufnahme einer Liebesbeziehung mit dem Kindsvater hinein:

I: Und was für dich jetzt so in den letzten 2 Wochen so schwer weil du gesagt hast da gab's auch viel Tränen?
O: Weil ich ihn halt immer mehr gesehn hab und irgendwie sind dann halt immer mehr die Gefühle hochgekommen und dann bei mir war's halt genauso wenn wir halt normal miteinander umgegangen sind dann kam halt irgendwie die Zeit von früher so hoch und dann hab ich schon immer so gedacht boah ich vermiss des eigentlich schon und dann immer wenn er weg war dann war des eigentlich eher schon wieder so bisschen erleichternd aber dann musst ich einfach weinen weil dann ging's mir's irgendwie wieder besser, weil dann hab ich kurz alles rausgelassen und dann war's auch wieder gut. Und dann meistens hab ich dann halt immer den Kleinen anguckt und dann musst ich halt echt weinen weil ich seh halt immer ihn dadrin. (Olga, P3, 1421–1494)

Offensichtlich hadert Olga hierbei immer auch mit den Normalitätsvorstellungen im Hinblick auf Elternschaft. Dieser Punkt führt zu der spannenden Art und Weise, wie in diesem Interview Gender-Themen verhandelt werden:

O: Und dann halt haben sie irgendwann mal meiner Oma des alles gesagt und dann hat sie halt mal mit mir geredet, hat gesagt>>Ja des mit'm Alkohol kannst nicht machen, des mit den Drogen auch nicht des macht dich nur kaputt. Du kommst immer weiter runter in irgendnen Scheiß und was weiß ich<<Dann hab ich erst gesagt>>Jaja ist klar und keine Ahnung ich weiß schon was ich mach<<und dann irgendwann mal hab ich dann halt schon drüber nachgedacht und hab gedacht ist schon eigentlich scheiße, besonders als Mädchen weil (1) als Mädchen machst halt nicht so viel Scheiße oder besäufst dich wie 'n Mann oder (1) sitzt da mit tausend Jungs und kiffst oder so des macht man einfach als Mädchen nicht und dann (3).
I: Wie meinst des macht man als Mädchen nicht?
O: Ja ich find 'n Mädchen muss halt schon normal sein jetzt nicht den ganzen Tag jetzt kiffen oder da dich besaufen und dich verhalten wie 'n Junge oder so. Nur mit Jungs abhängen, vielleicht ein Mädchen dabei und der Rest nur Jungs und des Mädchen ist genauso wie du. //mmh, mmh// Des ist halt (1) weiß nicht.
I: Was hat dich da gestört? Oder man könnt ja auch sagen ist ja cool dann nur mit Jungs rumhängen?
O: Ja nö ich mein ich hab mich mit den Jungs gut verstanden //ja// ich hab kein Problem mit denen aber (1) du brauchst halt auch irgendwie (1) Mädchen um dich rum damit du halt Frauengespräche führen kannst, kannst ja nicht mit den Männern irgendwie über keine Ahnung über dein Periode reden oder sonst irgendwas, oder über die Pille oder über 'n Jungen auf den du stehst. Des kannst halt alles nicht machen weil (1) und da warst halt dann schon eher so dass du des von den Jungs gemacht hast, was

> sie gemacht haben haben wir halt auch gemacht. //mmh, mmh// Und dann hab ich halt auch gedacht ja so kriegst halt niemals 'n Freund oder so und (1) was willst mit denen die ziehn dich ja mit in den Dreck runter und ja.
> *I:* Mmh, mmh. Gab's für dich irgendwas was dann so ausschlaggebend war des zu verändern?
> *O:* (4) Ja ich hab halt drüber nachgedacht und (1) ja ich wollt halt dann irgendwann mal halt auch 'n Freund haben, ne normale Beziehung führen dann hab ich gedacht ja (1) so wie du dich grad verhältst wird dich auf jeden Fall kein Junge angucken, der wird halt denken du wirst selber so ein Junge (1) ja und dann halt irgendwann mal hatt ich dann auch gar keine Lust mehr drauf mit den Leuten da zu sein. Dann bin ich immer weiter weg von denen gegangen. Klar jetzt wenn wir uns sehn grüßen wir uns //mmh, mmh// aber ich bin jetzt nicht so total dicke mit denen und würd jetzt auch nicht mit denen jeden Tag abhängen wie früher //mmh, mmh// also (1). (Olga, P3, 267–299)

Wie oben schon im Kontext der Elternrolle tauchen hier die Meinungen relevanter Anderer, hier der Großmutter, oben der Mutter, auf: Olga reproduziert hier eine geschlechtertypische Erwartung im Kontext heterosexueller Normalität, für die sie umsteuern muss: „So wie du dich grad verhältst wird dich auf jeden Fall kein Junge angucken, der wird halt denken du wirst selber so ein Junge." Diese Umsteuerung fällt zusammen mit dem generellen Umsteuern bzw. einer kontinuierlichen Distanzierung von den Peers („Dann bin ich immer weiter weg von denen gegangen").

In einer interessanten Spannung zu diesen „Einsichten" steht die Praxis von nach wie vor alkoholintensiven Abenden am Wochenende, für die sie von ihrer Mutter den Freiraum bekommt und für die die Freundinnenbeziehung immer noch bzw. verstärkt der zentrale Kontext ist:

> Wir sind auch jetzt immer nur zu zwei- also wir gehn schon eher lieber gern zu zweit unterwegs. //Warum?// Weiß nicht weil wir 2 einfach miteinander am Besten klarkommen und wenn halt noch ne dritte Person mitkommt dann ist's meistens dass die dann behauptet>>Ja ihr seid nur zu zweit zusammen, ich bin immer alleine<<obwohl des eigentlich gar nie so ist aber des kommt denen halt so rüber weil wir halt 2 echt dicke miteinander sind und halt (1) nie Probleme haben, wir finden immer ne Lösung. Und deswegen gehn wir schon lieber gerne zu zweit weg. //mmh, mmh// Manchmal gehn wir dann wenn wir dann halt mehr Freunde damit (1) nicht irgendwie nur zu dritt des geht gar nicht. (Olga, P3, 601–610)

Im Hinblick auf den Alkoholkonsum stellt Olga körperliche Grenzen fest, aber auch solche, die sie mit ihrer neuen Rolle in Verbindung bringt:

> *O:* ich trink auch aber jetzt nicht so wie ich schon sagte nicht so wie früher. //mmh, mmh// Ich weiß halt wo meine Grenze ist und dann hör ich dann auch auf.
> *I:* Und was meinst damit jetzt mit deiner Grenzen? Weil du vorher von deiner Grenze erzählt hast mit'm Schlucken?
> *O:* Ja so merk ich's mir eigentlich immer noch. //ok// Also bei mir ich merk ja langsam geht's nicht runter dann lass ich's (1) und dann nüchter ich ja halt auch 'n biss-

chen wieder aus weil der Kleine halt echt früh morgens wach ist damit ich nicht noch
so halb besoffen da sitz aber Mama lässt mich dann halt meistens 'n bisschen ausschlafen und dann nehm ich den Kleinen. (Olga, P3, 1054–1061)

Somit sind in diesem Interview die Kernthemen zum einen die biografische Relevanz der Großmutter, die auch heute noch zentrale Reflexionsprozesse von Olga anzustoßen vermag, sowie die Ängste, Sorgen, aber auch das Gelingende im Kontext der neuen Rolle als junge Mutter. Dabei geht es zentral um das Austarieren von Weiblichkeiten – zwischen Normalitätserwartungen und den bisherigen alkoholintensiven Freizeitpraktiken im Freundinnenkontext.

6.3.3 Wege in und aus dem Rauschtrinken – Fallstruktur Olga

Olgas Fallstruktur ist charakterisiert durch die Spannung zwischen einem passiven und einem aktiven Moment: *das Leben passiert* – und *ich versuche es dennoch zu gestalten*, in den Bereichen, die ihr hierfür zur Verfügung stehen.

Im Hinblick auf viele Themen geht das Leben in der Tat an ihr vorbei: Nach einem sehr früh schon stressig werdenden Grundschülerinnenleben *(„Mobbing")*, das sie zudem durch familiale Anforderungen (Betreuung der kleinen Geschwister) vom Lernen abhält, lässt ihr Interesse an der Schule rapide nach. Andere Erfahrungen außerhalb der Schule – das Abhängen mit der Freundin und den Peers, das Trinken – sichern ihr demgegenüber Anerkennung. Schulbesuch und Prüfungen werden unwichtig, BVJ und Übergangsmaßnahmen werden nicht ernstgenommen. Erst als klar ist, dass sie auf dem Ausbildungsmarkt keine Chance hat, lässt sie sich – vermittelt durch ihre Mutter – in einen Anlernjob einfädeln. Auch die Schwangerschaft, die sie lange Zeit nicht bemerkt, und der Übergang zur Mutterschaft scheinen einfach so zu passieren.

Auf anderen Ebenen jedoch kämpft sie: Im Peerkontext wehrt sie sich gegen Diskriminierung; sie kämpft um die Freundinnenbeziehung und aktuell auch um den Exfreund. Vor dem Hintergrund einer von außen betrachtet schwierigen Übergangsgeschichte kann sie sich so dennoch als Akteurin inszenieren.

Für *Eigenverantwortlichkeit* hat Olga wenig Raum, weil sie – im doppelten Sinne – von ihrer Familie Rückhalt erfährt: als positive Ressource wie auch als Zurückgehaltenwerden in einer Kindsrolle, in der sie keine Verantwortung übernehmen muss. So erfährt Olga eine starke *familiäre Eingebundenheit und Unterstützung*: Sie kann, als es mit den Aussichten auf eine Lehrstelle tatsächlich schwierig wird, auf die Kontakte von Mutter und Großmutter zurückgreifen und landet schließlich im selben Betrieb; sie kann auch in ihrer neuen Rolle als junge Mutter wieder verstärkt und fraglos auf die Unterstützung durch Mutter und Großmutter zählen. Die Tatsache, dass sie nun über ihr eigenes Kind diese Bindungen noch verstärkt, sorgt für Kontinuität in den offensichtlich fraglos funktionierenden matrilinearen Carebeziehungen. Hier gibt es keinen Vereinbarkeitskonflikt, Betreuungsengpässe werden durch die Mutter/Großmutter abgepuffert. Diesbezüglich sind sowohl der eigene Vater als auch der Kindsvater absolut sekundär. Und es wird ihr sogar ermöglicht, weiterhin am Freizeitleben zu partizipieren, das sich für sie immer stärker auf die Freundinnenbeziehung konzentriert.

Dort, wo es ihr möglich ist, versucht Olga ihr Leben aktiv zu gestalten: Gerade die *Freundinnenbeziehung* ist hierfür ein exponiertes Beispiel – eine Beziehungsgeschichte, die zwar in die Kindheit zurückreicht, aber nicht einfach gegeben ist, sondern um die sie immer wieder ringt. In diesen Auseinandersetzungen, aus denen die Freundinnenbeziehung jedesmal gestärkt hervorgeht, erweist sich diese als biografisch hochrelevant. Hieran entlang sortieren und re-organisieren sich auch die Peerkontakte, die Zuordnung zu und Distanzierung von bestimmten Jugendgruppen, und ein offensichtlich sukzessive auf die Freundinnenbeziehung zentrierter Modus der Freizeitgestaltung. Hieran machen sich auch Olgas soziale Bildungsprozesse fest: Namentlich im Hinblick auf das exzessive Feiern mit hohem Alkoholkonsum machen Olga und ihre Freundin gemeinsam *neue normative Horizonte* auf, anhand derer sie sich von den Peers, die einen fortgesetzt hohen Drogen- und Alkoholkonsum praktizieren, distanzieren.

Aus ihrer Kindheitsgeschichte resultiert somit ein zentrales Thema: dort, wo es verlässliche Beziehungen gibt, dort setzt sie sich für diese ein – so sorgt sie dafür, dass es mit der Freundinnenbeziehung, die sie seit Kindheitstagen begleitet, weitergeht, und sie hört sehr auf ihre Großmutter, die ihr von Kindheit an eine verlässliche Bezugsperson ist. Hier aktiviert sie Energien. In den Lebensbereichen jedoch, die ihr sehr früh schon die Anerkennung verwehren, tut sie das nicht: weder in der Schule noch in der Sphäre von Ausbildung und Beruf, nachdem diese ihr aufgrund der schlechten Zeugnisse praktisch unzugänglich geworden ist. Normalbiografische Orientierungsschemata hinsichtlich von Schule und Beruf werden zwar Thema; sie bringen allerdings nicht den Erfolg, den Olga sich erhofft hat. Hier ist – im Schütze'schen Sinne – ein Hinweis auf eine Verlaufskurvendynamik, da sie diese ab einem bestimmten Zeitpunkt nicht mehr steuern kann, sondern lediglich bewältigen muss.

So scheint das *Herstellen von Kontinuität* eine zentrale Orientierung zu sein, die ihre Fallstruktur prägt. Während zur Großmutter diese Kontinuität nie infrage gestanden hat, ist die Kontinuitätsgeschichte zur Mutter wie auch zur Freundin eher konflikthaft und soll nun nicht mehr gefährdet werden. Von hier aus ist es naheliegend, dass sie gerade als Mutter eines kleinen Kindes auch zum Kindsvater eine Beziehung von Kontinuität aufbauen will. Doch scheint hier allenfalls der *Topos*

6.3 „Olga" (Barbara Stauber)

der Kontinuität bzw. eine gewisse Vorstellung davon, was ein Kind braucht (und was ihre Mutter meint, dass der Enkel braucht), dominant zu sein; ihre emotionale Positionierung zum Kindsvater ist real viel ambivalenter und unklarer.

Ein zentrales Strukturmoment bei Olga ist ihre *Auseinandersetzung mit Weiblichkeit und den diesbezüglichen Normalitätserwartungen*. Gefällt sie sich in den ersten Interviews noch in der Rolle des hart trinkenden, wehrhaften, die anderen zum Mittrinken animierenden Mädchens, so setzt sie sich im dritten Interview mit unterschiedlichen Weiblichkeitsbildern auseinander. Hierzu gibt es zwei Lesarten: zum einen als ein veritabler Aneignungsprozess eines traditionellen Weiblichkeitsverständnisses, für den die Großmutter die Impulsgeberin ist – ein Prozess, in dem sie sich Stück um Stück klar macht, was die mit „weiblich" einhergehenden Normalitätserwartungen sind, was ein Mädchen tun und lassen sollte, um Aussicht auf eine „normale" WeiblichkeitsBiografie zu haben, und dass hierzu die Reduktion von Alkoholkonsum gehört –; zum anderen aber als Bezug auf Weiblichkeit als Rechtfertigungsstrategie für partiell veränderte Freizeitgestaltungspraktiken. Dazu würde passen, dass sich Olga durchaus Freiräume vorbehält und am Wochenende nach wie vor mit ihrer Freundin trinkt.

Welche Funktionen hat das Trinken in Olgas Fallgeschichte? Bemerkenswert ist an ihrem Fall, dass dies im biografischen Verlauf ganz unterschiedliche Funktionen sind:

Zunächst einmal ist das Trinken mit dem Erreichen eines anerkannten Status in einem Peerzusammenhang verbunden – nachdem Olga Mobbingerfahrungen in der Schule gemacht hat, war dieser Status offensichtlich für sie zunächst eher prekär, mithilfe des Alkoholkonsums jedoch zunehmend leichter zu erreichen. Sodann wird das Trinken zum schieren Modus der Freizeitgestaltung, eine „Lösung" für die Aufgabe, im ländlichen Milieu irgendeine Form von Jugendleben leben und Wochenenden sowie freie Abende gestalten zu können.

Für Olga, die sich in ihren Peeraktivitäten – beim Trinken wie auch in den im Kontext von Alkoholkonsum angezettelten Auseinandersetzungen – als sehr aktiv beschreibt, wird Alkoholkonsum offensichtlich zum Beförderer dieser starken Akteurinnenrolle. Des Weiteren hält der – zum Zeitpunkt des ersten Interviews bereits gegenüber einem unbestimmten „früher" verminderte – Alkoholkonsum eine Reihe von Ermöglichungen bereit, namentlich sind dies Möglichkeiten des Wiedergewinnens von Kontrolle und von Selbstwirksamkeit. Dieser Ermöglichungsspielraum funktioniert in unterschiedliche Richtungen: zuletzt im Hinblick auf körperliche Regulierung seit der Entbindung ihres Sohnes.

Noch davor hat der Alkoholkonsum die Funktion einer Abgrenzungsfolie im Kontext der eigenen biografischen Entwicklung: Olga macht eine Distinktion auf zwischen denen, die voll abstürzen und mit Cannabis- und Alkoholkonsum eine

Suchtstruktur entwickeln, und dem Freundinnenbündnis, die hier ihre Lektion verstanden haben. Der hohe Alkoholkonsum wird zum Charakteristikum der wilden Jugendjahre, die als zurückliegend markiert werden (auch wenn sie heute noch sehr gerne feiern geht). So macht sie ihre Entwicklungsschritte auch daran fest, dass sie sich jetzt nicht mehr mit allen aus der alten Peergroup trifft.

Der Alkoholkonsum wird auch Medium für das Zustandekommen von Beziehungen sowie für das Erleben von Beziehungsqualitäten wie Fürsorglichkeit/Aufeinanderaufpassen. In diesem Rahmen findet sie die früheren kontrollierenden Aktionen ihres Exfreundes „süß"; sie scheint seine Kontrolle als Liebesbeweis zu deuten und insofern auch zu genießen, auch wenn sie immer wieder versucht, dieser Kontrolle zu entrinnen. Alkoholkonsum und Beziehungsgestaltung gehörten in dieser Beziehung eng zusammen. Darin, dass sie darauf besteht, in dieser Beziehung auch alleine (das heißt mit ihrer Freundin) auszugehen, zeigt sich auch ein Ringen um Eigenständigkeit, gleichzeitig scheint sie den „Liebesbeweis" zu genießen, dass der Freund auf sie wartet, sie kontrolliert etc. Hier zeigen sich gendertypische Formen von Kontrolle, die entsprechend romantisch codiert werden.

Eine zentrale biografische Weichenstellung – die Schwangerschaft und die Geburt ihres kleinen Sohnes – hat sie schließlich dem Alkoholkonsum zu verdanken: Sie wird schwanger, als sie und ihr damaliger Freund in betrunkenem Zustand einmal nicht verhütet haben.

Der Alkoholkonsum ist weiterhin für Olga eine Möglichkeit, das neue Leben als junge Mutter und das Jugendleben irgendwie zu balancieren. So wird ihr von ihrer Mutter immer noch regelmäßiges Ausgehen (mit hohem Konsum) als Auszeit von der neuen Rolle der Mutter zugestanden. Hier hat also der Alkoholkonsum durchaus eine Brückenfunktion bzw. ist eine (von Olgas Mutter unterstützte) Strategie, um diesen Übergang bewältigen zu können.

Wofür ist Olga im Kontext des Samples ein Ankerfall? Sie ist es im Hinblick auf die Relevanz der Genderbezüge: Ihre ganzen Erzählungen haben einen genderbezogenen Subtext. Dies beginnt mit den Mobbingerfahrungen, die Olga ihrem Äußeren zuschreibt, das offensichtlich in dieser Lebensphase nicht den Schönheitsidealen für Mädchen entsprach.

Dies geht weiter mit dem Erlangen eines Jugendlichenstatus auf dem Wege des starken Alkoholkonsums. Dieser ist für sie zunächst unproblematisch, sie füllt die Rolle des starken, auch gewaltbereiten Mädchens aus; dies bringt sie später aber in Konflikt mit den herkömmlichen Weiblichkeitserwartungen, die vor allem von ihrer Großmutter formuliert werden. Oder sie nutzt „Geschlecht" als Möglichkeit, eine sich vom wilden Jugendleben wieder distanzierende Haltung zu legitimieren. In beiden Lesarten erweist sich Gender als ambivalente Bezugsfolie für Olga, so etwa im Hinblick auf das Annehmen einer „weiblichen Rolle": An verschiedenen Stellen des zweiten und dritten Interviews werden Auseinandersetzungsprozesse mit den Rollenzumutungen geschildert – entschieden wird, dass Kiffen nicht zum Mädchensein passt, ebensowenig wie heftiger Alkoholkonsum, weil sie dann keinen Freund mehr „abbekommen" werde. Zum einen lassen sich hier Aneignungsprozesse einer Genderrolle interpretieren (Olga macht sich Stück um Stück klar, was zu einem Mädchen passt und was nicht), oder eben ein je passender Bezug auf je passende Facetten von Weiblichkeit, mit dem deutlich wird, wie Olga Geschlecht als Ressource für die Legitimation von Entscheidungen nutzt.

Die Relevanz der Genderbezüge zeigt sich später auch in den Darstellungen einer intensiven Freundinnenbeziehung, für die sie sich immer wieder stark einsetzt und dabei auch Konflikte aktiv angeht. Diese Freundinnenbeziehung ist *das* zentrale Setting für die Beschreibung von Beziehungsdynamiken: dramatische Erzählungen von Hin- und Herbewegungen, Ab- und Zuwendungen, die der Betonung der Zusammengehörigkeit dienen. Die Freundin wird zur Begleiterin in allen Phasen des Lebens und in allen Lebenslagen – sie ist diejenige, mit der Olga trinkt, sie ist diejenige, mit der sie „Verträge" im Hinblick auf den Cannabiskonsum abschließt, sie ist diejenige, die sie nach schlechten Erfahrungen mit männlichen Partnern aufbaut, mit ihr entwickelt sie im Kontext der Peerkontakte ein „reiferes" Konfliktverhalten, und mit ihr zusammen reorganisiert sie ihre Peerbezüge neu.

Schließlich ist auch die starke matrilineare Praxis, die sich in Olgas Erzählungen wie selbstverständlich über die Generationen hinweg fortsetzt, als Genderthema bemerkenswert – und nirgendwo im Sample so stark ausgeprägt wie hier.

Sie ist auch ein Beispiel für die Diskrepanz zwischen unterschiedlichen biografischen Übergangsthemen: Olga inszeniert sich dort, wo sie über Handlungsmöglichkeiten verfügt, als starke Akteurin: in ihrer Freundschaftsbeziehung, aber auch im Kontext rassistischer Diskriminierung. Dass sie sich hier auch körperlich zur Wehr setzt, bekommt mit den später betonten Bezügen zur Großmutter und dem Interesse an dem kasachischen Herkunftsland der Familie noch eine zusätzliche biografische Sinnkomponente. Der im biografischen Verlauf veränderte Umgang mit Alkohol scheint wie ein Spiegel dieser jugendkulturell erworbenen und dann wieder veränderten Akteurinnenrolle. Im Kontext der formalen Bildungsübergänge hingegen scheint sie ihr Leben nicht wirklich steuern zu können. Beides ist im Zusammenhang zu sehen.

6.4 „Kay" (Christian Wißmann)

Mit Kay wurden drei Interviews geführt. Zum Zeitpunkt des ersten Interviews ist Kay 15 Jahre alt und besucht eine Realschule, zum Zeitpunkt des zweiten Interviews ist er 18 Jahre alt und absolviert eine Ausbildung zum Industriekaufmann, zum Zeitpunkt des dritten Interviews ist er 19 Jahre alt und immer noch in der Ausbildung.

6.4.1 Biografische Entwicklung, Übergänge und Konsumverhalten

Kay wächst in einer Ortschaft am Fuße der schwäbischen Alb auf, in welcher er auch Kindergarten und Grundschule besucht. Seine Familie ist für Kay ein wichtiger Bezugsrahmen, wie auch an seiner Schilderung sehr intakter familiärer Strukturen deutlich wird. Die Beziehung zu seinen Eltern ist eng und durch offene Kommunikation geprägt; er erzählt von einer Vielzahl an Bekannten und Verwandten, die in der näheren Umgebung wohnen und in seinem Leben einen festen Platz einnehmen.

Nach der Zeit in der ortsansässigen Grundschule besucht Kay zunächst ein Gymnasium im Nachbarort. Schon in dieser Zeit sind die Schulfreunde für Kays Freizeitgestaltung von untergeordneter Bedeutung. Er versteht sich zwar mit allen Schulkameraden gut, beschränkt den Kontakt aber auf die Schulzeit. In seiner Freizeit verbringt Kay mehr Zeit mit Kindern aus der Nachbarschaft und in den ortsansässigen Sportvereinen. Zu dieser Zeit spielt Kay aktiv Handball und Fußball im Verein.

Die Beziehung zu seinem Bruder nimmt in Kays Leben schon früh einen zentralen Platz ein. Auch seine ersten Erfahrungen im Umgang mit Alkohol sammelt Kay im Alter von 12 Jahren, als er seinen Bruder auf ein privates Grillfest begleitet und dort Schnaps trinkt. Diese erste Trinkerfahrung ist von heftigen Ausfallerscheinungen gekennzeichnet, in deren Folge Kay eine längere Zeit abstinent bleibt.

Nachdem Kay zunächst ein Gymnasium besucht hat, wechselt er später auf eine Realschule, die ebenfalls im Nachbarort angesiedelt ist. In der Zeit kurz vor Abschluss der Realschule, im Alter von 15 Jahren, beginnt Kay regelmäßig Alkohol zu konsumieren, zunächst im Rahmen des Fußballvereins. In den oberen Jugendmannschaften wird es bei Kay und seinen Fußballkameraden üblich, nach gewonnenen Spielen Bier zu trinken. Hinzu kommen auch Trinkgelegenheiten, die sich nach dem Training in der Kabine ergeben, beispielsweise dann, wenn ein Mitspieler seinen Geburtstag feiert. Schon bald beschränkt sich Kays Konsum nicht mehr auf nur diesen speziellen Kontext. Seit dieser Zeit trinkt er regelmäßig und mit kontinuierlich steigender Intensität.

Im Anschluss an seinen erfolgreich absolvierten Realschulabschluss beginnt Kay im Alter von 16 Jahren eine Ausbildung zum Industriekaufmann. Diese Ausbildung macht Kay Spaß. Er versteht sich gut mit seinen Arbeitskollegen und sammelt positive Erfahrungen in Bezug auf seinen Arbeitserfolg. Er strengt sich in der Ausbildung an, um schnellst möglich viele Aufgaben eigenständig erledigen zu können. Durch diese Berufsausbildung ist Kay finanziell verhältnismäßig gut ausgestattet, was ihm nach eigener Aussage ermöglicht, auf Festen mehr zu konsumieren als früher. Seine Eltern haben ähnliche schulische Laufbahnen, ebenfalls eine klassische Berufsausbildung absolviert. Privat hält sich Kay eher in Distanz zu seinen Arbeitskollegen und den anderen Auszubildenden. Er versucht Kontexte zu vermeiden, in denen er Arbeitskollegen oder Vorgesetzten betrunken begegnen könnte. Auf geschäftlichen Feiern hält sich Kay mit dem Konsum zurück, bis Ausbilder und Vorgesetzte nicht mehr anwesend sind. Die Vereinbarkeit von Beruf und Freizeit ist für Kay sehr wichtig. Er erzählt zwar von Trinkerfahrungen an Sonntagen oder auch unter der Woche; aber da er hier einen negativen Einfluss auf seine Arbeitsfähigkeit am darauffolgenden Tag sieht, versucht er, derartige Trinkgelegenheiten zu meiden.

In den letzten beiden Jahren intensiviert sich die Beziehung zwischen Kay und seinem Bruder und auch die zu seinem Cousin noch weiter. Alle drei wohnen im gleichen Ort und sind gemeinsam aufgewachsen. So vermischen sich in jüngster Zeit deren verschiedene Kameradschaften und bilden eine große Gemeinschaft. Kay beschreibt seine Peergroup als eine recht offene, dauerhafte und verlässliche Gemeinschaft. Der umspannende Rahmen ist die Zugehörigkeit zur Ortsgemeinschaft. Die Möglichkeiten der Freizeitgestaltung sind in Kays ländlichem Lebensraum begrenzt, so dass die Interaktionspartner auch ohne bewusste Planung immer wieder aufeinandertreffen.

Die Zugehörigkeit zur Fasnet-Kultur ist in den letzten beiden Jahren sehr bedeutend für Kay geworden, wo er „Hästräger"[1] einer Zunft in seinem Heimatort ist. Er fährt auf Showtänze der Gardemädchen, ist nahezu jedes Wochenende mit seiner Zunft auf einem Umzug unterwegs und während der Hauptzeit täglich im Einsatz. Kays Erlebnisse im Rahmen der Fasnet sind von exzessiven Trinkerfahrungen geprägt. Im Anschluss an die vergangene Hauptzeit berichtet Kay von einer Zeit des Fastens, in der er versuchte, weitgehend auf Alkohol zu verzichten.

Kay hatte bisher keine länger währende feste Beziehung, aber Flirten und der Kontakt zu Mädchen sind für Kay ein zentrales Element der Freizeitgestaltung. Dabei scheint es ihm jedoch viel weniger darum zu gehen, eine feste Partnerin zu finden, als vielmehr auszuprobieren, was auf diesem Feld alles möglich ist. Gerade

---

[1] Kay ist aktives Mitglied einer Fasnachts-Zunft der schwäbisch-alemannischen Fasnacht. Um auf Veranstaltungen und Umzügen das „Häs" (Kostüm) einer Zunft tragen zu dürfen, müssen Interessenten sich oft lange Zweit bewerben und bewähren oder einen Platz in der Zunft vererbt bekommen. Die Fasnacht ist in Kays Umfeld traditionell tief verwurzelt.

die Fasnet bietet sich ihm hierfür als optimaler Experimentierraum, da „alle locker sind".

Kays Trinkverhalten lässt sich als stringente Entwicklung zu immer höherem Konsum beschreiben. Beginnend mit Bier weitete sich die Palette der bevorzugten Getränke rasch auf Mischgetränke und Spirituosen aus. Auch die Orte, an denen der Konsum stattfindet, diversifizierten sich sehr rasch. Zu Beginn fand der Konsum nur in der Kameradschaft und meist in privaten Räumlichkeiten statt. Mittlerweile konsumiert Kay bei vielen unterschiedlichen Trinkgelegenheiten.

6.4.2 Kernthemen in den Interviews

Interview 1

Zum Zeitpunkt des ersten Interviews ist Kay 15 Jahre alt und nach einer längeren Phase der Abstinenz trinkt Kay nun hautpsächlich Bier. Das Interview ist dezidiert auf das Thema „Anfänge des Konsums und Trinkpraktiken in der Gruppe" bezogen und beginnt mit der Erzählaufforderung, das letzte intensivere Trinkerlebnis zu schildern:

> Das letzte Mal, das war an Sylvester, da waren wir auch gerade bei 'nem Kumpel, zu Hause und dann haben wir bis um zwölf Uhr, haben wir Bier getrunken und Fernsehen geschaut. Dann sind wir schießen gegangen, da waren wir, da haben wir ein paar Mädle getroffen, die sind die auch noch wieder mit zurück gekommen und dann haben wir mit denen auch gesprochen, auch wieder Bier getrunken und hin und wieder haben wir Schnaps oder so. Und dann später sind wir noch zu denen nach Hause eine Weile gegangen, dort haben wir dann auch noch ein bissle getrunken und dann sind wir wieder zu meinem Kamerad nach Hause und dort haben wir zu dritt bei ihm geschlafen. (Kay, P1, 10–22)

Die Eingangssequenz zeigt den typischen Modus, in dem Kay kommuniziert. Ohne große Hintergrundkonstruktionen erzählt er konkret erlebte Situationen. Thematisch bilden sich in dieser Eingangssequenz zwei zentrale Themen ab: Zum einen betont Kay die Einbindung des Konsums in den Kontext seiner „Kameradschaft". Zum anderen wird deutlich, dass sich der Konsum, gemessen an Kays Lebensalter, auf einem recht hohen Niveau bewegt. Das Trinken alkoholischer Getränke rahmt den ganzen Abend und umfasst sowohl Bier als auch hochprozentige Spirituosen.

Für Kays Trinkverhalten ist es charakteristisch, dass der Konsum hier in privaten Räumlichkeiten („bei einem Kameraden") stattfindet. Kays regelmäßiger Konsum mit seiner „Kameradschaft" ab einem Alter von etwa 15 Jahren spielt sich nicht in der Öffentlichkeit ab, sondern an privaten Orten. Hier nennt er private Räumlichkeiten bei Kumpels, Garagen von Freunden, die Mannschaftskabine

6.4 „Kay" (Christian Wißmann)

beim Fußball oder einen Bauwagen, den einige Jugendliche regelmäßig als Treffpunkt nutzen. Kay meidet bewusst die Öffentlichkeit als Konsumort, da er bei „den Leuten" keinen falschen Eindruck hinterlassen möchte. Dies kann als Besonderheit Kays ländlicher Lebenswelt gedeutet werden, in welcher der öffentliche Raum keine Anonymität gewährleistet und die sozialen Beziehungen zu anderen Menschen aller Generationen besonders dauerhaft und alternativlos sind. Dies bedeutet aber nicht, dass Kay und seine Freunde den Konsum verstecken. Der Bauwagen ist ein bekannter Treffpunkt, den auch die Erwachsenen kennen. Die Garagen- und Grillpartys, von denen Kay erzählt, sind keine kleinen und geheimen Treffen. Kay scheint bewusst zu sein, in welchem Rahmen und in welchen Mengen er als Minderjähriger Alkohol konsumieren kann, ohne negative Konsequenzen fürchten zu müssen. In diesem Zusammenhang wird auch immer wieder deutlich, wie Kay die Grenzen, welche ihm durch Dritte gesetzt werden, als nachvollziehbar erklärt und akzeptiert – so beispielsweise, als er davon erzählt, wie er mit seinen Mannschaftskameraden nach dem Fußballtraining begann Bier zu trinken:

> Ja, eine zeitlang haben wir auch noch im Fußballtraining einmal ein, zwei Kästen gehabt, aber das hat unser Trainer nicht so gern gesehen und dann haben wir damit aufhören müssen. Jetzt gehen wir immer nach dem Training gerade hierher und da dürfen wir ja auch nicht trinken. (Kay, P1, 209–211)

Kay möchte den Konsum nicht als Folie der Abgrenzung und Provokation nutzen. Zwar ist er einerseits immer wieder bereit, Grenzen auszutesten, andererseits aber akzeptiert er auch stets die gesellschaftlich vorgegebenen Regeln. In seiner ländlichen Lebenswelt findet Kay genügend geduldete Konsummöglichkeiten, so dass er seine Erfahrungen nicht konfrontativ erkämpfen muss.

Wie oben schon angedeutet, ist der Konsum von Alkohol für Kay etwas sehr Soziales und Kommunikatives. In der Eingangssequenz zeigt sich dabei auch schon, dass sich dies für Kay auch auf den Kontakt zu „Mädle" bezieht. Allerdings geht Kay im ersten Interview an keiner anderen Stelle näher auf die Interaktionen mit „Mädle" ein, so dass dieses Thema hier auch nicht von zentralem Interesse scheint. Auffällig ist jedoch der Modus, der an dieser kurzen Sequenz deutlich wird. Für Kay wird der Abend von der Interaktion mit den trinkenden „Kumpels" getragen, die Interaktion mit den „Mädels" erscheint wie eine Episode, die in diesen primären Kontext integriert ist. Der Abend beginnt in der Kameradschaft, der Abend endet in der Kameradschaft, und sogar die kurze Interaktion mit den Mädchen wird aus einer Gruppenperspektive dargestellt.

Die „Kameradschaft" ist für Kay die feste und verlässliche Basis, aus welcher heraus alle möglichen kommunikativen Interaktionen gestartet werden können. Wichtig ist für Kay, dass die Kameradschaft als Basis Bestand hat. Um dies zu gewährleisten, handelt Kay sehr integrativ, beispielsweise indem er sehr offen auf andere Jugendliche zugeht und indem er sich selbst sehr flexibel in alle möglichen Kontexte integriert. Kay ist freundlich, offen und kommunikativ, wenn er sich neue Kontexte erschließt und er versucht nicht anzuecken. Daher sind auch seine Konsummuster sehr stark vom jeweiligen sozialen Kontext geprägt, in dem er sich aufhält. Kays Konsumgewohnheiten können durchaus exzessive Züge annehmen, je nachdem, in welchem Rahmen die „Kameradschaft" zusammenkommt.

Der Konsum von Alkohol ist in Kays Erzählungen also stets Begleitwerk anderer sozialer Interaktionen, wobei sein individueller Betrunkenheitszustand für ihn sekundär zu sein scheint. Ein Abend gilt dann als gelungen, wenn es nicht langweilig war, wenn die Stimmung gut war und man etwas erleben konnte:

> *I:* Und was ist jetzt für dich zum Beispiel ein beschissener Abend, wenn der Abend schlecht verläuft?
> *K:* Ahm, das hat eigentlich mit Alkohol nicht so viel zu tun.
> *I:* Ja.
> *K:* Sondern die Anderen sind nicht gut drauf, oder, wenn man nicht so viele sind, das ist schon mal ein schlechter Abend.
> *I:* Was heißt, was heißt nicht so viele?
> *K:* Wenn man jetzt zum Beispiel im Bauwagen halt, wenn man grad nicht zu acht oder zu neunt ist, ist es dort eigentlich langweilig. Sonst, wenn wir in der Gruppe sind, zu dritt oder zu viert.
> *I:* Dann ist es langweilig.
> *K:* Ja. Kommt halt noch ganz darauf an, wer alles dabei ist. Neulich war grad auch einer dabei, der kann auch Superwitze machen und da ist eigentlich gleich Unterhaltung dabei. (Kay, P1, 550–570)

Für Kay ist es wichtig, dass an einem Abend mit Freunden Spaß, Unterhaltung und Erlebnis garantiert sind. Dazu muss die Gruppe relativ groß sein oder die teilnehmenden Personen müssen besonders gut passen. Zudem muss der richtige Rahmen gegeben sein, in dem es geduldet oder erlaubt ist, dass Kay sich „frei" verhalten kann. Der Konsum von Alkohol erfüllt unter diesen Voraussetzungen eine typisch katalysatorische Funktion. Für Kay ist es leichter möglich, einen gelungenen Abend zu erleben, wenn gemeinschaftlich Alkohol konsumiert werden kann. Vor diesem Hintergrund macht das Trinken für Kay auch nur dann Sinn, wenn es kollektiv stattfindet. Um diese Konsumpraxis abzusichern, kommt es, laut Kay, so gut wie nicht vor, dass jemand dabei ist, der nichts trinkt. Wenn einer weniger trinkt, dann doch so viel, dass er nicht ausgelacht wird.

Im ersten Interview zeigt sich also bei Kay als zentrales Kernthema seine starke Verortung in männlich geprägten Peerkontexten, in denen auch sein Alkoholkonsum stattfindet. Der gemeinsame Konsum hat für Kay ein integrierendes Moment, er schafft Zugehörigkeit. Darüber hinaus erscheint als weiteres Kernthema die An-

6.4 „Kay" (Christian Wißmann)

erkennung bestehender Regeln und Normalitäten des ländlichen Milieus, in dem er aufwächst. Indem er sich konfrontationsarm integriert, verfestigt und reproduziert er bestehende Normalitäten. Themen wie Schule oder Ausbildung werden so gut wie nicht erwähnt.

Interview 2
Zum Zeitpunkt des zweiten Interviews ist Kay 18 Jahre alt. Das zweite Interview ist stärker narrativ angelegt. Zum Einstieg weist der Interviewer darauf hin, dass in diesem zweiten Interview die Verlaufsperspektive von Interesse ist, und will daher von Kay wissen, wie es war, als er das erste Mal mit Alkohol zu tun hatte.

> *K:* Ja. (1) also das erste Mal wo ich Alkohol getrunken habe da war ich zwölf. (1) // aha// da war mein Bruder und so war grad 15 16 so in dem Alter rum, //mhm// haben sie gesagt sie gehen grillen, und dann habe ich meine Mutter gefragt ob ich da ein bisschen mitgehen darf //mhm// sage ich>>ja mein Bruder ist ja dabei<<dann bin ich mit denen grillen gegangen (1) und dann hatten die halt au:ch Bier und Schnaps dabei, (1) hab ich da halt auch mitgetrunken (1) un:d habe es dann letztendlich übertrieben gehabt, (1) un:d meine Mutter hat mich dann am wie ausgemacht um 10 Uhr geholt (1) und da war ich halt ziemlich (1) stark betrunken //mhm// und später (1) habe ich dann auch noch (1) kotzen müssen //ok// das muss man sagen
> *I:* Und das war beim ersten bei dem ersten //richtig ja// Mal schon (1) //ja// mhm
> *K:* Das (1) haben sie halt immer so Sch- äh puren Schnaps in den Becher eingeschenkt //mhm// (2) und ich habe mitgetrunken (1) und da (1) da habe ich es halt nicht so wirklich einschätzen können (1) wieviel ich da trinken kann //mhm// oder wieviel auch nicht ja. //mhm//
> *I:* Kannst du das noch mal ein bisschen genauer erzählen wie es dann kam ich mein du warst *zwölf* das erste mal mitgegangen, also äh erzähl mal wie das wie das dann passiert ist.
> *K:* Ja ähm wir waren halt bei dem Grill- an der Grillstelle dann, //mhm// und dann haben sie mich gefragt ob ich auch ein bisschen möchte, //mhm// und dann habe ich gesagt>>ja<<und dann habe ich das getrunken (1) hat es mir eigentlich soweit geschmeckt und dann habe ich halt gefragt ob ich noch mal trinken kann (1) //mhm// und solang ich gesessen bin hat man mir auch nicht viel trinken also sprechen also so hatte ich halt erst bis zum Ende ziemlich normal können //mhm// aber dann wo ich aufgestanden (1) bin habe ich gemerkt wie es (1) mir schwindlig wird (1) und wie dann auch der Alkohol mir vollends zugesetzt hat //mhm//. (Kay, P2, 6–27)

Die hier von Kay beschriebene Situation kommt auch schon in Interview eins vor und wird hier von Kay erneut aufgegriffen und wiedergegeben. Zum Zeitpunkt des zweiten Interviews macht sich Kay jedoch viel mehr Mühe, die gesamte Situation genau zu erklären, und erzählt dabei auch von seinem Bruder und dessen Freunden. Den Grund für seine Ausfallerscheinungen verortet Kay aus heutiger Sicht in seiner damaligen Unerfahrenheit. Dieser Blick auf vergangene Praktiken zeigt, dass Kay einen bewussten Entwicklungsprozess in Bezug auf den Umgang mit Alkohol durchlebt hat. Damals konnte er die konsumierte Menge nicht einschätzen, was ihm heute nicht noch einmal passieren würde. Heute stellt sich Kay als einen Jugendlichen dar, der sehr genau weiß, wo seine Grenzen liegen.

Hierin liegt ein zentraler Unterschied zum ersten Interview. Kay konnte mittlerweile viele Trinkerfahrungen sammeln. Er erzählt und beschreibt seine Geschichte(n) nun aus dem Blickwinkel eines jungen Mannes, der gerne und regelmäßig konsumiert und dabei weiß, was er tut. Für Kay ist es normal, in seiner Freizeit regelmäßig und exzessiv zu konsumieren:

> Früher war es halt noch nicht ganz so oft, (1) da hast du jetzt vielleicht zwei Mal im Monat oder so ist man halt richtig fortgegangen aber mittlerweile ist, einmal am Wochenende ist eigentlich minimum. (1) im Normalfall. (1) kommt auch immer ganz darauf an was los ist jetzt (1) war mal ein Wochenende war mal nichts los also keine Feste oder so wo uns interessiert haben, mh da habe ich dann zum Beispiel nichts gemacht (1) aber es hat auch schon (1) ähm Wochenenden gegeben da war (1) Freitag Samstag ein Fest (1) habe ich da Vollgas getrunken und wenn am Sonntag dann auf dem Fest auch noch lo- was los war dann habe ich teilweise auch getrunken. (Kay, P2, 610–617)

Exzessiver Konsum von Alkohol ist Teil der „normalen" Freizeitgestaltungspraxis geworden. Betrachtet man Kays Biografie, so mag dies auch mit seinem Eintritt ins Berufsleben zusammenhängen. So berichtet Kay, seit er mit der Ausbildung begonnen habe, konsumiere er mehr als vorher, da er finanziell mehr Möglichkeiten dazu habe. Da sich sein Konsum nun sehr stark auf die Zeit am Wochenende konzentriert, spricht auch vieles dafür, dass Kays Berufstätigkeit zu einem gleichzeitig (finanziell) befördernden wie auch regulierenden Faktor geworden ist. Von zentraler Bedeutung sind dabei die kleinen Einschübe, mit denen Kay seine Aussagen relativiert. So betont er, dass es beim Trinken darauf ankomme, was los sei, also in welchem Zusammenhang das Trinken stattfinde. Durch diesen Einschub verweist er auf die soziale Einbindung seines Konsums in einen geselligen Kontext und konstruiert zugleich einen Rahmen, in dem er als Akteur seinen Konsum steuernd im Griff hat.

Das zentrale Thema in Kays Interview ist die gelingende Integration. Dieses Thema bedient er in unterschiedlichen Kontexten und auf unterschiedlichen Ebenen. So betont er beispielsweise, dass er seinen teils exzessiven Konsum immer so weit unter Kontrolle habe, dass seine Familie davon nichts mitbekomme und für sie daher auch kein Grund zur Sorge bestehe:

> *I:* Und in der Zeit ähm wie war es dann mit der der Familie, im Zusammenhang?
> *K:* Mh die hat eigentlich so von dem (2) gar nicht viel mitgekriegt, übertrieben habe ich es auch nicht, (1) un:d wenn sie es mal mitgekriegt haben dann (1) haben sie haben sie mich ja teilweise gesehen und haben gesehen damit es (1) damit ich jetzt vielleicht angetrunken war aber es nicht übertrieben habe und dann (1) waren sie auch

zufrieden weil ich eigentlich so nie was schlimmes angestellt habe, (1) und ich habe wie gesagt auch nicht übertrieben habe und immer heim gekommen bin wann sie es gesagt haben. //mhm mhm//. (Kay, P2, 143–149)

So wie es für Kay dazu gehört, in seiner Freizeit große Mengen an Alkohol zu konsumieren, so ist für ihn Bedingung eines gelingenden Umgangs mit Alkohol auch, dass man seinen Rausch unter Kontrolle hat. In seiner Kameradschaft gelingt Kay die Integration durch den gemeinschaftlichen Konsum von Alkohol, in seiner Familie hingegen durch verantwortungsvolles und eigenständiges Handeln in immer mehr Lebensbereichen.

Integration taucht bei Kay vor allem unter der Überschrift „integriert bleiben" auf. Kay versucht, möglichst wenig negativ aufzufallen und die Erwartungen, welche andere an ihn stellen, zu erfüllen, was ihn immer wieder vor Vereinbarkeitsprobleme stellt. Dies zeigt sich beispielsweise dann, wenn Kay am Samstagabend mit seiner „Kameradschaft" auf einem Fest „Vollgas trinkt" und am nächsten Morgen seine Eltern „zufrieden" stellen will, indem er signalisiert, es nicht „übertrieben" zu haben.

Dieses Sich-im-Griff-Haben geschieht, wie an der Eingangssequenz deutlich wurde, durch die Entwicklung einer gewissen Trinkkompetenz und Alkoholtoleranz, aber auch durch soziale Anpassung. Kay legt besonders großen Wert darauf, nicht negativ aufzufallen. Er respektiert Regeln und Rituale und akzeptiert Konsequenzen, welche aus möglichen Grenzverletzungen resultieren. Dies wird auch deutlich, wenn Kay beschreibt, wie mit einem Kumpel umgegangen wurde, der wiederholt negativ auffiel:

I: Magst du mir noch mal genau erzählen wie das war?
K: Ja der hat halt eine Zeit lang (1) immer zuviel getrunken gehabt hat dann rumgeschrien hat sich aufgeführt (1) wie wie äh (1) ein Affe oder so //mhm @(1)@// al- oder (1) teilweise war sie auch (1) hin und wieder mal hat es welche dabei gehabt wo dann aggressiv geworden sind, //mhm// oder einer von uns der hat es einmal so übertrieben gehabt damit er mal nur noch rumgelegen ist damit man auf ihn aufpassen musste und dann //mhm mhm// hat ihnen halt teilweise entweder sie sind hergekommen haben so rumgeschrieen und dann (1) ist das Mä- hat das Mädle nicht mehr mit einem geschwätzt und ist wieder weiter gelaufen dann später, oder man hat halt auch Kameraden teilweise aufpassen damit die keinen Scheiß bauen. //mhm// (1) //mhm//
I: Und kam das oft vor (1) dass da man da wirklich auf die aufpassen musste,
K: Mh da haben eigentlich (1) es waren nicht alle auf einmal aber da haben zwei Stück mal so eine Phase gehabt, //mhm// und dann hat man das denn auch gesagt gehabt mi:t einem dem der hat sich dann selber von alleine gebessert mit Zeit // mhm// dann ist es nicht mehr so schlimm gewesen und dem anderen hat man gesagt gehabt wenn er nicht (gut) tut dann geht man mit dem nicht mehr fort und dann war er am Anfang ein bisschen beleidigt aber dann hat er sich mit der Zeit auch gebessert und jetzt //mhm mhm// ist eigentlich auch (1) deutlich besser //mhm mhm// (1). (Kay, P2, 389–398)

Kay fühlt sich in Gesellschaft sehr wohl, möchte viel erleben und Konfrontationen möglichst verhindern. Es verstärkt sich der Eindruck, dass sich Kay konfliktarm in Kontexte integriert, die er vorfindet. Wurde dies im ersten Interview noch vor allem daran deutlich, dass Kay die Regeln, welche ihm von anderen auferlegt wurden, ohne Widerstand akzeptierte (beispielsweise die Regeln, die ihm seine Eltern auferlegten, nachdem er seinen Absturz erlebte, oder das Alkoholverbot, das der Fußballtrainer für die Mannschaft aussprach), so scheint diese Haltung immer charakteristischer für Kays Handeln zu werden. Dementsprechend kommentiert er auch die Ausfälle eines jungen Mannes, dem die Gruppe mit Ausschluss aus der Gemeinschaft gedroht hatte. „Nicht guttun" steht hier dafür, sich nicht an ein bestimmtes, sich allmählich aus der Gruppe entwickelndes Normalitätslevel zu halten.

Kay bewegt sich in vielen verschiedenen Kontexten und schildert zu keiner Zeit irgendwelche Integrationsprobleme. Er scheint sehr schnell zu erfassen, welche Verhaltenserwartungen in den verschiedenen Kontexten an ihn gestellt werden, und ist bereit, diesen zu entsprechen. Diese Beobachtung zieht sich wie ein roter Faden durch das gesamte Interview. So beschreibt Kay dezidiert, in welchem Modus auf einer Silvesterparty getrunken wurde, zu der ihn sein Bruder mitnahm. Von Beginn an versucht Kay, sich dort unauffällig über den Alkoholkonsum zu integrieren und nicht negativ aufzufallen: „…wenn ich halt mit denen mitgehe (1) dann trinkt man auch bei denen mit also es ist //mhm// im Prinzip normal, (1) mh für mich halt…" (Kay, P2, 1367–1368).

Ähnliches gilt für die Gruppe der aktiven Fußballer. Wenn diese sich im Sportheim treffen, ist es normal, dass in der Halbzeit ein Trinkspiel gespielt wird (1453). Kay erzählt all diese Praktiken und Handlungsmuster bilderbuchartig, ohne sie zu werten; vielmehr als „Normalitäten", mit denen er sich arrangiert. Kay akzeptiert die Rituale und Gepflogenheiten anderer Leute und Gruppen, was im Umkehrschluss dazu führt, dass auch er überall akzeptiert wird. Er integriert sich sehr schnell in bestehende Kontexte, erneuert und verfestigt Rituale und Traditionen, indem er diese übernimmt. Die Liste der Beispiele, an denen Kays Versuch integriert zu bleiben dazu führt, dass er die (Trink-)Rituale und (Trink-)Muster scheinbar unhinterfragt übernimmt, ließe sich noch deutlich verlängern.

Die Interaktion mit Mädchen war im ersten Interview eher ein marginales Thema, in diesem Interview findet es sich ausdifferenzierter. Interessant ist dabei, dass der Bezugspunkt für die Kontakte mit Mädchen jedoch weiterhin die Jungen sind, mit denen er wetteifert:

> *I:* (Oh je) (4) wie schaut es denn aus ähm du hast jetzt noch gar nichts erzählt so von von (1) ((schnalzt)) ähm Beziehungen Mädle sowas (1) magst du darüber noch etwas erzählen

6.4 „Kay" (Christian Wißmann)

> *K:* Joa ist //@2)@// mh also früher da (1) haben wir mal in [Stadt 2] ein paar Feste gemacht in der [Name der Kneipe] //mhm// hat die Kneipe geheißen sind wir mit der Wirtin eigentlich ziemlich gut ausgekommen haben wir paar hat sie eine Zeit gehabt wo nicht so viel los war wo immer nur die gleichen vier fünf Leuten da waren //mhm// und dann haben wir halt mal so (1) einen Hinterraum gekriegt also mein Bruder seine Kameraden von mir ein paar Kameraden waren da dabei (1) haben wir da in dem Hinterraum unsere (1) Feste gemacht, sie hat da vorne ihre Essen und ihre Getränke verkauft und wir haben da hinten unsere Getränke verkauft //mhm// und dort ist es dann bei uns auch mal gerade darum gegangen (1) wer sich (1) wie viele er an einem Abend im Prinzip klar machen kann wie viele Mädle. (1) (Kay, P2, 329–340)

Für Kay ist die „Kameradschaft" das primäre Interaktionsfeld, aus welchem heraus Flirtversuche gestartet werden können. Zum einen scheint die vertraute Umgebung der Peergroup die möglichen Folgen gescheiterter Flirtversuche zu minimieren. Zum anderen scheint Kay überhaupt nicht mit der Absicht zu agieren, eine Partnerin zu finden. Vielmehr scheint es ihm in einer Art Spiel darum zu gehen, seine Wirksamkeit zu erfahren und auszutesten. Hauptbezugspunkt bleiben dabei die männlichen Peers – die Frauen fungieren lediglich als „Trophäe", es zählt allein die Zahl der gelungenen Versuche.

Neben diesen Flirts und Flirtversuchen erzählt Kay von einer Beziehung zu einer jungen Dame, die er wenige Wochen vor der Fasnet kennengelernt hatte:

> *I:* ((schnalzt)) hat sich hat sich bei dir irgendwann mal eine eine Beziehung ergeben, mit einem Mädel oder,
> *K:* Ja.
> *I:* Schon
> *K:* Ja. das war (2) äh kurz vor der Fasnet mal ein paar Wochen davor (2) die hab ich auch ein paar mal auf ein paar Festen mit einer was zum Tun gehabt, //mhm// un:d habe mit der immer geschrieben und so ein bisschen getroffen //mhm// und da habe ich dann aber **bewusst** hinter die Fasnet rausgezögert, (1) damit ich sie nicht gleich wieder betrüg und dann nach der Fasnet bin ich dann mit zusammen gekommen //mhm mhm// aber das war dann nicht so geklappt (1)
> *I:* Was heißt das es hat nicht geklappt
> *K:* Äh sie war (2) also wenn ich sie immer auf den Festen gesehen habe, (1) und sie auch immer ein bisschen was getrunken hatte oder so dann (1) war sie eigentlich immer voll gut drauf hat auch (1) voll den Spaß gemacht und so //mhm// aber dann wo ich mit ihr zusammen war da (1) war sie irgendwie schüchtern hat keinen eigenen Willen gehabt und so und (1) ja das hat mir halt nicht gefallen //mhm mhm// und dann habe ich gesagt gehabt dass ich mit ihr Schluss mache //mhm mhm// und ich bin jetzt wenn ich (kann) auf einem Fest, das ist jetzt erst beim (1) Volksfest in [Stadt 1] so gewesen wenn mir da langweilig war dann bin ich dann schon einfach (1) zu Fremden an den Tisch gesessen //mhm// wo jetzt einigermaßen nett aussehen und habe mit denen geschwätzt und habe mit denen gefeiert und (1) bin auch mit denen so ziemlich gut ausgekommen also, //mhm// oder auch so wenn ich unterwegs bin und sind da waren mal ein paar Fremde da (1) dann kann ich auch mal zu denen hinstehen und mit denen reden da (1) verstehe mich eigentlich mit denen meistens ziemlich gut //mhm mhm//. (Kay, P2, 407–430)

Kay spricht von einer Zeit, in der viele seiner Freunde eine feste Partnerin hatten. Auch Kay lernte eine junge Frau kennen. Da zu einer festen Beziehung Treue gehört und die Fasnet eher von sexueller Freizügigkeit geprägt ist, steht Kay schon vor Beginn der Beziehung vor dem ersten Vereinbarkeitskonflikt. Diesen kann er lösen, indem er den Start der Beziehung kurzerhand hinter die Fasnet verlegt. Das Scheitern der Beziehung schreibt Kay dem Verhalten der jungen Frau zu. Was allerdings durchscheint, ist eine Herausforderung, die Kay ebenso wenig bewältigt wie seine Freundin: Ohne Alkohol und ohne den sozialen Kontext einer Gruppe können beide nicht wirklich etwas miteinander anfangen.

Am Ende des Interviewausschnitts beschreibt Kay wieder seine Kompetenz, sich schnell mit Leuten anzufreunden und in neue Kontexte zu integrieren – Kay ist also Akteur in Sachen Integration, nicht aber in Bezug auf den Aufbau und die Gestaltung einer Zweierbeziehung. Er ist vollkommen damit ausgelastet, die Integration in seine unterschiedlichen Kontexte aufrechtzuerhalten, hier ist er in gewisser Weise ein gekonnter Jongleur, während er im ruhigen Kontext der Zweisamkeit eher hilflos und verloren wirkt.

Die sozialen Kontexte, die sich aus Tradition, Nachbarschaft, Ortszugehörigkeit und diversen Vereinszugehörigkeiten ergeben, scheinen für Kays Verortung und Identitätsarbeit zu diesem Zeitpunkt seines Jugendlebens von größerer Bedeutung als der Aufbau und die Gestaltung von Zweierbeziehungen. Daher ist es nicht verwunderlich und erst recht kein Defizit, dass Kay weder eine partnerschaftliche Zweierbeziehung noch die Beziehung zu einzelnen Freunden näher beschreibt. Er findet Halt und Verortung durch die Integration in die stabilen sozialen Kontexten seiner Lebenswelt, seines Milieus. Dabei rekrutieren sich die Personen, mit denen Kay in diesen Kontexten zu tun hat, aus immer derselben begrenzten Gruppe von Menschen.

Als Kernthemen lässt sich also auch wieder das Thema Integration herausarbeiten, das in verschiedenen Variationen im gesamten Interview auftaucht. Vorwiegend geht es dabei um die gelingende Integration in meist männlich dominierte Freizeitkontexte. Über den Umgang mit Alkohol schafft es Kay, sich in neue Kontexte zu integrieren und in bestehende Kontexten integriert zu bleiben.

Flirtversuche erscheinen auf dieser Folie als Versuche, die eigene Freizeit möglichst erlebnisreich und spannend zu gestalten, sie dienen weniger der Anbahnung einer festen Zweierbeziehung. Die Aufnahme einer Liebesbeziehung wird schnell abgebrochen und erscheint angesichts der bunten und vielfältigen Erlebnisse in der „Kameradschaft" geradezu blass und langweilig, vielleicht aber auch einfach „schwierig".

Aus anderen Themenfeldern werden nur gesellige Aspekte, stets im Kontext mit Alkoholkonsum, erzählt. Dies könnte damit zusammenhängen, dass in Kays

6.4 „Kay" (Christian Wißmann)

Relevanzsystem die hiermit verbundenen Themen einfach nicht so spannend sind bzw. erst über das Gesellige einigermaßen spannend werden.

Interview 3

Zum Zeitpunkt des dritten Interviews ist Kay 19 Jahre alt. Das dritte Interview wurde biografisch-narrativ geführt. Zum Einstieg lenkt der Interviewer den Fokus auf die Zeit, die seit dem letzten Interview vergangen ist. Er möchte von Kay wissen, was in diesen gut eineinhalb Jahren in seinem Leben so passiert ist:

> *I:* Zunächst aber mal interessiert mich so ganz allgemein die Entwicklung, deine Entwicklung in den letzten eineinhalb Jahren, was da alles so in deinem Leben passiert ist seit wir uns das letzte Mal gesehen haben.
> *K:* Also zwischendrin, da war, hat sich eigentlich nicht *so* viel verändert, dann war es halt am Anfang eher bei der, wenn jetzt mal irgendwie was Besonderes war, an einem Fest oder so, zum Beispiel an Silvester, bin ich gerade mit dem [Paul] nach [Stadt 9] gegangen, da sind wir da im Bus gesessen und haben schon uns im Bus eigentlich ziemlich kaputt gemacht, dass wir mal in [Stadt 9] angekommen sind, schon ziemlich zerstört waren und dort haben wir dann zuerst mal wieder eine halbe Stunde, Stunde gebraucht bis wir wieder einigermaßen fit waren, haben auch im Bus bestimmt eine Stunde oder so geschlafen und sonst da habe ich eigentlich so am Wochenende immer einmal, vielleicht auch zweimal am Wochenende getrunken, aber dann halt, wenn ich getrunken habe, dann immer richtig, also bis ich auch betrunken war und dann einfach müde geworden bin, dann bin ich meistens heim gegangen, das war so zeitlich gesehen meistens drei, vier Uhr so, genau, bin dann meistens heim gegangen. (2) Ja, dann über Fastnachtszeit war alles deutlich (2) härter, also da waren ja die ganzen Showtänze, da hat man dann extrem viel getrunken, da ist auch das Vortrinken jedes Mal deutlich extremer ausgefallen, weil wir da immer zu viert oder zu fünft und haben dort immer dann voll getrunken, also dass es, dass eigentlich schon nach dem Vortrinken nicht mehr gehen müssen hätte und dann sind wir aber noch so fortgegangen, haben dort weiter getrunken und halt auch solange bis nichts mehr war oder. (2) So weißt du, beim Schmotzigen, nach dem Feierabend bin ich gleich heim gegangen, habe mich gerichtet und so und sobald ich fertig war, habe ich mit zwei, drei Kumpels telefoniert, dann sind die gleich zu mir gekommen und da getrunken und dann sind wir auch, in [Stadt 2] sind immer verschiedene Zelte, sind da hingegangen, haben dort getrunken und auch mit ein paar Mädchen geschwätzt, halt auch so wie, wie wir es immer machen, wenn wir trinken, also, (2) wenn du betrunken bist, geht man zu dem Mädchen hin, tanzt mit ihnen oder spricht mit ihnen. Ja, Fastnachtssamstag da war es dann, also bei mir zumindest, ganz extrem, da (3) habe ich, haben wir uns schon um neun morgens getroffen und dann haben wir da getrunken, dann haben wir, habe ich, um zwölf haben wir so vom Fußball aus so ein Zelt gehabt zum bewirten von zwölf bis um fünf eingeteilt, habe ich dort einen Haufen getrunken, also teilweise mir selber mehr eingeschenkt als den anderen und dann bin ich zwischendurch noch den Umzug gelaufen, das war ganz ok. (3) Ja und dann danach auch wieder fertig gemacht und dann weiter getrunken (2) und ansonsten danach war Fastenzeit, da habe ich dann nicht mehr so viel getrunken, da habe ich mich eigentlich ziemlich dran gehalten

außer wenn dann wirklich mal in Fest war habe ich, glaube ich, in der gesamten Fastenzeit, habe ich zwei-, dreimal getrunken, da, wieso ich das gemacht habe, war ein anderer Grund, weil ich im Mai Prüfungen gehabt habe, halt auch da nicht mehr so viel trinken wollte und das hat eigentlich auch ziemlich gut geklappt, aber dann nach dem Prüfungen habe, habe ich wieder angefangen zu, für meine Verhältnisse halt, normal trinken. Freitag auf jeden Fall immer und dann halt hin und wieder einen Samstag je nachdem wie auch vom Fußball her, was für einen starker Gegner am Sonntag war. Wenn ich gewusst habe>>Das wird anstrengend und ich muss viel laufen.<<, da habe ich nichts getrunken und wenn ich gewusst habe>>Ahja, die Mannschaft ganz da hinten, die, die Stürmer sind langsam.<<, dann habe ich eher was getrunken, weil ich gewusst habe>>Dann hole ich sie noch locker ein und dann ist es sowieso kein Problem.<<Dann sind wir im Sommer nach [Land 1] in den Urlaub gegangen, das war auch ganz normaler Saufurlaub im Prinzip, hingegangen, also von immer aufgestanden, dann ahja angerufen, durch die Zimmer geklopft>>Ahja komm, gehen wir an die Poolbar.<<Wir haben alle all inclusive gehabt, dann sind wir an die Poolbar runter gesessen und da getrunken und dann an den Strand, haben so aus Eimern Cocktail getrunken und dann am Abend auch noch so normal weggegangen oder sind schon mittags in irgendwelche Kneipen und Discos reingegangen und haben dort eigentlich sieben Tage am Stück fast durchgetrunken außer einen Tag, da haben wir mal den halben Tag nichts getrunken, dann erst wieder am Abend, aber sonst immer morgens aufgestanden, Poolbar, dort ein paar Bier getrunken, ein Bier mitgenommen so für unterwegs und dann, wenn wir am Strand waren, Bier getrunken, also im Prinzip so viel, wie reingegangen ist, hat man da getrunken. (2) Dann nach dem Urlaub da habe ich sonst in meinem restlichen Urlaub, also in den restlichen zwei Wochen habe ich nur noch zweimal getrunken, dann habe ich mal am Wochenende und nachher habe ich dann, (2) mit der ersten Mannschaft haben wir dann Vorbereitung gehabt, da habe ich wieder weniger getrunken, da war Vorbereitung ziemlich gut, da habe ich auch bei denen gespielt und dann habe ich da auch, also freitags haben wir normal getrunken, das war egal, dann samstags habe ich dann eine Zeitlang gar nichts mehr getrunken und dafür dann sonntags, wenn wir ein Spiel gehabt haben, haben wir auch eigentlich immer gewonnen und dann ist sonn-, ist dann danach noch vor das Sportheim hin gesessen und ein paar Bier getrunken und dann waren wir immer bestimmt sieben, acht Leute, wo noch bis um zehn oder elf im Sportheim waren und dort auch ziemlich betrunken dann am Sonntag heim gekommen sind. Dann war das Arbeiten am Montag dann immer wieder leicht schwer. (2) Ja, aber igend-, das war, war dann so fünf-, sechsmal, dann haben wir das jetzt auch, habe ich das auch nicht mehr so gemacht (2) und dann habe ich wieder eine Zeitlang freitags getrunken und teilweise Samstag, also wieder in Anführungszeichen dann in einem normalen Rhythmus und jetzt gerade eben ist es so, jetzt ist, (2) jetzt spiele ich gerade wieder zweite, jetzt ist es gerade wieder ein wenig lockerer, jetzt trinke ich freitags immer Vollgas und samstags gehen wir dann teilweise in den [Kneipe 1] in [Stadt 2], das ist so eine Kneipe, dann sitzen wir dort bis um zwölf und trinken mal dort ein bisschen was und dann je nachdem, wenn noch irgendwas Besonderes ist, kann sein, gehe ich noch nach [Stadt 1] oder gehe ich halt um zwölf heim und habe nicht so viel getrunken und hin und wieder gehe ich auch (2) samstags dann auch nur hin und trinke gar nichts, aber das ist eigentlich immer relativ selten und jetzt vor zwei, drei Wochen, drei oder vier Wochen ist jetzt durch den Schnee immer, ja, ist viel ausgefallen und da trinke ich,

6.4 „Kay" (Christian Wißmann)

sagen wir, freitags und samstags und das hat sich eigentlich bis jetzt durchgehalten und da, wenn ich jetzt so überlege, für die Zukunft, also jetzt für das Wochenende habe ich schon zwei Feste, wo ich hingehe und mich betrinke, das ist eigentlich normal ein Geburtstag von einer Freundin und dann feiere ich noch meinen eigenen Geburtstag und dann geht es weiter mit der Fastnacht, mit den ganzen Umzügen und Showtänzen und da weiß ich auch, da werde ich, am Wochenende also mindestens einmal unterwegs bin und auch so wahrscheinlich sonntags mal hin und wieder mitgehen auf einen Umzug und da dann auch trinken und das, ja, wahr eigentlich soweit mal alles, was mir gerade eingefallen ist. (Kay, P3, 6–102)

Interessant ist, dass Kay den letzten Teil der Erzählaufforderung übergeht und diese Eingangserzählung völlig auf das Trinken bzw. die Trinkexzesse konzentriert. Es geht hier eigentlich nur um das thematische Feld des Trinkens, und hierzu enthält die Eingangssequenz viele Erzählungen zu unterschiedlichsten Aspekten, die Kay in Verbindung mit seinem Umgang mit Alkohol sieht. Aufgrund der Länge der Einstiegssequenz kann diese im Folgenden nicht chronologisch erschlossen werden, vielmehr soll dies thematisch geschehen. Als zentrale Themen erweisen sich Kays Inszenierung als stark konsumierender Akteur, die Strukturierung seines Konsums durch Vereinszugehörigkeit, Arbeit und Fasnet, und dass er sich mit dem Alkoholkonsum immer auch sozial integriert.

Von Beginn der Einstiegssequenz an wird deutlich, dass sich Kay als exzessiv konsumierend inszeniert. Seine Erzählungen zum Busausflug an Silvester leitet Kay durch die Worte „*haben uns schon im Bus ziemlich kaputt gemacht*" ein. Weitere Ausführungen zu dieser Veranstaltung macht Kay an dieser Stelle nicht, sondern erzählt statt dessen, dass er an den Wochenenden meist zwei Mal „richtig" trinke. Noch einmal besonders deutlich wird die Selbstinszenierung als exzessiver Konsument, als Kay vom Ende seiner Prüfungszeit berichtet. Nach den Prüfungen habe er für seine Verhältnisse wieder „normal" konsumiert. In dieser Formulierung impliziert Kay, dass sein Konsum für andere eben nicht normal sei.

In seinen Ausführungen über die Fasnet spricht Kay von „extremem", „deutlich härterem" Konsum. Viele Elemente, die in der Tradition der Fasnet ihren festen Platz haben, scheinen für Kay hauptsächlich als Trinkanlass von Bedeutung zu sein. Die Fasnet geht für Kay mit exzessivem Konsum einher, was an diesem Zitat unschwer erkennbar wird, sie ist eine kulturell-traditionelle Sondersituation, die strukturierenden Einfluss auf Kays Trinkverhalten hat. Die Fasnet beschreibt Kay als eine spezielle Zeit, in der besonders maßlos konsumiert werden kann. Demgegenüber steht die (darauffolgende) Fastenzeit symbolhaft für Selbstkontrolle als Konsequenz eines kollektiven Kontrollverlustes während der Fasnet. Allerdings hat die Fastenzeit nur wenig handlungsleitenden Einfluss auf Kays Konsumverhalten, wie deren inkonsequente Einhaltung zeigt. Dies wird auch im nächsten Zitat deutlich. Offenbar kommt ihm die Fastenzeit gerade gelegen, da sich sowieso nicht viele Trinkanlässe boten und er so seinen Fokus auf die anstehende Prüfung richten kann. Die Fastenzeit dient ihm hier auch als Legitimation für eher moderaten Konsum in der Zeit der Prüfungsvorbereitung, welche er jedoch jederzeit konfliktfrei (unter-)brechen kann:

> *I:* Mmh. (5) Und dann hast du erzählt von der Fastenzeit, die hast du auch mitgenommen und ab und zu mal unterbrochen. Kannst du mir dazu noch ein bisschen was Genaueres berichten? Wie bist du darauf gekommen zu fasten?
> *K:* Ja, das war auch gerade wegen den Prüfungen zum Einen und zum Anderen, (2) ja, es war zu der Zeit eigentlich so, nicht mehr so viele Feste am Wochenende und dann wäre, sind, geht es eh, meine Kameraden sind dann in der Zeit eh meistens nur in [Stadt 2] irgendwo hingesessen und es waren halt immer die gleichen Leute und da habe ich auch nicht so viel Lust drauf gehabt, bin ich halt oft mit dem Auto hingegangen, war bis um elf oder zwölf so da und bin heim gegangen, weil ich keine Lust mehr hatte. (Kay, P3, 437–445)

An den Ausführungen zu Fasnet und Fastenzeit wird auch deutlich, was im Folgenden in den Fokus rückt. Als zweiter zentraler Punkt der Eingangssequenz fällt auf, dass Kays Konsum durch Fasnet, Fußball und Beruf extrem stark strukturiert ist. Zeitlich verortet er den Konsum stets am Wochenende. Wie selbstverständlich befinden sich alle Konsumanlässe in der Zeit von Freitag bis Sonntag oder im Urlaub. Neben der Arbeit ist auch die Zugehörigkeit zum Fußballverein eine den Konsum strukturierende Größe. In der Vorbereitung auf die neue Saison hat der Konsum von Alkohol nur eingeschränkt Platz. Auch die Spieltage mit der ersten Mannschaft schränken Kays Möglichkeiten ein, am Wochenende zu konsumieren. Spielt Kay in der ersten Mannschaft, so fällt der Samstag als Konsumtag aus – Kay kann dann nicht mehr im „gewohnten Rhythmus" trinken, was möglich ist, solange er „nur" in der zweiten Mannschaft spielt. Dafür wird nach Siegen mit der ersten Mannschaft am Sonntag nach dem Spiel getrunken.

Auch an dieser Stelle wird deutlich, dass Kay nicht nur ein sehr feines Gespür dafür hat, welche Erwartungen sein Umfeld an ihn stellt, sondern dass er auch vieles dafür tut, diesen Erwartungen zu entsprechen. Kay ist in viele verschiedene Kontexte integriert, was immer wieder dazu führt, dass es zu Vereinbarkeitskonflikten kommt. Besonders deutlich wird dies, wenn Kay die Folgen beschreibt, wenn er sonntags (nach dem Fußball) trinkt und montags arbeiten muss:

> Und sonst, auch gerade mit dem, um noch mal zu dem mit dem Vergessen drauf zu kommen, was ich dann gemerkt habe, als ich dann auch Freitag und Sonntag getrunken gehabt habe und auf dem Montagmorgen, normal ist mein Weg, wenn ich in das Geschäft rein komme, Treppe hoch laufe, anstempel, Jacke an Garderobe und dann ab an den Arbeitsplatz und dort ist es mir, ist mir auch schon passiert gehabt, weil ich halt noch kaputt war, das ist mir dann sogar, wo ich jetzt mal unter der Woche nichts getrunken habe zum Beispiel an einem Mittwoch oder so, ist es mir sogar

> passiert gehabt, dass ich irgendwie noch, (2) weil ich in letzter Zeit so oft getrunken gehabt habe, irgendwie neben der Spur war, dass ich einfach hoch gegangen bin, an-, angestempelt, Jacke an gelassen habe und dann an meinen Arbeitsplatz hingelaufen bin, da habe ich entweder gemerkt gehabt, dass es mir warm ist und dann habe ich an mir runter geguckt, habe ich gemerkt>>Ah, jetzt habe ich meine Jacke an.<<und wenn es ganz extrem war, bin ich hin gesessen, habe gedacht>>Wieso ist das jetzt so unbequem?<<, habe rumgeguckt und dann habe ich auch gemerkt gehabt, dass ich die, die Jacke an habe. (Kay, P3, 518–532)

An dieser Stelle betont Kay, dass sogar nach einigen Tagen Abstinenz die Wirkungen einer Phase intensiven Trinkens spürbar wurden. So ergeben sich für Kay Schwierigkeiten im Übergang zwischen Freizeit und Beruf, woran eine für ihn typische Verhaltensweise sichtbar wird. Er versucht, jederzeit die unterschiedlichen Erwartungen und Anforderungen der jeweiligen Kontexte, in die er integriert ist, zu erfüllen. Der Konsum von Alkohol am Sonntagabend erschwert Kay die Arbeit am Montagmorgen. Die beiden unterschiedlichen Anforderungen von Fußball und Arbeit sind für Kay unter diesen Umständen nur schwer vereinbar; und so scheint es ihn nicht weiter zu belasten, momentan in der zweiten Mannschaft zu spielen, wodurch es ihm möglich ist, seinen „gewohnten Rhythmus", den freitäglichen und samstäglichen Konsum, aufrechtzuerhalten.

Angesichts Kays ländlichen Lebensumfeldes wird deutlich, dass er eine breite Variation an unterschiedlichen Vereinsaktivitäten beschreibt, die absolute Zahl an Vereinen und Vereinigungen jedoch äußerst limitiert ist. So gibt es lediglich einen Schützenverein, einen örtlichen Fußballverein etc. Das heißt, Angebote sind vorhanden, die Auswahl an verschiedenen Optionen und Ausprägungen innerhalb eines Genres ist strukturell jedoch äußerst limitiert, so dass die Integration für Kay jedes Mal eine durchaus anspruchsvolle Anpassungsleistung ist, die er zu weiten Teilen gelingend meistert. Wie voraussetzungsvoll die Integration in bestehende Kontexte ist, wird am Beispiel der Fasnets-Zunft besonders deutlich:

> *I:* Mmh. Ok. Und dann hast du vorhin gesagt, ich weiß nicht, ob ich es richtig verstanden habe, aber ich habe es so verstanden, dass es schwierig ist, da rein zu kommen bei den Hexen und so. //ja// Ist das so? Kannst du dazu noch ein bisschen was beschreiben? //ja also schon// Wie kommt man da rein?
> *K:* Also ich bin rein gekommen halt, da haben sie gerade in dem Jahr, wo ich angefangen habe, haben sie so Nummern vergeben für Hexen , geh, dass man halt genau weiß, **wer** jetzt noch dabei **ist** und damit man da einen genauen Überblick hat und da hatte ich im Prinzip noch gar nichts und habe mitlaufen wollen, habe ich von einem Kameraden her noch eine Kindermaske gehabt und habe einfach seine Kindermaske genommen und habe gesagt>>Das ist meine Maske.<<habe mir eine Nummer geben lassen und bin dann, (2) ein oder zwei Monate später bin ich dann hin gegangen und habe gesagt gehabt>>Ich, ich habe die Kindermaske erst probiert, ich habe ein Problem: Die passt mir nicht mehr, ich sollte eine andere haben.<<und dann habe

ich, haben sie ja gedacht gehabt, ich bin ja sowieso schon immer dabei und dann ha-, bin ich so rein gekommen. Das ist gerade, auch ein Kamerad von meinem Bruder, der hat halt auch ewig lang fragen müssen, ob er ein Leihhäs kriegt und dann haben sie gesagt gehabt>>Ja, aber jetzt mal gucken, ob er weiter mitlaufen darf.<<Das war gerade der, wo mal in den Kinderwagen rein gelaufen ist, also sicher dabei ist er nicht, aber wenn man mal drüber gesprochen hat, hat man gesagt ja gut, das Leihhäs hat er noch und wenn sie nichts sagen, läuft er einfach wieder mit. //mmh// Ansonsten, mein Cousin hat rein gehört, der hat auch, hat auch ein paar Mal gefragt und dem haben sie gesagt>>Ja, es ist voll.<<, sie wollen nicht so viele, also gerade damit es halt nicht zu viele werden und ja, ich weiß jetzt nicht, liegt es nur da dran, weil es halt auch ein Junge ist oder ist es allgemein so, das weiß ich nicht. Auf jeden Fall sind es halt einige Junge, wo zu uns rein wollten und jetzt sind auch ein paar zu den [Stadt 13]er Hexen gegangen, weil es bei denen halt besser rein kommst und bei uns halt nicht. (Kay, P3, 367–392)

Kay und seine Freunde unternehmen große Anstrengungen, um sich in den Kontext Fasnet zu integrieren. Zu guter Letzt gelingt dies über Hintertürchen und zunächst nur auf Probe. Dies führt auch dazu, dass der Druck entsprechend groß ist, den jeweiligen Anforderungen zu genügen, um sich sozial nicht zu isolieren. Alkoholbedingte Ausfallerscheinungen sind ein Grund für den Verlust der Mitgliedschaft in der Fasnachtszunft. Wenn ein teilweise exzessiver Konsum gleichzeitig aber die gelebte Realität auf den Fasnachtsveranstaltungen ist, so wird eine relativ hohe Toleranz gegenüber der Substanz Alkohol eine notwendige Voraussetzung für Kays Teilhabe.

Ein weiterer zentraler Punkt ist die starke soziale Verortung des Konsums von Alkohol in Kays Eingangssequenz. Kay verbindet den Konsum von Alkohol in all seinen Ausführungen mit Gruppenaktivitäten. Er scheint sich in diesen Gruppen sehr wohl zu fühlen und ist gerne dabei. So verwendet er Termini wie „wir vom Fußball" und beschreibt alle Aktivitäten im „Saufurlaub" als Gemeinschaftsaktionen, so beispielsweise in der Beschreibung, dass der Tag damit gestartet habe, dass er die anderen antelefonierte und diese aus ihren Zimmern holte, um gemeinsam zum Pool zu gehen. Diese extreme Orientierung hin zu Gruppenkontexten zeigte sich auch schon in den beiden anderen Interviews. Im Vergleich zu früher beschreibt sich Kay hier jedoch immer mehr als Akteur und Initiator des gemeinschaftlichen Konsums. Er ist es, der den Rahmen schafft und die Initiative ergreift, die es der Gruppe ermöglicht, ihre Rituale zu erschaffen und zu reproduzieren.

Abschließend lässt sich Kays aktuelles Konsumverhalten mit folgendem Schlüsselzitat treffend auf den Punkt bringen, das er mit den Worten „wir sagen immer" einleitet: „Mit dem Alkohol machst du ein gutes Fest, noch, eigentlich noch viel besser.<<(2) Normal würde man sagen>>Unvergesslich.<<, aber das passt irgendwo nicht so ganz" (Kay, P3, 618–620).

6.4 „Kay" (Christian Wißmann)

Mit seiner Einführung „wir sagen immer" verweist Kay auf die Kollektivität des Konsums. Im Zitat markiert Kay den Alkohol als wichtigste Nebensache der gelingenden Freizeitgestaltung und verweist gleichzeitig auf die „Gefahren" der Substanz, indem er en passant darauf verweist, dass „unvergesslich" in diesem Zusammenhang ein unpassender Terminus sei. Hieran lässt sich die Kernkonstruktion von Kays Umgang mit Alkohol erkennen. Alkohol ist bei Kay, trotz eines gewissen Bewusstseins für die mit dem Konsum einhergehenden Gefahren, positiv konnotiert. Der Umgang mit Alkohol erfüllt für ihn eine hochgradig soziale Funktion, denn über den Konsum bewegt er sich in einem sicheren Feld, über welches er es schafft, eine gemeinsame Basis für die Interaktion mit bekannten und unbekannten Peers zu bedienen.

6.4.3 Wege in und aus dem Rauschtrinken – Fallstruktur Kay

Kays Biografie weist wenige bis keine Brüche oder kritische Wendungen auf. Er präsentiert sich als bestens integriert in alle für ihn relevanten Kontexte. Dies sind vor allem der örtliche Sportverein, die Fasnets-Zunft, die Familie und seine „Kameradschaft". Die Regeln, Normen und Rituale, die Kay in seiner ländlichen Lebenswelt vorfindet, stellt er an keiner Stelle in Frage. Diese scheinen ihm vielmehr Sicherheit zu geben und sein Handeln zu steuern. Er ist so gesehen relativ angepasst an das ländliche Milieu, dessen Regeln er befolgt und die er gegebenenfalls von anderen, die diese missachten, auch einfordert.

Konformes Verhalten zeigt Kay auch gegenüber den Regelsetzungen und Normalitäten seiner Peergruppen. Diesen ordnet er vieles unter, sie stehen für das „aufregende Leben", alles andere fällt im Vergleich dazu in die Langeweile ab. Über dieses konforme und wenig konfrontative Verhalten gelingt Kay Integration und soziale Verortung. Gleichzeitig scheint eine gelingende Integration für Kay nicht selbstverständlich, sondern ein Thema, an dem er sich konstant abarbeitet. Die Möglichkeit, als Folge von Fehlverhalten aus bestehenden Kontexten herauszufallen, ist für Kay gegenwärtig. Genau hieraus ergeben sich für Kay immer wieder Vereinbarkeitskonflikte. Besonders deutlich wird dies, wenn sich die Auswirkungen sehr konsumlastiger Kontexte (Fußballfeier/Kameradschaft) mit den Anforderungen klar abstinenter Kontexte (Arbeit/Erste-Mannschaft-Spieltag) überschneiden. Kay müht sich immer wieder damit ab, die Anforderungen der verschiedenen Kontexte gleichermaßen zu bedienen.

Das Netzwerk der Gleichaltrigen in Kays Umfeld gewinnt in seiner Biografie zunehmend an Größe und Bedeutung, was darauf hinweist, dass sich Kay auf einem integrierten und relativ bruchlosen Weg in der ländlichen Heranwachsendenszene befindet, die stark von männlichen Akteuren geprägt ist und in einer stark an männlichen Riten ausgerichteten Freizeitgestaltung deutlich wird. Mit dem etwas altmodisch klingenden Begriff der „Kameradschaft" wird dies auch auf der sprachlichen Ebene klar markiert, denn es ist offensichtlich, dass hiermit keinesfalls gemischtgeschlechtliche oder gar weiblich dominierte Kontexte gemeint sind.

Entsprechend tauchen Beziehungen zu Mädchen entweder als Gegenstand des Wettbewerbs unter Jungs oder als Vereinbarkeitsproblem auf: Diejenigen, die aus den Peerkontexten heraus in eine Zweierbeziehung gegangen sind, erhalten von Kay das Prädikat „langweilig", da sie sich quasi aus der „aufregenden Welt" in die „Stille der Zweisamkeit" verabschiedet haben. Und auch sein eigenes Erlebnis mit der Zweisamkeit wird entsprechend als Gegenhorizont zu dem lebhaften Feiern im Peerkontext aufgebaut.

Als weitere verhaltensregulierende Ebene scheinen gesellschaftliche Normierungen auf, denen Kay zu entsprechen versucht. Dies wird besonders deutlich, als Kay ins Berufsleben eintritt. Finanziell unabhängig, eigenständig und beruflich erfolgreich zu sein, ist ein essentieller Gegenpol zu Kays exzessiv hedonistischem Freizeitverhalten.

Kays Umgang mit Alkohol zeigt, dass der Konsum für ihn zentrale kommunikative und sozial-integrative Funktionen erfüllt. Über alle Interviews hinweg ist Kays Umgang mit Alkohol sehr stark an die Interaktion in der „Kameradschaft" gebunden, wo er sich zudem als stark konsumierend inszeniert. Alkohol scheint für ihn durchweg positiv konnotiert, wobei die Bedeutung, die dem Konsum im Rahmen der Gestaltung der freien Zeit zukommt, sich im Laufe der Zeit kontinuierlich steigert.

Eine Entwicklung in Kays Umgang mit Alkohol ist daran festzumachen, dass er von einer sehr passiven Rolle, wo er immer nur darauf wartet, dass andere Stimmung machen, zu einer aktiveren Rolle im Peerkontext findet. Wo er sich früher sehr gelingend in bestehende Kontexte, Riten und Rituale integrierte, wird er nun zunehmend zum Initiator, zum Akteur, der Riten und Rituale bedient und dadurch andere integriert. Der gemeinsame Alkoholkonsum als Medium der Herstellung von Zugehörigkeit wird dabei immer stärker genutzt: er scheint sich geradezu zu verselbständigen und zu einem eigenen Motiv zu werden. Er stellt eine verbindende Klammer dar, die für Kays gelingende Integration in allen Bereichen seiner Lebenswelt höchst funktional ist. Eine Ausnahme stellt dabei – zumindest bislang noch – sein Umgang mit Mädchen im Kontext einer Zweierbeziehung dar.

6.5 „Driss" (John Litau)

Mit Driss wurden im Vergleich zu den anderen Ankerfällen nur zwei Interviews durchgeführt, da er im ursprünglichen Sample nicht enthalten war. Driss wurde als Interviewpartner im Laufe des Projektes hinzugewonnen, um das Gesamtsample hinsichtlich männlicher Teilnehmer und solcher aus Großstädten zu verstärken. Zum Zeitpunkt des ersten Interviews ist Driss 19 Jahre alt und hat gerade eine Ausbildungsstelle im Einzelhandel begonnen. Beim zweiten Interview hat der nun 20-Jährige nach einigen Auseinandersetzungen seinen Ausbildungsbetrieb gewechselt, befindet sich aber immer noch in derselben, von einem außerbetrieblichen Träger organisierten Ausbildungskonstellation, die über Kooperationsbeziehungen des Trägers mit einem Lehrbetrieb und der Berufsschule organisiert ist. Zu beiden Interviewzeitpunkten lebt er in derselben Großstadt in einer Wohnung mit seinen Eltern und zwei älteren Geschwistern.

6.5.1 Biografische Entwicklung, Übergänge und Konsumverhalten

Driss ist in einer Großstadt geboren und in einem sozial schwachen Stadtteil („Brennpunkt") aufgewachsen. Der Familie ging es meist gut, sie hat aber auch finanziell schwere Zeiten durchlebt, die mit Driss' Pubertät zusammenfielen. Die Mutter hat als Krankenschwester gearbeitet und ist seit einer Handverletzung Hausfrau. Der Vater arbeitet seit über 20 Jahren als Maler und Lackierer. Die Eltern kommen ursprünglich aus Marokko und sind Muslime. Im Elternhaus wird daher (auch) aus religiösen Gründen kein Alkohol getrunken. Auch Driss ist der Konsum von Alkohol von Seiten der Eltern streng untersagt und wird mit Bestrafung und Sanktionen geahndet, falls er bemerkt wird. Auch sein Bruder, der ebenfalls im Elternhaus wohnt, trinkt keinen Alkohol und versucht immer wieder, Driss vom Konsum abzubringen. Lange Zeit fühlte sich Driss bezüglich seines Freizeitverhaltens von seinen Eltern kontrolliert, was sich erst geändert hat, seit er mithilfe eines Jugendberufshilfeträgers eine Ausbildungsstelle gefunden hat und dadurch auch für die Eltern einen merkbar geregelten Tagesablauf hat. Zählt man noch die größere Schwester und den kürzlich dazu gezogenen Opa hinzu, muss sich Driss den Wohnraum mit fünf weiteren Personen in der Hochhauswohnung der Eltern teilen. Driss liefert kaum Beschreibungen dazu, wie gut oder schlecht das Zusammenleben auf engem Raum funktioniert. Er berichtet von sich wiederholenden Streitereien mit seinem Bruder sowie mit seinem Vater. Zu seiner Mutter hat er dagegen ein inniges Verhältnis. Wenig Kontakt hat er zu einer weiteren älteren Schwester, die in Belgien wohnt und die er nur selten besucht.

Driss besucht zunächst die Vorschule, dann die Grundschule und zuletzt die Gesamtschule, allesamt in seinem Stadtteil. Diese Schullaufbahn bezeichnet er im Interview als „normal", liefert dazu aber keine detaillierte Beschreibung.

Das erste Mal kommt er im Alter von ca. 13–14 Jahren mit Alkohol in Berührung. Während Alkohol anfangs eine eher abstoßende Wirkung auf ihn hat, kommt er in der 9. Klassenstufe langsam auf den Geschmack. Mit 16 Jahren beginnt ihm

Alkohol tatsächlich zu schmecken und er findet Gefallen am gemeinsamen Trinken im Freundeskreis. In dieser Zeit wird sein Konsum intensiver, und es kommt zu ersten Abstürzen. Damals trinkt er mit Freunden auch in der Schule, was vor allem wegen des Verhaltens der Mittrinkenden zur allgemeinen Erheiterung in der Schule beiträgt. Im Hinblick auf seinen Konsum und die Peers sieht sich Driss bis zum damaligen Zeitpunkt als „Mitläufer".

Nachdem er im ersten Anlauf den Hauptschulabschluss wegen mangelhafter Leistungen und fehlender Aufmerksamkeit nicht geschafft hat, muss er die Schule wechseln und zieht für ca. ein halbes Jahr in eine benachbarte Kleinstadt in eine Wohngruppe, um dort seinen Abschluss nachzuholen. In dieser Zeit hat er auch Kontakt zum sozialen Hilfesystem und erhält Unterstützung durch einen „Betreuer", der ihn auch in die neue Schule vermittelt.

Durch den Schulwechsel und den Umzug in die Wohngruppe ergeben sich für Driss auch mit Alkohol neue Erfahrungen. Dieser Übergang ist geprägt durch einen Wechsel auf unterschiedlichen Ebenen. So wohnt er zum ersten Mal außerhalb seines Elternhauses und seiner Geburtsstadt. Dort ist er offensichtlich der einzige „Migrant" (er selbst bezeichnet sich als „Ausländer"), was für ihn eine weitere neue Erfahrung darstellt und ihn in eine Art Außenseiterrolle geraten lässt. Dieser Übergang ist für ihn nicht leicht. Er ist nicht gerne in der Wohngruppe in der Kleinstadt und hat zunächst auch keine Absichten, sich zu integrieren. Erst nach dem ersten krisenhaften Monat beginnt er Kontakte aufzubauen und mit den Jugendlichen von dort abends wegzugehen. Dabei lernt er eine für ihn völlig neue „Partyszene" kennen, in der deutlich anders getrunken wird. Den Alkoholkonsum seiner Peers „auf dem Dorf" empfindet er als viel extremer als jenen, den er aus der Großstadt kannte. Wenig befriedigend sind für ihn die für Jugendliche dürftige Infrastruktur und die mangelnde öffentliche Verkehrsanbindung am Abend. Generell feiert er dort aber auch nicht viel und konsumiert so auch weniger und seltener Alkohol.

Nach seinem erfolgreichen Schulabschluss kehrt er wieder zurück in denselben alten Stadtteil zu seiner Familie und den alten Freunden. Obwohl ihm seitens der Wohngruppe eine Ausbildungsstelle in einem Fitnessstudio hätte vermittelt werden können, will er lieber zurück nach Hause und verzichtet auf die Aussicht auf eine Ausbildungsstelle. Darauf folgen zwei erfolglose Jahre der Ausbildungssuche, des Erwägens eines möglichen Realschulabschlusses, der Bewerbungen, verpassten Fristen usw. Diese Zeit ist durch hohe Prokrastination und einen hohen Alkohol- und Drogenkonsum geprägt. So kommt in dieser Zeit für ihn auch verstärkt das Kiffen hinzu. Zusammen mit seinen fünf engen Freunden verbringt Driss viel Zeit in der Wohnung einer Bekannten, in der sich rund um die Uhr alles nur um Alkohol und Drogen dreht und die von vielen Leuten des Stadtteils zu diesem Zweck

6.5 „Driss" (John Litau)

frequentiert wird. Das Ausmaß seines Alkoholkonsums zu dieser Zeit ist im Rückblick selbst für ihn nur schwer rekonstruierbar, bewegt sich aber auf einem hohen Niveau. Zwei extreme Situationen – beide verbunden mit Wetten – stechen jedoch heraus: zum einen eine Wette, bei der über einen Zeitraum von 30 Tagen in der Freundesgruppe jeden Tag getrunken wird. Das hierfür zur Verfügung stehende Setting stellt die Hochhauswohnung der erwähnten Bekannten dar. Diese Erfahrung hinterlässt aber trotz ihres extremen Charakters keinen bleibenden Eindruck auf Driss. Stattdessen gewöhnt er sich offenbar relativ schnell an den regelmäßigen Konsum. Deutlich herausstechender ist für ihn eine „Whiskey-Wette", die den negativen Höhepunkt seiner gesamten Konsumbiografie darstellt. Angeheizt durch seine Freunde und anwesende Bekannte trinkt er ein großes Saftglas Whiskey auf einmal, nachdem er bereits die Stunden zuvor konsequent eine hohe Menge hochprozentige Alkoholika getrunken sowie Zigaretten und Joints geraucht hat. Dies endet mit einer Alkoholvergiftung und führt zu unerträglich qualvollen Stunden von komplettem Kontrollverlust in der oben erwähnten Drogenwohnung. Übelkeit mit Erbrechen zieht sich durch die ganze Nacht, auch weil er es schafft, sich erfolgreich gegen das Rufen eines Krankenwagens durch seine Freunde zu wehren.

Die Wende dieser täglichen Alkoholexzesse folgt erst, als er sich bei einem überbetrieblichen Ausbildungsträger vorstellt und dort auch eine Zusage für die Unterstützung bei seiner Ausbildungssuche erhält. So wird ihm eine Ausbildungsstelle im Einzelhandel vermittelt, die er mit 19 Jahren antritt. Diese Ausbildung nimmt er sehr ernst, gleichzeitig muss er sich aber auch täglich durch die für ihn nicht enden wollenden Arbeitsstunden hindurchkämpfen. Bei seinem Vorgesetzten versucht er, einen guten Eindruck von sich und seiner Leistung zu hinterlassen. Dennoch fühlt er sich während des ersten Ausbildungsjahres in seinem Ausbildungsbetrieb nicht wohl und zudem vom Abteilungsleiter ungerecht behandelt. Daraufhin wechselt er zu einer Filiale eines großen Technikmarktes; von da an geht es ihm deutlich besser. Die Arbeit ist körperlich weniger anstrengend und spannender im Kundenumgang. Seine Kollegen sind „lieber", und er kommt gut aus mit dem Chef. Zudem hat er die Möglichkeit, seine Mittagspause mit seinen Mitschülern aus der Berufsschulklasse, die ebenfalls in der Stadtmitte arbeiten, zu verbringen. Dies intensiviert seinen Kontakt zu einem Freundeskreis, der nicht an seinen Stadtteil gebunden ist.

Peers und Freunde stellen für Driss eine wichtige Bezugseinheit dar. Seinen engen Freundeskreis von ca. sieben Jungen seines Alters hat er bereits seit der Kindheit. Sie alle teilen die strukturellen Bedingungen und Benachteiligungen ihrer Jugendzeit (Migrationshintergrund der Eltern, eingeschränkte finanzielle Ressourcen, Standortgebundenheit), was sie über die Jahre immer stärker zusammenschweißt. Folglich ist auch seine Freizeit- und Konsumorientierung sehr stark von der Gruppendynamik seiner „Jungs" beeinflusst. Ebenso lange hat er zwei richtig gute Freunde, die für ihn wie richtige „Brüder" sind. Obwohl er auch mit ihnen Alkohol trinkt, sind sie ihm doch vor allem in emotionaler Hinsicht stärker von Bedeutung als seine anderen Peers. Über die Erhebungszeit der Interviews bleiben der Bezug und die Einstellung zu diesen beiden Freunden unverändert, der Bezug zu der größeren Gruppe der „Jungs" lässt für ihn hingegen ein wenig nach.

Gleichzeitig empfindet er sich, was sein Freizeit- und Konsumverhalten anbelangt, zunehmend autonomer und weniger als Mitläufer, wie noch zur Anfangszeit seines Konsums, als er sich eher von seinen Peers antreiben und motivieren ließ. Generell macht er hierbei auch einen Unterschied zwischen „seinen Jungs" und den „älteren" Jungs aus seinem Stadtteil. Er zählt sich selbst zu den „harmloseren Jüngeren", die zu den Älteren dazugehören möchten, die er als deutlich intensiver trinkende Gruppe charakterisiert. In diesem Zusammenhang versteht er sich selbst nach wie vor als Mitläufer. Die Älteren kennen ihn von klein auf und er möchte ihnen gegenüber Respekt zeigen. Es wird also deutlich, wie essenziell der jeweilige Peerbezug für seinen Alkoholkonsum ist.

Im Alter von 20 Jahren eröffnet sich zudem ein neues Bezugsfeld für ihn. Ab da trifft er sich immer öfter mit einigen Mädchen aus seiner Berufsschulklasse, mit denen er gerne Kaffee trinken geht, jedoch keinen Alkohol trinkt oder andere Drogen konsumiert.

Während der Zeit der Ausbildung lernt Driss seine Freundin kennen – die einzige feste Partnerschaft, von der er berichtet. Die Freundin besucht ein Gymnasium in der Nähe seiner Berufsschule und so begegnen sie sich immer wieder in den Pausen in einem nahegelegenen Supermarkt und finden schließlich durch ein wenig Hilfe einer Freundin von Driss zueinander. Während der Beziehung sieht Driss seine Freundin meist am Wochenende. Sie stellte für ihn zwar nicht die „Frau fürs Leben" dar, aber er ist gern mit ihr zusammen, obwohl sie ihm weniger wichtig ist als seine engen Freunde. Nach etwas mehr als einem Jahr geht die Beziehung in die Brüche. In Anwesenheit der Freundin hat er während der gesamten Beziehung höchstens ein bis zwei Bier getrunken und auch keine hochprozentigen Alkoholika konsumiert. Ebenso wenig hat er in ihrer Anwesenheit gekifft, wie er dies generell unterlässt, wenn er mit einem Mädchen unterwegs ist. Die fast einjährige Beziehung mit seiner Freundin war durch Höhen und Tiefen gekennzeichnet, mit einer kurzen Trennungsphase nach drei Monaten. Die Beziehung zerbricht letztendlich an Driss' Eifersucht, weil er nicht mehr damit einverstanden war, dass sie immer öfters mit ihren Freundinnen ausging. Er versuchte zwar nicht, ihr das Ausgehen zu verbieten, aber er brachte seinen Unmut deutlich zum Ausdruck. Aktuell ist er nicht an einer festen Partnerschaft interessiert, sondern hält lieber unverbindlichen Kontakt zu jungen Frauen.

Durch die Verpflichtungen der Ausbildung ändert sich Driss' Einstellung zu Alkohol. Zunehmend wird der Konsum zu einer Entspannungsmöglichkeit, die man sich verdient hat. Das Belohnungstrinken schiebt sich somit vor ein Trinken in gewöhnlicher Alltäglichkeit, das gegenüber dem „wohlverdienten Trinken" von ihm auch abgewertet wird. Das Weggehen verschiebt sich nun für ihn wieder primär auf das Wochenende und macht ihm wieder mehr Spaß, weil es den wohlverdienten Kontrast zum Arbeitsalltag bildet. Auf der Basis seiner langjährigen Trinkerfahrung realisiert er, dass der Alkohol einen sowohl herunterziehen als auch aufbauen kann, je nachdem wann, wo, mit wem, wie viel und was man trinkt.

Besonders das positive Beispiel eines guten Freundes, mit dem er früher viel Zeit verbracht und der nach Antritt einer Ausbildung keine Zeit mehr für Driss hatte, scheint ihn nachhaltig zu beeinflussen: Auch Driss will wieder mehr Sinn in seinen Tagesablauf bringen, aber auch in sein Freizeitverhalten generell. Dies interpretiert er als persönliche Weiterentwicklung, einen Schritt, den er gleichzeitig bei vielen seiner Peers nicht erkennen kann. Aus Driss' Sicht sind viele seiner Freunde in ihren alten Handlungsmustern und Denkschemata gefangen. Mit 20 Jahren verstärkt sich diese Einstellung, weil er mittlerweile auch Leute kennt, die seiner Meinung nach gar keine Perspektive mehr haben.

Besonders relevant ist für Driss das Thema Geld. Vor allem während der Schulzeit und der zwei Jahre ohne Ausbildungsplatz sind kleinkriminelle Delikte seine Haupteinnahmequelle (hauptsächlich Dealen mit Marihuana). Das ändert sich etwas mit der Ausbildung, die ihm ein zwar geringes aber regelmäßiges Einkommen sichert, mit dem er zumindest ein Mal im Monat mit seinen Jungs richtig weggehen kann. Gerade der Kleinhandel mit Marihuana ist als Nebenbeschäftigung auf Dauer keine wirkliche Alternative mehr für ihn, sieht er im Kleinkriminellenmilieu doch keine wirkliche Perspektive. Gleichzeitig hat er nicht die Energie oder das Interesse, den Drogenhandel professionell aufzuziehen. Die zusätzliche Schwierigkeit, sich in einem Revierkampf behaupten zu müssen, scheint ihm mit einer zu großen Gefahr verbunden, die er nicht eingehen möchte. Gegen Ende seines 20. Lebensjahres rückt das Dealen damit eher in den Hintergrund. Stattdessen beschäftigen ihn eher Gedanken an ein zukünftiges „normales" Leben mit einer Wohnung oder einem Haus, einer Freundin und vielleicht sogar einer Frau. Eine neue Einnahmequelle ergibt sich für Driss durch seinen Onkel, mit dem er gebrauchte Autoteile verkauft. Der Onkel hat eine Autowerkstatt, in der sie gebrauchte Autos auseinandernehmen und die Einzelteile mit Gewinn weiterverkaufen.

Gegen Ende seines 20. Lebensjahres präsentiert sich Driss als sehr erfahren im Umgang mit Alkohol. Er hat die Höhen und Tiefen des Konsums kennengelernt und weiß, wie er damit umzugehen hat. Ganz am Anfang war Alkohol noch mit deutlich mehr spannenden Momenten verbunden. Während er im Alter von 19 Jahren bereits viele Erfahrungen gemacht hat und Alkohol als etwas „Alltägliches" empfindet, wirkt er im Alter von 20 Jahren abgeklärter und ist der Meinung, dass er mittlerweile sehr wenig trinkt und Alkohol eine eher periphere Bedeutung für sein aktuelles Leben hat. Gleichzeitig scheint er durchaus noch viel trinken zu können, was er allerdings ein wenig seltener zu machen scheint. Sein Richtwert von einer halben bis ganzen Flasche Whiskey an einem Abend (zum Zeitpunkt des ersten Interviews) hat sich im Grunde kaum verändert, aber die Events, an denen er tatsächlich so viel trinkt, sind seltener geworden. Was sich vor allem verändert hat, ist die Verbindung von Trinken und Kiffen. Das Kiffen wiederum hat aktuell eine stärkere Wirkung auf ihn, was gleichzeitig einer der Gründe ist, warum er glaubt weniger zu trinken. Der andere Grund ist in den Verpflichtungen zu suchen, die sich ihm durch die Ausbildung stellen. Außerdem differenziert er in seinen Alkoholkonsum aktuell nach Jahreszeiten: Im Winter scheint er weniger exzessiv zu trinken, da er mit seinen Freunden in der „Drogenwohnung" chillt (hier trinkt er deutlich weniger als früher), die als Anlaufstelle immer noch relevant zu sein scheint. Im Sommer, wenn sich ein Großteil seines Leben draußen abspielt, scheint der Konsum häufiger und intensiver zu sein.

6.5.2 Kernthemen in den Interviews

Interview 1
Beim ersten Interview ist Driss 19 Jahre alt und konsumiert seit ca. 5 Jahren regelmäßig Alkohol. Vom Interviewer wird er aufgefordert, seine Lebensgeschichte zu erzählen. Driss vergewissert sich, ob er sich dabei ausschließlich auf sein Leben im Zusammenhang mit Alkohol beziehen soll, und gibt, nachdem der Interviewer auf seine Nachfrage hin ergänzt, dass für das Interview alle Aspekte seines Lebens relevant sind, folgende Selbstbeschreibung:

> *D:* Also ich bin 19 Jahre alt, ich wohne hier [Stadtteil1 Stadt1] in [Stadt1]. (2) Und ich würde mal sagen, mein Leben beschreibe ich so, dass ähm (1) halt alltäglich wie jeder andere auch, (1) ganz normal das ich arbeite, dass ich halt auch ab und zu in die Schule gehe. Also halt jetzt nicht schwänze oder so, dass ich schon zur Schule gehe und halt mein meine Richtung nachgehe, würde ich jetzt mal sagen, beruflich. (1) So jetzt Hobby mäßig tue ich nichts unbedingtes, was jetzt mein Hobby so anspricht. // mhm// Ab und zu gehe ich schwimmen, ab und zu gehe ich auch mit meinen Kumpels weg, (1) chill hier in der Gegend so. (2) Ja und würde ich mal sagen jetzt so ähm gegenüber sage ich jetzt mal Drogen oder so (2) hab' ich ja auch schon manches probiert. (1) So und gegenüber jetzt Alkohol würde ich mal sagen so, wenn ich mit meinen Jungs jetzt Abends weg gehe, (1) dass wir jetzt nicht unbedingt viel trinken, aber es kommt drauf an, wie der Abend halt ist. //okay// Dass wir z. B.so 4 Leute sind, 3 Leute, //mhm// dass wir halt mit so 'ner Flasche vielleicht starten, ja, sage ich jetzt

6.5 „Driss" (John Litau)

mal, so Whisky, //okay// wir sind mehr so die Whisky-Leute. Naja und wenn wir die halt getrunken haben, gehen wir halt in irgendeine Bar, weißt du, (1) und dann versuchen wir dann den Abend halt gemütlich zu gestalten, würde ich mal sagen und (1) dann kann es auch passieren, dass wir mal aus der Bar rausgehen und dass wir halt mal, was weiß ich, in REWE gehen //mhm//, ja und uns dann halt noch 'ne Flasche oder noch 'ne Flasche holen. Es kann auch mal passieren, dass der eine oder andere Mal ein bisschen ralle ist, ja, aber das ist halt äh so würde ich mal sagen der Alltag. Ja aber so jetzt Trinken unbedingt so ist nicht mein Ding. Ich würd' mal sagen, ich tr- wenn ich trinke, dann trink' ich richtig, ja. //mhm// Aber so öfters die Woche, ich würd' mal sagen, einmal die Woche ist so der (1) mein Prinzip. //mhm// Es kann auch passieren, dass 2 Mal, aber (2) beim 2. Mal weiß man ja nicht, ob's einen noch so gut geht und so, weißt du. //ja// Kennst du bestimmt auch selber, oder?
I: @
D: (2) Genau, das ist es. Ja und (2) ja, was soll ich dazu noch sagen? (2) Ist halt so mein Leben. Wir sind auch so unter uns Jugendlichen, der eine macht halt so (1) sein Ding, weiß du. Der eine geht halt den geraden Weg würde ich mal sagen und der andere ist halt so bisschen, (1) der ist so in der kriminellen Schiene unterwegs, ja. //okay// Aber wir sind jetzt nicht so welche, die Leute irgendwie jetzt abrippen oder schlagen oder so, ja. Wir sind mehr welche, die so ähm, wir machen jetzt nichts unbedingt was Legales, ja, //mhm// aber wir (1) aus unserer Sicht, wir schaden keinen damit, weißt du. Z. B. der eine verkauft hier oder da mal, ja. (1) Oder der andere, der (2) was weiß ich, ja, also es gibt auch, wir haben, wir haben auch einen, der ist ein bisschen so 'n Langfinger, ja, unter uns, der geht auch ab und zu mal in so Schulen rein. //okay// Und leert sie sozusagen aus. (2) So einen haben wir auch noch. Aber sonst so, die Jungs würde ich mal sagen bei uns, die (1) so jetzt die Drogen nehmen, so Alkohol und so, extrem sind bei uns mehr die Älteren. //mhm// Also wir jüngere, wir halten uns ein bisschen zurück, (2) nicht weil, nicht weil wir jetzt Angst haben oder so, sondern weil, wir sind noch nicht so drinne, weißt du. (1) Und vielleicht kommt es mit der Zeit, vielleicht kommt's gar nicht. Also, aber wir so, wir jüngeren, wir alken ab un zu mal, also einmal die Woche. //mhm// So würde ich das mal sagen. (2) Das ist halt mein Leben sozusagen. (2) Jetzt nicht, dass Drogen und dies und das mein Leben ist, weißt du, aber ist halt so der Alltag, den man so erlebt //ja// jeden Tag ja. (2) Würde ich mal sagen. //okay @//. (Driss, P2, 20–66)

In der Einstiegssequenz des ersten Interviews inszeniert Driss ein „normales" Leben ohne Höhen und Tiefen. Zu dieser Normalität zählt seine Routine in der Ausbildung bzw. der Berufsschule, genauso wie seine Routine des Alkoholkonsums. Den Schwerpunkt seiner Ausführungen legt er auf die Beschreibung seines Bezugs zu den Peers, mit denen er seine Freizeit verbringt, Alkohol konsumiert und kleinkriminellen Geschäften nachgeht. Diese Beschreibung schließt er mit der Coda ab, dass Alkohol, Drogen und deren Konsum nicht sein einziger Lebensinhalt sind, aber dennoch seinen Alltag rahmen. Die sprachlich-diskursive Präsentation der Einstiegssequenz ist charakteristisch für das gesamte Interview. Driss spricht in langen Passagen, elaboriert Gedanken und verwendet viele Hintergrundkonstruktionen. Das Interview stellt damit an vielen Stellen einen Reflexionsprozess für ihn dar.

Zunächst einmal nimmt er eine *sozialräumliche Verortung* vor, indem er sich dezidiert auf seinen Stadtteil bezieht – den Stadtteil, in dem er lebt. Seine Orts- bzw. Kiezgebundenheit ist dabei von hoher Bedeutung für ihn, da sich darüber auch seine Gruppenzugehörigkeit, seine Freizeitpraxis, seine Einstellungen zum Leben und speziell auch zum Alkohol- und Drogenkonsum definieren. Wie wichtig ihm diese Zugehörigkeit und Verbundenheit ist, zeigt sich in den wenigen Monaten, die er nicht dort verbringt, sondern aufgrund seines Schulabschlusses in eine andere Stadt ziehen muss. An dem neuen Ort verweigert er die Integration. Er will dort nicht sein, erlebt die Umgebung, die Menschen und ihr Verhalten – sogar ihr Trinkverhalten – als für ihn nicht adäquat. So kehrt er auch gleich nach seinem Schulabschluss direkt zurück in seinen Kiez, obwohl er am anderen Ort sogar trotz seiner ungünstigen Voraussetzungen die Aussicht auf eine Ausbildungsstelle gehabt hätte.

Seine Fixierung auf die gewohnte Umgebung spiegelt sich auch in seiner Einstellung gegenüber kriminellen Handlungen wieder, denen in seiner Einstiegssequenz ebenfalls ein prominenter Status zukommt. Kriminalität, wie etwa Diebstahl oder (kleinkrimineller) Drogenhandel, stellt in dieser Umgebung eine Normalität und auch nicht unbedingt etwas Verwerfliches dar, wenn sie niemanden direkt schadet. Mit diesem normativen Kriterium (niemandem schaden) stellt er Kriminalität als eine legitime Form der Geldbeschaffung dar. Das Verfügen über Geld wird dabei zu einem wichtigen sozialen Motor in diesem Umfeld; man zeigt was man hat, es herrscht auch eine gewisse Konkurrenz und es gilt der Spruch: „Hast du was, bist du was. Hast du nix, bist du nix" (Driss, P2, 1396–1397).

Somit ist *Geld* für ihn immer ein relevantes Thema und er hat dafür Sorge zu tragen, dass Geld immer vorhanden ist, ob auf legalem oder illegalem Weg. Geld ist entscheidend für sein Selbstwertgefühl, teilweise im Kontext der Familie, im Vergleich und im Umgang mit seinen Freunden und für die damit zusammenhängende Unabhängigkeit und sein Wohlbefinden. Auch was Alkohol angeht, muss Driss Geld in der Tasche haben, um richtig trinken zu können, was für einen gelungenen Abend wichtig ist.

Das hier beschriebene *Milieu* ist entscheidend für seine Selbstinterpretation und für seine Handlungspraxis. Gegenüber dem Interviewer stellt er dieses Milieu als Normalität dar und wertet es weder als besonders positiv noch als negativ. Dies ist seine Realität, das, was er kennt. Auch geht er keinen „gewöhnlichen" Hobbys nach, wie er sagt, vielmehr sieht er im Alkohol- und Drogenkonsum den Hauptbestandteil seines Freizeitverhaltens. Hier ist wiederum der Bezug zu seinem Milieu unausweichlich, weil die dort stattfindende und legitime Freizeitpraxis automatisch mit einer Konsumpraxis verbunden ist. Folglich kann Driss bereits auf einige Erfahrung im Umgang mit Alkohol zurückgreifen. So fällt es ihm auch nicht schwer, relativ differenzierte Aussagen über seine Konsumpraxis zu treffen. Alkohol ist ein präsentes Thema und steht stets im Zusammenhang mit seinen „Jungs", also seinen Peers, mit denen er abends weggeht und dabei hohe Mengen v. a. hochprozentigen Alkohols konsumiert, was er ebenfalls als normal einschätzt.

Die *Peerorientierung* ist bei Driss das alles übergreifende Kernthema. Auch in der Einstiegssequenz kommt er im Zusammenhang mit dem Weggehen und Trinken auf seine Freunde zu sprechen. Alle seine Freunde kommen aus demselben Milieu wie er, haben ebenfalls alle einen Migrationshintergrund und kennen sich alle von klein auf. Das verbindet und schafft ein Zusammengehörigkeitsgefühl. Für Driss' Trinkverhalten ist das besonders relevant, weil sein Konsum besonders stark von seinen Peers abhängt. Dazu präsentiert er im Laufe des Interviews folgende Theorie:

> Das ist z. B. die Leute, die Alkohol trinken, die Leute, die Kiffen und so, das machen die ja nicht von selbst, oder? (1) Das kommt ja irgendwann mal dazu, der, ich meine, der der Typ, der z. B. angefangen hat zu Kiffen oder der Typ, der angefangen hat Alkohol zu trinken, der geht doch nicht in Laden und holt sich jetzt 'n Whisky und trinkt die. Der hat doch irgendwelche Freunde, die sagen>>Ey pi pa po, komm' wir gehen mal trinken oder komm' wir machen mal das das das<< und dann kommt das dazu. //mhm// Vielleicht hat er die selber bezahlt oder so. Aber er selber wäre noch nie auf den Gedanken gegangen: Ich geh' allein in REWE, ich hole mir selber 'ne Whisky und ich trinke die. //mhm// Okay, so und genauso ist das auch mit den anderen Sachen. (1) Und ich sag' jetzt mal, die Leute, die jetzt so sind, (1) wo jetzt einer sagt>>Komm', wir gehen heute Abend trinken<<und du denkst dir>>Ja, ich hab' noch nie getrunken, ich sag' einfach mal ja<<. (2) Das ist meiner Meinung nach 'n Mitläufer, ja, und so einer war ich auch, also so einer bin ich auch gewesen oder bin ich immer noch, wie auch immer. (Driss, P2, 881–895)

Wie in der zitierten Sequenz deutlich zu erkennen ist, orientiert sich Driss in seinem Alkoholkonsum an seinen Peers, seine Freunde sind dabei der Motor zum Konsum. Dabei bezeichnet er sich als Mitläufer und generalisiert seine Erfahrung dahingehend, dass jemand wie er alleine nicht trinken würde. Gleichzeitig normalisiert er damit auch den Konsum in der Gruppe. Wie sehr sich Driss in seinem Trinkverhalten von seinen Peers beeinflussen lässt, zeigt sich besonders drastisch in seiner Alkoholvergiftung nach der „Whiskey-Wette", bei der Gruppendruck ebenfalls eine starke Rolle gespielt hatte.

Die Peers spielen nicht nur als Trinkanlass eine wichtige Rolle. Auch die regelmäßige Konsumpraxis in der „Drogenwohnung" ist bei Driss abhängig von der Gruppe. Obwohl für ihn im Lauf der Zeit die tägliche Trinkpraxis sinnlos wird und auch nicht mehr so viel Spaß macht, kann er sich ihr während der zwei Prokrastinationsjahre nicht entziehen und sucht täglich die Gesellschaft seiner Freunde. Damit ist teilweise auch eine Rückkehr zur alten Trinkpraxis verbunden.

Auch beim Durchbrechen dieses Handlungs- und Orientierungskreises spielen die Peers eine entscheidende Rolle. Ein ehemaliger enger Freund dient ihm als positives Beispiel für ein Leben ohne Drogen und Alkohol. Am Beispiel dieses Freundes wird Driss mit einer geregelten Tagesstruktur und damit einem Sinn im Alltag konfrontiert, der ihm attraktiv erscheint und einen Kontrast zu seinem eigenen, langweilig gewordenen Alltag mit hohem Konsum bietet. So spiegelt sich in Form der Abgrenzung von den anderen, die sich im Gegensatz zu Driss nicht ändern wollen oder können, eine Form der Peerorientierung wider.

Der entscheidende Auslöser für die Veränderung seines Alkoholkonsums besteht bei Driss in der Aufnahme einer Ausbildungsstelle. *Schule und Ausbildung* benennt er in der Einstiegssequenz gleich zu Beginn neben seiner Orts- und Milieuverbundenheit als Kernthemen. Diese Themen bleiben durch das gesamte Interview hindurch ein immer wieder aufscheinender Orientierungsrahmen und stellen damit auch den Kontext für seine jeweils aktuelle Konsumpraxis dar: das Trinken in der Schule; der Kontrast des Konsums auf dem Dorf, wo er sich auf Grund seines gescheiterten Hauptschulabschlusses befindet; die zweijährige exzessive Trinkphase ohne Schulpflicht und ohne Ausbildung sowie die Reduzierung seines Konsums, bedingt durch die Aufnahme einer Ausbildung.

Ein Thema, das von ihm nicht in der Einstiegssequenz benannt wird, welches sich aber besonders im Hinblick auf seinen Umgang mit Alkohol durchzieht, betrifft seine Einstellungen zu *Frauen*. Frauen gehören für ihn zu einem guten Abend mit Alkohol dazu. So werden Vorkehrungen getroffen, damit Frauen an einem Abend, bei dem geplant getrunken wird, dabei sind. Die Frauen, die dann tatsächlich anwesend sind, wissen seiner Meinung nach, worauf sie sich einlassen, verdienen aber genau deshalb nicht viel Respekt.

> Und du musst dir vorstellen, das sind voll die lieben Mädchen, voll hübsch und so, also kommen voll lieb rüber, aber die haben so 'n Hintergedanken, ich weiß nicht, irgendwie nachts Alken, gell, und dann kommen die so, laufen vorbei, sobald die uns sehen bleiben die da. Die haben Alkohol gesehen, die bleiben da, weißt du. Okay, dann, wir sind nicht welche, >>Ey was macht ihr hier man?<<. (1)>>Ihr seid da, wollt ihr was trinken?<<, die sagen>>ja<<>>und dann kriegt ihr auch was zu trinken<<weißt du. (1) Irgendwann mal kommt's halt so weit, dass die irgendwann mal selber die Flasche in die Hand nehmen und sich ihre Mischung reinkippen, weißt du. Die sind selber schon so auf ihrem Flash. //@// Ja und irgendwann mal fangen die an so halt, ich weiß nicht, wie man das nennt, man nennt's ganz locker so, die fangen an so rumzuhuren würde ich mal sagen, ja. Die sind so (2) ich weiß nicht, Frauen verlieren ihre Hemmungen, die blamieren sich auf eine Art und Weise. Nicht alle, aber es gibt's, ich würde mal sagen alle, die diesen Alkoholpegel erreichen, würden so sein, würde ich mal sagen. //mhm// Vielleicht würde die eine oder andere ausrasten, weil die vielleicht 'n Freund hat oder so ja, das gibt's, aber ist selten, ja. Aber so an sich diese Mädchen, die sowas machen, das sind so, ich weiß nicht, ich sag' jetzt mal

nicht direkt Schlampen, aber es geht schon in die Richtung. Würde ich mal sagen, die meisten, die so sind, trinken Alkohol. //okay// Ja. Aber das ist, heißt jetzt nicht, dass jede Frau, die trinkt, äh, ja, Alkohol, als Ding, 'ne Schlampe ist sozusagen. (1) Aber das bezieht sich darauf hin. //mhm// (1) Und da fallen ja diese Hemmungen, weißt du. Am Anfang, die kommen näher, fangen an, mit dir zu reden, du denkst dir>>Was? Ja okay<<. Irgendwann mal reicht's, ja? Und ich sag' das den auch selber, aber pff, ich weiß nicht, deswegen, die sind so, die merken, dass sie sich blamieren, ja, aber die kriegen das selber nicht mit. (Driss, P2, 269–293)

In der zitierten Sequenz elaboriert Driss sein Frauenbild. Dabei wertet er trinkende Frauen ab, sobald sie angetrunken sind und anfangen, „rumzuhuren", sich also promiskuitiv benehmen. In seinen Augen sind diese Frauen bereit, unter Alkoholeinfluss ihren Ruf zu opfern, das heißt, sie achten nicht mehr darauf, was sie machen oder mit wem. Einerseits scheint er dies als selbstverständliche Begleiterscheinung des Trinkens zu betrachten, andererseits verurteilt er es in Bezug auf Frauen generell. In seinem Frauenbild offenbart sich so eine Doppeldeutigkeit, denn nichtsdestotrotz ist ihre Anwesenheit während des Trinkens erwünscht. Frauen können einen Abend zum Eskalieren bringen und machen ihn genau aus diesem Grund auch so spannend.

Seine Freundin erwähnt er erst relativ spät im Interview und beschreibt sie als eine Randfigur seines engen sozialen Umfeldes. Zum Zeitpunkt des ersten Interviews ist er seit ungefähr einem Monat mit ihr zusammen und verbringt in der Regel die Wochenenden mit ihr. An diesen Wochenenden trinkt er nicht. Driss liefert keine ausführlichen Erläuterungen zum Alkoholkonsum seiner Freundin, er trinkt aber nicht mit ihr zusammen. Sein (exzessiver) Alkoholkonsum findet nur an Wochenenden statt, an denen er mit seinen „Jungs" unterwegs ist. Interessant ist in diesem Zusammenhang auch, dass die Jungs in seinem Wertesystem wichtiger sind als die Freundin.

Interview 2

Zum Zeitpunkt des zweiten Interviews ist Driss 20 Jahre alt. Er wird gebeten, sich auf das zurückliegende Jahr seit dem letzten Interview zu beziehen und sowohl vom Thema Alkohol zu berichten als auch den weiteren Rahmen seines Lebens mit einzubeziehen.

D: Ich sag mal so ich hab meine Ausbildung angefangen. //mmh// Ja seit letztem Jahr hat sich bisschen was verändert was so Tagesablauf angeht //mmh// ne. Ich sag mal so ähm, mehr oder weniger mit Freunden chatten oder so ist eher abends, ja. // mmh// Und äh mal so weggehn oder so eher am Wochenende. In der Woche Schule, sonsten Ausbildung und sonst was letztes Jahr passiert ist, ist eigentlich (1) So feiern, weggehn sowas? Ja sind wir, sind wir 'n paar Mal weggegangen sag ich mal aber so was Alkohol angeht (2) bin ich mehr so zurückhaltend. //mmh// Würd ich jetzt mal sagen. Weil ich wo ich angefangen hab sozusagen hab ich meine Grenze sozusagen

> ausgetestet nä, hab die kennengelernt wusste wie weit ich sozusagen gehn kann, ja? Und seit dem an hab ich keine Probleme mehr was Alkohol angeht, ja. Ich trink bis zu nem gewissen Punkt (1) und ab da an heißt es dann erst mal Pause sozusagen. //ok// (2) Und sonst ist eigentlich sag ich jetzt mal (2) was so im Jahr passiert ist (2) ist schon mehr jetzt äh vom Kopf her sag ich jetzt mal (1) Geld machen, nä? //ok// Des ist jetzt ähm (1) weil die Jungs werden älter, der eine macht sein Führerschein, der andere fährt schon sein eigenes Auto weißt du, was der selbst finanziert. //mmh// Und dann will man natürlich mitmischen sozusagen, (1) nä? (1) Zum Beispiel am Wochenende weggehn, wenn du mit den Jungs am Wochenende weggehst die legen da Geld hin, weißt du? Und wenn du da kein Geld hinlegen kannst dann kriegst du halt ausgegeben, weißt du? Aber immer ausgegeben kriegen ist ja auch nicht die Sache. //mmh// Du solltest ja auch mal die was auszugeben, mal 'n bisschen hier da ne Flasche, weißt du? //mmh// Wenn man mal halt weggeht, ja? Ansonsten heißt des so mit den Jungs hier (1) am Block. (2) rum ziehen weißt du? °N'bisschen°. Wir ham unsere Ecken wo wir halt sitzen, chilln. Aber jetzt halt wo's Winter ist, wir haben so ne Bude, kann man sagen. Hab ich dir doch auch letztes Jahr erzählt //ja, ja// Äh und da wohnt immer noch das Mädchen und //ok//
> *I:* Da geht ihr auch immer noch hin?
> *D:* Da gehn wir immer noch hin so wenn wir chillen wollen //mmh// °zocken° oder trinken. Vortrinken sag ich jetzt mal. Wir gehen zu der und trinken vor. Ich fahr mit'm Taxi oder mit der Bahn fahrn wir vielleicht in die Stadt und dann machen wir irgendwas //ok// Ansonsten ist eigentlich nichts (1) Großartiges jetzt ne. (1) Will erst mal jetzt dass man dieses Jahr schafft in Urlaub zu gehn oder so //mmh// °Wär net schlecht° (7). (Driss, P3, 19–52)

In der Einstiegssequenz des zweiten Interviews hebt Driss als erstes seinen etwas veränderten Tagesablauf hervor. Dieser hat zum einen Auswirkungen auf sein Freizeitverhalten im Rahmen seiner Peers, zum anderen bezieht er sich damit auf die Veränderungen, die sich für ihn durch seine Ausbildung ergeben haben. Die Ausbildung nimmt einen hohen Stellenwert in seiner aktuellen Alltagsorientierung ein. Nach Unstimmigkeiten mit seinem Abteilungsleiter hat er den Kooperationsbetrieb gewechselt und ist jetzt in einer Filiale eines großen Technikmarktes beschäftigt, wo er sich deutlich wohler fühlt. Obwohl er im Verlauf des Interviews immer wieder die große Bedeutung der Ausbildung hervorhebt, kommt darin auch eine große Ambivalenz zum Ausdruck:

> Falls wir mal bei Kollegen sind und ich chill so mit den Jungs, mit den Arbeitslosen sozusagen ja? Und dann ham wir halt den ganzen- ganzes Wochenende gefeiert. Sonntag warn wir halt zocken bei dem zu Hause //mmh// schönen Fernseher, weißt du? Wollen wir zocken und ich muss dann abziehn weißt du? Und die wolln dann noch Montag chillen, Dienstag chillen und die Woche und weißt du? Und dann krieg ich auch mal meinen Hass weißt du sozusagen? Dann zieh ich ab allein nach [Stadt 1] in der Bahn, krieg ich mein Hass und so //@// Des sind so Sachen, aber musst du halt durch, °kann man nix machen° (1) Ab und zu kann man sich halt freinehmen, mal durchmogeln, aber (2) °mehr geht da nicht°. (Driss, P3, 186–194)

Das Vereinbaren seiner Verpflichtungen im Kontext der Ausbildung mit dem „Abhängen/Chillen" mit seinen „arbeitslosen" Freunden stellt für ihn eine klar formulierte Herausforderung dar. Einerseits verurteilt er die Peers in ihrer phlegmatischen Perspektivlosigkeit, andererseits beneidet er sie um ihre Freiheit, sich mit keinen Verpflichtungen auseinandersetzen zu müssen. Diesen Vereinbarkeitskonflikt versucht er zwar mit „Durchmogeln" etwas zu entschärfen; was aber bleibt, ist die hochmetaphorisch beschriebene Verzichtsleistung („krieg ich meinen Hass"), die er sich hier abringt.

Generell gefällt es ihm aber gut in seinem neuen Ausbildungsbetrieb, außer eben das frühe Aufstehen am Morgen. Durch die Berufsschule hat sich zudem auch sein sozialer Kreis ein wenig mehr geöffnet. So verbringt er beispielsweise seine Mittagspausen mit seinen Mitschülern, die ebenfalls in der Innenstadt arbeiten.

Zum Zeitpunkt des zweiten Interviews berichtet Driss von seiner immer noch regelmäßigen Konsumpraxis, auch wenn er sich im Vergleich zum letzten Jahr in der Einstiegssequenz, was den Alkohol betrifft, als „zurückhaltender" beschreibt, weil sie jetzt durch die Ausbildung gerahmt wird. So wirkt auch seine gesamte Wahrnehmung des Weggehens abgeklärter. Früher waren ihm die einzelnen Trinkepisoden wichtiger und haben nachhaltigere Eindrücke hinterlassen, während jetzt eher der Moment des Trinkens selbst von Bedeutung ist, Erinnerungen daran jedoch im Alltag an Relevanz verlieren. Andere Aspekte rücken so in den Vordergrund, wie beispielsweise sich morgens in der Innenstadt auf einen Kaffee zu treffen. Dennoch muss bei ihm weiterhin von einem hohen Konsumlevel ausgegangen werden, da er beispielsweise im Verlauf des Interviews ein neues Ritual beschreibt, nach dem er aktuell mit seinen Freunden regelmäßig Ende des Monats „richtig" weggeht.

> Ab und zu mal halt mit den Jungs sag ich mal so, gehn wir halt mal so [Stadt 7] oder so Shishabar, weißt du? //mmh// Und dann halt wenn wir Bares haben, so immer Ende des Monats. Einmal so, ist so nicht Tradition aber so wir machen des halt immer, weißt du? Und es ist halt cool wenn du da mitgehn kannst, //mmh// hier unter den Jungs, weißte? (Driss, P3, 62–67)

In diesem Zitat kommt sein Bedürfnis nach dem Zusammenhalt mit den „Jungs" deutlich zum Ausdruck. Es ist ihm besonders wichtig, dass er dieses regelmäßige Event nicht verpasst. Und auch hier spielt das Thema Geld eine Rolle, denn am Ende des Monats erhält er vermutlich Gehalt und verfügt dann über genügend Geld zum Ausgeben.

Das letzte Jahr war für Driss mit einem Gefühl der Veränderung verbunden. Er setzt sein Leben immer mehr in Relation zu seinen Freunden und zu seinem Milieu und wird sich dessen negativen Einflusses bewusst.

Ich sag mal so die Welt des- man merkt so wie sich so alles verändert. Ich weiß nicht. So die Zeit vergeht schneller, weißt du? Wenn du wenn du dich nicht aufraffst dann bleibst du hängen sozusagen, weißt du? Des merkst du schon. °Des kriegst du schon mit so. Und ich sag mal hier so wie im Viertel wenn du da mit den falschen Leuten abhängst, ja? °Dann kannst du schon kleben bleiben °//mmh// auf der Spur sozusagen. Du wirst auch so größer so ja? Aber man merkt schon dass du (1) dass du 'n bisschen abgeschnitten bist. (Driss, P3, 73–79)

Driss grenzt sich offensichtlich immer mehr von den Leuten seiner Umgebung ab, aber wohlgemerkt nicht von seinen Freunden (!). Interessant ist, dass er sowohl das Milieu und damit verbundene Lebensumstände in Frage stellt, von denen er ja in gewisser Weise auch betroffen ist, als auch die gescheiterten Lebensverläufe personalisiert. Diese Darstellung einer Entwicklung nutzt er, um sich als selbstverantwortlicher Akteur zu inszenieren, der über den Dingen steht, der Relationen des Lebens besser deuten kann und der weiß, was im Leben wichtig ist.

Diese relationale Sicht spiegelt sich auch in seinem Ausgeh- und Trinkverhalten wider. Trinken hat demnach für ihn dann einen besonderen Wert, wenn es etwas Außergewöhnliches darstellt, wenn der geeignete Zeitpunkt dafür da ist. Nur so fühlt es sich richtig gut – oder zumindest besser – an. Das hängt wiederum auch mit seinem veränderten Bezug zu seinen Freunden zusammen. Früher ist man einfach immer zusammen gewesen und hat gemeinsam die Zeit totgeschlagen, was durch die Gemeinschaft einen hohen Unterhaltungswert hatte. Heute muss es immer einen Grund geben, um sich zu treffen, das heißt in der Regel am Wochenende gemeinsam trinken zu gehen. Auf Grund seiner Verpflichtungen ist ihm dies allerdings nur noch deutlich seltener möglich, während seine Kumpels weiterhin täglich in der „Drogenwohnung" abhängen. Von dieser Veränderung nicht betroffen sind seine zwei engsten Freunde, zu denen er ein unverändert gutes Verhältnis pflegt, wo man aus den Interviews aber auch wenig weiß, inwiefern diese Freundschaften mit Alkoholkonsum verbunden sind.

Im Vergleich zum ersten Interview spricht er diesmal direkt in der Einstiegssequenz seine nun beendete Beziehung an. Auch im Gesamtverlauf des Interviews zeigt sich, dass ihn das Thema Frauen und ihre Einordnung bzw. die Reflexion von Frauenbildern noch mehr beschäftigt. Frauen haben für ihn eine neue Bedeutung bekommen. Sie spielen nicht mehr nur noch im Kontext des Trinkens oder „Abschleppens" eine Rolle, sondern werden für ihn zu Bezugspersonen, mit denen er gerne Zeit verbringt, auch ohne Hintergedanken: „Ich mag des ja zum Beispiel so mit so Frauen zu reden ohne dass ich mit denen irgendwas anstellen muss oder so, weißt du?" (Driss, P3, 136–137).

Im Gesamtkontext ist das besonders interessant vor dem Hintergrund seiner Orientierungen, die bereits im ersten Interview durchscheinen. In Driss' Milieu werden Frauen sehr schell als „Schlampen" abgestempelt. Das trifft vor allem auf

6.5 „Driss" (John Litau)

diejenigen zu, die mit seiner „Clique" abhängen. Die Diffamierung von Frauen als Schlampen scheint fast eine Notwendigkeit für die Legitimation zu sein, dass Frauen beim Feiern mit seinen Freunden dabei sein können. Der Subtext ist, dass „anständige" Frauen nicht mit ihnen feiern würden bzw. sollten, nur „Schlampen" machen das. Hierzu ist es wichtig anzumerken, dass Driss eine generelle Unterscheidung zieht zwischen seinen Bezugspersonen in seinem Milieu (überwiegend Männer) und den neuen, inzwischen wichtig gewordenen Peers, die ihn tagsüber unter der Woche umgeben (überwiegend Frauen). „Anständige" Frauen gehören offenbar nicht in den Kontext seines Blocks. Diejenigen, die dabei sind, wissen seiner Meinung nach, was es bedeutet, wenn sie mit den Jungs abhängen. Das wiederum heißt, dass sie in seinen Augen Schlampen sind, weil sie dasselbe wollen wie die Jungs.

Driss' Sortierung und Vorstellung von unterschiedlichen Frauenbildern kann auch als einer der Gründe interpretiert werden, dass seine Beziehung nach fast einem Jahr in die Brüche geht. Driss war nicht damit einverstanden, dass seine Freundin so viel feiern geht. Zudem schätzt er ihre Freundinnen als „Schlampen" ein und fragt sich, was das im Hinblick auf seine Freundin bedeutet, wenn sie mit solchen Mädchen befreundet ist. Er hat kein Vertrauen zu ihr und ist eifersüchtig. Gleichzeitig kommt zum Ausdruck, dass er gerne frei ist und beim Weggehen ungebunden flirten möchte. Hier zeichnet er einen weiteren generellen Unterschied zwischen den Mädchen in seiner Großstadt, die er für eingebildet hält, und denen aus einer nahegelegenen Studentenstadt, die wohl leichter zu haben sind. Selbst bei Mädchen, mit denen er gut klar kommt und öfter etwas unternimmt, bleibt er skeptisch: „Des sind so, sag ich mal, kommen ordentlich rüber, ja? //@// Bis jetzt, bis jetzt" (Driss, P3, 1145).

Diese Skepsis bezieht sich hier auf die Frage, wie sich die Mädchen wohl unter Alkoholeinfluss verhalten, eine offensichtlich unkalkulierbare Größe, die ein abschließendes Urteil unmöglich macht.

Gleichzeitig motiviert die Anwesenheit von Frauen bei Trinkevents Driss zu mehr Konsum:

> ich sag ich ganz ehrlich- des machen die Frauen, die Frauen lösen des bei mir aus, ja? Dass ich viel trinke weil ich denk mir dann so in der Situation, was 'n geiler Abend, jeder ist auf'n guten Kopf, komm da geht noch was, komm. Und dann unterschätz ich des manchmal, ja? Weil ich- weil ich mich äh männlich zeigen will. (Driss, P3, 494–498)

Das Zitat zeigt, wie Driss mit Bezug auf sein Frauenbild den eigenen exzessiven Konsum legitimiert. Eigentlich sagt ihm seine Erfahrung im Umgang mit Alkohol, beispielsweise durch das Ausloten eigener körperlicher Grenzen, dass er bereits genug getrunken hat, andererseits „bringen die Frauen ihn dazu" weiterzutrinken, weil er sich „männlich zeigen will". Folglich ist es ihm wichtig, vor den anwesenden Frauen ein bestimmtes Bild von sich zu präsentieren – das Bild eines Mannes, der viel trinken kann und trotzdem einen angemessenen Umgang mit Frauen pflegt, also die Situation unter Kontrolle behält und nicht zum Schluss ohne ein Mädchen da steht. Und gleichzeitig sind das die Mädchen, die er im Rahmen seines Bewertungsschemas als „Schlampen" einstufen würde.

An dieser Stelle findet sich eine Verknüpfung mit dem in der Einstiegssequenz ebenfalls prominent präsentierten Thema der Regulierungspraktiken. Driss verweist auf seine körperlichen Grenzen, die ihm dank seiner langjährigen Erfahrung mit Alkohol bekannt sind. Besonders in diesem letzten Jahr passt er bewusster auf, dass er beim Trinken nicht übertreibt. Das heißt nicht, dass es im letzten Jahr zu keinen alkoholbedingten Abstürzen mehr gekommen ist, sondern lediglich, dass er beim Trinken ausschließlich am Spaßfaktor orientiert ist und rein prinzipiell Abstürze vermeiden möchte. Für sein früheres Trinkverhalten scheint bezeichnend zu sein, dass die Grenze des Kontrollverlustes nicht relevant war, das heißt er nicht rechtzeitig aufgehört hat mit dem Trinken, sondern immer weiter getrunken hat, bis ein Absturz unvermeidbar war. Sein selbst beschriebenes Mitläufertum machte es ihm deutlich schwerer, diese Grenzen einzuhalten.

> Weil ich jetzt auch 'n bisschen mehr vertragen kann kann und so aber ich sag mal hier war schon so 'n (1) Punkt (1) da war schon viel. (3) //ok// War schon viel. Hat mir selber- ich selber wenn ich mir denke des war so (3) so wie so 'n mitläufermäßig, ja? //mmh, mmh// Da wollt ich selber nicht wirklich trinken, also 's hat mir nicht so gut geschmeckt dass ich soviel getrunken hab. (2) //ok// Mmh, mmh. (Driss, P3, 1365–1370)

Jetzt verlässt er sich darauf zu wissen, wann Schluss ist, nicht nur weil er seine Grenzen kennt, sondern weil er auch mehr im Stande ist, sich dem Gruppendruck zu widersetzen. Darüber hinaus hat er auch Strategien, wie mit einem unangenehmen Rausch umzugehen ist (z. B. Wasser trinken, Tanzen). Früher hat er diese Warnsignale seines Körpers verdrängt oder nicht ernst genommen und trotzdem weiter getrunken. Er war „motivierter", hart zu trinken. Heute beschäftigen ihn auch mehr die Nachwirkungen eines intensiven Konsums. Was früher als unangenehmer aber legitimer Preis für eine gute Nacht erschien, stellt für ihn heute eine vermeidbare Situation dar.

Nach wie vor spielt das Thema Geld für ihn eine wichtige Rolle. Geld ist ihm wichtig, um mit den Kumpels weggehen zu können oder um auch mal die anderen einladen zu können. Dabei sind das Zeigen des Geldes und der latente Vergleich mit den anderen entscheidend. Es geht dabei um Fragen der Anerkennung durch Reziprozität – eingeladen zu werden und selbst einladen zu können. Hinzu kommt bei Driss aber eine im Vergleich zum ersten Interview neue Dimension des Geldes, eine in gewisser Weise „bürgerliche" Vorstellung von Besitz, bei der z. B. ein Führerschein oder ein Auto eine wichtige Leitorientierung darstellen. Eine wichtige Rolle spielt dabei, wie viel Geld fürs Ausgehen und Alkohol ausgegeben wird und wie viel wiederum genau an dieser Stelle gespart werden könnte, weil diese Ausgaben gesamtperspektivisch eher sinnlos sind. Das Dealen hat er nach dem Beginn der Ausbildung eingestellt. Wirklich professionell wollte er dies sowieso nicht aufziehen, da ihm hierfür u. a. die Motivation fehlte, eine entsprechende Handelsinfrastruktur aufzubauen. Zusammen mit seinem Onkel entwickelte er für sich ein neues Geschäftsmodell des An- und Verkaufs von Autoteilen, der ihm den nötigen Zuverdienst sichert.

Auch im zweiten Interview ist die sprachlich-diskursive Präsentation durch lange Erzählungen und Beschreibungen geprägt, die von Driss häufig mit Reflexionen und Gesamtbewertungen einzelner Themen resümiert werden und dadurch Rückschlüsse auf den von ihm inszenierten Entwicklungsprozess ermöglichen. Driss greift dabei alle eingeführten Themen offen und gerne auf; es gibt keine Themen, die auffällig ausgespart würden. Er führt in seinen Darstellungen immer wieder neue relevante Themen selber ein und verbindet sie argumentativ miteinander.

6.5.3 Wege in und aus dem Rauschtrinken – Fallstruktur Driss

Driss präsentiert eine selbstgesteuerte und als unauffällig dargestellte Biografie ohne Beschreibungen von gravierenden Brüchen – zumindest keine, die seiner Inszenierung nach von ihm nicht bewältigt werden können. Jedoch lassen sich bei ihm einige biografische Herausforderungen herausarbeiten. Beispielhaft stehen hierfür die sozialen und soziökonomischen Bedingungen des Aufwachsens in einem Brennpunkt einer Großstadt, seine eher erfolglose (Aus-) Bildungskarriere in Verbindung mit der Jugendhilfe, damit verbundene Auseinandersetzungen im Elternhaus oder seine Konsumpraxis. Damit ist eigentlich nur sein Peerkontext nicht von Herausforderungen oder Brüchen gekennzeichnet. Gerade vor dem Hintergrund dieser Ambivalenz der erfolgreichen Selbstinszenierung und einer in vieler Hinsicht gescheiterten bzw. herausfordernden Realität erscheint Driss als ein Grenzgänger in den für ihn relevanten biografischen Bezügen. Besonders auffällig zeigen sich dabei seine an Extrempolen ausgerichteten Orientierungen in den weiter oben ausgearbeiteten Kernthemen, die sich konsequent durch beide Interviews ziehen und bei denen sich sowohl die sprachlich-diskursive Darstellung als auch die Argumentationslinien nahezu nicht verändern.

Hinsichtlich seines Alkoholkonsums vollzieht Driss eine allmähliche Veränderung zwischen den Erhebungszeitpunkten. Alkoholkonsum moduliert und rahmt dabei sein Erwachsenwerden und verändert sich mit den neuen Themen wie Ausbildung oder teilweise auch in seiner Beziehung. Vom Beginn seiner Trinkbiografie an dient ihm Alkoholkonsum verstärkt zur Integration in Peerkontexte. Ohne den Peerbezug und den Hang zum Mitläufertum, den er sich selber zuschreibt, würde er nicht trinken. Alkoholkonsum ist damit essentieller Teil seiner peer- und milieubezogenen Freizeitpraxis. Jahrelang konsumiert er auf einem sehr hohen Niveau und bezieht sich damit auch auf eine „normale" Praxis seines Milieus. Peers und Alkohol stellen in dieser Zeit den Rahmen und die Struktur seines Alltags. Diese Zeit wird von ihm alternativlos und alles einnehmend geschildert. Die Relevanzen und sein Konsumlevel wenden sich erst, als er seine Ausbildung antritt und weniger Zeit für seine Freunde hat. Zwischen diesen beiden Polen inszeniert er einen Erkenntnis- und Läuterungsprozess (die Praxis des täglichen Trinkens wird langweilig, er wünscht sich eine Aufgabe und möchte raus aus dem Zirkel des Konsums und teilweise raus aus seiner Umgebung), der ihn letztlich von der Grenze des Exzessivkonsums zu einem Versuch eines normalbiografischen Alltags leitet, was für ihn sozusagen das andere Extrem bedeutet.

In einer weiteren prominenten Linie inszeniert sich Driss auch im Hinblick auf seine Ortsgebundenheit als Grenzgänger. Sehr detailliert beschreibt er das Milieu, in dem er aufgewachsen ist, und arbeitet sich am biografischen Einfluss ab, den er hier erfahren hat. Das Umfeld, die Freunde, seine Freizeitgestaltung und der dort stattfindende Alkoholkonsum – alles scheint unmittelbar auf den Kontext des Stadtteils bezogen zu sein, der stellvertretend für ein bildungsarmes, sozial schwaches und latent kriminelles Milieu steht. Dieses Umfeld stellt zwar für ihn selbst eine Normalität dar, vor dem Interviewer distanziert er sich jedoch hiervon. Die beschriebenen Lebensbedingungen sind für Driss durch ihre starke Vereinnahmung allumfassend. Man muss sich mit ihnen arrangieren oder aus ihnen ausbrechen, eine andere Alternative sieht er nicht. Implizit nimmt er dennoch Bezug zu möglichen Alternativen, die sich interpretativ rekonstruieren lassen: Arrangiert er sich mit den Bedingungen, bleibt er „abgeschnitten" von der restlichen Welt. Will er ausbrechen, erfordert es einen Kraftakt, zu dem er sich aufraffen muss. Das ist für Driss wiederum eine große Anstrengung, mit der er bei der Umsetzung immer wieder hadert, was wiederum mit seinen Gefühlen von Zugehörigkeit und gleichzeitigen Wünschen nach Abgrenzung zusammenhängt. Mit dem Kiez ist er zwar emotional verbunden, aber er sieht ihn auch als potentielle Gefahr für seinen weiteren Lebensweg, sodass er dort nicht „hängen- oder klebenbleiben" möchte. Doch auch mit nachlassendem Alkoholkonsum wechselt er seinen Freundeskreis nicht und sucht weiterhin die bekannten Konsumräume auf. In Bezug auf einen

Normallebenslauf fühlt er sich tatsächlich eher einer Idee des bürgerlichen Milieus verbunden, einem Milieu, in dem man seiner Ansicht nach einer geregelten Arbeit nachgeht und wo geregelte Wohnverhältnisse und partnerschaftliche Beziehungen vorherrschen. Diese Perspektive stellt er sich selbst zumindest in Aussicht. Dass er zwischen diesen Extremen im Grunde hin und herspringt, wird daran deutlich, dass er sich gleichzeitig immer wieder von beiden Milieus abgrenzt. Die bürgerliche Welt des frühen Aufstehens und Arbeitens ist nicht seine. Die Integration fordert ihm einiges ab. Dort hat er auch wenig soziale Kontakte bzw. baut sich diese gerade erst auf, denn sein sozialer Mittelpunkt ist und bleibt sein Stadtteil. Aber auch von seiner „Kiezmentalität" grenzt er sich in seinem Entwicklungsverlauf immer mehr ab und sieht für sich eindeutig keine Zukunft in einem professionell groß aufgezogenen Drogenhandel, wie ihm das von einigen seiner Peers vorgelebt wird. Stattdessen gleitet Driss in seiner biografischen Inszenierung zwischen diesen beiden Welten hin und her und lotet dabei seine eigenen Grenzen aus.

Dieses Pendeln zwischen zwei Welten und ihren Extremen veranschaulicht sich besonders gut im Kontext seiner ausgeprägten Peerorientierung. Bei Driss wird das gesamte Freizeitverhalten im und durch den Freundeskreis organisiert. Diese Form des Zusammenseins basiert auf Alkohol- und Drogenkonsum, sei es indem man gemeinsam feiern geht, sei es, indem man gemeinsam abhängt, ob draußen im „Block" oder in einer Wohnung. Die Zugehörigkeit zu diesem Kreis ist für Driss sehr wichtig, was sich auch in dem von ihm gebrauchten Jargon bei der Benennung seiner Freunde widerspiegelt („meine Jungs", „wie Brüder"). Driss differenziert dabei seine Bezugspersonen in solche, die ihm näher stehen und in der Regel ähnlich wie er konsumieren, und andere aus dem Stadtteil, die er gut kennt, die ihm aber weniger wichtig sind und die deutlich mehr trinken bzw. auch einen problematischen Konsum haben. Dabei ist das Bedürfnis nach Zugehörigkeit bei ihm gleichzusetzen mit einer Suche nach Anerkennung und Respekt durch seine Freunde. Beides ist ihm wichtig und beides bekommt er weder in der Familie noch in seiner Ausbildung in einer solch offenen Form.

Spannend bleibt auch seine allmähliche innere, aber auch äußere Abgrenzung vom Freundeskreis. Durch die Verpflichtungen der Ausbildung hat er deutlich weniger Zeit, sich mit seinen Freunden zu treffen und vor allem weniger die Möglichkeit, auf demselben Niveau zu konsumieren wie sie. Einerseits beneidet er sie dafür, andererseits stellt er sich selbst als geläutert dar, als jemand, der begriffen hat, worum es im Leben geht und was man tun muss, um ein „normales" Leben außerhalb des Drogenmilieus führen zu können. Diesen Erkenntnisprozess inszeniert er als Charakteristik seiner allgemeinen Entwicklung.

Eine ähnliche Differenzierung findet sich bei Driss auch beim Thema Geld, was insofern mit seiner Peerorientierung zusammenhängt, als es ein Hauptmittel darstellt, durch das er sich Respekt vor seinen Peers verschaffen oder ihn auf Dauer verlieren kann. Das Credo lautet: Wer nichts in der Tasche hat, ist nichts und hat entsprechend nichts zu melden. Wie man an Geld kommt, vor allem in seinem Alter und vor allem in seinem Milieu, dafür sind für ihn die Möglichkeiten eindeutig eingeschränkt. Es gibt entweder den ausschließlich geraden Weg über eine „gewöhnliche" Ausbildung, was den meisten seiner Peers genauso wie ihm auf Grund ihrer schlechten schulischen Leistungen erschwert ist. Oder es gibt den „ungeraden" Weg über die Kriminalität, was auf den ersten Blick deutlich lukrativer erscheint, aber dennoch nur der Weg einiger seiner Freunde ist, nicht jedoch seiner. Er liebäugelt mit dem Dealen, ohne am Ende das hohe Risiko einzugehen. Dabei bezieht er sich nicht nur auf das strafrechtliche Risiko, sondern auch jenes, anderen Leuten „auf die Füße zu treten" und sich damit in größere Schwierigkeiten wie „Gebietsansprüche" und damit verbundene Auseinandersetzungen zu begeben. Auch fehlt ihm der Ehrgeiz, seine Geschäfte in einem professionellen Rahmen aufzuziehen, was aber aus seiner Sicht der einzig sinnvolle Weg wäre, wenn man schon kriminell wird. Damit unterscheidet sich seine Grundorientierung nicht wesentlich von der, mit der er auch seine Ausbildung betrachtet. Beides bedeutet für ihn einen Kraftakt, eine Herausforderung und Anstrengung, die er erkennt, der er vermutlich aber nicht gewachsen ist.

Wie stark die Struktur des Auslotens von Extremen in Driss' Inszenierung ist, zeigt sich auch in seinem Frauenbild und seinem Umgang mit Frauen. So gibt es in seiner Welt zwei Möglichkeiten, wie eine Frau beschrieben werden kann: Entweder die Frau ist „anständig", das heißt, sie weiß sich zu benehmen, hat einen „richtigen" Umgang (am besten ebenfalls mit anständigen Frauen), trinkt keinen Alkohol und geht nicht zu oft aus. Dagegen betitelt er alle anderen Frauen, welche diesen illusorischen und widersprüchlichen Vorstellungen nicht entsprechen, als „Schlampen" oder „Huren". Vor allem im Zusammenhang mit Alkohol verlieren Frauen seiner Meinung nach alle Hemmungen und wissen nicht mehr, was sie tun. Interessanterweise schreibt er genau dieselben Eigenschaften auch sich selbst und seinen männlichen Freunden unter Alkoholeinfluss zu. In Bezug auf seine eigene Person weiß er genau, dass besonders die Anwesenheit von Frauen einen Abend zum „Eskalieren" bringen kann, mit der Konsequenz, dass dadurch seine gewohnten und auf Erfahrung basierenden Regulierungspraktiken beim Trinken ausgehebelt werden können. Damit sind Frauen für ihn zugleich eine Motivation für (exzessiven) Konsum und gleichzeitig auch die „Sündenböcke", wenn es dabei zu Extremen kommt.

So erweist sich Driss in seiner Selbstinszenierung als ein Grenzgänger zwischen den für ihn biografisch relevanten Themen, als jemand, der zwischen zwei Welten – der seines Milieus und der bürgerlichen Welt – hin und her pendelt. Beide

Welten versucht er sich offen zu halten, begreift sie aber selbst nicht als Extreme, sondern fasst sie als seine Normalität. Es ist zu vermuten, dass diese Inszenierung als Grenzgänger darauf zurückzuführen ist, dass er eindeutig zu einer dieser Welten gehört (Milieu des Stadtteils) und der Wunsch, in die andere Welt (Normalbiografie) zu kommen, mit einer immensen Anstrengung verbunden ist. Er spürt, dass er dieser Herausforderung nicht gewachsen ist, aber die Orientierung an Extremen gibt ihm zumindest das Gefühl, seine Möglichkeiten ausreizen zu können, auch wenn ihm strukturell keine realen und/oder attraktiven Handlungs- und Entscheidungsalternativen zur Verfügung stehen. Damit wird es schwer, bei ihm eine Tendenz zu prognostizieren, wohin ihn sein zukünftiger Weg tatsächlich führen wird.

Driss' Inszenierung ist eine Form, die Welt aus der Eigenperspektive zu sortieren, und diese Sortierung nimmt er anhand von starken Differenzierungen vor: so z. B. die Einordnung seines Trinkverhaltens (wir, die Jüngern, die Moderaten, die Harmlosen – dort die Älteren, die extremer konsumieren) oder durch die Unterlegung der Trinkpraktiken mit einer Genderfolie, wonach trinkende Frauen abgewertet werden, Männer dagegen nicht. Besonders interessant, wenngleich auch nicht wirklich verwunderlich ist dabei, dass seine Orientierungen sich letztlich doch sehr stark durch seine Milieuzugehörigkeit begründen und so eine biografische Klammer schaffen. Alkohol dient ihm dabei stets als Folie für unterschiedliche Abgrenzungen, sei es in Bezug auf seine Freunde, die Ausbildung, Frauen oder seine Milieuzugehörigkeit.

6.6 Kontinuität und Wandel und die Verschränkung von Alkoholkonsum mit biografischen Übergangsthemen

Mit den Ankerfällen konnten in besonders pointierter Weise Entwicklungsprozesse rekonstruiert werden. Deutlich wurde in allen Ankerfällen das Prozesshafte des Involviertseins in den kollektiven Alkoholkonsum in informellen Gruppenkonstellationen. Damit zeigt sich der jugendkulturell-episodische Charakter dieses Konsums. Dieser lässt sich in unterschiedlichen Aspekten – dem der öffentlichen Raumaneignung, dem der kollektiven Inszenierung, dem der latenten Widerständigkeit gegenüber geltenden Normen bzw. der Lust an der Erregung öffentlichen Aufsehens – von den Trinkkulturen der Erwachsenengesellschaft abgrenzen: dies zumindest graduell, denn auch die Trinkkulturen der Erwachsenengesellschaft sind – je nach Milieu und Altersgruppe – in Transformation begriffen und ähneln teilweise (zum Beispiel was die kollektive öffentliche Dimension betrifft) immer mehr dem jugendkulturellen Konsum. Diesbezüglich ist im Hinblick auf unsere Fragestellung auch spannend, dass sich überall Wege in und aus dem jugendkulturellen Rauschtrinken rekonstruieren ließen, bei manchen Fällen jedoch der Übergang in eine erwachsene Trinkkultur sich schon abzuzeichnen scheint.

So lassen sich – was wenig erstaunlich scheint – in unserem Material grob *zwei Prozesstypen* im Zusammenspiel von biografischer Entwicklung und Gruppenprozessen unterscheiden (Nohl 2006b; Asbrand et al. 2013): ein Typus „Herstellen von Kontinuität" (aufzufinden in den Ankerfällen Basti und Kay), und ein Typus „Herstellen von Wandel" (aufzufinden in den Ankerfällen Olga, Jana und Driss).

Herstellen von Kontinuität kann durchaus auch Veränderung in den Peerbezügen beinhalten, aber eben nicht als Wandel oder Bruch, sondern in Form einer sukzessiven Erweiterung der Peerkontexte oder eines sukzessiven Übergangs in erwachsene Kontexte. Gleichzeitig gibt es wichtige Differenzen innerhalb dieses Typus: Während Basti – passend zu seiner auch bildungsbiografisch verlängerten Phase eines studentischen Lebens – den jugendkulturellen Konsum aufrechterhält, scheint Kay sich in seinem ländlichen Milieu eher über den systematisch erhöhten Alkoholkonsum allmählich in eine ländliche Erwachsenenkultur (die Welt der Vereine, der Dorffeste etc.) hineinzutrinken.

Beider Wege entwickeln sich in einer gewissen Homologie zwischen ihren Konsumverläufen und ihren sonstigen Übergängen ins Erwachsenwerden, und beide Male spielt der Alkoholkonsum eine wichtige Rolle, um immer wieder neue Kreise zu erschließen und gleichzeitig in die alten Kreise integriert zu bleiben. Während diesbezüglich Basti und Kay zunächst sehr unterschiedlich erscheinen (der eine – Basti – als permanent sozial explorierend, der andere – Kay – als seinem ländlichen Milieu sehr verhaftet, in diesem jedoch allmählich andere Altersgruppen erschließend), so ist der Unterschied hier lediglich graduell: Beiden geht es darum, integriert zu bleiben, beide nehmen hierbei allmähliche Erweiterungen ihrer Peerzusammenhänge vor, beiden dient hierfür der Alkoholkonsum als zentraler Modus der Organisation von Zugehörigkeit. Bei beiden lässt sich eine generelle biografische Orientierung rekonstruieren, die sich zentriert um eine als ‚normal', problemlos und zukunftsoptimistisch erlebte Biografie auf der Basis einer starken Orientierung an sozialer Einbindung und einer dezidierten Ausrichtung an mittelschichtsorientierten Normalitätskonstruktionen. Die dominante Präsentationsform bei Basti und Kay sind Kompetenzdarstellungen, die sich nicht nur auf den Alkoholkonsum beziehen und bei denen der zunehmende Alkoholkonsum nicht in Frage gestellt wird.

Im maximalen Kontrast hierzu gibt es das *Herstellen von Wandel* – also Verläufe, in denen sich eine zunehmende Distanz vom Konsum und den konsumierenden Peers entwickelt, die zu einer Reduktion bzw. Abstinenz von Alkohol führt: In den Ankerfällen Jana und Olga wird Wandel in Form einer mehr oder weniger radikalen und daher begründungsbedürftigen Distanzierung von der stark konsumieren-

6.6 Kontinuität und Wandel und die Verschränkung ...

den Gruppe hergestellt. In diesen Verläufen zeigen sich deutlich als biografische Wendepunkte markierte Veränderungen im Konsumverhalten, bei unterschiedlich erfolgreichen Anstrengungen, vom Scheitern bedrohte (Jana) oder fast schon gescheiterte Bildungskarrieren (Olga) aufzuhalten bzw. noch einmal zu reparieren.

Gleichzeitig gibt es auch hier wichtige Differenzen zwischen diesen beiden Fällen, die für Wege aus dem exzessiven Alkoholkonsum stehen: Während Jana eine radikale Abwendung vom Alkohol und Hinwendung zu zunehmender Abstinenz präsentiert, steht Olga für einen Weg, der das Trinken für die Auszeiten am Wochenende reserviert. Diese scheinen in ihrer neuen Lebenssituation als junge Mutter umso wichtiger zu werden, bilden sie doch ein Gegengewicht zu ihrem Alltag mit dem Kind. Und auch hier finden sich gewisse Strukturähnlichkeiten zwischen den Konsumverläufen und eher schwierigen und von Brüchen bzw. Erfolglosigkeit geprägten Übergängen (v. a. im Kontext von Schule-Ausbildung-Beruf) und sehr wechselvollen Familienbeziehungen: Bei beiden steht die Zeit des heftigen Trinkens für eine sehr konfliktreiche Phase in der Beziehung zur Mutter. Man könnte sagen: Diejenigen Ankerfälle, die sich stark an ihren biografischen Übergängen abarbeiten, arbeiten sich auch an ihrem Konsumverhalten ab – für sie ist der Alkoholkonsum also nicht schlicht ein Kompensator für Schwierigkeiten im sonstigen Leben.

Auch auf den Fall von Driss trifft dies zu: Driss steht für einen Grenzgänger zwischen zwei als gegensätzlich konstruierten Welten: der Kiez-Welt, der Driss einerseits entkommen will, andererseits aber auch vielfach verbunden bleibt, und der bürgerlichen Welt der Ausbildung und des geregelten Tagesablaufs, deren Anforderungen Driss erhebliche Mühe machen, die aber in der Form geregelter Arbeit ein wichtiger Bezugspunkt wird. Der Alkoholkonsum wird dabei zur changierenden Folie für Grenzziehungen.

Aussagen zum Alkoholkonsum dienen also der Legitimierung von Kontinuität wie auch von Wandel, in biografischen Entwicklungen wie in Gruppenbezügen (1), und dabei finden sich gruppenbezogene Aussagen („wir' und ‚die anderen') wie auch Rückgriffe auf Geschlechterstereotype (2) oder auf ausbildungs-, berufs- und lebensplanungsbezogene Orientierungsschemata (3). Auf diese drei Thematiken soll hier noch einmal eingegangen werden.

Alkoholkonsum und die (Re-)Organisation von Peerkontexten
Der Alkoholkonsum ist in unserem Material immer verbunden mit gruppenbezogenen Aktivitäten und dient dazu, Gruppe weiterhin interaktiv aufrechtzuerhalten („doing Peergroup") oder aber als Aktionsfeld für sich zu beenden. Letzteres bedeutet nicht, dass die Gruppe nicht weiterhin einen Referenzrahmen bildet, zum Beispiel für Abgrenzungs- und Distanzierungsmanöver. Hier lassen sich unter

unseren Ankerfällen die schon benannten unterschiedlichen Prozesse der (Re-)Organisation von Peerkontexten identifizieren:

Basti nutzt den Konsum bei der sukzessiven Ausweitung seiner sozialen Kreise und auch für das Integriertbleiben in den alten Zusammenhängen; Kay nutzt den Alkoholkonsum für einen kontinuierlichen Übergang von einer Vielzahl jugendkulturell eher stärker gegeneinander abgegrenzter Gruppen zu einer altersgruppenübergreifenden Jung-Erwachsenszene. Bei beiden ist diese Form der Aufrechterhaltung bzw. Weiterentwicklung von Peerbezügen unmittelbar mit einem fortgesetzt auf hohem, wenn nicht gar steigendem Niveau stattfindenden Alkoholkonsum verbunden.

Driss ist inzwischen durch den Beginn der für ihn biografisch hochrelevanten Ausbildungsmaßnahme in unterschiedliche Peerkontexte mit unterschiedlichen Normalitäten eingebunden, vor allem was Feiern und den Konsum von Alkohol und anderen Drogen anbelangt. War er zunächst ausschließlich auf sein Kiezmilieu bezogen, so pendelt er jetzt zwischen den Welten und entsprechend auch zwischen unterschiedlichen Konsumpraktiken: Er trinkt immer dann hart, wenn er sich in seinem alten Milieu aufhält, und lässt sich immer dann, wenn er dieses verlässt, auf die soziokulturellen Normalitäten der neuen Peers ein.

Bei Jana bekommt die dezidierte Abwendung vom Alkohol auch die Funktion, einen Bruch mit den bisherigen Peerkontexten zu begründen – oder umgekehrt die Distanzierung von den Peers bekommt die Funktion, ihre Abkehr vom Konsum zu begründen. Deutlich wird, dass die informelle Gruppe zunächst eine wichtige Integrationsfunktion hatte, indem sie Jana als „die Kleine" aufnahm und ihr einen angenehmen Ort gegenüber der stressigen Familiensituation bot. Dieser jedoch wird Jana im weiteren Verlauf zunehmend suspekt; allmählich – und festgemacht an einigen Schlüsselerlebnissen – werden die desintegrativen Aspekte des Peerkontextes deutlicher, vor allem das Risiko einer Drogen- und Kriminalitätskarriere. Ganz ähnlich ist dieser Prozess einer Hinwendung zu den Peers und einer Abkehr von denselben bei Olga, auch wenn Olga im Hinblick auf die Abkehr ambivalenter erscheint als Jana. Bei allen Unterschieden zwischen den Fällen ist bei Driss, Jana und Olga die Modifikation des Trinkens mit einem Bruch mit der alten Peergroup verbunden.

Genderbezüge in den Wegen in und aus jugendkulturellem Alkoholkonsum
Interessant ist, wie in den Rekonstruktionen der Ankerfälle Genderbezüge ganz unterschiedlich relevant (oder irrelevant) gesetzt werden: Wird bei Jana die Mutter-Tochter-Beziehung und der Wunsch, ihre Mutter nicht mehr enttäuschen zu wollen, zum zentralen biografischen Thema, so ist es bei Olga die Beziehung zur Freundin, die als normative Rückversicherung die Abkehrbewegung vom harten

6.6 Kontinuität und Wandel und die Verschränkung ...

jugendkulturellen Trinken begründet. Bei Olga ist Gender ein durchgängiges, wenn auch auf unterschiedliche Weise genutztes Begründungsmuster: Nach frühen Mobbingerfahrungen in der Schule, die Olga darauf zurückführt, dass ihr Äußeres in dieser Lebensphase nicht den Schönheitsidealen für Mädchen entsprach, ist der Alkoholkonsum ein Modus, um einen anerkannten Jugendlichenstatus zu erlangen. Hier gibt es eine Analogie zu Jana, die über das Trinken in die aufregende Zeit des Draußenseins in der Nacht etc. eingeführt wird, hierüber als „die Kleine" unter viel älteren Jugendlichen den Status einer Jugendlichen erwirbt und sich offensiv den Erwartungen der Mutter an ein Mädchen widersetzt. Olga füllt die Rolle des starken, auch gewaltbereiten Mädchens aus, mit der sie sich von herkömmlichen Weiblichkeitserwartungen abgrenzt. Letztere jedoch nutzt sie als Begründungszusammenhang für ihren ‚Läuterungsprozess', legitimatorisch noch dadurch verstärkt, dass diese Weiblichkeitsvorstellungen von der Großmutter als ihrer absoluten Autoritätsperson formuliert werden. So erweist sich Gender als ambivalente Bezugsfolie für Olga, die sowohl diesen Bezug auf ein „braves" Mädchenbild und auf das Annehmen einer „weiblichen Rolle" zulässt, wie auch den Bezug auf ein „starkes", unangepasstes Mädchenbild. An diesem hält Olga im Kontext weiblicher Solidarbeziehungen, vor allem in Bezug auf ihre intensive Freundinnenbeziehung, fest. Diese Freundinnenbeziehung erscheint als *das* zentrale Setting für die Beschreibung von (aktiv gestalteten) Beziehungsdynamiken: dramatische Erzählungen von Hin- und Herbewegungen, Konflikten, Ab- und Zuwendungen, die der Betonung der Zusammengehörigkeit dienen. Demgegenüber bleibt die Beziehung zum Vater ihres kleinen Kindes blass und hochambivalent.

Bei Basti und Kay tauchen interessanterweise Genderbezüge nur in zwei Formen auf: im Betonen homosozialer Zusammenhänge beim gemeinsamen Trinken – bei Kay in offen sexistischer Version, einhergehend mit der Abwertung von Frauen, die nicht an dieser Praxis beteiligt werden, sondern lediglich „benutzt" werden – und in Form des Überspielens schwieriger bzw. nicht vorhandener Liebesbeziehungen.

Bei Driss erscheint ein doppelbödiges Frauenbild, das den zwei Welten entspricht, zwischen denen er sich bewegt: Scharf kontrastiert er „anständige Frauen" und „Schlampen", den einen ordnet er Abstinenz, den anderen hohen Konsum zu. Geschlechterbezogene Zuschreibungen werden also mit dem (zugeschriebenen) Alkoholkonsum verstärkt. In dieser Schärfe ist dies möglicherweise bei Driss ein Ausdruck der Anstrengung, die er immer wieder mit dem Pendeln zwischen zwei Welten hat. Hier, auf der Ebene der Bewertung von Frauen, scheint die Welt sehr gut zu ordnen zu sein, auch wenn diese Ordnung fragil bleibt; denn bei der erstgenannten Gruppe von Frauen kann er sich nie sicher sein, ob sie wirklich anständig sind bzw. wann sie in die Gruppe der zweiten hineinrutschen.

Verschränkung von formalen und informellen Bildungsprozessen

Bei Basti und Kay gehen formale Bildungsprozesse im Kontext von Studium und Ausbildung und informelle Bildungsprozesse in ihren Gruppenzusammenhängen nebeneinander her, geraten ab und zu einmal in Konflikt, der sich in Form von Ausfallerscheinungen bei der Arbeit nach Alkoholkonsum zeigt (bei Kay) und dann reguliert wird (Basti, Kay); ansonsten ist der Alkoholkonsum eher nützlich, um sich sicher zu integrieren (Basti). Hier also wird der durch gemeinsamen Alkoholkonsum kreierte soziale Raum zu einem gelingenden Feld von sozialer Integration, das neben dem unhinterfragten bzw. de-thematisierten formalen Bildungsweg ein spannendes Thema abgibt.

Bei Jana und Olga tritt der formale Bildungsprozess in ihren Thematisierungen in den Hintergrund. Jana scheint mit der Abkehr vom Trinken die alten Schwierigkeiten im Schulsystem, die mit massiven Schwierigkeiten mit ihrer Mutter einhergingen, „entsorgen" zu wollen. Bei Olga gibt es Hinweise darauf, dass der verpasste Anschluss an eine berufliche Qualifizierung durchaus von einiger subjektiver Relevanz ist und die entsprechenden Misserfolgserfahrungen viel tiefer gehen, als sie dies expliziert. Doch bei beiden treten gegenüber diesen Misserfolgsbereichen die gestaltbaren Bildungsprozessen im informellen Bereich der sozialen und familialen Beziehungen in den Vordergrund: Hier ist das Feld, auf dem die beiden jungen Frauen einen reiferen Status behauptet gewonnen zu haben.

Driss kennt seinen Kiez, er verweist auf sehr viel informelle Handlungskompetenz, begibt sich aber – aufgrund der formalen Bildungsschritte – auch in informeller Hinsicht auf neues Gelände. Zwar markiert er die formalen Bildungsprozesse als sehr relevant, aber die Bedeutung des neuen Milieus wird immer wieder zugunsten der Vertrautheit mit dem alten Milieu (und dessen bildungsbezogener Normalitäten) relativiert. Insofern bleibt die neue Orientierung fragil.

Formelle und informelle Bildungsprozesse sind also auf vielfältige Weise miteinander verschränkt: im Kontext der Konsumpraktiken lernen manche unserer Befragten ihre Role-Models kennen – so etwa Driss, der einen seiner Jungs morgens mit der Aktentasche auf dem Weg zu einer geregelten Arbeit trifft; in Bezug auf den Alkoholkonsum machen einige unserer Befragten Schlüsselerfahrungen – so auch Olga, die sich angeekelt von den Insignien verstärkten Drogenkonsums von der härter konsumierenden Gruppe abwendet; oder Jana, die das abschreckende Bild ihres Alkoholiker-Vaters vor sich sieht; in Bezug auf den Alkoholkonsum gibt es in der biografischen Rekonstruktion Wendepunkte, zum Beispiel in Interaktionen mit relevanten Anderen, die markieren, dass zugunsten des ernsthafteren Verfolgens eines Bildungsweges umgesteuert wird, wenn auch, wie das Beispiel von Olga und Jana zeigt, unterschiedlich erfolgreich.

Bildungsbezogene Entscheidungen werden also durchaus im Wechselspiel zwischen formalen und informellen Bildungskontexten getroffen; sie können dabei auch motiviert sein durch positive oder abschreckende Beispiele und Erlebnisse im Kontext des jugendkulturellen Konsum-Milieus.

Hier kann der Argumentation von Miethe und Dierckx (2013, S. 33) gefolgt werden: Es geht nicht darum, entscheidungstheoretische Konzepte in Bausch und Bogen zu verwerfen, sondern diese in ihrem relativen Nutzen, jeweils materialbezogen, sehr wohl zur Anwendung zu bringen. Gleichzeitig ist es aber wichtig, diese in Strukturüberlegungen einzubetten und zu fragen, welche Bedeutung im konkreten Fall die Auseinandersetzung mit öffentlichen Diskursen, mit einem bestimmten regionalen Bildungsklima hat, was die jeweiligen sozialen Unterstützungsstrukturen und auch familialen Einbindungen im konkreten Fall für eine Bedeutung haben etc. So ist es für die Auswertung relevant, danach zu fragen, was es bedeutet, wie Driss in einem abgehängten Großstadtviertel aufzuwachsen, oder wie Kay und Olga in einer ländlichen Region, oder sich wie Olga und Jana latent oder offen mit Rassismen auseinandersetzen zu müssen. Dies bedeutet, ganz im Sinne der Biografieforschung, biografische Verläufe strukturbezogen zu kontextualisieren und gleichzeitig empirisch offen zu halten für eigenständige, potentiell widerständige individuelle Entwicklungsprozesse:

> Die Herausforderung liegt darin, einen dialektischen Begriff vom biografischen Subjekt zu entwickeln, der Bildungsprozesse weder als bloße Widerspiegelung objektiver Chancenstrukturen im Subjektiven fasst, noch in die individualisierungstheoretische Überschätzung der Autonomie, noch in die bildungsphilosophische Emphase des ‚widerständigen Subjekts' verfällt, das sich der Gesellschaft ‚gegenüberstellt'. Es geht vielmehr darum, den Eigensinn und die Widerständigkeit, auch die Widersprüchlichkeit von Bildungsprozessen zu begreifen, die sich in der Relation zwischen gesellschaftlichen (Ungleichheits-)Strukturen und individuellen Erfahrungs- und Deutungsstrukturen herstellen. (Dausien 2013, S. 46)

Alkoholkonsum ist dabei ein möglicher und, wie sich herausgestellt hat, sehr ergiebiger thematischer Zugang zu diesen theoretisch-empirischen Fragestellungen – von diesem lebensweltlich so naheliegenden und mit viel Expertise von Seiten der Jugendlichen versehenen Thema lässt sich im Prinzip das gesamte Übergangsgeschehen aufrollen. Erstaunlich war, dass der Alkoholkonsum als solcher in diesen Thematisierungen zweitrangig scheint – Jugendliche können sich allmählich oder in Form von dramatischen Abkehrbewegungen vom Trinken distanzieren, ihren Konsum kontinuierlich ausbauen oder aber in bestimmten Situationen exzessiv fortsetzen, interessant ist, wie jeweils welcher Übergangsbereich für die Legitimation von Wandel oder Kontinuität herangezogen wird. Die verschiedenen Übergangsthemen und -bereiche scheinen sich diesbezüglich wechselseitig zu stabilisieren, auf diese Weise wird der Alkoholkonsum in die biografische Rekonstruktion ‚eingebaut', und im Fallvergleich kann dann untersucht werden, *wie* er eingebaut wird und welche Funktion er hierbei jeweils einnimmt.

Deutlich wird also, dass insbesondere die kontrastierende Untersuchung der Ankerfälle einen Einblick in die Zusammenhänge von Alkoholkonsumverläufen einerseits und der Bewältigung und Gestaltung von Entwicklungsanforderungen bei Heranwachsenden andererseits erlaubt: Die hier exemplarisch hervorgehobenen Themen Reorganisierung von Peer-bezügen, Ausbilden von genderbezogenen Rollen und soziale Bildungsprozesse sind auf komplexe Art und Weise mit dem Alkoholkonsum, aber auch untereinander *verschränkt*, was wir in einem Folgeprojekt aktuell genauer untersuchen.

7 Zum Schluss: Der episodische Charakter jugendkulturellen Alkoholkonsums und seine Verschränkungen mit übergangsbiografischen Themen

Wir wollen in diesem Schlusskapitel zunächst fragen, was wir in diesem Projekt an neuen Einsichten in das Phänomen des jugendkulturellen Alkoholkonsums gewonnen haben. Dies unterstreicht als Dokument eines langjährigen Forschungsprozess mit verschiedenen methodischen Stationen dessen Prozessqualität. Wenn wir hierzu zunächst eher schlaglichtartig die Qualität der Erkenntnisse hervorheben, die in diesem Projekt gegenüber seinem Vorgängerprojekt gewonnen werden konnten (Stumpp et al. 2009), so geschieht das nicht in Abgrenzung zu den vorherigen Befunden, sondern diese vielmehr vertiefend und ergänzend:

So haben wir in unserem ersten Forschungsprojekt im Hinblick auf Motivlagen für das Rauschtrinken die Beobachtung eines „kontrollierten Kontrollverlusts" gemacht, was eine Erweiterung der damals (und zum Teil immer noch) dominanten Perspektive des „sinnlosen Komasaufens" darstellte. Dies war auch mit einer Verknüpfung und dem Anschluss des deutschen Diskurses an eine nicht mehr ganz so neue internationale Perspektive verbunden (vgl. Measham 2002). Inzwischen können wir erkennen, wie mit den jugendlichen Praktiken eine permanente kontextsensible Feinabstimmung des *Was*, *Wie* und *Wieviel* des Alkoholkonsums vorgenommen wird. In diesen Suchbewegungen und in diesem Austarieren geht es um viel mehr als um eine körperbezogene Regulierungspraxis: Es geht *immer* auch darum, sozial eingebunden zu bleiben. Es eröffnen sich also über das Trinken weit über diesen thematischen Bereich hinausweisende Sinnstrukturen.

Haben wir in unserem Vorgängerprojekt herausgefunden, dass die informellen Gruppen, in denen getrunken wird, eine hochambivalente Rolle spielen und sowohl als Risiko- als auch als Schutzraum fungieren, so werden nun die durchaus unterschiedlichen *Dynamiken der Veränderung und Gestaltung von Peergroups* über den Konsum deutlich. Hierbei können sich Gruppenzugehörigkeiten stabilisieren oder lösen, im letzteren Fall dient die Gruppe zur Distinktion von deren (Konsum-) Praktiken, bleibt also für Jugendliche, wenn auch nur als Abgrenzungsfolie, eine relevante Bezugsgröße.

Eine weitere Erkenntnis der Vorgängerstudie war, dass das Setting (Gruppe, Getränke, Situation) von hoher Relevanz ist; dies wurde aktuell bestätigt durch vielfältige Einsichten in die *sozialräumliche Kontextabhängigkeit des Trinkens*. Deutlicher trat nun aber hervor, wie Jugendliche die Anforderungen dieser unterschiedlichen Kontexte ausbalancieren, das heißt, wie sie Settings implizit und explizit wählen, wechseln, verändern oder anpassen. Dabei *stellen sie sich permanent auf unterschiedliche settingbezogene Normalitäten ein* bzw. nehmen je nach Setting auf unterschiedliche Normalitäten als Begründungsmuster für ihre Praktiken Bezug. Das Setting, in dem getrunken wird, beeinflusst dabei genauso den Konsum, wie der Konsum das (gewählte) Setting beeinflussen kann.

Konnten wir in unserem ersten Zugang jugendkulturelle Handlungsfähigkeit in Ritualen wie etwa der Raumaneignung identifizieren, so wird in der Zusammenschau der Gestaltungsmöglichkeiten unterschiedlicher Lebens- und Übergangsbereiche jetzt noch deutlicher, dass und wie der Alkoholkonsum dazu dient, sich genau hier, in dieser Sphäre der peerbezogenen Aktivitäten (und durchaus in Spannung zur als begrenzt erfahrenen Handlungsfähigkeit in anderen Bereichen, namentlich im Übergang Schule-Beruf), *als Akteur_in zu erleben und zu präsentieren*.

Hatten wir in unserem ersten Projekt den starken Eindruck, dass die Familie für die Entwicklung der Trinkpraktiken kaum von Bedeutung ist, so sehen wir nun, wie über den Alkoholkonsum *familiäre Aushandlungsprozesse* stattfinden; deutlich wird, wie über dieses Thema zentrale Beziehungsaspekte wie Verantwortung und Vertrauen zwischen den Generationen verhandelt und die gerade in dieser Lebensphase besonders dynamischen familialen Beziehungen (re-)organisiert werden.

Und auch Bewältigungsstrategien wie etwa die Körperregulierung treten nun in ihrer Prozesshaftigkeit zu Tage. War im ersten Zugang noch die Bewältigung von Schockerlebnissen ein großes Thema, so werden jetzt *das Aufarbeiten von Körpererfahrungen, diesbezügliche Reflexionsprozesse und Neu-Positionierungen, u. a. zu den bisherigen Gruppennormen*, deutlich.

Eine solche Gegenüberstellung könnte problemlos verlängert werden, doch wollen wir es bei diesen Schlaglichtern bewenden lassen und stattdessen im nächsten Abschnitt zunächst noch einmal auf die methodologische Anlage des Projektes eingehen: Inwiefern verdanken sich die gewonnenen Einsichten dem gewählten Forschungsdesign, was haben wir also durch eine Längsschnittperspektive und deren Zusammenschau mit querschnittlichen Ergebnissen gewonnen? (7.1) Sodann wollen wir systematisch die zentralen Ergebnisse entlang den Fragestellungen unserer Forschung zusammentragen (7.2), um abschließend deren Relevanz für alle professionellen Akteur_innen, die im Kontext von Jugendschutz, Prävention oder Harm Reduction mit Jugendlichen zu tun haben, herauszuarbeiten (7.3).

7.1 Die Qualität der Kombination qualitativer Quer- und Längsschnittdaten

Werden die Untersuchungsergebnisse noch einmal unter einer methodologischen Perspektive reflektiert, so zeigt sich, wie wertvoll das gewählte methodische Vorgehen war, eine Längsschnittperspektive mit querschnittlichen Untersuchungsschritten zu verknüpfen. Das heißt, die Praktiken des Alkoholkonsums und die Ankerfälle stehen im Hinblick auf die Gesamtergebnisse nicht nebeneinander als sinnlogisch verschiedene und voneinander abgetrennte Ergebnisdimensionen. Sie können zwar – wie im vorliegenden Band mit den Kapiteln. 5 und 6 geschehen – voneinander getrennt dargestellt werden, wurden aber für unsere Forschungsfrage erst in ihrer Verschränkung wirklich aussagekräftig. Dies verweist darauf, dass das Phänomen des jugendkulturellen Alkoholkonsums weit weniger simpel ist, als es auf den ersten Blick anmutet. Seine Vielschichtigkeit und Komplexität haben wir in diesem Band darzustellen versucht.

Schon die Forschungsfrage nach Wegen in und aus jugendkulturellem Rauschtrinken legt zu ihrer Beantwortung eine Verlaufsperspektive nahe, daher sind biografische Rekonstruktionen unter Einbezug eines zu verschiedenen Erhebungszeitpunkten gewonnenen Interviewmaterials über insgesamt rund fünf Jahre hinweg zentral. Diese Längsschnittperspektive haben wir in dieser Veröffentlichung in Kap. 6 anhand von fünf Ankerfällen gezeigt.[1] Dadurch, dass wir die Verläufe anhand von drei (bzw. im Falle von Driss anhand von zwei) Interviewphasen darstellen können, ist es nicht nur möglich, die Prozesse als Konstruktionen zweiter Ordnung gesicherter zu rekonstruieren, sondern auch die Verknüpfung des jugendkulturellen Alkoholkonsums mit anderen sich ebenfalls im Fluss befindlichen Lebensbereichen deutlicher herauszuarbeiten. Die jeweilige Funktion, die der Alkoholkonsum in der betreffenden Fallstruktur und im Kontext der jeweiligen Thematiken übernimmt, kann so sichtbar gemacht werden. Dennoch: Eine einseitige Konzentration auf Einzelfälle hätte auch eine Einschränkung dargestellt,

---

[1] Sie werden im Rahmen der Dissertation von Sibylle Walter noch um weitere Fallrekonstruktionen ergänzt.

insofern die gewonnenen Erkenntnisse immer an den jeweiligen Fall gebunden sind und nur wenig generalisierbar gewesen wären. Um die in einem qualitativen Design ohnehin eingeschränkten Möglichkeiten einer theoretischen Generalisierung zu erweitern, hatten wir eine zweite, quer durch das Material gelegte Perspektive hinzugenommen (Kap. 5). Mit dem Fokus auf die Praktiken im Kontext des Konsums konnte anhand der Dokumentarischen Methode der Interpretation eine qualitative Typenbildung durchgeführt werden. So konnten zum einen die Vielfältigkeit und die Vielschichtigkeit des Phänomens erschlossen und aufgezeigt werden, zum anderen machte diese intensive Beschäftigung mit den Facetten des Phänomens deutlich, dass die einzelnen Praktiken eingebettet sind in (konsumbezogene) Biografien, und selbst wieder einer prozessualen Logik unterliegen. Statt also statisch die Kennzeichen von Alkoholkonsum im Jugendalter zu benennen, können weitreichendere Aussagen getroffen werden im Hinblick darauf, wie sich diese Praktiken entwickeln und verändern. Genau hierfür ist wiederum die Verknüpfung mit der biografischen Perspektive der Ankerfälle fruchtbar. Am Ende des so beschriebenen Kreislaufs wird deutlich, dass die Praktiken des Konsums nur im Kontext der vielen anderen Themen, Anforderungen und Erwartungen des Jugendalters zu verstehen sind. Somit wurde die Forschungsfrage von zwei Seiten, der Längs- und der Querschnittperspektive, auf das Material eingekreist, die sich wechselseitig ergänzen.

7.2 Die Ergebnisse des Projekts im Überblick

Unser Projekt versprach Einblicke in die Wege in und aus jugendkulturellem Rauschtrinken, wobei wir uns genau von dieser Terminologie, dem Rauschtrinken, peu à peu gelöst haben: Bis auf die wenigen Ausnahmen, in denen es tatsächlich um exzessiven Alkoholkonsum geht, greift dieser Begriff mit Blick auf die vielfältigen Praktiken der Jugendlichen zu kurz und ist durch den offeneren Begriff des Alkoholkonsums zu ersetzen. Dieser hat sich in seiner jugendkulturellen Spielart, die wir weiter oben (Kap. 6.6) in den Aspekten der öffentlichen Raumaneignung, der kollektiven Inszenierung, der latenten Widerständigkeit gegenüber geltenden Normen bzw. der Lust an der Erregung öffentlichen Aufsehens von den Trinkkulturen der Erwachsenengesellschaft abgegrenzt hatten, als eher episodisch erwiesen. Bei manchen Befragten ist jetzt schon sichtbar, dass andere Referenzrahmen (Familie, feste Partnerschaft, Beruf etc.) zu den Peers hinzukommen und deren Bedeutung zumindest verschieben.

Bezieht man die Ergebnisse des Quer- und die des Längsschnitts aufeinander, so wird die Bedeutung informeller Gruppen sowie die Verflechtung des Themas Alkoholkonsum mit den verschiedenen Thematiken des Im-Übergang-Seins deut-

7.2 Die Ergebnisse des Projekts im Überblick

lich, und es wird erkennbar, wie sich die Praktiken des Alkoholkonsums bzw. die Praktiken rund um den Alkoholkonsum in die Biografien der Jugendlichen einbauen (Dausien 2013; Zschach und Pfaff 2013). Dabei können genderbezogene Aspekte genauso herausgearbeitet werden wie die Relevanz jugendkultureller Praktiken für die Gestaltung von Übergangsbiografien. Schließlich werden die Praktiken selbst in ihrer Prozesshaftigkeit erkennbar. Letzteres macht die Bildungsdimension dieser Praktiken deutlich – in den veränderten Praktiken zeigen sich Bildungsprozesse (Sting 2013), auf der Ebene von körperbezogenen Regulierungen genauso wie in sozialer Hinsicht.

Diese Ergebnisdimensionen sollen im Folgenden expliziert werden:

Es konnten genauere Erkenntnisse darüber gewonnen werden, wie sich die *Handlungskompetenzen* von Jugendlichen, die in einer bestimmten Phase ihres Lebens regelmäßigen und teils exzessiven Alkoholkonsum praktizieren, entwickeln und sich im weiteren biografischen Verlauf verändern (siehe Kap. 6). *Die informellen Gruppen* haben sich dabei als *der* zentrale Bezugsrahmen erwiesen, in dem Jugendliche interagieren und dabei lebensweltlich relevante Themen generell aushandeln und normative Horizonte ausgeleuchtet, verworfen und erweitert werden. In diesen Gruppenkontexten entwickeln die befragten Jugendlichen eine Fülle von Bewältigungsstrategien und – eingebettet in diese Gesamtheit der Themen und der aufgezeigten Praktiken – auch Risikokompetenz (vgl. Franzkowiak 2002). Das heißt, es galt zunächst die Gruppe als sozialen Bildungsraum, in dem dann auch eine gewisse Risikokompetenz ausgebildet wird, auszuleuchten. Diese Risikokompetenz ist nicht abgekoppelt von den sonstigen gruppenbezogenen Themen, sondern hat für Jugendliche die Funktion, nicht aus dem Normalitätsrahmen der Gruppe herauszufallen, also sozial integriert zu bleiben.[2] Diese Einsichten in einen integrierten thematischen Zusammenhang von Alkoholkonsum mit Peerbezügen und sonstigen relevanten Übergangsthemen war durch die biografische Perspektive möglich: Wege in und aus lokalen Jugendszenen mit moderater bis exzessiver Trinkkultur sowie ihre Kontextbedingungen konnten in einem für diese Lebensphase relevanten Zeitraum von insgesamt fünf Jahren rekonstruiert werden, in dem sich schon deutlich veränderte Praktiken, aber auch veränderte Positionierungen zum Alkoholkonsum abzeichnen. Damit werden die für Deutschland vorliegenden epidemiologischen Daten zum Stand und zur Entwicklung von jugendlichem Alkoholkonsum um eine biografische Tiefendimension ergänzt, welche beleuchtet, wie junge Erwachsene, deren sozial kompetente Beteiligung an geselliger Interaktion offensichtlich auch die Initiation in eine Alkoholkultur umfasst, sich weiterentwickeln.

---

[2] Dieser Aspekt wird in der Dissertation von Christian Wißmann weiter untersucht.

Aus der Perspektive der biografischen Übergangsforschung ist die *Verflechtung verschiedener Übergangsthemen* spannend, und damit auch die Frage, wie sich schulische/formalisierte und außerschulische/freizeitbezogene soziale Bildungsprozesse in der Peergroup miteinander verschränken: Wir haben hierbei direkte Homologien zwischen Konsumverläufen und Bildungsverläufen entdeckt – Fälle wie Basti und Kay, in denen eine kontinuierliche Weiterentwicklung der (Aus-) Bildungsprozesse mit einer kontinuierlichen Konsumpraxis und einer kontinuierlichen Weiterentwicklung von Freundschaftsnetzwerken einhergehen, oder Fälle wie Olga, Driss und Jana, in denen die Umbrüche und Reparaturversuche im Bereich formaler Bildung mit Wendepunkten in den Peerkontexten und auch den Konsumbiografien einhergehen. Wie immer sich diese Verläufe gestalten, es lassen sich zwischen den verschiedenen Übergangsthemen Familienbeziehungen, Freundschaften, Gruppenbezüge und formaler Bildung spannende Zusammenhänge, wenn auch keine Kausalitäten aufzeigen. Diese unterstreichen, wie wichtig es ist, die verschiedenen Übergangsthemen im Zusammenhang und im wechselseitigen Bezug zueinander zu untersuchen (vgl. Stauber und Walther 2013).

Dabei konnte in einer *genderbezogenen Perspektive* rekonstruiert werden, wie Hinwendungen zu bzw. Abwendungen vom Alkoholkonsum von Mädchen und Jungen zum einen dazu genutzt werden, geschlechterbezogene Erfahrungen und Zumutungen zu bewältigen und sich eigenständig im Hinblick auf Geschlecht zu positionieren, zum anderen aber der Rückgriff auf Geschlecht auch dazu genutzt wurde, die eigenen Praktiken als Entscheidungen zu begründen. Auf diese Weise wird Geschlecht immer wieder hergestellt: als Rückversicherung, indem auf bekannte Rollenkonzepte und auch auf die damit verbundenen Geschlechterhierarchien zurückgegriffen wird, aber auch als Möglichkeit, sich deutlich von den gängigen Bildern abzusetzen. Gleichzeitig scheint der Alkoholkonsum auch ein Bereich zu sein, der Unsicherheiten in den Geschlechterbeziehungen überspielen hilft: Gerade dort, wo die Anforderung, allmählich eine feste Liebesbeziehung einzugehen, schwierig zu realisieren ist, kann offensichtlich das gemeinsame Trinken zur Bearbeitung und Bewältigung dieser Unsicherheiten herangezogen werden. Es entsteht im gemeinsamen Alkoholkonsum ein Terrain der Handlungssicherheit. Genau in solchen Ergebnisse liegt der Beitrag zu einer nicht essentialisierenden gendersensiblen Jugendforschung, die Geschlechterunterschiede nicht schlicht voraussetzt, sondern danach fragt, wie Jugendlichen mit genderbezogenen Zumutungen umgehen und dabei genderbezogene Zuschreibungen reproduzieren oder modifizieren.

Gleichzeitig konnten Erkenntnisse zur *jugendkulturellen Relevanz* des Alkoholkonsums gewonnen werden, die einen Anschluss des Projekts an den Diskurs der Jugendkulturforschung gewährleisten. Danach sind jugendliche Alkoholkulturen durch komplexe Rauschrituale reguliert (Niekrenz und Ganguin 2010). Trinken

7.2 Die Ergebnisse des Projekts im Überblick

erweist sich auch in unserer Forschung als eine symbolisch aufgeladene Aktivität, mit der sich Jugendliche zuordnen bzw. abgrenzen können; symbolisches Kapital im Sinne Bourdieus (1983) wird in jugendlichen Peergroups auch über alkoholbezogene Interaktionen und konkretes Trinkverhalten verteilt (Järvinen und Gundelach 2007). Wir haben in unserer Studie gesehen, dass und wie manche der untersuchten Gruppen ihre Rituale und Regeln weiterentwickeln, dass und wie in manchen Settings hierbei soziales und symbolisches Kapital anwächst, vor allem in Hinblick auf soziale Zugehörigkeit, dass es sich in manchen anderen aber auch wieder entwertet bzw. ersetzt wird durch andere subjektive und kollektive Bedeutungen. Fallbezogen wurde anhand der Ankerfälle sehr deutlich, dass Peerdynamiken und Individuierungsschritte aufeinander bezogen bleiben, und dieses dynamische Moment, das über den biografischen Ansatz erst sichtbar wird, sehen wir auch als Beitrag zur Peerforschung (Wißmann und Stauber 2015).

Hier haben wir bereits mehrere Punkte, an denen die gegenstandstheoretische Auswertung eine grundlagentheoretische Dimension bekommt: *erstens* eine doppelte Bildungsdimension, die darin besteht, dass zum einen diese Praktiken in (formale wie auch informelle) Bildungsprozesse integriert sind, zum anderen selbst ein Feld für Bildung darstellen, also selbst auch Bildungsprozesse dokumentieren. Dabei haben sie durchgängig einen Übergangsbezug – in der ersten Dimension als ein Übergangsthema unter anderen und verkoppelt mit anderen, in der zweiten Dimension sind Praktiken rund um den Alkoholkonsum ein lebensweltlicher Bereich, in dem Übergangsthematiken immer irgendwie mitverhandelt werden. *Zweitens* liefern also die Praktiken rund um den Alkoholkonsum zahlreiche Hinweise darauf, wie sich die biografischen Übergangsthemen lebensweltlich einbetten und verkoppeln, und wie Letztere thematisiert oder de-thematisiert werden, sobald ein anderes Handlungsfeld mit großer lebensweltlicher Expertise wie hier das Handlungsfeld des Trinkens angesprochen wird. *Drittens* ist hierbei biografie- und entscheidungstheoretisch spannend, wie Sinnlogiken von Handlungen rückblickend rekonstruiert werden (Miethe et al. 2014) und was die Erkenntnisse zum ‚Sprechen über …', ‚Sich inszenieren als …' theoretisch bedeuten (vgl. Fritzsche 2012). Finden sich Kompetenzinszenierungen immer dort, wo sie möglich sind, mit indirektem Verweis auf Übergangsthemen, in denen sich die Befragten weniger als Akteur_innen erleben? Und *viertens* hat dies im Hinblick auf eine Handlungstheorie zur Bewältigung biografischer Übergänge ebenfalls grundlagentheoretische Dimension: Hier zeigt sich Agency, sie zeigt sich in den Kompetenzinszenierungen der gelingenden Regulierung, sie zeigt sich auf der Ebene der Gestaltung von Peerbeziehungen, aber auch auf der Körperebene:

Insofern kann mit den Ergebnissen auch gezeigt werden, dass und vor allem auch *wie* Jugendliche auf der Körperebene differenzierte Strategien erproben, um Kompetenzen im Umgang mit Alkohol und den Risiken des Konsums zu entwickeln. So leistet das Projekt auch einen Beitrag zur *Jugendgesundheitsforschung*. Bislang liegen zwar Erkenntnisse über (gesundheitsrelevantes) Risikoverhalten in der Adoleszenz vor (Hurrelmann und Richter 2006), aber es gibt kaum Studien, die den Fokus gezielt darauf richten, wie und mit welchen Praktiken Jugendliche gesundheitsrelevante Managementprozesse gestalten. In unserer Studie wurde deutlich, dass Körper und Körperleben beim Alkoholkonsum eine zentrale Rolle spielen, und dies auf mehreren Ebenen: Der Körper ist einerseits Medium und Mittel, um wichtige entwicklungsrelevante Selbsterfahrungen zu machen. Zum anderen dient er aber auch als Regulierungsinstrument, um gelingende Integration in soziale Kontexte zu gewährleisten und dadurch letztlich die Entwicklung von Kohärenz innerhalb subjektiver Gesundheitstheorien zu ermöglichen. Man könnte auch sagen: Der Körper bzw. die Körpererfahrungen verankern die Jugendlichen in der Welt des Sozialen, und anders herum stellt diese Welt Ansprüche an bestimmte Anpassungen und Zurichtungen des Körpers (vgl. Günther 2012). In diesem Spannungsfeld und damit in einem komplexen, andauernden Prozess muss sich Kohärenz als zentrale Dimension einer gesundheitswissenschaftlichen Perspektive (vgl. Antonovsky 1997) in der Biografie erst entwickeln. Sie kann nicht a priori vorausgesetzt werden ohne die dafür relevanten Erprobungsprozesse, sei es nun im Kontext von Alkoholkonsum oder anderen jugendrelevanten (riskanten) Entwicklungsaufgaben. Gerade die für ein Kohärenzgefühl bei Antonovsky so zentral gehaltene Trias aus Manageability, Comprehensibility und Meaningfulness kann in den jugendkulturellen Trinkpraktiken konkret aufgefunden werden. Mit dieser Perspektive auf lebensweltliche Erprobungsprozesse und auf subjektive Gesundheitstheorien im biografischen Prozess sind die Ergebnisse nicht nur anschlussfähig an, sondern auch weiterführend für eine salutogenetische Perspektive der Jugendgesundheitsforschung (BMFSFJ 2009). Zudem bieten die ganz konkreten Hinweise der vorliegenden Studie zu den Risikomanagementstrategien der Jugendlichen wichtige Anhaltspunkte für eine lebensweltnahe pädagogische Begleitung und Unterstützung im Jugendalter generell wie auch speziell für eine Weiterentwicklung geeigneter Präventionsansätze. Diese werden im nächsten Schritt weiter verfolgt.

7.3 Implikationen und Empfehlungen für die professionelle Handlungspraxis

Professionelle Akteur_innen, die im Kontext von Jugendschutz, präventiven Ansätzen oder Harm Reduction mit alkoholkonsumierenden Jugendlichen zu tun haben, müssen davon ausgehen, dass Jugendliche sich in einer Gesellschaft, in der Alkohol so tief als Standarddroge verankert ist (Hurrelmann und Settertobulte

7.3 Implikationen und Empfehlungen für die professionelle Handlungspraxis

2008), zum Alkohol positionieren *müssen*. Dadurch erbringen sie mit ihren auf den Alkoholkonsum bezogenen Praktiken eine Sozialisationsleistung, die unumgänglich ist. Alkoholkonsum ist dabei ein szene- und altersübergreifend relevantes Thema (nicht nur) im Jugendalter: Alkoholkonsum ist gesellschaftlich omnipräsent, wird im gesellschaftlichen Diskurs sowohl verharmlost als auch tabuisiert, und gleichzeitig in der medialen Figur des „Komasaufens" stark negativ konnotiert an Jugendliche delegiert. Gleichzeitig bemühen sich Jugendliche, hier einen Anschluss zu finden, der gesellschaftlich akzeptiert ist; auch in ihrem Leben ist Alkoholkonsum als legale Droge bereits omnipräsent. Er kann verbunden sein mit dem Konsum von anderen (illegalen) Drogen, er spielt latent im Unterschied zu anderen Drogen *immer* eine Rolle und wird – auch dies im Unterschied zu anderen Drogen – bereits in relativ jungem Alter konsumiert. *Wie* Alkohol als Freizeitpraxis konsumiert wird, ist abhängig von der jeweiligen Szene mit ihren jeweiligen Ritualen. Und auch hier gibt es schon das Wechselspiel aus Verharmlosung und Tabuisierung: Alkoholkonsum wird als relativ unproblematisch gehandelt, im Vordergrund stehen die positiven, enthemmenden Wirkungen, kurzfristige Abstürze gelten unter Jugendlichen als leicht verkraftbar, die Risiken und negativen Folgen werden zunächst einmal nicht thematisiert.

Unsere Ergebnisse haben gezeigt, dass es keine verlässlichen Prädiktoren dafür gibt, in welche Richtung sich der Konsum entwickelt, und sich keine standardisierten Entwicklungsverläufe bestimmen lassen. Das kann bedeuten – und darauf haben bereits bisher meist vernachlässigte Forschungsergebnisse hingewiesen (z. B. Clark 2004) –, dass der intensive Konsum bei manchen Jugendlichen nach einer unbestimmten Zeit nachlässt und in Abstinenz oder moderaten Konsum übergeht. Es kann aber auch bedeuten, dass der Konsum sich auf einem relativ hohen Niveau einpendelt, wie dies aus einigen unserer Interviews abzuleiten wäre, dabei aber eine veränderte subjektive Bewertung erfährt. Es kann auch bedeuten, dass der Konsum großen Schwankungen unterliegt und sich im Hinblick auf den Verlauf nur schwer typisieren lässt. Allen diesen Möglichkeiten sind jedoch zwei entscheidende Aspekte gemeinsam:

Der entwickelte Umgang mit Alkohol ist verschränkt mit den biografischen Themen und Herausforderungen Jugendlicher und damit höchst individuell. Die in der Suchtforschung für relevant gehaltene Frage, in welchem Alter der Erstkonsum stattgefunden hat, relativiert sich aus der Perspektive unserer Ergebnisse genauso wie die Frage, wie intensiv die Phase der exzessiven Konsums war, wie häufig also z. B. Rauschtrinken stattgefunden hat.

Dies erfordert auch eine Neubewertung von möglichen Sucht- und Risikogefahren. Im Gegensatz zum häufig vorherrschenden Bild entwickeln Jugendliche subjektiv wirksame Strategien, um Risiken des Konsums zu minimieren (Stumpp et al. 2009). Ohnehin scheint ein erhöhtes Suchtrisiko eher dann zu bestehen, wenn zu einem exzessiven Alkoholkonsum weitere Suchtgefährdungsfaktoren wie zum Beispiel belastende Erlebnisse und Lebensumstände hinzukommen (vgl. Wells et al. 2004).

Die häufige Argumentationslogik im Diskurs zum Thema Suchtprävention und Alkoholkonsum im Jugendalter ist aber, dass der Konsum die lebensweltlichen Belange stark (negativ) beeinflusst, also riskant ist. Anders ausgedrückt: Man geht davon aus, dass der Konsum in gewisser Weise das Leben reguliert und so eine grundsätzliche Gefahr für die Konsument_innen darstellt. Diese Perspektive macht dann Sinn, wenn es vordergründig darum geht, Suchtrisiken zu vermeiden. Dies erweist sich in Anbetracht unserer eigenen Forschung aber als eine stark reduzierte, einseitige und so nicht haltbare Sichtweise. Geht es primär oder zunächst darum, das Konsumverhalten als solches oder v. a. als jugendkulturelle Praxis zu verstehen, dann beeinflusst der Konsum in der Tat die lebensweltlichen Kontexte der Jugendlichen; aber genau dasselbe gilt auch umgekehrt: Die lebensweltlichen Kontexte beeinflussen den Konsum – und dies wird insbesondere immer dann besonders sichtbar und relevant, wenn Anforderungen in der Lebenswelt sich verändern, Übergänge anstehen (von der Schule in die Ausbildung etc.) oder neue Themen relevant werden (z. B. Liebesbeziehungen). Man könnte sagen: Das Leben reguliert den Konsum.

Die Entwicklung einer Kompetenz im Umgang mit Alkohol ist also keine Einbahnstraße, bei der klar ist, was am Ende passiert, wenn Jugendliche über eine gewisse Zeit am Wochenende exzessiv Alkohol konsumieren. Daher müssen wir den Blick schärfen, aber auch öffnen

- für die individuellen Handlungspraktiken und Ziele im Zusammenhang mit dem Konsum;
- für die sozialen „Haltegriffe" Jugendlicher, verbunden mit der Frage, welche sozialen Rahmenbedingungen jeweils relevant sind;
- sowie für die formellen, strukturellen und kollektiven Voraussetzungen, Gegebenheiten und Anforderungen, denen sich Jugendliche in ihren jeweiligen Biografien ausgesetzt sehen und die sie bewältigen müssen.

Unsere Ergebnisse zeigen, dass Jugendliche über ihre Erfahrungen und ihre Erfahrungskontexte im Laufe ihrer Adoleszenz bis zu einem gewissen Grad einen verantwortungsvollen Umgang mit Alkohol eigenständig entwickeln können. Wie genau dieser Prozess sich vollzieht, darüber weiß man im Unterschied zur Prävalenz von Alkoholkonsum im Jugendalter aber noch relativ wenig.[3] Dies sollte

---

[3] Dieser Aspekt wird in der Dissertation von John Litau weiter untersucht.

7.3 Implikationen und Empfehlungen für die professionelle Handlungspraxis

daher auch in Zukunft gerade aus präventionspolitischen Interessen stärker fokussiert werden.

Durchaus ist uns dabei bewusst, dass diese Ergebnisperspektive eine Herausforderung bietet für diejenigen, die konkret in ihrem professionellen Alltag mit Jugendlichen zu tun haben. Gerade der Jugendschutz befindet sich bei dem Thema Alkohol in einem Dilemma zwischen einerseits dem rechtlich festgelegten gesellschaftlichen Auftrag des Schutzes junger Menschen und andererseits der schlichten Realität, dass Alkohol in unseren Alltag und unserer Kultur tief verankert ist. Alkohol ist hierzulande eine legale Droge oder, um es neutraler auszudrücken, eine Substanz, an deren Konsum auch große gesellschaftliche, politische und nicht zuletzt wirtschaftliche Interessen geknüpft sind – Interessen, die mit aufwendigen Bemühungen verteidigt werden. Daher wird unter den gegebenen Bedingungen in Deutschland ein generelles Verbot des Alkohols für Jugendliche und vor allem eine entsprechende Haltung, wie sie durch den Jugendschutz transportiert wird, wenig Aussicht auf Erfolg haben. Wenn Jugendliche wollen, haben sie zahlreiche Möglichkeiten, an Alkohol zu gelangen, das zeigen nicht nur unsere Ergebnisse. Ob Alkoholkonsum per Gesetz bis 15 Jahren verboten, mit 16 halb erlaubt und mit 18 legal ist, wird daran zunächst nichts ändern. Das heißt, *dass* Jugendliche Alkohol trinken, sollte weniger unsere Sorge sein, als die Frage, *wie* sie trinken. Das erklärte Ziel sollte daher ‚risikoarmer Konsum' lauten.

Trotz dieses Dilemmas ergeben sich aus unseren Befunden im Hinblick auf die Praxis mit Jugendlichen also durchaus Handlungsoptionen: Für die Intervention bedeutet das, an den Erfahrungen der Jugendlichen anzuknüpfen und diese in vielfältiger Hinsicht zu berücksichtigen:

- Jugendliche halten sich in Gruppen auf, und sie trinken auch in der Gruppe – das haben quantitative und qualitative Studien wie die unsrige immer wieder bestätigt. Dies ist zunächst einmal anzuerkennen, ohne hieraus unmittelbar eine Kausalität zu konstruieren, nach der die Gruppe zum „Risikofaktor" u. a. für erhöhten Alkoholkonsum wird. *Dass* das Trinken bevorzugt im sozialen Kontext stattfindet, erlaubt noch keineswegs den Rückschluss darauf, Gruppe sei ein Faktor der Risikoverursachung. Das wäre zudem eine unzulässige defizit- und problemorientierte Engführung des Blicks auf jugendkulturelle Gruppenkontexte. Stattdessen bieten diese Gruppen all denjenigen, die einen Zugang zu Jugendlichen suchen, zunächst einmal eine Anlaufstelle.
- Jugendliche reden – entgegen einer ersten Vermutung – nicht ungern über ihre Praxis, ganz im Gegenteil: Unsere Interviewerfahrungen haben gezeigt, wie sehr für Jugendliche das Interesse der Forschung eine Erfahrung von Anerkennung werden kann. Voraussetzung ist hierfür, dass sie als lebensweltliche

Expert_innen angesprochen und wahrgenommen werden, und nicht etwa als Problemträger_innen.
- Kann also Gesprächsbereitschaft grundsätzlich vorausgesetzt werden, so ist dann auch zentral, dass Jugendliche das Setting für solche Gespräche selbst gestalten können.
- Nach unseren Erkenntnissen zur Verwobenheit von Alkoholkonsumverläufen mit anderen zentralen Übergangsthemen muss jede Form der Begleitung und Beratung thematisch offen bleiben: Unseres Erachtens ist der größte Beitrag zur Prävention von Suchtverhalten darin zu sehen, für alle Bereiche des Lebens, die Jugendlichen unmittelbar Stress bereiten, Aufmerksamkeit, Krisenhilfe und Vertrauensbeziehungen anzubieten.

Grundsätzlich ist zu fragen: Was bedeuten die Erkenntnisse für die Praxis? Sie bedeuten Offenheit für den Kompetenzerwerb im Peer-to-Peer-Kontakt, sei dies in Form von äußerst erfolgreichen Peer-to-Peer-Trainings oder entsprechenden Mentoring-Programmen (Stumpp und Wißmann 2015). Sie bedeuten auch, in der Interventions- und Präventionspraxis auf sehr bewährte Ansätze zurückzugreifen. Ideen zur gelingenden Interventionspraxis gibt es zur Genüge. Dabei beziehen wir uns auf Eltern- und Peerarbeit, besonders aber auf die Mobile Jugendarbeit/Streetwork, die mit ihrer Lebensweltorientierung, ihrem offenen Themenzuschnitt, ihrer Anerkennung von Gruppenzusammenhängen (ohne diese zu idealisieren oder zu dramatisieren) prädestiniert dafür zu sein scheint, gute Zugänge zu schaffen (Stumpp et al. 2009). Diesbezüglich bedarf es statt der immer häufiger vorzufindenden ordnungspolitischen Regulierungsversuche des jugendkulturellen Alkoholkonsums in der Öffentlichkeit sozialpädagogisch reflektierte Lösungen, zum Beispiel durch die kommunale Unterstützung und den Ausbau der aufsuchenden Arbeit an den Treffpunkten von Jugendlichen. Diese kann nur im Rahmen abgestimmter kommunaler Konzepte und guter Vernetzungsbedingungen ihre Wirksamkeit in der Kommune entfalten.

Im Hinblick auf die Haltung von Forschenden wie auch von Praktiker_innen bedeutet dies, die Inszenierungen von Jugendlichen als Möglichkeiten, sich in genau diesem Handlungsfeld des Trinkens im Akteursmodus darzustellen, zu dechiffrieren und herauszufinden, was dies für den Akteursstatus in anderen Handlungsfeldern bedeuten könnte.

Was es braucht, ist also eine auf kritischer Selbstreflexion und auf sinnrekonstruktiver Forschung basierende konzeptionelle Schärfung und partielle Neuausrichtung von Zielen und methodischen Ansätzen, die eine indirekte und lebensweltlich umfassende Suchtprävention fokussieren, welche Jugendlichen hilft, ihr Leben besser meistern zu können. Wenn präventive Maßnahmen ein ausschließlich de-

7.3 Implikationen und Empfehlungen für die professionelle Handlungspraxis

fizitorientiertes Bild von Alkohol transportieren, können Jugendliche nicht erreicht werden (Franzkowiak 2006). Eine solch enggeführte Präventionspraxis erreicht höchstens diejenigen Jugendlichen, die ohnehin nicht oder sehr wenig trinken oder getrunken hätten. Prävention sollte also nicht auf die Vermeidung des Konsums abzielen, sondern eine Unterstützung beim Erlernen einer Kompetenz im Umgang mit Alkohol sein. Die Konzentration auf Jüngere ist dabei genauso wichtig wie die Ausweitung des Blickes auf ältere, volljährige junge Erwachsene. Denn wir haben gesehen, dass der Konsum auch in diesem Alter noch riskant sein kann und sich weiterhin in einer Entwicklung befindet. Wohin diese Entwicklung allerdings geht, ist unklar und stark abhängig von der jeweiligen Lebenssituation der Jugendlichen.

Gleichzeitig darf Hilfe und Unterstützung lebensweltlich nicht kolonialisieren, sie muss sichtbar und abrufbar sein, aber dezent genug bleiben, um von Jugendlichen stigmatisierungsfrei in Anspruch genommen zu werden. Sie muss für die vielfältigen und vor allem auch wechselnden Bedarfe von Jugendlichen offen sein. Und: Sie muss respektieren, dass Jugendliche in den meisten Fällen auch selbst ganz gut zurechtkommen. Kompetenzentwicklung erfordert gerade, das Verhältnis zwischen eigenständiger Bewältigung und den lebensweltnah zur Verfügung stehenden Unterstützungsangeboten in unterschiedlichen Bereichen der Übergangsbewältigung und -gestaltung in ein subjektiv stimmiges Verhältnis zu bringen. Eine solche Kompetenzentwicklung sollte Hilfe unterstützen, ihr dabei aber nicht im Wege stehen.

Transkriptions-Richtlinien

(2)	Anzahl der Sekunden, die eine Pause dauert
(..)	Anzahl der Sekunden, die eine unverständliche Äußerung dauert
(doch)	Unsicherheit bei der Transkription
@(..)@	lachen
@nein@	Wort lachend gesprochen
@ Wort Wort@	mehrere Wörter lachend gesprochen
((stöhnt))	parasprachliche Ereignisse
vielleich-	Abbruch eines Wortes
nei::n	Dehnung des Wortes, die Häufigkeit von: entspricht der Länge der Dehnung.
//mmh//	Hörersignal der Interviewer_innen (im Fließtext bis zu 3 Wörtern, ab 3 Wörter einrücken, wie bei Überlappung Redebeiträge)
°nein°	sehr leise gesprochen
>>Text<<	Kennzeichnung Zitat, bspw.: Ich sage immer >>macht eure Hausaufgaben<<
[Text]	durch Anonymisierung ersetzte Wörter Bsp.: [Träger], [Schulname]
@(3)@	3 Sekunden lachen
L	Überlappung der Redebeiträge: *I:* seit 15 Jahren *B:* L oder 16 Jahren
Fett	Hervorhebungen der Autor_innen

Literatur

Alheit, Peter. 2010. Identität oder „Biographizität"? Beiträge der neueren sozial- und erziehungswissenschaftlichen Biographieforschung zu einem Konzept der Identitätsentwicklung. In *Subjekt – Identität – Person? Reflexionen zur Biographieforschung,* Hrsg. Birgit Griese, 219–249. Wiesbaden: VS Verlag für Sozialwissenschaften.
Alheit, Peter, und Bettina Dausien. 2000. Die biographische Konstruktion der Wirklichkeit. Überlegungen zur Biographizität des Sozialen. In *Biographische Sozialisation,* Hrsg. Erika M. Hoerning, 257–283. Stuttgart: Lucius & Lucius.
Anhorn, Roland. 2010. Von der Gefährlichkeit zum Risiko. In *Handbuch Jugendkriminalität. Kriminologie und Sozialpädagogik im Dialog,* Hrsg. Bernd Dollinger, 23–42. Wiesbaden: VS Verlag für Sozialwissenschaften.
Antonovsky, Aaron. 1997. *Salutogenese. Zur Entmystifizierung der Gesundheit.* Tübingen: dgvt-Verlag (i.O. 1987: Unraveling the mystery of health. How people manage stress and stay well. San Francisco: Jossey Bass).
Asbrand, Barbara, Nicole Pfaff, und Ralf Bohnsack. 2013. Editorial: Rekonstruktive Längsschnittforschung in ausgewählten Gegenstandsfeldern der Bildungsforschung. *Zeitschrift für qualitative Forschung* 14 (1): 3–13.
Beccaria, Franca, und Odillo Vidoni Guidoni. 2002. Young people in a wet culture: Functions and patterns of drinking. *Contemporary Drug Problems* 29 (2): 305–334.
Beck, Ulrich. 1989. *Risikogesellschaft. Auf dem Weg in eine andere Moderne.* Frankfurt a. M.: Suhrkamp.
Bernardi, Laura, Sylvia Keim, und Holger von der Lippe. 2006. Der Einfluss sozialer Netzwerke auf die Familiengründung junger Erwachsener in Rostock und Lübeck. In *Deutsche Gesellschaft für Soziologie: Soziale Ungleichheit, kulturelle Unterschiede: Verhandlungen des 32. Kongresses der Deutschen Gesellschaft für Soziologie in München,* Teilbd. 1 und 2, Hrsg. Karl-Siegbert Rehberg, 4405–4419. Frankfurt a. M.: Campus.
Beulich, Florian, und Barbara Stauber. 2011. Risikoverhalten und Risikolagen junger Frauen und Männer – Forschungsergebnisse zum Rauschtrinken Jugendlicher als Bewältigungsstrategie. In *Neue Jugend, neue Ausbildung? Beiträge aus der Jugend- und Bildungsforschung,* Hrsg. Elisabeth Krekel und Tilly Lex, 49–62. Bielefeld: W. Bertelsmann Verlag.
Beulich, Florian, und Gabriele Stumpp. 2010. „Wenn ich zu besoffen bin, dann bau' ich zu viel Mist, Sachen, die ich am nächsten Tag bereuen würde." Jugendliches Rauschtrinken als Versuch eines kontrollierten Kontrollverlustes. *EREV Schriftenreihe* 51 (2): 30–34.

Bloomfield, Kim, Rita Augustin, und Ludwig Kraus. 2000. Social Inequalities in alcohol use and misuse in the german general population. *Journal of Public Health* 8 (3): 230–242.
BMFSFJ (Bundesministerium für Familie, Senioren, Frauen und Jugend). 2009. 13. Kinder- und Jugendbericht. Rostock: Publikationsversand der Bundesregierung.
Böhnisch, Lothar. 2008. *Sozialpädagogik der Lebensalter. Eine Einführung.* Weinheim: Juventa.
Bohnsack, Ralf. 2010. Die Mehrdimensionalität der Typenbildung und ihre Aspekthaftigkeit. In *Typenbildung und Typengenerierung – Methoden und Methodologien qualitativer Bildungs- und Biographieforschung,* Hrsg. Jutta Ecarius und Burkhard Schäffer, 47–72. Opladen: Barbara Budrich.
Bohnsack, Ralf. 2012. Orientierungsschemata, Orientierungsrahmen und Habitus. Elementare Kategorien der Dokumentarischen Methode mit Beispielen aus der Bildungsmilieuforschung. In *Qualitative Bildungs- und Arbeitsmarktforschung,* Hrsg. Karin Schittenhelm, 119–153. Wiesbaden: VS Verlag für Sozialwissenschaften.
Bohnsack, Ralf. 2014. *Rekonstruktive Sozialforschung. Einführung in qualitative Methoden.* Opladen: Barbara Budrich.
Bohnsack, Ralf, und Arnd-Michael Nohl. 2001. Jugendkulturen und Aktionismus. Eine rekonstruktive empirische Analyse am Beispiel des Breakdance. *Jahrbuch Jugendforschung* 1:17–37.
Bourdieu, Pierre.1983. Ökonomisches Kapital, kulturelles Kapital, soziales Kapital. In *Soziale Ungleichheiten. Soziale Welt Sonderband 2,* Hrsg. Kreckel Reinhard, 183–198. Göttingen: Schwartz.
Britton, Annie, und Steven Bell. 2013. Changes in alcohol consumption across the lifecourse. Paper präsentiert auf dem 39. Annual Alcohol Epidemiology Symposium der Kettil Bruun Society in Kampala, Uganda, 3.–7. Mai, 2013 (unveröffentlicht).
Bundesjugendkuratorium. 2001. Zukunftsfähigkeit sichern! – Für ein neues Verhältnis von Bildung und Jugendhilfe – Eine Streitschrift. http://www.bundesjugendkuratorium.de/pdf/1999-2002/bjk_2001_stellungnahme_zukunftsfaehigkeit_sichern.pdf. Zugegriffen: 10. Dez. 2014.
BZgA (Bundeszentrale für gesundheitliche Aufklärung). 2011. *Der Alkoholkonsum Jugendlicher und junger Erwachsener in Deutschland 2010. Kurzbericht zu Ergebnisse einer aktuellen Repräsentativbefragung und Trends.* Köln: Bundeszentrale für gesundheitliche Aufklärung.
BZgA (Bundeszentrale für gesundheitliche Aufklärung). 2012. *Die Drogenaffinität Jugendlicher in der Bundesrepublik Deutschland 2011. Teilband Alkohol.* Köln: Bundeszentrale für gesundheitliche Aufklärung.
Cornelißen, Waltraud, und Christine Entleitner. 2014. Verselbständigungsprozesse von Kindern in Familien im Übergang von der Kindheit ins Jugendalter. *Zeitschrift für Soziologie der Erziehung und Sozialisation* 34 (1): 4–22.
Dausien, Bettina. 2013. „Bildungsentscheidungen" im Kontext biografischer Erfahrungen und Erwartungen. Theoretische und empirische Argumente. In *Bildungsentscheidungen im Lebenslauf – Perspektiven qualitativer Forschung,* Hrsg. Ingrid Miethe, Jutta Ecarius, und Anja Tervooren, 39–61. Opladen: Barbara Budrich.
Demant, Jakob, und Signe Ravn. 2013. Communicating trust between parents and their children: A case study of adolescents' alcohol use in Denmark. *Journal of Adolscent Research* 28 (3): 325–347.
Duttweiler, Stefanie. 2007. Beratung als Ort neoliberaler Subjektivierung. In *Foucaults Machtanalytik und Soziale Arbeit: Eine kritische Einführung und Bestandsaufnahme,*

Hrsg. Roland Anhorn, Frank Bettinger, und Johannes Stehr. Wiesbaden: VS Verlag für Sozialwissenschaften.
Ecarius, Jutta, und Burkhard Schäffer, Hrsg. 2010. *Typenbildung und Typengenerierung – Methoden und Methodologien qualitativer Bildungs- und Biographieforschung*. Opladen: Barbara Budrich.
Einwanger, Jürgen, Hrsg. 2007. *Mut zum Risiko. Herausforderungen für die Arbeit mit Jugendlichen*. München: Ernst Reinhardt Verlag.
Eisenbach-Stangl, Irmgard, Alexander Bernardis, Kurt Fellöcker, Judith Haberhauer-Stidl, und Gabriele Schmied. 2008. *Jugendliche Alkoholszenen. Konsumkontexte, Trinkmotive, Prävention*. Wien: Europäisches Zentrum für Wohlfahrtspolitik und Sozialforschung.
Emirbayer, Mustafa, und Ann Mische 1998. What is agency? *The American Journal of Sociology* 103 (4): 962–1023.
Flick, Uwe, Hrsg. 1991. *Handbuch qualitative Sozialforschung: Grundlagen, Konzepte, Methoden und Anwendungen*. München: Beltz.
Flick, Uwe, Hrsg. 1998. *Wann fühlen wir uns gesund? Subjektive Vorstellungen von Gesundheit und Krankheit*. Weinheim: Juventa.
Franke, Alexa, und Michael Broda. 1993. *Psychosomatische Gesundheit. Versuch einer Abkehr vom Pathogenesekonzept*. Tübingen: Deutsche Gesellschaft für Verhaltenstherapie.
Franzkowiak, Peter. 1996. Risikokompetenz – Eine neue Leitorientierung für die primäre Suchtprävention? *Neue Praxis* 26 (5): 409–425.
Franzkowiak, Peter. 2001. Risikokompetenz – Aktuelle Konzepte und Strategien in der primären Suchtprävention. In *Gesellschaft mit Drogen – Akzeptanz im Wandel. Dokumentationsband zum 6. Internationalen Drogenkongress,* Hrsg. Akzept, Bundesverband für akzeptierende Drogenarbeit und humane Drogenpolitik e. V., 259–262. Berlin: Verlag für Wissenschaft und Bildung.
Friebertshäuser, Barara, Antje Langer, und Annedore Prengel, Hrsg. 2010. *Handbuch Qualitative Forschungsmethoden in der Erziehungswissenschaft*. Weinheim: Juventa.
Fritzsche, Bettina. 2012. Subjektivationsprozesse in Domänen des Sagens und Zeigens. Butlers Theorie als Inspiration für qualitative Untersuchungen des Heranwachsens von Kindern und Jugendlichen. In *Judith Butler: Pädagogische Lektüren,* Hrsg. Ricken Norbert und Balzer Nicole 181–205. Wiesbaden: VS Verlag für Sozialwissenschaften.
Gaffer, Yvonne, und Christoph Liell. 2001. Handlungstheoretische und methodologische Aspekte der dokumentarischen Interpretation jugendkultureller Praktiken. In *Die dokumentarische Methode und ihre Forschungspraxis,* Hrsg. Ralf Bohnsack, Iris Nentwig-Gesemann, und Arndt-Michael Nohl, 179–203. Opladen: Leske + Budrich.
Gebauer, Gunter, und Christoph Wulf. 2003. *Mimetische Weltzugänge. Soziales Handeln – Rituale und Spiele – ästhetische Produktionen*. Stuttgart: Kohlhammer.
Gildemeister, Regine. 2004. Doing Gender – Soziale Praktiken der Geschlechterunterscheidung. In *Handbuch Frauen- und Geschlechterforschung,* Hrsg. Ruth Becker und Beate Kortendiek, 132–140. Wiesbaden: VS Verlag für Sozialwissenschaften.
Griese, Hartmut, und Jürgen Mansel. 2003. *Sozialwissenschaftliche Jugendforschung. Jugend, Jugendforschung und Jugenddiskurse. Ein Problemaufriss*. Leverkusen: Leske + Budrich.
Groenemeyer, Axel, und Dagmar Hoffmann, Hrsg. 2014. *Jugend als soziales Problem – soziale Probleme der Jugend? Diagnosen, Diskurse und Herausforderungen*. Weinheim: Juventa.
Grunert, Cathleen. 2012. Alkoholerfahrungen und deren Bedeutungszuschreibungen in jugendlichen Peerkontexten. In *Jugendliche und ihre Peers. Freundschaftsbeziehungen*

und Bildungsbiografien in einer Längsschnittperspektive, Hrsg. Heinz-Hermann Krüger, Aline Deinert, und Mareen Zschach, 243–266. Opladen: Barbara Budrich.
Günther, Marga. 2012. Körper und Körperlichkeiten: Inszenieren, Präsentieren und Erleben. In *Jugendsoziologie. Über Adoleszente, Teenager und neue Generationen,* Hrsg. Liebsch, Katharina, 115–133. München: Oldenbourg Verlag.
Haag, Maren. 2007. *Binge Drinking als soziale Inszenierung. Zur vergeschlechtlichten Bedeutung exzessiven Alkoholkonsums.* Freiburg im Breisgau: Fördergemeinschaft wissenschaftlicher Publikationen von Frauen.
Hall, Stuart. 1996. Introduction: Who needs „identity"? In *Questions of cultural identity,* Hrsg. Stuart Hall, und Paul Du Gay, 1–17. London: Sage.
Helfferich, Cornelia. 1994. *Jugend, Körper und Geschlecht.* Opladen: Leske + Budrich.
Helfferich, Cornelia. 2005. *Die Qualität qualitativer Daten.* Wiesbaden: VS Verlag für Sozialwissenschaften.
Higgins, Kathryn, Mark McCann, Aisling McLaughlin, Claire McCartan, und Oliver Perra. 2013. Investigating parental monitoring, school and family influences on adolescent alcohol use. http://www.alcoholresearchuk.org/downloads/finalReports/FinalReport_0103.pdf. Zugegriffen: 18. Dez. 2014.
Hitzler, Ronald, Thomas Bucher, und Arne Niederbacher. 2001. *Leben in Szenen. Formen jugendlicher Vergemeinschaftung heute (Erlebniswelten Bd. 3).* Opladen: Leske + Budrich.
Höfer, Renate. 2000. Kohärenzgefühl und Identitätsentwicklung. Überlegungen zur Verknüpfung salutogenetischer und identitätstheoretischer Konzepte. In *Salutogenese und Kohärenzgefühl: Grundlagen, Empirie und Praxis eines gesundheitswissenschaftlichen Konzepts,* Hrsg. Hans Wydler, Petra Kolip, und Thomas Abel, 57–70. Weinheim: Juventa.
Hollstein Bettina, und Florian Straus, Hrsg. 2006. *Qualitative Netzwerkanalysen. Konzepte, Methoden, Anwendungen.* Wiesbaden: VS Verlag für Sozialwissenschaften.
Hößelbarth, Susann, Christiane Seip, und Heino Stöver. 2013. Doing gender – Bedeutungen und Funktionen des Alkoholkonsums und des Rauschtrinkens bei der Inszenierung von Männlichkeiten und Weiblichkeiten. In *Kontrollierter Kontrollverlust. Jugend, Gender, Alkohol,* Hrsg. Susann Hößelbarth, Jens M. Schneider, und Heino Stöver, 45–55. Frankfurt a. M.: Fachhochschulverlag.
Hübner-Funk, Sibylle. 2003. Wie entkörperlicht ist die Jugend der Jugendsoziologie. Argumente für eine „somatische Wende" unserer Disziplin. In *Theoriedefizite der Jugendforschung. Standortbestimmung und Perspektiven,* Hrsg. Jürgen Mansel, Hartmut Griese, und Albert Scherr, 67–74. Weinheim: Juventa.
Hurrelmann, Klaus. 2003a. Der entstrukturierte Lebenslauf. Die Auswirkungen der Expansion der Jugendphase. *Zeitschrift für Soziologie der Erziehung und Sozialisation* 23 (2): 115–126.
Hurrelmann, Klaus, Hrsg. 2003b. *Jugendgesundheitssurvey. Internationale Vergleichsstudie im Auftrag der WHO.* Weinheim: Juventa.
Hurrelmann, Klaus, und Matthias Richter. 2006. *Gesundheitliche Ungleichheit: Grundlagen, Probleme, Perspektiven.* Wiesbaden: VS Verlag für Sozialwissenschaften.
Hurrelmann, Klaus, und Wolfgang Settertobulte. 2008. Alkohol im Spannungsfeld von kultureller Prägung und Problemverhalten. *Aus Politik und Zeitgeschichte* 28:9–14.
ICM. 2013. Nearly half of 10 to 14 year olds have seen their parents drunk. http://www.icmresearch.com/nearly-half-of-10-to-14-year-olds-have-seen-their-parents-drunk. Zugegriffen: 22. Okt. 2013.
Ingrid Miethe, Ecarius Jutta, und Tervooren Anja, Hrsg. 2014. *Bildungsentscheidungen im Lebenslauf. Perspektiven qualitativer Forschung.* Opladen: Barbara Budrich.

Janneck, Monique. 2008. Auf verschlungenen Forschungspfaden: Erfahrungen mit der Sekundärnutzung qualitativer Interviewdaten in induktiven, deduktiven und Triangulationsverfahren. *Historical Social Research* 33 (3): 94–114.

Järvinen, Margaretha, und Robin Room, Hrsg. 2007a. *Youth drinking cultures. European experiences*. Aldershot: Ashgate.

Järvinen, Margaretha, und Peter Gundelach. 2007b. Teenage drinking, symbolic capital and distinction. *Journal of Youth Studies* 10 (1): 55–71.

Keupp, Heiner. 2009. Fragmente oder Einheit? Wie heute Identität geschaffen wird. Vortrag bei der Tagung „Identitätsentwicklung in der multioptionalen Gesellschaft" am 25. April 2009 im Kardinal-Döpfner-Haus in Freising. http://www.ipp-muenchen.de/texte/keupp_09_freising04_text.pdf. Zugegriffen: 29. Dez. 2014.

Keupp, Heiner, und Joachim Hohl. 2006. *Subjektdiskurse im gesellschaftlichen Wandel. Zur Theorie des Subjekts in der Spätmoderne*. Bielefeld: transcript.

Keupp, Heiner, Thomas Ahbe, Wolfgang Gmür, Renate Höfer, Beate Mitzscherlich, Wolfgang Kraus, und Florian Straus. 1999. *Identitätskonstruktionen: das Patchwork der Identitäten in der Spätmoderne*. Reinbek: Rowohlt.

Kolip, Petra, Klaus Hurrelmann, und Peter-Ernst Schnabel, Hrsg. 2009. *Jugend und Gesundheit. Interventionsbereiche und Präventionsfelder*. Weinheim: Juventa

Koller, Hans-Christoph. 2012. *Bildung anders denken. Einführung in die Theorie transformatorischer Bildungsprozesse*. Stuttgart: Kohlhammer.

Krüger, Heinz-Hermann, Sina-Mareen Köhler, und Maren Zschach, Hrsg. 2010. *Teenies und ihre Peers: Freundschaftsgruppen, Bildungsverläufe und soziale Ungleichheit*. Opladen: Barbara Budrich.

Landolt, Sara. 2009. „Männer besaufen sich, Frauen nicht": Geschlechterkonstruktionen in Erzählungen Jugendlicher über Alkoholkonsum. In *Gender Scripts Widerspenstige Aneignungen von Geschlechternormen*, Hrsg. Christa Binswanger, Margaret Bridges, Brigitte Schnegg, und Doris Wastl-Walter, 243–264. Frankfurt a. M.: Campus.

Larkby, Cynthia A., Lidush Goldschmidt, Barbara H. Hanusa, und Nancy L Day. 2011. Prenatal alcohol exposure is associated with conduct disorder in adolescence: Findings from a birth cohort. *Journal of Child & Adolescent Psychiatry* 50 (3): 262–271.

Litau, John. 2011. *Risikoidentitäten. Alkohol, Rausch und Identität im Jugendalter*. Weinheim: Juventa.

Litau, John. 2012. Identitätsarbeit durch jugendkulturelles Rauschtrinken? *SuchtMagazin* 38 (5): 20–23.

Litau, John. 2013. Alkohol, Rausch und Identitätsarbeit. Zur Funktion jugendkulturellen Rauschtrinkens. In *Kontrollierter Kontrollverlust. Jugend, Gender, Alkohol*, Hrsg. Susann Hößelbarth, Jens M. Schneider, und Heino Stöver, 29–44. Frankfurt a. M.: Fachhochschulverlag.

Litau, John. 2014. Alkoholkonsum im Jugendalter. In *Alternativer Drogen- und Suchtbericht*, Hrsg. akzept e. V. und Deutsche AIDS-Hilfe e. V. http://alternativer-drogenbericht.de/category/b-i-aktuelle-daten-zu-drogen-und-sucht/b-1-alkohol/ Zugegriffen: 22. Okt. 2013.

Litau, John, und Barbara Stauber. 2012. Riskante Identitätsarbeit? Zur Herstellung von Männlichkeiten und Weiblichkeiten in jugendkulturellem Rauschtrinken. In *Riskante Leben? Geschlechterordnungen der reflexiven Moderne. Bd. 8 des Jahrbuchs Frauen- und Geschlechterforschung in der Erziehungswissenschaft*, Hrsg. Vera Moser und Barbara Rendtorff, 141–156. Opladen: Barbara Budrich.

Löw, Martina, und Gabriele Sturm. 2005. Raumsoziologie. In *Handbuch Sozialraum*, Hrsg. Fabian Kessl, Susanne Maurer, Christian Reutlinger, und Oliver Frey, 31–48. Wiesbaden: VS Verlag für Sozialwissenschaften.

Marotzki, Winfried. 1990. *Entwurf einer strukturalen Bildungstheorie: biographietheoretische Auslegung von Bildungsprozessen in hochkomplexen Gesellschaften.* Weinheim: Dt. Studien Verlag.

Measham, Fiona, und Kevin Brain. 2005. 'Binge' drinking, British alcohol policy and the new culture of intoxication. *Crime Media Culture* 1 (3): 262–283.

Medjedovic, Irena, und Andreas Witzel. 2010. *Wiederverwendung qualitativer Daten. Archivierung und Sekundärnutzung qualitativer Interviewtranskripte.* Wiesbaden: VS Verlag für Sozialwissenschaften.

Niekrenz, Yvonne, und Sonja Ganguin, Hrsg. 2010. *Jugend und Rausch. Interdisziplinäre Zugänge zu jugendlichen Erfahrungswelten.* Weinheim: Juventa.

Niekrenz, Yvonne, und Matthias D. Witte, Hrsg. 2011. *Jugend und Körper. Leibliche Erfahrungswelten.* Weinheim: Juventa.

Niekrenz, Yvonne, und Matthias D. Witte. 2012. Jugend und Körper. Thematische Kon(junk) turen. In: *Schulpädagogik Heute* 3:6.

Nohl, Arnd-Michael. 2006a. *Bildung und Spontaneität: Phasen biographischer Wandlungsprozesse in drei Lebensaltern – Empirische Rekonstruktionen und pragmatistische Reflexionen.* Opladen: Barbara Budrich.

Nohl, Arnd-Michael. 2006b. *Interview und dokumentarische Methode. Anleitungen für die Forschungspraxis.* Wiesbaden: VS Verlag für Sozialwissenschaften.

Nohl, Arnd-Michael. 2013. *Relationale Typenbildung und Mehrebenenanalyse.* Wiesbaden: VS Verlag für Sozialwissenschaften.

Oevermann, Ulrich. 2000. Die Methode der Fallrekonstruktion in der Grundlagenforschung sowie der klinischen und pädagogischen Praxis. In *Die Fallrekonstruktion. Sinnverstehen in der sozialwissenschaftlichen Forschung,* Hrsg. Klaus Kraimer, 58–156. Frankfurt a. M.: Suhrkamp.

Pohl, Axel, Barbara Stauber, und Andreas Walther, Hrsg. 2011. *Jugend als Akteurin sozialen Wandels. Veränderte Übergangsverläufe, strukturelle Barrieren und Bewältigungsstrategien.* Weinheim: Juventa.

Rauschenbach, Thomas, Hans Rudolf Leu, Sabine Lingenauber, Wolfgnag Mack, Matthias Schilling, Kornelia Schneider, und Ivo Züchner. 2004. Bildungsreform Bd. 6. Konzeptionelle Grundlagen für einen Nationalen Bildungsbericht – Non-formale und informelle Bildung im Kindes- und Jugendalter. http://old-static.ljr-rlp.de/cms/upload/pdf/nonformale_und_informelle_bildung_kindes_u_jugendalter.pdf. Zugegriffen: 14. Mai 2012.

Reinhardt, Jan Dietrich. 2010. *Alkohol und soziale Kontrolle. Gedanken zu einer Soziologie des Alkoholismus.* Würzburg: Ergon-Verlag.

Richter, Matthias, und Wolfgang Settertobulte. 2003. Gesundheits- und Freizeitverhalten von Jugendlichen. In *Jugendgesundheitssurvey. Internationale Vergleichsstudie im Auftrag der Weltgesundheitsorganisation WHO,* Hrsg. Klaus Hurrelmann, 99–157. Weinheim: Juventa.

Richter, Matthias, Klaus Hurrelmann, Andreas Klocke, Wolfgang Melzer, und Ulrike Ravens-Sieberer, Hrsg. 2008. *Gesundheit, Ungleichheit und jugendliche Lebenswelten. Ergebnisse der zweiten internationalen Vergleichsstudie im Auftrag der Weltgesundheitsorganisation WHO.* Weinheim: Juventa.

Rosenthal, Gabriele. 2005. *Interpretative Sozialforschung. Eine Einführung.* Weinheim: Juventa.

Schierz, Sascha. 2010. Fragmente postmoderner Lebensformen jenseits der Kneipe – Eine Topographie städtischer Sozialräume bei Nacht und ihre Problematisierung anhand des öffentlichen Trinkens. *Soziale Probleme – Zeitschrift für soziale Probleme und soziale Kontrolle* 21 (1): 61–96.

Schröer, Wolfgang, Barbara Stauber, Andreas Walther, Lothar Böhnisch, und Karl Lenz, Hrsg. 2013. *Handbuch Übergänge*. Weinheim: Juventa.

Schütz, Egon. 1996. Unveröffentlichte Schriften von E. Schütz. Vorlesung zum Thema „Moralische Erziehung bei Rousseau", SS1996 Universität zu Köln. http://www.egon-schuetz-archiv.uni-koeln.de/50.pdf. Zugegriffen: 3. Dez. 2013.

Settertobulte Wolfgang. 2010. Die Bedeutung von Alkohol und Rausch in der Lebensphase Jugend. In *Jugend und Rausch. Interdisziplinäre Zugänge zu jugendlichen Erfahrungswelten*, Hrsg. Yvonne Niekrenz und Sonja Ganguin, 73–84. Weinheim: Juventa.

Settertobulte, Wolfgang. Alkoholkonsum Jugendlicher zwischen kultureller Anpassung und Risikoverhalten. *proJugend* 10 (3): 4–8.

Silbereisen, Rainer K., und Peter Noack. 1988. Entwicklungsorientierungen Jugendlicher. Ihre Bedeutung für Alkoholgebrauch und Freizeitpraeferenzen. *Bildung und Erziehung* 41:165–182.

Stauber, Barbara. 2004. *Junge Frauen und Männer in Jugendkulturen – Selbstinszenierungen und Handlungspotentiale*. Opladen: Leske + Budrich.

Stauber, Barbara, und John Litau. 2012. Jugendkulturelles Rauschtrinken – Gender-Inszenierungen in informellen Gruppen. In *Körper – Geschlecht – Affekt. Selbstinszenierungen und Bildungsprozesse in jugendlichen Sozialräumen*, Hrsg. Birgit Bütow, Ramona Kahl, und Anna Stach, 43–57. Wiesbaden: VS Verlag für Sozialwissenschaften.

Stauber, Barbara, Axel Pohl, und Andreas Walther. 2007. *Subjektorientierte Übergangsforschung. Rekonstruktion und Unterstützung biographischer Übergänge junger Erwachsener*. Weinheim: Juventa.

Stauber, Barbara, Andreas Walther, und Axel Pohl. 2011. Jugendliche AkteurInnen. Handlungstheoretische Vergewisserungen. In *Jugend als Akteurin sozialen Wandels. Veränderte Übergangsverläufe, strukturelle Barrieren und Bewältigungsstrategien*, Hrsg. Barbara Stauber, Andreas Walther, und Axel Pohl, 21–48. Weinheim: Juventa.

Sting, Stephan. 2004a. Rauschrituale. Zum pädagogischen Umgang mit einem wenig beachteten Kulturphänomen. In *Innovation und Ritual. Jugend, Geschlecht und Schule. Zeitschrift für Erziehungswissenschaft, Bd. 2*, Hrsg. Christian Wulf und Jörg Zirfas, 104–114. Wiesbaden: VS Verlag für Sozialwissenschaften.

Sting, Stephan. 2004b. Aneignungsprozesse im Kontext von Peer-Group-Geselligkeit. Vier Thesen im Zusammenhang von Aneignung und sozialer Bildung. In *Aneignung' als Bildungskonzept der Sozialpädagogik. Beiträge zur Pädagogik des Kindes- und Jugendalters in Zeiten entgrenzter Lernorte*, Hrsg. Ulrich Deinet und C Reutlinger, 139–147. Wiesbaden: VS Verlag für Sozialwissenschaften.

Sting, Stephan. 2008. Jugendliche Rauschrituale als Beitrag zur Peergroup-Bildung. In *Jugend im Fokus. Pädagogische Beiträge zur Vergewisserung einer Generation*, Hrsg. Romana Bogner und Reinhold Stipsits. Prag: Locker.

Sting, Stephan. 2013. Rituale und Ritualisierungen in Übergängen des Jugendalters. In *Handbuch Übergänge*, Hrsg. Wolfgang Schröer, Barbara Stauber, Andreas Walther, Lothar Böhnisch, und Karl Lenz, 471–485. Weinheim: Juventa.

Strauss, Anselm, und Juliet Corbin. 1996. *Grounded theory. Grundlagen qualitativer Sozialforschung*. München: Beltz.

Strübing, Jörg. 2004. *Grounded Theory. Zur sozialtheoretischen und epistemologischen Fundierung des Verfahrens der empirisch begründeten Theoriebildung*. Wiesbaden: VS Verlag für Sozialwissenschaften.

Stumpp, Gabriele. 2006. Die Konstruktion von Kohärenz in der Biografie. In *Die Stimme der Adressaten*, Hrsg. Maria Bitzan, Eberhard Bolay, und Hans Thiersch, 107–1213. Weinheim: Juventa.

Stumpp, Gabriele, und Heidi Reinl. 2012. Rauschtrinken bei Jugendlichen: Die „kulturelle Chemie" in der Gruppe. In *Saufen mit Sinn? Harm Reduction beim Alkoholkonsum*, Hrsg. Henning Schmidt-Semisch und Heino Stöver, 56–75. Frankfurt a. M.: Fachhochschulverlag.

Stumpp, Gabriele, und Dörthe Üstünsöz-Beurer. 2013. Prävention alkoholbedingter Jugendgewalt – Jugendliche und exzessiver Alkoholkonsum im öffentlichen Raum (PAJ). Endbericht November 2013. http://www.mobile-jugendarbeit-stuttgart.de/public/PAJ-Endbericht-Langfassung-wissenschaftliche-Begleitung.pdf. Zugegriffen: 5. Dez. 2014.

Stumpp, Gabriele, und Christian Wißmann. 2015. Evaluation des Förderprogramms „Jugend im öffentlichen Raum- Prävention von riskantem Alkoholkonsum. Im Auftrag des Ministeriums für Arbeit und Sozialordnung, Familie, Frauen und Senioren des Landes Baden-Württemberg. Endbericht März 2015. Tübingen: Universität Tübingen, Institut für Erziehungswissenschaft, Abt. Sozialpädagogik.

Stumpp, Gabriele, Barbara Stauber, und Heidi Reinl. 2009. *JuR. Einflussfaktoren, Motivation und Anreize zum Rauschtrinken bei Jugendlichen. Endbericht April 2009*. Berlin: Bundesministerium für Gesundheit.

Stumpp, Gabriele, Dörthe Üstünsöz-Beurer, und Eberhard Bolay. 2010. Wirkungseffekte Mobiler Jugendarbeit. Ergebnisse einer Evaluationsstudie. *Deutsche Jugend* 58 (11): 469–474.

Thiersch, Hans. 2005. *Lebensweltorientierte Soziale Arbeit. Aufgaben der Praxis im Wandel*. Weinheim: Juventa.

Thiersch, Hans. 2009. Bildung und Sozialpädagogik. In *Jugendhilfe und Schule: Handbuch für eine gelingende Kooperation*, Hrsg. Angelika Henschel, Rolf Krüger, Christof Schmitt, und Waldemar Stange, 25–38. Wiesbaden: VS Verlag für Sozialwissenschaften.

Walter, Sibylle, und Andreas Walther. 2007. „Context matters": Anforderungen, Risiken und Spielräume im deutschen Übergangssystem. In *Subjektorientierte Übergangsforschung. Rekonstruktion und Unterstützung biografischer Übergänge junger Erwachsener*, Hrsg. Barbara Stauber, Axel Pohl, und Andreas Walther, 65–96. Weinheim: Juventa.

Wißmann, Christian. 2011. „Cool, mit Kumpels einen trinken, das passt schon." Eine qualitative Untersuchung des Umgangs Jugendlicher mit Alkohol im Kontext ihrer informellen Peergruppen. Unv. Diplomarbeit: Universität Tübingen.

Wißmann, Christian, und Barbara Stauber. 2015. Substanzkonsum in Peerkontexten am Beispiel jugendkulturellen Rauschtrinkens. In *Handbuch Peerforschung*, Hrsg. Sina-Mareen Köhler, Heinz-Hermann Krüger, und Nicolle Pfaff. Opladen: Barbara Budrich.

Wydler, Hans, Petra Kolip, und Thomas Abel, Hrsg. 2000. *Salutogenese und Kohärenzgefühl: Grundlagen, Empirie und Praxis eines gesundheitswissenschaftlichen Konzepts*. Weinheim: Juventa.

Yildiz, Safiye, und Barbara Stauber. 2014. Kategoriale Kritik: Beiträge der Geschlechterforschung und der rassismuskritischen Forschung zur Weiterentwicklung der Sozialen Arbeit. http://portal-intersektionalitaet.de. Zugegriffen: 10. Dez. 2014

Zschach, Maren, und Nicolle Pfaff. 2013. Methodische Strategien der rekonstruktiven Untersuchung von Gruppen in personenbezogenen Längsschnitten. *Zeitschrift für qualitative Forschung* 14 (1): 87–103.